教子有方

正面管教

启　文　编著

中国出版集团

中译出版社

图书在版编目（CIP）数据

教子有方 . 正面管教 / 启文编著 . –– 北京：中译
出版社，2019.12（2022.5 重印）

ISBN 978–7–5001–6139–4

Ⅰ . ①教… Ⅱ . ①启… Ⅲ . ①家庭教育 Ⅳ . ① G78

中国版本图书馆 CIP 数据核字（2019）第 282100 号

教子有方

正面管教

出版发行：中译出版社
地　　址：北京市西城区新街口外大街 28 号普天德胜大厦主楼 4 层
邮　　编：100088
电　　话：（010）68359827，68359303（发行部）；（010）68002876（编辑部）
电子邮箱：book . ct@ctph.com.cn
网　　址：http://www.ctph.com.cn
总 策 划：张高里
责任编辑：李　颖
封面设计：青蓝工作室
印　　刷：金世嘉元（唐山）印务有限公司
经　　销：新华书店
规　　格：880 毫米 × 1230 毫米　1/32
印　　张：30
字　　数：550 千字
版　　次：2019 年 12 月第 1 版
印　　次：2022 年 5 月第 5 次

ISBN 978–7–5001–6139–4　　　定价：149.00 元（全 5 册）

中 译 出 版 社

前　言

苏联教育家苏霍姆林斯基曾经说过："父母是孩子的第一任老师，父母若放任孩子不管，孩子恶习一旦养成，学校不知要花多少时间和精力来对他进行'再教育'，这对孩子、家庭和学校都是巨大的损失。"可见在孩子的成长过程中，父母的管教有着不可替代的地位。

由于成长环境、学识水平、社会阅历、性情品质的不同，每对父母在管教孩子时，都呈现出不同的面貌：有爱意浓浓，讲究以理服人的；有娇惯孩子，任其自由发展的；有实行"一言堂"，在各方面严格管控孩子的……不管我们多爱自己的孩子，又是采用了何种教育方式，我们与孩子之间的困扰和纷争似乎从未平息过：

孩子总不按时吃饭、休息、写作业；

孩子有说谎、逆反、顶嘴、打人、胆小、爱哭等行为；

孩子无法集中精力听课，上课时总有许多小动作；

对孩子的成绩感到很无奈，似乎不管他多努力都无法变得更优秀；

不管如何与孩子沟通，他就是不听话，更无法理解你的苦心；

孩子之间总是争吵不休，似乎他们不是兄弟姐妹，而是仇人；

孩子总是很沮丧，仿佛对生活失去了乐趣；

当与孩子产生冲突时，你总是在放任和管教之间摇摆不定；

当你用吼叫、责骂、体罚等方式对待孩子后，总是后悔不已，却又找不到更合适的方法管教孩子……

如果你正经历着这些烦恼，情绪一度处于烦躁、无奈甚至崩溃的边缘，不妨回顾一下自己的管教方式是否科学，管教初衷是否一心为了孩子。

在父母对孩子的教育过程中，方法是极为重要的。正面管教是一种父母都应掌握的、既不严厉也不娇纵的方法，它以尊重与合作为基础，以和善与坚定并行为基石，主张父母用启发式提问引导孩子学会自我控制，培养孩子的各项技能。正面管教方式有助于缓解孩子和父母的紧张关系，终结孩子与父母之间的各种冲突，营造和谐的家庭氛围，促进孩子和父母的共同成长。

本书从孩子行为的初衷开始，结合中国的教育文化背景，针对在孩子成长过程中困扰众多家长的管教问题，进行了细致的剖析，说明了家长、孩子分别应该承担的责任，给出了较为详细的解决方案。本书旨在帮助家长创建和谐的家庭氛围，用效果更好的、非惩罚性的方法帮助孩子提高自律、合作、承担责任和解决问题的能力，帮助孩子成为更优秀的人。

目 录

第一章　正面的方法

何谓"正面的方法"

20世纪中期以来，社会发生了一系列重大的变化：人类思想进一步解放，平等的观念更加深入人心；经济飞速发展，家庭可支配收入越来越多；科技进步，高科技产品层出不穷……这些社会变化影响着千千万万的家庭，也给家庭教育带来了严峻的考验。

平等的观念深入人心带来的最直接的影响是，受到不公平待遇的人群开始积极地争取自己的权利，谋求完全的平等和尊严。我们很难再看到有谁愿意扮演卑下和顺从的角色。孩子是以成人为榜样的，他们也希望得到平等和尊重。

但需要我们注意的是，平等与完全相同是两个概念。十枚一角硬币与一枚一元硬币的价值显然是相等的，但它们完全不一样。成长中的孩子显然不具备丰富的经验、熟练的技能，也不懂得成熟的处事方法和处世之道，无法拥有基于这些能力之上的全部权利，也无法独立承担自己行事带来的全部后果。成年人对孩子的引领和指导依然是十分重要的。但在引领和指导的过程中，孩子应该获得同等的尊严和尊重；他们应该在和善而坚定，而不是责难、羞辱、痛苦的氛围中发展自己所需要的人生技能。

经济的发展，家庭收入的增加，使得现在的孩子不必像过去那样为家庭的生计而努力，可以安心地玩耍、学习。相反，现在更多的孩子会被以爱的名义给予得太多，而不需要自己付出任何努力和投入，甚至认为这是理所当然的。太多的父亲和母亲相信，好爸爸好妈妈就应该全方位地保护孩子，避免孩子遭遇挫折和失望；而隔辈的祖父母、外祖父母相信自家的孩子是好孩子，怎么样也不会变坏，他们总会尽其所能给予孩子一切他们想要的东西，而不是引导他们成长。长辈们的这些想法和做法在无形中剥夺了孩子发展出对自己的信念——自己有能力把握生活中的起伏——的机会，强行给孩子灌输了错误的观念——可以不计后果地为所欲为。因为忙于生计，或者不懂得让孩子对家庭有所贡献对于孩子成长的重要性，父母们常常忽视培养孩子自己动手的能力。我们几乎从不赋予孩子以负责任的方式做出贡献来获得归属感和价值感的机会，却反过来埋怨孩子没有责任感。

无论对孩子太严格和控制太多，还是对孩子太娇纵，都无法培养出孩子的责任感。孩子的责任感只有在和善而坚定、有尊严、被尊重的环境中，有机会去学习具备良好品格所需要的有价值的社会和人生技能时，才能培养出来。

我们需要给孩子机会，让他们体验与其享受到的特权直接相关的责任。否则，孩子可能会成为只会依赖和接受的人，他们会认为只有操纵他人为自己服务才能感受到归属，体现出自己的价值。有些孩子会认为对自己爱的表现是对自己的照顾。还有些孩子会因做任何事都会招来羞辱和痛苦，而认为自己努力是不对的。最悲哀的是，孩子们因从未得到过能感到自己很能干的锻炼机会，产生"我不够好"的想法。这些孩子会将大量的精力运用在反叛或逃避行为上。当孩子的聪明才智和精力都用来操纵别人、反叛和逃避上时，是不可能培养出有能力的人所必需的洞察力和技能的。

不同的教养方式

在现实中，每个家庭教养孩子的方式都不太一样，但大致可分为以下三种类型。

1. 严厉型

这种教养方式的主要特点是：家庭中所有的规则由家长制定；孩子不参与决策过程，但要绝对服从规则，否则会受到惩罚。在这样的教养方式下，孩子的行为被框定在家长制定的规则下，没有自由。

2. 娇纵型

在这种教养方式中，家长不给孩子制定任何规则，不给孩子任何限制，完全放纵孩子自己选择。在这种教养方式下成长的孩子，肆意妄为，有自由但无规矩可言。

3. 正面管教

在该方式中，家庭规则由家长与孩子共同来制定；遇到问题时，家长与孩子共同做出对双方都有益的解决方案；当家长需要独自做出判断时，会给予孩子足够的尊重，以坚定而和善的态度维护孩子的尊严。在这种教育方式下成长的孩子，懂得必要的规矩，知道什么可为，什么不可为。

通过对比，我们可以发现，在相互尊重和共同承担责任的基础上建立起来的合作，远比专横的控制更为有效。

相信每个家庭的孩子在三四岁时都有过一段挑食的时光，对于这件事，在三种不同的教养方式下会呈现出完全不同的情景。

在一个严厉型的家庭中，只有妈妈才知道什么是最好的，孩子没有选择餐品的余地。当孩子拒绝吃妈妈准备的食物时，妈妈会先劝孩子吃；其次会给已有的食物做些简单加工；如果孩子仍然不吃，妈妈会试图对孩子说教。如果进行到这一步，孩子仍然不吃，妈妈便可能被激怒，用饥饿对孩子进行"惩罚"。

当妈妈冷静下来后，因为对孩子的爱，妈妈会对自己惩罚孩子的行为感到愧疚。直到孩子饿到再次找妈妈要食物，妈妈会一边给孩子一些吃的，一边说教——以示自己说的是对的，哪怕孩子对此并无反应。为了弥补前一餐营养上的损失，下面的一餐饭，妈妈会准备丰盛的饭菜，补偿孩子。

在一个娇纵的家庭里，家长对孩子的宠爱是毫无原则的。当孩子表示不愿意吃妈妈准备的食物，并且有自己的要求时，妈妈会认为自己做得不够好，应该竭尽所能满足孩子的一切要求。若孩子一直对食物不满意，那妈妈会一直在厨房"奋斗"，有可能一整天什么都不做，只为了给孩子想要的食物。

在现实中，娇纵孩子的家庭并不少见。这样的家庭培养出的孩子大多成为小霸王，他们觉得只有指使别人满足自己的各种需求，才能显示出自己的重要性。

而在正面管教式的家庭中，家长是比较理智的，即便孩子很小，也早早地被养成了相对自律的品格。孩子会力所能及地承担一些家务，比如摆碗筷等。妈妈会根据孩子的身体需求、营养搭配的原则，为孩子准备可选择的几种食物，让他自行选择吃什么、不吃什么，并自行负责做出选择后的结果。在整个过程中，妈妈会尊重并支持孩子的选择，即便孩子的选择出现了孩子自己不想面对、承担的结果，妈妈也不会放纵他、为他善后，而是借机培养他的责任感。

在这三种情境中，"严厉型"管教的问题在于，一旦孩子出现不良行为，便会遭受惩罚。孩子的不良行为遭受惩罚后会立即停止，但不久后类似的情形就会出现，而且是一而再，再而三地出现，永无尽头。

而"娇纵型"管教方式中，家长会因孩子的各种需求让自己的生活彻底陷入无序的旋涡。而孩子的一些不良行为因得不到修正，会慢慢形成无法解决的大问题，当家长反应过来时已然来不及。

"正面管教"的方法与另外两种方法有根本的不同，家长从一开始对孩子的约束就是有限度的，不过分严厉，也不会娇纵。

当孩子的家长尝试将管教孩子的方式转为"正面管教"时，基于之前的经历，孩子的不良行为可能会加剧，但是，我们发现，在孩子再次出现不良行为之前，会有一段比较平缓的时期。孩子会用原有的方法试探情况是否已经改变。只要我们坚持使用正面管教方法，孩子会慢慢地适应新的相处方式，其不良行为的强度会逐渐减弱，而不良行为的频次会越来越低。

当我们注重维护孩子的尊严、尊重孩子，且态度坚定时，孩子会渐渐察觉到自己的不良行为得不到自己想要的结果，这会促使孩子反思自己的行为，并在家长的引导下、在保持自尊的情况下逐渐改变自己的行为。

当然，在转变管教方式后，孩子不良行为的加剧会令家长、老师压力倍增，这个过程是长且痛苦的，也会令他们产生转变方式是否正确的疑虑。但孩子的成长是最重要的，能够改善孩子的不良行为，引导他们成长为有能力的人，这个痛苦的过程实在算不了什么。

许多家长不肯放弃对孩子的过度控制，是因为他们错误地相信，除此以外的唯一选择就是对家长和孩子都不健康的娇纵方式。而被娇纵大的孩子总是觉得世界欠他们的，自己得到什么都是理所当然的。他们从小的认知就是无须付出努力，什么都会得到，他们只需要用精力和智力去操纵和烦扰家长满足他们的愿望。他们的时间大多用来想办法逃避责任，而不是培养自己独立的能力。

七项重要的感知力和技能

简·尼尔森博士和史蒂芬·格伦博士合著的一本书中，曾明确地提出成为一个有能力的人必需的"七项重要的感知力和技能"——

（1）对个人能力的感知力——正确认知自己的能力，拥有自信。

（2）对自己在重要关系中的价值的感知力——肯定自己的付出，知道自己在重要关系中的地位和作用。

（3）对自己在生活中的力量或影响的感知力——对自己的生活和发生在自己身上的事情有掌控能力。

（4）内省能力强：对自己有清楚的认知，能够理解、排解个人情绪，能够做到严格自律及自我控制。

（5）人际沟通能力强：善于与他人合作，并能与他人建立真诚、和谐的友谊关系。

（6）整体把握能力强：有责任感，适应力良好，能灵活地处理生活中的各项事务，能用正确的态度面对日常生活中的各种限制及行为后果。

（7）判断能力强：运用智慧，根据恰当的价值观来评估局面。

在"严厉型""娇纵型"家庭中长大的孩子，因被过度管制或过度娇纵，养成了很多的不良行为，也间接错失了培养以上感知力和技能的机会。如果允许孩子参与家庭决策，与父母并肩做事、边做边学，他们会自然而然地培养出这些感知力和技能来。

在过去，孩子需要为家庭的生计努力付出，有机会培养出各种人生技能，但实际应用的机会却很少。而现在这个世界，到处都有机会，孩子们却没有培养出各项能力和技能的条件，他们很少有机会感受到自己被需要，不能确定自己是否重要。家长和老师需要精心为孩子创造机会，培养他们的感知力和技能，在这个培养的过程中，孩子们身上大多数的行为问题也可以被逐渐消除。因为，孩子的大多数不良行为的产生，正是源于以上"七项重要的感知力和技能"的缺乏。

惩罚的"回馈"

在成长的过程中，每个孩子都会犯错。当孩子犯错时，更多的家长和老师倾向于用较为严厉的惩罚管教孩子，因为他们认为这是最为有效的管教方式。从通常能立即制止孩子的不良行为这一点来讲，惩罚确实管用。但是，"管用"是对当时而言，长期运用此法又会有什么效果呢？我们满意于惩罚引发的即时效果，却忽视了之后的连带反应——孩子会在当时屈从家长或老师给予的惩罚，暂时改正错误，其后用下面的方式——回敬：

（1）愤恨——认为这些惩罚对于自己来说不公平，认为大人是不可信的，心底产生愤恨的情绪。

（2）报复——暂避风头，伺机回敬。

（3）反叛——对惩罚不满，之后大人让孩子做什么，孩子就反其道而行之。

（4）退缩。这一方式有两种表现形式，一是偷偷摸摸，即再遇同类事情还会有同样的做法，但是更为隐蔽，刻意避开大人行事；二是自卑，长期的否定导致孩子认为自己做什么都是错的，觉得自己是个坏孩子。

孩子们的年龄及心理特点，决定了他们无法认同大人做出的惩罚方式，也无法理智地分析整个事件。他们会在当时的情境下，下意识地做出某种决定，并将这些决定作为之后行事的准则。比如，刻意做大人禁止的行为，不管这个行为是否正确、是否符合自己的意愿；改变自己，时刻察言观色，只做他人认可的行为；多疑，对人挑剔，不信任他人等。而这些，与我们管教孩子的目的恰好相反。

我们必须理智地思考，明了长期严厉惩罚可能造成的严重后果，不要被孩子当时的"听话""改正"所迷惑。想要让孩子做得更好的有效方法，不是让他先压制他的本性，让他先拥有糟糕的人生体验，而是用正确的方式告诉他们什么是好，在日常生活中鼓励他们好的行为，让他们把这些好印在潜意识中，行事时以此为准则，摒弃不好的行为。

现实中，很多大人不懂得如何正确引导孩子，管教的方式在过度控制与过度娇纵之间来回摇摆，只考虑哪个方法管孩子有用，却忽略了管教孩子的目的——让孩子变得更好、更优秀。这些大人需要且必须明白，责难、羞辱、痛苦等从来都不是激励的手段，它们带给孩子的东西永远是负面的，而不会让孩子变得更好。

很多大人需要重新理解"管教"的定义，管教（discipline）来源于拉丁文 discipulus 或 disciplini，意思是"真理和原则的追随者"或"受尊敬的领导人"。"管教"的意义在于引导孩子们成为真理和原则的追随者，他们前行的动力必须来自自己，他们必须学会自律。而不管惩罚还是奖赏，都是来自外在的控制，不应该在管教一事中处于主导地位。

让孩子参与规则的制定

正面管教是以相互尊重与合作为基础的。正面管教将坚定与和善融为一体，在此基础上，基于孩子的自我控制，培养孩子的各项能力。在这一过程中，大人和孩子都是作为行事主体存在的，偏重哪一方，都会对最终结果有影响：偏重家长的权威，容易变成"严厉型"管教方式，反之则会陷入娇纵的旋涡。

当大人用过度控制的方法管教孩子时，孩子对自己行为没有太多的主导权，全靠大人的指令——"外在的控制"，为孩子行为产生的结果买单的是大人，孩子本身不需要负担任何责任。在这种方式下，无论是奖励还是惩罚，都是大人根据孩子的行为直接做出的决策，孩子行为的正确与否，都需要大人的奖惩作为提示。孩子在这种环境中，无法学会为自己的行为负责。

在"严厉型"的家庭中，是大人剥夺了孩子自己负责的权利，导致孩子推卸责任的意识养成。而在"娇纵型"的家庭中，无论是孩子还是大人，从一开始就漠视"责任"一词的存在，他们从根本上就没有负责的意识。

与另外两种方式不同的是，正面管教一开始就告知孩子"责任"的存在。为了让他们更好地承担自己的责任，大人需要也必须让孩子参与到规则制定的过程中来，因为，人更容易遵守由自己制定的规则。当孩子有意识地去承担自己该负的责任，学着对家庭、班级和社会有所奉献时，他们就会成长为有健康自我概念的高效决策者。这正是正面管教要达到的重要的、长期的效果。

在管教孩子时，大人可以根据下面四条标准确定自己的管教是否有效：

（1）和善是否与坚定并行？（是否给予了孩子足够的尊重？是否以正确的方式鼓励了孩子？）

（2）是否有助于孩子感受到归属感和价值感？

（3）管教结果是否长期有效？（惩罚仅在短期有效，但有长期的负面效果）

（4）能否教给孩子有价值的社会技能和人生技能，培养孩子良好的品格？（尊重他人、关心他人、善于解决问题、勇于承担责任等）

和善与坚定并行——正面管教的基石

"和善而坚定"是教育孩子时必须坚持的一种态度。"和善而坚定"意味着在管教孩子时，父母的态度是和善的，在孩子不听话或犯错误的时候，不直接发脾气，他们能够容忍孩子的缺点和错误，能够维持理智的心态，以一种平和的态度坦然面对。此时，父母对自己能教育好孩子有足够的信心和坚定的信念，其立场是毫不动摇的。

"和善"的重要性在于家长给予了孩子尊重，"坚定"的重要性则是家长对自己的尊重、对当时情形的尊重。"严厉型"管教方式通常缺少和善；"娇纵型"管教则缺少坚定。和善而坚定是正面管教的基石，是其根本所在。

在现实生活中，很多父母和老师，由于各种原因，对"和善而坚定"这种态度持怀疑态度。在孩子"惹恼"他们时，他们觉得不应保持"和善"的态度，而是训斥或惩罚孩子以维护他们的权威。这时的他们执行的是"双重标准"——要求孩子控制自己的某种行为，但却放纵自己发泄自己的不满。他们在当前这种状态下有多坚定，在冷静下来后，对孩子进行弥补时就有多和善。如果不做出一些改变，这种恶性循环在他们的生活中将永无停歇之时。

另外，很多家长对"和善"抱有错误的观念。有相当多的家长错误地认为，"和善"就是取悦孩子，在自己的能力承受范围内，满足孩子的所有要求，尽量不让孩子失望。这种理解是错误的，这是娇纵，而不是"和善"。"和善"意味着要尊重孩子，也要尊重自己。不让孩子失望，是娇纵的一种方式，它剥夺了孩子培养抵抗挫折能力的机会。家长要做的是用语言和行动表达对孩子感受的理解，表示对他抵抗挫折的能力的信任，并陪伴孩子度过抗挫时光。

现在，我们来看看怎样尊重自己。我们要明确一点，允许孩子对你（或者别人）不尊重，并不是"和善"。当然，这并不意味着你要用惩罚的方式来处理这种情形，因为惩罚本身就是对人极大的不尊重。那这时你该怎么办呢？

我们设定一个场景：某天，你为了孩子着想，对他提出了一个要求，但他拒绝了，并开始跟你顶嘴。在这个时候，"和善而坚定"的一种处理方式是你离开事件发生地，去另外一间屋子，自行调节自己的情绪状态。当你整个人平静下来后，找到孩子谈之前的问题。心情好了，事情才能做好。你要选择用恰当的语言、平静的语气跟孩子表达你对他的理解，告诉他的某些行为是不尊重他人的，而对于他不尊重他人的行为你是怎样处理的。然后，倾听孩子的想法，与他共寻最恰当的解决问题的方法。

值得注意的是，很多家长总是在生气的时候处理问题。而事实上，生气的时候是最不适合解决问题的时候，因为人在生气时是无法进行理性思考的，其时的行为是被情绪带动的，可能与人的本意截然相反。所以，在解决问题的时候，我们要先保证自己是冷静的，可以理性思考的，这样解决问题才有意义。这也是我们应该也必须教给孩子的一项重要技能。有时候，"决定你要做什么"比要求让孩子去做什么要好得多——至少在孩子愿意合作而不再和你较劲之前是如此。要记住：和善等于尊重。

那么，"正面管教"中的"坚定"又是什么意思呢？大多数的成年人习惯性认为"坚定"意味着惩罚、说教或者其他形式的控制。事实上不是这样的。

我们以给孩子设定限制为例。在教育孩子的过程中，为了保障孩子的安全，以及让他们尽快适应社会，多数父母会自行给孩子设定限制，然后自己承担实施这些限制的责任。但当大人们以说教、惩罚、控制来实施他们设定的限制时，往往会招致强烈的反叛和权力之争。这既不能保证孩子的安全，也无法让孩子适应社会。因此，我们必须换种方式，在设定和实施限制时，让孩子也参与进来。比如，家长和孩子可以举行一次小的家庭会议，设定孩子看电视、玩游戏、上网、做作业、社交等的限制。在家庭会议中，一定要让孩子多说，倾听他的需求，引导他明白限制的必要性和重要性，生活中需要哪些限制，以及每个人应该为实施限制承担哪部分责任等。

当限制设立好后，家长和孩子都要和善而坚定地遵守限制的内容。当孩子违反了限制时，家长既不要说教，也不要惩罚孩子，而要继续以尊重的态度对待孩子。要尽可能避免由家长来告诉孩子"发生了什么事""应该怎么办"。家长应用富有启发性的提问，引导孩子回顾事件发生的过程，分析在该事件中可以做哪些改变，以及如何在未来的时光里避免同样事件的发生。在这个过程中，家长要让自己更有耐心一些，不要尝试着代替或帮助孩子快速做出决断，而是让孩子仔细地去思考。

用正确的方式沟通

一个家庭中，管教孩子方面出现的很多问题是不恰当的沟通方式造成的。在教导孩子时，很多父母会有意无意地展示出高高在上的态度，用命令式的语气。这样的态度是无法帮助孩子学会独立思考的，父母需要学会倾听，与孩子进行有效的沟通。

倾听是父母最难学会的一种沟通技巧。下面几点建议，有助于你成为一个好的倾听者，帮助孩子成为一个更好的思考者。

问"启发式"问题

当孩子向父母求助时，太多的家长会略去与孩子沟通的环节，靠自己的经验阅历对孩子的问题做出判断，直接告知孩子这是怎么回事，对此应该有怎样的感受，后面应该做什么、怎么做。这种简单粗暴的方式固然解决了孩子当前的困境，却阻碍了孩子自行探索和发展自己的智慧、判断力、思考后果及承担相应责任的能力。家长的直接告知只能让孩子知晓面对当前局面该思考些什么，却无法让他们形成自己的思考模式，再次遇到棘手的事情时，他们依然会直接向父母或他人求助，而不是主动寻求解决方法。哪怕只是在学生团体中，只知求助而不会独立思考、解决问题的孩子，也很难获得归属感及团体认同。

更重要的是，只有你对孩子的问题产生兴趣，想知道孩子的想法和感受时，孩子才会对你敞开心扉，主动向你倾诉当前的困境：自己当前的情绪反应是怎么来的，具体发生了什么事，事情是如何发生的，自己有什么样的想法、要怎么做，等等。在你没有为倾听做好准备时，不要轻易问孩子具体的问题，因为你可能会因准备不足做出不适宜的举动、说出不合时宜的话。

通过询问孩子"发生了什么事？你认为为什么会发生这件事？你对这件事有什么感受？你怎样才能把这次学到的东西用于将来？"你可以快速获知孩子目前的困境，帮助孩子发展思考能力和判断能力。在整个沟通过程中，你将真实地感觉到孩子思维方面的成长，会由衷地为他感到自豪。

在倾听孩子的问题时，你要时刻记得这是你帮助孩子对事情进行彻底思考并了解自身感受的大好机会，切忌为自己辩护解释、对孩子进行说教。你可以通过提问帮助孩子对事情进行深入的分析，比如：

> 你能告诉我更多一些吗？
> 对那件事你还有什么想说的吗？
> 对那个问题你有别的想法吗？
> 你能想到更好的解决方案吗？
> 你有什么特别的发现吗？
> 还有呢？

多问几次"还有呢"是很有益的，这能启发孩子主动思考更多，直到你的孩子想不出更多要说的。要相信你在这方面的本能。当你的孩子在得到倾听和认真对待后，他会平静下来，冷静地回顾及思考，在知道需要考虑的都已经考虑过之后，感觉会好很多。你还可以问："你希望我帮助你用头脑风暴来找出解决问题的其他办法吗？"以此确认孩子是否需要更多的帮助，如果孩子没有请求你的帮助，就不要试图帮助孩子。

练习反射式倾听

让孩子感受到你正在倾听，并把事情想清楚的另一个方法，是反射式倾听——观察并倾听孩子的感受，将你听到的感受反射回去。当然，最好不要直接重复孩子说过的话，以免孩子觉得你在敷衍他。要准确表达出孩子的意思，以示你有认真地倾听，并决定帮助他。

举个例子——

孩子：我讨厌"小鸽子"！

妈妈：讨厌"小鸽子"——你最好的朋友？

孩子：是的，因为他跟别人偷偷议论我。

妈妈：他把不愿意当面跟你说的话，跟别人说了？

孩子：是的。

妈妈：我很高兴你把自己的感受告诉了我。要我抱抱你吗？

很多时候，家长的支持，哪怕只是一个拥抱，都比对孩子进行一次关于"如何努力做朋友、原谅对方、不记仇"的说教更有效。家长应该学着让孩子通过表达自己的感受，释放自己的不良情绪，慢慢地思考问题，找到解决问题的途径。在上面的例子中，孩子从妈妈那里得到了一个拥抱，也想到了解决问题的方法，而且，第二天他就去找自己的好朋友交谈并和好如初了。

感觉词汇的力量

孩子的知识、体验都是在长大的过程中一一积累起来的，在这个学习的过程中，家长需要细心关注孩子的疑惑和需求，在孩子需要帮助的时候，给予恰到好处的帮助。

与学习书本上的知识不同，对情感的感知、情绪的理解是比较抽象的。孩子有时并不明白自己的各种情绪是怎么回事，又从何而来，只会通过哭闹、摔东西等比较直接的方式宣泄出来。作为家长，遇到这类事情时不能单纯地对他的行为予以指责，而要通过他表现出的细节正确理解他的情绪是什么，并加以引导，帮助他明确自己的感受，用正确的方式排解自己的不良情绪。

在引导过程中，家长要准确地使用表达情绪的词汇。很多感受通常可以用一个词来描述，比如快乐、悲伤、苦恼、恐惧、烦恼、无助、羞愧等等。

举个例子——当你的孩子组装一个复杂的玩具时，因为看错图纸而无法拼出正确的模型，他苦于无法找到原因而烦躁、沮丧，大力地将一把零件丢出去，并粗鲁地拆解已拼好的部分。这时，家长首先要做的不是指责孩子的过失，而是要表达对他的理解，帮助他排解自己的情绪："你是因为玩具无法顺利组装在苦恼吗？当玩具无法成型时，你不喜欢它，不开心了，是吗？"

是的，孩子的行为表现的是自己的苦恼，尽管他可能并不知道这情绪是什么。当你跟他说话，明确说出这个词汇的时候，就是在教授他表达这一感受的词。当孩子知道你理解他，并准备倾听他的苦恼，他会开始向你诉说，也可能会主动寻求你的帮助。这时，你可以询问他的需求："你要再试着拼装一次吗？是否需要我帮你对照图纸帮你检查已拼装的部分？"

不只是在孩子需要帮助时，其他时候你也可以对孩子说出自己的感受。比如：当孩子打小狗小猫时，你要表示自己的担心而不是单纯指责他的行为："你打小狗的行为让我很担心，因为小狗有可能因伤痛而咬你，我希望以后你可以对小狗温和一些。"当孩子在学校获得某种荣誉时，你要告诉他，你表达出自豪感："你每天都坚持跑步，这次在校运会中拿到了冠军，我为你感到自豪，为了你得到的荣誉，也为了你的自律。"

倾听不代表沉默

很多人对于"倾听"这个词汇也有很大程度的误解，他们认为"倾听"就是坐在那里听着别人说话，自己不需要插嘴。这种观点是错误的，倾诉的过程是需要反馈的，倾听的人一言不发会无形中给倾诉的人很大的压力，反而不会继续说了。所以，当孩子跟你倾诉什么事情的时候，除了避免自己说教或主导谈话进程外，还要不时地回应"嗯""啊"之类的词，或者引导他继续说的问句，你会惊讶地发现，当你适当回应后，孩子会有更多的话要说。

用语言表示你在关注

不要拿已经知道答案的问题问孩子，比如"你的家庭作业做了吗？""你的玩具收好了吗？""你的足球袜洗好了吗？"这样问问题，除了一个固定的却不符合你期待的答案，你什么也得不到，既无法让孩子意识到自己的问题所在，也无法解决你的担忧。

在明知答案的情况下，你要做的是将自己的关注传达给孩子，并引导孩子进行自我的管理。比如"我注意到你的家庭作业还没写完，是遇到什么难题了吗，还是你有其他的计划？""该休息了，但我注意到你没有刷牙，现在去刷吧。""我看到你的玩具还没有整理，我记得上次你因为没整理，找心爱的小汽车时花了不少时间。你是现在去整理，还是过会儿整理？"

如果你的孩子说："我做过了。"你可以说"我弄错了"或者"很好，可以邀请我看一下成果吗？"如果孩子是在欺骗你，那你需要解决就是权力之争或互相伤害的问题了。

开始正面管教

在实施正面管教方式之前，我们应该确立并记住自己的目标——你到底想让孩子得到什么，让他成长为什么样的人？每当我们要求父母和老师们写一张清单，列出他们希望孩子拥有哪些品格时，他们想到的是下面这些品质：

礼貌　诚实　耐心　正直　智慧　好学　自律
合作　幽默　有耐心　正视自我　有责任感
控制自我　关心他人　思维开阔　客观思考
热爱生活　解决问题　接纳自己和他人
尊重自己和他人

当然，好的品格不止以上列出的这些，你可以将自己希望的补充上去。在践行正面管教的过程中，将这些品格记在心里，在实施过程中去检视成果。当孩子们积极配合你，参与到互相尊重、注重解决问题的正面管教中来的时候，他们便会慢慢培养出这些优秀的品格来。

第二章　矫正错误的观念

赢得孩子

在孩子与父母的交流过程中，很多时候，家长的行为实质是用各种手段"赢了"孩子，比如：强制孩子听从家长的安排做事，而不听孩子的声音；逃避孩子的亲近，以保证自己的独处时间；诉说自己的良苦用心，让孩子为自己的付出让步……时间久了，父母与孩子之间的交流便形成了固定模式。这时，我们发现，所有的问题还存在于生活的各个角落里，并没有得到真正的解决。而且，孩子的不良行为比以前更甚；孩子与父母之间的关系变得很紧张，距离也越来越远了。

如果家长与孩子陷入"对错""公平"的争论里，最后的结果必然是两败俱伤的，原本一颗灰尘大的小事，也可能扩散成不可收拾的局面。

我们来看一个事例。

浩然的爸爸是一家公司的高管，尽管每天的工作都很忙，他仍与儿子约定每周抽出一定的时间与他玩耍。

一天，浩然与爸爸相约晚上7点去社区网球场打球。可是，过了约定时间很久了，爸爸还是没有回来，也没有给家里打过一个电话。浩然感到很生气，也很难过，觉得爸爸不守信用。而爸爸呢，一边急急忙忙地赶工作，一边想着如何向儿子解释自己的失约行为——就是没想到提前往家里打个电话。

终于，在晚上9点的时钟响起时，爸爸走进了家门。尽管社区网球场10:00才会锁门，但浩然也不能去打球了——他休息的时间要到了。长时间的等待，浩然已经很烦躁了，他听不进任何解释了，他只想着是爸爸的失信毁了本可拥有的美好时光。爸爸则觉得自己已经很努力地加快工作的步调了，而且也向孩子解释了原因，应该获得孩子的谅解。

终于，父子之间的"大战"爆发了：爸爸觉得浩然在无理取闹；而浩然显然觉得爸爸失信在先，发脾气在后，这对自己相当不公平。两人你一句我一句地争论不休，最终不欢而散。

你是否觉得这个事例很熟悉？其实，这样的事例在生活中经常发生。我们身边很多的父母都像事例中的浩然爸爸一样，在与孩子之间有矛盾后，首先要让自己"赢了"孩子，然后借此告知孩子某些道理。但是，"赢了"孩子并不等于"赢得"孩子。因为，家长总通过控制、惩罚等方式去赢孩子，以为这样孩子才会听自己的，却会导致孩子成为失败者，当孩子感到自己总是失败的时候，要么会愤而反抗，要么变得盲目顺从。

如果换一种方式呢？如果家长以尊重的态度对待孩子，相信他有能力与大人合作，并允许他们付出自己的力量时，家长就可以赢得孩子。

　　在上面的案例中，浩然"无理取闹"是因为他的需求没有得到满足，他希望得到爸爸的倾听和理解，而不是他的自我辩护。这个时候，作为家长的爸爸的正确做法是，不辩解自己当天的工作如何忙碌，先表达对孩子的理解："爸爸知道，今天没有按时赶回来同你打网球，你很生气，也很难过。"接着，爸爸可以跟浩然分享自己的同等遭遇，说说自己当时的感受。这时，孩子可能会对你的遭遇产生极大的兴趣，知道你能理解他后，会详细述说自己的感受，并提出自己的诉求。

　　做到以上两步，孩子心里的负面情绪便基本解决了。这时，家长可以将孩子在与自己吵闹时，自己心里的感受讲出来："当你向我哭闹的时候，我也觉得很沮丧。我因无法准时回家感到很不安，在工作的间隙、回家的路上，一直想可以做点儿什么补偿你，可是你的做法让爸爸有些不知所措。"这时，家长的话语中是有一些辩解的成分的，但如果家长的态度是真诚、友善的，那么孩子也愿意倾听。

　　接下来，家长就可以与孩子专注于解决问题了。事情发生以后，为了这件事情争吵便变得毫无意义，重要的是如何避免同样问题的发生——这需要家长与孩子的共同努力。

　　专注于解决问题，会将家长和孩子从负面情绪和追究责任中解脱出来，让彼此将更多的精力用于合作，找到解决问题的方法。同时，家长与孩子都会在事件中成长，慢慢学会把投入无意义事情中的时间和精力收回来，做更多有意义的事。

　　下面是"赢得合作的四个步骤"，这是一个能营造出孩子愿意听、愿意合作的气氛的好方法，当你掌握了这个方法，你便"赢得"了孩子。

（1）表达对孩子心理感受的理解，且需要向孩子核实你的感知是正确的。

（2）表达对孩子感受的同情，分享你的同等遭遇，并告知孩子：你的感受是被理解的，但某些行为并不妥当。

（3）向孩子表达你的感受。当然，进行这一步的前提是，你真诚而友善地进行了前两步。

（4）专注于解决问题。已经发生的事需要如何补救？如何避免以后再出现同样的问题或事件？先问问孩子的想法，家长也适时提出一些自己的想法或建议，直到双方达成共识。

正确认识自尊

自尊，是一个人基于自我评价产生和形成的一种自爱、自重，并要求受到他人、集体和社会尊重的情感体验，会随着自己当前的情况或者对自己当前境况的信念变强或变弱。

生活中，即便是一个孩子，他的行为也会受到来自各方面的评价，而这些评价或多或少会影响到他的自尊。当人们告诉孩子们他们很特别时，孩子们学会的可能是依赖外界的认可或一些肤浅的话使自己自我感觉良好；相反，当外界对他们的评价是负面时，他们会因此对自己产生怀疑，去寻求各种得到他人认可的方法。当我们认为自己能够给予孩子自尊时，实际上已经开始对孩子的伤害。而这场"给孩子自尊"的活动从未停止，内容包括赞扬、评星、让孩子做"今天最重要的人"等等。

当然，成人对孩子做出各种评价的活动可以是好玩而无害的，只要孩子不会认为自己的自尊取决于他人的评价。如果孩子如此认为，他们就可能变成"讨好者"或"总是寻求他人的认可"。他们会慢慢学会时刻察言观色，由他人的反应判断自己的行为对错，放弃自我评价和内省。他们会变得没有"自尊"，时刻以他人的行为为导向：昨天，可能因为自己的良好表现沾沾自喜，觉得自己很伟大；然后犯了个错，并开始自责，或者听到来自外界的负面议论，自尊便瞬间消失了。

作为家长，我们能为孩子做的最有益的事情，就是引导他们学习各方面的知识，培养他们的各种人生技能，让他们对自己有清晰的认知，而不是时刻依赖他人的赞扬或批判。当孩子犯错误时，我们要做的是引导他把这当成是学习的大好时机。我们要允许孩子经历失败，鼓励他们从事件中去寻求解决问题的方法。当孩子学会如何正确自我评价，学会正确面对失败和困境，他的自尊便不再受外界所扰。

归属感和价值感

婴儿时期，人每天的活动是学习坐、爬、站、拿东西、说话等生存技能。大人逗得他们开心，他们就开怀大笑；相反，他们便号啕大哭。以至于人们一度认为，人的思考是在成长过程中学会的，在婴儿时期是不会思考的。

事实上，人从出生时就开始思考了，他们通过观察他人与自己的互动、他人如何看待自己、他人如何看待世界，来形成自己对人和世界的初步认知及对待世界的态度。

人的行为取决于所处的社会环境，其一切行为都是以结果为导向的。一个新生命降临世界，他在成长的过程中，随时随地都在做着某些决定，并逐渐形成自己对自己、对世界及对应该做什么才能求存或成长的信念。"求存"状态时，人每时每刻都在追求归属感和价值感。归属感是一个人作为社会的一员最基本的要求，他需要感受到自己融入一个家庭、一个集体或一个社会组织，并在其中找到属于自己的位置，并且奉献出自己的力量。

也许有人会认为，孩子本来就是家庭的一分子啊，而且因为他小，家里所有人都对他很宽容，将他放在最重要的位置，他根本不需要找寻自己的位置。但很显然，这只是大人的观点，孩子并不是这样想的。孩子对世界的认知还不完全，表达能力还有所欠缺，但同时他们却具备了最敏锐的观察力，最快速的反应速度——孩子一般是凭借自己的直觉做出判断、决定的。

在生活中，很多家长都有这样的经历：

　　爸爸妈妈工作或生活中发生了一些意料之外的事情，他们不能独自做决定，而是需要彼此沟通，想办法让家庭利益最大化。在爸爸妈妈沟通的过程中，旁听的孩子想到了一些点子要跟爸爸妈妈说。此时，爸爸妈妈正为没办法达成共识而焦虑，孩子的行为无异于"火上浇油"。爸爸妈妈认为孩子在故意捣乱，强硬地把孩子带离当前场所，让他自己学习、玩耍。而孩子会觉得自己为家长分忧的行为是不被理解的，想方设法地要获得家长的认同。

　　很多爸爸妈妈在要第二个孩子的时候，是不会与第一个孩子沟通的。当二宝来到家庭之后，爸爸妈妈把更多的精力放到二宝身上，忽视了大宝。令人惊讶的事情就这样发生了：大宝的自理能力变弱了，会更黏妈妈，要求听睡前故事，更加爱哭闹，等等。这时的爸爸妈妈往往会觉得大宝在无理取闹，并严厉地批评大宝的行为，要求他乖一点儿。

　　孩子为什么会做出这些举动呢？其实，这些行为的背后只是孩子向父母传达的一个简单信号——我也是这个家庭的一分子，我想确定我是被需要的。当父母真诚、确实地回应孩子的诉求时，孩子的这些行为自然就会消失，家庭氛围也会变得温馨和睦。

　　其实，回顾我们自己的成长经历，就会知道有归属感、感觉被爱着对一个人来说有多么重要。当我们成为集体中的一员时，我们最想要的是被宽容地接纳，不被排挤、孤立，有属于自己的位置，被需要，能体现自己的价值。当他人对自己态度不友好时，我们会察觉他们讨厌的情绪，会因此检视自己是否有做得不妥当的地方，会对自己在集体中的作用产生怀疑，甚至拒绝再为集体发挥自己的作用。

价值感对人也是非常重要的。无论是大人还是孩子，无论是男人还是女人，在一个集体中时，都希望自己是有用的，是被需要的。自己的付出对他人、对集体有作用，这是一件非常值得宽慰和高兴的事。对于成人来说，获得这种价值感相对容易一些，他们的能力早已得到验证，且知道自己所在的集体需要自己做什么，只要有针对性地付出就可以了。

但是，对于孩子来说，很多时候，他们都被剥夺了追求和体现价值感的机会。在家庭中，隔辈的长辈过度代劳，亲近的父母对孩子没有足够的耐心，无法相信孩子的能力，让他们去尝试和表现自己的实力；在学校里，老师给予孩子更多的是学习上的引导，而不是处理事务。当孩子试图体现自己的价值，做出一些看似笨拙、让人很烦恼的行为时，家长和老师往往持批评的态度，以"对孩子好"的方式给孩子造成很大的伤害。

在市场上，我们看到的儿童文学作品与绘本故事里，经常会有体现"孤独"这一主题的表述。在生活中，孩子的这些体验往往是大人无法理解的，甚至用粗暴的方式压制孩子。

事实上，这些吵闹的、不可爱的孩子，往往是更需要成人理解和关爱的孩子，他们需要成人给予更多的关注，需要确实地感受自己被看见、被需要、被接纳。当感受到爱、体现出自己的价值，他们便会停止自己的不当行为，更加努力地去扩展自己的能力，为家人做出更大的贡献。相反，他们会耗费相当大的精力去寻求自己的价值感和归属感，且通常是用不妥当的方式去实现自己的目标。

社会责任感

阿尔弗雷德·阿德勒曾提出一个"Gemeinschaftsgefühl"的概念，意为"关心照顾我们的同伴，并对社会环境积极关注，真诚地为之做出贡献"。我们可以将之理解为"社会责任感"。下面这个故事很好地呈现了"社会责任感"的含义。

从前，有一对兄弟共同享有一个农场。贫瘠的土地和常年干旱使兄弟二人的生活异常艰难，但他们始终均分收成。兄弟二人中，哥哥已经成家，且有了三个孩子；弟弟始终是独身一人。

又是一年的丰收季，兄弟二人又要分收成了。前一天晚上，哥哥辗转反侧、难以入眠，他想着弟弟一直没成家、没孩子，等老了没人照顾，需求比自己多些，想着将收成的三分之二给弟弟，自家只留三分之一。弟弟这天晚上也久久难以入睡，因为他也认为均分收入不太公平，他觉得哥哥一家人多，付出的劳动也多，应该多拿一些。

第二天分收成时，兄弟二人各自述说了他们认为更公平的分法。

以上就是社会责任感起作用的一个例子。事例中的兄弟二人想重新分配收入，是因为他们都关爱自己的亲人，并没有想到自己所得多少的问题。

在家庭教育中，培养孩子的社会责任感是极其重要的。如果孩子只知道闷头学习书本知识，而不学习成为对社会有用的一员，他的所学将毫无用武之地。不要替孩子做任何他自己能做的事情。原因很简单：当我们替孩子做得过多时，就剥夺了孩子通过自己的体验发展出对自己能力的信念的机会，孩子会认为自己被照顾是理所当然的，他不需要做这些事。

要培养孩子的社会责任感，首先要让孩子正确认识自己的能力，教导他依靠自己的重要性。然后，他们才可能做好帮助他人、奉献社会的准备，当能帮助很多人时，他会由衷地为自己感到自豪。如果大人总是扮演"超级爸爸""超级妈妈""超级老师"的角色，就会在无意中扭转孩子的观念，他们会认为自己是高高在上的，会期待整个世界为他服务，而不是自己服务于这个世界。如果他们的意愿得不到满足，就会认为不公平，会为了这种"不公平"以某种伤害性或破坏性的行动寻求报复，直至达成他们的需求。当然，当他们报复这个世界的时候，他们自身也会承受相当的或更多的伤害。

与上面的情况相反，有的家长和老师因为过于忙碌，没有时间教导孩子，忽视孩子的成长，这些孩子很难培养出好的品格、获得社会和人生技能。可偏偏是这样一群成年人，为了孩子的"不成器"时时抱怨，却从不知反省自身：如果自己做得不好，如何为孩子树立榜样？如果自己不从旁教导，孩子的技能从何学起？如果对孩子疏于管理，如何确保孩子所有的行为都是可控的、恰当的？……他们总是在"责备"孩子，却从来不想去承担自己应尽的职责。

正面管教倡导培养孩子的社会责任感，帮助大人和孩子走出这种恶性循环。父母和老师常常不去考虑，他们为孩子做的很多事情，孩子都可以独立完成。他们总是代劳，却不教导孩子可以用自己的力量为家庭、班级做出相应的贡献。如果我们问老师：你在班级里做的多少事情是可以由孩子们来做的？老师可能会列出一份很长的清单。而我们问家长：你为孩子做的哪些事情，是为了省事而不让孩子自己做的？这些事情在你为孩子做的事情中占据多大的比例？相信结果依然是让我们震惊的。

在我们的日常生活中，我们要谨记：让孩子参与到生活的各个环节中来，培养他独立处理事务的能力，教给他人生技能，适当分配给他一些任务，让他体验社会责任感。"归属感""价值感""社会责任感"，在孩子的成长道路上同等重要。

做比说更重要

人有两种语言，一种是嘴中说出的语言，另一种是行动的语言。有的时候，人说着一番话，行动传达出的却是与这番话不同的意思。所以，如果想要了解一个人，要多注意看他的实际行动，而不是听他说了什么；而想传达给别人某种信息，重要的是你做什么，而不是看嘴上说了什么话。在一个家庭中，也是如此。

在我们的生活中，经常出现这样一个情景：

孩子在房间里看书、做家庭作业，爸爸妈妈却在客厅中看电视、讨论事情。电视节目的声音、父母说话的声音常常吸引走孩子的注意力，他迫切地想获知电视上演的什么、父母又讨论了什么，于是从房间走到客厅，想要融入其中。然而，当他出现在父母面前，父母会对他说："你怎么出来了？作业做完了吗？明天的课程预习了没有？小孩子家哪那么多好奇心，回去看你的书去！"孩子受挫，垂头丧气地回到房间，心不在焉地翻书、做作业，而客厅中的父母却像是什么事都没发生，继续看电视、讨论事情。

这种场景，很容易让人想到一则年代久远的公益广告：

晚上休息前，年轻的妈妈端来洗脚水给自己的母亲洗脚，愉悦地谈论事情。当妈妈忙碌完回房间时，身后传来蹒跚的脚步声和水泼到地上的声音。妈妈回头一看，原来是幼小的儿子，他正端着满满的一盆水，抬头看自己："妈妈，洗脚！"幕后传来话外音：中华美德，代代相传。

美德是代代相传的，我们都知道。但是，相反的，父母无意做出的一些不好的行为，也是会被孩子学到并应用到生活中的。因为，孩子每时每刻都在观察、模仿大人的行为，并将之用于实践，借此提高自己的生存生活技能。特别是对于亲近的人——父母、祖父母、外祖父母、老师等，孩子会完美地复制亲近的人的生活细节，不论是好的还是不好的。大人的一举一动都是孩子的行为标准，是对孩子无声的教导。

心理学家的调查显示，将近80%的孩子会将父母的言行作为自己处事的标准，孩子从父母身上学会的某些习惯和处理态度，终将影响孩子的一生。

有一个关于钓鱼的故事，相信很多人都不会陌生：

鲈鱼捕捞开放日的前一天，11岁的詹姆斯和父亲到家附近的湖中小岛上钓鱼。

到了地点，詹姆斯与父亲分别放好鱼饵，然后举起鱼竿，把钓线抛向湖中。他们在湖边一直待到月上树梢，湖面变得银光闪闪。

突然，詹姆斯的鱼竿剧烈地抖动了一下——一个大家伙上钩了。他小心翼翼地一收一放，熟练地操纵着。也许是鱼急于摆脱鱼钩，不停地甩动着鱼尾并跳跃着，湖面上不时发出"啪啪"的声音，溅起不少水花。等那条鱼挣扎得筋疲力尽了，詹姆斯迅速把它拉上岸来。那是一条很大的鲈鱼——詹姆斯从来没有见过的大鲈鱼。詹姆斯和父亲欣赏了这条漂亮的大鲈鱼很久。

父亲划着了一根火柴，看了看手表，这时已是晚上十点，距离开放捕捞鲈鱼的时间还有两个小时。父亲盯着鲈鱼看了好一会儿，然后把目光转向了詹姆斯："孩子，你得把它放回湖里去。"

"爸爸！为什么？"詹姆斯急切地问道。

"你还会钓到别的鱼的。"父亲平静地说。

"可是不会钓到这么大的鱼了。"詹姆斯大声争辩着，哭出了声。

詹姆斯抬头看了一下四周，到处都是静悄悄的，皎洁的月光下看不见其他人和船的影子。于是，詹姆斯再次把乞求的目光投向了父亲。

但是，父亲坚持自己的意见，詹姆斯只好听从。他慢慢地把鱼钩从大鲈鱼的嘴唇上取下来，依依不舍地把它放回到湖里。大鲈鱼有力地摆动着身子，一转眼便消失在湖水中了。

此后的很多年，詹姆斯都没有钓到过那么大、那么漂亮的鲈鱼，但他一直感激于父亲当年的坚持。成年后的詹姆斯已成为一位著名的建筑设计师了，在他的人生旅途中，不止一次地遇到了与那条鲈鱼相似的诱惑人的"鱼"。每当他一次次地面临道德抉择的时候，就会想起父亲：道德只是个简单的是与非的问题，实践起来却很难。

　　父母对孩子的影响是巨大的，其行为举止潜移默化地影响着孩子，小时候的孩子是踩在父母的脚印上一步步前行的。如果父母为孩子制定出一系列的规则，自己却做不到的话，是无法对孩子产生正面影响的。只注重言语而忽视表率作用的管教毫无意义，反而会对孩子的成长产生负面影响。

　　所以，作为孩子的父母，行动起来吧。改正自己的不良习惯，提高对自己的要求，用自己的优秀行动为孩子做表率和榜样，身体力行地影响孩子吧。

犯错没有那么不可原谅

"人非圣贤，孰能无过。"这句话我们经常听到，但生活中我们却偏偏是另一副样子。不知何时起，"犯错就要羞愧""要做完美的人"一类的观念变得深入人心，仿佛"犯错""不完美"是不可原谅的。我们明明知道世界上不存在完美的人，却总在这样要求自己和他人，特别是孩子。

回顾自己的童年，或许我们会发现一些以前从没发现的信息。当我们犯错时，我们得到的也许是自己愚蠢、无能、没出息的结论。当因犯错被严厉斥责，想自己未来该如何时，我们通常会有两种表现：要么是认定自己是无能儿或坏蛋，再难有起色；要么是觉得很害怕，为了不再受辱，做事保守，不再冒险，慢慢变成一个"讨好者"。当然，胆大的孩子或许会为了掩盖自己的错误，想尽一切办法避免自己做错事被抓到。……不管如何，这些信息都不是我们想传达给孩子的，我们要传达的应该是更积极向上的信息。

其实，在我们小时候，父母和老师就我们犯的错误向我们传达这些信息时，常常是好意，他们试图激励我们为了自己做得更好些。在他们一点一滴向我们传达这些信息时，并没有花时间想想这种方式造成的长期后果。当我们有了孩子，大多也会采取同样的方式对自己的孩子：以"让孩子害怕"的方式教导孩子。仿佛不使孩子做得更好，自己就没有尽职一样。我们担心邻居、老师、孩子同学的家长如何想，而忽略孩子会从中学习到什么。还有人担心如果不用"让孩子害怕"的方式，就无法教导好孩子；担心如果不让孩子遭受责难或痛苦，就是在娇纵孩子。实际上，这些担心很多是因为父母不知道应该怎么办了，他们只是在用这种方式确定孩子还在自己掌控中。

那么，除了控制孩子，还有别的办法能让孩子做得更好吗？有的，那就是我们要学会激励自己，让自己接受自己的不完美，也要教会孩子学会把犯错当成一个难得的学习机会。在孩子犯的多数错误中，我们是难辞其咎的，我们没有花费时间、精力训练并鼓励孩子。我们总是惯于用严厉的语气和难听的字眼激起孩子的反叛，而不是用温和的方式鼓舞他们进步。我们要勇于接受自己的不完美，并告诉孩子，以便让孩子放松自己，切实地感受到犯错是一个学习的好机会。

孩子们在家庭会议和班会上比较容易放松，更易学到并练习如何把错误看作学习的机会。很多家庭发现，人在晚餐时比其他时候更放松，这时让每个人说出自己当天犯的一个错误，以及自己从中学到了什么，是个很有益的方法。有些老师会在一次班会上专门腾出时间，让每个学生说出自己最近犯的错误，以及从中学到了什么。孩子们每天都需要看到犯错误的价值所在，并且在一种友善的环境下，从错误中总结学习。

那么，作为家长的我们要如何改变自己对犯错误的任何负面观念，为孩子树立"不完美"榜样呢？这里，我们需要用到"矫正错误的三个R"，这是树立"勇于不完美"榜样的一个绝佳方法。

矫正错误的三个 R

承认（Recognize）——"呀！我犯了一个错误！"

和好（Reconcile）——"我需要向你道歉。"

解决（Resolve）——"让我们一起来解决这个问题。"

当我们仅仅将犯错当成一个学习机会时，承担自己犯下的错的责任就变得易于接受了。当我们将犯错当成坏事时，我们会为自己辩解、推脱，会沮丧、灰心，对自己下不恰切的判断，变得好批判。相反，当我们把它当成一个学习的机会，承认错误就变成了学习过程中一个容易过的关卡，我们更感兴趣的是"我能从中学到什么"。所以"自我原谅"是"矫正错误的三个 R"中第一个 R（即承认）的一个重要因素。

在孩子成长的过程中，你是否曾对孩子说过"对不起""妈妈错了"之类的话？还记得孩子怎么回答你的吗？是的，他们的回答是直接而简单的："没关系，妈妈 / 爸爸 / 老师。"孩子的世界就是这样单纯而美好的，当你做出不尊重他的行为时，他会非常生气，甚至吵闹、摔东西，一旦大人说出"对不起"一类和解的语言，孩子瞬间就将之前的不快抛诸脑后了。

"矫正错误的三个 R"中的前两个——承认与和好，是为第三个 R 服务的，前两个 R 营造出的是一种积极的氛围，非常有利于解决问题。我们都明白，在充满敌意的气氛中试图解决问题是不明智的。

在一个充满敌意的氛围中，即便明白怎么做是对的，身处其中的我们却不一定能照做。我们很容易被当前的氛围所扰，让情绪左右，失去正常的理智。我们此时的大脑是无法好好思考的，做出的行为也是下意识的行为，没有经过深思熟虑。而接受并运用"正面管教"的方法，能极大地降低同类情况的发生；正确运用"三个 R"，不论我们会犯多少错误，不管这些错误造成了什么样的麻烦，我们总能从中学习，让事情往更好的方向发展。

我们应当相信，当大人为自己的行为造成的冲突承担起责任时，孩子很容易接受这种结果，通常也愿意仿效大人做出的榜样，承担起自己的责任。当孩子有承担责任的榜样时，他就会学着承担责任。

把爱准确地传达给孩子

在这个世界上，没有父母不爱自己的孩子，也没有父母会否认孩子在家庭中的重要地位。但是，我们很难想象，孩子从出生开始就在思考这样一些问题：在这个家中，我是什么样的角色？我通过什么样的方式才能成为其中一员，并占据重要位置？家里的人们是否爱我？

"爱孩子"在大人来看是毋庸置疑的、显而易见的。那为什么孩子会产生疑问呢？因为他们的观察太敏锐了，且能第一时间凭直觉给出非理性的判断。举个例子，当孩子需要父母时，哪怕父母迟了一两分钟，孩子也会"胡思乱想"，他们直觉上认为父母觉得自己不重要，不爱他，总是忙着自己的事情。在这样的情况下，孩子会想方设法做点儿什么来引发父母的关注，用以验证自己的判断是否准确。

对于孩子的这些小心思，作为父母是不了解的，其实可能孩子自己都意识不到自己种种试探行为的意义，他只是凭着直觉在行动。于是，当孩子不断地在房间制造出各种声音，做出各种各样的举动时，父母安慰后也无明显好转。父母会觉得十分沮丧，他们会觉得自己的教育有些失败。

在父母的认知里，孩子的这种表现是令人困惑的：我们懂得爱孩子，懂得各种优秀的育儿方法，为什么当问题产生时，我们的爱却解决不了这些问题？其实，只是父母把爱的传递路径搞错了——他们的爱没有送到孩子心里。当孩子的精力集中在寻求爱和关注这件事上，而不是跟家长合作解决问题时，父母的任何科学的育儿方法都会失效。

如果问家长：与孩子相处，最让你抓狂的是什么事？一定有很多家长会说："陪孩子写作业。"为什么呢？因为很多家长在陪孩子写作业时，总是把更多的精力放在孩子完成作业、做好作业上，从而忽略孩子的心理状态和诉求。家长通常的做法是直接指责孩子哪里不对，应该如何做，而不是倾听孩子的想法，如此，双方的矛盾即时激化。在这样的情境下，孩子接收到的内容更多的是家长的指责、辱骂，而非爱意。

在与孩子的相处过程中，成人要放低自己的身段，在纠正孩子的错误前首先要把爱传递给孩子。与孩子说话时，视线要尽量与孩子持平；如果自己做错了，即便对方是孩子，也要向他道歉、承认错误；及时给予孩子爱的拥抱；耐心倾听孩子的心声，然后再表达自己的观点；不要总说"我早就提醒过你""早就说你要听我的"这类的话去责难孩子；尽量控制自己的情绪，在冷静下来后再同孩子一起处理问题……

在实际生活中，孩子不良行为的出现，与大人的某些行为是存在直接联系的，当大人做出改变后，孩子的行为自然而然就修正过来了。有时，仅仅是家长态度的转变让孩子感受到了爱，孩子就愿意改变自己的行为。家长在转变自己看待问题的角度后，会变得更容易接纳孩子，更愿意成为孩子的助力，鼓励他与家长达成合作；而孩子也变得更愿意敞开心扉，向家长表达自己的意愿，正视正在发生的事，改正自己身上的错误，并从中有所收获。

第三章　每个孩子都很独特

世上没有一模一样的孩子

出生顺序对孩子的性格、处事方式有影响吗？答案是肯定的。基于以前的经验阅历，人们会对孩子出生顺序所致的影响有一个武断的判断，如：老大有担当，或专横，或挑剔；老二心眼多，城府深；老三是个机灵鬼；老幺是个娇气包，被长辈宠坏了；独生子娇贵，不懂得分享……当大人面对一个孩子时，可能会因他的排行，对他的品性、为人做出判断。但是，这样的判断是不全面的、不够准确的。

基于自己对身边事物的观察、对生活经历的了解，孩子对自己、他人以及这个世界会逐渐形成自己的一套观念，并以此指导自己的行动。当身边有同龄人时，孩子会自发从各方面与之相比较，尽管有时候这种比较非常没有必要。如果发现自己的兄弟姐妹或其他同龄人在某方面比自己好时，他会有一个很大的心理落差，为了取得家长的另眼相看——孩子认为这很重要——会从以下四项中选择一项实施：

（1）在一个与众不同的方向努力，直到家长认可他在该方面的能力

（2）在同一方向发展自己的能力，与其他孩子竞争

（3）觉得自己怎么努力也没有用，选择放弃努力

（4）觉得自己不受重视，反叛或报复

无论从哪个角度看，以上四种选择的最终结果都不算太好。

每个孩子出生后都会在家庭中找寻属于自己的独特位置，在找寻过程中会形成相应的性格特征。当有一个孩子先找到了自己的位置——如"倾听者"，其他孩子可能觉得找到其他的位置是非常必要的——如"演讲者"等。对于这一点，大人觉得难以理解，他们认为孩子完全可以一样好，而不是各自分担"职责"。

作为家长，我们有必要注意到一件事：任何常规都会有例外。在一个家庭中，大多数情况下，孩子们趋向于在同一方面表现得出色，这样家庭氛围会更加和谐，而不是变得紧张。但有的时候，孩子们会注意到出生顺序引发的一些"不公平"，他们希望提升自己在家庭中的归属感和价值感，会努力表现出更多的能力，让家长发现自己是特别的、独一无二的。即便家长就这件事情与孩子沟通过，也很难理解孩子这么做的必要。

在同一环境成长起来的孩子，身上会有很多共性的东西，比如性格、行事准则、生活习惯等。但事实上，来自不同家庭的孩子，假如他们的出生顺序相同，身上也会有很多相似之处。同一家庭长大的孩子，其相似之处是比较浅显的，比如容貌、饮食、喜恶等；但因与其他兄弟姐妹有对照和比较，他们对同一事物、事件的理解更易成为不同的样子。而同一出生顺序的孩子，即使生活在不同的家庭中，他们在家庭中承担的角色、与家人相处的感觉是趋同的，比如：同为家庭中第一个孩子，他们都会感受到来自家人的沉重的关爱；被委以承担家庭兴衰荣辱的大任；获取

最优的资源；照顾后来出生的弟弟妹妹等。当面对同一事物或同一事件时，他们的理解、处理方式反而会是相同的。

　　当然，出生顺序只是影响孩子个性发展的一个重要因素，而不是唯一的因素。我们无须以此作为认识、理解孩子的万能工具，把孩子的行为往模子里套。但我们可以将它作为一个工具，以便更好地了解孩子行动背后的含义，更好地与孩子互动。

出生排序对孩子的影响

排行最大的孩子

作为一个家庭中第一个出生的孩子，他们是在所有长辈的期待中来到家中的，他们之间的相似性是在预料之中的。

沉稳、责任感

当一个家庭中有第二个孩子时，第一个孩子都会被要求谦让、照顾较小的孩子，时间久了，即使原本很活泼，第一个孩子也会比其他的孩子更沉稳，更有责任感。

领导者

作为家中最大的孩子，在陪伴弟弟妹妹的过程中，不只要照顾他们，还要约束他们的行为，如不做危险的事、打闹要适度等。随着孩子们一天天地长大，这种领导特质会自然而然地出现在老大身上。

专横、完美主义、挑剔

在第二个孩子出生之前，老大是家中唯一的孩子，他所获得的爱、受到的关注来自家中所有的人，他很自然地将这一切认定是专属自己的。当老二出生后，老大会认为自己的东西被分走了，会生出抢夺的心思，如果大人不干预，这种霸道专横的性子会日益变得严重。

同时，为了"夺回"家人的爱和关注，老大也可能对自己更加严格，让自己一天比一天更好，对于自己、他人做的不好的方面容忍度却会变低，成为一个刻意追求完美、十分挑剔的人。

好胜

当有第二个以及后面的孩子出生后，家长会要求老大为其他孩子做榜样；同时，老大也有意识地认为自己应该做孩子中最优秀的那一个。所以，在所有的孩子中，老大往往是好胜心最强的一个，他们错误地认为自己要保持自己是第一或最好的，这样才显得自己在家中是独一无二的，是不可或缺的。

规避风险、保守

作为第一个出生的孩子，在遇到有风险的事情时，他们会做出保守的举措，尽量规避风险。这不是因为他们没有承担风险的能力，而是因为，在承担风险之外，他们还有其他的责任。而且，在孩子中，他们是最大的，前行路上没有哥哥或姐姐在前引领，他们不敢做超出自己能力范围的事情。

当然，老大身上的特点并不只出现在第一个出生的孩子身上。独生子，同时也是一个家庭中第一个孩子，只是他们没有其他的弟弟妹妹，所以个性方面与老大有很多共通之处。不过，有时候也可能更像老幺。

排行中间的孩子

因为每个孩子的家庭状况都不一样，且其家中孩子的数量也不同，要概括出所有排行中间的孩子的特征几乎是不可能的。即便如此，他们仍有一些比较相似的地方，比如他们常常感觉自己处于中间受到挤压，既没有老大拥有的特权，又没有老幺的优待。这种感受让孩子们比较容易形成一种错误的理念——必须有别于其他兄弟姐妹，且表现突出，才会受到家长的重视。

排行中间的孩子多数比其他兄弟姐妹更随和，很能同情弱者。

他们常常是很好的调解者，也容易获得他人的信任和依赖。

在排行中间的孩子中，还有一个比较特别的存在——老二。在排行中间的孩子中，老二是最年长的，家长也很喜欢将老大和老二放在一起比较。因为老大是家庭中第一个孩子，从出生起就备受关注，家长在将老大老二做对比时，可能会无意中偏心老大，即便老二与老大同样优秀，甚至更为优秀。而在老大之外的孩子中，老二又是最大的，家长会要求老二给更小的孩子一个好的榜样，这无形中提高了对老二的要求。在这样的氛围中长大的老二，在能力上来讲，无疑是非常优秀的，但因过于优秀而被家长忽视的可能性也更大，外在表现可能让人觉得过于圆滑世故，或其反面——过于冷漠。

排行最小的孩子

提到一个家庭中出生最晚的孩子，我们最先想到的是他们是被娇养大的，不但被父母娇惯着，也被哥哥姐姐纵容着。

借助"小"这个优势，排行最小的孩子从小就在"操纵"别人的过程中长大，他们错误地认为哥哥姐姐对他们的让步是理所当然的。他们会运用自己的能力，让哥哥姐姐为他们提供服务，让身边的人为他们做事，并从中获得自己的价值感。

通常情况下，老幺对自己在家庭中的地位认知与现实情况的差距比较大，他们对家长对自己的偏爱感受不明显，对于哥哥姐姐对自己的不满感到很困惑。

习惯了父母和哥哥姐姐娇惯的老幺，在遇到自己的"合理"要求得不到满足时，会觉得这个世界是不公平的。他们会对此感到难过，会发脾气，甚至可能做出破坏性或伤害性的行为，还有一部分可能陷入难以适应学校集体生活的困扰中。

老幺中，生活自理能力差的比例也相对较高。因为他们通常是被照顾的一方，很难形成自己要对自己负责、自立、自信的意识，对自己的能力没有足够的认知和信心。

独生子

如前面所言，独生子可能像老大，也可能像老幺。但因他们是家庭中唯一的孩子，与多子家庭的老大或老幺不会完全一样：

如果像老大，他们追求完美的程度会轻一些，他们对自己的期望往往与他们感觉到的父母的期望一样高。因为是独子，他们习惯独处，但可能也怕孤独，喜欢热闹。他们喜欢独一无二，但并不一定要独领风骚。

一些例外

出生顺序所致的孩子的趋同性不适用于所有的孩子，有许多原因会造成例外。

一个例外源于性别。当老大和老二性别不同时，两个孩子都会形成老大的特性，特别是在按性别分配角色的家庭里。如果孩子更多一些，同性别的老大和老二的性格可能会截然相反，而且年龄越小差异就越明显。

第二个例外是，孩子们有时候会主动地、专断地转换自己排行位置的特点。比较明显的一种表现是，老大没有典型的老大的特点，如放弃自己成为最完美、最优秀的孩子；而老二"赶超"老大，表现出明显的老大的特质。

还有一种例外源自家庭氛围。家庭氛围可能增强或减弱孩子之间的不同。当处于一个推崇竞争的家庭中，孩子间的差异会明显增强；而在一个推崇合作的家庭中，孩子们更愿意彼此合作达成共赢，孩子间的差异会减少。

孩子因出生顺序所受影响的相关知识能帮助我们更了解孩子，走进孩子的内心世界，针对孩子的一些特定行为做出最有效的反应。家长在管教孩子的时候，可以收敛自己的不恰当行为，尽量公平、温和地对待孩子，让孩子健康成长起来。

爱发脾气或好斗的孩子

有我们的生活中，有这样一些孩子：他们很容易被激怒，在发怒时总是像头斗牛，很有攻击性；他们总是有意无意地与人吵闹；他们喜欢与人比赛……面对这样的孩子，家长怎样做才好呢？

要理解你的孩子、你自己和情形。我们要明确感受与情绪是有区别的。愤怒是一种感受，是在你确定自己无法达成所愿时感到无能为力而产生的。愤怒有时也是一种掩饰自己真实情绪的手段。而发脾气是一种表达情绪的方式。当一个孩子发脾气时，有可能是对自己的父母、其他孩子、自己、生活或对他发怒的其他人感到沮丧。孩子可能觉得没有人关注自己或者考虑自己的需要，感到无助。

孩子感到愤怒的原因是多种多样的，即便有时候他们自己也不知道原因是什么。被过度保护的孩子，在做事受到限制、没有选择，感到束手束脚时，就很可能感到愤怒；当自己所为合乎道德准则、礼仪规范时，却无端受到指责或批评，他们也会感到愤怒；当父母无视自己的感受，以武断的方式决定某些关乎自己的事情时，他们会感到愤怒；当遭受到身体或心理上的侮辱、虐待时，会感到愤怒……如果你与孩子之间有人感到愤怒，你们之间可能出现了权力之争，无视或者吵闹是无法解决实际问题的，努力争取合作才是对的。

以下是针对孩子发脾气的行为的一些建议：

（1）要认可并倾听孩子的感受。当孩子生气时，即便他自己也不清楚原因，家长也不应该直白地说："你不应该生气。"当家长说出这句话时，对孩子就已经是一种伤害。这时候，家长要做的是静下心来，耐心地去了解孩子身上发生的事情："我知道你很生气，这没什么大不了的。但是，你能用言语而不是行动告诉我，你在生谁的气，或者发生了什么事情令你感到愤怒吗？"

（2）不要逼迫孩子立即说话或表态。有些时候，孩子生气并做出破坏性或伤害性行为的时候，分辨不出自己的真正的感受。这时问询孩子，家长无法及时获得答案，甚至得不到任何回答。家长要有足够的耐心，让孩子知道你可以等待，当他准备好后可以随时与你交谈。

（3）集中注意力，仔细观察孩子的行为。当孩子有发脾气的举止时，父母要专注于观察，辨别出或猜测孩子当前的需求，想办法解决他的需求，使他的情绪回归平静。

（4）保持中立，不要站队。当孩子们争吵或打架时，要保持中立的态度，不要选择站在哪一方表示支持，因为这恰好是孩子们愤怒的原因。作为家长，要同等对待孩子们，劝说他们用理智的方式解决问题。

（5）及时停止，缓解情绪。如果你的孩子好争论，可以让他表达完自己的内容，或者抱抱他们，而不再说出否定的议论或做出否定他的动作。要注意倾听孩子的真实想法，而不是指示他必须做什么、应该做什么。当意识到自己与孩子发生权力之争时，要及时停下，缓解下情绪，约定合适的时间解决问题。

（6）将真实感受准确地传达给孩子。当孩子做出攻击性行为时，要让他知道你爱他，也知道他为何要这么做，你并不是单纯地要否定他。

（7）正确回应孩子的攻击性行为。当孩子做出攻击性行为时，避免用攻击的方式回应他，也要避免对孩子的攻击性行为让步。父母要先缓解孩子的情绪，让他可以进行理性的交谈，引导他真正了解攻击性行为，并学会自我控制。

（8）信任很重要。当你的孩子与人争斗、吵闹时，原因有时与你的孩子无关，这时的信任显得尤为重要。当孩子没错时，家长要记得站在他的背后，而不是当众指责、批评他"不团结同学""不懂得谦让"等等。

（9）耐心很重要。当孩子愤怒时，无法进行理性的思考，此时父母急切地解决问题，而不是深入了解问题所在，不但会解决不了问题，还可能会让孩子受挫，使问题更严重。

（10）找到并解决真正的问题。当孩子愤怒时，家长要做的是帮孩子找到根源所在，解决他的问题，而不是在孩子面前立威。

既然孩子愤怒、发脾气会引发一系列的问题，那么可以预防吗？答案是肯定的。

（1）要确定孩子愤怒的原因。如果孩子愤怒的根源在家长身上，家长需要自我反省，修正自己的错误行为，就与孩子沟通不畅的问题重新沟通。如果孩子愤怒的根源在自己身上，父母有责任引导他正确认识自己，不自大，也不妄自菲薄。如果孩子愤怒的原因在于其他，父母要找到真正的问题所在，帮助孩子解决愤怒的问题。

（2）时时关注，定期沟通。孩子的成长过程中，是需要家长做领路人的。家长要多关注孩子的状况，定期腾出时间与孩子交流，倾听孩子的苦恼、困惑，并协助他找到解决问题的方法。

（3）制定日常惯例表。与孩子共同制定一份日常惯例表，让孩子在参与过程中感受到被赋予了权力，让日常惯例表约束孩子的日常行为。

（4）限定选择。当孩子比较小时，他自己无法做出正确的决定或判断，这时需要家长为他设定有限的选择范围，帮助他做正确的事情。

（5）给予恰当的建议。在孩子心情好、可以进行理性沟通的时候，告诉他你注意到他经常生气的事，请他想想能表明自己生气又不会伤害他人的办法。在谈论的时候，父母在倾听之余，可以告诉他一些自己知道的方法，委婉地给出建议。

（6）管控自己的言论。不要在孩子面前说一些贬低你配偶的话，这会让孩子对父母中的一方感到非常愤怒，甚至对其做出攻击性的行为。要用正面管教的方式对孩子说话，不要学别的成年人那样对孩子说话。

（7）正确表达自己的情绪。当你愤怒时，不要害怕在孩子面前表现出来，但要学会用正确的、对孩子有榜样意义的方法来表示，如用语言还不是发脾气。其他的情绪的表达也是这样，作为家长，你有义务为孩子做一个好榜样。

（8）要让孩子感受到你的尊重。不管是帮助孩子解决他的愤怒，还是处理自己的愤怒，都要让孩子感受到他被尊重，而不是被忽视。

（9）限制孩子看电视、上网的时间，并对他做正确的引导。电视、网络上有很多不适合孩子观看的内容，如暴力、血腥、色情等。家长需要明确地向孩子说出自己的想法，表达出自己的爱与担心，倾听孩子的想法，定几条共同遵守的约定，并时时关注。

我们要教会孩子，他们的感受与行为是不同的。感到愤怒并没有什么大不了，但因愤怒而伤害自己、他人或做出不尊重人的行为是不对的，他的身上有足够的力量可以掌控自己的行为。

爱哭的孩子

如果家长读过《红楼梦》，一定知道里面有一个多愁善感的女孩——林黛玉，她会因花落而悲，还将花好好埋葬。其实孩子里也有这样的存在，他们天生敏感，情感细腻，会用哭作为表达自己的一种方式。

当然，并不是所有孩子的哭都是用来表达自己的。婴儿哭，是因为这是他们唯一与他人沟通的手段。而另外一些孩子，他们只是用哭来寻求关注、权力或者报复，或者表现自己的束手无策。还有些孩子哭，是因为当时感到失望、愤怒或沮丧。我们要充分了解自己的孩子，区别孩子哭的原因，处理当前的问题。

（1）倾听，而不是说教。当孩子哭泣时，要用肢体语言表达你的担心和关爱，如拥抱、爱抚等。温和地向孩子询问他哭泣的原因，并用心聆听，在聆听过程中用"还有吗？"之类的问句鼓励孩子表达更多，不要说教、解释、试图替孩子解决问题。

（2）适时地提供帮助。在确定孩子已经把话说完并平静下来后，要及时给予孩子回应，询问他是否需要你和他共同想办法解决问题。在很多时候，你并不需要真的帮孩子解决问题，因为孩子哭泣只是需要得到安慰、倾听和认真的对待。

（3）当孩子拒绝接受你的帮助时，要用温和的态度对待他，让他感受到你的关心和爱。

（4）运用反射式倾听的方法，鼓励孩子多说，引导他自己解决问题。

（5）帮助孩子感受他的情绪，引导他解决掉自己的负面情绪，进而解决问题。

面对爱哭的孩子时，有几点需要我们特别注意：

（1）尊重。用哭作为自己表达方式之一的孩子情感会比较细腻，对他人的语言、态度反应比较敏感，作为家长要更细心地与之交流，充分尊重孩子。

（2）引导。要耐心地引导孩子表达自己的感受，越细致越好。当孩子感受与他人不同时，不要武断地否定他，而是要告知他的与众不同之处，让他了解更多样的感受。

（3）鼓励孩子向家人求助。

（4）无条件地接纳你的孩子，即便他极为敏感，与你理想中的孩子不同。

（5）不要拒绝孩子求助。

（6）不要将孩子与他的兄弟姐妹进行比较，也不要与其他的孩子比较。这是对孩子不尊重的做法，并且是让人沮丧的。

我们要让孩子懂得，他们的感受很重要，也会有人愿意倾听并认可他们的感受。也要教会孩子，感受不止一种表达方式，他们可以学会更多的、更有效的方式传达自己的感受给别人。

胆小的孩子

如果一个孩子的性格与其他孩子不太相同，很容易被人称"另类"，如不合群、过于安静、过于活泼等。"另类"这个词汇本身就代表着与众不同，"另类"的孩子心中自有一片天地，所以，我们要对他们的"另类"抱有善意。

有一种孩子，他们喜欢安静的读书、画画；有理性的思维；遇到事情，比其他孩子想得要周全；比起主观自我的孩子，他们看事物更愿意从客观事实进行考虑；过于成熟，仿佛没有儿童天真烂漫那一面。

一般情况下，这样的孩子如果没有遭受校园霸凌，便是家庭原因导致的形成了这样的性格，比如：家长之间相处不和睦；家长对孩子管束较多，不希望孩子接触外界事物等。这样的孩子的性情多较温和，很安静，对于自己心中的想法更愿意自我剖析，而不是与他人分享。当然，对于孩子而言，胆小并不意味着软弱，很多时候他们只是清楚地知道自己想要的是什么。

力峰今年上五年级了。他从小就对机器人感兴趣，课余的时间几乎都用在阅读相关书籍、资料上了，连寒暑假也不例外。他的爸爸妈妈经常为此感到焦虑，总是劝说他去和同龄人出去玩玩，他却以"他们太幼稚了，我和他们没什么好玩的，我也不需要朋友"为由拒绝了。

后来，力峰的爸爸妈妈决定限制他的读书时间——

在未与他沟通的情况下，为他报了夏令营活动。在出发前两天，力峰的爸爸妈妈才告知了他，结果力峰与爸爸妈妈大吵了一架。

如果孩子是力峰这样的情况，父母都会比较头疼。因为孩子的自主学习能力是父母引以为傲的，而其因此产生的偏科问题、社交问题、身体健康问题却令父母担忧。这时候，父母要做的是用恰当的方式与孩子对话，深入细致地了解孩子，并将他这样做可能产生的后果告知孩子，随后与他制定约束措施，帮助他成为更好的样子。

发现孩子喜欢独来独往时，家长要更认真、细致地观察孩子的行为，并及时予以帮助。如果孩子与其他孩子相处时出现了很大的问题，无论责任在自己的孩子身上，或在其他孩子身上，家长都要引导孩子正视这个问题，用温和的方式敦促他解决当前的问题。因为独行的孩子很容易感到孤独，对周边的人事不感兴趣，同时也可能产生被世界抛弃的感受。这个时候，如果亲人对其漠视不理，孩子可能在孤独中越陷越深，发生更严重的问题。正确的做法是找到通向孩子内心的桥梁，积极地与之沟通，教会他表达自我、与世界沟通的方式。

作为孩子，要在生活中慢慢成长，而家长要在孩子的成长过程中学会放手。面对未知的世界，孩子内心胆怯是很正常的，家长不应该用成人的标准去衡量孩子。家长要不断地给予孩子鼓励，教他去探索未知的世界，当他接触的事物、经历的事情渐多，也慢慢不再害怕。

在我们周边，有些这样的孩子，他们对身边的人仿佛漠不关心，即便最亲近的家人生病，他们也不会有只言片语的关心。你是否会觉得这些孩子没有一点儿同情心、铁石心肠呢？其实，仔细观察他们的行动，就会发现他们没有用言语表达出来的爱——面对生病的亲人，安安静静的，照顾好自己，不让家人担心。孩子的这些行为是很容易被家中的大人忽视，也很容易引起家庭误会的。遇到这类事情时，家长要给予孩子正确的引导，让他学会更多表达爱的方式。

在这个世界上，没有人天生就胆子大的，每个人都是在一天天长大的过程中磨炼自己，让自己变得更加强大、更加勇敢。作为孩子的亲人，要细心呵护他的胆小，鼓励他探索未知，让他慢慢变得勇敢、独立，撕掉他身上"另类"的标签。

悲观的孩子

每个家庭的孩子身上都可能发生这样一种事情：孩子牵头组织了一次聚会，或者主动参与了某些活动，当家长问孩子的感受时，孩子会很平淡地说一句"一般般""还行吧""凑合"之类的话。

你是否为孩子的这种言行感到苦恼？当孩子不快乐时，你是否觉得是自己做错了什么？或许，许多的家长对于孩子都是如此期望的：孩子每天都是快乐积极的，因为这会给孩子带来很大的好处——孩子更易和其他人相处，也更易融入社会。但是，无论家长如何努力，事情却不会总按人们的意愿进行。孩子也许会时常有悲观的举止，或者一直很悲观，这种心态和行为是缘于他们把这种方式当成了在家中找寻自己位置、反抗家长控制或回应总让自己开心的家长的方式。

作为家长，我们要清楚，快乐只是情绪的一种，而不是全部。要正确处理孩子的负面情绪。

（1）要接受你拥有些负面情绪的孩子，但不需要用话语直白地向孩子表述。当别人给孩子贴标签时，要站在孩子一方保护他。不要在孩子间做比较，哪怕是在自己的孩子之间。

（2）当孩子表示出自己的悲观情绪时，要表示出自己倾听的意愿，听一听他的抱怨、失望，也尝试着引导孩子说一些积极的事情，但不要试图替孩子解决问题。要知道，如果没有回报，悲观可能就没什么好处了。

（3）孩子沉浸在悲观情绪里时，避免问他诸如"你今天开心吗""你今天快乐吗"之类的问题。但可以使用幽默的方式，问问他"以10分为限，说说你今天过得有多糟"等。

（4）不要用自己的悲观回应孩子。要知道，家长就是孩子的榜样，如果你希望他学会积极的心态，就要时刻提醒自己为孩子做正确的示范。

（5）当孩子出现悲观等负面情绪时，不要模仿或讽刺孩子。

（6）当孩子将责任归咎他人时，不要直白地指责、否定孩子，要用言语引导他自己分析问题。如"如果这是他的责任，那他对这件事情具体应负什么责任呢？你要让我帮你分析，还是只想倾诉你的感受？"

当然，即使孩子没有表现出自己的负面情绪，我们也应该做些准备，以防万一，如设定亲子时间段、倾听孩子心声、与孩子进行有效沟通等。要让孩子知道，人生道路不是永远平顺的，生活中有高潮必然也有低谷，他们有责任让自己变成自己期待的样子，而不是总将错误归咎于他人。

沉默的孩子

随着孩子慢慢长大，进入青春期，父母的困惑也越来越多：孩子与家长沟通交流的意愿突然降低了；放学回家后不再叽叽喳喳说个不停；当家长询问孩子的感受时，孩子的答复通常是"还行""没事""是啊""扫兴"等敷衍的语句……这是为什么呢？

其实，这些表现都是孩子进入青春期很正常的表现。他对家长并没有什么不满，只是讨厌家长的"审问"。是的，"审问"，这是这个年龄的孩子对家长例行询问的看法，理由很简单：随着成长，孩子渐渐有了自己的小秘密，而他认为这些秘密很宝贵，但家长又可能会不赞同自己；他们对自己的想法、感受和愿望并没有表现出来的那么笃定，自己无法独立厘清，却不敢向家长求助；他们认为此时的朋友更为可靠，将信任、忠诚投向了朋友。

在许多家庭中，孩子青春期的正常表现是会被误解甚至忽视的。在控制欲强的父母看来，孩子的抗拒、隐瞒都是一种争取家庭权力的方式，而这种触动他们的"权威"的表现显然是不被欢迎的。

在孩子变化无常的青春期，父母无措但也希望尽快解决问题，此时正常的做法是无条件地接受。

（1）不要刻意关注孩子的一举一动。要明确一点，孩子在青春期的表现是该时期孩子的普遍特征，他们的行为并没有要针对谁的意思，我们要做的只是用恰当的方法倾听孩子的心声。

（2）重视孩子说的话。当孩子与你说话时，要积极地、仔细地倾听，即便他说的事情你不了解、不感兴趣。每个人分享时，都希望得到听者的注意和回应，如果没有得到预期效果，分享者都会放弃分享。孩子也是这样，在对父母做分享时，他会时刻注意父母的表现，哪怕你皱个眉头，他都怕那是对他的否定。父母要试着慢慢理解孩子所言，适时做出简短回应以示自己在听，切忌长篇大论。

（3）尊重自己的孩子。孩子的认知是有限的，有时候他自己也无法判断自己的言行是否妥当。当父母发现孩子的言行欠妥的时候，要注意自己的言行，要让孩子感受到你即便不赞同他，也在努力维护他的尊严。要知道，孩子是很擅长模仿大人的行为的，父母无意间表现出的言行对孩子的影响甚至比日复一日的教导更大。

（4）换种交流方式。人与人间的交流方式不只谈话一种，在孩子没有言语交流的情况下，家长可以尝试用信件等比较委婉的方式向孩子释放善意的信号，让孩子知道你的关爱与担忧。

（5）保持自己的好奇心。要对世界、新事物保持深厚的好奇心，对孩子的事情保有好奇心，让孩子带领你走进他的世界，必要时给予孩子恰切的引导。

在人生中这个特殊的阶段，陪伴是非常重要的。要让你的孩子知道，他是被无条件地爱着的；他们的言论，有人认真倾听；他们的想法、感受，是被认同的。要给予孩子一个较为安全的环境，让他可以踏实地成长、探索世界。

养育有残疾、发育迟缓的孩子或者特殊儿童

如果孩子身上有某种问题或残疾，如多动症、孤独症、语言发育迟缓、特殊的学习方式等，家长所承受的压力是他人无法想象的，他们会感觉孤立无援，控制不了自己的情绪，羞耻感也会上升。孩子们的特殊情况的表现形式和程度可能有不同的区别，但其严重性的程度直接决定了该家庭生活方式及水平。

羞耻带来的压力

即便在当今这个社会上，患多动症、严重孤独症和学习障碍的孩子及其看护人，也很容易被区别对待。在学校、社会团体或者公众活动上，因孩子的缺陷及养育方式，看护人总是被提及，且多半是受到来自不同人群的指责。外界对孩子行为的异样眼光会令其家人倍感压力，有时甚至会感到绝望。

事实上，这些总是做出令人尴尬或费解的行为的孩子，比其他的孩子需要更多的时间和更多的关注。如果你的家中有这样一个孩子，那需要你付出更多的耐心和精力去陪伴他，你必须坚强起来；反之，你则要用平常心对待那些孩子和他们的家人，你的善意会带给他们爱和希望。

学习障碍和学习差异

世上没有完全相同的两片叶子，自然也不存在两个完全一样的孩子。尽管我们深知这个道理，但当知道一个孩子有学习障碍，

或者学习方式与其他孩子有很大差异时，老师和家长还是会感到焦虑。如果孩子的学习困难令人不解时，大人的焦虑会更加严重。

孩子在学习方面表现不好时，通常情况下很多家长会说孩子笨。但事实也许并没有那么糟糕，你的孩子智力水平有可能是中等甚至中等偏上，只是在学习某些学科时会遇到困难。如果孩子有学习障碍，你可能要等到他上了学，开始学习读写的时候才会发现这个问题。如果你看到孩子因为某些学科或者某个任务而焦虑，不要直接指责他，而是要跟他的老师谈谈，以了解更多情况，并尽早对孩子的情况做出评估。你对孩子的学习情况了解得越多，你就越能够给他提供及时恰当的帮助和支持。

放弃吼叫的方式，用开放的心态迎接孩子在学校和做作业时面对的挑战，你会发现孩子的聪明才智往往表现在你平常不注意的地方。要注意观察孩子，特别是他表现出色的地方，带着好奇心参与到孩子的学习过程中，帮助孩子树立对自己状态和智慧的信心，给予他积极的反馈，而不是结果。

在陪伴孩子学习时，要遵循以下原则：

（1）提前计划，留出足够的时间，保证足够的耐心。

（2）减少分散注意力的因素。

（3）关掉电话、电视、电脑。

（4）在开始学习之前要求孩子先准备好各种需要的用品和书。

（5）以轻松的状态结束作业，不要延时。

其他特殊儿童

如果孩子有发育迟缓、情绪失调等障碍，或精神方面的疾病，那这个家庭需要专业人士的帮助。如果可能，最好在事情已经发展到很困难的程度之前，尽早寻找到解决问题的方法、制订解决问题的方案。即便在你的认知里，希望"家丑"不外扬，也要清楚地认识到，你当前最重要的事是解决问题，而需要帮助并不是什么羞耻的事。关键是要记住，每个家庭都难免要经历艰难时刻。

在寻求解决方案的时候，要注意以下几点：

（1）从你信任的人开始。在遇到重大困难时，身边信任的人所给予的支持、理解是非常可贵的，这种信任也有利于困难的解决。

（2）有时，你可能需要不止一种专业人士的帮助。孩子身上出现的一个障碍或病症，有时候不是单一的原因引起的，需要多方面进行引导或治疗。

（3）时刻保持清醒。要对孩子的情况有足够的了解，对专业人士有理性的认识。当专家不尊重你时，强迫你做你感觉不舒服的事情，或者回避你提出的问题时，要尽快换一个人。在面对孩子的问题时，你的角色是非常重要的，要保持足够的清醒应对身边情况的变化。

（4）以孩子为先。不要让寻求帮助的过程占用太多你与孩子的相处时间。要知道，即便在孩子出状况或生病的时候，你的爱依然是一味任何专业人士都无法提供的良药。

第四章　正确对待孩子的不良行为

什么是不良行为

仔细观察孩子，我们会发现，我们所认为的不良行为无非是缺乏知识或意识的行为、缺乏有效技能的行为、发展适宜性行为、因失望而产生的行为，或因偶然事件导致失去理智情况下的行为。成人和孩子之间有很多矛盾，正是因为大人和孩子身上都存在这些问题。

大多数时候，孩子只会做出"与其年龄相称"的行为，而不是人们认知中的"不良行为"。有很多父母和老师对人类行为以及儿童的发展认识得不够，往往把与孩子年龄相称的行为当成不良行为。比如，有些孩子初入幼儿园时，总是哭闹不已，而且会持续很多天，很多父母会认为孩子无理取闹进而训斥孩子。而事实上，孩子的哭闹只是适应性不良造成的，他们的语言及掌握的社会技能还不足以让他们准确表达出自己的需求，特别是他们的要求对于身边的大人来说似乎是不合情理、制造麻烦或不合适的时候。

通常情况下，孩子会因为累了、困了、饿了等简单的小事做出一些不适宜的行为，进而父母与孩子间会发生一些不愉快的事情。那么，谁该为这些事情负责呢？将孩子的行为简单地认定为不良行为的家长通常认为孩子应该为此负全责。而事实上，这类事情的发生，可能是因为在建立日常惯例时，孩子没有得到足够的尊重；也可能是大人没有意识到，强求会导致孩子的反叛，而正面的管教方式才能引发孩子的合作。

在面对孩子的不良行为时，大人要意识到自己也有责任。作为成年人，要让孩子学会控制自己的行为，我们首先应该学会控制自己的行为，为自己的行为负责，并将我们的行为转变成鼓励孩子的行为改进且不损伤孩子的自我价值感。我们要做到能够及时"暂停"以梳理自己的情绪，直到能深思熟虑而不是不假思索地对孩子的行为做出反应。我们应该对不良行为承担至少与孩子同等的责任，并且学会使用鼓励性的、有长期效果的方法，正确管教孩子。

我们对自己和孩子的行为了解得越多，作为老师或父母时对管教孩子就会越有效。一个好的开端是尽早走进孩子的内心世界，对孩子因失望而做出的行为有更多的了解。

深入了解孩子的不当行为，我们会发现，当孩子丧失自信时，会在"该怎样获得归属感和价值感"的错误观念上，为自己选择四类不恰当或错误的目的。

四个错误观念和错误行为目的

1. 寻求过度的关注

孩子认为只有在得到关注的时候，自己才能获得归属感。这种观念导致孩子将自己作为家庭的中心，要求家人时时刻刻关注自己。

2. 寻求权力

孩子认为只有自己可以掌控全局，至少不能由他人

对自己发号施令时，才会获得归属感。这种观念导致孩
子在自己的事情上要求尽可能多的权力，不管他的做法
正确与否。

3. 报复

孩子因为自己受到了伤害，得不到归属，因此想要
从别的地方获得补偿——用两败俱伤的方式让他人受到
同样的伤害。

4. 自暴自弃

孩子认为无论自己做了多少、做得多好，都无法获
得认同和归属感，因此决定放弃寻求认同和归属感，也
放弃自己。

孩子意识不到自己的观念是错误的。当大人发现他的不良行
为，问询他们为什么这么做时，他们自己也说不出所以然，甚至
胡乱编造借口以逃避惩罚。

我们每个人都渴望得到关注，这没有什么错，问题在于"过
度"二字——孩子在用一种令人烦恼的方式寻求"归属感"。孩子
的行为之所以令人烦恼，是因为孩子没有意识到自己的观念是错
误的，一直在用诸如哭闹的方式强求他人的关注。作为家长，我
们要认识到这一点，并引导孩子用有建设性的方式来获取关注。
这会让孩子体验到他一直在寻求的归属感，同时也让他学会了如
何用有建设性的方式表达自己的需求。

如果孩子不停地纠缠你，你可以给他指定一项任务，让他感
觉到自己被需要，并且能为你分忧。当孩子获得了自己想要的关
注后，你会发现一切变得轻松了起来。

每个人也都想要权力，至少可以主导自己身边事情的权力。

权力并不是坏的东西，但关键在于你要怎么使用它，发挥它的作用。当孩子潜意识里对权力抱有必须拥有的观念时，他对权力的运用往往是杂乱无章的，在别人看来就像不良行为。当孩子运用这种方式达成目的时，他们就学不会正确运用自己的权力了，因此我们要及时退出与孩子的"权力之争"，承认自己的错误，也尊重孩子的自尊心，耐心地引导孩子，让他明白权力的重要性，教会他用正确的方式运用自己拥有的权力。

受到伤害就会自然反击，这似乎是人类的天性。这一点在孩子身上尤为明显，孩子感受到自己受伤害后会第一时间进行反击，而不会思考自己的行为会产生什么样的结果。具有讽刺意味的是，在孩子反击后，要求孩子控制自己行为的大人往往控制不住自己的行为，两方很容易形成一个报复的死循环。然而，控制自己的行为对于打破这个死循环来说是相当重要的。

当你感受到来自孩子的伤害时，一定要保持冷静，不能反击，而是要表示自己能理解他的感受："你一定是感觉自己受伤了。我能理解。互换立场，也许我也有同样的感觉。"对孩子的感受表示理解是消除报复循环的一种行之有效的办法。当然只表示理解是不够的，紧跟着要解决问题："我想当我们都觉得好受些以后，或许可以谈谈这个问题，你觉得呢？"

在解决问题的过程中，我们要注意到一些特例——有些时候不是我们伤害了孩子，也许是我们想帮助孩子而不伤害他的时候，他感受到了伤害。这样的情况并不少见，我们并不能要求孩子能时时刻刻关注我们，且能理解我们所有行为的意图。另外一件重要的事是，惩罚只能使报复无尽循环，哪怕这个惩罚是被拙劣地伪装成"逻辑后果"。

那些认为无论自己如何做都无法获得认同和归属，从而自暴自弃的孩子，看似不会给你带来麻烦，可一旦你有时间和精力去思考，就会为孩子的事情焦虑不已。自暴自弃的孩子对自己的能力有错误的认识，他们总是看低自己，认为自己很多事情都做不到。对于过度寻求关注的孩子，家长还可以用鼓励和信任的态度，让他自行完成一些事情。但对自暴自弃的孩子，这种方法显然是行不通的，你只能一步步地做示范，慢慢地引导他树立自信。可以这么说，在以上四种有错误观念的孩子中，自暴自弃的孩子需要我们付出更多的耐心。

　　了解了孩子的错误目的和错误观念，帮助孩子达成他们真正的目的——获得归属感和价值感时，我们采取的行动会更加有针对性，也会少走很多弯路。当然，无论是针对孩子的哪种错误观念及行为采取的行动，我们都不要忘记"鼓励"的重要。因为一个行为不当的孩子是一个丧失了信心的孩子，而"鼓励"显然对帮助孩子树立信心非常有效。

识别孩子的错误目的和观念

当我们知道了孩子的不良行为是怎么回事，那么识别出孩子的错误目的的观念就很有必要，这将有助于我们及时采取有效的行动，帮助孩子健康成长。

帮助我们识别孩子错误目的和观念的线索有两条：第一条是大人对孩子的情感反应；第二条是当你要求孩子停止其不当行为时，孩子的反应。

在面对孩子的四种错误目的的行为时，大人体验到的最初感觉也是有区别的：

孩子的目的	大人的最初感觉
寻求过度的关注	愧疚、恼怒、焦急、烦恼……
寻求权力	被激怒，被挑衅，权威被质疑……
报复	受伤、失望、难以置信……
自暴自弃	无能为力、绝望、无助……

当被问到对孩子行为的情绪反应时，多数人的答案都是愤怒和沮丧，而这两种情绪已经是对最初反应的第二次回应了。面对孩子的错误目的的行为时，大人常常以这两种情绪做出回应——怒吼、咆哮或对孩子发起猛烈的攻击。这时的大人是不可能理解孩子的感受的，而只是在发泄自己的情绪，而这只会让大人和孩子的关系更加糟糕。

我们应该反思自己，找到自己陷入"愤怒和沮丧"的原因，进而识别出孩子的错误目的，并且采取有效的行动帮助孩子。

当孩子错误目的的行为被大人制止时，他们的反应也是不一样的。

孩子的目的	行为被制止后的反应
寻求过度的关注	暂时停止，不久后继续原来的行为，或者其他会引起你关注的行为
寻求权力	不听大人的话，继续自己的行为，且可能对大人言语顶撞或消极抵抗。大人和孩子之间的矛盾可能会升级
报复	以一些具有破坏性的行为或伤人的话对待大人。大人和孩子之间的矛盾可能会升级
自暴自弃	很消极，希望大人放弃努力，别再打扰他。有时候，会做出逃避的行为

孩子的反应能帮助我们快速地明白孩子行为背后的错误目的，也能促使我们快点采取行动。

当然，这两条线索可以帮助我们"解读"孩子的行为，让我们知道孩子真正所求——归属感和价值感，但真正解决问题并不容易，因为我们太容易用愤怒和沮丧来回应。

我们要换位思考，必要的话可以和孩子互换角色，重现平常与孩子相处的情景。这有助于我们真切地了解孩子想要大人怎样的回应，并在以后的生活中做出改变。

正确运用鼓励的方式管教孩子

在教育孩子的过程中，父母和老师太习惯于用惩罚、说教以及其他形式的责难、羞辱和痛苦来促使孩子做得更好了，反而觉得鼓励孩子这种行为太不妥当，会让孩子的不良行为变得越来越多，越来越难以控制。事实上，一个受到鼓舞的孩子是不需要行为不当的，他不需要以这种方式去获取什么。

对于一种行为问题从来不会仅有一种解决方法，针对孩子的错误目的的行为或问题的鼓励也有多种不同的解决方法可供选择。下面是如何有效回应每一种错误目的的指导原则概要。

寻求过度的关注

满足孩子被关注的需求没什么问题，但过度的关注并不是对孩子的鼓励。

● 把孩子引向建设性行为。如果你是老师，可以给孩子分配一项他们积极关注的任务；如果你是家长，分配给孩子一项可以帮助到你的任务。

● 留出特定的时间进行亲子沟通。

● 设计只有你和孩子才懂得的沟通信号。

● 安慰孩子，表达你对他的信任。

● 做孩子意想不到的温馨的小事。

● 不要给孩子过分的优待。

● 不要管孩子的行为，但要用行动和言语真诚地与他说话。

● 说出你的爱与关怀。

● 停止哄劝，坚定地采取行动，但可以用肢体间的小动作表达你的关爱。

● 在大家都愉快的时候，用角色扮演等方式重现孩子的行为，无形中引导孩子学习正确的表达方式。

寻求权力

权力不是坏东西，关键在于谁在使用它，又是以什么样的方式使用它，最终会产生怎样的结果。

● 停止争论，冷静下来后再谈其他。

● 承认自己的错误，承担自己的责任，并请孩子帮助你一起找到对彼此双赢的解决方案。

● 采用"赢得合作的四个步骤"，营造合作的氛围。

● 引导孩子正确使用自己拥有的权力。

● 让孩子参与解决方案的制订，并使之形成惯例，以后照此执行。

● 决定好自己做什么，并坚定地执行，而不是试图让孩子必须做什么。

● 留出特定的时间进行亲子沟通。

● 定期开家庭会议，就一个阶段中发生的事情、问题展开头脑风暴，让家庭成员有畅所欲言的机会。

● 说出你的爱与关怀。

权力一定是在有限制的情况下，才能发挥出该有的作用，随意滥用权力只会让一切变得无序。

报复

"报复"是孩子在感受到伤害时，对待大人的一种方式，其直接的目的是让大人也承受孩子所受到的伤害。

- 不要还击，中断即将开始的报复循环。
- 真诚、友善地对待孩子，先让他平静下来。
- 仔细分析孩子是如何感受到了伤害，并表示自己对他的理解。
- 坦诚地告知孩子你的感受。
- 运用"反射式倾听""启发式提问"的方法开展对话。
- 引导孩子说出更多。
- 如果你对孩子造成了伤害，先将错误矫正过来。
- 采用"赢得合作的四个步骤"，营造合作的氛围。
- 表达你的爱与关怀。
- 单独开启一段亲子时光。
- 与孩子共同制订面对同类冲突的方案，以后照例执行。

报复循环的次数越多，累积的伤害就越深，而这些伤害的起点有时只是孩子感知到的一次伤害（当然施予他伤害的人本意可能并非如此），所以解决这个问题最简单的方法是化解这个误会，而不是自以为是地互相伤害。

自暴自弃

自暴自弃的孩子无论现实中表现出来的能力是怎样的，要相信他并不是能力不足；但是，在他们放弃这种错误观念之前，他们会继续表现得无能为力，似乎他天生就没什么能力做事。

- 留出足够的时间，耐心训练孩子，把事情细分到能让孩子体验到成功的简单步骤。

● 在训练过程中，向孩子演示他可以照做的步骤，尽可能全程陪同。

● 发掘孩子擅长的事情，掺杂在训练过程中，让他通过一次次的成功体会到自己在某方面的才能。

● 肯定孩子积极的努力，不管多么微小；当孩子取得进步时，适时给予真诚的鼓励。

● 接受孩子的不完美。

● 多多关注孩子，在孩子展现出他的优点时，及时予以夸奖和鼓励。

● 鼓励孩子在同学中寻找一个伙伴或"小老师"来帮助自己。

● 表达你的爱与关怀。

● 不论孩子表现如何，你都不要放弃。

重新树立自信心是一个艰难而漫长的过程。因此，如果你面对的是一个自暴自弃的孩子，需要培养自己足够的耐心去陪伴他。

帮助孩子认识自己的错误观念

很多时候，孩子并不知道自己的错误目的是什么，仅仅是心中的错误观念引导他做出了一些"不良"行为。这时，大人可以用客观而友善的态度，揭示出孩子的错误目的，帮助孩子意识到他的错误观念，进而解决当前的问题。

需要注意的一点是，在提示目的的过程中，客观和友善是非常重要的，因此，在发生冲突时不应进行这一行动。我们最好在双方心情平静时，与孩子一对一对话时谈论"错误目的"这一事情。

首先，我们要询问孩子是否知道自己做出某种行为的原因。询问要具体，比如：问孩子是否知道自己为什么把书摔到地上，而不是问他是否知道自己为什么发脾气。

对于这类询问，孩子的回答往往是"不知道"。即使他们给出了某种原因，也不会是真正的原因。这也是我们要向孩子揭示其错误目的的行为的原因——帮助孩子理解发生了什么事。

当孩子有了回应后，我们先要征求孩子的意见，表示自己想猜测一下原因。当然，要用询问的语气，而不是肯定的语气。

你不断地发出各种声音，是不是想引起我的关注，并过来陪伴你？（寻求过度的关注）

你不断地发出各种声音，是不是想告诉我你想做什么就做什么，不需要顾虑别人的看法？（寻求权力）

你不断地发出各种声音，是不是因为觉得受到了伤害？

（报复）

　　你不断地发出各种声音，是不是觉得你对某件事无能为力，根本不想继续做？（自暴自弃）

　　以上问题，要等孩子对每一个做出回答。对于大人的询问，有的孩子会直接回馈"是"；还有一些孩子，明知大人猜对了，嘴上却不肯承认，表情却是愉悦的。这两种反应都表示出大人猜中了结果，接着，大人按照前面提到过的原则、方法行事就可以了。

　　唯一需要注意的是，在整个过程中，大人都要保持坚定而友善的态度，要尊重孩子，让他表达出自己的真实想法。

穿衣方面的权力之争

从孩子出生开始，大人就一直悉心照顾他，衣、食、住、行无所不包。但随着孩子一天天长大，有了自己的喜好，他们会主动表达自己的需要，按自己的意愿选择衣物。如果这时家长还和照顾小婴儿一样，按照自己的喜好打扮孩子，就会点燃"家庭战火"。

这时的大人会是很矛盾的，他们一方面希望孩子学会独立思考，另一方面又在替孩子做各种选择，尤其是在孩子可以自行做出决定又不会有危险的方面。希望孩子形成健康的自尊，同时又剥夺他们感受自己能力的机会，这就是这个阶段家长在管教孩子上的问题。

正确的做法是，放手让孩子去做，不要担心孩子着装"不当"时别人的想法，让选择衣饰成为孩子形成个人风格和表达自我的机会。以下是给家长的几点建议：

（1）让孩子按照自己的喜好挑选衣服，即便他在服装搭配、颜色搭配上做得不好，会穿着让人一看就觉得"糟糕"的衣服出门。让他们体验自己的选择带来的自然结果，并且让他们从中学习，在之后日复一日的练习中，确定自己的着装风格。当然，家长一定要谨记，在周围人都对孩子糟糕的服饰搭配品头论足时，要从他的搭配中找出一些亮点，鼓励他，不要让孩子的自信垮掉。当孩子愿意听一听家长对他服饰搭配的意见时，要提供一些有建设性的意见，让孩子把你看成一名顾问。

（2）为孩子留出购置衣服的资金，引导他进行合理消费，让他学会如何取舍。随着孩子形成更强的个人口味，他会想自主购置衣物。这时，你需要帮助他们计算他每件衣服需要花费多少钱，并告知他你为他能准备多少购置奖金，让他在你给定的金额内做出取舍。时间久了，孩子会自然而然地形成比较健康的消费习惯，在面临取舍时也不会焦虑。

（3）当孩子的着装对你有些影响时，要主动告知孩子为什么他的着装会影响到你，在互相尊重的基础上达成合作。比如，带孩子出席公司年会、比较大型的家庭聚餐等场合。

（4）当孩子在需要穿校服去学校，而他自己执意不穿校服的时候，放弃说教，让孩子体验一次自己的错误选择带来的自然后果。在孩子回家后，再与孩子约定时间讨论这件事情，让孩子明白规则的重要性。

（5）如果你实在担心孩子穿衣风格不太妥当，可以观察一下孩子同学的着装。也许你会发现，孩子的着装实在算不上奇怪，这是他们这个年龄段多数孩子的审美风格。

（6）在约定的亲子时光里，你可以和孩子谈谈你的感受，也听听他们的感受，甚至你可以和他们分享发生在你身上的和着装有关的趣事。

只要你的话不是在说教，孩子会对你的想法和故事非常感兴趣。

除了以上这些事情，还有一些事可以帮助家长减少一些苦恼：

（1）制造客观条件，限制孩子的选择。家庭中的衣物按季节来存放，冬季时收起夏装，夏季时收起冬装。这样不但会减少孩子选择衣服的不合理情况，也会降低因着装引发的不必要的麻烦，比如衣服过多或过少引发的季节性疾病。

（2）在每天晚上留出一段时间，让孩子选择第二天出行要穿的衣服。这样做有两个好处：一是在有限制的时间内，孩子做出决定会比较快，同时也避免了第二天出门前的忙乱；二是把提前准备衣服养成习惯后，孩子自己会感受到这个做法带来的便利，并将之运用到生活的其他方面，提高自己的生活自理水平。

（3）给孩子用于买衣服的零花钱，要限定金额和使用时间，并且坚决地执行。当孩子发现自己某一时段内只有一定数额的钱用来买衣服时，他可能会更加爱护自己的衣服，或者对已有衣服做出更多更好的搭配。

（4）不要主动干涉孩子的社交。朋友之间互换衣服来穿不是什么稀奇事，孩子也是一样，他们在换衣过程中也会发现很多乐趣。但是，如果孩子的衣服因此出现破损或丢失之类的意外，不要给出额外的购置资金帮孩子重新买衣服，而是要让孩子用自己手中的零花钱来补充丢失的衣服，让他们体验自己行为的后果，明白世上有很多难以预料的意外。

（5）要尊重孩子的意愿，不要随意挑剔。

（6）孩子的脏衣服堆积时，不要主动帮他清洗，而是要引导他学会自己操作洗衣机或手洗衣物。

扰人的行为

"每当我接电话或与其他人聊天时，我的小女儿就会不停地来干扰我，不是不停地和我说话，就是试图参与当时的谈话。无论我怎么跟她讲不能在这种时刻干扰我，她就是不听。"

各位家长是否有这样的困扰呢？

事实上，几乎所有的孩子都曾这么做过，他们错误地认为，当父母专注于其他人或事情的时候，他的归属和自我价值就会受到威胁，他们必须做点什么以确认自己的归属和价值没有被他人撼动。

当了解了孩子的目的，家长会知道孩子的行为是正常的，要以尊重的方式对待孩子感受到的威胁。在这种情况下，说教和惩罚是无济于事的，只会增强孩子的危机感。孩子要求的关注越多，大人给的关注也就越多，无论是正面的还是负面的。可是，实际上，那些总是扰人的孩子从来不缺少关注，反而得到的关注是过多的。对于那些将"得到关注才能有归属感"视为信条的孩子来说，再多的关注都无法满足他们"贪婪"的心。

孩子总是扰人，这是个需要快点解决的问题。这个问题持续的时间越长，你和孩子就越难以改变。因此，要尽早确立你给予孩子关注的界限，并坚定地执行，这是极为重要的。如果事实允许，这一界限的确立从婴儿时期就要开始。同时，你要多给予孩子参与家庭活动的机会，让他们从合作和贡献中找到乐趣，感受归属感。如果你做到既尊重自己也尊重孩子，你将会有更多属于自己的时间，孩子也会有更多更好的想法自己玩。

要记住一点，缺乏关注并不会要了孩子的命。过少或过多的关注才会对孩子产生不好的影响。

下面是对这类问题的一些简单建议，家长可以作为参考。

（1）当天有访客上门时，要提前对孩子说明情况：如果是约好时间的访客，你要提前留出时间陪伴孩子；如果客人临时要来，你应该与孩子说明需要做什么以及为什么——为帮助孩子感受到爱并学会尊重你的时间。你可以像这样对孩子说："半小时后，我有一个客人要来家中。我愿意单独和你在一起待20分钟，不被任何人打扰——包括我的客人。然后，我需要一段不被打扰的时间陪伴即将到来的客人。你是第一位的，然后才是我的朋友。"

（2）当你有电话需要接听，并且通话不可以被他人打断时，为孩子指定一些力所能及的、有趣的任务，对于任务的描述要尽量细致，让孩子可以欣然接受。比如："在我接听电话的时候，你可以帮我计下时吗？哎，记下手表上最细最长的指针跑了几圈就可以。""在我接电话的时候，你愿意坐在我旁边看几页书吗？""我需要一些时间接电话（或陪我的朋友）。你有什么好主意，让自己独处20分钟，而不必打扰我吗？"需要注意的是，你安排的任务要符合自己孩子的年龄，不能为10岁孩子安排过于简单的、两三岁孩子就可以完成的任务，反之亦然。

（3）将你的苦恼主动告诉孩子："接电话或接待客人时被打扰，对我来说一件很苦恼的事情。你愿意帮我把这件事情写到家庭会议议程上吗，或者我来写？或者你有一些可以帮我解决苦恼的小建议吗？"这时要注意孩子反馈给你的信息，如果他要倾诉一些他的想法或问题，请一定要细心地听，因为他所说的可能与你的苦恼有很大联系。而只有先解决了孩子的问题，你的苦恼才会迎刃而解。

（4）下班返家后，除了必要的个人卫生外，先不要管家务，要花费一段时间和孩子相处一会儿，即使孩子上了学也不例外。当然，一些孩子可能会有些自己的想法，比如你下班到家的时间正好是他看书学习的时间，这时我们不应该打扰他，而是在他完成自己的事情后表示下自己有关注他。做家务时，可以叫上孩子一起来。

（5）当孩子在场时，不要忽视你的配偶或其他人——不要将全部的精力放在孩子一个人身上。这样做的好处是，孩子能明白他们会得到你的一些时间，而不是全部；他不是你关注的唯一对象；他不必把你视作唯一的关注对象，为自己找些其他的事情做是有必要的。如果孩子打扰了你和配偶或其他人，你们要到另一个房间去，关上房门，或者让孩子到另一个空间玩耍。

（6）要让你的孩子明白你的态度：当你忙着做事时，即使听见了他在干扰你，也会选择不回应。但是，你的不回应不代表你不关注他，不爱他。要用平静、真诚的态度，用你的行动传达给孩子这些信息，比如：把手轻压在他的肩上，平视他的眼睛，真诚说出自己的想法，而忽略他的要求。

（7）与孩子共同制订一份时间规划表，让孩子知道你什么时候有时间做某些事情，也慢慢在孩子心中刻下时间管理的印记，让他在不知不觉中学会安排自己的时间。比如："晚上8至9点，我有时间帮你辅导家庭作业。""我很愿意每周三、周五陪你去图书馆。""我需要回封邮件，然后再花时间听你讲这一天过得怎么样。我希望自己可以参与你的生活。"等等。

实际上，解决问题的小方法不止以上所述这些，各位家长可以在生活中慢慢发掘。但是，一定要记住，要尊重自己，也要尊重自己的孩子，重要的是不要忘记表达爱。孩子需要知道，即使自己不是家长关注的焦点时，依然被家长爱着，并且他们很重要。孩子会了解，在尊重家长关注其他人或事的愿望的同时，他也能照顾好自己。他们能够感受到另外一种乐趣：他可以自己玩；他可以帮大人做很多事；他的满足感可以来自内心，而不是不停地从他人身上求得关注；他们甚至可以为自己做很多规划，可以很独立。

打人

　　"我已经尝试过各种方法了，什么讲道理呀，罚站呀，转移注意力呀，让我的儿子不要动不动就打人，可是都没用。他现在还是动不动就打人，有时候连我都打，这让我很生气。有时候我被他气狠了，会打他屁股几下，让他道歉，但他当时应了，过后会更严重。"

　　上面的这段描述是否让你感到很熟悉？在我们的生活中不乏会打孩子的家长，也不缺少在人际交往中动手打人的孩子。仔细想想，孩子打人固然不妥，可总是用"打"的方式教育孩子的人，又如何制止孩子高扬的手臂呢？

　　发现孩子有打人的举动时，你最先做的事情是了解孩子心中所想，破解孩子打人的原因。孩子可能是在情感上受到了伤害；也可能仅仅是他无法马上获得自己想要的，感到伤心或沮丧。而在现实中，作为成年人，你可能觉得孩子是在小题大做，并为他的举动感到沮丧，因为你希望自己的孩子能尊重地对待他人，你甚至担心孩子的行为是你作为父母的一种反映。或许，你会出于羞耻感的尴尬而过度反应，为了向周围的人证明你不会对孩子的这种行为放任不管，未加问询就不尊重地对待你的孩子——训斥、责打、强制道歉。

　　还有一种情况，也是最可能的情况是，孩子只是苦于无法用语言或技能让自己的需要得到满足，他们做出攻击性的行为只是因为不知道除此以外还有什么方法可以得偿所愿。当孩子无法用语言表达自己的时候，有时候就会用攻击性的行为。这在孩子学步阶段是一种正常现象；甚至长大些时，如果孩子的语言能力无法帮助自己，也会如此。以和善而坚定的态度，教导孩子学会更有效的沟通方式，是父母的职责。如果孩子能够得到大人的帮助，而不是一个暴力的示范，孩子就会随着年龄的增长度过这个阶段。

那么，为了帮助孩子度过这个阶段，家长可以做些什么呢？

（1）拉住孩子高扬的手，告诉他可以理解他现在的感受，但不可以用"打人"作为发泄手段。

（2）帮助孩子处理愤怒的情绪。

（3）对于年龄较小的孩子，在把他们带离打人的现场前，可以给予他一个拥抱——向他示范表达友好和爱的一种方式。

（4）在劝导孩子不可以打人的时候，即便你不知道孩子是否能听懂你说的道理，也要说一些诸如"打人会伤害到他人，或许我们可以找另外一些你能做的事情"之类的话。

（5）让孩子看到他们能做什么，而不是告诉他们不能做什么。要密切注意你的孩子，当他抬起小手要打人时，用你的大手带领他的小手做一些可以做的事，比如触摸、轻拍等。

（6）当孩子打你时，要决定好自己此刻做什么，而不是试图去控制孩子的行为。要让孩子明白，当他冲你做出攻击性行为时，你会暂时离开，让他冷静思考，直到他准备好尊重地对待你。当然，在你第一次这么做的时候，要告诉他你的决定，并坚定地执行。当事情结束后，要告诉孩子你的感受："那真的很痛。"或"你的行为伤害了我。如果我做了什么让你受伤的事，我很愿意知道并向你道歉。当你准备好了，你的一声'抱歉'会帮助我感觉好起来。"不要强迫孩子道歉。

如果你的孩子没有出现过打人的事件，可以做一些预防措施，帮助你杜绝这类问题的发生。

（1）不要让"棍棒底下出孝子""孩子不打不成器"这类的言论影响你，也不要给孩子灌输这种想法。控制自己，不要打你的孩子，以此向孩子表明打人是不可接受的。如果你在情绪不受控制时打了孩子，要使用"矫正错误的三个 R"向孩子道歉，以行动告诉孩子你打他也是不能接受的行为。

（2）给予孩子无条件的爱，并通过教给孩子有益于他们感受到自己能力和自信的方式，来正确地鼓励孩子。

（3）如果孩子还不会说话，要花费时间训练孩子。这时反复告诉孩子道理是无意义的，家长要做的是分散和转移孩子的注意力。要帮助孩子练习温柔地抚摸家人或动物。要让孩子看到如何轻轻地抚摸，并且说一些简单的话语引导他，如"拍，拍""人是用来拥抱的，不是用来打的"等。在孩子锻炼出理解你语言的能力前，这样做的同时还要监督。

（4）如果孩子已有了一定的语言能力，要告诉他感受和行为是不同的。感受只是感受，没有好坏之分。要告诉你的孩子，他有任何的感受都是可以的，但是他不可以因为自己的感受随意打人，即便他很生气。要帮助孩子想出用对自己和他人都尊重的方式对待自己的感受的方法。另一种更直接可行的方法是，如果他受到了不尊重的对待，可以离开现场，想办法解决自己的情绪。

（5）教会孩子适时暂停。要告诉孩子，有的时候我们需要时间让自己冷静下来，直到在做其他事情前可以感觉好起来；他可以自行选择何时喊暂停，去平息自己的情绪，只要他认为这能帮助自己好起来。在教导孩子的过程中，你可以以自己的行为帮他做示范，如："我现在感觉不太好，想单独待一会儿，直到我感觉好起来。你可以自己看一会儿书，或者玩一会儿积木吗？"

（6）要学会反思。孩子是比较注重自己的感受的，但有时他们的感受会有偏差，这要求我们时时回顾自己的行为，看看自己是否无意中伤害了孩子：当出现一个问题时，你是否经常让他回自己房间待着，经常责骂和批评孩子、挑孩子的错？如果这是事实，那么孩子可能会感到真的很伤心和愤怒，打人就是他回击世界的方式之一，也是他在这种情况下的第一选择。要多多鼓励、肯定孩子，停止伤害他的行为，并观察你是否没有注意到孩子打人行为的改变。

（7）当孩子在外面因某种原因打了别人时，不要为了向旁观者证明自己是好家长，而责打孩子，也不要为了让孩子逃脱某件事的惩罚而打孩子。要记得，你和孩子的关系比这重要得多，你的孩子的健康成长也比这些重要得多。

孩子应该也必须知道，随意伤害他人是不可以的。孩子的感受不坏，他也不是坏人，而且不管他是对是错，都可以得到来自大人的帮助和指导，来找到对自己和他人都尊重的方式。孩子们还应该知道，他们做了什么并不能定义他们是怎样的人，也不能定义他们的一生。他们并不会因为打人就成了坏孩子，但打人的行为是不可接受的。

顶嘴和不尊重

妈妈：宝贝儿，把球鞋放到鞋架上去？

孩子：为什么你不把它们放上去，你是妈妈。

这样的对话，是否有些家长觉得很耳熟？其实，孩子的顶嘴和不尊重行为有很多，这是其中最常见的一种。

那么，孩子这么做的原因是什么呢？有很多。

有些时候，孩子只是用这种行为试探自己在家中的权力，这一点在接近青春期和正值青春期的孩子身上最为明显。

另一方面，孩子可能在大人的言行中感觉自己受到了不尊重的对待，所以以顶嘴和不尊重的行为进行反击，这是孩子的错误观念引发的错误目的的行为。

孩子顶嘴还可能是因为大人在之前有不回应孩子的情况发生，而孩子希望得到一个回应；或者，他只是当天过得不太开心。

还有一个可能的原因，也是一个相对严重一点的原因——没有人教过孩子要有礼貌地沟通和互动。

这里有一些建议给家长，家长可以试着将这些做法融入自己的生活中，看看孩子的变化。

（1）平复自己的情绪，避免在自己生气时以激烈的方式对待孩子。必要的时候，可以跟孩子打声招呼，离开当前场景，彼此都冷静一下。

（2）把"顶嘴"当成了解孩子的一个窗口，在彼此平静一些的时候，倾听孩子的心声，详细了解问题出在了哪儿，应该如何解决。家长需要留心总结一下，哪些事情将问题变成了权力之争。

（3）不要一直将眼睛放在孩子的不尊重行为上，而是要关注孩子的感受。尝试着对孩子说出这样的话："你现在显然很生气，我能感觉到。但当你那样对我说话时，我也很生气。我想，我们现在都需要花点时间暂停一下，彼此冷静思考后再谈话。我想听听你因为什么在生气。"

（4）不要用惩罚来"控制"孩子，而是在你和孩子都平静下来后，共同找到一个双方都尊重的解决方案。

（5）把你的感受告诉孩子，让孩子知道你们的感受在某些时刻是相通的，这有利于双方谈话的展开，也有利于问题的解决。

（6）与孩子说话时，要用尊重、平静的口气，而不是命令式的语气。要决定你自己要做什么，而非要求孩子做什么，比如平静地离开，一个字也不说，让时间冲淡你和孩子的不良情绪。当然，在第一次这么做时，让孩子知道你要做什么是很有效的："当你做出不尊重我的行为，或说出不尊重我的话语时，我很难过，会直接离开房间，直到我们都感觉好起来，能够在爱和尊重的氛围中开展对话。"

（7）适当地运用你的幽默感。比如："宝贝，我一定是听错了。我确定你想说的是'妈妈，你介意帮我把鞋子放到鞋架上吗？因为我太懒了，不想自己放'。"

（8）在表达情绪方面，有些动作比语言更有效，比如拥抱。如果你没有太生气的话，给予孩子一个拥抱有利于缓和当时的紧张气氛。即便孩子还没有准备好接受你的拥抱，他的坏情绪也会缓解一些，有益于你们接下来的沟通。

为了孩子的健康成长，为了家庭的和谐氛围，家长有必要对家庭问题进行事后反思。如果孩子有顶嘴或不尊重人的行为，家长要在回顾自己与孩子相处的情形时，检视以下情况：

（1）是否因为自己不尊重孩子，间接教会了孩子这种令人痛恨的行为？

（2）教导孩子时，自己是否对他控制过多或娇纵太多，从而造成了亲子间的权力之争？

（3）对孩子提出要求时是否不够尊重他，"触怒"了孩子？

（4）发现孩子有需要改正的行为时，你是否总是用命令的语气要求他去怎样做？你是否想过换为其他方式与孩子沟通？

（5）亲子教育中，你是否会明知自己有责任，也避免承担？

（6）在你对孩子有了不尊重的行为后，是否认真道过歉？

（7）你是否与孩子一起探讨过"尊重的沟通方式"这一课题？

（8）你是否过于关注其他，而非解决问题本身？

当孩子们知道，父母愿意承担起自己在双方互动中的责任，他们就能了解到顶嘴不会奏效，但他们会有另外一个机会与父母进行有礼貌的沟通。

违抗、不听话和叛逆

在亲子互动中，当你和孩子陷入了很容易变为报复的权力之争时，你越要将自己的意愿强加给孩子，要求他按照你说的做，或者向他的要求让步，他就越不会服从，你们俩都会因问题得不到解决变得愈发沮丧。

面对违抗、不听话和叛逆的孩子，家长要做的是引导孩子合作，过度控制和过度娇纵都不会得到预期的结果。

（1）首先，家长要回顾自己以往的行为，重新审视它们。违抗、不听话和叛逆，往往是孩子对于过度控制型或过度保护型父母的一种回应。一旦自己的行为受限，孩子就会开启这样的回应模式。

（2）注意自己说话的方式：你是否在不停地向孩子大声喊着命令、唠叨和责骂的话语？孩子可能会因为你说的比做的多感到不满，因而对你的话充耳不闻。我们要坚持这样的原则：不要说任何事情，除非你是当真的；如果你对一件事持认真态度，就要给予其充分的关注。和善而坚定地说出自己的想法，并坚定地执行。

（3）如果你的孩子喜好争辩，那他周围多半会有一个让他经常争辩的人。这个人可能是同伴，可能是家人，也可能是老师或其他孩子熟悉的人。如果这个人是你，要练习让你的孩子说最后一句话。

（4）细心观察孩子，耐心倾听孩子，走进孩子的内心世界，并做一些猜测，了解孩子不听话的原因是什么。比如："你伤心是因为觉得弟弟得到的关注更多吗？""你生气是否因为我未跟你说就将你不喜欢的木玩具送了人？"只要你对孩子足够关注，仔细想想就能猜出是哪些事情激起了孩子的反抗情绪。如果你的猜测是正确的，孩子会感觉得到了认可和理解。如果你猜错了，再猜一次也无妨。只要可以达到有效沟通的目的，就可以找到解决问题的方法。

（5）在必要的情况下，要通过为孩子提供有限制的选择，问启发式的问题，让他做主。比如："你希望让我扶着自行车的后座帮助你练习，还是自己练习骑车？"

（6）有些孩子总是一再试探家长的底线，直到被打屁股才罢休。长年累月的经历，已锻炼出他们不挨打不罢休的性子。这时候，家长要放弃用打的方式，而是将孩子抱在你怀里，直到他安定下来。对于大点的孩子，要平静温和地向孩子表示歉意："我不会惩罚你。我要为我曾经用过的伤害你的方法道歉，并希望可以改善我们的关系。尽管我对你现在的做法非常不高兴，但我爱你，希望你可以帮助我，也帮助你自己，使我们停止争斗，一起想出解决问题的办法。"

（7）不要告诉或命令孩子去做什么，而是试着问孩子打算怎么做。这通常有助于孩子养成思考的习惯，并尝试用自己的力量去解决问题，而不是对你的言论产生逆反心理，变得不听话。如："在通过十字路口的时候，你需要做什么？"

（8）明确向孩子表达你需要他帮助的想法，并表达自己的感激："我会很感激你帮助做的任何事情。"

（9）真诚地向孩子表达你的爱，不要附加给爱任何条件。当孩子感受到你的爱带有条件时，很容易变得违抗和叛逆。反之，孩子会感受到自己在家庭中是被尊重着的一员，这有助于你们找到最适合的问题解决方案。

（10）讨论涉及孩子的事情时，要让孩子也参与进来，询问他的看法和建议。

（11）时刻记得什么对自己是最重要的，一些不重要的事情要随它去。在解决问题时，也要向孩子传递这一理念。这会减少你和孩子在不必要的事情上的时间和精力的浪费。

通过沟通，要让孩子懂得，当一个人得到尊重的对待时，合作比竞争更重要。并且了解到，他在家庭中是可以做出适合自己的选择的。

令人忧心的"好孩子"

生活中，我们总是听到有人抱怨："我家的孩子太调皮了，你说什么，他就一定跟你反着来。""我家孩子总是惹事，有时候看到他就来气。""这孩子怎么就不能听话一点呢？"……我们总希望自己的孩子乖一些，听话一些，但孩子真的按照我们的要求，变得特别懂事，成了人人眼中的"好孩子"，就没问题了吗？显然不是的。

如果我们过分强调孩子要一贯地好，会有一些潜在的危险。当我们反复向孩子传达要做得好时，很容易让孩子形成一种错误的观念——除非自己一直是好的，否则就没有任何意义。孩子会为了得到家长、老师、同伴的认同，要求自己做好手中的每件事，甚至会因为一个不起眼的错误，彻底否定自己，认定自己是个失败者。继续下去，孩子为了掩盖自己的不完美，可能会撒谎或者逃避一些活动。这种错误观念的极端危险在于，有些孩子会因为自己犯的错误和不完美，否定自己存在的价值，觉得自己活着是不对的、不值得的，从而导致自杀。

对于孩子来说，好的行为的目的，要比这种行为本身来得重要。家长要用心判断孩子的好的目的：是想要赢得赞同，还是因为他看到了好行为对于自我实现的价值，从而对自己有了新的要求呢？

为了让孩子健康成长，不至于成长为一个令人忧心的"好孩子"，家长在生活中要注意自己的言行，教会孩子：他们不需要始终都"好"，也不必掩盖自己的错误，要始终做一个学习者，拥有尝试新事物的好奇心。

（1）不要对孩子进行比较，即使是在你自己的孩子之间。这种做法是一把"双刃剑"，给比较的两个孩子传达的都是错误观念，让他们形成错误的行为模式："好"孩子会感受到压力，为了取悦你，成为一个让自己处处完美的"好孩子"；其他孩子会感觉自己比不上那个"好"孩子，或者为了得到你的一个赞同而加倍努力，也有可能为了寻求你的关注走向反方向。

（2）不要总是赞扬你的孩子好，偶尔也要开玩笑说他可能没有承担足够的风险才能如此顺利，以便孩子学会反思，养成从错误和失败中学习的习惯。

（3）不要让孩子轻易逃避新活动。尊重孩子不代表让他做什么事都按自己喜好行事，毕竟孩子的喜好是经常变化的，未经尝试就逃避新的活动，可能让孩子错失很多乐趣。在遇到新活动时，如果该活动在孩子的能力范围之内，家长要鼓励他先尝试几次，然后再决定放弃还是继续。这样，可以有效防止孩子因为害怕做不到最好而不愿意承担风险。

（4）要注意到孩子的进步和努力，而不是只盯着孩子的成绩和做事的结果。要适当地鼓励孩子，而不是赞扬、奖励或惩罚。始终要记得，你的爱可以赋予孩子更大的能量。

（5）要注意自己的言行，看看自己是否过度地责备或挑剔一个孩子。在大多数"问题"孩子的背后，都有"好"孩子在试图做得更好或者显得"好"，以便你在对比孩子的过程中，发现他的兄弟姐妹有多坏，从而更偏爱他。

（6）要始终强调犯错误是一种学习的大好机会，并且说到做到。"再试一次"是一句很神奇的话，能让孩子直接感受到犯错误没关系，从错误中学习到一些东西就可以了。在一个家庭中，可以有这样一个惯例：在某一特定时间（可以是特别约定的，也可以是就餐这样特定的时间段），让每个人说说自己犯的一个错误以及在错误中的所得。

（7）人生的道路不是一直平坦的，任何人都可能跌倒，但振作起来再试一次需要很大的勇气。要确保你的孩子知晓这一点，并适时鼓励他。

第五章　正确运用人为干预后果

自然后果

自然后果是指自然而然地发生的任何事情，其中没有大人的干预。这里不允许借题发挥。当大人开始说教、斥责等行为将责难、羞辱或痛苦附加在孩子原本可以自然而然地获得的体验上时，就是在借题发挥了。事实上，在管教孩子时，家长很容易借题发挥，而无法放任事态自然发展。借题发挥直接中断了事情的发展，强行改变事情的发展轨迹，使孩子无法体验事情自然发展带来的结果，也无法从中得到学习；同时，孩子还要集中心思承受来自家长的指责、惩罚等。这不仅令亲子关系变得紧张、复杂，也不利于孩子的成长。

这时，家长正确的做法是：对孩子正在经历的事情表达同情和理解；恰当的时候给予孩子安慰，比如用言语、动作表达一下对孩子的关爱；然后，要让孩子直面此前事情的结果，并从中总结经验，指导自己以后的行为。

对于要给孩子提供支持的家长来说，放任孩子处于困境不管是有一定困难的，但是这一过程是非常有必要的，这是帮助孩子培养对自我能力感知的一种很好的方法。举一个比较常见的例子来说明这一点吧。

现在孩子上学的时间都比较早，而总有那么一些孩子无法早早起床。面对孩子晚起这件事，如果家长借题发挥，其结果是什么呢？

（1）孩子每天在家长的催促中起床，并承受家长的说教。

（2）为了孩子不迟到，家长会为孩子收拾书包等学习用具。

（3）孩子养成依赖家长的习惯，对时间没有概念；与人相约，迟到成了家常便饭。

（4）孩子对自己的学习、生活没有规划，过得一团糟。

如果家长任由事件自然发展，又会是怎样的呢？

（1）孩子可能经历这样的一天：服饰不整洁；上课迟到；书、本、文具等有漏带的；当天的学校生活杂乱无章。

（2）孩子会对家长有一些怨言，对家长的做法有一些失望。

（3）孩子反思自己，试着规划自己的生活、学习，如提前一天收拾书包、整理衣服等。

（4）孩子变得独立，在生活、学习上不再需要家长过多操心。

对比以上两种结果，哪一种是我们想要的呢？显然是第二种。在对孩子的管教中，我们不要因为孩子哼哼唧唧、噘嘴、失望、抱怨等产生愧疚感，而是要试着让孩子去体验自然后果，使他得到成长。要始终记得，解决问题是此时的第一要务，我们不可能帮孩子解决一生的问题。

当然，自然后果这种方式，也有不适用的时候：

（1）孩子处于危险中的时候。比如：孩子在停驶的车下玩耍，孩子不遵守交通规则在街上乱窜等。

（2）孩子仍需要进行某些能力的训练时。比如：孩子还无法了解汽车开来时穿行马路会有什么后果。作为监护人，我们有责任告知孩子这些事情之间的因果关系，培养孩子正确应对这些事情的能力。并且直到孩子真正成熟起来，我们都对此负有监督责任。

（3）当事情自然发展的结果会影响到他人。比如：孩子用石块投向他人，拿尖锐的钉子扎车胎等。

（4）孩子不认为自己的行为结果存在什么问题时，自然后果的方式便不能起到任何作用。比如：不刷牙、吃大量垃圾食品、吃过量食物、不运动等。

人为干预后果

人为干预后果与自然后果不同，它需要有人介入事情的发展过程。其中"人"可能是大人，也可能是其他孩子；介入时间可能是随机的，也可能是约定的时间。重要的是，要决定一种能为孩子创造有益的学习体验的结果，鼓励孩子选择负责任的合作。

因为人为干预后果是他人干预产生的，我们需要确保这个结果是有益于孩子成长的后果，而不是变相的惩罚。我们可以用"逻辑结果的四个 R"作为甄别的准则：

（1）相关（Related）——后果必须与行为相关。

（2）尊重（Respectful）——人为干预后果必须对所有相关人员都是尊重的，不可含有任何责难、羞辱、痛苦等因素，且可和善而坚定地执行。

（3）合理（Reasonable）——人为干预后果不论以孩子的角度看，还是以大人的角度看，都是合理的，不含有任何借题发挥的成分。

（4）预先告知（Revealedinadvance）——事先告知孩子选择与后果之间的关系，选择什么样的行为便会有相应的结果。

以上四个 R 都不能缺失，否则最终的结果就不能称为人为干预后果了。如果大人遗漏了任何一项，使结果不再是相关的、尊重的、合理的、预先告知的，孩子感受到的可能就是我们第一章提到的惩罚所造成的结果了：

（1）愤恨——认为这些惩罚对于自己来说不公平，认为大人是不可信的，心底产生愤恨的情绪。

（2）报复——暂避风头，伺机回敬。

（3）反叛——对惩罚不满，之后大人让孩子做什么，孩子就反其道而行之。

（4）退缩。这一方式有两种表现形式，一是偷偷摸摸，即再遇同类事情还会有同样的做法，但是更为隐蔽，刻意避开大人行事；二是自卑，长期的否定导致孩子认为自己做什么都是错的，觉得自己是个坏孩子。

尽管家长和老师们不愿意承认，但他们喜欢用惩罚的方式仍是事实，一是潜意识里他们希望自己能显示"赢"孩子的权力，二是惩罚的方式一般会在短时间内终结当前的事件。可是，我们处理事件最终的目的是让孩子得到成长，而不是单纯的终结事件。

人为干预后果不适用于行为的错误目的

使用人为干预后果的方式管教孩子时，要考虑到行为的目的是否是正确的。在发生直接冲突的时候，人为干预的方式可能是有效的，但只在孩子的目的是寻求过度关注时才有效。如果孩子的行为目的是与家长争夺家庭权力，或者对家长"伤害"他的行为进行报复，直接使用人为干预后果的方式是不奏效的。只有在家长和孩子双方都冷静下来，达成初步合作之后的解决问题阶段，人为干预后果的方式才能取得良好的效果。

以孩子做家庭作业为例。如果孩子不做家庭作业，而是想一直看电视，家长可以这样对孩子说："你需要在睡前完成作业；要么只能明天到学校，被老师要求在讲台上写作业了。"家长一定要注意，话语中要给出一个选择作为人为干预后果的一部分，体现出你对孩子的尊重。对于家长的话语，孩子可能有以下几种表现：

（1）目的是寻求过度关注——感受到家长的关注，目的达成，听话地去做作业；

（2）目的是寻求家庭权力——拒绝做作业，以证明"你约束不了我"，除非你事先与他就该问题讨论过并做过约定；

（3）目的是报复——以不做作业来伤害你的感情，直至他"受伤"的感觉得到重视和处理；

（4）目的是自暴自弃——孩子需要得到训练和鼓励，而不是人为干预他何时做什么、如何做。

由以上情况可以看出，如果家长不先理解孩子的行为及长期效果，是无法正确使用人为干预后果的管教方式，并让其产生应有的效果的。

另外，我们还要注意一件事，无论孩子的错误目的是什么，人为干预后果的方式都有可能不适合。人为干预后果只是解决问题的一个工具，有些时候并不适合当时的情形，我们要根据事件发生时的具体情况，选择合适的解决问题的工具。

始终保持和善而坚定的态度

如果我们接触的家庭多一些，就会发现一种有趣的现象：即便家长在解决问题时采用了人为干预后果这个工具，多数家庭的情况也不会好转。原因有两个：一是，孩子触犯规则后，家长在执行约定措施时会有犹疑，并因为各种各样的担心，中断干预措施；二是，面对孩子触犯规则的行为，家长不能控制自己的情绪，开启责骂、唠叨的模式，而不是采用和善的态度与孩子对话，把人为干预后果变成了惩罚。

以按时吃饭为例。

自从家中多了两个孩子，李李家的吃饭时间就再也没有固定过：孩子总因为各种原因，无法到餐桌边吃饭。李李决定采用人为干预后果的方式解决问题。

在一个周末晚上，李李家举行了一次家庭会议，全体成员一致决定早饭时间定在 7:00~7:30，中饭定在 12:00~12:30。任何人错过饭点，就必须等到下一餐饭的时间才可以吃。

由于孩子们都参与了规则的制定，他们在最初的一个月都很积极配合。老大奇奇甚至决定在晚上入睡前，把衣服摆成拿起就能穿的样子，以便次日可以准时起床。

有趣的是，奇奇也是第一个触犯规则的孩子。一天早晨，他怎么也不肯按时到餐桌旁，等大家都吃完了，

109

才走到厨房向李李要食物。李李拒绝了："很抱歉，宝贝，早饭已经结束了。我相信你可以坚持到吃午饭。"奇奇最初不肯等，并试图拿橱柜里的零食，而李李始终以坚定而和善的态度拒绝奇奇。这一过程持续了将近一个小时，奇奇因无法达到目的走开了。

在接下来的两个星期中，其他人都遵守着按时吃饭的规则。而奇奇又试探了一次，当然又失败了，而且很快就放弃触犯规则，然后出去玩了。

至此，李李再也不用为孩子不按时吃饭而发愁了。

这个例子给我们提了个醒，需要我们在运用"人为干预后果"的方式时牢牢记住：

（1）当孩子试图打破约定好的规则时，事情在变得好起来之前往往变得更糟糕。在这个过程中，家长始终保持和善而坚定的态度是很难的，但对解决问题非常有效。

（2）惩罚孩子会让家长很快得到事情解决的结果，但是，如果"人为干预后果"的方式使用得当的话，将是一个非常好的帮助孩子培养自律与合作的非惩罚方式。

"人为干预后果"有时不是解决问题的最佳方式

在上文奇奇的事例中，人为干预后果的方式对解决问题很有效用，但其他的方法也许效果更好些。

对同一事情始终保持热情是很困难的，孩子也是如此。很显然，对遵守按时吃饭的规则这件事，奇奇的热情持续了一个月左右。当孩子们遵守规则的热情开始消退，他们会极力地挑战规则，试图打破它。这时，我们应该再次举行一次家庭会议，将"按时吃饭"这个话题再次提上日程。在家庭会议中，全员头脑风暴，想出对"按时吃饭"这一事情保持热情的方法，并在会后执行。当家庭成员的热情再次消退时，再举行家庭会议解决。如此反复。你会发现，孩子们的想法比你能想象到的要多。

当然，李李也可以采用其他方法解决奇奇热情消退的问题。比如，找一个时间，和奇奇坐下来，问他一些启发性的问题，搞清楚他是否了解正在发生什么事，他的感受是什么，以及他是否有什么好主意解决这个问题。李李还可以给奇奇一个爱的拥抱，并告诉他"妈妈真的需要你的帮助来执行我们的计划，帮助我们自己获得一个健康的身体，以便拥有更多的时间做更多的事"。

在解决问题时，当另一种方法会更有效，人们也经常会用人为干预的方式。选用哪种方法，关键在于长期效果如何。如果问题的解决比人为干预后果能让孩子学到更多的东西，那就运用那种方法。另外，有时只是简单地让孩子体验自己的选择所造成的后果，就能教给孩子很有价值的生活经验了。

特权＝责任

孩子犯错时，很多父母和老师都会说这样一句话："我已经告诉过你一百遍了。"一百遍，大人似乎总会将此作为孩子一定能记住的依据。事实上，大人要明白的是：只是反复提醒孩子或者代替孩子解决问题，而不是陪伴孩子一起想办法，将原本该孩子承担的责任揽到自己肩上，孩子就永远也学不会对自己的行为负责，培养不出独立解决问题的能力。

下面讲一个与玩具管理有关的小例子。

佳佳是一位全职家庭主妇，每天都要面临家庭事务的处理，最耗费时间和精力的事务就是收拾孩子们的玩具。她已经告诉孩子们一百遍要把玩具收好了，但是收效甚微。

终于，佳佳下定决心换一种方式解决问题。她和善地告诉孩子们："孩子们，从现在起，如果你们不自己收拾玩具，我来收。但是，凡是我收起来的玩具，我都会将它们保管起来，直到你们可以照料好自己的玩具。"

佳佳很快发现，玩具被孩子乱扔有自己的一部分责任——她和其他家人给孩子们买的玩具太多了。在最初的几天，孩子根本不在乎她收起的玩具，即便她不会再拿出那些玩具。

接下来，佳佳调整了自己的策略：在孩子玩玩具的时候认真观察，确定哪些玩具是孩子们真正在乎的，哪些不是。当玩具再被孩子们丢到一边的时候，她都会问一次："你想把玩具收起来，还是希望我来收？"孩子们会很快将自己喜欢的玩具收起来。而她收起来的玩具都被永久封存了。

当孩子们不在乎的玩具全部被收走以后，佳佳告诉孩子："以后，我不会再提醒你们收玩具了，但相应的，我会拿走你们没有收拾好的玩具。"这下佳佳就不用被迫收起很多的玩具了，因为孩子们身边只剩下了他们喜欢的玩具，在佳佳帮他们收玩具的时候，他们会爬过去跟她抢。当孩子们向她索要被她放起来的玩具时，她会在孩子们能连续几个星期都收好自己的玩具时，才将玩具还给他们。

这个例子有助于孩子理解与特权相伴的是责任：特权＝责任，缺乏责任＝丧失特权。

在上面的事例中，拥有玩具是一种特权，与之相伴的责任是照料好玩具。而不接受照料玩具的责任的后果，是失去拥有玩具的特权。在整个解决问题的过程中，佳佳都和善地向孩子们表明了她决定自己会做什么，以尊重的态度预先告知了孩子，并且坚定地执行自己说过的话，以行动告诉孩子她的言论是始终有效的。当然，为了不再出现不必要的麻烦，佳佳再也没有给孩子买多余的玩具，她只给孩子那些他们真正想要的、肯用自己的零花钱负担一半价钱的玩具。佳佳对事情的处理结果很满意；孩子们对自己的玩具也更加在意，再也没有乱放过。

第六章 关注于解决问题

转变思路，关注于解决问题

传统的管教方式往往关注的是"教给孩子不要做什么"，或者"因为别人的言行而去做什么"。正面管教的关注点与传统的管教方式有很大的不同，它关注的重点是"教给孩子做什么"，它要求孩子参与整个管教过程，在家长和相关规则的引导下，学会思考，找到解决问题的方法。在正面管教的过程中，孩子不再是被动的接受者，他们开始主动思考，做出更好的行为选择，因受到了正面的对待，学会用同样的态度对待世界。

当我们将时间和精力放在解决问题上时，孩子们会在解决问题的过程中学会如何与他人相处，并且获得面对下一个挑战的工具。他们开始尝试将拥有的工具运用于解决身边事情的过程中，并进行新的学习，获得新的工具。在一次次解决问题的过程中，孩子不断学习、不断成长。而大人专注于解决问题时，要提醒自己放弃"先予以伤害才能有所收获"的念头，这有助于创建和谐的家庭氛围，促进亲子关系。

关注于解决问题，会令大人思维方式和行为方式产生有益的变化，这种变化会潜移默化地影响孩子，促使孩子为了成为更优秀的人而努力。

　　关注于解决问题的主旨是：目前的问题是什么？针对这个问题，有哪些解决方法？在解决问题过程中，家长要有足够的时间和耐心训练孩子，放手给孩子足够的机会施展自己的才能。久而久之，孩子会成为解决问题的高手，并能想出非常多有创意、有助于解决问题的方案来。

　　关注于解决问题，要保证过程与结果：（1）与行为是相关的；（2）对相关人员是尊重的；（3）不论从哪种角度看，都是合理的；（4）对解决问题以及孩子的成长都是有帮助的。

充分利用"暂停区"

当家长与孩子之间产生问题时,如果双方都处于糟糕的情绪里,这对于解决问题是不利的。事件的一方,甚至双方都需要暂停一下,找一个区域平复自己的情绪,以便更好地解决问题。要牢记一点,每个人在足够冷静到接通理性大脑之前,专注于解决问题都不会有效。

家长和孩子布置"暂停区"时要遵循下面的指导原则。

(1)花时间训练。在"暂停区"投入使用之前,家长要和孩子谈谈它的好处。要将"冷静期"存在的价值,以及在解决冲突前要等待每个人好起来的原因、重要性告诉孩子。

父母以自己的做法为范例,告知孩子要如何使用"暂停"或者"重新振作起来的时间"。比如:在阳台的储物柜放一本幽默笑话集,需要时就到阳台上待一会儿,让这本幽默笑话集帮助自己好起来。

(2)让孩子自己布置自己的"暂停区",这有助于他们更快恢复心情,有助于他们做得更好。

让孩子自己布置属于自己的小角落,对孩子们来说是很重要的。当然,如果孩子较小,还不到使用"暂停"的年龄,家长可以先帮孩子把小角落圈出来,并告诉孩子那个小角落是做什么的——在他们感觉糟糕时帮助他好起来,而不是惩罚他们或让他们感到痛苦。

孩子的"暂停区"要根据孩子的喜好来布置,最好是在家中为孩子开辟出特别的一角。家长要和孩子一起做头脑风暴，找出尽可能多的让孩子心情好转的活动，将需要的东西布置在该角落中。比如，贴让人心情愉悦的热带海岛贴纸，可以帮助孩子平静的音乐播放器，供孩子放松心情的读物、画板等。

家长需要注意一点，"暂停"不是惩罚，也不是对不良行为的奖励，这只是帮助孩子平复情绪的一种方法。所以，不可以禁止孩子在暂停区做愉快的活动。

（3）事先和孩子商量好一个计划。要向孩子解释清楚：在试图解决一个问题之前，你们中的一方或双方做一个"暂停"，直到自己感觉好起来，这对问题解决是有帮助的。大人对这个做法是理解的，因为他们知道更需要"暂停"的是自己，哪怕只有几次深呼吸的时间。家长要教给孩子这个方法，如果他们觉得有帮助。

（4）当孩子感觉好起来后，如果问题还存在，就要找到解决问题的方案，或做出弥补。

我们要时刻提醒自己、提醒孩子，遇到问题时，没有必要每一次都马上找到解决问题的方案。有些时候，"暂停"就可以中断有问题的行为，仅仅是感觉好起来孩子就可能转向更为社会接受的行为了。

假如当前的问题不适合"暂停"，而是紧跟着寻找解决方案时，用启发性的问题与孩子一起探讨自己选择的后果，并教他利用自己的方法来解决问题，对孩子的成长是非常有益的。随着大人的引导性问题，孩子会在自己的脑海中形成一个解决问题的大致步骤，再次遇到问题时，他就可以按照这些步骤，一步步解决问题，慢慢培养出独立思考、独立解决问题的能力。

恰当地使用启发式问题

帮助孩子探讨自己的选择会带来什么后果，与把后果强行灌输给孩子有极大的不同。"探讨"是需要孩子参与过程的，他自己需要自行思考，并确定自己心中觉得最重要的是什么，自己要解决什么问题，自己想要的是什么结果，自己的选择能否给自己满意的答案等。其最终目的是得出一个解决问题的方案。

如果直接将孩子选择的后果告诉孩子，孩子会因自己没有参与过程，无法确定这个后果是否与他的选择有关，也无法确定是否正确，因而产生反叛和戒备心理，而不会进行探索式的思考。

要帮助孩子探讨问题，正确的做法是问启发式的问题，而不是直接告知孩子答案。

典型的启发式问题

- 你对刚刚发生的事情有什么感觉 / 看法？
- 你认为发生那件事的原因是什么？
- 你在这次事件中学到的东西，怎样才能用于将来？

下面的指导原则可以帮助我们恰当地使用启发式问题：

（1）不预先准备答案。如果你为给孩子的问题预先设定了答案，就无法倾听到孩子真正的心声。

（2）如果你和孩子中有任何一个人心绪烦躁，则不能提问。

（3）不要问很随意的问题，这些启发式问题要发自你的内心。

第七章 用鼓励激发孩子的潜能

保护孩子的自尊心，多从正面鼓励孩子

李珊是一位小学美术老师，一天，她给孩子们讲完画画的技巧之后就让他们自己画。快要下课的时候，她发现甜甜的画纸上什么都没有，于是就问："甜甜，你为什么没画呢？"

甜甜噘着小嘴说："我不愿画。"

"能告诉老师原因吗？"

"老师，我告诉您，您不要告诉我妈妈好吗？"

"好。"

"上次我在家画画，妈妈说我画得乱七八糟的，什么都不像，所以我现在不想画了。"

甜甜的话让李珊的心情非常忐忑，因为她以前也曾使用过类似的语言。她不知道那样一句无心的话竟然会伤害了孩子的自尊心，也挫伤了孩子的自信心。

课后，李珊找甜甜谈了心，并指导她完成了一幅画，第二次上美术课的时候，李珊向全班同学展示了甜甜的作品，并表扬了甜甜。

从那之后，李珊发现甜甜对自己有了坚定的信心，绘画技能有了明显提高，各方面都发展得很快。

　　科学研究表明，有高度自尊心的儿童性格活泼，智力发展状况也会比较好，他们更善于表达自己的思想，讨论问题时能主动发言，对周围的事物感兴趣，喜欢探索，富于创造，对自己从事的活动充满自信。这样的儿童身体也相对健康，很少生病。而缺乏自尊心的儿童，多半情绪低沉，害怕参加集体活动，认为没有人爱他们、关心他们，也不愿表达自己的思想。

　　英国作家毛姆说过："自尊心是一种美德，是使一个人不断向上发展的一种原动力。"自尊心是个人对自己的一种态度，是要求自己受到别人的尊重，不允许别人歧视、侮辱的一种积极情感。自尊是健康人格发展的必备要素之一，它对人的认知、动机、情感及社会行为均有重要影响。所以保护自尊心对儿童心理的正常发展以及身心健康的成长都是至关重要的。

　　要保护好孩子的自尊心，家长要经常从正面表扬、鼓励，努力帮助他们解除心理障碍。

　　作为家长，营造一个和谐、愉快、宽松、安全的家庭氛围对孩子来说是至关重要的。父母一定要多给孩子关心和鼓励，让孩子独立自主。尊重他们的爱好兴趣，正确对待孩子的学习成绩，尽量使孩子的生活丰富多彩，容许孩子有不同的观点与见解。如果孩子长期生活在相互尊重的环境中，他就更容易形成良好的自尊心。

　　另外，要尽量为孩子创造成功的情境和体验。成功的体验是儿童获得积极自我评价的基础，是自尊心形成的关键。家长可以给儿童确立一个适当的标准，让孩子通过完成这一标准来获得成功的体验。在确立标准时不能主观地以过高的标准要求儿童，而是要从儿童自身的能力和特点出发，如果标准定得过高，孩子屡遭失败，他们的自尊心就会受到伤害。在孩子达到要求之后，要给予儿童积极的评价，使其体会到成功感。

　　不过，虽然自尊心对一个孩子来说是很重要的，但是也要有一个度，如果表现得太强反而会变成人格弱点。有心理学家曾经用气球对儿童的自尊心做了形象的比喻："一个没有气的气球毫无价值，然而气充得太满则容易胀破；只有气充得不多也不少，才会兼具观赏性与安全性。"

　　那么对于那些自尊心过强的孩子，父母应该怎么办呢？

　　首先应该帮助孩子树立适当的挫折意识。让孩子明白人生的挫折就像自然界的风雨一样不可避免；其次在孩子遭遇挫折的时候，家长要帮助孩子对失败进行分析，找出原因。通常失败有三种原因：一是孩子本身努力不够；二是超出了孩子的能力范围；三是客观因素影响。第一种归因有助于激发孩子继续努力，提高信心，后两种归因应引导孩子正确对待，不要自暴自弃，怨天尤人，今天做不到，以后可能就能做到。

积极的暗示让孩子健康成长

心理学家巴甫洛夫认为，暗示是人类最简单、最典型的条件反射。所谓心理暗示，是指人接受到人的愿望、观念、情绪、态度等影响的心理特点。心理暗示会对人产生强大的力量。在心理学上有一个著名的实验，实验者在接受实验者的手臂上放了一块试纸，并告诉他们这是一张有特殊功效的试纸，能让试纸所接触地方的皮肤变红变热。十分钟后，实验者把他们手臂上的试纸拿了下来，一看，果然发红并且也变热了。其实，这只是一张普通的纸，是接受实验者的心理暗示让皮肤发生了变化。

同样，心理暗示对于培养孩子的性格、学习和生活习惯以及意志品质方面也有很重要的作用。这些作用有积极的，也有消极的。积极的心理暗示往往比说理教育还好，能融洽父母与孩子之间的关系，含蓄又委婉，有利于孩子在无形中养成良好的性格和心态，帮助孩子往好的方向发展，在积极暗示下成长起来的孩子心智发展也更全面，品格也更优秀。

消极的暗示则是孩子心灵的腐蚀剂，让孩子情绪低落，产生自卑和自弃的心理，让孩子脆弱而娇气，很容易被困难打倒且一蹶不振。

有一天幼儿园放学，蓉蓉和乐乐一起下课牵手出了校门，站在校门对面的蓉蓉的妈妈和乐乐的外婆，一起等着他们。

两个孩子手拉着手，蹦蹦跳跳地朝着妈妈和外婆的方向跑过去，可是一不留神，砰的一声，蓉蓉摔倒在了地上，乐乐被她顺势拉了下去，也摔在了蓉蓉的身边。

两个孩子开始还没哭，完全没怎么反应，只愣愣地看着妈妈和外婆焦急地向这边跑来。

蓉蓉妈妈一把把蓉蓉抱在怀里，问："宝贝摔疼了吧？痛不痛？"蓉蓉听到妈妈的安慰，眼泪哗地掉了下来，特别委屈地哭了起来。

这个时候，乐乐外婆也把乐乐拉了起来，拍了拍乐乐说："没有什么，宝宝一用力就可以起来了，外婆带你去看看那边是不是有好玩的。"于是乐乐立刻乐颠颠地起来，安慰了一会儿蓉蓉，跟着外婆乐颠颠地走了。

其实刚开始蓉蓉和乐乐都没哭，蓉蓉妈妈的话暗示蓉蓉自己摔倒了是很疼的，于是就开始哭。但是乐乐外婆暗示乐乐摔倒也没有什么，所以他很快忘记了摔倒的疼痛。同样是摔跤，不同的心理暗示带来的效果是截然不同的。

每天，孩子都能接收到不同的暗示，这些暗示可以从身体、眼神、神态等各个角度传达给孩子。有调查表明，几乎 90% 在品质、意识和智力方面有杰出表现的人，在自己的童年或少年时期都受到过来自亲人的积极的暗示，最多来自母亲，有的来自父亲、老师、祖父母等等。而在这所有的暗示中，来自妈妈的暗示是孩子健康成长的关键，因此妈妈平时就要特别注意给孩子积极的暗示，让孩子保持乐观积极的心态，从而有助于他身心的健康发展。

给予孩子积极的暗示，最重要的就是要注意平时与孩子交流中说话的方式，同一个意思用不同的句子说出来，效果可能就会截然不同。例如，当你想让孩子变得更独立，就要告诉他独立的种种好处，而不能说"如果你不独立，妈妈就不要你了"这一类话来刺激孩子。如果你想让孩子不怕黑，那么可以给孩子讲关于黑夜的美丽故事，黑夜里，星星在悄悄地说话，花儿也在静静绽放，让孩子心生向往，从而不再怕黑，而不是给孩子讲关于黑夜的可怕，那样只会令孩子更加消极。

积极的暗示在潜移默化中影响着孩子稚嫩的心灵。一个称职的好妈妈有责任和义务将积极心态、积极情绪传递给孩子，牵引着孩子朝着健康、积极向上的成长之路前进。

用激励代替打击与批评

宁宁看见妈妈在厨房里忙碌，便过去帮妈妈择菜。结果，她把菜叶弄得满地都是。妈妈见孩子这样帮"倒忙"，气不打一处来，便明褒暗贬地对孩子说："你可真能干，我们家都快成菜市场了。"妈妈的这句冷嘲热讽的话，极大程度地打击了宁宁"尝试"的积极性。从此以后，宁宁再也不愿意帮妈妈干活了。

其实，如果宁宁的妈妈换另外一种说话的方式，比如"宝贝，你真的长大了，能帮妈妈干活了，不过让妈妈先来给你演示怎么择菜好吗"，那么孩子肯定就会开开心心地和妈妈学习择菜，并能由衷感受到快乐。

著名教育家陈鹤琴说过："无论什么人，受激励而改过，是很容易的，受责骂而改过，却不大容易，而小孩子尤其喜欢听好话，不喜欢听恶言。"可见，家长每一次对孩子的鼓励都是为他创造一次成长的机遇，孩子需要鼓励，需要信心，就如植物需要浇水一样，离开鼓励，孩子就不能进步。

在批评心理学中，人们把原本要批评的过错不给予直接批评，而是充分肯定或表扬其长处，使犯错者自我反省，进而认识过错，改正过错的现象，称为反弹琵琶效应。这种反弹琵琶式的批评方式，对教育孩子也非常有效。

成功学大师拿破仑·希尔小时候曾经被认为是一个坏孩子。母牛走失了、树莫名其妙被砍倒了等诸如此类的坏事，人们都认定是他做的，甚至父亲和哥哥都认为他很坏。人们都认为母亲死了，没有人管教是希尔变坏的主要原因。既然大家都这么认为，他也就无所谓了。

直到有一天父亲再婚。当继母站在希尔面前时，希尔像枪杆一样站得笔直，双手交叉在胸前，冷漠地瞪着她，一丝欢迎的意思也没有。

"这就是拿破仑，全家最坏的孩子。"父亲这样介绍道。而他的继母则把手放在希尔的肩上，看着他，眼里闪烁着光芒。"最坏的孩子？一点也不，他是全家最聪明的孩子，我们要把他的本性诱导出来。"

继母造就了希尔，他一辈子也忘不了继母把手放在他肩上的那一刻。

无论什么人，受激励而改过是很容易的，受责骂而改过却不大容易，孩子尤其是如此。作为最关心爱护孩子的妈妈，更要善于从孩子的错误行为中发现孩子的闪光点，并对之表示肯定的赞扬，以此刺激孩子主动去反省自己的行为，获得最真实的感受。当孩子发自内心地认识到自己的错误和不足之处时，那么他想要改变，就会是一件特别容易的事情了。

不过，鼓励式批评毕竟是批评，不是完全的表扬，因此，批评二字不能忽略，不能把批评变成表扬。这也就是说，鼓励式批评可以先表扬后批评或批评寓于表扬之中，这都是可以的，但一定要让孩子感悟到自己的错误所在，并使其改正。否则，这种批评就不是鼓励式批评了。

多一点赞赏与鼓励，让孩子更看重自己

父母认为孩子"好"还是"不好"，对孩子一生的影响的确很大。作为父母如果敢于肯定自己的孩子，对孩子发出"你一定能行"的正向信息，那就会使孩子对自己越来越有信心。相反，如果父母总是对孩子心存过度的担心和保护，对孩子发出的是"你不行"的负向信息，那么时间长了，孩子会真的认为自己不够好。孩子能否有足够的自信心，实际上很大程度取决于父母和老师的态度。

心理学上有一个名词叫作"马太效应"，凡有的，还要加给他叫他多余；没有的，连他所有的也要夺过来。意思就是说，好的往往更好，坏的往往更坏；多的往往越多，少的往往越少。1973年，美国科学史研究者莫顿曾经概括过这样一种社会现象：越是有声望的科学家越是能够获得更多的奖项，而越是不出名的科学家得到的奖项就越少。莫顿将这种社会现象命名为"马太效应"。

强者越强，弱者越弱，这种效应在学校教育和家庭教育中普遍存在，如果稍微不注意的话，就很容易导致"优生更优秀，差生更差劲"的现象。在日常生活当中也经常会出现这样的现象，家长总是夸耀那些听话学习好的孩子，而对那些不听话学习差的孩子持有批评的态度，时间长了之后，这两种孩子的发展就拉开了差距。

当然，任何事情也都是过犹不及，假如有一个品学兼优的学生，无论是学校领导、班主任还是家长都很喜欢他，这些看似能够使他更"优秀"的因素，却不能给他带来快乐。有些孩子，老师越是夸奖，家长越是宠爱，他就越发骄傲自大，目空一切。这样的孩子极有可能会遭到别人的嫉妒、疏远、仇视、孤立。这也并不利于那些好孩子的心理健康，他们很有可能会在学习和生活中形成一种不健康的认知体系和心理模式。

兰心今年上小学五年级了，她长得非常漂亮，学习成绩也不错，成绩在全班总是名列前茅，不仅如此，兰心还能歌善舞，综合素质的发展比较全面，在学校中是个受欢迎的孩子。学校领导很重视她，班主任老师更是将她视为班级中的骨干，在家中，兰心是爸爸妈妈的掌上明珠，在家里说一不二。

但是兰心并没有像家长老师所期望的那样越来越优秀，反而变得自负起来，和同学之间的矛盾也越来越大。在这个学期开学之初，班里重新成立了班委会，班主任很想听听她的意见，她挨个说了同学的缺点，甚至刻薄地说：全班除了她，没有一个人还能有资格当班干部。她的这种态度，引起了同学们的不满，最终在班干部竞选时，她差了十几票落选，当时就哭了，回家之后任凭父母怎么劝说她都不肯吃饭，就因为这点小事郁闷了很长时间。

表扬孩子是必要的，只不过赞赏也应该要有度，不能过分。马斯洛说人有满足自我的需要，然而赞赏就是满足自我的最大途径了。一个没有经历过任何赞赏的孩子，心理就是不健全的，这样的孩子很容易自卑怯懦，长大之后也很少有勇气去面对自己想要做的事情，成功的概率自然也会很低。

当然，赞赏孩子并不是一件容易的事情，赞赏得不够、赞赏得过多，都会对孩子内心产生不良的影响。对孩子的赞赏是一种教育的艺术，作为父母要根据自己孩子的特点及心理，遵循一定的赞赏原则才能够让孩子有所受益。

　　首先，赞赏要及时。如果孩子做了一件好事，或者取得了小小的成功，父母要及时给予肯定，及时的赞赏可以强化他的记忆和感受。

　　其次，要根据具体的事物进行赞赏。一些不符合孩子内心的空洞表扬，对孩子来说并没有什么效果，所以表扬一定要很具体，让孩子知道自己为什么要受到表扬。比如孩子帮助老人拿东西，妈妈夸奖说"宝宝今天真乖"，孩子可能不会有什么感觉。如果妈妈说"宝宝今天帮助老奶奶拿了东西，做得真好"，孩子就会觉得自己得到了肯定，也会很高兴。

　　最后，要发自内心的表扬孩子。如果爸爸妈妈对孩子的表扬并不是发自内心的，那么这样的表扬就是虚伪的，孩子也不会觉得这些表扬有什么意义。赏识是一种交流，如果用假惺惺的话来哄孩子，那孩子也不会相信的。所以在赞赏孩子的时候一定要发自真心，让孩子感受到你的真诚。

让孩子朝着父母鼓励的方向发展

无论是谁，都既有优点也有缺点，既有长处也有短处。但是有的孩子心理承受能力比较差，别人说不得碰不得，听了别人的批评自己就受不了了，甚至还会因为一两句话而轻易地放弃自己的生命。这样心理脆弱，一方面是从小被父母娇宠惯了，不能够清楚地认识自己，另一方面则是过于自卑，不相信自己。

而家庭是教育孩子正确看待他人的启蒙学校，父母双方先要能够客观评价对方，比如爸爸评价妈妈"是个热心人，但是比较粗心"，妈妈评价爸爸"很稳重有责任心，但是过于挑剔"。孩子生长在这样的环境当中，就会从小有这样的概念：尺有所短，寸有所长。

如果父母在家庭当中总是说对方坏话，那么培养出来的孩子就会是个心胸狭隘、爱搬弄是非的人。所以父母在家庭当中的言行，都会在潜移默化当中影响孩子。当父母给予孩子评价时，如果能够在符合客观实际的基础之上再多一些肯定，那么孩子一定会朝着父母鼓励的方向发展，这一点是毋庸置疑的。

这个道理，在心理学上有一个专门的名词叫作"配套效应"。18 世纪时有一个法国哲学家名叫丹尼斯·狄德罗。有一天，朋友送他一件考究的睡袍，当他穿着华贵的睡袍在书房行走时，觉得与周围环境很不协调：家具破旧不堪，地毯粗糙不干净。于是为了与睡袍配套，他把旧的东西先后更新，书房终于跟上了睡袍的档次。后来他发现"自己居然被一件睡袍胁迫了"。

200 年后，美国哈佛大学经济学家朱丽叶·施罗尔提出了一个新概念——"狄德罗效应"，也叫"配套效应"，即：人们在拥有了一件新的物品后，总倾向于不断配置与其相适应的物品，以达到心理上的平衡。

任何人对事物的看法都不是一成不变的，而是随着自己的身份做出改变，当身份有所改变的时候，这个人看待事物的态度和立场也就自然而然地发生转变了，人会在这个过程中获得心理上的平衡。假如一个人的身份变了，但是态度和行为不能及时配合的话，那么这个人就会感到一种强大的心理压力，在这种压力下，不得不调整自己的心理，直到态度行为与身份之间的不协调彻底消失为止。

洋洋原本是一个调皮捣蛋、不遵守班级纪律的后进生。一天，他与班上品行、学习较好的优秀生谢雨轩发生了争吵。

这件事被老师发现后，按照自己以前的"经验"，洋洋认为自己必先挨批，必先受老师呵斥，老师必"袒护"谢雨轩，但是老师却一反常规，采取"冷处理"，经过询问，搞清原委，分清是非，公正处理。结果洋洋大为感动，一反常态，主动向老师道歉认错；老师则因势利导，告诉洋洋："其实你有很多优点，比如见义勇为，热爱劳动，具有很强的组织能力，像上次由你发起的篮球比赛，得到了同学们的一致好评。这些老师都是看在眼里的，老师想让你来当咱们班的纪律班长呢！你回去想一想，看采用什么方法能把班级的纪律管理得更好，想出一个方案给我，好吗？"

洋洋回到班级后，为了做个好班长，一改原来的恶习，不仅遵守纪律、关心同学，把班级管理得很好，而且课堂上也变得很活跃，主动举手回答问题，不会的问题主动提问，结果成绩很快提高了。

　　这个故事当中的调皮小孩，在当上了班长之后，这种"身份"上的转变迫使他对自己的行为和态度进行调整，尽量地改变自己以适应新的身份。所以，有的时候给孩子一些肯定，给孩子适当戴一顶"高帽子"，会促进他向着更好的方向发展，真心期望孩子变好，他就能够变好。

　　父母要想改变自己的孩子，不妨也给孩子几套有价值的"睡袍"，让孩子能够在潜移默化中朝着与"睡袍"配套的方向发展。相信孩子会在这样一个过程中，努力调整自己的态度、行为与身份之间的差别，努力达到"配套合一"的效果。需要注意的是，不要让孩子感觉到你的目的是为了改变他的不良行为，而是要让他觉得你是出于真正的信任。

赞美孩子，从一言一行开始

情商是近些年来心理学家们提出的与智力和智商相对应的概念，它主要指的就是人在情绪、情感、意志等方面的品质。一个情商高的人能够很客观很全面地认识自我，并且能够成为自己的主宰。认识自我，也就是通常所说的"自知"。能够自知的人就能够很正确地认识自己，并且能够客观地评价自己，不会被别人的评价所左右。

心理学家们根据研究表明，6 岁以前的儿童正处于构建自我的重要阶段，这个阶段的儿童，需要通过外界对他的评价来认知自己。所以这些孩子对外界的评价很敏感，如果他从小收到的信息是客观中肯、包容接纳的，那么这个孩子就能够很正确地认识和评价自己。

对孩子不能不夸，也不能盲目地夸，家长鼓励孩子的目的就在于要让孩子能够正确地认识自己，接纳自己。孩子的自信是建立在成就感的基础之上，而并不是建立在空洞的表扬之上。所以家长不需要过度表扬孩子，否则会让孩子依赖于表扬，产生自大或者自卑的心理情绪。表扬不仅要适度，更要合情合理。

有一位教育专家曾经讲过这样一个案例：

有一个 8 岁孩子的妈妈问："孩子每做一件事情都要得到我的表扬，如果我没有表扬他，他就会大发雷霆。这是为什么呀？"

我问她："是不是表扬太多的缘故？"她说："是的，以前我批评得多，后来我发现这样不好，为了让他建立自信，给他的表扬就比较多了。现在他时刻关注我的情绪，如果我高兴，他就开心；如果我的情绪不太好，他就会暴躁。"

我跟这位妈妈说："这说明孩子不能正确认识和评价自己，他的情绪都建立在你的情绪基础上。他的内心不自信，所以他需要获得别人的表扬来证实自己。你以前批评多，后来表扬多，两者都不对，走了两个极端。"

那位妈妈问："那我该怎么办呢？"我说："你要减少对孩子的评价，更不要对孩子进行主观的评价。外界的评价尤其是不客观的评价过多，孩子将会失去自我评价的能力。你的孩子就在逐渐失去自我评价的能力，所以他必须要你表扬他，才能证实自己。"

那是不是就不能夸孩子了呢？当然也不是，夸孩子是给孩子积极的回应，孩子需要父母的认可、肯定和鼓励，并且通过父母给他的积极回应来认识自己，这个"积极回应"要怎么去回应呢？怎样夸奖孩子的效果才是最好的呢？

首先，不能将"夸奖"当成孩子前进的动力。这就要求家长观察孩子做事情的动力，是为了获得夸奖，还是从内心当中自发自愿的呢？另外，夸奖孩子一定要在事后，而不要在事前，很多家长都喜欢用夸奖的方式去引诱孩子做某些他不愿意做的事情，比如说孩子不太愿意画画，妈妈说："妈妈觉得你的画画得很好，来给妈妈画一张吧。"父母这样的方式影响了孩子的精神自由，孩子能够感觉到，成人试图在左右他。

而孩子事前需要的是鼓励，而不是夸奖。明明刚开始学习滑轮的时候，掌握不了平衡，摔倒过很多次，有一次他气坏了，哭着说："我不要这双滑轮鞋子了，我怎么老是摔倒呢？"妈妈很平和地对他说："学习滑轮是一件比较困难的事情，很难掌握平衡。但是我相信，如果你练习了很多次之后，总有一天是可以学会的。"在妈妈的勇敢鼓励之下，明明不断地跌倒，然后又不断地爬起来，不到一个星期就学会了。

其次，要让孩子感受到，无论是夸奖还是赞美，是真心的赞赏而不是虚假的敷衍，这一点很重要。夸奖，应该是真实的，客观的，既不能夸大也不能缩小。比如说明明在滑轮的时候摔倒了，如果家长还鼓励他说"你滑得挺好的"，这样名不副实的夸奖只会让孩子觉得大人的话是虚假的，不值得信赖的。

最后，夸奖必须是具体的，要用平实的语言来描述孩子做得好的事情，不要用"你真棒"这样泛泛的语言来夸奖孩子。

当孩子能够独立地做好一件事情之后，他的成就感足以让他获得最大的满足，他的内心充满着喜悦与自信，这是对他最大的肯定与表扬了。

发自内心的表扬才是有效的激励

每一个孩子都需要父母的肯定与鼓励，这一点毋庸置疑，但是如果仅仅是空洞的表扬，或者是不着边际的吹捧，并不能培养孩子真正的自信。父母要抓住孩子的长处，并且加以肯定和表扬，才能够将真正的自信植入孩子心灵的深处。

彤彤是一个浓眉大眼的小孩，既聪明又可爱，家人都很喜欢他。彤彤在家里早就听惯了各种各样好听的话，所以不免有些骄傲，但同时他对所有的赞赏都表现得不屑一顾，他觉得获得赞赏是理所当然的一件事情。可想而知，后来彤彤成长为一个很刁蛮的小孩，别人根本说不得，什么话都听不进去。

美国心理学家里维斯博士认为，赞扬应当在孩子完成某一个值得肯定和鼓励的行为时进行，而且要恰如其分。对孩子空洞或不恰当的赞美，不仅无益，还会引起相反的效果。里维斯发现，许多妈妈常常用"你是个好孩子"之类的话来称赞孩子。这种总体的、笼统的赞美，起不了引导孩子正确自我评价的作用，因为他们无法知道自己好在哪里。妈妈应当对孩子具体的行为进行及时具体的表扬，如孩子洗了手绢，可以夸赞他洗得真干净；孩子收拾了玩具，可以表扬他收拾得真干净。只要孩子有进步就要鼓励，有好的表现就要加强鼓励的感情色彩。如果妈妈留心，总会找出具体理由来称赞与表扬孩子。

同时，家长对孩子具体行为的夸奖也要适度，廉价的赞美一定会贬值，这样的赞美在孩子心中不会起任何作用，或者使孩子形成不切实际的自我评价而盲目自满，总之是会危害他们成长的。

表扬是一门艺术，过多的表扬一定会影响孩子的行为动机，还会促使孩子为了得到表扬而采取行动。所以，聪明的家长一定要学会表扬孩子的方法，最好避免没有价值的赞美。

那么要如何表扬孩子，才会成为有效的激励呢？

首先，要让孩子知道父母表扬他的理由，也就是说父母表扬得越具体，孩子就越明白哪些行为是好行为，也就越容易找准努力的方向。如果父母总是用一些泛泛的语言来表扬孩子的话，这样虽然从表面上看是提高孩子的自信心了，但是孩子会不明白自己究竟好在哪里，为什么受表扬，以后就会逐渐听不进去别人的批评了。

再有，要针对孩子的个性进行适度的表扬，对那些性格很内向、个性很懦弱、能力也很差劲的孩子，要多表扬才能够肯定他们的成绩，增强他们的自信心。相反，对那些虚荣心很强、态度又很傲慢的孩子，就要有节制地运用表扬的手段，否则就会助长他们的不良性格，影响他们的进步。

最后一点就是，表扬不仅仅要看结果，更要看到过程。比如说孩子好心办了坏事怎么办？家长是要表扬呢，还是要批评呢？聪明的父母看到这样的情况，一定要对孩子的"好心"提出表扬，然后再帮助孩子分析"坏事"的原因，告诉他要如何改进，这样就会收到良好的效果。

表扬孩子的方式有很多，不一定只是口头表扬，只要是适合孩子的表扬方式都能够收到很好的效果，比如说为孩子购买图书，购买玩具对其进行物质奖励，也可以是对孩子做出搂抱、竖大拇指之类的表情奖励。总之，恰当的表扬方式，会收到最好的表扬效果。

给孩子的奖励要适当

一般说来，父母不要轻易对孩子进行物质上的奖励，因为频繁的物质奖励很容易降低孩子对事情本来的兴趣，并形成错误的价值观。

有一位妈妈抱怨说："我的孩子今年上初中一年级了，为了让他能够好好学习，我们给他制定了一个奖励制度：平日的考试测验，如果分数在90分以上，就可以得到10元钱的奖励。如果总成绩进入了班级前10名，就可以得到50元的奖励。如果总成绩进入了年级前列，就会得到100元的奖励。这个方法一开始挺管用的，孩子每天放学回家之后就是看书学习，但是时间一长，孩子就显出了厌学情绪。如果我们不能够增加奖励的金额，就不能给他足够的刺激，他就没有办法打起精神来学习了。哎呀，真是愁坏我们了。"

在实际生活中，有很多父母都有过类似的困惑，他们习惯给孩子金钱、物质上的奖励。这种方法一般说来都是开始有效，但是不能长期使用，大多数家长在采用了这种方法之后都会起到相反的作用，同时也模糊了孩子的学习目标，他们不认为学习是为自己学，而是觉得这是交换奖励的筹码。

美国心理学家爱德华·德西发现：一个人进行一项愉快的活动时，如果对他提供外部的物质奖励，反而有可能减少他对这项活动的兴趣。

德西是通过实验发现这个规律的。他让一些学生解答妙趣横生的智力题，开始时，对所有学生都不奖励；接着把学生分成两组，其中一组学生每解答一个智力题就给予 1 美元奖励，另一组则不给奖励。在两组学生的休息或自由活动的时间里，德西观察发现，有奖励组的学生在有奖励时解题很努力，在自由活动时间里却很少继续解答；可是无奖励组的学生却有更多的人热衷于没有解出的智力题。就是说，奖励组的学生对解答难题的兴趣开始减少，而无奖励刺激的学生对解答难题的兴趣仍然浓厚。

奖励刺激容易引发人的外部动机，其最明显的特点就是持续的时间比较短。相反的，喜欢做这件事是一个人的内部动机，它更容易持久。

父母的奖赏不灵验，正是"德西定律"在起作用，父母如果让孩子养成了为获得奖赏才去努力学习的习惯，那么孩子就没有办法体会到出色完成一项事情之后的喜悦与兴奋，他们就没有办法体会到那种求知的快乐。对于任何事情来说，兴趣才是能够更加持久的动力，一旦失去了兴趣，一个人做事的动机也会大大降低。

如果孩子本来对一些事情能够表现出兴趣，如果父母这个时候再给奖励，可能就会弄巧成拙，不但不能提高孩子的学习主动性，反而会降低孩子原有的学习热情。比如说，孩子原本很喜欢画画，那么他原本不需要父母的表扬和物质奖励，只要是获得认可就足够了。

一味地给予物质奖励，会让孩子的欲望越来越大，并且还会沾染上自私自利和功利主义的坏毛病，养成斤斤计较的庸俗习气。所以父母在奖励孩子的时候，应该以精神奖励为主，比如说在家人或者是在亲友面前表扬他们，这样可以使他们产生荣誉感。

第八章　教育子女重在以身作则

公平对待每一个子女

父母希望被人公平对待，同样每一个孩子也都希望被父母公平地对待。我国著名儿童教育家、儿童心理学家陈鹤琴在《家庭教育》一书中举过一个例子。有一个农夫，因为大儿子资质聪明，会读书，所以喜欢他；小儿子资质鲁钝，不会读书，就不喜欢他。大儿子恃宠，小儿子失宠，所以兄弟间常常有吵嘴打架的事情。有时候明明大儿子过分，而他的父母竟说他好；小儿子明明吃他哥哥的亏，而父母竟说他不好，有时候还要打骂他。小儿子受了这种不平的待遇，愈加怨父母而恨哥哥了。最终小儿子脱离了家庭，不知跑到哪里去了。

这个例子意在说明：做父母的，真正爱子女，不应当偏爱子女，不应当偏憎子女，而应当一视同仁，以公平正直的手段对待子女。要知道，偏爱子女其实就是在害子女。

一般来说，在现代家庭当中，父母对待子女不公平主要表现在溺爱男孩，轻视女孩。这类问题具体可以分为以下几种：

（1）对男孩给予"特殊待遇"，使男孩滋生优越感。

有很多家长依然抱着"重男轻女"的思想不放，或者由于男孩是家里的独生子等原因，在家里的地位高人一等，处处都会受到特殊照顾。这样的男孩必然是"恃宠而骄"，变得自私，没有同情心，不会关心他人。

（2）对男孩的各种要求"无条件满足"，反而忽视女孩提出的合理要求。

有的父母对男孩的各种要求总是无原则地满足，儿子要什么就给什么。有的父母觉得"再穷不能穷孩子"，即便自己省吃俭用，也要满足男孩的无理要求。这样长大的男孩必然养成不珍惜物品，崇尚物质享受，浪费金钱和不体贴他人的坏性格，而且毫无忍耐和吃苦精神。

（3）对男孩过分保护。

有的父母为了男孩的"绝对安全"，不让孩子走出家门，也不许他和别的小朋友玩。更有甚者，变成了儿子的"小尾巴"，步步紧跟，含在嘴里怕化了，捧在手心怕飞了。这样养大的男孩一定会变得胆小无能，丧失自信，养成依赖心理，或者是在家里横行霸道，到外面胆小如鼠，造成严重的性格缺陷。

（4）袒护男孩所犯的错误，成为"护犊子"。

当男孩犯了错误的时候，妈妈总是视而不见，反而说："不要管太严，孩子还小呢。"有时候爷爷奶奶还会站出来说话："不要教得太急，他长大之后自然会好了。"在这样的环境中长大的男孩全无是非观念，长大之后很容易造成性格的扭曲。

为了孩子的健康成长，家长要给予每一个孩子充分的爱，但是不可以偏袒溺爱某一个孩子，而是要公平地对待每一个孩子。被溺爱的孩子往往缺少远大的理想，缺少是非的观念，缺少良好的习惯，缺少挫折教育，这会直接影响孩子的未来。同时，受到轻视的孩子，内心也往往是不平衡的，久而久之也会对父母和家庭产生抱怨和不满，不利于孩子的成长和家庭的和睦。

不做"强势父母"

有些教育专家在研究如何教育孩子这一课题时发现了这样的问题：一些从事教师、军人、法官、警察等职业的父母，他们的孩子更容易在交流上发生障碍。当然，这种事情不是绝对的，只是有一些这样的案例。这是什么原因呢？

这一类的家长可以被称为"强势家长"，他们的社会地位相对较高，对社会的责任感也比较强烈，在工作中更是一丝不苟，所以在教育孩子的过程中也流露出了明显的职业色彩，明显地表现为"眼睛里容不下一粒沙子"，一旦发现了孩子的小失误和小问题，就比较容易把问题严重化、扩大化。

还有一类家长是属于"吹毛求疵"的类型，他们习惯于严厉地要求孩子，不容许孩子犯一点儿错误。这样的家长教育出来的孩子有两种典型的表现：一种就是绝对服从型，表现为胆小怕事，丧失了独立生活的能力，没有一点儿主见，甚至连穿什么衣服、买什么样的早餐吃都没有主意；另一种就是直面对抗型的，这样的孩子会表现出强烈的逆反行为，会产生明显的对立行为，甚至会离家出走，或是流连于网吧。有一位警察的儿子曾经很坦诚地跟老师讲："我爸对我严厉的时候，总是用那种盯着犯罪分子的眼神看我，我能不痛苦吗？"

这两类家长在教育孩子的时候带有明显的强势，那种很强烈的表达方式往往流露出了对孩子的不尊敬，与孩子的敏感心理产生了冲突。作为家长，如果习惯了把职业心态带回家，以不平等的姿态与孩子交谈，就不会体会到孩子的内心感受，只是让孩子毫无反抗地服从命令指挥。这种做法会为家庭教育布下重重障碍。

一位教育工作者曾经讲述过这样一个故事：

有一次我和同事一起去旅游，带团的导游是一位帅哥。小伙子个头挺高，可是说话声音秀秀气气的，温柔有余，阳刚不足。看到这个年轻人，我就可以断定：他一定是有一个强势的家长。于是我就试探着问他："你妈妈是不是很严厉呢？"结果这个小伙子有些吃惊，脱口而出："您是怎么知道的？我妈妈可厉害了。小的时候我调皮，妈妈会追着我满街打。"

作为家长，强势的方式、强势的力度、强势的状态都会给孩子造成很大的影响。父母和孩子之间犹如一对齿轮，一方强则一方弱。父母对待子女强势状态的不同，通常会造成以下三种结果：

1. 孩子比父母更强的"超越式"

这一种情况出现的原因是孩子希望像父母一样出色，于是就很争强好胜，有时会比父母更加优秀，属于"老子英雄儿好汉"的那种。在国外著名的例子有老布什和小布什。在国内著名的例子有姚明，他的父母都是很优秀的篮球运动员，姚明之所以能成为世界级篮球巨星，也有来自于对超越父母的挑战心理。

2. 过于倚靠父母保护的"依赖式"

家长太强了，或者是过于保护孩子以至于制约了孩子的个性发展，这样的家长带出来的孩子要么性格比较懦弱，要么依赖性很强，属于对父母的绝对服从型。很多强势的父母，他们的孩子都很弱势，表现得腼腆、胆小、不自信等。古语所说的"富不及三代""寒门出孝子，白屋出公卿"等都有这样的因素在里面。像比尔·盖茨这样的大富豪习惯把巨额家产捐给社会，实际上也是为了弱化自己的力量，让子女相对来讲更强势。

3. 孩子通过自己而做出成就的"奋发式"

家长不是很强势，甚至是弱势，但是他们的孩子却是很有责任感。比如媒体报道的道德人物：背着母亲上学的当代孝子张尚昀、带着妹妹上大学的洪战辉等，都是典型的例子。他们都是出生在普通的人家，从小没有过娇生惯养，却走出了自己的精彩。

作为家长，在教育孩子的过程中最好不要过于强势，这样才能给孩子留有足够的发展空间。家长应该以一种宽容的心态来审视孩子在成长过程中暴露出来的各种问题，自己主动放下架子，和孩子交朋友，这样，家庭的民主氛围就会增强，孩子也不会抵触和父母进行交流，许多问题都可以迎刃而解。

与孩子平等对话

每个人都不希望被命令驱策。父母希望与人平等对话，孩子也希望与父母平等对话。因此，父母想让孩子做什么，不想让孩子做什么，可以把自己和孩子放在平等的地位上，以身作则，像朋友一样，一起商量，分析利弊，最后让孩子自己拿主意。这样，孩子不仅不会反抗，也感觉不到对命令的屈从，反而会在商量的气氛中感觉自己在长大，有了自己的主见。这时候，大部分孩子会愉悦地采纳父母的建议。

下面的这些话，你说过多少呢？

（1）那东西你早就有了，为什么还想买？

（2）不要把东西放在那里，会弄丢。

（3）你的房间乱七八糟，你什么时候可以把它清一清？

（4）你应该打个电话回来。

（5）别用手指拿东西吃，这是个坏习惯。

（6）这些薯片太油腻，对你健康不好。

（7）你的这件衬衫和裤子不配。

（8）你朋友打来三次了，你什么时候回他电话？

在教育孩子的过程中不能一味使用命令的语气而忽视与孩子的沟通。很多人会问，如何跟孩子进行成功的沟通呢？教育专家给我们的建议如下：

第一，成功的家庭沟通，应该注意以下因素：理解、关怀、接纳、依赖和尊重。理解，要求父母孩子双方能够设身处地地为他人着想；关怀，不但存在于内心，更要切实付诸行动；接纳，要求考虑到每个人的个性，懂得欣赏他人的优点；依赖是要做到既信任别人也信任自己；而尊重是指尊重他人特别是孩子的权利，尊重他们的意见和选择。

第二，要建立一种积极健康的家庭沟通交流关系，应该改变父母是决策人，孩子是接受者这样僵化的家庭角色的分配。父母在家庭教育中应该懂得进行角色交换，每一个家庭成员都可以对他表述的愿望予以积极的辩解。当孩子能够参与讨论家里的通常是成年人的问题时，他们才能够更好地理解父母，而父母一方面可以调动孩子的主动性，使自己清楚地认识孩子的才干，另一方面可以得到有关自己教育的反馈信息。

综上，通过沟通，父母最后让孩子明白的是"理解、信任、承诺、准时"等观念的重要性；通过沟通，最容易让孩子站在他人的立场上思考，也最容易让孩子养成理解他人的习惯。只有这样，孩子才有可能成为一个全面发展的优秀人才。

切不可欺骗孩子

欺骗孩子，被他们知道了，他们就不会再相信父母了。父母失掉了孩子的信任，其后果是不堪设想的。而且欺骗了孩子，孩子也学会欺骗他人。有个小孩的父亲曾自豪地说："我的儿子将来一定会成为一个大政治家。"当问他为什么时，他说："前天，我儿子把他母亲放在碗橱里的菜吃了，把剩下的抹到猫的嘴巴上。"这样的父亲是不可救药的，他儿子的欺骗行为很可能是从他那里学来的。

英国哲学家洛克提醒家长在孩子年幼的时候，切记要保持其心灵的单纯。家长要教育孩子说话绝对真实，同时还要尽一切办法使他成为一个善良的人。要让孩子知道，有许多过失如果触犯了都比较容易得到原谅，唯独歪曲事实、用谎言来遮掩过失不可饶恕。

家长教育孩子对别人要说实话、讲信用，首先就要从自身做起，给孩子树立榜样，答应的事情就要做到。只有说话算话的父母才能在孩子心目中树立起威信来。

小明有一次到一个朋友家去玩，这位朋友有个 3 岁的孩子，非要跟小明一块儿洗澡，小明就敷衍他：你先洗，我一会儿就去。等这孩子洗完澡后，小明仍没有去。孩子哭了，说小明骗他。孩子的妈妈也跟小明急了：你怎么能骗孩子呢？你既然答应和孩子一块儿洗澡，就要跟他洗。

看了这个例子，你有何感想？许多时候，你是不是为了达到目的，随口哄哄孩子做出承诺，而后来也没有兑现？小明的行为是众多家长的一个典型缩影。

有太多的家长在孩子面前言而无信。比如，孩子哭闹时，父母常用许诺来哄孩子："别哭了，回头妈妈给你买辆小汽车。"但家长并不兑现这轻易的许诺。孩子却信以为真，满怀希望地等待着，然而一次次的许诺都不过是"空头支票"，孩子的一次次希望都成了泡影。这样下去，孩子不仅逐渐失去对家长的信任，也慢慢地学会了说谎。家长只有在孩子面前信守诺言，才能真正树立威信，同时也会给孩子良好的教育，影响孩子以后的言行。

遵守承诺为君子，诚信待人才显人品。一个信守自己承诺的人，是一个有人格魅力的人；而一个视承诺为儿戏的人，自然也不会得到别人的信赖。在家教当中，家长本该有意识地加强孩子信守承诺的认识，借以培养孩子的诚信品质。然而，在现实生活当中，值得我们反思的是：许多家长并没有信守"承诺"的习惯。他们往往向孩子许下这样那样的承诺，但一转身就让其随风而逝，很少有兑现的时候。久而久之，孩子对父母的做法习以为常，也就不会去遵守自己许下的承诺。要知道，承诺是必须兑现的誓言，是不容随便变更的。在哄骗中长大的孩子，已不会对自己的承诺负责，也就常常做出违反诚信原则的事情。

家长应教育孩子在答应别人之前，要慎重考虑自己有没有能力和把握做到，对不能做到的，就不要轻易答应；对比较有把握做到的，也应留有余地，不要大包大揽。孔子说："言而无信，不知其可也。"言而有信，是做人最基本的道德要求。在培养孩子的过程中，我们一再强调信守承诺的重要。父母以身作则，信守承诺，孩子才会对父母产生充分的信任感，也才愿意把自己的心里话告诉父母。父母是孩子的镜子，也是孩子模仿的对象，只有说话算话的父母才能在子女心目中树立起威信来。

以宽大和包容来对待孩子的错误

每个人都会犯错，成人会犯错，孩子也会犯错。成人犯了错希望别人宽容以待，同样，孩子也希望自己的父母以身作则，以宽大和包容来对待自己的错误。

家长在面对孩子的错误时，应该给他们一个"犯错—反思—改正"的机会。当然，对于重大的错误，一定要让孩子认识到错误的严重性，并加以改正。重要的是，在纠正和惩罚这些错误的时候，不能羞辱、嘲弄、打骂孩子，这也是为人父母需要提高的素质。因为，对于孩子来说，能够勇敢地承认自己的错误，已经足以值得家长夸赞了。如果一个孩子为了逃避父母的批评而对自己的错误总是加以隐瞒，那不是违背了我们教育孩子的初衷了吗？

列宁从小活泼好动，所以常常把家里的东西弄坏。他 8 岁的时候，母亲带他到姑妈阿尼亚家中做客。活泼好动的小列宁一不小心，把姑妈的一只花瓶打破了，只是当时没有人看见。很快，姑妈发现了碎花瓶，便问孩子们："谁把花瓶打破了？"孩子们都说："不是我。"

小列宁因为在姑妈家做客，怕说出实话会遭到姑妈的责备，所以他也跟着大家大声回答："不——是——我！"可是，他的表情没逃过母亲的眼睛，母亲断定花瓶是小列宁打碎的。列宁的妈妈在想：这不是一件小事，该怎样对待小列宁撒谎这件事呢？当然，直接揭穿这件事，并且严厉地处罚他是最省事的办法。但是列宁的妈妈没有这么做。她要想办法教育列宁犯错误后要勇于承认错误，做一个诚实的好孩子。

这天晚上，妈妈又像往常一样，一边抚摸着小列宁的头，一边给他讲故事。不料小列宁突然哽咽地大哭起来，伤心地告诉妈妈："我撒了谎，并且欺骗了阿尼亚姑妈，姑妈家的花瓶是我打碎的，但是我没有承认是我干的。"听着儿子羞愧难受的述说，妈妈耐心地劝慰他，说："好孩子，你是好样的，这没什么，勇于悔过就是好孩子。赶快给阿尼亚姑妈写封信，向她承认错误，姑妈一定会原谅你的。"于是，在妈妈的帮助下，小列宁给姑妈写了一封信，向姑妈承认了自己的错误，表示花瓶是自己打破的，并恳请姑妈原谅。

没过几天，小列宁收到了阿尼亚姑妈的回信。在信中，姑妈不但表示原谅小列宁，还称赞小列宁是个诚实懂事的好孩子。小列宁得到姑妈的原谅后，自然十分高兴，又像以前一样活泼开朗了。他还悄悄地对妈妈说："做诚实的人真好，心里踏实，也不用有思想负担。"

现实中，孩子会因为各种原因犯错。作为家长，你是如何对待孩子的错误的？是大声斥责、严厉批评，还是心平气和地引导孩子承认错误、认真改正呢？

许多时候，孩子犯错的最初原因可能在家长身上，也可能是无意中模仿大人的不实之词；或出于自我保护的本能；或为了迎合家长的过高期望，满足某种虚荣心。孩子犯错，作为家长要正确理解并加以引导，根据不同情况客观分析，对他进行正确的教育，即使孩子犯错，只要说了真话，就应肯定他的表现，并引导他不断完善自己。

我们以孩子说谎为例。教育说谎话的孩子，一定要注意批评的技巧，切不可一味地批评、打骂孩子。当发现孩子说谎时，父母要弄清楚孩子说谎话的原因。一般情况下，孩子说谎是模仿成人行为的结果。此外，还有可能是为了逃避责任、免遭打骂和惩罚。孩子有时是在环境的压迫下才说谎的，而且只有发现说谎可以逃避责任、免遭打骂和惩罚时，才真正有意识说起谎来。有时候对于孩子的无意说谎，家长不必过于追究，因为随着孩子认识能力的提高，这种现象会慢慢消失。而对于有意说谎的孩子，则要严肃对待。有意说谎通常带有明显的欺骗目的。当他们知道一旦讲出事实真相将要受到惩罚时，就可能用谎言来掩盖事实；或者，当孩子意识到不隐瞒事实将得不到社会承认或家长表扬时，也可能采用说谎的手法。不管怎样，凡是敢于承认错误的孩子都是值得嘉奖的。针对这一点，家长可以对孩子说："说谎的人会失去别人的信任。"以此来增强孩子的自律意识，使孩子自觉地改变说谎的坏习惯。

家长要为自己的错误向孩子道歉

父母如果从不向孩子承认自己的缺点、过失，孩子就会认为"父母说的永远正确，但实际上老是出错"，久而久之，家长在他们心中的威信就会降低，他们对父母正确的教诲也会置之脑后。父母如果在做错事后总能郑重地向孩子认错、道歉，孩子就会懂得承认错误并不是一件可耻的事，不仅可以提高分辨是非的能力，而且还尝到了原谅别人的甜味。父母要以身作则，为孩子勇于承认错误做出表率。

不少父母认为自己是"一家之主"，需要保持自己的"形象"与"威信"，因此不愿意在孩子面前承认自己的缺点和错误。比如：有些父母明明知道自己做错了事，冤枉了孩子，或误导了孩子，还给自己护短，不当回事儿。这就违背了做人的基本原则，也是家庭教育之大忌。次数多了，父母就会在孩子心目中失去威信，更不用说教育了。比如当孩子"闯祸"后一些父母由于一时冲动，往往会对孩子进行不恰当的、过重的批评或惩罚，事后又往往会后悔。这时，倘若父母能真诚地向孩子道歉，补救自己的"过失"，就能引导孩子更好地发展。

被称为"西班牙王国上空的一颗光辉灿烂的巨星"的拉蒙·依·卡哈的成长，就说明了这一点。卡哈小时候调皮得很，13岁时用所学的知识造了门"真"的大炮，把邻居家的孩子打伤了，闯了大祸，被罚款和拘留。当他从拘留所出来后，身为大学教授的父亲把这个"顽童"训斥了一顿，并责令他停止学业，学补鞋子。后来，父亲越来越觉得这样的处罚过于严厉，孩子闯了祸是要管教，但不能因噎废食。于是，一年后，父亲上补鞋铺接回了卡哈，搂着孩子深情地说："爸爸做得不对，向你道歉。我不该因为你闯了一次祸就中断你的学业。从现在起，你就在我身边学习吧，你会有出息的。"从此卡哈潜心学习骨骼学，终于成为举世瞩目的神经组织学家。

　　父母应当意识到：当自己向孩子道歉时，就等于在教孩子相信他自己的洞察力。如果父母不停地批评孩子、辱骂孩子，孩子就会形成一种对生活本质和对世界的负面看法。父母应该让孩子懂得，任何人都会犯错误，但一定要对自己的错误负责。通过道歉，家长塑造了自己关爱他人的行为模式。每位家长身上都蕴含着改变孩子命运的神奇力量。当你自己从内疚、自责和愤怒中解脱出来的时候，你也解救了你的孩子；当你终止了旧的家庭模式给你的束缚时，你就等于给自己、也给了孩子一份厚礼。他会记住自己的父母是如何勇敢地对待自身的缺点，这种勇气与坦率会鼓励孩子做终生的探索与自我培养，而不至于迷失方向。

充分信任孩子，哪怕明知道他没有尽力

我们常常强调"换位思考"可以减少误会，分享想法，是解决问题的最佳方式。但是这条规则至今还没有完全应用到成人与孩子的世界当中，虽然家长都是全心全意地爱孩子，却从来没有从孩子的角度去建设一个适合孩子生活学习的社会。成人希望自己被人充分信任，也应该以身作则，充分信任自己的孩子，给孩子以最广阔的舞台施展自己。

"你看人家小玲，家长什么都不用管，她一回家就自己学习，年年拿奖状。你倒好，给你买这买那，你什么时候拿过一张奖状给我们看看？怎么我们就不能摊上一个好孩子呢！"说这些话的家长，思考过已经在学习上感到挫败的孩子此时对家长的期待吗？

"多大一点孩子，还跟我们谈隐私，你小时候吃喝拉撒睡都是我一手照料的，现在看一看你的日记，了解一下你的思想状况，犯得着这样大吵大闹吗？你有没有一点尊重父母的意识？"说这种话的父母，思考过开始懂得羞怯、开始总结自己生活的孩子此时对家长的期待吗？

……………

孩子对父母有深厚的感情，他不一定通过言语表达，但是他一定会对父母有不同于常人的期待：别人可以忽视他的进步，但是父母的赞扬一定不能少；别人可以对他的愿望充耳不闻，但是父母一定要理解他的心意。孩子对父母的期待，就像父母对孩子的期待那样真切、热烈，甚至让人觉得不能承受，但是父母似乎没有觉察。

朋友之间，需要互相欣赏。如果总有人在你面前赞美别人，你也会觉得难过，父母与孩子之间更是如此。孩子不希望自己被父母拿去和别人比较，因为简单的比较得出的结论往往是片面的，却会深深伤害孩子的心。孩子希望父母能够看到自己的进步，看到自己的努力。即使没有努力的孩子，听到父母的赞扬也会朝着好的方向转变，而骂声只会让孩子越来越没有自信。

孩子对父母也许有更高的期待，希望父母是超人，可以拯救地球；希望父母是亿万富翁，可以租下整个夏威夷；希望父母是道德楷模，受到万人敬仰……这与父母期待孩子成为科学家、富翁和君子是一样的。高的期待是建立在最基础的认可之上，孩子不能成为科学家，健康成长也值得欣慰；同样，父母不能做超人，相互尊重和信赖，还是应该做到。如果父母连最基本的期待都无法满足，彼此的心灵又怎能交流？

对待孩子少一些条条框框

每个人都不希望被过多的条条框框束缚着，家长不愿意这样，也应该以身作则，不要给自己的孩子戴上"紧箍咒"。

有些家长总是喜欢禁止孩子做这做那，比如不让读不健康的书，不让早恋，不允许玩游戏等。但是一味地严厉禁止，却不讲明利害，就容易产生"禁果效应"，增加孩子的好奇心，使他们在好奇心的驱使下甘冒风险去尝试那些也许并不甜的"禁果"，这反而使教育走向了反面。

在父母管教过严的家庭环境下长大的孩子，往往性格懦弱、没有主见、遇事慌张。家长过度限制孩子的自由，处处指责，也会影响他们自身各方面能力的提高，限制孩子的发展。

某15岁的初三男孩对自己的父母非常反感。他说，父母就像看劳改犯一样管着他，有时比看管劳改犯还要紧。他所做的每一件事都是父母为他安排的。他感觉到自己像一个玩具，毫无自由可言。连每天吃什么、穿什么、看多长时间书、做多长时间功课、练多长时间古筝、看多长时间电视、几点上床、几点起床，甚至连他日记中写的什么内容，父母都要干预……尤其让他感到不舒服的是：学校就在家对门，父母还要坚持每天接送他，这让他在同学面前很没有面子，感觉自己是一个实实在在的囚徒……

随着社会发展速度的加快和社会竞争的加剧，父母"望子成龙""望女成凤"的愿望比任何时候都更为迫切，与之相对应的是父母对孩子将来的规划越来越多，甚至日常生活都要严加管理，时时刻刻地看管、监视和提防。"囚禁"孩子的同时，父母也失去了自由。

殊不知，这样教育出来的孩子可能一生循规蹈矩，本本分分，他们失去了自己的创造和想象能力，也没有自己的意见和看法，只知道被动地去生活。孩子就像笼子里的鸟儿，没有自由。父母这只鸟笼也会慨叹：活着真累啊！

有位教育家说，当男孩显露出某方面的天赋时，我们的教育不但不加以引导和启发，反而用僵硬的条条框框去归整它，使它符合我们大人的习惯，这是多么悲哀的事情。其实我们在用条条框框去束缚孩子行为的同时，也束缚住了孩子的思维，让他们的习惯固定化，使孩子变成了一个只会听话而不懂思考的机器，这是万万不能的。

对于教育孩子，父母应当取统一态度

父母之间的关系要和谐，即使有分歧，也不要在孩子面前吵架。其实一个温暖幸福的家庭环境，胜过万种良药。

陈鹤琴先生在《家庭教育》中举过这样一个例子。小孩子不应当多吃肉，但是很多做母亲的往往不明了这一点，以为小孩子多吃肉身体强健。有一天，有一位父亲看见他3岁的小孩子喜欢吃肉而且吃得很多，就对他妻子说："小孩子不宜多吃肉，因为肉多脂肪和蛋白质，小孩子胃力弱，不容易消化的，以后请你不要给他多吃。"他妻子听了这些话，极不以为然，而且对她丈夫说："什么脂肪不脂肪，小孩子吃肉是顶好的事，不吃肉，哪里会壮起来？"她一面说一面再拿肉来给她小孩子吃。她丈夫看得眼里出火，就跑过去把小孩子所吃的肉夺去。小孩子因此就大哭起来，而他的妻子也狠狠地骂起来了。

孩子小的时候，知识薄弱，分不清是非对错，往往以父母的意见为标准采取行动，如果父母意见不统一，互相吵嘴，那就使孩子"无所适从"了。而且，父母意见不统一这件事，也会引起孩子轻视父母之心，所以，对于教育孩子，做父母的不应当在孩子面前意见相左，甚至争吵责骂。

1. 小分歧要善于弥合

有些比较小的争论仅仅是关于教育的方式，比如孩子把吃午饭的钱捐款，妈妈表扬他，爸爸可能批评他或者淡然处之；还有孩子犯了错误，爸爸认为需要惩罚，妈妈却觉得孩子还小，犯错是无心的不必太认真，结果孩子被晾在一旁，父母却吵了起来。这类小的分歧父母要勤加沟通，善于弥合，不使其扩大。

2. 大分歧要善于分析协商

有这样一个故事。一个有表演天赋的孩子，妈妈希望孩子学表演，长大之后当演员，圆自己青春时代没有圆的梦；爸爸却希望儿子不要浮在表面，要学好文化知识，将来考大学，读硕士，读博士，进大学或研究所，成为科学家。这种严重的路线分歧，使得父母经常争论，甚至不避讳儿子，二人争论的结果往往要儿子当面裁决。小时候父母争论得不激烈，孩子也很懵懂，就左右摇摆，一会儿想当演员，一会儿想成为科学家，或者成为一个当演员的科学家，或者成为一个科学家一样的演员。

天真无邪的童真，虽然可以暂时缓解争论，但随着孩子的成长，矛盾终究还是爆发了。妈妈带儿子参加了许多表演班，甚至外出比赛，耽误了学习，招致了孩子爸爸强烈的反对。十岁的儿子受不了夹缝中的生活，最终离家出走，惊慌的父母找到孩子，孩子居然不想和父母回家，请爸爸妈妈放过他。

因此，父母对于这类大的分歧，一定要深入探讨，交流思想，争取达成共识，不要让孩子夹在其中，两头受累，既影响了身心发展，又对父母产生了深深的失望。

第九章　正面管教的"综合运用"

别让孩子太懒惰，积极起来

活泼好动是孩子的天性，可是很多孩子却是活脱脱的"懒羊羊"，每天都是懒懒散散的样子，做什么事情都不积极。

瑞瑞就是一只"懒羊羊"，这孩子能躺着就不坐着，能坐着就不站着。每天放学回家后，他打开电视就往沙发一躺，懒散地看电视。他从来不会主动做事情，什么都让爸爸妈妈帮忙，即便水杯就在茶几上，也是让妈妈给拿过来。如果父母让他做什么事情，他也不会马上去做，总是一再往后拖。如果父母不逼着他，他什么事情都懒得去做……

懒惰是一种病，也是孩子的天性，但是这种天性对于孩子的成长是非常有害的。懒惰的孩子没有上进心，做事情容易满足，并且有得过且过的思想；由于懒得去做，所以不管做什么事情都会产生"应付了事"和"混过去就行"的态度。

试想，这样的态度怎么能做好事情？怎么能快速、高效地做事情呢？

懒惰还会让孩子滋生拖延的心理，因为懒得去做，孩子会把今天的事情拖到明天，明天的事情拖到后天；因为懒得去做，孩子会想办法给自己找理由，晚做或不做本应该完成的事情；因为懒得去做，孩子习惯了靠父母帮忙，长此以往就会养成消极被动、懒得思考、懒得动脑筋的恶习……

可以说，懒惰就像是一只庞大的怪物挡在孩子的面前，阻止孩子做任何事情。父母必须积极引导孩子，让孩子改掉懒惰的坏毛病，并且养成积极主动、勤快上进的好习惯。

上小学二年级的冰冰总是一副懒散的架势，每天挂在嘴边的话就是："我好累啊！"妈妈叫她做一些简单的家务劳动，比如帮助妈妈擦擦桌子，她就是不愿意动。好不容易被妈妈催着动手了，她却一边干一边说："我好累啊！为什么非要我干活呢？这么点活你一个人一会儿就做完了！"就连外出运动、游玩她也嫌累，比如爸爸带着冰冰到体育馆打羽毛球，可没打一会儿，她就喊累了："我好累啊！一会儿再玩吧！"不管爸爸怎么喊，她都坐在凳子上不起来。

其实，冰冰懒惰的毛病不是一天两天了，而是从小就养成的。四五岁的时候，冰冰明明可以自己穿衣服，可是就是不爱自己动手，非要等妈妈帮忙；喝水的时候，非要妈妈拧开瓶盖，把水拿到嘴边她才肯喝；到公园去玩的时候，别的小朋友都到处追着跑，或是一起做游戏。可冰冰却自己一个坐在花坛上玩，不愿意参加其他小朋友的活动，问她原因竟然是嫌累……

随着冰冰的年龄越来越大，她不仅没有改正懒散的毛病，反而让它变得越来越严重。为此，爸爸妈妈没少批评他，也给她讲过好多的大道理，但这懒散的毛病就是没有什么改善。因为她平时非常懒，所以学习自然也

不肯努力了，上课不爱思考，下课不愿完成作业，成绩
可以说是一塌糊涂；因为平时懒惰，不爱运动，所以冰
冰身体状况也不达标。

爸爸妈妈感到很是无奈，"这个年龄的孩子应该是活
泼爱动的，这个孩子怎么这么懒惰呢？这样下去，孩子
将来怎么办呢？"

懒惰是孩子身上非常不好的习惯。虽然每个人都有一定的惰
性，但是有自控能力的人可以克服自己的惰性。在父母的引导下，
孩子可以慢慢地克服懒惰的行为，努力完成自己应该完成的事情。
但是由于冰冰父母的纵容，孩子错过了改正的好机会，从而让惰
性扎根于内心，很难改正。

因此对于懒惰的孩子，父母要及时给予正确的引导，千万不
要纵容孩子懒惰的行为。

1.父母不要太勤快，更不要阻止孩子做事

很多时候，孩子之所以懒惰，是因为父母太勤快了，让孩子
过着"衣来伸手、饭来张口"的生活。还有些是因为父母担心孩
子太小而做不好事情，所以总是在孩子跃跃欲试、想参与劳动或
干点有意义的事情之时，制止孩子的行动。

在这样的教育方式下，孩子本来想要做事的兴趣和习惯得不
到培养，本来勤快的内心得到了制止，甚至把父母的帮助当成是
理所当然的事情。时间长了，孩子自然就越来越懒惰了，什么也
不会做，什么也不愿意做。

然而这个时候，父母却惊讶地说："这孩子怎么这么懒惰啊！
真是太令人头疼了！"可难道这不是父母造成的吗？

2. 让孩子自己做自己的事情，激发孩子的劳动潜能

父母要学会在孩子面前假装弱势一些，即便能做很多事情，也最好不要在孩子面前完全展示出来。如此，孩子的劳动潜能才能被激发出来，才能变得越来越勤快。

父母还要培养孩子的动手能力，让他们自己做自己的事情，并且鼓励他们帮助父母做一些力所能及的事情。

如果孩子不愿意动手做事，父母可以多抽出一些时间，陪伴孩子一起做些事情，比如一起做家务、玩游戏、做运动等，以调动孩子的行动热情。

3. 让孩子多参加体育锻炼

孩子整天只知道窝在沙发里看电视，自然就会越来越懒惰，越来越体弱，形成了恶性循环。想让孩子戒掉懒惰的坏习惯，父母就应该让孩子动起来，而最好的方法就是让孩子多参加一些体育锻炼。

父母可以利用空闲时间或者节假日，多带孩子外出锻炼，比如散步、跑步、打球、爬山，这些运动都可以帮孩子养成爱运动的好习惯。这样不仅能增强孩子的体质，更重要的是能够让孩子振奋精神。孩子的精神振奋了，积极性提高了，懒惰的习性自然就会慢慢消失。

4. 父母要有耐心，不要急于求成

父母要清楚，改掉孩子懒惰的坏习惯并让孩子勤快起来，并不是一朝一夕的事情。在这个问题上，父母一定要有耐心，不要急于求成，更不要逼迫孩子做他们不愿意做的事情，否则孩子就会产生负面情绪，破罐子破摔。

周末放假，不要总把作业推到最后一晚

"周末是我最高兴的时间，因为我不用早早起床上学，可以尽情地玩，和朋友去公园聚会，或是看自己喜欢的动画片。"

"有作业怎么办？没关系，反正有两天的时间呢，等我玩够了再做也不迟！"

有这样想法的孩子并不少，他们一到周末就像撒了欢一样，想干什么就尽情地干什么，想玩多长时间就玩多长时间，早就把作业抛在脑后。如果爸爸妈妈催他写作业，他就会从周五推到周六，从周六推到周日，然后再从白天推到晚上，直到周日晚上才开始"挑灯夜读"，连夜赶工。

或许孩子们觉得这样的行为并没有什么不好的。但是，这样的习惯却会让孩子失去大把时间，使得自己的学习和生活一团糟。就好像著名作家屠格涅夫说的："明天，明天，还是明天，人们都这样安慰自己，殊不知，这个明天，就可以把他们送进坟墓。"

所以，父母要告诉孩子，不要总是把作业拖到最后一晚，也不要把"过一会儿再做"挂在嘴边，否则吃到苦果只能让你自己承担。

二年级的小超就是上面我们说到的那种孩子。他每天放学第一件事情就是玩，妈妈要求他先写作业再去玩，可是他不是借口说饿了要吃东西，就是说想先看一集动画片再写。结果，等到吃饭的时候，他还是不肯开始写

作业。有时候妈妈催促急了，他就不耐烦地说："我每天上学已经够累了，你就不能让我休息一会儿吗？我要吃饭之后再写作业！"然后小超就会一个人气哼哼地坐在那里看电视或是玩游戏，再也不理妈妈了。妈妈拿他一点办法也没有。

到了周末的时候，就更是如此了。从周五放学回到家，妈妈就开始督促他写作业，可他就是拖着不写，还振振有词地说："好不容易赶上周末，我要好好休息一下。反正还有两天的时间呢，你着什么急啊？"

一天，小超放学回家之后，妈妈对他说："这周天气非常好，我和爸爸准备带你到郊外爬山，顺便品尝农家美食。"小超听了非常高兴，抱着妈妈又笑又跳地说："真是太棒了！我们一家人好久没有一起出去玩了，这次我一定要玩个痛快！"妈妈看着他如此兴奋，便顺势对他说："可是，我有一个要求，你必须今天晚上把作业写完。否则你疯玩两天，哪还有精力和时间写作业啊！"小超笑着说："我知道了，我一会儿就能写完。等吃完饭，我马上就写！"

吃完饭了，妈妈催着小超写作业，可他正在兴致勃勃地看某综艺节目，于是敷衍着说："我知道了。这个节目特别有意思，同学们都在看，我也不能错过，否则下周一他们谈论的时候，我就插不上话了！"结果，整个晚上的时间，小超都在电视机前度过了，连作业本都没有拿出来。

周六上午，一家人来到了郊外，找个农家院安顿好便开始爬山了。晚上，虽然小超也带上了作业，可妈妈看孩子爬山累了，又不想扫了孩子的兴致，就没有再催他写作业。周日的时候，等到他们回到家时已经是下午了。

小超的兴奋劲还没有过，只顾着与同学们微信聊天，说着爬山的感受，哪还有心思写作业啊！结果，等到他终于静下心写作业的时候，已经是晚上七点多了。这一次，小超依然没有改掉把作业拖到最后一晚的坏毛病。

而这样的事情已经发生了很多次了，小超的爸爸妈妈一点办法也没有。

造成这样结果的原因有很多，但一个重要的原因还是父母的纵容。当孩子以各种理由不肯写作业的时候，父母并没有严厉地制止，更没有给予孩子正确的引导，所以才导致孩子坏习惯的养成。

当小超的父母开始意识到问题严重性的时候，孩子已经很难改掉这样的坏习惯了。事实上，孩子总是把作业拖到最后一刻的习惯，对于孩子未来的成长和发展是非常有害的。未来，孩子会习惯性地把所有事情都向后拖，不到最后一刻不行动，结果导致任何事情都不能更高效、更出色地完成，使得自己的生活和事业都一团糟。

更重要的是，孩子一旦如此，就会变得毫无热情和斗志，失去很多宝贵的机会，从而陷入平庸的人生。

所以，作为父母，一定要纠正孩子这种不良的习惯，给予孩子正确的引导。

1. 让孩子安排好学习和玩之间的关系

虽然周末是休息的时间,但是父母应该让孩子知道,适当的休息应该和适当的学习相结合,不要因为玩而忘记了学习。

当然,父母也没有必要非逼着孩子周五晚上,或是周六上午就必须完成作业,这样反而会让孩子产生逆反心理。父母可以让孩子合理安排时间,比如每天写两个小时作业,或是安排周六的时间完成作业,然后安排周日的时间休息、做游戏。

2. 引导孩子从小就养成先完成作业的习惯

父母还应该知道,一切好习惯都是日积月累形成的,所以,父母在平时就应该让孩子养成按时完成作业的好习惯,避免孩子拖拉的行为。

父母可以考虑孩子的年龄和作业量,给孩子规定好做作业的时间。只要孩子做完了作业,父母就给予孩子自由玩耍的时间,那么孩子就不会逃避写作业了。

随时纠正孩子挑食、偏食的毛病

大多数孩子在成长过程中都会有一些挑食的行为，这种情况非常容易导致孩子吸收的营养不全面，影响孩子的健康成长，对此，父母应该进行积极的引导和教育。

很多时候，孩子挑食、偏食，其实是受家长影响的，这种现象在我们身边很常见。很多父母自己在饮食上就比较挑剔，对某些饭菜比较钟情，因此就经常在家做着吃，或者有时候懒，直接从外面买回来吃。结果，孩子时间长了自然也会像父母一样养成了偏食的坏习惯。

还有一些父母，平时由于工作繁忙，极少有时间陪孩子吃饭，基本都是让孩子自己选择食物。而孩子呢，往往会根据自己的好奇心和口味来选择，但所选择的食物，不全是健康的，长此以往孩子也会变得挑食、偏食，不喜欢某些食物就坚决不会去吃。

挑食、偏食的坏习惯，会对孩子产生什么影响呢，我想大多数父母都知道答案。对于正处于身体发育期的孩子来说，如果养成了不良的饮食习惯，就容易出现抵抗力差、食欲不振、缺乏活力、反复感冒、发烧腹泻等病症。同时，由于孩子挑食，可吃的食物很少，心情也会变得很差，经常不开心，这样对孩子的心理健康也会造成一定程度的影响。

作为父母，发现孩子有挑食、偏食的"苗头"后，一定要想办法引导其改正，千万不要放任不管。其中，父母反省自己有无这方面的坏习惯是最关键的。如果有，请家长自行改正，千万不要放任不管，觉得这些小细节不值得重视。相反，任何一种良好的行为习惯，都是在细节中慢慢培养起来的，父母重视细节教育，才能让好习惯陪伴孩子一生，让孩子受益一生！

1.重视孩子吃饭问题要注意方式

父母重视孩子吃饭问题，让孩子养成良好的饮食习惯，这本来无可非议，但是要注意方式。方式不对，结果就会适得其反。例如，有些父母在餐桌上关注孩子过多，出于疼爱，总是把好吃的都留给孩子，把桌上的肉也全部留给孩子，这样就容易使孩子养成只吃肉食不吃蔬菜的坏习惯，影响孩子的身体发育。还有一些父母，平时为了哄孩子，让孩子听话，总给孩子买一大堆零食，结果，孩子吃零食吃习惯了，就不爱吃饭了。因此，父母不要哄骗或者威胁孩子吃饭，最好等他饿了再让他吃，所谓"饥不择食"，这种情况下孩子偏食的不良习惯也就难以养成。

2.父母不要急于找偏食、挑食的"替代品"

当孩子对某种食物表示厌恶时，父母不要急于找替代品，可以装作不知道，甚至找机会暗示孩子"这个食物很好吃"，比如，当着不爱喝牛奶的孩子的面对别人说："我家宝贝不挑食，什么都爱吃，一口气能喝下一大杯牛奶。"有些妈妈喜欢在饭桌上和孩子讲条件，"不把菠菜吃完，就不给你吃肉"，但实际上，这种话只能让孩子更讨厌吃菠菜，如果反过来说"必须吃完肉才给你吃菠菜"，这样反倒会引起孩子对菠菜的兴趣。在饭桌上为饭菜划分等级的行为也应当避免，家长不要刻意引导"这个有营养要多吃，那个没营养要少吃"。

3. 潜移默化地告诉孩子偏食、挑食带来的影响

父母应当潜移默化地告诉孩子偏食、挑食给成长会带来哪些影响，比如发胖、长不高、头发枯黄、气色差等，告诉他们这样做就长得不好看了，这会让孩子有意识地避免挑食、偏食的情况。

4. 父母自己再偏食，也不要当着孩子的面说出来

本身就有偏食等坏习惯的父母，往往会在孩子面前不知不觉地表现出来。比如参加饭局，如果爸爸或妈妈不喜欢吃某种食物，并在孩子面前说它不好吃的时候，那么孩子就很容易会受到影响，有可能也不会去吃，甚至从此以后一看到这种食物，就觉得讨厌，这样时间长了孩子就会养成偏食的坏习惯。所以父母无论怎样偏食，也不要在孩子面前表现出来。

5. 少带孩子去吃油炸食品

有些家长，似乎对快餐店情有独钟，总习惯到那里来奖励孩子。但实际上，快餐店中的炸薯条、炸鸡腿等这些油炸食物，孩子吃多了会给身体带来很多害处，比如身体肥胖、消化不良等。此外，最重要的一点，孩子容易养成偏爱油炸食品的坏习惯，这样就会使孩子偏食，对身体和智力发育都很不利。基于此，父母要少带孩子往快餐店跑，多在家给孩子做一些健康的饭菜，这样是对孩子的成长最好的奖励方式。

6. 让孩子享受快乐进餐的氛围，对吃饭产生兴趣

对于年龄大一些的孩子来说，父母在做饭的时候，不妨鼓励孩子参与进来，给孩子讲解食物烹饪制作的过程以及各种食物的

营养和功能，这样不仅会让孩子对食物和吃饭产生乐趣，同时也能激发孩子做家务的热情。如果孩子不喜欢吃某一种食物，父母也可以变换制作方法，让孩子忘掉食物不好吃的记忆，高兴地就餐，从而摆脱偏食、挑食的坏毛病。

做事要有条理，东西不能到处扔

很多父母抱怨孩子的生活总是乱糟糟的，早上起床找不到袜子，书包内课本放得乱七八糟，或是每天丢三落四，不是丢铅笔就是丢橡皮。其实，这些行为便是孩子做事没有条理性的体现。

虽然做事缺乏条理是孩子儿童期的一种自然反应，但是如果父母不注意给予正确的引导，就会让孩子养成不良的生活习惯，不仅会严重干扰孩子学习和做事的正常秩序，还会造成时间的极大浪费。

也就是说，对于孩子来说，养成做事有条理的好习惯是非常重要的。它可以让孩子有条不紊地做事情，在关键时刻不至于手忙脚乱，从而更好地学习和生活。

12岁的小文做事非常没有条理，常常把东西到处乱放，每天放学一回家，他就把书包、外衣扔到沙发上；他的房间总是乱七八糟的，衣服堆在一起，课外书、作业本、卷子都堆在书桌上。因为他时常乱放东西，房间又非常乱，所以经常听见他喊："妈妈，我的××放在哪里？""妈妈，你看见我的××了吗？"

每天小文要在找东西上花费很多时间，早上找衣服、找书本、找文具；做功课的时候，不是习题找不到了，就是课本没有带回家；说好了一家人出去打羽毛球，爸爸妈妈已经准备好了，可是他还没有找到羽毛球拍……

尽管妈妈每天都帮助他整理房间，督促他把东西都摆放好，叮嘱他衣服放在衣柜、书籍按照类别摆放好。但是大多数时间他的东西都是随地乱扔的，用的时候拼命地找而找不到。对于小文这个坏毛病，妈妈感到十分头疼，也想过很多方法来矫正，可是不管怎么提醒他，甚至惩罚他，都没有什么效果。

为了让孩子养成做事有条理的好习惯，妈妈想到了一个好办法。这天，小文放学回家，刚把书包放到玄关的柜子上，还没有来得及脱鞋，妈妈就走过去轻轻地拥抱了一下孩子，说："小文，你今天真懂事，把书包好好地放在柜子上。来，你赶紧脱鞋、脱衣服，把它们放好吧！"小文明显愣了一下，要是以前他早就把鞋子踢掉，把衣服甩在沙发上了。可这次，他听到了妈妈的夸奖之后，不好意思再这样做，便乖巧地把鞋子放进了鞋柜，把衣服挂在衣服架上。

妈妈看着孩子的表现笑了，原来这个办法真管用，于是她总是找机会夸奖小文，说他比以前更有条理了，说他不再乱丢东西了。而在这之后，小文也经常按照妈妈的要求去做，慢慢地改掉了扔东西的坏习惯。

其实，孩子也知道乱扔东西是不良的行为，只是已经养成了这样的习惯，他想要改也很难改正了。

所以，父母不要动不动就对孩子发脾气，甚至打骂孩子，否则不仅无法让孩子改掉坏习惯，还会让孩子产生叛逆心理。当然，父母也不应该跟着孩子屁股后面收拾，这样只会越来越纵容孩子，让孩子的生活越来越糟糕。

聪明的父母就应该懂得有技巧地说服孩子，引导孩子改掉自己的坏毛病。具体来说，父母可以做到以下几点：

1. 父母要把这个问题重视起来

很多孩子觉得做事没有条理并没有什么大不了的，因为他们喜欢自由自在的生活，甚至有些家长也抱有这样的想法。

其实这种想法是非常错误的，有条理地做事情，可以让我们节省更多的时间。因为只要花费一点时间和精力把东西摆放好，那么当你再次使用的时候，就会节省大量的时间和精力，减少很多麻烦和烦恼。

另外，有条理地做事情，还可以让我们的生活变得有条不紊，避免盲目做事情，从而达到事半功倍的效果。

所以，父母一定要把这个问题重视起来，不要忽视了这个问题的严重性，否则就会害了孩子。

2. 给予孩子正确的引导，让孩子有条理地做事

作为父母，应该给孩子正确的指导，让孩子从小就养成好习惯，不要随处乱扔东西，更不要随随便便地做事。

比如，要让孩子把用过的东西放到原处，以便再次使用；睡觉之前，让孩子整理好书包，把第二天需要穿的衣服放好；衣服穿过了，就让孩子放进衣物篮或是洗衣机，如果第二天还要穿就放好；要求孩子每天整理书桌，把书籍按照类别或是科目摆放整齐……

3. 适当的惩罚更有利于好习惯的养成

如果孩子总是到处扔东西，或是丢三落四，父母应该给予适当的惩罚。比如罚他扫地一周，或是减少他当周的零用钱，或是让他帮助妈妈整理房间等。事实上，适当的惩罚对于孩子改正坏习惯是有一定作用的。

4. 让孩子有计划地做事

父母还应该让孩子养成做事有计划的好习惯，可以从日常小事做起，比如让孩子合理地计划自己的时间：什么时间写作业，什么时候整理书包，什么时候睡觉。孩子做事情有了计划性，自然就会越来越有条理，不会乱扔东西了。

父母应该知道，任何好习惯的形成都不是一朝一夕的，任何坏习惯的改正也不是一蹴而就的。父母应该对孩子有耐心，多鼓励少斥责，多多给孩子正确的引导，这样一来，定能让孩子变得越来越好。

劳逸结合，养成良好的作息习惯

很多时候，孩子没有合理地把握时间，没有在正确的时间做出正确的事情，或是在大人明确告诉他们要快些行动的情况下还拖拖拉拉，是因为他们并没有养成良好的作息习惯。

尤其是只有几岁的孩子，随性心理非常严重，平时想干什么就干什么，想怎么做就怎么做，在这种情况下他们才不管大人是否着急、时间是不是来得及。如果父母们没有及时约束他们的行为，给他们制定合理的作息时间表，让孩子养成规律的作息习惯，那么孩子的时间意识就是混乱的，做起事情来自然就会拖延、随意散漫了。

家长都希望孩子度过充实的每一天，但是我们也应当知道，当一个人刚开始做一件事情的时候，由于精力充沛，做事的效率会非常高，但是时间长了，身体疲惫了，速度自然就会降下来。

比如我们打羽毛球，刚刚开始的时候，由于体力非常充沛，所以非常有精神。但是一段时间后，我们的身体就会疲惫，时常感到吃不消，想要休息。这个时候，如果我们没有给自己休息的时间，而是继续坚持下去，那么没多长时间就会累倒下去。

大脑也是如此，刚开始的时候，我们的记忆力强、思考灵活，能够迅速地掌握相关知识。可是时间长了，我们的大脑会感到疲惫不堪，于是就出现了记忆力减退、注意力不集中，甚至心情烦躁的情况。这时候，即便我们继续坚持学习或是做事情，也没有什么效率可言，只能是白白浪费时间。

所以，父母也不能把孩子的时间安排得太满，没有一点休息的时间，否则不仅无法提高时间的利用率，还会影响到孩子身心健康。

父母要根据孩子的年龄特点来安排时间，做到张弛有度。否则，孩子就会像绷紧了的弹簧一样，迟早有崩溃的一天。

9 岁的小健是个有音乐天赋的孩子，他 3 岁的时候，妈妈就给他报了钢琴班，希望他能够成为出色的钢琴家。小健也非常喜欢钢琴，每天都刻苦地练习。

这一段时间，小健在准备钢琴的六级考试。为了让孩子能够顺利通过考试，妈妈给他制订了练习计划：每天放学后，练习一个小时钢琴，吃完饭之后，再继续练琴一个小时。由于小健每天还要写作业，所以通常 10 点左右才能上床睡觉。

周末的时候，孩子的时间也被安排得满满的。小健不仅要在家里练琴，还要上培训班练习，根本没有什么休息的时间，感觉身心非常疲惫。

结果，小健每天练琴的时候都不在状态，不是弹错了音，就是看错了谱。就连上课的时候也是如此，尽管他强打着精神听课，可还是哈欠连天的，时常听着听着就睡着了。老师发现小健的状况后，立即给他妈妈打了一个电话，告诉她这样的时间安排是不对的，会让孩子疲惫不堪，无法集中精神。

经过和老师沟通之后，小健的妈妈认识到了自己的错误，于是接受了老师的建议，减少了孩子练琴的时间，每天只给小健安排一个小时的练琴时间，如果他写完作业之后，还有一些时间，妈妈还会允许他看一会儿电视，放松放松自己的大脑和精神。

周末的时候，小健想要多练习一会儿钢琴，可妈妈却对他说："孩子，做事情要注意劳逸结合，你去公园玩一会儿吧！你过一段时间再练习，或许有不错的效果。"

果然，当妈妈改变了时间的安排，让小健有足够的休息时间后，孩子的精神状态好了很多，也顺利地通过了考试。

很多父母觉得延长孩子的学习时间，可以让孩子掌握更多的知识，做更多的事情。可是这样的疲劳战术是没有任何意义的，除了让孩子身心疲惫之外，还会对于所做的事情产生厌烦感。

没有良好的作息习惯，也没有规律合理的生活，这对于孩子身心的发展是非常有害的，所以，父母要合理地安排孩子的作息时间，做到张弛有度，劳逸结合，有规律地学习和生活。这样一来，孩子才能保持一个健康、积极向上的精神状态。身体健康了，心情愉悦了，做起事情来才会更有动力，效率也会高出很多。

作为父母，要给孩子定规矩，让孩子养成良好的作息习惯。可以做到以下几点：

（1）让孩子有规律地生活。

我们说，万事万物都有自己的规律，人也是如此。该睡觉时就好好睡觉，该休息时就好好休息，该工作学习时就好好地工作学习，该游戏休闲的时候则痛快地玩耍，这样的生活作息习惯才能有利于人们的身心健康。不仅仅是大人需要合理地管理时间，过有规律的生活，孩子们更是如此。这是让孩子养成时间观念、合理利用时间的最有效途径。

比如，父母要给孩子们制定规则：什么时间起床，起床穿衣需要几分钟时间；什么时间吃饭，吃饭需要花多长时间；放学后休息几分钟要做作业，而作业需要花多少时间完成。当然了，这需要根据孩子作业的多少和难易程度来具体设定，每天或是每隔一段时间要对其进行调整。但是要保证孩子能够高效快速地完成作业，避免孩子不专心、磨洋工；还有就是父母要规定孩子每天可以看多少时间电视，几点必须上床睡觉。

父母要让孩子把作息时间固定下来，并且坚持下去，形成一种习惯，如此孩子才能养成好的作息规律，并且能够做到明确地认识、支配时间。

（2）帮助孩子制定合理的作息时间表。

父母可以帮助孩子或是和孩子一起制定一个作息时间表，把孩子每天的时间都安排好。

比如说，规定孩子晚上 9 点 30 分睡觉，9 点 20 分的时候做准备工作：5 分钟洗脸、刷牙，然后准备好明天的衣服，整理好书包文具，最后准时上床睡觉。

父母应该注意，在孩子睡觉前，不应该让孩子做激烈的运动，或是打骂、训斥孩子，这样会刺激孩子的大脑，让他很难尽快入睡。

同时，父母千万不要让孩子太晚睡觉，因为晚上 11 点之后是孩子生长激素分泌最旺盛的时间，晚于这个时间睡觉不利于孩子的健康。孩子睡觉时间最晚不能超过 10 点 30 分。只有晚上早早睡觉，保证睡眠质量，孩子第二天才能早早起床、精力充沛，以迎接第二天的学习和生活。而早上的起床闹钟应该定在 7 点左右，要求孩子花 5 分钟穿衣、5 分钟洗脸及刷牙，10 到 15 分钟吃早饭，然后孩子就可以准时上学了。最好不要让孩子养成赖床的习惯，这对于时间管理没有任何好处。

（3）让孩子有足够的休息时间。

人不可能长时间处于紧张的状态，一天两天或许没有问题，但是时间长了，就会产生消极的效果。这会让人们该紧张的时候不能紧张，该放松的时候不能放松，从而导致内心的焦虑，形成极大的心理压力。

对于孩子来说，最能培养孩子时间观念和促使孩子形成高效做事的好习惯的方法，就是有张有弛的时间安排。因为孩子的大脑还处在发育期，每天须保持 8 小时的睡眠时间，才能让大脑得到充分的休息。如果让孩子长时间处于睡眠不足的状态，或是疲惫的状态，那么孩子的大脑就无法高效地运作，孩子也就无法高效地做事了。

（4）给孩子安排适当的娱乐和体育锻炼。

除了休息，适当的娱乐和体育锻炼也是必不可少的。当孩子进行娱乐活动，或是体育锻炼的时候，所有的脑细胞都被调动起来。

所以，父母在帮助孩子制订时间计划的时候，应该每天给孩子至少安排 1 到 2 个小时的娱乐时间，这个时间孩子可以听听音乐、跳跳舞，或是慢跑、打羽毛球。这样孩子的大脑和身体得到了休息，心情也会变得愉悦起来，从而提高做事的效率。

其实，作息时间表是很好制定的，很多教育类书籍上都有范本，网络上也有很多相关内容，但关键在于父母们是否能让孩子坚持下来，促使他把这个行为转化为良好的习惯。一旦孩子三天打鱼两天晒网，或是父母因为孩子的软磨硬泡而放纵孩子，那么即便制定再好的时间表也是白费工夫。

对孩子的不合理要求坚决说"No"

现在的父母对孩子较为纵容，孩子想要什么就给什么，孩子想怎么做就怎么做，从而使得孩子养成了自私无理的性格，常常对大人提出一些无理要求。有的父母为了哄孩子高兴，时常会毫不犹豫地满足孩子的要求。有的父母一开始会拒绝孩子的无理要求，可孩子一开始哭闹、撒娇，他们也就放弃了原则，半推半就地答应了。

其实，这两种做法都不是正确的选择。因为它会放纵孩子，一而再再而三地提出无理要求。到时候，父母再后悔当初的做法恐怕已经晚了。

所以，作为父母一定要对孩子的不合理要求说"No"，坚决而又明确地告诉自己的孩子：这件事情是绝对不允许的。

对于儿子彬彬的无理取闹，张女士可是伤透了脑筋。4 岁的彬彬今年已经上幼儿园了，可是总是提出一些不合理的要求。比如，他已经有好几个遥控汽车了，却仍不满足，总是黏着妈妈再买一个新的。如果张女士不答应他的要求，他就坐在地上大哭大闹："妈妈，我要新的遥控汽车。我就要新的，你不给我买我就不起来！"张女士不理他，他就哭得越大声，最后张女士只能向孩子妥协。

再比如，他总是不想去幼儿园，早上妈妈叫他起床的时候，他就窝在被窝里说："我不要上幼儿园，我要到游乐场去！"张女士哄着说："这个星期你已经两天没有上学了，再这样下去，老师和小朋友都快不认识你了！乖宝宝，我们穿衣服起床，好好上学吧！"可彬彬就是不起来，死死地抓住被子，不肯穿衣服。

张女士没有办法，只能说："那今天是最后一次了，你不能再逃学了……"她话还没有说完，彬彬就说："真好！今天不用上学了！妈妈，我们去游乐场吧！"张女士只能无奈地说："好好好，你穿上衣服我们就去！"谁知，彬彬这下比谁都快，很快就自己穿好了衣服。

由于张女士一次次的纵容，孩子的无理要求越来越多。一次，天已经黑了，可是彬彬却哭闹着想要去公园玩，张女士觉得时间太晚了，况且已经到了做晚饭的时间，就没有答应他的要求。看着自己的办法不灵了，彬彬就大声地哭闹起来，张女士只好说："一会儿爸爸就回来了，让爸爸带你去玩好吗？妈妈必须要做饭了！"听到张女士说这样的话，彬彬才停止了哭闹。

爸爸回来后，彬彬立刻提出了自己的要求。可爸爸拒绝他的要求，说："现在已经七点多了，所以不能再出去玩了。"张女士说："我已经答应他了，你就带他去吧！不然就要哭闹了！"

爸爸严肃地说："如果孩子的要求是合理的，我们理应答应。就是因为你一再地纵容，他每次才会无理取闹。这样一来，孩子长大之后怎么办？"张女士说："可是孩子还小啊！"爸爸说："孩子小，我们也要学会对孩子说'No'，遇到不合理的要求就得严厉地拒绝。"

面对孩子无理的要求，很多父母不能明确地拒绝，就像是故事中张女士一样，总是答应孩子的要求。结果，孩子开始变本加厉，提出的要求越来越不合理。

其实，对于几岁的孩子来说，遇到自己的要求被拒绝的情况，选择哭闹的方式来发泄情绪是再正常不过的事情。孩子哭闹，只是因为妈妈的做法不符合自己的心意，这是一种本能的反应。随着年龄的增长，孩子学会了控制自己的情绪，并且明辨了是非之后，哭闹的情形就会有所改善。

父母不要因为孩子哭闹就答应他们的请求。父母要知道，规则的建立是从孩子小时候就要开始的，如果父母不能做到坚决对孩子的无理要求说"No"，随着孩子越来越大，需求越来越多，那么他的要求也会越来越多越来越无理。而当父母一开始就拒绝的时候，孩子就会明确地知道什么可以做什么不可以做，明白什么要求是合理的什么要求是不合理的。这样一来，他才能慢慢地控制好自己的情绪，并且管理好自己。当然，父母也要合适地拒绝孩子。

1. 不纵容、不盲目，拒绝孩子的不合理要求

父母不要认为爱孩子就是无条件答应孩子的所有要求，不管这要求是不是合理。这样的爱是盲目的、不理性的，等于给孩子送了一颗"定时炸弹"，给他的未来增添了无数的不确定因素。

如果孩子没有时间观念，总是晚睡晚起，而父母一味地纵容孩子，那么孩子就很难形成正确的时间观念；如果孩子做什么都不能马上行动，总是要求"等一会儿"，而父母也不懂得对孩子说"No"，那么孩子就会习惯了拖延，成为严重的拖延症患者。

所以，作为父母想要让孩子树立起正确价值观和时间观，让孩子健康成长，就应该敢于拒绝孩子的不合理要求，斩钉截铁地回绝孩子，不留任何余地。

而且一旦拒绝了孩子，就一定要坚持下去。即便发现有不妥的地方，也千万不要当场反悔，尤其不能因为孩子撒娇哭闹而改变主意。

2. 温柔地拒绝，不能太严厉、太粗鲁

当然，拒绝孩子的时候，父母也不能太严厉，更不要采取太粗鲁的态度，否则会让孩子不敢提出自己的合理要求。父母可以温柔而坚定地对孩子说"不"，也可以利用眼神和表情给予孩子警告。

父母还要顾及孩子的情绪和感受，事后要给予孩子安慰，并且讲明道理，让他们明白父母是认真考虑了他们的要求之后才拒绝的。这样一来，既拒绝了孩子的无理要求，又不会打击孩子的情绪。

教子有方

不吼不叫培养好孩子

启 文 编著

中国出版集团
中译出版社

图书在版编目（CIP）数据

教子有方 . 不吼不叫培养好孩子 / 启文编著 . -- 北
京 : 中译出版社 , 2019.12（2022.5 重印）
ISBN 978-7-5001-6139-4

Ⅰ . ①教… Ⅱ . ①启… Ⅲ . ①家庭教育 Ⅳ . ① G78

中国版本图书馆 CIP 数据核字（2019）第 282048 号

教子有方

不吼不叫培养好孩子

出版发行： 中译出版社
地　　址： 北京市西城区新街口外大街 28 号普天德胜大厦主楼 4 层
邮　　编： 100088
电　　话：（010）68359827，68359303（发行部）；（010）68002876（编辑部）
电子邮箱： book@ctph.com.cn
网　　址： http://www.ctph.com.cn
总 策 划： 张高里
责任编辑： 李　颖
封面设计： 青蓝工作室
印　　刷： 金世嘉元（唐山）印务有限公司
经　　销： 新华书店
规　　格： 880 毫米 ×1230 毫米　1/32
印　　张： 30
字　　数： 550 千字
版　　次： 2019 年 12 月第 1 版
印　　次： 2022 年 5 月第 5 次

ISBN 978-7-5001-6139-4　　　　定价：149.00 元（全 5 册）

中 译 出 版 社

前　言

　　普天之下的父母，对孩子拥有同样的爱，都愿意把最好的奉献给孩子，更希望能传承给孩子们一种方法，让他们能够面对现实、创造未来。孩子的成才与父母的教育和引导不无关系。如果没有父母的科学教育和正确引导，资质再好的孩子也终将碌碌无为。正如古人所说："玉不琢，不成器。"孩子如同璞玉，只有在精心雕琢下才能绽放最美的光彩。

　　那么，要如何教孩子呢？

　　首先，约束自己，言传身教。一个孩子在成长之初，如同一张白纸，父母给予什么样的教育，他就会成为什么样的人。优秀孩子多是优质教育的结果，对于孩子而言，家庭是人生中的第一所学校，父母是第一任教师，是启蒙之师，父母的言传身教对孩子的智力发展，性格形成，习惯养成，心态、能力、品德的培育等方面有着重大影响，甚至可以决定孩子的一生。可以说，父母的作用无人可替，好父母成就好孩子。

　　其次，善用良方，教得其法。父母教育子女，更重要的是懂得教法，教育孩子是一门很深的学问，有其独特的方式方法和技巧。教不得法，不但不能达到培养目标，还可能导致父母和子女之间无法沟通，造成孩子逆反心理，父母的努力成了毫无意义的努力。因而，要教出好孩子，必须学会做父母，首先要提高自身的素质，孩子是站在父母的肩膀上的，父母能走多远，孩子就能走多远，父母能有多高，孩子就能有多高。其次是掌握科学的教育方法和有效的技巧，每个孩子都是优秀的，千万不要因为错误的一句话，毁了孩子的信心；也不要让自以为是的教育方式，误了孩子的一生；更不要使溺爱成为孩子一生的绊脚石。

编撰本书旨在帮助父母了解最基本的教育学、心理学知识，掌握各种科学的教育方法、技巧，制订出合理的培养计划，培养一个优秀的孩子，让千万父母"望子成龙""望女成凤"的梦想成为现实。本书立足于当代中国的教育文化背景，收集了大量可资中国父母借鉴的东西方家庭教育案例（本书案例中的人物均为化名）并做出深入分析，介绍了国内外先进的家庭教育思想和最具成效的育儿方案，针对中国家庭教育中普遍存在的问题和误区，提出了科学的解决办法。

目　录

第一章　做聪明的父母

努力营造民主和谐的家庭氛围

"挑剔中成长的孩子学会苛责 / 敌意中成长的孩子学会争斗 / 讥讽中成长的孩子学会羞怯 / 羞辱中成长的孩子学会愧疚 / 宽容中成长的孩子学会忍让 / 鼓励中成长的孩子学会自信 / 赞扬中成长的孩子学会自赏 / 公平中成长的孩子学会正直 / 支持中成长的孩子学会信任 / 赞同中成长的孩子学会自爱 / 友爱中成长的孩子学会关爱。"可以说，孩子的成长就如这首小诗所说的那样，是在环境的影响下成长的。孩子早期大约有 2/3 的时间要在家庭中度过，而且完全依赖于成人，所以家庭环境对孩子的成长有着相当重要的影响。

有人把家庭比作人生之海中的一只小船，孩子凭借父母之船遮风挡雨，劈波斩浪。父母两人如能齐心协力，即使在滔天的波浪中也能维系小船的平衡，让孩子感受到安全。要是父母离心离德，心不往一处想，劲不往一处使，那么在风平浪静中也可能船翻人亡，孩子同样会遭受灭顶之灾，小船既可以成为孩子健康成长的摇篮，也可能成为孩子的毁灭之舟。

可以说，父母是孩子人生的第一个启蒙老师，他们对孩子的影响，有时决定了孩子一生的命运。经权威机构的多年研究，父母对待孩子存在着以下几种教养类型：

1. 期待型

父母不顾子女的天赋，把自己的希望寄托在子女身上，希望子女完全按照父母臆想的要求和标准去做，这样的父母对子女往往期望过高。倘若父母持有这种态度，而子女的能力不能达到父母的要求，就容易使子女的意志消沉、自卑、冷淡，没有活力，缺乏自制。

2. 溺爱型

父母对子女的要求、主张、意见无条件接受，对子女过分喜爱，想尽一切办法迎合子女的要求，即使子女做了坏事也为其申辩。这种以孩子为中心的家庭容易使子女的性格和情绪发展造成扭曲，这种孩子即使微小的要求未能得到满足，或稍遇挫折，也会哭泣、叫喊、胡闹。缺乏自我控制能力。往往以自我为中心，与周围环境不协调，适应社会的能力极其脆弱，缺乏独立性和创造性，缺乏忍耐力，追求某些强烈刺激，对人对己、对事对物缺乏责任心，经常期待他人的帮助。《名贤集》中的"藤萝绕树生，树倒藤萝死"说的就是这个道理。

3. 严厉型

父母对子女虽有疼爱，但常以严厉、顽固、强迫的态度去禁止、去命令、去训导子女。严格控制孩子的一举一动，要求他们绝对服从父母的意志和愿望，稍不如意，就对孩子进行变本加厉的呵斥。倘若父母持有这种态度，就容易使子女对学业成绩、各种训练激起反抗，产生厌学、无责任心、不合群等行为和现象，进而导致他们的非社会行为或反社会行为的产生，或只是表面上唯命是从，做得很好，其实逃避现实，结果成了一个阳奉阴违的人。

4. 干涉型

干涉型大致与期待型相同，为了能使孩子变得更好，事无巨细地去照顾孩子，不吝唇舌地终日唠唠叨叨。在这种类型父母管教下的子女身心发育迟缓，情绪不稳定，遇到挫折容易失去控制，忍耐力差，总想推卸责任。因受大人过多照顾与保护，影响了和同龄孩子的接触，因而成熟也较迟缓，依赖性强，易于冷淡、孤僻，对社会不适应，做事权宜敷衍，不善独立思考，似乎没有独立的灵魂，缺乏远大目标和理想。

5. 矛盾型

父母当中的某一方，对于子女的同一行为，有时斥责、禁止，但有时宽恕、勉励。在不同时间和不同场合对孩子的教育态度前后矛盾，或者父母的态度不一致。如母亲斥责孩子而父亲充当港湾，使孩子陷入激烈的矛盾和混乱。

在这种养育态度下，子女行为没有规律，情绪不稳定，经常处于紧张不安状态。虽有时受到优待，但不知什么时候又要被训斥，受到训斥，也不知为什么。

在这种分歧态度养育下的子女，被两种权威、两种命令和意图夹持中间，往往使子女处于无所适从的地步，造成精神上的极度不安。特别是父亲严厉而母亲过于保护时，孩子大多有激烈的反抗性，有时甚至会出现反社会的倾向。此外，有的孩子想把攻击性隐蔽起来，表面上很老实，畏首畏尾，一旦假面具被揭穿，就立刻变得残忍冷酷。

在很多家庭里，父亲是支配者，母亲是服从者，但少数家庭，母亲是家庭权威，父亲处于服从地位。在这种情况下，子女会轻视父亲，怨恨母亲，或者男孩有女性倾向，而女孩会男性化。

6. 民主型

父母之间感情和谐，家庭气氛融洽，对子女温柔、关心，给孩子必要的帮助和鼓励；能够设法了解孩子，能和孩子经常沟通，感情和谐；尊重孩子的人格和权益，给孩子适当的独立和自由，鼓励子女发表自己的见解，要他学会怎样解决自己的问题，让孩子感受到家庭的责任。总之就是"指导而不支配，自由而不放纵，尊重而不溺爱，鼓励而不怂恿"。

在民主型的家庭中，孩子会变得合作、友善、自控，有较好的适应能力，能最大限度地促进孩子的独立性、积极性、首创精神和社会责任感的形成，孩子会更活跃、开朗而外向。

年轻的父母都期望把自己的孩子培养成为自信、自强、有道德、有能力的人。那么，年轻的父母们就应该从自身做起，为孩子营造一个良好的家庭环境。美国学者在调查基础上总结了10条各国儿童对自己的父母和家庭的最重要的要求：

（1）孩子在场，父母不要吵架。

（2）对每个孩子要一视同仁。

（3）不能对孩子失信或撒谎，说话要算数。

（4）父母之间要谦让，不要互相责难。

（5）父母对孩子要关心，关系要亲密。

（6）孩子的小朋友做客时要真心欢迎。

（7）对孩子不要忽冷忽热，不要发脾气。

（8）家里要尊老爱幼，重大事项决定前要征求大伙儿意见，要有家庭民主。

（9）家里搞文体活动，星期天至少玩儿半天。

（10）父母有缺点，孩子也可以批评。

实际上把上述10条做一个归纳，就是要为孩子创造一个轻松、和谐、民主和充满爱的家庭环境。

在这里首先需要正确理解的是父母的威信所包含的真正含义。孔子曰："其身正，不令而行；其身不正，虽令不从。"父母的威信是父母和孩子之间的一种积极的、肯定的相互关系，这种关系的基础，是父母对孩子的尊重与孩子对父母的爱戴，不是训斥与听命、支配与服从的封建君主专制式的"威信"。在生活中，父母对孩子的关心与帮助，对孩子人格的尊重与信赖，可引发孩子内心深处的真诚感激，并努力按照父母的要求去做。这样，日久天长，父母和孩子之间就会形成亲密的关系，父母在孩子的心目中，也就自然而然地具备了一种建立在威信基础上的巨大教育力量，即威信的力量。由此，创建家庭民主氛围，不仅不会有损父母的威信。相反，更有利于培养孩子的独立性，有利于孩子天性的自由发展和健康人格的塑造。

其次，是尊重孩子的人格，给孩子个人自主权，维护孩子自尊心。我们在教育孩子尊重父母，尊重他人的同时，父母也要尊重孩子，不要把孩子看成是自己的附属物，而是应该把孩子当作一个独立的个体，尊重孩子的人格。在与孩子交谈、讨论问题时，持平等认真的态度，要尊重孩子的爱好、兴趣，语言要平和、亲切，不要粗暴地训斥孩子，即使在孩子做错了事的时候，也要晓之以理，循循善诱，维护孩子的自尊心，尊重孩子的意愿，给孩子个人自主权，要让他们积极参与家庭的各种活动，并鼓励孩子提出自己的意见，说出自己的想法。父母在倾听孩子的意见后，对孩子的正确想法和行为应给予充分的肯定，还要经常和孩子讨论问题，谁讲得有理，就听谁的，以理服人。

再次，父母之间要互敬互爱、互谅互让。父母是孩子的第一任老师，一言一行对孩子有着潜移默化的影响。因此，父母之间要有民主作风，即使发生矛盾或者摩擦时，双方也要心平气和地讲道理，妥善处理，以身作则，要求孩子做到的自己首先做到，而不能当着孩子大吵大闹，拳脚相加，用粗暴的方式解决问题。只有夫妻和睦，才能创造温馨的家。

最后，要明确告诉孩子他所拥有的权利。孩子作为一个独立的个体，作为家庭一员，他应该拥有自己的权利，同时，也必须承担一定的义务。因此，在孩子小时候，父母就应该明确地告诉他，他拥有哪些权利和必须承担的义务。

改变你的语调，敞开你的心扉

大多数父母似乎都同意应当尊重孩子，但事实上，没有多少父母做得好。比如我们经常用一种语调同孩子讲话，而决不会用同样的语调来同朋友交谈。如果我们把对孩子讲过的话录下音来，认真地听一听自己的腔调和声音，就会发现在很大程度上我们并不尊重孩子。因为我们总是以教训的口气，哄人的口气，引诱的口气来获得他们的合作。孩子即使和我们合作也往往不是发自内心的。如果我们认识到我们的语调和讲话方式是错误的，便应该开始改变自己。如果我们以平等的、像与朋友谈话的口气来与孩子交谈，而不是对他们训话，多数情况下，我们就能顺利地与自己的孩子交流思想了。如果你总在批评教训他、告诫他、挑他的毛病，他只会由此加深苦恼，认为是父母不爱他、讨厌他，无形中和父母之间产生距离、隔阂，这样下去，交流的大门慢慢地就会关上了。

孩子有时会问："您是不是生气了？"你绷着脸说："没有。"

然而你脸上的表情和语调表示出你仍在生气、在愤怒。要知道孩子是非常敏感的，他们能很快地分辨出你在讲话中所要传达的真正意思和态度。而我们成年人往往并不敏感，没有意识到自己在同孩子讲话时运用了不适度的腔调，更没有考虑这种语调对孩子的心理将产生怎样的效果。

父母平素总是利用一切机会向孩子灌输一些听话和逆来顺受的信条，企盼孩子事事按自己的意愿行事，只是要求"让他做什么，或是怎么做"，而并不是让他从内心明白"为什么这样做"。如果在孩子还小的时候，我们就有意识地培养与孩子的和谐交流关系，这种交流的大门是会敞开的。这种交流取决于我们是不是尊重自己的孩子，即使在我们与他们的意见不统一的时候，孩子也总是在无意识地观察，并将获得的印象输入自己的思维体系中，然后按照他的结论去做出相应的反应。孩子是有自己的内心世界的，如果从小由于某些原因没有和父母一起相处，或者没有经常交流的习惯，那么今后这扇大门就有可能会永远关闭。不要常常以为孩子年幼无知就劝孩子抛弃自己的想法，而试图用自己的想法来改变和填充他们的头脑。我们想塑造孩子的性格、头脑和品质，好像他们只是一块很软的橡皮泥，任我们去"捏"。其实，在孩子看来这就是被强迫和受制于人。但这并不意味着我们不能影响和引导他们，而只意味着我们不能强迫塑造他们。孩子的不听话甚至反抗，有时就来自于对这种被强迫和受制于人的对抗，往往并不是说你说得没有道理，或者他没有听懂你的意思。

每个孩子都有自己的创造性，每个孩子都会对他所遇到的事情做出反应，每个孩子都在努力塑造完善着自己。

作为父母，我们的责任是怎样引导孩子。这就要求我们应对他们有细致的观察，了解他们的行为目的、情感愿望，如果你真

7

的感觉到了孩子在想什么，那么你就对孩子有了更深的理解。这个并不难，因为孩子从幼儿时期就在无拘无束地表达和表现自己。

如果我们自由地接受孩子的思想，与他们一块儿讨论，研究可能的结果，经常问"那样的话将会有什么情况发生"，"你会有什么感觉"，孩子就会想到，在解决人生疑难上，他有了同伴。另外，父母常向孩子问一些相关的问题也是传播信息的好办法。不是吗，许多人在他们成人之后仍然认为最好的朋友就是他的父母，和父母的交心使他们受益匪浅。

不向孩子透露自己的内心世界，只习惯于对孩子进行训导，却要求孩子向自己暴露一切，这种不平等的企求，当然不能取得好的效果。孩子们到了一定年龄便不愿向父母吐露心事，而只好去和同龄人交流想法。同龄人的经历有限，经验往往肤浅，思想也不成熟，孩子们虽在一起有过所谓更深的交流，但大家都被同样的问题困扰，相对来说并得不到多大的提高，而父母因不平等的待遇失去了与孩子进行交流、引导的机会，这对孩子的心理发展是一种妨碍和伤害。

父母向孩子敞露内心，表现了对孩子的尊重与依赖，加强了与子女的情感联系。这种交流在孩子逐步成熟时尤为重要。十几岁的年龄是孩子们的黄金年华，但也是多事之秋，父母与子女间在感情上有这样密切联系的，就容易沟通，从而有效地避免少年期容易遇到的问题，而要使孩子顺利成长，父母与子女间的这种关系是需要长期、有意识地培养才能获得的。

当孩子开始询问"爸爸你为什么不高兴？是不是工作上有了麻烦"之类话的时候，做家长的就应该认真考虑一下是否该与孩子认真谈一谈？那么谈多少，怎么谈？如果我们轻易一语搪塞地对孩子说"没有什么，很好"，或"不关你的事，快去玩儿你的去吧",那我们可就一下子将孩子对父母那善良而美好的关心推开了!等于将一颗关怀他人的心冷酷无情地挡在门外了!孩子所得到的信息便是父母的事与我无关,凡只要不关我的事,都不要管。这就是父母不让孩子有爱心和责任心,就等于公开向孩子传授并灌输了"各人自扫门前雪,莫管他人瓦上霜"的那种极端自我的腐朽意识和观点。可见这样做的话,日后我们也就没有理由去抱怨自己的孩子不关心父母了。

和孩子们总结自己的成功与失败,表述自己的计划与展望,这本身就是对孩子最生动最实际的人生教育,反过来也是对父母自身的反省与激励。生活中人人有坎坷,有些人终生不得志,同孩子一起回顾分析自己的经历,承认自己以往的失败,回顾自己的终身憾事,对做父母的来说不是一件容易的事情,可能会担心孩子看不起自己,事实上这样做有许多益处。将自己的实践积累、经验教训传授给孩子,这对孩子来说恰恰是最需要的,而且是最珍贵的恩赐。

讨论比训话更重要

做父母的太容易假定自己懂得孩子内心的想法,知道他们的感觉。但我们必须承认,父母也会犯主客观意识上的错误,况且对问题的看法与观点并非千篇一律,各人的观点与想法也不尽相同。更何况孩子对事物的认识及反应也不可能总是成熟、正确的。因为孩子就是孩子,无论他多么成熟,他总还不能达到成年人的境界,我们也不能完全用成年人的观点来推断和要求孩子。与其说训导孩子有一个好习惯或者是改掉某些毛病,不如与孩子一起讨论，在讨论中让孩子懂得应该怎样，而不是单纯地必须怎样。

与孩子就一件事情做一番讨论，可以帮助我们了解孩子对这件事情的真实感受与想法，继而提出我们认为正确的建议，同时又可以避免对孩子进行简单要求所引起的反感。

海迪总是忘记上课应用的用具，如果我们只是简单地训斥、教导，提要求说："你应当知道第二天上课应当带的用具，不应该忘记，为什么总是不改呢？"我们听听海迪有什么反应呢？"见鬼，又是这一套，都快烦死了。"孩子原本有的惭愧被父母的一番训斥换成了一腔怨气。如果父母不是一上来就发脾气或指责，而是询问原因，毫无成见地："小迪，老师说你经常忘记带学习用具，今天又忘了，是这样吗？"当女儿承认后，妈妈继续问："是不是有什么困难，记不住第二天要带什么用具，还是时间太紧来不及收拾？"这样的方式就不是一味提要求、训斥的方式，而是平和且尊重孩子，不主观臆断，愿意听听孩子的解释和看法。无论情况怎样，孩子是否有主要责任，这种平易的态度，都是赢得孩子合作的态度。

当我们发现孩子与我们有不同的观点时，我们应当找时间与孩子认真地谈一谈，看看他们这种新的思想是否有什么不好的倾向。如果明知孩子有了新的想法，却不去及时交流、了解，那么假如孩子的想法一开始就有缺陷，这种缺陷在他的头脑中保留并发展下去，孩子便会在这种思想的指使下做出你意想不到的事来，而且这种思想一旦经过认知强化便很难纠正。

在与孩子讨论他们的想法时，应当给予足够机会让他们尽情表达，并给予足够的理解。应避免讲出任何伤害他们自尊与感情的话，否则会阻塞进一步交流的渠道，使孩子存有戒心，不再愿意向你敞开心扉。

在讨论过程中，我们应当随时准备接受与我们自己观点不一致的想法，这需要做父母的有一定的修养与鉴别能力，能够认识孩子思想中的闪光点，对不能认同的想法，父母完全可以表述自己的立场，不过不能一棍子打死，完全否定他们的思想，应当尊重他们的自我反思能力，给他们思考吸收的时间。在阐明自己的看法后，我们可以说："这是我的想法，但你有权利按自己的思路去想问题。不用急于做决定，再想想看，或者再征求一下别人的意见。"这类话是很开放的，却能与孩子建立良好的关系。

在相互平等的前提下，每个人都必须愿意重新衡量自己的观点，搞清楚究竟谁的观点更符合实际，或更有道理，而不是简单的谁对谁错，头脑必须开放。能做到这一点，尤其对父母来说很不容易，但我们必须做到。要想引导孩子正确思考问题，就需要有这种耐心与风格，而不是强迫他们改正。

孩子们都在逐渐形成自己的一套逻辑思维系统，并以此指导自己的行为。要想完全否定他们的想法，或不顾一种想法与其他思想的关联，毫不客气地加以否定，便会引发孩子的全面反抗。另外对孩子已经认识到的错误，不应反复向他订正，这种重复也会引起逆反心理，使他更加顽固地维护自己的看法，不愿轻易屈服或因为父母的说教而改变初衷。

生活中的许多问题都可以通过讨论来解决。当然，有时用协商和征求意见的方式直接指出问题也是有益的。从讨论谈话中得到的信息可帮助父母决定下一步该怎么办。假如你试图用简单的方法去纠正一个很明显的错误思想，如果不能得到任何效果，是因为你没有给孩子思考、自动选择的机会，只是简单地要求他接受你的意见，而孩子是不会与你开诚布公的，甚至根本不与你争论。如果你同孩子的讨论走入了歧途，孩子就不愿再继续讨论下去，因为他已经意识到你对他的观点持有异议，而正在特意做工作让他承认错误。这时，你可以先停止讨论，把问题放到一边，过一段时间再找机会谈。千万要记住，无论如何要避免做硬性规定。

合作只能赢得，不能强求。对孩子训话意味着告诉他你想怎样解决这个问题。表示你要求他绝对服从，让他像你一样思考问题。和孩子交谈，意味着大家一起寻找方法去解决问题。这样的话，孩子们就可以参加建设家庭的合作，使孩子认识到他也可以为家庭做出贡献。

与孩子一起讨论问题，给他机会阐述自己的观点，是否意味着孩子可以不听取父母的意见，父母失去了领导、影响孩子的地位和机会呢？并非如此，一起讨论问题是为了共同找到解决问题的方法，在讨论过程中，父母可以用自己的观点和经验来引导和影响孩子的推理过程。相反，如果我们不能坐下来平心静气地与孩子讨论面临的问题，不能让他表达自己的意见，听取他的意见，那么孩子就会我行我素，根本不去理会你，父母也就丧失了影响孩子的机会和权力。

不要过多干涉孩子的事情

李萌虽然才 12 岁，但由于她公正、热情、待人细致周到，已多次被聘到夏令营做辅导员的助手，帮助照顾年幼的夏令营成员。妈妈一向为李萌出色的自理能力和社交能力而自豪，对她在夏令营的生活很放心。这天妈妈突然接到李萌的电话，妈妈很高兴地问候她，李萌却有些情绪不佳。"你这是怎么了？我总感觉你有些不对。""妈妈，我们原来的辅导员走了，新来的辅导员张老师脾气很坏，对我们这些工作人员很厉害。今天早晨我没有在规定的时间内将我的营员召集到早餐处，她竟当众训斥我，让我在我的营员面前很没面子，抬不起头来。"听着女儿从没有过的沙哑的怯怯的声音，妈妈很为女儿难过："你是义务去帮助他们的，她没有理由这样对待你，我马上给你们的营长打电话，叫她去同你们的辅导员谈谈，好吗？如果不行的话，不如辞了工作回来，反正假期里也应该休息一下。"

根据母亲对女儿的了解，她是位很让人信得过的辅导员助手，没有按时召集齐队员，一定是有什么原因在里面，辅导员不问青红皂白当众训斥李萌，使她在自己的队员面前失去威信，的确有失考虑。妈妈疼爱女儿，总是站在女儿的立场上讲话，这也不无道理，但妈妈在女儿面前这样评论辅导员的行为，会使李萌更加认为辅导员的做法不对，自己是委屈的，而不肯检查自己有无责任。妈妈毕竟只听到女儿的一面之词，并不了解全部过程，急于发表意见是不妥的。更加错误的是妈妈提出亲自找夏令营的负责人谈这件事，这就走得太远。女儿与自己上级的关系如何要由女儿自己来处理，妈妈在这里不应介入其中，剥夺女儿处理问题的权利。当女儿向妈妈述说自己的遭遇时，妈妈当然不能毫无表示。女儿感到委屈，心情不佳，妈妈应提供安慰与同情："亲爱的，我可以理解，你一定觉得很不好过，但愿同妈妈谈谈可以使你的心情感觉好一些。"再往下妈妈可以做的是帮助女儿分析一下整个事件的始终，让女儿检查一下自己可能有的责任，同时也要对局势的可能变化进行一些讨论："新辅导员可能是粗鲁主观一些，不注意对待工作人员的态度，但学会与各种各样的人交往、相处，也是你参加这项服务的目的之一。如果你能够想出办法与新来的张老师的关系处理融洽一些，对你今后的工作会有好处，也锻炼了你与人相处的本领，你觉得如何呢？"这样妈妈既给李萌一些十分切实的指导与帮助，又避免了直接站在她的位置上替她处理问题，给李萌留下了思考和发挥的空间。因为毕竟是李萌的事，应由李萌自己解决。

妈妈在与李萌的谈话中另外一个不应有的错误，就是提议李萌可以回家来。这样既鼓励李萌在困难面前逃跑，又削弱了李萌的责任心。能够被聘为夏令营的辅导员助手是光荣的，说明女儿有着很强的工作能力，品德也被人欣赏，而担当起这项职务便意味着担当起一付责任的重担——要带好自己队里的营员。如果仅因为与辅导员的关系出现问题，就放弃工作，转回家中，置荣誉和责任于不顾，孩子的责任心与面对困难的勇气与毅力又从何而来呢？

不要把孩子逼上"梁山"

美国著名作家马克·吐温，有一次在教堂听牧师演讲。最初，他觉得牧师讲得很好，使人感动，准备捐款。过了 10 分钟，牧师还没讲完，他有些不耐烦了，决定只捐一些零钱。又过了 10 分钟，牧师还没有讲完，于是他决定，一分钱也不捐。到牧师终于结束了冗长的演讲，开始募捐时，马克·吐温由于气愤，不仅未捐钱，还从盘子里偷了两元钱。

这种刺激过多、过强和作用时间过久，而引起心理极不耐烦或反抗的心理现象，称之为"超限效应"。

超限效应在家庭教育中时常发生。如：当孩子不用心而没考好时，父母会一次、两次、三次，甚至四次、五次地重复对一件事做同样的批评，使孩子从内疚不安——不耐烦——反感讨厌，被"逼急"了，会出现"我偏这样"的反抗心理和行为。

因为孩子一旦受到批评，总是需要一段时间才能恢复心理平衡，受到重复批评时，反抗心理就高亢起来。他心里会嘀咕："怎么这样对我？"孩子挨批评的心情就无法复归平静。

可见，我们当家长的对孩子的批评不能超过限度。

为避免这种超限效应在批评中的出现，家长应对孩子"犯一次错，只批评一次"，不能重复批评，更不能老账新账一起算。如果非要再次批评，那也不应简单地重复，要换个角度，换种说法。这样，孩子才不会觉得同样的错误被"揪住不放"，厌烦心理、逆反心理也会随之减低。

总之，家长在批评孩子时应注重"度"，要把握好"分寸"，避免"物极必反""欲速则不达"的超限效应。

父母的决定要言出必行，始终如一

孩子犯了错误，表现出可怜兮兮的样子，可以听见父母对孩子经常这样说，"只这一次，下不为例"，"今天原谅你"。父母一时心软，处罚的事就会半途而废，或允许孩子逃避处罚，或在孩子犯错误时，故意佯装没有看到……然而待到下次孩子再犯错误时，精明的孩子会用另一种方式央求你破戒，这样向孩子让步，想让孩子日后能确实遵照规定行事，就甚为困难了。这不但妨碍了原本不难的管教，而且会令孩子更加放纵。

对于说得太多却无行动的父母，孩子便得出一个结论：爸妈的话可听可不听，因为不听不会有什么后果。我们应该让孩子知道，不论父母在平时有多么和蔼，都会坚持管教原则，有奖有罚，言出必行，始终如一，这才是对他们的真爱。

"浩然，快点做你的作业。做完后，你可以到外边去玩儿一会儿，你可以自己决定玩儿什么。"不一会儿，孩子完成了作业。"妈妈，我做完作业了，我想去滑旱冰板。"说着就要去换鞋。"算了吧，你会摔坏的，你还是去打篮球吧！"妈妈想了想说。"不，妈妈，我要去滑旱冰板。""行了，听妈妈的话，做个好孩子，去打篮球吧。"孩子还想坚持却没有办法，他不能自由决定自己的喜好，只好听妈妈的话，去玩儿其他的游戏了。

妈妈没有遵守自己的诺言让浩然自己做选择。如果我们要教孩子做出聪明的选择，就该给他们机会，如果需要的话，还要给他们机会去犯错误，让他们从经验中学习，而不是从我们的说教中领会。浩然的妈妈不让孩子选择他的爱好，不让他以身实践，学会保护而不受任何伤害，不让他懂得如何忍受痛苦，如何锻炼自己的毅力。这样的妈妈就是以老板的身份出现的，而不是以教育者的身份出现的。她有言在先，允许浩然自选游戏项目，后又自食其言，也削弱了孩子对妈妈的信任。

"茜茜，睡觉去，睡觉时间到了。"妈妈催促茜茜。7岁的茜茜好像没听到一样，继续玩儿积木。不玩儿积木了，却又跑到书房里打开计算机，开始玩儿游戏。茜茜不管妈妈说什么，仍旧玩儿自己的，妈妈也没再理她。

妈妈让孩子按时睡觉是对孩子好，否则孩子睡眠不足会影响身体和上课质量，可是妈妈的行动又显示出她并不在乎茜茜是否照办。孩子是顾不了明天的，只顾这会儿玩儿得痛快，出于对孩子身体及学习的关心，并考虑到孩子仍小，需要约束，帮助她养成良好的作息习惯，妈妈应当坚持贯彻自己的要求。如果让孩子认为妈妈说的话可照做也可以不照做，模棱两可，长此以往，孩子就会渐渐失去对妈妈的尊重。如果妈妈感到应该去睡觉以保证身体健康，当茜茜不理会的时候，应该走上去，将正在玩儿的东西关掉，收拾好，明确地告诉茜茜："你该睡觉去了，明天再玩儿。"然后一直看着茜茜回到房间躺下，再继续自己的工作。如果茜茜反抗，妈妈应该关上电灯，使她不能继续去玩儿。当然，若想使孩子心情舒畅地去执行，就要告诉孩子为什么这样做。如果孩子有疑问，就与他讨论，直到双方达成共识，这样再贯彻起来就不是在施展权威，而是使孩子也参与制订计划，这样会减少孩子的反抗心理。

"妈妈，给我讲这个故事。"7岁的森森拿着一本新买的书朝妈妈走过来。"森森，作业做了吗？""还没做呢。""先去做作业，做完了作业，妈妈再给你讲故事。""讲完这个故事，我就去做。""妈妈说了，先做作业。""你不讲这个故事，我就不去做作业。"母子俩一来一往互不相让，最后森森大叫大嚷："不讲不行，不讲不行！""好，好，快拿来，我给你讲，讲完你去做作业。""妈，听完故事我就去做作业。"

父母以威胁的口吻告诫孩子："如果你不听话，我就……"但始终不曾真的执行自己所说过的话，这一如"狼来了"的故事，假消息听得多了，便不会理会。孩子认为父母只会吓唬人，并不相信真会付诸行动。如此一来，不仅不能教好孩子，还破坏了父母在孩子心中的形象。

有时父母有令不行的原因是不想和孩子争下去，想把事情快些完结，好继续做自己的事。然而越是不想找麻烦，以后麻烦就越多，因为这次你没有坚持自己的决定，下次还会争吵，你还会改变主意。父母的行为实际上也是在训练孩子不尊重他们的决定。

父母必须让孩子知道，父母是言出必行的。如果你不忍心看到孩子受到严厉惩罚，在当初警告时就必须考虑此项惩罚是否适当，因为话一说出来，就须落在行动上。6岁以下的孩子不宜使用"罪有应得"式的处罚，这易使他产生深重的罪恶感，从而形成自卑心理。孩子6岁以后，已逐渐养成道德观念，合理惩罚可以使他觉得心服。一个较大的孩子，不小心打破东西，你可罚他用自己的零用钱买一个新的作为补偿。有时罚孩子坐在一张专用作处罚的椅子上，为时数分钟，其效果也不错。

还有一种情况，那就是对孩子进行处罚，家庭成员要密切配合，不能干扰拆台。

　　7岁的吉吉总在央求妈妈给他买拼板玩具。妈妈告诉他，玩儿完了以后，一定要收起来，下次还可以玩儿，如果他像以前那样玩儿一下就弄得到处都是，就不再给他买新的拼板，一直到拼板都找齐并答应改正为止。吉吉一口答应，妈妈就给他买了。开始的时候，每次玩儿后吉吉总是把拼板收起来放好。后来他就扔在那里，不去收拾，有时这儿丢一块，那儿丢一块。以后再玩儿，就找不到了。

　　过了一段时间，吉吉又要买新拼板，妈妈说："你没有履行诺言，把上次买的拼板弄得到处都是，我不能给你买新的。"吉吉没有办法，似乎放弃了，有一天妈妈忽然发现吉吉又在玩儿新的拼板游戏。"是爷爷给我买的。"孩子在妈妈面前还有一些得意。

有时孩子没有履行诺言，父母对其进行惩戒，其他家庭成员却对其提供便利，这就需要家庭全体成员的帮助，甚至好朋友处也应有所告诫。另一方法便是在制定"政策"时考虑周详，加入诸如此类的条款："即使有人送给你拼板做礼物，如果你没遵守我们的协议，妈妈也会先替你保管新拼板，直至你有所改正才能拿出来玩儿。"这样可以防止孩子钻空子，也便于实施我们的教育策略，保持始终如一，起到培养他们好习惯的作用。

不要再向孩子说那些忌语

　　家长如果自以为是、妄自尊大，对孩子的能力、未来和前途说通盘否定的气话就好像瓢泼大雨发泄在孩子身上，那只能伤害孩子的自尊心、疏远与孩子的关系，使局面变得越发不可收拾。下面归纳了聪明父母的 7 种忌语，这些忌语往往是父母对孩子脱口而出的口头禅：

1. 严厉苛刻类："你不该这样做""难道我没告诉你"

专家们警告说，父母不要总是板着面孔教训孩子"应该怎么样"，即便是建设性的批评，如果提出的时机不对，也会伤害孩子的自尊心。最好避免当场说出改进意见，可以在事情过后心平气和地和孩子一同探讨解决办法。

2. 冷嘲热讽类："你一点也不乖""你笨得像头猪"

在孩子眼中，父母就是自己的一面镜子，反映着自己在这个世界中的形象和存在的价值。孩子有时不理解大人所开玩笑的真正含义，往往产生误解，萌生一种不安定的感觉，而且长久无法摆脱。

3. 一概否定类："你不是开玩笑吧""没出息的东西""一辈子你也看不到后脑勺"

当孩子表达出来的感觉一而再，再而三地被大人否定时，他们就会接受到这样的反馈信息：自己的感觉不对头。于是他开始掩盖自己的喜怒哀乐。

4. 夸大其词类："这是我所见过的最漂亮的画""咱们的孩子就是好，谁也不行"

听惯了父母赞扬的孩子，步入纷繁复杂的大千世界易遭受大的挫折。另一方面父母的溢美之言用得太多太泛，孩子成熟后就不会再相信别人对自己的称赞。

5. 人身攻击类："嘿，你神经啊""你简直无可救药"

绝大多数儿童很看重父母对自己的评价。如果被称做"失败者"，那么他们也就信以为真了。

6. 威胁恫吓类："当心，不要自找苦吃""老子揍扁了你"

父母应尽量用允诺来代替威胁。虚张声势的恫吓与虚情假意的赞扬如出一辙，只会减少孩子对父母的信任。

7. 漠不关心类："等一会儿""你忙啥"

家长常常会遇到这种情况，放学后来接孩子，一整天没看见妈妈的孩子往往急于表现自己才学的手工活儿："瞧，妈咪，这是我今天做的。"而此时的母亲压根儿不想听孩子细说，一门心思让孩子抓紧时间回家以避开交通高峰期，往往会心不在焉地应付一句"等一会儿，回家再看"。她也许不知道自己的这句话对孩子意味着"你和你的事不值得我花时间"。

归纳整理上面这些对儿童成长不利的话，我们可发现孩子对鼓励性教育的言语（非夸大其词）反应最敏感、最积极，而那些惩罚贬低的话只会挫伤儿童的积极性，对孩子伤害最大，请记住：鼓励使人进步，打击使人退步。长期下去，就会造成孩子有苦没处诉，敢怒不敢言，人格不被尊重，性格会被扭曲。"压而不服"的个别孩子，还会离家出走，也有失去理智报复家长的。

学会给孩子留点面子

9岁的小维同妈妈购物回来，帮着妈妈将买的东西从车中搬到厨房。妈妈见他抱了一堆玻璃瓶不禁担心："分两次拿，这样会打碎瓶子的。""不会。"小维倔强地说。"你若不听妈妈的话，肯定会打碎瓶子的。"小维像是没有听见，只是往门里走，刚走到过厅，瓶子就接二连三掉下来，满地狼藉。妈妈不禁火上心头："我告诉你了，你看看你搞得这一塌糊涂！"

如果家长能够照顾到孩子的自尊心，就可以避免许多不必要的麻烦。家长们对自己的自尊心往往比较敏感，当孩子对自己有叛逆行为时，就会怒不可遏，一发为快。然而当孩子们觉得委屈了或遇到有可能伤孩子面子的事，家长认为："小孩子家的，什么面子不面子，甚至还有意给他一点伤害，以示惩戒。"

当瓶子摔在地上时，小维已经认识到自己的失误，这种事实的结果教育，比母亲的事前警告与事后教训的效果都要好。不听妈妈的劝导，打了瓶子使得小维很感窘迫。妈妈这时应体会到小维的心情，不要再火上加油，可以平静地对小维说："碎玻璃容易扎到人，先拿扫帚来扫一下。"将事情引到善后上，不使小维过于难堪。小维从心里会感激母亲没有"痛打落水狗"。有些母亲对类似的事情处理得很好，既教育了孩子，又增进了感情。

娜娜5岁了，有件事情令母亲十分头疼。娜娜所在的幼儿园要求孩子从小就穿校服。但娜娜喜欢穿自己的漂亮衣服，于是每天早晨妈妈同女儿都要为此争论。尽管最终娜娜会服从，妈妈却被这件事搞得很疲惫。

一天，娜娜对妈妈宣布今天不必穿校服。"你肯定吗？"妈妈问。"是的，所有同学都不必穿。"等妈妈带着女儿来到学校，看见所有孩子都整整齐齐地穿着校服，女儿鲜艳的衣裙显得格外耀目。娜娜有些踌躇了。她对妈妈说："我有些肚子疼，我们回家吧。""噢。"妈妈似乎没有听见娜娜的要求，只是自言自语地说："同学们穿得好整齐。"然后低头对娜娜说，"我想过你可能会改变主意，所以把你的校服带来了，要不要去洗手间把它换上？"娜娜的脸上阳光顿现，亲热地吻了妈妈一下，带起校服跑进了洗手间。此后，妈妈不必再与娜娜为穿不穿校服发生争执了。

　　妈妈的这一举动非常聪明，她将女儿不露痕迹地从尴尬中拯救出来，女儿当然会感激妈妈的"侠义"，也为自己"摆脱困境"而庆幸。这样以后再遇上穿校服之类的事情时，也就不好意思再与妈妈争执了。

　　试想，如果妈妈不给娜娜带校服，留她在学校忍受一天的不自在，回来后还用这一天的感受来教训提醒她，女儿是否会生出反感，产生对抗情绪？而且认为这一天的困窘已经忍受过来了，为了反抗妈妈的"刁难"，再多忍受一天也无不可。如果激发出这样的心态，争执还会继续下去，而且更为激烈。

给孩子以成长需要的爱

　　心理学家费洛姆在经过长期研究以后，将爱的表现形态归结为四个方面：关心、尊重、理解、责任。

　　关心，就是对孩子的照料。这对孩子们来说太需要了，年幼的孩子，遇到困难特别多，饮食起居、学习、身体都需要父母的照料。不但要关心孩子的物质需要，也要关心孩子的精神需要。但关心不是包办代替，不是越俎代庖，不是放任，不是溺爱，不是过度保护、过度干涉，不然，爱的关心就会走向反面。

　　尊重，就是要平等地对待孩子，尊重孩子的人格、兴趣、意愿，而不压制他的个性。

　　有一位小学生，叫小明，爱集邮，却遭到父母反对：

"集邮有什么好，只会浪费你的学习时间，花费家里的钱。"父亲还说："不许你集邮了。"小明被恼怒了，顶了父亲一句："集邮有什么不好。"父亲火了："你还敢顶嘴？我把你的邮票烧了。"说着，真的将邮册投进了炉火里。儿子的心像刀割一般，这可是他几年的积累了！后来在一次作文竞赛中，他把从邮票上学到的知识用到了作文上，获得了第一名！可他不想把这喜讯告诉父母，因为父母的言行在他心中投下了阴影。

应该说小明的父母本意是好的，但他们没有尊重孩子的独立个性，剥夺了儿子的集邮爱好。把自己对前途、对成才的看法强加给儿子，认定集邮是浪费学习时间，并以居高临下的权威地位，以不平等的强迫命令态度去处理儿子的个性爱好。

这种缺乏尊重的爱不能算是真正的爱。因为父母没有把孩子当成一个在人格上平等的、独立的人那样去爱。

理解，就是对孩子深入地了解。家长要能站在孩子的立场上想问题，分析问题。只有真正理解了孩子的困难、愿望和要求，爱才能落到实处。

上四年级的小丽，放学回家就向妈妈抱怨："老师太狠心了，这么多作业，真不想做了。"

妈妈走过去温和地问："都有哪些作业？"

"你看，数学计算题15道，应用题5道，还有语文课文背诵、问答题、小作文。"

"是太多了，考试前这些天够辛苦的。是否一定都要做？"

"那倒不是，有几个题，老师说来不及可不做。"

"那就先休息 10 分钟再做吧，反正不一定全做。"

"那怎么可以呢，不做的那几道题刚好考到呢？"

小丽边说边摊开书本、作业本，在温馨的氛围中认真地做起作业来。

其实，小丽并不是不想做作业，而是求得母亲的理解。"真不想做"，是她负向情绪的一种语言宣泄，并非她本意真的"不想做"。这位善解人意的母亲很快化解了女儿的烦恼。

责任，就是要对孩子有一种安全、主动负责的精神，这是更高层次的爱。这种爱，渗透到生活的各个方面，无论孩子是俊是丑、智商是高是低、表现是好是差、身体是健康还是残疾，我们都要爱他，都要对他负责。

杭州有一位女孩叫杨洋，她是我国第一位通过平等竞争进入普通高校深造的聋人大学生。她能冲破障碍、超越自我获得成功，就是因为有非常爱她的父母。

杨洋是 4 岁时由于耳毒性药物致聋的，可她父母不认命：不能让女儿聋了又变哑。为了让女儿到普通学校读书，父母决定用汉语拼音教女儿说话。于是当工人的父亲每天下班回家，就教女儿"—o—e"，可对声音毫无感觉的女儿，几百次发音都是几百种奇怪的声音，父亲总是耐心地边教边听，偶尔逮住一个较准的发音，就让女儿再发，可又是几百次千奇百怪的声音，父亲仍然耐心地教、耐心地讲……年幼的女儿不耐烦，恼了，父亲就拉着她的小手与她做游戏，表演有趣的故事。就这样，父亲教会了女儿一年级的语文、数学。好不容易进了普通学校，为了这来之不易的学习机会，父母竭尽了全力腾出了最大的一间房，买来了小孩爱看的课外书、爱玩儿的扑克、象棋，准备了小零食、开水……以吸引女儿的同学放学后来学习和活动。这样可通过他们了解教学内容和进度以及老师的要求，从而有效地帮助女儿的学习和生活。

在父爱母爱的阳光雨露下，奇迹出现了，杨洋不但上了省重点中学，而且以优秀的成绩考上大学本科，成绩还保持在前三名！她通过竞选当上了系里的团委组织部副部长，在大学入了党。现在杨洋已参加了工作，能用语言与人交流，真正融入了社会。

由此看来，父母对孩子真正的爱，应是孩子健康成长需要的爱。而且爱是一种被动的感觉，它不以父母自己感觉"爱孩子"为标准，而是要看孩子是否感觉到。这种爱应是稳定的，像太阳一样永恒；要及时地，要求父母细心、敏感，当孩子需要时，马上给予；是行动的，不仅是口头上的，更是实际行动去体现。这样，孩子才会感受到父母真正的爱、可靠的爱。

父母要学会从与孩子的冲突中撤离

张浩是一个比较听话的孩子，但在爷爷家度过了一个暑假回来之后，父母发现他有了小脾气，常常为一些小事没完没了地闹，妈妈越小心，张浩越难待候，像一只小刺猬，搞得妈妈很头痛。在爷爷奶奶家受到了什么特殊待遇不得而知，但妈妈对于如何应对张浩一时无所适从。妈妈要带张浩出门去做客，让他换下身上的脏衣服，张浩一口拒绝。妈妈将衣橱里所有的衣服都拿出来吸引张浩，他就是不换。"你不想去冰冰家和冰冰玩儿了吗？""想。""那你就得换衣服，你已经5岁了，该懂得什么是脏、什么是净、什么是漂亮，到别人家做客就应该穿得干干净净漂漂亮亮的。""不换，就是不换！"妈妈渐渐失去了耐心，抓住张浩开始扒他的脏衣服。张浩拼命挣扎，大喊大叫，将妈妈好不容易给他穿上的衣服又脱了下来。气得妈妈在张浩身上打了几下。张浩哭得更加厉害，转身又将那件脏衣服穿上，泪眼婆娑地看着妈妈。妈妈真不知如何是好，只能蹲下来说："宝贝，一会儿妈妈给你买电动手枪，对门林林有的那种。"孩子点点头。"那把衣服穿上好吗？"妈妈费了九牛二虎之力，终于给张浩穿上了干净衣服。

张浩的目的是要好好展示一下自己的权威，他可以不听妈妈的话，逼着妈妈与他"打仗"。而妈妈也正如他所希望的那样与他争执不休，因为妈妈要带孩子出门做客，因此无论如何也要想办法让孩子换上干净衣服。妈妈的这种心理张浩可能也有所察觉，因而更有兴趣与妈妈周旋一番。这种情况下妈妈只有两种选择。一是如上所发生的那样，妈妈最终采用"利诱"的办法，这当然是不明智的，因为这样等同于鼓励孩子下次如法炮制。妈妈不妨换一种方法，就是向孩子说明做客必须穿干净衣服，如果孩子不换衣服，只能取消去做客，然后让孩子考虑5分钟时间做出决定，若超过5分钟便给朋友打电话说明情况取消这次活动。说完应该回到自己房间或去干自己的事情，摆出可走可不走的姿态，将这次是否去做客的界线确定为完全取决于孩子是否会换衣服。这样张浩就没有必要再向母亲示威了，除非张浩根本不想去，否则妈妈的策略是有把握成功的。当然妈妈这样可能会付出一定的牺牲，一次很好的聚会可能被迫取消，搞得朋友也不开心，但这样做不仅为这一次的事件找到了出路，更为今后许许多多类似的事情避免了麻烦。

小东升4岁，吃饭时一不小心把粥碗弄翻了，洒了自己一身。妈妈应声赶到，看到这桌上地下的脏乱情景，不由得火往上冒，但并未说什么，只是对小东升说："怎么不小心点，快来孩子，我们去洗一下，换件干净衣服。"小东升跟着妈妈到了洗手间，等妈妈放好水，给他准备好衣服后，小东升却突然改变了主意，不让换不让洗，躲躲闪闪。妈妈给小东升讲了一会儿道理，仍不奏效，生气中的妈妈按捺不住，上去紧紧抱住他，把他放到了澡盆里。小东升又哭又闹，在澡盆里哭天喊地地挣扎，妈妈只好抓住他的胳膊用力按住他，将他的胳膊抓出了一道红印儿。待擦净穿衣一切弄好后，小东升抽泣着将自己关在房中，仿佛受了莫大的委屈伤害。妈妈也回到自己的屋里，感到一阵阵的内疚。本来是很轻松愉快的一顿午餐，却搞得儿子苦不堪言，母亲气喘吁吁。

这件事不妨这样处理，做母亲的或许能少受许多周折。在小东升拒绝换洗时，妈妈应告诉他："这么脏不但自己身上很不舒服，也会将其他东西搞脏。"如果孩子坚持不换，妈妈可以走开，继续做自己的事，孩子身上的确不舒服会回来重找妈妈的。

　　"尼尼，晚餐好了，进来吃饭吧。"妈妈对在院子里玩儿的 6 岁的孩子喊。"好的，一会儿就来。"

　　爸爸和妈妈在桌旁坐下来，等了一会儿，见尼尼还没有来就开始用餐。过了一会儿尼尼跑了进来，看父母已开始吃饭，并没有招呼他，有些不自在，在自己座位上坐下，挑剔地看了看面前的盘子："又是炒芹菜、土豆丝，我不爱吃，我要吃牛肉炖柿子！""不要闹，尼尼，家里没有现成的牛肉，要到市场上去买，还要用高压锅煮熟，今天就吃这些，明天我们再做好不好？""不，我今天就要吃牛肉炖柿子。""好孩子，快吃饭。""我不。"尼尼将身体仰靠着椅子背，将眼睛盯着天花板，一副没完没了争执下去的样子。一直未开口的爸爸很生气，说："你妈做什么你就吃什么，再这样闹下去就回自己的房间。"尼尼转身离开了，但不是回到了自己的房间，而是跑到外面找朋友玩儿去了。

父母让尼尼吃饭却毫无效果，不难预料下次尼尼会变本加厉，让父母感到无可奈何。不管尼尼是真的不愿吃芹菜土豆丝，还是他不饿，或只以此为借口挑起事端，事件发展到权力的较量，爸爸要命令尼尼吃饭，尼尼却拿定主意不吃，看你怎么办。如果爸爸硬将饭菜灌入孩子的嘴里，甚至更强烈点将尼尼打一顿，其结果是孩子大哭一场，不能继续晚餐，父亲是否就胜利了呢？没有。在尼尼眼里，他成功地挑起了事端，使父亲气急出手，却仍不能使他吃饭，他还是成功了。因此眼里虽然要流着委屈的泪水，但心里在品尝着成功的喜悦。

试想，如果父母采取另外一种方法处理这件事会怎样呢？

尼尼走进餐厅，看到父母正在用餐，自知来迟，不免有些不自在，看见父母不招呼他，心里不免有些不大舒服，便借题发挥起来，看他们有什么反应。"我不喜欢吃芹菜土豆丝，我要吃牛肉炖柿子。""今天晚餐是芹菜土豆丝，只能这样了，你若喜欢吃牛肉炖柿子，明天我们可以做。"妈妈告诉尼尼然后继续用餐。"不行，我不喜欢芹菜土豆丝，我要吃牛肉炖柿子！"爸爸妈妈没有反应，也没有回答的意思。尼尼等了一会儿："那明天咱们吃牛肉炖柿子。"妈妈很快回答说："可以，我明天去买，快吃吧。"尼尼端起饭碗吃了起来。

这里没有转变到冲突的地步，是因为父母的态度掌握得好。在日常生活中，我们经常看到许多家庭一边吃饭一边争论或者父亲在饭桌上教训孩子，结果饭也没吃好，自己生了一肚子的气，还没达到教育孩子的目的。相反，第二例中，父母在讲完自己该讲的话后，没有与其边吃饭边争论，在餐桌上教训孩子，而是从冲突中撤退。

在大多数这类冲突中，我们应很熟练地从冲突中撤退出来，孩子们的反应是可以预料的，也是很有趣的。孩子们十分依赖与父母之间的联系，只有如此才能有安全与归属感。父母的撤离，留给孩子一个孤独的感觉，这样的局势是孩子们很不喜欢的。他们很快会意识到，只有改善自己的行为才能避免这种局面，不然的话爸爸妈妈都会不理自己了，是很难受的事。有时特别是孩子在被父母冷落后，会想到自己的错误，或者很没理，或者很不好意思，他们会主动找机会悄悄跑到妈妈身边，嘻嘻哈哈或磨磨蹭蹭，以表示自己现在很乖。

还有一种情况是孩子故意挑衅，看看自己究竟能将父母推到哪里，界线是什么，或者是想探知父母对自己怎么样，他们是不是有办法对付自己，就像捉迷藏那样。父母应该从他们的挑衅行为面前即刻撤离退出，等于告诉孩子"你走得太远了，这里就是界限"。孩子们会很快地领悟到其中的道理，调整自己的行为，重新回到与父母合作的状态。

要学会不用责骂来引导孩子

让我们来思考一个例子，在漫长、紧张、如旋风般的一天之后，这种情况有可能在成千上万个家庭中的任何一家发生。

因为非常疲劳，妈妈想早点休息，打算让她的孩子洗澡上床。但是 8 岁的利利不想马上睡觉，利利坐在地板上，玩儿着他的玩具。妈妈看了看表说："利利，已经快 9 点了（夸张了 30 分钟），收拾起你的玩具去洗澡。"此时，利利和妈妈都知道并不是叫他立即去洗澡。她只是希望他开始想洗澡这件事儿。

大约 10 分钟以后，妈妈又说话了："利利，现在越来越晚了，你明天还要上学，我希望你把这些玩具收拾起来，赶快去洗澡！"她仍然没有打算让利利服从命令，并且利利也知道这一点。她的真实意思是："我们的时间又少了一点，利利。"利利拖拖拉拉地四处走走并堆起一两个盒子以表示他听到了她的话。然后他坐下来再玩儿几分钟。

6 分钟过去了，妈妈又发出了一个命令，这一次她声音中多了一些愤怒和威胁："现在听着，小家伙，我告诉你赶快行动，我是认真的！"对于利利，这意味着他必须收拾起他的玩具，然后磨磨蹭蹭地走向洗澡间的门口。如果他的母亲很快地过来催促他，那么他必须火速地执行交给他的任务。如果妈妈在完成这固定程序的最后一步之前转移了注意力，或者如果电话响起，利利就可以自由地享用几分钟的暂缓了。

利利和他的妈妈都卷入了一场熟悉的独幕话剧。他们都明白规则及对方所扮演的角色。整个场景是事先安排好的、计算机般程式化的、照原稿演出的。实际上，它是夜复一夜重复上演的一幕话剧。每当妈妈想让利利做他不喜欢做的事件时，她都要经过那些假生气的分级步骤，以平静开始而以红着脸大叫和威胁结束，利利直到她达到爆发点之前都用不着行动。

妈妈是依靠空间的威胁来控制利利的，所以她必须一直保持半激怒状态。她与她的孩子之间的关系被损坏了，她永远也别指望能得到孩子的立即服从，因为她达到令人可信的愤怒程度至少需要 5 分钟。

用行动去获得期望的行为该有多好啊。当父母平静地要求孩子服从但孩子置之不理时，妈妈或爸爸应该有一些办法让孩子要合作。妈妈应该平静地告诉利利去洗澡。如果他不立刻行动，就应该捏他的肩膀一下，使他有些轻微的痛苦。如果利利知道这个程序或其他一些不愉快的事会永不改变地发生在他身上，他就会在结果出现之前行动。

一些读者可能认为对孩子故意地、有预谋地使用轻微痛苦的办法，是做了一件残酷、没有爱的事。对另外一些人来说，它看起来像纯粹野蛮的事。假设要在喜欢对孩子发脾气、尖叫、爱威胁的母亲与一个对孩子不服从进行合理的、有节制的反应的妈妈之间做出选择，人们当然欣赏后者。因为这避免了两代人之间的冲突，一个比较安静的家庭对孩子更适宜。

另一方面，当孩子发现在他听到的上百次的话语背后并没有威胁的时候，他就不再听这些话了。他唯一会做出反应的就是那些已经到达情绪顶点的信息，这意味着要一遍遍地大喊大叫。孩子被引到了对立的方向，使得妈妈的神经以及父母和孩子的关系变得紧张。但是这些口头申斥最重要的缺陷就是它们的使用者最后不得不寻求体罚。这样，父母就不是平静并理智地实施规训，而是失去自控和沮丧，野蛮地痛打对抗的孩子。已经发生的战争是没有理由的。如果父母持一种很有把握的平静态度的话，事情完全可能以非常不同的方式结束。

妈妈轻柔地、几乎是高兴地说："利利，你知道在你不听我的话时会发生什么事吗？但是如果你坚持的话，我可以跟你一起玩儿游戏。当计时器响起的时候，让我知道你的决定是什么。"

然后孩子就会做出那样的选择，并且他服从妈妈命令后的好处也就很清楚了。她不需要大喊大叫，她不需要威胁，她不需要变得心烦意乱，她拥有支配权。当然，如果必要，母亲要证明两三次她会使用疼痛或其他的惩罚方式。在以后的几个月中，利利偶尔会看一看她是否仍控制着局面。这个问题很容易处理。

肩膀上肌肉可以非常有效地导致轻微痛苦。在那些数不清的大人和孩子发生面对面冲突的场合之中，都可使用这个方法。

家庭之外的纪律与家庭之中的纪律并不是十分的不同。在两种环境之中控制孩子的原则是相同的——只是应用方式改变了。一位想用怒气来控制一群孩子的教师、教练或游戏领导者，一定会受到难以置信的挫败。孩子们会试探大人在采取行动之前能忍耐多久，他们会一直把他或她逼到那个极限。

千万不要低估一个孩子对他正在破坏规则的意识程度。大多数孩子对否认大人权威的事进行了相当的分析，他们事先考虑行为并且权衡了可能发生的后果。如果赌注太大了，他们会采取更安全的方式。这个问题已经在成千上万的家庭中得到了证实，在那些家庭中一个小孩会把一个家长推到忍耐极限的边缘，而在另一个面前像甜蜜的小天使。妈妈抱怨道："瑞瑞十分在乎他的爸爸，但是一点儿不理会我的话。"瑞瑞并不傻，他知道妈妈比爸爸更安全。

总而言之，父母必须认识到控制孩子的最成功的手段就是掌握那些对孩子来说很重要的东西。絮叨的讨论和空洞的威胁只能对孩子产生很少的作用或一点也产生不了。"为什么你不改掉毛病做正确的事呢，杰杰！我该拿你怎么办呢，儿子，天啊，看起来我不得不总是对付你。我真是不明白你为什么不按吩咐去做。如果有一次，只有一次，你能做出符合你年龄的事该多好啊。"这种语言劝阻没完没了。

杰杰忍受着这种唠叨，日复一日，年复一年。幸运的是他有一种机能可以让他听他想听的东西而将其他的东西统统淘汰。正像生活在铁路旁边的人甚至听不到火车隆隆而过的声音，杰杰学会了忽略他周围毫无意义的声音。

寻找疼爱与规训之间的平衡

疼爱的缺乏对孩子的影响是可以预料的，但是过度的爱或"超级的爱"也对孩子有危害，这一点并没有得到充分的认识。有些孩子被爱或以爱的名义出现的东西给毁了。有些美国人在他们的舞台上非常过分地以孩子为转移，他们把自己所有的希望、梦想、期待和抱负都倾注到孩子身上。这种哲学的自然顶点就是对下一代的过分保护。

一位紧张的母亲说她的孩子是她生活中唯一的快乐源泉，在长长的夏日里，她的大部分时间都坐在房间的窗户前，看她三个女儿玩耍。她担心她们可能会受伤或需要她帮助，或者她们可能会骑自行车到街上去。尽管她丈夫有强烈的怨言，她还是牺牲了她对家庭的其他责任。她没有时间做饭或打扫房间，在窗前看管孩子的任务是她唯一的生活。她被她深爱的孩子可能受到伤害的危险所带来的恐惧紧张折磨着。

童年时期的疾病或突然而来的危险，对于很爱孩子的父母来说总是难以忍受的，但是对于过分保护孩子的妈妈或爸爸来说，哪怕是最轻微的威胁也能产生难以承受的焦虑。不幸的是，父母并不是唯一受罪的人，孩子经常也是这种焦虑的牺牲品。他或她得不到允许去经历合理的危险——一种作为成长和发展的必要序幕的冒险。同样，对孩子们的任何要求不能拒绝的家庭中，前面所描述的物质问题往往会发展到最严重的程度。孩子情感长期不成熟，是父母过分保护的又一个常见的后果。

在控制孩子的极端家庭中父亲和母亲通常都遵循一种相似的模式，父亲是一个非常忙的人，他深深地陷在工作之中。他从早到晚都不在家，而当他终于回来的时候，他带回家一个装满工作的公事包。他可能经常出差。当他偶尔在家并且不工作的时候，他总是精疲力竭地倒在电视机前看棒球比赛，他不想被打扰。因此，他管理孩子的方式是严厉而冷漠无情的。他时常发脾气，孩子们都知道要与他保持距离。

相反，妈妈则对孩子顺从得多。她的家庭和她的孩子就是她快乐的源泉。事实上，这已经取代了那些从她的婚姻中消失的浪漫火花，她为爸爸为孩子们缺少感情和温柔而担心，她觉得她应该通过向另一个方向倾斜来弥补他的严厉。当他不让孩子们吃晚饭就叫他们上床睡觉时，她偷偷地塞给他们牛奶和饼干。由于她是爸爸不在时唯一的权威，因此在家中居支配地位的旋律是不成章法的宽容。她太需要这些孩子了，以至于不愿冒险去控制他们。

这样，两个家长权威的象征是相互矛盾的，孩子被夹在他们中间。孩子对任何一个家长都不尊敬，因为一个会破坏另一个的权威。这种自我毁灭的权威形式经常会埋下一颗反叛的定时炸弹，它会在青春期引爆。大家所知道的最不友善、最野蛮的孩子就是从这种极端相结合的家庭中产生的。

如果我们想培养出健康、负责任的孩子，就必须寻求疼爱和控制的"中间地带。"

当你被孩子的反叛挑衅时，要取得决定性的胜利。当孩子问"谁说了算"时要告诉他答案。当他咕哝着抱怨"谁爱我"时，让他投入你的臂膀之中，用感情将他包围。尊敬孩子，不要伤害他的尊严，并希望从他那里得到相同的东西。这样，你就可以开始享受到有权威的父母地位所带来的令人陶醉的好处了。

第二章　培养孩子的高情商、高智商

情商包含智商以外的所有

情商（EQ），是美国哈佛大学心理系教授丹尼尔·戈尔曼在1995 年出版的《情感智力》一书中提出的。所谓情商，其实指的就是情感智力，"EQ"是"情感智力"的英文缩写，指有良好的道德情操，有乐观幽默的品性，有面对并克服困难的勇气，同时它也是一种自我激励，持之以恒的韧性，是同情和关心他人的善良，是善于与人相处，把握自己和他人情感的一种能力。简而言之，它就是指人的一种情感和一种社会技能，是智力因素以外的一切内容。

随着世界步入网络时代，人际交往的增多，情商越来越被人们所重视。它被人们普遍认为是通往成功的必备素质。丹尼尔教授认为一个人的成功，智商（IQ）的优劣占 20%，情商的优劣占80%。为此，推出的成就方程式为：20% 的 IQ ＋ 80% 的 EQ ＝100% 的成功。由此可知，如果要造就一个优秀的孩子，让他将来事业有成，从小就要重视情商的培养。

一般来说，情商可以分为五大类内容：

1. 了解自己的情绪

认识情绪的本质可以说是 EQ 的基石，这种随时能感觉得到的能力，对于了解自己来说非常重要。不了解自身真实感受的人必然会沦为感觉的奴隶。相反，只有掌握了自己感觉的人才能成为自己生活中真正的主宰，在面对婚姻或是工作等一些人生中的大事时，也会做出正确的抉择。

2. 控制、管理好自己的情绪

情绪的控制和管理是建立在自我认知的基础上的，即：如何自我安慰，摆脱焦虑、灰暗或不安的心情。这方面能力比较匮乏的人会常常和那些低落的情绪进行交战，而对这些掌控自如的人则能很快走出生命的低潮，重新出发。

3. 用自己的情绪激励自己

无论是要集中注意力、自我激励还是发挥创造力，将情绪专注于一项目标是绝对必要的。无论成就什么事情都要靠情感的自制力——克制冲动与延迟满足。保持高度热忱是一切成就的动力，一般来说，能够自我激励的人不管做什么事情都会有很高的效率。

4. 了解别人的情绪

同情心也是一种基本的人际技巧，同样建立在自我认知的基础上。具有同情心的人比较能从细微的信息中察觉到他人的需求，这种人特别适合于从事医护、教学、销售与管理的工作。

5. 和周围的人友好相处

人际关系也是管理他人情绪的一种艺术。一个人的人缘、领导能力、人际和谐程度都和这项能力有关，充分掌握这项能力的人往往会是社会上的佼佼者。

当然，不同的人在这些方面的能力也是不同的，有些人可能会很善于处理自己的焦虑，却对别人的哀伤不知从何安慰起；而有些人在处理别人的事情时能够非常理性，在面对自己的事情时就会乱了方寸。这些基本能力可能是与生俱来的，没有什么优劣之分，但是人的可塑性是很高的，不管是哪一方面的能力不足都可加以弥补或是改善。

如今，大人们面对的是快节奏的生活，高负荷的工作和复杂的人际关系，没有较高的 EQ 是难以获得成功的；孩子们也是生活在一个马不停蹄的环境里，繁重的学业使他们喘不过气来，同时还要和同学们搞好关系，只有拥有较高的 EQ，才会使他们在这样的社会状态下生活得游刃有余。EQ 高的人，人们都喜欢同他交往，总是能得到众多人的拥护和支持。权变理论代表人物之一弗雷德·卢森斯对成功的管理者（晋升速度快）与有效的管理者（管理绩效高）做过调查，发现两者之间显著的不同之处在于维护人际网络关系，支持成功的管理者最多，占 48%，而支持有效的管理者只占 11%。可见，在职场中，要获得较快的成长，良好的人际关系是排在第一位的。

情商在估价一个人的整体素质方面也有着重要的作用。心理学家认为，情商与智商不太一样，它是靠后天培养的。因此，情商也是父母培养孩子能力和素质的一个不可忽视的内容。而且，从现在社会的发展和对人才的需求来看，仅靠知识是难以在社会上立足的。未来社会需要的人才不仅要有较高的才智、健康的身体，还要有高尚的人格、优良的品质、坚强的意志和不怕挫折、经得起失败考验的健康心理。就学习而言也是如此，即使一个孩子有了再好的智力，却没有好的学习动机，没有意志力，其学习是很难搞好的。另外，道德在很大程度上讲，是给智力把关的。学习成绩优秀的学生进入社会后犯罪的事例并非罕见。所以，培养孩子高尚的情商是父母所必须做的事情。

独立生活的能力是孩子成才和立足于社会的基本能力。独立生活能力弱的孩子往往伴有胆怯、懒惰、消极等习性，而未来社会需要的是积极进取、勇于竞争、不畏艰难的人。父母们要站在时代的高度，在开发孩子智力的同时，重视对孩子非智力素质的培养，这样才能让自己的孩子在未来的社会上有立足之地。

对孩子加强情商培养

现在的父母对孩子的教育是越来越重视了，在孩子教育方面的投资也越来越大了。父母们聚在一起所谈论的最多的一个话题就是：孩子的学习怎么样，谁家的孩子学习好，谁经常考第一名，谁家的孩子不知道学习等等。其实，父母关注孩子的学习是一件好事，是应该得到提倡和发扬的。可是，有一些父母的教育方法把孩子领入了一个误区：为了让孩子各个方面都得到发展，一到周末，就把孩子送往各种补习班，对孩子进行盲目地恶补。其实，父母只注意到了孩子智力的开发，却忽略了让孩子走向成功的另外一个更加重要的因素，也就是所谓的情商。那些在父母的精心呵护下长大的孩子，就像是生长在温室里的一朵花，他禁不起一点挫折和磨难。不能清楚地认识自己，对自己的能力也不能很好地把握，更别说去控制和整顿自己的情绪了，当他遇到困难的时候也不会自我激励，只有一味地退缩而已。对于别人的情绪、感觉和需要更是采取事不关己的态度。这样一来，就不能正确认识自己和他人，更谈不上什么同情心理，对于人际关系也会被他处理得一团糟。许多的心理学家都认为，情商是影响个人健康、情感、人际关系的一个重要因素，更是一个人生活的动力，它可以让智商发挥更大的效应。

我国从古代起就提倡"忍""三思而后行""不以物喜，不以己悲""淡泊明志，宁静致远"，现在风靡全球的"成功教育""愉快教育"也都无一不包含着情商培养的因素。因此，今天的父母们在全方位地开发孩子智商的同时，更应加强对孩子情商的培养。

说了这么多情商的重要，那么，到底什么样的做法才是高情商的表现呢？

首先，高情商的人不管做什么事情的动力都是来自于内部，他们有很强的自觉性和主动性。在决定要做一件事情之后，没有完成是绝对不肯罢休的。做任何事情，他们都有明确的动机、强烈的兴趣以及所表现出的积极独立和不甘落后，并且有勇气，自信心强。一个高情商的孩子，懂得自动自发，自动做事、自动读书、自动做功课……所有的一切都是自动的，不用别人来督促。因此，就算他的智商不比别人高，但成绩也可以比别人好。

其次，高情商的人目光是长远的，他们不会沉溺于一些短暂的利益之中，不管想什么问题、做什么事情，他们都会把眼光放得很远，而不会满足于眼前的一点点欲望。

比如，研究者告诉孩子们说："这里有糖，你们可以马上吃，但只可以吃一块，如果等我出去办完事回来再吃，你们可以得到两块糖。"跟踪实验的结果表明：那些有耐心等待的孩子，长大后比较能适应环境、讨人欢心、敢冒险、自信、可靠；而那些只满足眼前欲望的孩子，长大后各方面的成就都不是很高。

再次，高情商的人善于控制自己的情绪，他们在任何时候都可以做到头脑冷静、行为理智，能抑制感情的冲动，克制急切的欲望，及时化解和排除不良的情绪，使自己始终保持一种良好的心境，心情开朗，胸怀豁达，心理健康。一个高情商的孩子，会把自己的情绪控制得很好，当他们遇到让他们感到烦恼的事情时，他们可以自己化解，绝不会做出一些极端的事情来。

然后，差不多每一个人都有某些连自己也看不清楚的个性上的盲点，高情商者常常会自我反省，从不同的角度了解、认识自己，对自己有一些比较客观的评价，具有自知之明，并且能正确地为自己定位。因此，他能够处理好周围的一切关系，而成功的机会也总是比较大。一个高情商的孩子，会很清楚地看到自己的优点和缺点，他既不会因为成绩好、受老师赏识而自傲，也不会因为自己在某方面不如别人而自卑。

最后，高情商的人善于洞察并理解别人的心态，能控制自己的情绪，会设身处地为别人着想，领悟对方的感受，尊重他人的意见。因此，他们善于人际沟通与合作，人际关系融洽，在复杂的人际环境中也会游刃有余。一个高情商的孩子，在集体中会有好人缘，容易受老师和同学的喜爱和欢迎，很少感觉孤独。

其实情商就是一种能力，是一种创造，又是一种技巧。既然是技巧就会有规律可循，就能被人们所掌握，就可以熟能生巧。只要让孩子多一点勇气、多一点机智、多一点磨炼、多一点感情投资，孩子们也会像"情商高手"一样，营造一个有利于自己生存的宽松环境，建立一个属于自己的交际圈，创造一个更好地发挥自己才能的空间。

提高孩子的情商请从父母做起

家庭是孩子学习情商的第一所学校，是孩子情感发展的基石。在家里，他们将学到许多基本信息知识，比如他们的自我观察，别人对自己的反应，如何看待自己的感觉，如何洞悉别人的情绪与表达自己的喜怒哀乐等。根据研究显示，父母对待子女的方式，对子女的情感世界有长远而深刻的影响。因此，想要孩子具有高情商，父母必须力争做到以下五点：

1. 为孩子树立良好的榜样

父母的一言一行、一举一动，无不对孩子起着潜移默化的影响和作用。因此，父母要以身作则，凡是要求孩子做到的，首先自己要做到，用榜样的力量去影响孩子。

2. 父母要用好的情绪影响孩子

孩子的情绪往往受家长的影响，平时在生活中，家长要用热情、豁达、乐观、友善等好情绪对待孩子和他人，控制住自己不好的情绪，这样孩子才会具有活泼、大方、快乐、关心他人的优良情绪和性格。同时大人还要及时排除孩子恐惧、抑郁、悲伤、愤怒等不易被社会接受的坏情绪。父母还要让孩子懂得：应该在什么场合，用什么样的情绪，以便让孩子能自觉地掌握，逐渐形成自我控制情绪的能力。

3. 要注意孩子情感的细微变化

父母要与孩子做一些心灵沟通，做孩子的知心朋友。对于孩子的要求，只要是合理的、能够满足的，父母应该尽量给予满足；不合理的、不能满足的，则要向孩子说明为什么不能满足。父母千万不能不关心孩子的痛痒，也不能让孩子放任自流，更不能动辄训斥、打骂，压抑孩子的情感流露。相反，父母应让孩子的情感得到合理的流露，并要了解它产生的原因，需要解决的，应及时加以解决。

4. 要为孩子创造各种人际交往的条件

如果家里来了客人，父母要让孩子相识相伴、沏茶接待。父母也要适当带孩子去参加一些聚会、晚会，让孩子见见各种场面，学习与各种人打交道。另外带孩子上街时，要鼓励孩子问路。乘车、进公园、购物等，都可由孩子付费。孩子在幼儿园或学校当了小干部，都要予以积极鼓励和支持。

5. 要带孩子多参加各种集体活动

在集体活动中，孩子与同龄的小朋友一起生活游戏，他们会相互教会怎样玩耍、怎样相处、怎样生活。父母要欢迎孩子的朋友上自己家里来玩儿，也要鼓励自己的孩子到别的小朋友家里去玩儿。在孩子与其他小朋友交往的过程中，父母要教育自己的孩子严以律己、宽以待人、互相信赖、彼此尊重。

教孩子学会情绪的自我调适，是父母们日常生活中应该特别给予关注的。

　　"啪、啪！哗啦！哗啦！"小辉又在摔东西了，这次可非同一般，他摔碎了爸爸心爱的瓷茶杯，还砸坏了妈妈梳妆台上的大镜子，接下来是一场席卷全家的"疾风暴雨"。当小辉被三四个大人"押"到心理老师面前时，他手上缠着纱布，脸上、手臂上都有青紫的伤痕。父母回避后，小辉对心理老师慢慢道出自己的苦衷："还不是因为我期中考试没有考好？父母不许我做任何解释，这次题目特别难，班上十几个人没及格，我都及格了，比上学期名次还提高了。可爸妈不相信我，说我贪玩儿、不努力，我能不跟他们急吗？我一回到家里就感到特别压抑。我学习很努力，可没有父母期望得那么好。爸爸见到我总是板着脸，除了问学习没有别的话说，我出点小错就打骂，他下手可狠了，摔东西可厉害了，老拿我当作出气筒；妈妈爱唠叨，又动不动就哭天抹泪的；爷爷有心脏病，不让大声说话；只有奶奶真疼我，可又管不了爸爸。一放了学，家里人都不让我出去，说我脾气大，怕我惹事，不让我下楼踢球，也不让听音乐，我觉得家里简直像牢笼一样！我心里一感到难过，就想学爸爸的样子摔东西，听到那刺激的响声，我才觉得心里痛快些！"

其实，所谓脾气大、情绪易波动的青少年，往往是情商较高的孩子，同时也是因为他们的神经系统属于强型，所谓"发脾气"，是因为缺乏宣泄和表白的机会，只不过是想让父母了解自己的内心。近年来，"情商"这个时髦的心理学名词引起人们的兴趣，是有一定道理的，因为情商是人的非智力因素的核心内容，也是一个人事业成功的关键性因素之一。情商包含着三方面的内容：一是正确表达和适度控制自己情感的能力；二是理解和接纳他人情感的能力；三是与他人交流情感，以自己情感影响和感染他人的能力。在家庭教育中，应重视对孩子的情感教育，家长应引导孩子努力提高情商，懂得爱自己和爱别人。

世界医药学的鼻祖希波克拉底曾经说，躯体本身就是疾病的良医。七情六欲，人所共有之。但是，同样是情绪，可以给人带来健康，也可以给人带来疾病。而人本来就有能力和办法来控制和调节自己的情感和情绪，使之利于健康和生命的。儿童、青少年处在心理尚不成熟、情绪情感十分丰富而脆弱，且又复杂多变的时期。在家庭中，父母的情绪直接影响孩子的情感水平，是孩子的情绪的主要"影响源"。因此，父母应该学会驾驭自己的情感，提高自己的情商，保持自己情绪的乐观、稳定，给孩子做出健康情感的榜样，并成为孩子情绪的镇静剂、安慰剂和调节剂。

喜怒哀乐，人皆有之。在家庭中，教孩子学会情绪的自我调适，以下建议可供父母们参考：

加强自身的情感训练，提高自身的素质，具备基本的情商。

对孩子细心一些，发现孩子情绪不佳时，要懂得理解孩子的感受，努力去了解引起孩子情绪不佳的前因后果，进而协助孩子以适当的方法抚平情绪。

帮助孩子建立自信心，培养他们的同情心，促进其情商的发展。

每天和孩子聊天10～20分钟。为了避免拘束，可以采用共同的游戏、文体活动，或者是在睡前陪伴孩子一会儿，创造一种轻松温馨的气氛，使孩子愿意说出想说的话。创造轻松活泼的气氛，保持乐观、平和的心境，处事不惊，顺其自然，应变能力较强，知足者常乐，能够轻松做事。

开朗豁达处事。凡事想得开，对人大度开明，虚怀若谷，在家庭中讲究宽容，有话好好说，运用对话、谈心、讨论等方式与孩子进行心理沟通。

保持深邃稳定的人格魅力。遇到任何事情能够镇定自若，引导孩子善于以自信和自强之心来战胜挫折和失败，使他们真正学会主宰自己的情绪。

以幽默机智化解家人之间的矛盾。要能够承受一切外界和内心变化所带来的危机，总是会转危为安，保证在家里不动武、不喊叫，以幽默机智，保持和谐平静的气氛。

如果父母出现言行、情绪失控的情况，向孩子发了脾气，则应当在事后做检讨。反省自己，以得到孩子的理解和原谅。

对于进入青春期年龄的孩子，父母更要注意尽量不与孩子发生正面冲突，而是要心平气和，冷静处理所有的问题。

情感的交流是相互的。父母也应该将自己的喜怒哀乐告诉孩子，使他学会关注别人的内心，学会分享别人的快乐，分担父母的忧愁和烦恼。

鼓励与肯定孩子对不同情绪的表达。尤其是对不好的情绪，也要表示理解和尊重；还要教孩子通过正确的方式宣泄负面情绪，比如，通过向亲人倾诉，通过向自然环境的宣泄等，达到敞开心扉、缓解紧张焦虑情绪的目的。

培养孩子对艺术的爱好，以使他的情绪得到转移和升华。引导孩子学会专注地欣赏艺术作品，让孩子明白，这是一种艺术修养，可提高一个人的品味。使孩子学会用音乐、绘画、朗诵、作诗等方式来表达自己的内心，也是完全可以逐步实现的。

让孩子拥有一颗善良的心

孩子可以被看作是一面镜子，给他们爱，他们会报之以爱；无所给予，他们便无所回报；无条件的爱得到无条件的爱的回报，有条件的爱得到有条件的爱的回报。

因此，不管你怎样把净化和丰富精神世界的活动引入家庭生活，记住，有一点是最重要的：如果你的内心没有爱，就不可能给别人爱。父母首先要做的是，要让内心世界充满爱，这样你才有多余的爱给别人，才能培养引发你们的孩子来自内心的爱。

父母应该让孩子理解，无附加条件地服务于他人，就是不要任何回报的服务和爱的给予。学会把孩子看作是与你脱离的、独立的人去爱他们，你的职责是把他们变成与你一样的人，即让他们通过自己的努力尽力成为最好的人。

古今中外，爱心被认为是一个人的基本道德和社会的灵魂。

孔子说"仁者爱人"，孟子讲"王道"，他们都是以爱为核心的。费尔巴哈说："新哲学建立在爱的真理上，感觉的真理上。""爱是存在的标准——真理和现实的标准，客观上如此，主观上也是如此。没有爱，也就没有真理。"由此，以爱为基础的新哲学被他建立了。

那么，应该怎样来培养孩子的爱心呢？

1. 热爱动物，热爱生命

我们时常会看到这样一些情景：孩子在逛街时，迎面跑过来一只小狗，孩子会情不自禁地抚弄小狗，眼里流露出爱怜的神情。像动物园、公园这些场地，往往是孩子们的天下，孩子们在这里会和小动物们嬉戏、玩耍，并且会觉得快乐异常，显现出爱的天性。

相反，我们也会看到一些搞恶作剧的孩子，他们抓住小猫、小狗的尾巴，听到它们悲惨的嚎叫而开心不已，这些都是他们没有爱心的表现。

西方国家大多制定了法律，禁止虐待小动物，目的是用法律抑制残忍。英国有句名言："爱我者爱我的狗。"把狗等同于人，借用小动物启迪孩子的爱心，是最直观和便捷的方法。现代社会掀起"宠物热"，并非全是精神空虚，它也是人类在人情淡薄的后工业社会中，借用宠物培育爱心，呼唤美好人性的一种表现。

2. 帮助孩子克服自私自利的性格

"我的""给我""我要！"这是小孩子最常说的几个词。可见，小孩子的自我意识很强烈，这往往被用来证明"人生来是自私的"。

诚然，人有自私的一面，自私属于动物的普遍共性，但并非不可改变。婴儿学会的语言中，最早还有"爸爸""妈妈"这些词，说明婴儿最早感受到的他人便是父母。父母的爱是无私的，父母精心呵护孩子，让孩子最先感受到人间的温暖。

父母之爱是无私的奉献，历来为人们讴歌，但切不要把它当作对孩子的馈赠，否则便成了溺爱，反而会助长孩子的自私心理。

3.给孩子做关心别人的榜样

言传身教，榜样的力量是无穷的，也是最有效的。要使孩子富有爱心，父母必须从自己做起，从孩子一生下来就开始做。

当代著名的社会生物学家威尔逊，有一次意外地发现一个有趣的现象：

> 一只雌性的成年斑鸠在看到一只狼或者其他食肉动物接近它的孩子的时候，便会假装受伤，一瘸一拐地逃出穴窝，好像它的翅膀折断了。这时，食肉动物就会放弃攻击小斑鸠转而攻击成年斑鸠，希望能够捕食这只"受伤"的猎物。
>
> 一旦这只成年斑鸠把这只食肉动物引到一个远离穴窝的地方时，它就会振翅飞走。这种方法往往能够取得成功，当然，有时也会遭到不测。

斑鸠就是用这种富有爱心的举动来保护幼小的斑鸠，使它们能够活到成年，繁殖后代。而小斑鸠在耳濡目染成年斑鸠的做法后，也会仿效。由此可见，爱心是一种后天强化的行为，只要父母提供榜样，孩子就会模仿。因此，父母在有意识地对孩子进行爱心教育的同时，更要以身作则，通过自己的言行来对孩子起示范作用，在家庭中营造爱的氛围，感染孩子的心灵。

4. 移情训练

爱心培养还需要移情训练，可以经常让孩子把自己痛苦状态时的感受与别人在同样情境下的体验加以对比，体会别人的心情，这样可以让孩子学会理解别人，学会移情。

例如，看到小朋友摔倒了，可以启发孩子："想想你摔倒时，是不是很疼？小弟弟一定很难受，我们快去扶起他，帮他擦擦脸。"这样，孩子的同情心不知不觉就培养起来了。

5. 培养孩子的同情心

同情他人是爱心的一种体现。缺乏同情心的孩子只关心自己，只顾自己的快乐，而无视别人的痛苦，甚至会把自己的欢乐建立在别人的痛苦之上，这种孩子是很可怕的。有同情心的孩子往往比较会关爱他人，因此，父母要在生活中培养孩子的同情心。

父母可以为孩子创造一些和人交流的机会，在交往的过程中，孩子能亲身体验到别人的感受和想法，这样有利于同情心的培养。比如，许多大城市中组织的"手拉手"活动，是在城市和贫困地区的孩子之间建立起来的互助合作，让城市孩子真切体会到农村孩子没有书包、没有书本、没有橡皮的感觉，父母可以鼓励孩子多参与这样的活动。

6. 让孩子了解一些生活的真实情况

父母们总是担心孩子吃苦头，担心孩子遭受挫折。尽管父母自己面临着许多生活的曲折和坎坷，尽管父母有许多不快乐和情绪不稳定，但父母们总是竭力在孩子面前保持平稳。父母总是希望孩子不要过早地承受生活重担，其实这是错误的。事实上，父母要学会与孩子成为朋友，要学会让孩子了解一些生活的真实情况。有些父母总是自己累死累活，但对孩子的各种要求无条件地满足，这样孩子就会越来越缺乏爱心。

父母亲是孩子最直接的教育者，应该把自己的辛劳告诉孩子，让孩子明白父母之爱的伟大，懂得父母为了自己的成长做出多么大的牺牲。这样，孩子便会体谅父母，不再心安理得地接受父母的伺候。有机会也让孩子学习照顾父母、长辈，明白爱心是相互交流的，不只是单方面的索取。创造一个富有爱心的家庭气氛，能克服孩子的自私心理，让孩子养成关心别人的习惯。

培养出一个有责任心的孩子

责任心是孩子健全人格的基础，父母都希望自己的孩子有责任心，因为责任心是一个人立足于复杂的社会，能担当重任的重要条件。

责任心，是指一个人对自己和他人，对家庭和集体，对国家和社会所负责任的认识、情感和信念，以及相应的遵守规范、承担责任和履行义务的自觉态度。责任心是孩子健全人格的基础，是能力发展的催化剂。每个人都有一种积极向上的内在趋势。孩子在幼儿阶段所表现出各种主动尝试的愿望，正是一种责任心的萌芽。如幼儿独立吃饭、试穿衣服、手脏了自己洗等行为都是孩子责任心的表现。父母的责任是密切地关注他、帮助他、鼓励他，在他尝试的过程中，培养其意识，增强其自信，逐步成为独立自主，对个人、社会负责的人。

责任心的培养应遵循这样一个规律：从自己到他人，从家庭到学校；从小事到大事，从具体到抽象。不可想象，对自己不能负责的人，何谈对他人负责？对家庭没有责任心，何谈对社会有责任心？因此，家长对孩子责任心的培养应从家庭做起，从日常生活的小事抓起，循序渐进，由近及远，从具体到抽象。

有责任心的孩子能运用他自己的智慧、信心和判断力去做出决定，独立行事，考虑他的行为后果，并且在不影响他人权利的情况下实现自己的需要。他们明白自己的义务，并主动履行义务，并愿意承担自己行为的后果。

家庭责任心主要是指能尊重其他家庭成员的权利，自愿承担家庭义务，为自己的行为承担责任。一个具有家庭责任心的孩子，不仅能在现在的家庭生活中扮演好家庭成员的角色，在未来的生活中也有能力组织好属于自己的家庭。他的一生不仅能享受到家庭生活的充实、快乐，同时，也能创造出温馨、和睦的家庭气氛。

孩子作为家庭的一名成员，既应该享受其权利，当然也应承担一定的家庭责任，包括承担一定数量的家务劳动。父母可以通过鼓励、期望、奖惩等方式，督促孩子履行职责，培养其责任心。如果一个孩子在家庭中的责任心难以确立，将来一旦走上社会，就很难有社会责任心。

培养孩子的家庭责任感不仅在于家长是否具有家庭责任感，还在于家长是否给孩子锻炼的机会。如果你不是一个尽职尽责的父亲或母亲，怎能对孩子进行责任心的教育呢？父亲与朋友玩儿麻将通宵达旦，不顾及对家人的干扰；母亲忙于在外应酬，家里一团糟，这样的父母又有什么理由和资格去埋怨孩子不愿回家呢？

在一个专制的大人王国里，也难以培养出有家庭责任感的孩子。因为家长对孩子控制得太死，管制得太多，使孩子没有机会就某件事做出负责的行为，孩子做事只是服从，听命于大人的意见。我们强调的责任感并不是指你的孩子按照你告诉他的方式去行事，而是他能主动发现并自主地做出反应。

只有民主的家庭，才是家庭责任感生长的最佳环境。在这样的家庭里，家长和孩子相互独立，但并非各行其是，漠不关心，而是彼此尊重又相互关照的。孩子受到重视，家长具有威信。在讨论家庭中的责任与分工之前，父母应该想一下自己是否是一个有家庭责任感的人？自己惯用的教养态度和方式是否有利于孩子责任心的培养？在抱怨自己的孩子缺乏责任感之前，先检查一下自己是不是孩子的榜样。然后就有可能从抱怨孩子转而反思自己。要想改变孩子，也应当从改变自己开始。这是最关键的问题。

在家庭生活中如何创造或抓住机会培养孩子的责任感？关键是父母必须赋予孩子一定的责任，以便有针对性地进行教育。空洞的说教是不能培养孩子的责任心的。通过赋予孩子责任，或感受他们自己某些行为的不良后果，才能培养孩子的责任心。

那么如何培养孩子的责任感呢？

1. 自己分内的事自己做好

在家中应该明确哪些事情是由爸爸妈妈来做的，哪些事情可以由爸爸妈妈帮孩子做，又有哪些事情是必须由孩子自己做的。对第三类事情必须给孩子一个明确的概念和范围，在不同的年龄给他制定不同难度的自理工作范围，对于这些，父母绝不要包办代替。

2. 家里的事别人的事，帮着做

要让孩子明白，仅把自己的事做好是不够的，因为他还是家庭、集体中的一员，他还有责任协助做一些家里的事、集体的事，以此来为家庭、集体尽责，只有这样将来才能为社会尽责。要对自己的行为后果负责，就要善于抓住生活中的点滴小事，无论事情的结果好坏，只要是孩子的独立行为结果，就要鼓励他敢做敢当，不要逃避，要勇于承担后果。家长不应替他承担一切，以免淡漠孩子的责任感。

3. 要履行自己的诺言

从小教育孩子，自己答应了别人、许下了诺言就要尽全力履行诺言，即使自己不情愿也要这样做，因为这样做是对别人负责，也是对自己负责。

4. 要积极参加社会公益活动

要教育孩子自己是社会集体中的一员，权利与义务是并存的，他有义务为社会做自己力所能及的事，这是培养孩子对社会负责的重要途径。

孩子并不是天生具有责任心的，他是在适宜的条件和精心的培养下，随着年龄的增长和心理的发展而形成的。家庭是孩子责任心赖以滋长的土壤，父母对待孩子的态度、教育孩子的方法是他能否健康成长的重要条件。

在家庭环境中有责任心的孩子，才能在更复杂的学校、社会环境中经受考验，得到修正和磨炼，最终成为一个自强、自立的人。

教孩子学会宽容

宽容是一种美德，它像催化剂一样，能够化解矛盾，使人和睦相处。诸如"退一步天高地阔，让三分心平气和""大肚能容，容天容地，容天下难容之事；开口便笑，笑古笑今，笑古今可笑之人"这种不注重表面形式的输赢，而注重思想境界和做人水准的高低的行为是高尚的。正如有位哲人所说："宽容是需要智慧的。"

现在的孩子大都以自我为中心，不管发生什么事情，很多人首先想到的是自己，而不是别人。如果别人做错了事，根本没有一点宽容之心，往往会逮住他人的缺点不放。

北京师范大学教育系与中国青少年研究中心，曾经对中小学生做了一次抽样问卷调查。其中，有一个问题是这样的："当你讨厌的同学需要你的帮助时，而且你能帮助他，你会帮他吗？"对于这个问题的回答，表示愿意的小学生、初中生和高中生分别是59.8%、41.7% 和37%。由此可见，虽然不少孩子对于他人的主动求助表示愿意帮助，但是，从小学阶段到高中阶段，表示愿意帮助他人的人数是递减的。在调查中，还有一个问题是这样的："对于过去欺负过你或严重伤害过你的人，你会怎么办？"对于这个问题，只有29.9%的学生表示会原谅他，有近24%的学生表示很难原谅或绝不原谅，其余的学生则表示原谅但不忘记。从中我们也可以看出，能够主动宽容别人的孩子实在太少了，而事实上，宽容是一种重要的美德。

作为父母，应该充分认识到宽容对于孩子来说不仅是一种待人准则，而且能够保护心理健康。现代科学揭示，宽容有利于一个人的健康长寿。美国密歇根州立大学研究人员进行的一项研究就发现：当人们想要报复他人时，血压会明显上升；而在宽容他人时，血压则显著下降。因此，作为父母一定要培养孩子宽容的心态。

那么，怎样让孩子学会宽容呢？

1. 不要把世俗的毛病传染给孩子

父母最好不要在孩子面前以自己的眼光议论其他小朋友的缺点，这样容易让孩子对其他小朋友过于挑剔。相反，父母要尽可能表扬其他小朋友的优点，让孩子明白每个人都是有优点的，不要使自己的孩子产生一种以自己为中心的思想，这非常不利于培养孩子宽容的心态。

父母尤其不要对某些人和事物有偏见，更不要把这些偏见在孩子面前表露出来，从而让孩子在潜意识里也受到这种偏见的影响，而对这些人和事物有偏激的看法。

当孩子的小伙伴来自己家里时，父母对其他小朋友的态度不要过分冷落，也不要过分热情，尤其要教育孩子尊重小伙伴，让孩子平等地与人交往。

2. 教孩子换个角度看问题

不管什么时候，父母都可以教孩子学会从别人的角度来看待问题，让孩子把自己置于别人的位置，设身处地地站在别人的角度来思考问题。

在日常生活中，父母要鼓励孩子参与多元化的活动。无论孩子年纪多么小，都要鼓励他接触不同种族、宗教、文化、性别、能力和信仰的人，这有利于孩子与不同的人坦诚相待，遵从规则，平等竞争。

3. 教孩子善待他人

"要想公道，打个颠倒。"宽容是一种美德，在生活中，即使别人错了、无礼了，你若能容忍他人、宽容他人，同样能获得信任和支持，同样能得到别人的友善相待。

在教孩子善待他人的时候，父母可以通过角色互换的方法让孩子摆脱以自我为中心的不良想法，学会心中有他人，宽容他人。父母应该教孩子对其他小朋友多一点忍让，多一份关心，这样别人也会遇事宽容自己，体谅自己，为自己着想。事实上，只要孩子学会了宽容，他就会赢得朋友，就会真正体会生活的快乐。

4. 父母要起表率作用

父母本身具备的品德，一般在孩子身上都可能找得到。因此，父母首先要为孩子创造一个良好的家庭环境。一个整天吵闹不休的家庭，是很难造就出一个具有和蔼品质的孩子的。父母对他人的热情、平等、谦虚等处世原则和行为，是孩子最好的直观而生动的教材，会在潜移默化中培养出孩子尊重别人、爱护别人和谐相处的良好品行。

5. 创造一个和谐的家庭环境

让孩子生活在一个宽容友爱、温馨和谐的家庭环境中，用父母的言行影响孩子。这样，孩子就会逐步形成一种持久的宽容忍让的善良品质。

孩子的宽容心是一种非常珍贵的感情，它主要表现在对别人过错的原谅。这种感情对于孩子个性的健康发展，尤其是感情的健康发展以及对良好关系的建立有着非常重要的意义。宽容的人，时时刻刻都会受到人的爱戴。因此，他们更加容易处理好各种人际关系，能够很快地适应各种不同的环境，能够融洽地与人合作，充分挖掘自己的潜能。富有宽容心的孩子往往心地善良，性情温和，惹人喜爱，受人拥护。

然而，在现实生活中，总有那么一些人，心胸狭隘，小肚鸡肠，处事总是持"宁可我负人，不可人负我"的态度。对别人的不是，甚至并非不是之处也斤斤计较。往往使一丁点矛盾进一步恶化，最终酿成祸患。轻则使人受伤，重者致人命亡。作为父母，这些道理要对孩子讲清楚。

穿梭于茫茫人海中，面对一个小小的过失，一个淡淡的微笑，一句轻轻的歉语，就会带来包涵谅解，这就是宽容。不要苛求任何人，要以律人之心律己，以恕己之心恕人，这也是宽容。宽容地待人，待事，待自己，善待一切存在。让孩子知道，因为宽容，我们知道了幸福的真正意义，因为只有宽容，世界才会越来越多姿多彩。

让孩子的笑脸更灿烂

乐观是孩子对未来充满信心和希望而又不断进取的个性特征。孩子对那些能够满足自己需要的事物或对象，会产生一种积极的情绪，而对无法满足自己需要的事物则会产生消极的情绪。乐观的性格是孩子应对人生中悲伤、不幸、失败、痛苦等不良事件的有力武器。如果孩子无法乐观地面对人生，就会意志消沉，对前途丧失信心，长此以往，还会损害身体健康。儿童心理学家马丁·塞利格曼认为，乐观不但是迷人的性格特征，还有更神奇的功能，它能使人对生活中的许多困难产生心理免疫力。乐观的孩子不易患忧郁症，他们也更容易成功，身体也比悲观的孩子更健康。

从心理学角度讲，乐观的情绪能够提高人的大脑及整个神经系统的活力，使体内各器官的活动协调一致，从而有助于充分发挥整个机能的潜能，有益于健康和工作效率的提高。相反，悲观的情绪可能使人的整个心理活动失去平衡，对人的身心健康都可能造成严重的不良影响。

值得庆幸的是，孩子乐观的性格是可以培养的。早期诱发理论认为，人的性格是在后天的环境中逐步形成的，乐观的性格可以通过实践逐步培养，悲观的性格也可以在实践中逐步改塑。

想让孩子成为一个快乐小精灵的父母不妨尝试下面的方法：

1.不要对孩子"控制"过严，不妨让孩子拥有他们自己的选择权

很多孩子不快乐的主要原因是他们没有自己的自由。有些父母由于对孩子溺爱，往往会抑制孩子们的一些行为和举动，甚至会替孩子包办一些事情。这样，孩子就事事不用做，但是，这样一来，孩子就无法在做事中得到乐趣了。而且，孩子们也不见得就喜欢这样。所以，父母要把选择权交给孩子，让他们自己决定自己要什么东西或是做什么事情。比如，年纪小的孩子可以选择要吃什么样的午餐，大一点的孩子可以选择穿什么样的衣服上街，再大一点的孩子可以选择在节假日的时候去什么地方玩儿、可以选择买什么玩具，或是可以选择看什么电视，这样有充分选择权的孩子才会感到快乐自立。

2.鼓励孩子多交朋友

不善交际的孩子大多性格抑郁，因为享受不到友情的温暖而感到孤独痛苦。性格内向、抑郁的孩子更应多交一些性格开朗、乐观的同龄朋友。这样孩子就能接纳各种性格的人，有助于养成豁达的心胸，快乐的性格。此外，家长自己也应与他人相处融洽，热情、真诚待人，给孩子树立起好榜样。

3.允许孩子自由地表现悲伤

当孩子在遇到困难的时候，往往会自然地流露出悲伤的情绪。这个时候，父母应该允许孩子自由地表现出他的悲伤。假如孩子在哭泣的时候，父母要求孩子停止哭泣，不能表现出软弱，孩子就会把心中的悲伤积聚起来，久而久之，反而会造成孩子消极的心理。

对于孩子所表现出的悲伤或软弱，父母不要呵斥，应该让孩子尽情地发泄心中的郁闷，只要孩子发泄够了，他自然会恢复心

情的平衡。当然，如果孩子需要父母的帮助，父母应该及时安慰，用相同的心理去感受孩子的情绪，努力引起孩子的情感共鸣，从而缓解孩子的不良情绪。

4. 让孩子拥有广泛的爱好

开朗乐观的孩子心中的快乐源自各个方面，一个孩子如果仅有一种爱好，他就很难保持长久的快乐。试想，只爱看电视的孩子如果当晚没有合适的电视节目看，他就会郁郁寡欢。假如孩子是个书迷，但如果他还能热衷体育活动，或饲养小动物，或参加演出，那么他的生活将变得更为丰富多彩，由此他也必然更为快乐。

5. 引导孩子摆脱困境

生活中不如意者十之八九，没有谁能够没有一丝烦恼地走过整个人生，谁都会遇上一些让自己烦恼的事情，即使他是一个乐观的人。但是乐观的孩子和悲观的孩子在遇到同样的事情时，他们的处理方式是截然不同的。他们的反应虽然和先天的遗传有关，但大多方面还是父母教育的问题。所以，当孩子遇到困境时，父母要多留心孩子的情绪变化。如果孩子闷闷不乐，父母无论自己多忙，也要挤出一点时间和孩子交谈，教育孩子学会忍耐和坚强面对，鼓励孩子凡事多往好的方面想，不要尽往消极的方面想。

父母对于孩子情绪的变化也一定要注意观察，只要孩子愿意与父母沟通，父母就要引导孩子把心中的烦恼说出来。这样，孩子的烦恼很快就会消失，他也就很快会恢复快乐。当然，父母也可以帮助孩子克服一些困难，教给孩子以正确的态度和措施来保持乐观的情绪，这些都是促使孩子摆脱消极情绪的好方法。

6. 拥有自信十分重要

一个自卑的孩子通常比较内向悲观——这就从反面证实拥有

自信与快乐性格的形成息息相关。对一个智力或能力都有限，因而充满自卑的孩子，家长应该仔细观察他的言谈举止，适时适当并审时度势地多做表扬和鼓励。来自家长和亲友的肯定有助于孩子克服自卑、树立自信。

7. 父母要做乐观的人

父母在教育自己的孩子时，要以身作则，每个家长不管是在工作上还是在生活中也都会遇到各种各样的不如意，而父母对待这些事情的方式会直接影响到孩子的做法。如果父母在面对困境、挫折时能够保持自信、乐观的精神，那么孩子也就会受到父母的影响。当他们在遇到这种情况时，也就会自然而然地乐观面对。

教孩子正确面对挫折

挫折，就是指当事情的发生并非是预期的情境与感受时，人们内心的一种感受。在不同年龄段的孩子会有不同的挫折经验，在面对挫折的时候也会有不同的表现。对年纪小的孩子来说，当他想要玩儿某个玩具时，妈妈把玩具收起来；当他想吃零食的时候，妈妈加以阻挠，这些事情都可以导致他挫折感的形成。年龄小的时候，孩子通常是通过哭闹或是大发脾气的方式来表现。年纪大的一点的孩子，他们就会和年纪小的孩子的挫折感来源不一样了，当他们遇到挫折没有办法解决的时候，或是和预期想象的不一样的时候，他们就会表现出生气、沮丧等负面的情绪。

其实，对于孩子来说，挫折的发生是没有办法避免的。既然没有办法避免，那就只有让孩子学会在面对挫折时正确的对待方法。那么，父母该怎样做才能帮助孩子战胜内心的恐惧，成为解决问题的能手呢？

1.父母要树立"挫折教育"的意识

很多父母都认为，年纪小的孩子心理承受能力也是弱的，所以对孩子的保护就显得有些过了。父母认为不应该让孩子遭受过多的挫折，这样对他们没有什么好处。父母的这种观念直接影响到了孩子对于挫折的认识和理解。

正确地说，让孩子受点挫折和磨难是对他有好处的。孩子遭受挫折的经历有利于培养现代人的良好品德；有利于发展孩子的非智力因素；有利于丰富孩子的知识，提高他的能力。所以，对于挫折的教育价值，父母应该让他有一个正确的认识，可以把它看成是一种磨炼意志、提高适应能力的好方法。

当然，如果父母把挫折教育看成是一种吃苦教育，专门让孩子参加一些以吃苦教育为主的夏令营，或者参加一些探险、到边远穷困山村去体验的活动等，只能说，这只是一种片面的挫折教育，或者只能说是挫折教育的一个方面。

要让孩子对挫折有一个全面的认识，让孩子正确对待各种挫折和不如意，父母可以把自己在事业和家庭生活中遇到的挫折和不如意告诉孩子。在这种情况下，父母对生活的热爱、执着、不怕困难的态度和坚强的意志，就是孩子在面对挫折时最强有力的精神支柱。

2.培养孩子独立生活的能力

让孩子在现实生活中具有独立生存的能力，能独立面对挫折，较好地解决问题，这些就是进行挫折教育的目的。美国教育方面的专家认为，培养孩子的抗挫折能力，就是要培养孩子独立生活的能力。美国的孩子从小就单独拥有自己的房间，自己活动，锻炼独立生活能力。很多美国大学生都是自己去挣钱来交学费的。

孩子成家的时候，父母往往也只送上一个祝福，而不像中国父母那样要为儿子买房子、为女儿置办嫁妆等。

因此，父母应该从小就锻炼孩子独立生活的能力，可以让孩子从两三岁时开始独立睡眠，让孩子自己吃饭、穿衣服、整理床铺、收拾玩具等；孩子的年纪稍微大一些，就可以让他打扫房间、替父母买东西等；再大一些，可以要求孩子独立解决问题，自己挣钱来花等。父母对孩子的要求要一致，不要产生分歧，这样不利于孩子的培养。只有从小让孩子学会独立生活，他才可能在生活中成熟起来，提高抗挫折能力。

3. 给孩子设定一些挫折障碍

挫折会光临每个人，不管是成人还是孩子。对于孩子来说，在他成长的道路上难免会遇到苦难、阻碍。如果孩子平时的一切都很顺利，那么，一旦遇到了一些不顺利的事情他们就会感到紧张，从而找不到解决的办法。所以，父母可以有意识地在孩子的生活或是学习中安排一些困难，让孩子习惯了面对挫折，当他们一次次地经历挫折之后，他们就会从中找到解决挫折的方法。

在安排挫折的时候，父母要有目的、有针对性地组织障碍性活动。这样既可以提高孩子的适应能力，增强其韧性，同时又不会超过孩子的心理承受限度。比如说，对于年纪小的孩子，如果孩子想要一种东西，父母可以不用马上拿给他，让他自己动脑筋去想办法，看怎样才能够拿到；对于年纪稍微大一些的孩子，可以让他参加各种劳动，在劳动中体验生活的艰辛，也可让孩子多参加集体游戏，在游戏中让他体验到失败和不如意等。

4. 鼓励孩子克服挫折

有的孩子一旦遇到挫折就容易产生一些消极的反应，他们往往会用逃避的方式来避开那些挫折。想要改变这种现象，唯一的方法就是在孩子遇到挫折时，父母要教育孩子勇敢面对挫折，向挫折发起挑战。当孩子一次次面对困难并且一次次战胜困难的时候，他们就会增添勇气，激起战胜困难的愿望。这样，他们害怕的心理也就会消失，而自信心也会随之增强。这时候孩子会认为自己已经有能力去克服困难了，抗挫折能力也就培养起来了。

5. 在孩子失败后，温情地鼓励孩子

可以说，不如意的事情充斥着我们的整个生活，对于孩子来说，家人的温情与支持就是他们信心的来源。尽管所有的父母都希望自己的孩子可以一帆风顺，不希望任何磨难降临到孩子的头上，但是挫折会像影子一样跟随着孩子的一生。面对这种情况，我们也只好把它当作生命中正常的一部分，用一颗平常的心去对待它。所以，当孩子在面对挫折的时候，父母要用温情去温暖孩子受挫的心，对孩子进行引导，避免挫折对孩子的心灵造成不可磨灭的伤害。

6. 提高孩子的应变能力

应变能力是孩子处理困难和挫折时的一种重要的能力。培养孩子的应变能力，随时准备行动，把握机会或解决问题，可以帮助孩子变得更果断。

在平常的生活中，父母可以有意识地对孩子的应变能力进行锻炼。通过锻炼之后，会让孩子各方面的能力都得到提高。

首先，可以让孩子有适应自身生理或心理变化的能力，孩子会把自己身体某个部位不舒服的情况及时告诉成人；当他们感到烦恼的时候，会选择向父母或知心伙伴倾诉，而不是让烦恼把自己淹没。

其次，让孩子有适应周围环境变化的能力。比如，应该知道早晚气温不同；应该注意保暖；应该知道出门要带什么东西；应该知道不同的地方可能会发生什么情况；等等。

再次，可以让孩子对突如其来的事件有应变能力。比如，当孩子一个人待在家里，遇到突然停电时，他们会知道怎样去点燃蜡烛、开手电筒；当他们遇到陌生人问路时，应该怎样避免被骗等。

最后，让孩子有对不同事物做出不同反应的能力。比如，虽然说要相信他人，但是，当孩子在面对陌生人，或者心存不良的人时，他们知道应该采取什么样的办法；如果父母生病了应该怎么办，等等。这些都要教孩子去判断，当面对这类事情的时候该怎么办。

只有培养孩子具有较强的应变能力，遭到任何紧急情况才会将损失降到最低程度，争取到最好的结果。

一个人的人生注定既有高潮也有低潮，既有峰顶也有低谷，没有谁可以永远春风得意、一帆风顺，也不可能永远背时背运、道尽途穷。所有的挫折都会有尽头，只要一个人拼力攀登，就可以更快地到达顶峰；只要一个人主动奋斗，就可以更快地突破逆境。

从小培养孩子善于交际的能力

卡耐基曾经说过，一个人的成功，他的专业知识所起的作用是 15%，而他的交际能力占 85%。所以，和谐的人际关系以及高强的交往本领，是未来社会判断成功者的重要标准。因为，只要一个人生活在社会中，他就不得不和他人打交道。

人际交往是人与人之间相互联系的一种最基本的方式，是父母在教育孩子的过程中不可忽视的一项内容。如果你的孩子没有同龄的伙伴，那么这样的孩子就会缺乏集体主义的意识。当他们步入社会以后也会无所适从或是不尊重他人，自傲、任性，或是封闭自己，自私、孤僻，种种不良的性格就会出现在他的身上。许多工作都是需要人们通过协作一起去完成的，所以，父母必须从小就培养孩子善于交际的好习惯。

其实不用父母强迫，孩子也总是希望能够和自己差不多大的孩子玩儿在一起，也希望会有几个在思想上、学习上或者生活中志同道合的朋友，希望可以从朋友那里获得鼓励、信任和支持。在与周围的人相处时，朋友的肯定态度总是多于否定的态度，孩子们就会感到与他人有一种休戚相关、安危与共的情感，并愿意牺牲自己的利益去为他人谋利益。

因此，父母要经常与孩子谈论关于朋友的话题，或是倾听孩子和他的朋友之间所发生的一些事情，千万不要阻拦或过多参与孩子们之间的交往，孩子们之间自有一套评价朋友好坏的标准。即使孩子们在交往中吃了亏，他自己也会从中吸取教训。

既然一个人的交际能力那么重要，父母应该怎样培养孩子善于交际的能力呢？

1. 多与孩子沟通

父母和孩子之间的沟通是培养孩子理解、关怀、接纳、自信和尊重心理的重要因素。有些父母不愿意与孩子共同探讨，他们认为那是浪费时间。只是一味地让孩子接纳自己的观点、尊重自己的权利，很少有父母会做一个换位思考。他们不会知道他们那样的教育方式，对孩子的内心平衡会产生多么不良的后果。所以，父母平时要多和孩子沟通，多了解孩子的想法，这样才会有利于对孩子的教育。

2. 帮助孩子结交朋友

一个人不能离开朋友的陪伴，即使是孩子也需要伙伴，友情能使孩子有一种归属感，孩子和他的小伙伴之间会有共同的乐趣，共同的感情，共同的语言，所以孩子们都喜欢在一起。即使他们之间从不相识，甚至语言不通，孩子们也会一见如故，亲热地玩儿起来。所以，父母应该为孩子创造交友氛围，让孩子们之间建立起温馨美好的感情。在这种气氛熏陶下，孩子们就会相处得快乐融洽。在孩子们相处的过程中，父母给予他们正确的引导和支持，通过接纳他的朋友、招待他的朋友等种种方法帮助并鼓励孩子与人交友。

3. 多参加集体活动

父母应该鼓励孩子多参加团体活动，让自己融入集体生活中。在集体活动中做一些自己能做的事情，加强与同学的交往，增加同学对自己的好感和信任。在一个集体中，每个孩子都会有属于自己的智慧和个性，他们会发现自己和别人的不同，也会从中找到适合自己的一个角度。在集体中，也会让孩子无形中产生对一种信念的凝集力，形成一种共同帮助而忘小我的团体意识。这种意识的形成，有利于孩子在以后的人际交往中，改变那种以自我为中心的傲慢、优越感，使他与大家形成一种融洽、和谐的相处关系。

4. 培养孩子的专长

有位专家说："友谊是以共同爱好为基础的。如果你的孩子朋友不多，你可以帮助他培养某些爱好，从而认识更多的朋友。"马克思与恩格斯的友谊，就是建立在有共同志向、共同语言等诸多共同爱好基础之上而结出的。所以，父母要挖掘孩子的各种专长，让孩子结交广泛的朋友，拓宽、延长孩子的交际之路。

5. 教给孩子一些交往技巧

随着时代的发展，现在的孩子非常讲究个性，要想与之保持良好的关系也需要一定的技巧。父母可以教给孩子一些交往的技巧，帮助孩子得到同学的友谊。以下这些交往技巧能够帮助孩子在与人交往中获得他人的好感：

（1）使用礼貌用语，如"谢谢""再见""对不起""没关系"等，不要对别人说粗话、做不礼貌的动作。

（2）主动和同学打招呼问好，能帮助打开友谊之门。

（3）在和同学的交往中，宽容同学的缺点和过错，不要为一些小事而斤斤计较。

（4）与人交往要注重的是给予，而不是什么事情都希望得到回报。

（5）不要无故打断他人的讲话，当别人在说话的时候要认真倾听，不可以心不在焉或是只顾做自己的事情。

（6）不要在背后议论别人，也不要打听别人的秘密和隐私，更不可以把别人告诉你的秘密大肆宣扬。

（7）对待别人要真心诚意，讲信用，不欺骗说谎。

（8）不要用捉弄、嘲笑的方式吸引别人注意，这样反而会引起别人的反感。

（9）在和同学的交往中，善于发现别人的优点和长处，多赞美别人，不要因为自己的某些特长而处处炫耀。

（10）与他人说话，尽量讲一些两人都感兴趣的话题，不要独自说个不停而不考虑他人的感受。

（11）同学之间交往尽量不要有过多的物质往来。

（12）不对自己的成绩得意忘形，要体谅他人的感情。

（13）学会带领其他同学参与到集体交往中来，组织大家围绕一定的主题交流。

培养孩子与人合作的能力

合作是现代人的一项基本素质与品格。如果一个人不能与人真诚合作，他就不可能成功。

合作不是一般意义上的人际交往，而是为了一个共同的目标结成的互助互利的双赢关系。一般来说，有交往与合作习惯的人，在心理学上被认为是外向的人。外向的人往往能够自觉地与人交流，做事的时候也喜欢询问他人，获得他人的帮助。但是，外向的性格并不是天生的，这种性格是可以后天培养的。

那么，怎样来培养孩子与人合作的能力呢？

1.让孩子懂得与人合作的重要性

在日常生活中，有许多事情必须由两个或两个以上的人一起合作才能完成，只靠一个人的力量是无法做到的。父母可以利用这种机会让孩子体验一下个人无法完成的挫折感，从而懂得与人合作的重要性。

2.让孩子体验合作的乐趣

成功的合作可以让孩子产生良好的体验，这种体验能够带给孩子无穷的乐趣，进而促进孩子的合作意识和合作行为。

3.让孩子与同伴交往

让孩子有足够的时间与同伴在一起，他们可以一起交谈，一起分享玩具，一起做游戏，一起出去玩耍，一起做作业。父母要知道，孩子们应当有他们自己的生活，如果孩子不喜欢与别的孩子交往，父母就更要有意识地鼓励他（她）与同伴接触、交往。

如果父母和老师因为怕孩子学坏而过多地干涉，甚至禁止他们的交往，那就无异于因噎废食，因为这种交往是孩子获得合作的能力与情感体验的最基本的条件，它有利于养成合群性，消除孩子执拗或孤僻的倾向。

4. 让孩子与同伴共同承担一定的任务

想要提高孩子的交往水平，可以让孩子与同伴分担一些任务，并通过力所能及的活动努力完成它。有时，对于一些复杂的任务，可以进行必要的分工，但必须保证他们活动的相互牵制性，以便他们通过必要的主动交往与协调达到总体任务的完成。否则，合作就会变成单干，不利于培养合作精神。另一个需要注意的是，一旦交给了他们任务，就要鼓励他们独立完成，即使遇到困难或者发生争执，只能提供咨询，而不要越俎代庖，代替他们完成任务。

5. 鼓励孩子独立解决与同伴交往中的矛盾和问题

这样做是进一步提高孩子的合作能力所必需的。孩子在交往中遇到矛盾是不可避免的，如果学不会妥善解决这些矛盾，就永远学不会合作。而且善于解决交往矛盾，是高水平的合作与交往能力的标志。因此，孩子交往时遇到矛盾与问题时，不要回避，也不要代为解决，而要鼓励孩子独立解决，最多也只能提些建议。培养孩子独立解决矛盾能力的主要途径，是让孩子迎着矛盾去主动交涉，而不是闭门思过，也不是回避或拖延。有的孩子只喜欢和一类同伴交往，而不肯和其他同伴交往，这种过于挑剔的交往倾向实际上就是回避交往的困难与矛盾。对于这种孩子更应有意识地引导、鼓励，设法使其体验到交往中解决矛盾的成功与满足感，从而乐于学会和各种人交往。

6. 让孩子知道竞争和合作是可以同时存在的

现在的孩子一般都是独生子女，一般在家里不会有人跟他争什么东西，父母也通常不会对他的言论提出什么不同的意见。但是在家里以外的地方，比如学校，就出现了竞争者和反对者。这样，孩子就认为反对他以及和他竞争的同学是不会成为合作对象的。所以父母要及时教育孩子端正他的竞争心理。竞争目的主要在于实现目标，而不在于反对其他竞争的同学。父母要教孩子把其他同学作为学习上的竞争对手，生活上的合作伙伴，千万不可一味地把他人当成竞争对手和敌人，不顾一切地对立他人。这种思想是不健康的。同时，父母要教给孩子与人合作的技能，教育孩子考虑集体的利益，学会在关键时刻要约束个人的行为，牺牲个人的利益。如果孩子缺乏这种意识或者精神，与人合作是不可能成功的。

能让孩子很好地和别人合作，前提是孩子必须具有和人合作的能力。那么，怎么样才能让孩子具有和人合作的能力呢？

1. 给孩子创造一种良好的家庭气氛

如果一个孩子生活在一个整天争吵不休的家庭里，是很难让他具有和谐的人际关系的。父母一定要把家庭成员之间的关系处理得恰当、合理。对邻居、对来客都要热情、平等、谦虚、有礼貌。这样，孩子就会以父母为楷模，逐步养成尊重别人、爱护别人的良好品德。

2. 树立平等观念

想要让孩子在平等的原则上为人处世，就要让孩子明白，不管对谁或是对什么事情都应树立平等的观念。要让孩子懂得，在人格上，人和人之间永远是平等的。不管碰到什么事情都要无私地对待，要言而有信。只有这样做，人与人之间才能互相信赖、和睦相处。特别是要教育孩子严于律己，宽厚待人，尊重他人。

3. 要让孩子多参加集体活动

有一些孩子常常会"以自我为中心"，这些孩子很难融入集体的生活中，也很难和同龄的小伙伴和睦相处。但是，当他们碰了几次钉子之后，就会慢慢地改变了这种"以自我为中心"的行为。可能是因为在经历了几次碰钉子的事情后，意识到了在集体活动中一定要想到别人。所以，父母要让孩子多参加一些集体的活动，这样会让孩子在活动中获得与他人相处的经验，在以后和别人的合作中孩子才不至于犯"以自我为中心"的错误。

4. 保证孩子受锻炼的机会

孩子从小在家庭中学到的知识、培养的精神，都会渗透到他们的性格中去，并且会在长大后带入社会。一个懂得合作精神的孩子会很快适应工作岗位的集体操作，并发挥积极作用；而不懂合作的孩子在生活中会遇到许多麻烦，产生更多的困难，而无所适从。

让孩子学会赞美别人

赞美是语言的钻石，赞美有着巨大的威力，赞美是我们乐观面对生活所不可缺少的，是我们自强、自信、自我肯定的力量源泉；赞美是人际关系的润滑剂，还可以约束人的行动，能使人自觉克服缺点，积极向上；赞美的效果常常会出乎人的预料，即使是简单的几句赞叹都会让人感到心理上的满足。向别人传递一个真诚的赞美，能给对方的心灵带来光明。所以，在日常生活中，应该培养孩子去发现，去寻找别人值得称赞的地方，并设法真诚地告诉别人，这样既能给别人的平凡生活带来阳光与欢乐，使生活更加光彩，也会让赞美别人的孩子有一个良好的人际关系。

在人际交往中，赞美要运用得体，它是一种密切人与人关系，消除隔阂，增加双方亲近感的奇妙的"润滑剂"。由于它能使别人获得自尊心和荣誉感的满足，从而有效地削弱了抵触与对立的情绪，这就同时增强了双方的理解、信息和亲近感。赞美可以使人受到鼓舞、不断进取，也能使人盲目自满、故步自封。所以，对别人进行赞美的时候一定要讲究技巧。要记住这样一句名言："赞美词是一把两面有刃的利剑，它能增进人际关系，铲除隔阂，也能刺伤对方的自尊心，破坏关系。"

赞美别人应是一种习惯，这种习惯应该从小就开始培养。那么，怎样让孩子学会赞美别人呢？

1. 赞美别人一定要真诚

赞美绝不是虚伪地胡乱夸赞，也不可以用漫不经心的态度，一定要用认真诚恳的表情来赞美他人。如果别的同学把事情搞砸了，你却"不失时机"地赞美道：你做得真好，我想做还做不到那个样子呢。这个时候，赞美就变成一种讽刺了。不真诚的赞美往往会起反作用，不但不会使别人舒畅，反倒会伤害别人。

实际上，真诚的赞美与虚伪的谄媚有着本质区别：前者看到和想到的是别人的美德，而后者则是想从别人那里得到非分的好处。只有真诚赞美别人的人才能真正得到别人的爱。

赞美有时候没有必要去刻意地修饰，只要是源于生活，发自内心，真情流露，就会收到赞美的效果。

2. 对事不对人

赞美也绝不是阿谀奉承。教孩子赞美别人不能毫无根据，只是说："你真是一个好人！"那样的赞美毫无意义。所以，一定要赞美事情的本身，这样对别人的赞美才可以避免尴尬、混淆或者偏袒的情况发生。比如，当父母带孩子到朋友家做客，朋友准备了美味的饭菜，这时候，父母可以让孩子这么说："阿姨你做的饭真好吃。"而不要只是说："阿姨，你真好。"

3. 可以直接赞扬

以具体明确的语言、表情称赞对方的行为。如赞扬同学的作文写得非常好，就该说："你的作文写得真好，我要是也有你那么好的文笔就好了。"这样的话语既平等，又真实，充满羡慕，让别人觉得很舒服。即使被赞美者知道自己的作文写得没那么好，也会对称赞者平添一份友好的感情。而赞美长辈则应怀着敬佩、尊重、学习的心情。

4. 可以间接赞美

教孩子以眼神、动作、姿势来赞美和鼓励别人。一般的人对表情和动作的感受远远超过对语言的感觉，有一些场合，人的表情在多数情况下是下意识的，装也装不像，其中所含的虚伪成分是很少的。比如，可以用微笑、惊叹，或是夸张地瞪大眼睛表示对别人能力的倾慕和敬畏，这种方式是容易被对方接纳的。另外，如果想让孩子有赞美别人的习惯，父母首先要学会赞美孩子。比如，赵越的英语习成绩一直很差，他经常为此感到十分自卑。在一次期末考试的时候，他的英语成绩侥幸有所提高，并且受到了老师的表扬，他的父母更是给了他充分的赞扬和鼓励。这次意外的好成绩使他重新找回了自信，学习不断进步，最终考上了理想的大学。

恰当地赞美别人是很重要的，它能拉近人们彼此的距离，让别人对你充满好感，充满信任。生活中，只要孩子注意到了这一点，经常恰当地赞美别人，将会改变孩子的生活，让孩子生活在爱的世界里，体会到爱的快乐。

让孩子学会尊重别人

俗话说：不怕没有钱，就怕没尊严。尊严可以改变一个人的命运。所以，父母要培养孩子从小就要有骨气、有尊严。不仅如此，还要让孩子学会尊重别人的尊严。只有学会尊重别人，才是真正地尊重自己。

让孩子知道，也许只是一个微笑，一声问候，一句夸赞，一个祝福，都可以为人们彼此的沟通与交往架设一座心灵的桥梁，编织一条情感的纽带，在相互尊重中传递出温暖与关爱，接受着祝福与帮助。

现在的人们在考虑怎样处理和别人相关的一些问题时，通常95%的时间是在考虑自己。如果我们多分出一些时间来忘掉自己，好好地想一想对方的优点，不讲任何无价值的奉承话，真诚地评价对方，由衷地称赞对方，表现出你对对方的尊重，那么，你所说的话，他将牢记，并会不断地在他生命的长河中得到重视，一直到永远，你也会成为他所尊重的人。

可是，怎么样才能培养孩子尊重他人的习惯呢？父母可以考虑下面的五点做法：

1.真诚地欣赏别人

美国哈佛大学的心理学家威廉·詹姆斯指出，人类本性最深的需要是渴望得到别人的欣赏。想要让孩子学会尊重别人，就必须让他学会诚实地、真心地欣赏不同的人，只有这样，他才会找出别人身上的特点，从而让他觉得尊重和敬佩。所以，应该让孩子学会找出每个人身上独特的地方，并欣赏他的特点，从而形成一种习惯。

现在的孩子都喜欢把人分类，诸如老师、学生、家长、孩子、同学、朋友等等，并认为只有少数人和他们是同一类的。这样一来就限制了他自己。假如他认为自己喜欢某种人的话，他就会和他所喜欢的那类人走得很近。但是，当他和其他类型的人相处的时候，就会觉得非常紧张。而且和他们不欣赏的人相处的时候就不会找出别人身上的特点，也就不会对别人表现出他的尊重。所以，父母要教会孩子和不同的人相处，不要把自己锁在一个小圈里，要学会欣赏不同人的特点，学会尊重所有的人。

2. 真诚地关心他人

你若不尊重别人，别人也很难尊重你。而尊重一个人最基本的做法就是去关心他。心理学家亚德洛说："对别人不感兴趣的人，生活中困难最大，损害也最大。"所以人类中的失败，都在这些人当中发生。美国前总统罗斯福非常受欢迎和尊重，一个重要的原因就是关心别人。想要与别人很好地相处，就应学会关心他人、尊重他人。当然，热心助人是要花时间和精力的。比如，孩子要交朋友，他们就有必要记住朋友的生日，并按时致贺，与朋友打招呼挂电话时，都要表现出热忱。

3. 培养感受别人经历的能力

要学会"体会"别人的感受，这将使孩子的生活更丰富。如果孩子经历过某种感受，就可以体会到别人在某个特殊情况下的感觉。譬如，当他还记得心爱的东西被弄坏时的那种感觉，现在他的一个朋友的书包上被人划了一条口子，他就可以体会朋友的那种感觉。他们或许还可以谈一下自己心里的感觉。父母要告诉孩子，要尽量记住别人的话，并且尝试体会他们的经历和感受。

4. 记住别人的名字

美国总统约翰逊，把与人相处的九条原则写在纸上，放在自己的办公桌里。其中第一条就是记住别人的名字，如果做不到，就意味着你对那个人不太关心。许多人往往对自己的事物较有兴趣，尤其是对自己的名字最感兴趣。如果能记住一个人的名字，并能容易叫出，这样会是对一个人最大的尊重。

5. 避免讥讽别人

讥讽别人不仅不讨人喜欢，而且是危险的。因为它伤害了一个人的自尊心，并会激起他人的反抗。所以，父母应该让孩子知道，即使你不喜欢一个人，你可以减少和他的交往或是接触，但是，绝对不能对他有不尊重的话语和行为。

在人际关系中要得到他人的尊重最好的办法就是尊重他人，任何人在心底都有获得尊重的渴望，受到尊重的人会变得宽容、友好，容易沟通。所以，让孩子学会怎么去尊重别人，也就教会了孩子怎么得到别人的尊重。这样，孩子以后踏入社会就会自然而然地对别人表示出尊重。

打破孩子的定势思维

人们常常会按照一种常规性的思维模式来思考问题，久而久之就形成了一种难以阻遏的惯性，它对人们的思维活动产生着严重的影响。孩子正处于一个身体心智发展的成长时期，如果养成定势思维的不良习惯，就会对孩子思考能力的发展、智力水平的提高产生巨大的阻力，还会限制孩子想象的空间。这些对孩子的学业进步以及身心健康是有百害而无一利的。

有这样一个故事。有两个小孩子长得是一模一样，他们的出生年月日、家庭住址、电话号码、家长的姓名也是完全一样的，第一次看到他们的人都认为这两个孩子是双胞胎，可是这两个孩子说不是。大家都感到挺疑惑的，就问他们是什么关系。原来，他们不是双胞胎，而是三胞胎中其中的两个。在这里，大多数人就是犯了定势思维的错误，因为在许多人的心中两个长得像的孩子就是双胞胎，可是他们忘了还有三胞胎的存在。所以，当我们在思考问题的时候，如果可以转换一个方向，就会有很多可能性，也会得到很多不一样的答案。但是，怎么样才能打破孩子的定势思维呢？

1. 培养孩子善于思维的兴趣

好奇心是孩子语言和思维的突破口。孩子的好奇心理可以凝聚成为一个又一个"为什么"，也可以说，好奇心是孩子思维最直接的反映。他对事物越是好奇，他的思维运动就越强烈。从这个意义上来说，激活孩子的好奇心，有利于培养孩子独立思维的好习惯。

好奇心是孩子的专利，父母要通过正确的引导来保护孩子的好奇心，培养孩子打破砂锅问到底的习惯，对于孩子所提出的问题一定要表现出兴趣，和孩子一起寻找答案，这样可以开发孩子独立思维的能力。

2. 开发孩子思维的丰富性

讲故事、猜谜语是激发孩子想象力的重要途径。孩子酷爱听故事，尤其是童话和神话故事，最能激发孩子的想象力。

童话是通过幻想创造的情境和形象来曲折地反映生活的，家长可以在娱乐中对孩子进行启发和教育。比如说：常常给孩子讲一些童话故事，常用一些富有童话式的语言，比如"月亮婆婆""太阳公公"等，或者用童话情节将触景生情的一幕给孩子讲述出来，或者在孩子的小房间里摆放一些玩具，在墙壁上张贴一些童话故事，家具样式小巧、别致、颜色丰富等，给孩子营造一个具有童话特色的小空间，让孩子在"童话世界"中遨游。也就是说让孩子的想象力在听童话、看童话、讲童话中得到启发。

实践证明，长期感受"童话氛围"的孩子，思维能力、想象能力、创造能力等各方面都会超过很少接触"童话氛围"的同龄孩子。

3. 培养孩子思维的细腻性

不论是培养孩子的观察力还是培养他的想象力，在这些过程中，都无法忽略孩子在其中的存在和作用。观察是一种有目的、有计划、有组织的知觉，是一个主动的知觉过程。观察力就是指一个人对事物的观察能力，所以有人将观察称为"思维着的知觉"。

所以父母应该从培养孩子的观察兴趣开始，向他们提供大量的观察环境与观察的感性题材，在此基础上来发展他们的思维能力。

比如带着孩子走进大自然，一起和他们观察花草树木的变化、虫鱼鸟兽的习性。他们会提出一些"为什么天一下雨蚂蚁就搬家？""天为什么是蓝的？云为什么是白的？""鸟为什么会飞？虫为什么会爬？"等问题。

大自然里会有无数的"为什么"从孩子的思想中迸射出来，荒诞的、奇怪的、值得成人深思的，甚至是现代科学仍无法解答的问题。无论其对与错，这些都是孩子思维运动的结果，他们的思维一旦飞起来就是神奇的，有时也是相当深奥的。如果与此同时，家长有意识地引导孩子去想象、比拟，这些事物就会在孩子头脑中变成无数美好而奇异的童话。在孩子想象的同时，家长可进一步引导孩子把自己的想象用语言描述出来，或用图画将其表达出来。

4. 培养孩子思维的灵活性

引导孩子对已经熟悉的事物变换一个角度或多个角度去认识，从而培养孩子灵活的思维能力，这样就会使孩子遇到问题时总是从多方面去发现事物的多面性、多样性、多变性，以形成考虑事情全面的好习惯。

比如，当孩子在解答出一道数学题后，家长可以对孩子进行表扬，可以鼓励孩子："如果你能用另一种方法再将其解答出来，那样会比别人掌握得更好。"凭借孩子好胜的心理，他就会努力去找出另一种解题方法。然后家长可以用更动容的表情或语言让孩子明白他很聪明。当孩子的兴趣被激活时，家长还可以再次鼓励孩子分析这道题是否还有更简洁的解题方法。如此这样，一方面让孩子对数学产生一种"剖析"兴趣，另一方面使他明白事物具有的变通性。

一个人思维的发展，不仅与其智力因素有关，而且和一系列非智力因素的个性特征也是相关的。善于思维的好习惯可能是由众多特征构成的，其中包括孩子的种种才能和其不同于他人的人格特征。

5. 让孩子走进自然，接触社会

现在的孩子生活面并不很宽，见识也比较少，再加上受传统的定势思维习惯的影响，思维水平自然就受到了许多限制。家长要利用一切有利时机让孩子走出家门，走入社会，到公园、博物馆、动物园、科技中心等地，了解社会生活，接触更多的人，开阔眼界，增加知识积累，扩大思维范围。孩子一旦具备了一定的见识，他思考问题的方向就会灵活得多，就不会被旧思维老办法限制。写河流，就到河岸上走一走，看看鱼虾飞鸟、山花野草，收集关于河流的传说、神话、历史等，激发写作灵感，增加知识，扩大思维的范围。

6. 营造宽松、自由的创新氛围

克服定势思维，其实就是打破传统，创造求新。创新思维只有在自由、宽松的环境中才能孕育、诞生。家长不要给孩子过多的限制和压力，应留给他们足够的自由思考的空间和放松的心情，以便能深刻、全面地掌握知识，提高学习成绩。

7. 从不同角度看待问题，同中求异

我们可以经常发现，对于同一个问题，不同的孩子的回答却是千篇一律、缺乏新意的。父母在这一点上应该给孩子适当的帮助，引导他们从不同的角度、不同的方向去思考问题，鼓励孩子发表个人意见，提倡一题多解，并且能够同中求异。

不要剪掉孩子想象的翅膀

作为家长，应该正确地引导孩子的想象力，也要积极参与孩子的想象游戏，同时让孩子主持游戏，给孩子发挥自己的想象力留下足够的空间。也可以考虑为孩子提供独自游戏的机会，让孩子在游戏或其他创造性的活动中发挥无拘无束的想象。父母可以经常给孩子提一些"开放式"的问题，让孩子用多种答案来回答问题，这样也可以启发孩子的想象。讲一些有启发性的故事给孩子听，让孩子想象下面的故事情节，使孩子有发挥想象力的机会，培养孩子复述情节生动又富有想象的故事，这对培养孩子的想象力更有好处。

我们常常惊叹：美国在科技创新方面总走在世界前列！然而许多美国人不知道或不愿意接受美国的《公民权法》中的两项规

定——幼儿在学校拥有两项权利：1.玩儿的权利；2.问为什么的权利。

据说，这一规定与美国历史上的一个精神赔偿案有关。

1968 年的一天，美国一位 3 岁女孩指着一个礼品盒上的"OPEN"对她妈妈说，她认识第一个字母"O"。这位妈妈非常吃惊，问她是怎么认识的。女孩说是幼儿园的老师教的。这位妈妈在表扬了女儿之后，一纸诉状把幼儿园告上了法庭，理由是该幼儿园剥夺了孩子的想象的权利。因为她女儿在认识"O"之前，能把"O"说成是苹果、太阳、足球、鸟蛋等等圆形的东西。但是，自从幼儿园教她认识了字母之后，孩子就失去了这种想象的能力。她要求幼儿园对此负责，并进行精神赔偿。

此案在法院开庭时，这位妈妈做了如下辩护："我曾在一个公园里见到两只天鹅，一只被剪去了左边的翅膀，放在较大的水塘里；另一只完好无损，放在很小的水塘里。管理人员说，这样能防止它们逃跑，剪去左边翅膀的因无法保持身体平衡而无法飞行；在小水塘里的因没有足够的滑翔路程，也只能待在水里。现在，我女儿就犹如一只幼儿园的天鹅，他们剪掉了她一只想象的翅膀，过早地把她投进了那片只有 ABC 的小水塘。"

陪审团的全体成员都被感动了。幼儿园败诉！

父母是孩子的第一任老师。然而许多的父母望子成龙心切，过早地用成人的观点教育孩子，常常否认甚至耻笑孩子的想象。孩子进入幼儿园后，幼儿园为满足家长的心理，开始教孩子许多所谓规范的知识。进入中小学之后，更是把孩子"好玩儿"的天性视为"洪水猛兽"，进行严厉的教育。在教学中，教师常常把自己的观点强加给学生，总是强调答案规范统一。这样就扼杀了学生的想象力，不利于学生创造能力的培养。

孩子的想象力是无处不在的，作为父母的我们不必刻意限制或是多加管教，让孩子自由发挥自己的想象力，可能会取得事半功倍的效果。

爱因斯坦说过："想象力远比知识更重要，因为知识是有限的，而想象力概括着世界上的一切并推动着进步。想象才是知识进步的源泉。"由此可见，孩子想象力的培养是非常重要的。孩子的想象也许有时候看起来，有些可笑和不切实际，但是作为成人的我们是否想过，瓦特正是有了"为什么蒸汽能把壶盖顶起来"的思考，才有了后来蒸汽时代的到来；莱特兄弟正是有了"人能否长上翅膀，像鸟一样在天空中飞翔"的异想，才有了人类飞翔天空的现实……可是看看当今的孩子们，他们的想象力究竟还有多少呢？

　　有这样一个真实的故事，在某个学校的考试中，有这么一个问题："雪化了是什么？"这个问题对于稍微有点常识的人来说，是很简单的，但是老师在后来的阅卷中发现，有一个孩子给出了一个出人意料的答案："雪化了是春天。"然而，这个别出心裁的答案被打上了一个鲜红的"叉"号，至于原因，自然是因为跟标准答案不符。

好一个跟标准答案不符！它如同一把坚硬的锉刀，毫不留情地磨掉了孩子的想象力。但判卷的老师也是言之凿凿：我们这道题目考察的是孩子对于物理知识的掌握，雪化了当然就是水，虽然这个学生的答案非常有想象力，也很有诗意，但是他的答案与标准答案不符，不管他的想象力何等丰富，我们也只能给他判错。

其实，社会上已经有许多有识之士开始着手保护孩子的想象力了，哈尔滨市少儿活动中心就曾经创办了一个想象绘画班，然而最后的结果，叫主办者哭笑不得。在想象绘画班开办了一段时间后，主办方为家长们开了一个绘画成果展，然而没想到的是，看着孩子们把马画成蓝色、绿色，家长们生气了，这是咋教的？这不是误人子弟吗？尽管校方再三解释这是要给孩子一个想象的创作空间，可班上 80% 的家长还是让孩子退了学。

这不由得叫人想起一个故事：

> 世界著名作家歌德小时候，他母亲常给他讲故事，但他母亲讲故事的方法比较独特，总是在讲到中途的时候停下来，留下一个让小歌德想象的余地，让他自己发挥想象，继续说下去，这就很好地激发和保护了孩子的想象力，使歌德后来成了举世闻名的大作家。

事实上，我们现在许多家长和老师在对孩子进行教育的时候，往往喜欢用讲故事的方法来引起孩子的兴趣，那么我们何不试着像歌德的母亲那样，把我们的故事换一种方式来表达出来呢？让孩子用他那双想象的翅膀在想象的海洋里自由地飞翔。

培养孩子专注的能力

激发孩子学习潜能的一个必要条件就是专注。一旦孩子养成了专注的习惯和个性，那么他的智力活动便进入了一个质的提高期，而这种让他专注的事物也必将成为他日后极其重要的部分。所以，当一个人在做某件事情的时候一定要专注。那些今天想当歌唱家、明天想当影视红星、后天又想当艺术家的孩子，注定要一生无所适从，一事无成了。

培养孩子做事专注的习惯，将会在他的人生中产生重大的影响。要知道，只有让孩子先形成一种专心的习惯，才有可能在日后对自己的事业全身心投入，不会被其他事情所干扰。所以，父母就要在孩子小的时候把孩子的专注能力给激发出来。当孩子在做某件事的时候，父母可以要求他在规定的时间内完成并帮助他排除外界的干扰；让孩子对他所感兴趣的问题不断寻根问底，深入思考；让孩子在兴趣广泛的基础上，选择最着迷的对象深入下去，父母还要有意识地强化孩子这方面的兴趣。

1. 让孩子在一个安静的环境中学习

想要让孩子能够在学习的时候集中精力，父母就应该让孩子在一个安静的、没有任何干扰的环境中学习，因为，孩子周围的环境往往会导致孩子注意力的不集中。所以，在孩子的学习环境中一定要物品摆放整齐有序，也不要有太多不必要的东西，更不要布置一些照片或是图画等和学习没有关系的装饰品。书桌上面也不要放和学习没有关系的东西，这样就不会让孩子的注意力集中到别的地方而忘了学习。当孩子在做作业的时候，父母要尽量不要讲话，保持安静，更不要打开电视机，从而达不到让孩子专心学习的效果。

很多父母会犯一个错误，那就是当他们让孩子认真学习的同时，自己在孩子学习的周围，制造出一些让孩子不能专心学习的声音。比如，有的父母会在孩子学习的时候在客厅看电视，有的父母会用很大的声音彼此聊一些事情，甚至有些父母会在孩子学习的时候总是问孩子一些问题。一定要记住，当孩子开始学习的时候，父母要尽量避免和他说话，也不要在孩子学习的周围制造出声音，更不要在孩子学习期间询问孩子一些问题，因为这些都可能会成为孩子不能集中注意力的原因。

2. 让孩子按时完成作业

一般父母都会遇到这样的情况，如果要求孩子在一定的时间内完成作业的话，孩子就会按时完成甚至是超时完成，而且正确率非常高。这个时候，孩子在学习时的注意力是绝对集中的，可是如果孩子没有被这样要求，那么，他用的时间就会很长，并且正确率明显比前一种情况低得多。虽然他用了很长时间来做，但是他的注意力没有集中。所以，父母应该根据孩子的作业量定出时间，要求孩子在规定的时间内集中注意力，认真完成作业，如果孩子可以按时完成或者是超时完成的话，父母可以让孩子做一些适度的放松。

如果孩子的作业实在是太多的话，父母可以把孩子的作业分开，让孩子一部分一部分地来完成，这样不但对集中孩子的注意力有所帮助，而且还能够让孩子的学习有松有紧，可以提高孩子的学习效率。可是，如果父母要让孩子一次性把大量的作业做完，不许孩子在中途休息，并且还在孩子的身边不停地唠叨的话，就会让孩子开始产生抵触的心理，从而对学习失去兴趣，注意力当然也就不会集中了。

3. 给孩子玩儿的时间

父母总是希望孩子把大把大把的时间都花在学习上，成天趴在书桌上认真地学习，最好从来不会有想要玩儿的念头。可是，孩子的天性就是玩儿，如果父母把孩子的天性都剥夺了，那他怎么可能会专注于其他事情呢？如果父母硬要孩子只是学习，一点儿玩儿的时间都不留给孩子的话，那么孩子就会在学习的时候有意地拖延时间，有时候明明可以一个小时就做完的功课，他可能会花上两到三个小时，那么，多出来的那些时间他就会用到走神、发呆或者是玩儿铅笔上。因为他知道，父母只有在看到他学习的时候才会高兴，为了取悦父母，他只能这样做。

可能有的父母对于专注的含义不是太了解，专注的意思是指在一定的时间里高度地集中注意力，而不是说必须长时间地集中注意力。更何况，长时间地集中注意力对于孩子来说，不但不是什么好事，反而会让孩子不能更好地专注于一件事情。

4. 培养孩子的"有意注意"

有意地注意一件事情或是一个东西对于孩子来说很重要，有一些孩子的学习成绩差并不是因为他的智力差，而是因为他的注意力太过涣散，精神也集中不起来，所以，才导致了他们学习成绩不好。大家都知道，对于学生来说，最重要的就是听老师讲课。如果孩子不能在刚刚接触听讲时养成良好的听讲习惯的话，他的学习生活将会遇到一些困难。所以，父母要在孩子上学之前让孩子多做一些需要集中注意力才能进行的活动，这样对培养孩子的注意力是很有好处的。

很多孩子会对老师所讲的内容没有什么兴趣，所以他们的注意力才会涣散，才不能专心听讲，但是孩子又必须注意听老师所讲的内容，因为，只有这样，他们才会学到知识。针对孩子的这种情况，首先，父母要让孩子知道听老师讲课的重要性，然后再找出孩子对老师讲课的内容感兴趣的地方，提高孩子在听课时的注意力。如果孩子对于老师讲的内容实在是提不起什么兴趣，父母还可以让孩子自己告诉自己，一定要认真听课，如果把这堂课听懂，下次考试的时候就会容易得多了，自己就会轻而易举地取得好成绩了。另外还可以让孩子告诫自己，如果自己今天能够把这堂枯燥乏味的课听下来，就说明自己有很好的控制能力，这样不仅可以锻炼自己的控制力还可以让自己多学一些知识，何乐而不为呢？

5. 不要对孩子重复交代

总是有一些父母在对孩子交代的时候重复好多遍，生怕孩子记不住，孩子听多了也总会感到厌烦，所以当父母说话的时候，他们总会显得漫不经心。而在和别人交谈的时候，也就没有办法准确地抓住别人所讲的主题，因为，他已经习惯了别人不断地重复。所以，当父母在对孩子说某件事情的时候，只要说一遍就可以了。这样，可以让孩子在听父母讲话的时候集中注意力，抓住事情的主要内容，就会提高孩子集中注意力的能力了。

6. 通过玩儿游戏训练孩子的注意力

游戏是让孩子最感兴趣的一件事情，也是能够让孩子的注意力在一定时间内保持高度集中的一件事情。父母不要认为孩子做游戏是在浪费时间，其实游戏是可以用来培养孩子注意力的最好方法之一。因为，如果孩子想要在游戏中取得胜利的话，他就必须在游戏时把自己的注意力集中在游戏上，克制自己不分散注意力。所以，让孩子多做一些游戏，这也是一项提高孩子注意力的法宝。

提高孩子的观察能力

观察是孩子积累知识、发展智力的重要途径，虽说有眼有耳就能看能听，但同时接触同样的事物，有的孩子能在脑子里留下准确、完整、丰富、深刻的印象，有的孩子只有支离破碎甚至错误的印象。可见，观察力不是生来就有的，而是需要有意识地培养。观察也不是一种消极的知觉活动，而是知觉与思维结合的积极的活动。孩子观察能力的培养也是智力开发的重要内容。

观察是一个人认识事物的重要途径，观察是智慧的眼睛。没有良好的观察习惯，没有敏锐的观察力，就谈不上聪明，更谈不上成才。这也是很多孩子的学习始终不理想的一个重要原因。

观察能让人更透彻地了解到自然、社会。养成了观察的习惯，就如同登山者获得了一把开山大斧，前进道路上的一切荆棘、迷雾都会被清除干净，隐藏在丛林深处的真理就会清晰地展现于眼前。观察力既是人通过眼、耳、鼻、舌、身感知客观事物的能力，也是孩子完成学习任务的必备能力。孩子学习知识需要从观察开始，即使是间接地从书本上获得知识，也离不开眼睛、耳朵等感官的观察活动。许多孩子学习成绩不好的原因就是观察力极差，从而导致思考能力和判断能力低下，由此可见，培养孩子的观察能力是非常重要的。

那么，怎样培养孩子观察力呢?

1. 指导孩子明确观察目的

孩子在观察当中，往往目的性不明确，喜欢凭自己的兴趣观察那些自己感到好奇的事物。事实上，孩子的观察任务直接影响观察的效果。观察目的越明确，孩子的注意力就越集中，观察也就越细致、深入，观察的效果也就越好。

指导孩子明确观察目的，不仅要教育孩子树立观察的意识，认清观察对于发展自身智力的好处，而且要教育孩子在观察任何事物时，都要有明确的目的，也就是说观察什么，为什么观察。

2. 培养孩子的好奇心

当代著名物理学家李政道博士说："好奇心很重要，要搞科学就离不开好奇。道理很简单，只有好奇才能提出问题，解决问题。可怕的是提不出问题，迈不出第一步。"

一个人对各种事物的好奇心越强烈，就越具有探索的眼光。如果一个人对周围的事物熟视无睹，就不可能发现新事物。正如爱迪生所说："谁丧失了好奇心，谁就丧失了最起码的创造力。"

3. 教孩子通过观察去验证所学的知识

在现实生活中，当孩子学了新的知识后，如果对某些内容持有怀疑的态度，父母这时不要直接告诉孩子答案，因为答案太死板，孩子接受起来比较机械。事实上，可以让孩子通过实验观察自己去寻找正确的答案，这样不仅可以锻炼孩子的观察力，而且孩子从中学到的知识会更多，记忆会更深刻。

当然，在观察之前，父母应该教孩子做好充分的准备。做好充分的准备，可以激发孩子的观察兴趣，在观察的时候就会主动地去认识事物、观察事物。因此，在要求孩子观察某个事物时，可以让孩子先做准备，特别是知识上的准备。比如，在孩子观察猫的习性时，让他先看一些猫的相关资料，这样有利于孩子根据已有的知识去辨别事物，取得有效的观察效果。

4. 让孩子有计划地观察事物

父母要帮助孩子拟订观察的计划，让孩子明确观察的对象、任务、步骤和方法，有计划、有系统地进行观察。

让孩子观察的事物应该从简单到复杂，观察的范围从小到大，观察的时间从短到长，这样有计划地指导孩子观察事物，有利于逐渐提高孩子的观察能力。例如，父母可以鼓励孩子自己种一盆花或其他植物，每天观察其变化，并写观察日记，父母则不断给以指导。这样，孩子在观察过程中充满了兴趣，往往可以观察到丰富的内容，效果也会很好。再比如，父母可以让孩子观察父母怎样做菜，然后让孩子一边观察，一边学着做。这样，孩子不仅提高了观察力，而且还锻炼了动手能力。

5. 在观察后对孩子进行提问

许多孩子观察后就把观察的过程放在一边，这时，如果父母能够在孩子观察后进行提问，不但可以检查孩子观察的结果，而且可以促进孩子确定观察的内容和重点。

可见，生活中，父母应该鼓励孩子多提问，可以让孩子问父母、问老师，甚至是问陌生人，然后通过不断地观察去找答案，并抓住事物的本质。父母要鼓励孩子在观察之后进行整理，把获得的材料做必要的分析和综合，从而得出科学的结论。

6. 开阔孩子视野、激发观察兴趣

家长要充分利用周围环境和自然界千变万化的特点，扩大孩子生活的范围，开阔他们的眼界，随时随地激发他们的观察兴趣，引导他们观察各种事物的特征以及变化过程，如大树、小草、小动物、日出、刮风、下雨、霜冻等自然事物和现象。晚上看星星，就给他讲一讲星系，讲一讲与星星有关的故事；白天看云，就讲一讲云的形成。家长要利用有限的空间，种植树木花草，饲养小动物，为孩子提供一个观察的场所和氛围。到商场，就观察商品的摆放、商场的布置等等，将日常生活细节融入学习中。

7. 教给孩子观察的方法

观察要讲方法，有了科学合理的方法，观察效果就会事半功倍。在一些范围大、事物多的场所观察，可以采用重点观察法。家长要根据孩子的实际情况引导孩子有选择地观察一部分重点景物，如在野生动物园里，着重看几种珍稀动物。黑格尔说，培养

观察的最好方法是教给他们在万物中寻求事物的"异中同，同中异"。观察松树叶子的形状，可用比较观察法，比较松叶与一般树叶形状的差别；参观一道工艺品的制作过程，适宜采用顺序观察法，以便清楚地了解工艺品的制作步骤；观察动植物的生长、天气变化等都可采用顺序观察法。总之，家长要逐步把适合观察特定对象的科学的方法教给孩子。

8. 把观察和表达结合起来

观察是从外界获取信息的手段。将所获信息表达出来，才能真正达到观察的目的，才能提高孩子整体的智力水平。当父母带孩子去公园玩儿，回来以后，父母可以让孩子把游览公园的过程，所见到的花草虫鱼，所听见的鸟鸣禽声一一叙述出来，这样不但增加了观察的力度和深度，同时训练了孩子的逻辑思维能力以及表达能力。

9. 观察加想象

引导孩子一边观察，一边想象、联想，孩子看到月亮，就问他：月亮像什么？孩子也许就会说，像镜子，像孩子的脸蛋，像盘子……这样将观察同联想、想象结合起来，孩子对事物的认识就会更全面、深入，而且能由此及彼，举一反三，这对孩子各方面能力的发展大有好处。

10. 纠正粗心、马虎的毛病

很多孩子写作文困难，口头表达简单、粗略，这与观察时粗心大意有很大关系。家长要及时纠正孩子不仔细、粗心马虎的毛病。观察事物尽量落实到事物的每一个部分、每一个环节及其他更细微的地方。

引导孩子发现事物间的区别、现象的各种变化，还可以使他们逐步养成仔细、严谨的观察习惯。

第三章　培养孩子的好习惯、好性格

好习惯将使孩子受益一生

关于习惯，我国古代大思想家墨子最有名的思想就是"束丝说"："染于苍则苍，染于黄则黄，固染不可不慎也。"的确，孩子生下来就像一束白丝，父母把它染成黑的就是黑的，染成黄的就是黄的，所以说染丝不可不谨慎，对孩子的教育也是这样，千万不能掉以轻心。

大教育家叶圣陶先生曾经说过："教育其实就是培养习惯。"培根也说过："习惯是人生的主宰。"这么说是因为习惯一旦形成，就会成为一种半自动化的潜意识行为，对人生、事业、生活起着永久性的作用。良好的习惯就像人存放在自身当中的"道德资本"，会使人终生受益。

　　在一次诺贝尔奖得主的聚会上，记者问一位科学家："请问，您认为您在哪所学校学到了最重要的东西？"

　　这位科学家说："在幼儿园。"

　　"在幼儿园学到了什么？"

　　"学到了把自己的东西分一半给小伙伴；不是自己的东西不要拿；做错事要表示歉意……"

这位大科学家所谓的最重要的东西，其实就是良好的习惯。

习惯是今后伴随孩子一生的东西，影响其生活方式和成长的道路。习惯是不断重复或练习而形成的固定化行为方式，其最大特点是自动化。一个人一旦养成良好的习惯，其学习、生活和工作效率便会大大提高，具体表现在以下几个方面：

（1）养成了习惯，则无须花费时间考虑，无须高度集中注意力就能顺利完成一系列活动，既节省精力又能提高功效。

（2）养成了习惯，人的动作会更加协调、准确。人就可以得心应手地从事某些复杂、难度高的动作。

（3）人的动作习惯一旦形成，就会长久地保存下来。换句话说就是，习惯能使人的行为能力得到贮存。当需要时，潜意识马上就会唤醒那些中断了的行为习惯，肢体感官随即也能按定势做出相应的反应。所以，恢复过去的某些行为，要比当初学这些行为快得多。

习惯是在人的生活、学习过程中逐渐形成的，是可以培养的。父母要想使自己的孩子更出色，就得从培养孩子的好习惯入手。

那么，父母应如何科学地培养孩子良好的习惯呢？专家认为主要应从以下几个方面入手：

1.明确要求，严格执行

对孩子行为习惯的要求，父母应交代得详细明确，让孩子清楚明白，决不能含含糊糊，使孩子看不见摸不着，不知从何入手做。

"没有规矩，不成方圆。"在孩子了解清楚明确的基础上，就应严格实施。父母决不能只提要求，在行动上却不加以督促。不严格要求孩子，遇到困难就放任孩子打退堂鼓，非但不能使孩子养成良好的习惯，反而会加重孩子的惰性，使孩子变得散漫任性。

因为在好习惯形成过程中，常常有相反力量在作祟。如拾金不昧等，只要有一回因私心杂念夺去了孩子对好品德的追求，重新做起来就会变得困难了。

所以，对孩子的要求一旦提出，就应严格施行，毫不退让，更不能轻易改变。这样，才有助于孩子良好习惯的养成。

2. 孩子有了好的表现要及时鼓励

心理学家威廉·杰姆斯曾说过："人性最深层的需求就是渴望别人的赞赏。"著名作家马克·吐温也曾深有体会地说："靠一个美好的赞扬我能多活上两个月。"谁都希望得到别人对自己优点和长处的赞赏，天真烂漫的孩子尤其是这样。因此，父母要抓住适当的时机，对孩子多加赞赏。

父母鼓励孩子的方法有很多，对孩子来说，父母一句赞赏的语言，一个信任的神态可能都是不小的鼓励。父母鼓励孩子的机会也很多，孩子自己动手叠被、整理衣物时，父母可以对孩子说："宝贝，自己的事情自己做，真是好样的！"孩子为他人、为社会做了好事时，父母可以对孩子说："关心他人、助人为乐是一种了不起的行为，爸妈为你感到自豪！"孩子在学习或生活上遇到了困难、打击却不灰心，父母可以对孩子说："困难是暂时的，爸妈相信，只要你不向困难低头，就一定会成功！"等等。

3. 树立正确的教育理念

每一位年轻父母生下孩子的时候，都会感到无限的欣慰，全家人感到莫大的幸福，因为孩子会给家庭带来幸福、欢乐，使家庭生活大放光彩。沉浸在欢乐之中的父母，没有不想把孩子教育好的，然而由于教育方法不得当或者其他方面的原因，随着孩子年龄的增大，这份光彩很快就会消失，代之而来的则是无限的烦恼、痛苦和悲伤，甚至是社会的灾难。

有关数据显示：未成年犯人和普通未成年人之间的差异是父母对孩子思想品德的关心程度不同。未成年犯人父母往往是更多地关注孩子的健康、学习功课、吃饭穿衣，思想品德在他们的教育理念中的地位是微乎其微的；普通未成年人父母则把思想品德放在第一位，然后才是健康、学习功课等。"重智轻德"的错误教育观必然会导致许多不良习惯的形成。

从道义上讲，科学教育子女是父母义不容辞的责任。父母要放下架子，学会尊重孩子；在新知识面前，要和孩子共同学习，从古代、现代的家教典故中学习，从身边的好家教中学习。

作为父母，要自觉学习教育孩子的方式方法，不断提高自身的教育能力，特别是培养孩子良好习惯和矫正不良习惯的能力。

4. 防微杜渐，及时矫正孩子的不良习惯

对于孩子的行为，父母不能听之任之。父母一定要把孩子的坏习惯消灭于萌芽状态，防患于未然。否则"小洞不补，大洞吃苦"，等到孩子的坏习惯发展到违法犯罪的行为时，就为时已晚了。父母应让孩子明白"勿以恶小而为之，勿以善小而不为"的道理。对孩子身上已经出现的不良行为习惯，父母一定要帮助孩子及时矫正。

5. 做好打持久战的准备

良好习惯的养成不是一朝一夕的事，它必须经过长期的训练。虽然美国有专家研究发现，养成一个习惯需要 21 天，但这 21 天是个平均数，养成的习惯不一样，每一个人的认真程度不一样，刻苦程度不一样，所用的时间也肯定不一样。

虽然我们无法确定让孩子养成一个习惯究竟需要多长时间，但可以肯定的是，所用的时间越长，孩子的习惯就会越牢固。所以，对于孩子每一个习惯的培养，父母都应做好心理准备，长时

间坚持。这对父母来说是十分艰巨的任务，但为了孩子的终生幸福，广大父母要不怕反复，要持之以恒。

美国心理学家威廉·詹姆斯说："播下一个行动，收获一种习惯；播下一种习惯，收获一种性格；播下一种性格，收获一种命运。"用科学的方法培养孩子良好的习惯，才能使孩子的智力得到更有效地发挥。

可以说，一个好的习惯将使孩子受益一生。

让孩子学会理财

乱花钱是许多孩子普遍存在的问题。许多父母对孩子宠爱有加，孩子要什么就给什么；总是宁愿自己节约，也要省下钱来满足孩子的愿望。殊不知，这种做法最终只会使孩子变本加厉，内心的欲望不断膨胀。

在市场经济的新形势下，每个父母都应该让孩子从小就养成自主理财的好习惯。实际上，理财教育只是一种工具和手段，其目的并不是让孩子学会攒钱，或一定要让他经商，而是要让他成为一个能干的、健全的、真正的人。

在美国等许多发达国家，父母从孩子三岁左右就开始对他们进行理财教育。这些父母大都认为，培养孩子自主理财的习惯，最主要的是让孩子正确理解金钱。让孩子认识到金钱在生活中是必需的，要得到想要的东西就必须用钱交换；自己所花的钱都是父母辛辛苦苦用劳动换来的，不是想要多少就有多少的；钱不是万能的，金钱并不能买来亲情、健康、生命等人生最重要的东西。

那么，在日常生活中，父母应该怎样来培养孩子理财的习惯呢？

1.让孩子自己去开辟生活

很多父母都认为，自己应多赚些钱留给子孙。事实上，这样做只会剥夺孩子自立生活的能力。多给孩子留一块钱，孩子便会多一分软弱。父母所能给孩子的最宝贵的遗产，就是教会孩子自己去开辟生活。

父母应该让孩子对金钱有一种正确的观念，如果孩子坐拥巨额家产，不用劳动也能满足他们的各种贪婪的享受，那么这无疑是把孩子推向了堕落的深渊。孩子由于体会不到挣钱的辛苦，他会无法控制自己的贪婪，从而会成为金钱的奴隶；一旦某天他没有了钱，就有可能受人控制，走向堕落。

比尔·盖茨甚至公开表示过："我不会将自己的所有财产留给自己的继承人，因为这样对他们没有一点好处。"

2.给孩子钱要有节制

儿童教育专家认为，孩子越早接触钱，就会越早具备理财的观念，长大后也就越会赚钱，关键是家长如何教孩子花钱、理财。父母要学会用生活事例教孩子钱是来之不易的，花钱要有节制。

父母在给孩子零花钱时，一定要有节制，不可随意多给，也不要有求必应，要把钱的数额控制在孩子有能力支配的范围之内。给多少，数额应根据孩子的日常消费来预算，例如，主要包括餐费、交通费、购买学习用品的费用、必要的零食费等。

一般来说，从孩子一年级开始就可以给孩子一些零用钱。最好的方法是每星期的同一天，给孩子同样数目的钱，这样可以使孩子做到心中有数。随着孩子年龄和责任心的增长，给孩子的零花钱也可逐步增加。

3. 让孩子控制自己的欲望

适当地拒绝孩子很重要，即使父母完全可以满足孩子。父母也必须让孩子知道，不是想要什么就能得到什么。

许多父母都有这样的体会，每当带着孩子走进玩具店或者商店的时候，孩子总是会没完没了地要求父母买各种玩具和食品等。这是许多父母感到头痛的问题。

有一位妈妈非常明智，她每次带女儿去商店前，总是先跟女儿说："妈妈带你去商店玩儿，你只可以买一件你最想买的东西，价格在20元以内。你得先想好要什么，如果你要好几件东西，妈妈就不带你去了。"女儿听完"条件"后，总是高兴地回答："妈妈，我知道了，我最想要一个小娃娃，不过我还得去店里看看什么娃娃漂亮。"就这样，妈妈虽只给女儿买了一个娃娃，但孩子很高兴。

4. 要让孩子明白自己的钱花到哪里去了

当孩子手中有了一定数目的钱时，父母要帮助孩子科学合理地使用。许多孩子的毛病就是父母给多少就花多少，花完了再向父母要。针对这点，父母要督促孩子制订一个合理的消费计划。当然，消费计划主要由孩子来制订。

　　例如：父母在给孩子钱的时候，可以提出一个支出原则，让孩子自己去制订计划，父母不要干预孩子制订计划，但是要对孩子的计划进行监督、检查，看看孩子是否根据计划合理地使用零花钱。通过父母的指导和监督，孩子就会提高理智消费的能力，能够有所节制地花钱。

5. 要教孩子一些少花钱的方法

告诉孩子，一个人可以在生活中尽量减少金钱的支出，这样，手中的钱就会多起来。有什么方法可以少花钱呢?

例如，买东西之前必须想清楚是否真的需要，可以让他在心里问自己"我需要这个东西多久"，"是不是已经有其他东西可以替代打算要买的东西"，这些问题可以帮助孩子认识到有些支出是不必要的。教孩子每周在固定的一天去购物，而不要天天购物。购物之前一定要列个清单，要根据自己的需要去买东西，不要见什么买什么。

6. 经常性地让孩子来持家

无论做什么事，如果不能设身处地、亲身去体验，就无法知道其中的艰辛。不当家不知柴米贵。父母只有让孩子积极参与到家庭理财中，其理财能力才能得到快速提高。

为了让飞飞自觉做到计划开支、节约开支，妈妈提议实行家庭成员轮流理财。

到了飞飞理财的那个月，刚开始天天买鸡鸭鱼肉，大手大脚地花钱，不到 10 天，就用去了当月收入的一大半。爸爸提醒他，这个月还有三分之二的时间。飞飞为难了，从此每天只吃白菜萝卜。结果，当月只结余 20元。即便如此，妈妈仍鼓励他说:"还算不错，略有结余嘛! 零花钱也花得比前些日子少得多了。但以后理财还要注意一个问题，那就是认真地做好计划开支，不能时而过紧，时而过松，要做到细水长流。"

那年暑假，他们一家三口外出旅游。爸爸妈妈将旅游理财的任务也交给了飞飞。买票时，飞飞考虑再三，

还是买了硬座票。他说这样三人往返车票可以省下 500
多元。买盒饭时，爸爸本来要给飞飞买 15 元的，但飞飞
说一律买 5 元的。

　　让孩子持家理财，可以让孩子真真切切地体验到理
财的重要性，学会理财的方法，从而对理财有个明确的
认识，并应用于实践。

　　在现实生活中，父母应该给予孩子一定的机会去买菜，交水
电费、电话费等，让孩子知道家里的钱是怎么花出去的，同时让
孩子知道一个家庭的必要开支，体验到生活的艰难。

　　一些家庭条件不是很好的父母，认为和孩子谈家庭状况，面
子上过不去，而且会加重孩子的心理负担。其实不然，许多孩子
在了解了家庭状况后，反倒能够替父母着想，控制自己花钱。

7. 让孩子花自己挣的钱

　　让孩子花自己挣的钱，是培养其自立能力的重要方面。也只
有花自己挣的钱，孩子才能真正长大。

　　国外很多父母都比较重视培养孩子的自力更生能力。美国的
中学生有句口号："要花钱，自己挣！"在孩子十几岁的时候，父
母就应该让他们认识劳动的价值，让孩子自己动手做一些力所能
及的事情。孩子只有在使用自己劳动所得的钱时才会比较珍惜。

　　因此，父母应该让孩子意识到劳动和工作的重要性，让孩子
明白：要获得报酬，你就得工作。只有工作，你才有工资用来买
吃的、穿的以及支付水、电等家庭必要开支。

父母是孩子爱心的直接播种者

爱心是非常重要的素质，它是人性的基础。一个没有爱心的人，就是一个冷漠的人，一个与社会脱节的人。

爱心的产生，是基于个体的社会性情感需要，它不是人与生俱来的品质，而是在后天的环境和教育的熏陶下逐渐形成的习惯性心理倾向。

儿童心理学家研究表明，善良和同情是孩子的天性。婴儿一岁前就对别人的情感有反应，如果旁边有孩子哭，他会随之一起哭；一两岁时，孩子看到别人哭，就会拿自己喜欢的东西去安慰，这表明他已能清楚地分辨自己和他人的痛苦，并有了试图减轻别人痛苦的本能，只是不知道该怎样做才好；到了五六岁时，孩子开始进入认知反应阶段，他知道什么时候该去安慰正在哭泣的同伴，什么时候该让他独处。

这些都是孩子爱心的自然表现，但如果后天得不到很好的培养，那么他的爱心就会逐渐消失。因此，孩子有没有爱心，关键在于父母的引导和培养是否到位。

对于一个人的个性发展而言，没有什么能比爱和善良更重要了，这是孩子将来亲和社会的基础和前提。孩子的爱心是通过自然而然的模仿、潜移默化的渗透逐渐形成的，是一个从外在到内在、从量变到质变的发展过程。在这一发展过程中，家庭是最重要的爱心培育基地，父母是最直接的爱心播种者。

那么，父母应该怎样来培养孩子的爱心呢？

1. 给孩子树立关心别人的榜样

俗话说：言传身教。榜样的力量是无穷的，也是最有效的。

要使孩子富有爱心，父母必须从自己做起，从孩子一生下来就开始做。

　　有一对知识分子父母，他们深深地懂得父母的言行在孩子成长中所起的重要作用。他们总是以身作则，并以此来引导孩子。

　　他们孝顺长辈，在家里，总是给长辈倒茶、盛饭、搬凳子；逢年过节给长辈买东西、送礼物，父母总是让孩子知道，还常常请孩子发表意见该送长辈什么礼物。逢到单位组织旅游或搞活动，如果能带家属的，他们总是带上孩子和长辈，这样既能让孩子与长辈开阔眼界，更重要的是，又能让孩子从中体会到父母对长辈的关心。

　　他们关心孩子，对孩子说话总是温和、体贴，还常常与孩子进行情感的交流，给孩子适当的鼓励和表扬，让孩子直接感受到父母对自己的爱。

　　他们夫妻之间互相关心，在餐桌上，总是不忘给爱人夹对方爱吃的菜；每逢出差，在给孩子买礼物的同时，总不忘给爱人也买一份；吃东西的时候，他们总会提醒孩子给爸爸或妈妈留一份。

　　他们还注意使用爱的语言，比如"你辛苦了，先歇一会儿""别着急，我来帮你""谢谢你为我所做的一切"等。这样，孩子在父母的引导下，也学会了去爱他人。

2. 教孩子站在别人的立场上考虑问题

爱心培养还需要教孩子站在别人的立场上考虑问题。父母可以经常让孩子把自己痛苦状态时的感受与别人在同样情境下的体验加以对比，体会别人的心情，这样可以让孩子学会理解别人。

3. 在生活中培养孩子的同情心

父母要学会利用生活中的事例从侧面来教育孩子关心他人、关心动物。比如，在看电视的时候，如果出现动物弱肉强食的画面，父母可趁机对孩子说："多可怜呀，人可不能这样子！"

人们发现，幼年时期饲养过小动物的孩子，感情比较细腻，心地比较善良。相反，从小没有接触过小动物的孩子感情比较冷漠，与同学发生矛盾冲突时表现为冲动易怒，出口伤人，行为粗鲁，并且会欺负弱小的同学。因此，只要孩子愿意养小动物，父母应尽可能允许他去养。在家中养一些小狗、小猫、金鱼等小动物，或者养一些花花草草，让孩子去照顾，这样也有助于培养孩子的爱心。

4. 让孩子了解一些生活的真实情况

有位职业妈妈，每天要叫儿子起床，然后赶着去上班。有一天，刚上小学的儿子又赖床了。妈妈生气地对儿子说："我也想像你一样睡懒觉，不用去上班。可是，我没办法，我得去上班挣钱，你们学校马上要付学费了。你知道吗？"没想到，这次儿子乖乖地起床了。从此，儿子总是自己主动起床。

由此可见，父母不要刻意向孩子隐藏生活的艰难，而是应该让孩子了解一些生活的真实情况，让孩子从小就学着与父母一起分担，做一些力所能及的事情。只有勤快的孩子才会懂事，知道关心体贴别人。

5. 父母要在重要事情上引导孩子

许多孩子在父母的教育下也能做到关爱周围的人和事物。但是，当孩子遇到不被别人关爱的情况时，孩子的内心往往就会感到失落。更重要的是，他对父母教育自己要关爱周围的人和事物会产生一个不良的判断，认为关爱别人得不到回报。这时候，父母要及时察觉孩子的心理，抓住机会对孩子进行引导。

6. 学会接受孩子的爱

许多父母往往只要求孩子好好读书，根本不要求孩子去做别的事情。

三八节到了，幼儿园的阿姨让孩子们想办法给妈妈过节。孩子们决定给妈妈送上一杯浓浓的、甜甜的糖水，让妈妈感到生活是非常甜美的。事后，阿姨找到孩子们了解情况。

一个孩子说："那天，我早早就等着妈妈下班，一听到她下班的脚步声，我就跑上前去，给她递上浓浓的、甜甜的糖水。妈妈一饮而尽，脸上露出幸福的笑容，还亲了我一口！"

另一个孩子说："我可没有你那么幸运。我跟你一样，早早做好了准备，妈妈见到我，却说：'这是干吗？你少来这一套，得几个 100 分比什么不好？'"

第三个孩子说："我妈妈的脸，是在喝了一口糖水后耷拉下来的。她说：'傻丫头！你到底搁了多少糖啊？'"

这三位妈妈中只有第一位妈妈懂得要让孩子做一些事情，父母应该接受孩子的爱。其他两位妈妈都忘记了应该向孩子索取一些爱，培养孩子的爱心。这可能让孩子们误认为，原来父母是不需要爱的，他们只需要成绩。一旦孩子产生了这样的想法，以后他什么都不过问了，他会变成不懂爱、不会爱的冷漠的人。

所以，父母应该让孩子参与到家庭生活当中，让孩子去爱他人，同时也要安心接受孩子的爱，这样，孩子才会更有爱心。

让孩子成为真正的动手操作者

"孩子的智慧在手指上"，换句话说就是，要开发孩子的智力，最简单高效的方法就是让孩子多运动自己的双手。特别是幼儿时期，孩子的大脑发育很快，双手动作灵活，这时多动手更能促进头部机能的发展，使大脑变得更聪颖。世界上有许多奇思妙想，都是通过手变成现实的：劳动的手创造了世界，也造就了人类。

所以说，培养孩子从小动手操作的好习惯是非常重要的。

实践也证明，许多成功人士所取得的成果，也都是通过无数次动手操作才取得成功的。

诺贝尔，世界杰出的科学家、发明家和企业家，17岁时赴外国学习和参观，学习机械、化学等知识，回到瑞典后从事硝化甘油的研究工作。之后一直从事炸药的研究、制造、生产、销售工作，同时也涉及其他的科学领域。

在诺贝尔的一生中，他的父亲对他的影响最大。他的父亲是一个"发明狂"。在父亲的影响下，诺贝尔对炸药产生了浓厚的兴趣。

有一次，父亲带诺贝尔去参观自己的火药工厂。诺贝尔接触到了许多使他感到新奇的事物。此后，诺贝尔就更加勤奋地阅读各种书籍，尤其是有关科学研究的基本原则，有关机械、物理、化学方面的书，好让自己快一点明白父亲所说的那些陌生的东西。他在父亲的书架上，找出化学读本，翻看制造火药的方法。当他发现火药就是用硝石、木炭和硫黄混合制成的时候，兴奋不已，并准备亲自尝试火药的威力。

备齐了原料，他便在药品库中找到装硝酸钾的瓶子，并把里面的白色粉末倒在小袋子中，拿回家后立刻关起房门开始做实验。经过一次次改进，他终于找出了一种最佳的混合比例，使火药的威力显著增强。在实验中他不断总结经验，还发现一个有关炸药的基本原理：把火药包扎得越紧，爆炸的强度就越大。

就这样，诺贝尔从游戏中、从不断的实践中完成了一个突破，为他以后从事炸药事业跨出了重要的第一步。这一步来自于他对自然的好奇，来自于他对书本的钻研，来自于他对危险的无畏，最重要的是来自于他反复的实践操作。可以说，是"手"为创造力提供了一套"有思想的工具"。

培养孩子善于操作的好习惯，是为了使孩子的身心头脑更协调，这也是家庭教育工作的关键和指南。著名教育家蒙台梭利指出：自由就是动作，动作是生活的基础，动作练习具有发展智力的作用；教导孩子动手"操作"是一件很复杂的事，如果没有适当的教导，他们的操作便会乱七八糟，而这类杂乱无章的动手操作正是孩子的特征；如果父母教他们动手操作，使其动作有明确的目的性，孩子便会静下心来成为一个真正的动手操作者。

手是伟大的，父母培养孩子从小动手操作的好习惯，相当于给孩子埋下了一颗"长青果"。至于如何培养孩子从小动手操作的好习惯，我们建议父母从以下几点入手：

1. 让兴趣引导孩子勤动手

孩子对身边的一切新鲜事物都有着很强的好奇心，这是由人的本性所决定的。孩子会认为帮助父母是一件很光荣的事，父母应趁此机会让孩子勤动手，并引导其成为一种习惯。

孩子常常会摆出"小大人"的样子，说"我自己来，我会""妈妈放手，我能"等言语。在这种情况下，父母应该放手，让孩子自己来。

在生活中，父母可以用一些废弃物品与孩子共同动手制作工艺品，比如用蛋壳制作人头像或用泡沫雕刻一些形状简单的东西。这样一方面能让孩子从小认识到双手的魅力，并让其懂得生活中有很多废弃物是可以利用开发、变废为宝的；更重要的是，"成就感"可以增强孩子动手的兴趣。

平时要多买一些手工制作图片或书籍，让孩子从中展开制作的想象力，并逐步培养自己动手制作的兴趣。多让孩子做一些动手的游戏，像折纸、剪纸、粘贴、组装玩具等，多为孩子提供动手的机会。

2. 鼓励动手，增强孩子的信心

称赞是鼓励孩子、增强孩子信心再合适不过的一种激励方式。

当孩子做出一些"小成绩"的时候，你不要忘记告诉孩子，他们是多么优秀；当孩子帮你做了某一件"小事情"的时候，切不可忘记告诉孩子，你是多么感激他们对你的帮助。这种真诚的感谢会令孩子更积极、更认真、更负责地做一个自信、热爱劳动的好孩子。

不要让孩子失去动手的机会。有时父母会因为孩子动作太慢、太笨，而代替孩子去做。这样容易使孩子养成依赖心理，产生很大的惰性。不要强迫孩子做其不愿意做的事，或者其力所不能及的事，希望孩子做的，一定是孩子能够完成的，否则会挫伤孩子的信心与勇气。因为父母一个否定的眼神或一声消极的语气，都对孩子有极大的"摧毁力"；相反家长一个赞赏的表情或一句激励的话语，又有着使孩子充满自信并取得成功的力量。

3. 手脑结合开发孩子的智力

孩子的动手能力是对大脑发育最好的刺激。三岁前父母应该教孩子握笔、写字、做手工、拿筷子等，动手的同时就将新的刺激源源不断地输入大脑。脑的使用度愈频繁，其成熟度就会愈高。

脑越用越灵，手越用越巧。因此，父母应该安排孩子做一些必要的家务活儿。例如，起床后自己叠被、扫地、擦桌子，饭后洗碗、刷锅，购买小件物品等。这些应当要求孩子主动来做，这对孩子能力和责任心的培养作用都不可小视。

父母可以帮助孩子做一些简单的小实验，让孩子在动手的过程中开发智力，体验成功的快乐，使孩子的思想及时地由被动操作向主动实践转换，从而养成手脑并用的好习惯。

不要给孩子的求知欲泼冷水

对孩子来说，外面的世界是陌生的，但也正是陌生的东西才能引起他们的好奇心和求知欲。父母在带孩子上街或玩耍的时候，

　　孩子总会提出各式各样大人想不到的问题，有些问题还会使父母一时为难。但为了使孩子养成积极求知的好习惯，父母应尽量给孩子一个满意的答案。要知道，如果一个小孩对一切都漠然，那很可能是智商不高的表现，绝非好事。

　　当然，不可能所有的父母对孩子所提的问题都有所研究。因而，要回答孩子的"为什么"就并不容易。他们的问题常常会使父母无言以对。要回答得当，就有很大的学问了。但是"不厌其烦地讲解"的做法和态度，是值得父母借鉴的。

　　春天，父母常爱带孩子到公园去玩儿。看到初春盛开的桃花，母亲会指给孩子看："你看这桃花开得多好看！"这时，有的孩子就会好奇地问："桃花怎么会开呢？"这个问题，母亲还不难回答。她可以说："春天来了，桃花就开了。"然而什么是春天，为什么到了春天花儿就要开，孩子仍然是迷雾一团，于是孩子不免要问："为什么桃花要在春天开呢？"孩子们这类天真的问题很多，有些确实很难回答。这是由于许多大人认为是当然或自然的事情，孩子们却觉得新鲜稀奇。

　　"为什么"，正是孩子们推想出来的问题，也是他们求知欲的表现。如果这时父母对他们的问题等闲视之，随随便便给予搪塞，就会抹杀孩子对周围事物的兴趣，扼杀孩子的求知欲。时间久了，孩子的推理思考能力，也会逐渐减低。

　　相反，如果父母对孩子说："是呀，为什么桃花在春天就会开花呢？这个问题问得好。"然后和孩子耐心地解释并提出一些启发性的问题："春天的天气是不是暖和些了，冬天干枯的树叶现在没有了，天气一变暖，又长出了新的嫩叶，对吗？所以天气一变暖，花儿也就开了。"如果能够这样与孩子讨论，启发孩子思考，发表自己的看法，那么就会增强和提高孩子的求知欲。同时，也会增加母子之间的亲密关系。

旺盛的求知欲是孩子聪明成才的先决条件。所以，父母应重视孩子的发问，并加以鼓励。孩子的智力有限，理解力有限，当然对于孩子的询问，不一定要解答得很详尽。但绝不可随便编个理由敷衍，更不可违背科学乱讲。

任何时候，都不要给孩子的求知欲泼冷水。在自己不能很好地解答时，不妨直接向孩子承认"妈不知道"，或说"妈也不清楚，将来我问清楚了，再告诉你"，这样做并不是什么丢人的事。因一个人本来就不可能什么都清楚；同时也不应忌讳向孩子说明父母读的书不多，过去没有条件上大学等等。

更重要的是，这样做可以从小教育孩子对科学和学习应该采取老实的态度：知之为知之，不知为不知。让孩子从小养成一种实事求是的精神。

你也可以告诉孩子应向谁求教，或以后阅读哪一类书籍，激起孩子向书本要知识的热情。因势利导地引导孩子的兴趣自然发展，是父母在教育子女中的一项重要任务。

"学问学问，边学边问。"学问和知识就是人在不断的探索中，在不断地提出问题和解决问题的过程中获得的。大人如此，孩子更是如此。区别只是大人遇到了问题，在没有适当的人可以求教时，他可以自己去看书、查资料，寻找答案。而孩子由于知识有限，没有这方面的能力，或者这方面能力较差，就需要父母的帮助。

孩子有问题找父母，这正是孩子对父母信赖的表现。做父母的为了孩子的成长应尽一切努力来解答，如帮助解答孩子的问题，孩子还没有查书寻找答案的能力，父母就应自己查书寻找答案。

孩子上学以后，有些问题孩子可能在课堂上没有弄懂，或者孩子对老师在课堂上讲授的仍不满足，或者在做功课中遇到了困难，父母都应热情而耐心地予以帮助和解答，以满足孩子的求知欲，并激起孩子学习的热情。

反之，如果孩子的问题父母不予解答，而视作累赘，敷衍搪塞，孩子自然也就没有了提问的兴趣。他何必自找没趣呢？同时，孩子在学习或做功课时遇到了难事，父母不能伸出援救之手，孩子的学习兴趣就会下降，甚至完全丧失学习的信心。

孩子稍大一点的时候，会问起有关家庭亲戚之间的纠纷。有时父母会很难回答，也不想回答。这时父母可以坦白地告诉孩子："这个问题不好回答，不能回答。"而不要说："小孩子不应知道这种事情！"以阻断孩子的询问。因为孩子有了这种不愉快后，为避免再次受到伤害，以后心中有疑问也不敢再问了。这种事情发生多了，父母子女之间就会产生隔阂。

还有一类问题是父母常感到难以启齿的，那就是有关两性的问题。现在的家庭中，通常都是一家大小围在电视机前消磨闲暇时光。当电视中出现有关性的镜头时，出于好奇，有些还不大懂事的孩子就会提出一些问题："妈妈，他们这是干什么？"问得父母很难为情，加上头脑中的一些封建意识，父母甚至会不满地斥责："你这个孩子真是的，怎么问这些事情！"

这样回答是对孩子不好的，因为它非但不能说明问题，反而会使孩子对性产生一种不正常的好奇心。最好不让年纪很小的孩子看这种电视。如果孩子已经看了，且产生了好奇心，可以告诉他等将来长大了就懂了，而不必加以神秘化或丑化。

不断强化孩子积极参与的意识

孩子在两三岁的时候存在着"我自己来"的心理要求，但这时他们往往什么也干不好。有的父母图简单省事，对孩子的这种主动性和表现欲采取不理睬的态度，仍像原先那样包办一切，结果阻碍了孩子心理的健康发展。

孩子要求"自己来"的时候，父母应因势利导，教他们一些自我服务的技能。其实，这种教育是很简单的，只要父母端正态度就可以了。

一般来说，从身边的事情教起：比如穿衣服、脱衣服、吃饭、洗手、收拾玩具等。教这样的孩子不要急于求成，每件事都可以分解成若干小步，每次做到一两个小步，逐渐达到熟练的程度就可以了。

可以专门为孩子准备一些小工具，如小喷壶、小围裙、小拖把等。这样既能教会孩子技能，还可以给自己添个小帮手。

孩子有参与意识是好事。很多孩子，特别是小孩子，常常看见大人们做什么，就吵着也要做什么。

男孩子看见哥哥或父亲骑自行车，就会哭着要骑自行车。虽然他的脚还踢不着踏板，却总是跃跃欲试。女孩子看见母亲洗衣，有时也哭着要洗衣。这既是孩子有参与意识的表现，也是孩子开始出现独立意识的表现，他们希望像大人一样有事可做。

因此，如果孩子出现这样的要求，父母不要随便给他们泼冷水，"你人才比车子高一点，就想骑车子，别把车子摔坏了""人小小的，就想洗衣，不要把衣服洗脏了"等。

泼这样的冷水是很容易伤害孩子自尊心的，对他们的健康成长十分不利。孩子可能确实是太小了，还不能做这样的事情，可是能不能做这样的事情与孩子的参与意识相比，前者就显得微不足道了。

孩子有了参与意识，有自己尝试的意愿，父母就应该尽力协助，给予孩子自由发挥的机会，这对孩子的成长很重要。孩子如果成功了，父母要加以鼓励。如果没有做好，不应责备，更不应该从此以后不让孩子做这样的事情，因为任何事情都有一个学习和熟悉的过程。

当孩子们要求做某种尝试时，即使我们知道会有许多困难，或者不会成功，也还是应该给孩子一个尝试的机会，让他们去考验自己的才能。有时孩子可能会想出父母想不到的办法，产生超乎寻常的构思。如果事先就以肯定会失败为由而不许孩子尝试，那么孩子内心潜伏的无限可能性就无法得到发挥。这种害怕失败的心理状态，会使孩子不敢轻易尝试新的事物，养成孩子保持缄默、消极和被动的不良习惯。

事实上，任何人走向成功通常都要经历无数次的探索与失败。任何人在做一件事情的时候，都有一个学习与实践的过程，而且开始通常也都是做不好的。通过不断的实践，才由做不好达到做得好。

就以洗衣服这样一件简单的事而论，一个人初次洗衣服时肯定洗得不干净。因为他没有洗过，没有经验，不知道怎样才能洗得干净。做饭也是一样的，很多人第一次做饭，不是少放了水，把饭煮得过硬，就是多放了水，把饭煮得过稀，这是不足为怪的。因而，如果孩子第一次做什么事，做坏了，父母不要过于责备，而应帮助他总结经验，找出没有做好的原因，下次加以改进，可能就会做好了。

"失败是成功之母"，说的就是这个意思。没有失败，哪里会有成功？不过这个道理说起来简单，做起来并不容易。有些父母看见孩子没有把事情做好，就干脆自己过来代劳。他们的说法是："我自己动手省事得多。"这种越俎代庖的做法，对教育孩子是极为不利的。

对孩子的选择和决定，父母既应监督，也应检查，必要时还应给予帮助，帮助和启发孩子做出正确的选择。这是因为孩子的选择有时不一定完善，可能会有不够妥当和欠缺的地方。只要没有什么不良的后果，父母就应尽量不插嘴，让他们自己去总结，并从中吸取教训。这样，孩子才会取得更大的进步。

儿童心理学专家做过一项测试：父母在超市购物的时候，让孩子与父母选购物品，一般来说，孩子都会与父母合作，很少出现不听话或使性子的举动。购物的时候，父母可以诱导孩子，让他做一些小小的选择，比如问孩子："我们今天是买梨呢还是橘子？"并且要经常鼓励孩子，比如说："宝宝帮妈妈找到麦片了，真乖。"父母只要这样自始至终地鼓励孩子参与，自然比等孩子捣乱的时候再想法制服他更有效。

当然，在此过程中，父母的态度一定要平和，目的要明确。父母要求孩子参与的时候，态度要很温和，不要使用犹豫、不耐烦及粗暴的口吻。一句话，就是要让孩子明白父母到底要他做什么。比如父母要带孩子出门，不能说"快，走了"这样很笼统的话，而应该蹲下去，正眼看着孩子，很和气地说："把外衣穿好，帽子戴好，我们要出去了。"孩子如果按照要求做了，父母就应该抓住这机会进行表扬，强化孩子的这种行为。

具体地说，父母可以采用以下几种方法强化孩子的参与意识：

1.父母给孩子选择的权利

要让孩子参与，就要给孩子相应的权利。有的父母错误地认为，孩子如果有了适当选择的权利，就会产生占了上风的感觉。因此，常常只让孩子在"是"或"不"之间进行选择。其实这样会限制孩子的思考范围。但话又说回来了，刚开始的时候，也应提倡孩子在两样东西之间进行选择，以免把选择范围弄得太大，孩子无法进行有效的选择。

如果孩子选择了父母所提供的范围以外的东西，父母可以这样教导孩子："这个选择不错，但它不在我们选择的范围之内。"让孩子有不符合游戏规则的感觉。

2.让孩子感到同父母一起做事有意思

孩子之所以愿意与父母一起做事，很大程度取决于有没有意思。比如，孩子刷牙的时候，父母给他念一首刷牙的儿歌，让他跟着歌中的步骤刷牙，孩子就会感到很有意思。如果孩子拒绝穿衣服，父母可以对他说："听，小裙子说话了：我是你的小裙子，快点快点把你的头伸进来。"父母大概会觉得这样做有点可笑，但孩子是很喜欢的。

3.父母要强调合作的益处

父母要让孩子知道，跟大人合作也是为了他自己好。如果孩子明白了这一点，就会产生很高的积极性。一般的情况是，两三岁的孩子已经懂得好多道理了，父母用孩子能够接受的语言跟他解释做这件事对他的益处，孩子是可以接受的。比如说，"你和我一起把桌子收拾干净就可以画画了""你换好睡衣就可以听妈妈讲故事了"。

只有希望参与，才可能取得最后的胜利。即使孩子失败了，也不要灰心，要敢于让他接受再一次的失败，进行下一次的参与。

有这样的决心，你还怕孩子不积极参与吗？

让孩子拥有健康的性格

有位哲人说过这样一句话，一个人的命运就在他的性格中。一个人一生是否有作为，是否成功，是否幸福，起决定作用的因素往往是性格，而不是智力。

美国某心理学家及其助手所做的一项长期追踪研究证明了这一点：他们从 25 万儿童中选出 1500 名智力较好的儿童，对他们进行跟踪调查，30 年后这些孩子有的成了社会名流、专家、学者，而有的则穷困潦倒、乞讨街头。

在"性格决定一生""性格造就成败"等观念盛行的今天，父母们都很关注这样的问题：孩子的性格是在哪个年龄阶段形成的？为什么有的孩子性格"很好"，而有的孩子性格"很坏"？这些性格又是怎样形成的？这些关于人自身的问题也是心理学家们孜孜不倦研究的课题。

实际上，我们生活中一般意义上所讲的性格，就是心理学概念中的人格，指的是一个人对人、对事、对物所表现出的较稳定的态度。

美国心理学家埃里克森把人格的发展划分为八个阶段，前五个阶段是孩子逐步成长的阶段，对父母培养孩子健康的性格会有一定的帮助。

1. 第一阶段：婴儿期（0～1岁）

这个阶段的孩子最为柔弱，非常需要成人的照顾，对成人依赖最大。如果父母能够爱抚婴儿，并且有规律地照料婴儿，以满足他们的基本生理需要，婴儿就能对周围的人产生一种基本的信任感，并从生理需要的满足中得到安全感；相反，如果婴儿的基本需要没有得到满足，或者不能一贯、规律地满足，他们就会对周围的人产生一种不信任感，并从生理需要混乱的满足中产生最初的不安全感。

如果这一阶段的危机得到积极解决，孩子就会形成"希望"的品质，长大后性格多倾向于乐观、信任、活跃等积极的人格特征；反之，孩子就会形成惧怕感，长大后性格往往倾向于悲观、多疑、抑郁、烦躁等消极的人格特征。

这一阶段婴儿所产生的基本信任感是形成健康人格的基础，也是以后各个阶段人格顺利发展的起点。所以父母在抚养孩子的过程中，应适当地满足孩子的生理需要，不宜过分满足和过分剥夺；同时，在满足程度和方式上要尽可能保持一致性、一贯性，不能随意转变，即使变化也要渐进地、有规律地进行，以便婴儿能够适应。

2. 第二阶段：幼儿期（1~3岁）

这个阶段的儿童学会了走动、推拉、说话等活动，也学会了把握和放开，尤其是自身身体的控制和大小便排泄，从而使儿童介入自己意愿与父母意愿相互冲突的危机中。如果父母对孩子的行为限制适当，给予孩子一定自由，孩子就会建立起自主性和自我控制的意识；相反，如果父母对孩子限制、批评甚至惩罚过多，孩子就会感到羞怯，并对自己的能力产生疑虑。

如果这一阶段的危机得到了积极的解决，孩子就会形成意志的品质，成年后性格倾向于坚强、独立、克制、自律等；反之，孩子就会形成羞怯感，成年后性格倾向于意志薄弱、依附、随意、敷衍等消极的特征。太过纵容，孩子成年易形成肮脏、浪费、无秩序等生活习惯；限制太严，孩子则易形成清洁、吝啬、忍耐等强迫性特点。

儿童自主性和自控性的形成，使其性格中自我意识、自我调控能力、适应社会化要求的能力增强，对于个人今后对社会组织和个人理想之间关系的态度及处理产生重要影响，对个体的社会化及未来的秩序和法制生活做好了准备。

所以，父母对孩子的行为必须理智而耐心，适度控制的同时给予一定的自由，并施以科学的训练，及时矫正不良行为。

3. 第三阶段：学前期（4～6岁）

这个阶段的儿童身体活动更为灵巧，语言更为精练，口语表达能力增强。更重要的是，这个阶段孩子的思维，尤其是表象性思维发展得最快，想象力极为生动丰富，孩子已开始了创造性的思维，开始了对未来事情的规划。

因此，这个阶段的孩子富于幻想，喜欢童话故事、拟人化的游戏及活动，并倾向于通过自己的想象去解释周围的世界。如果父母肯定和鼓励孩子的主动行为和想象力，孩子就会获得积极的自主性，使自身的想象力和创造性得到充分发挥；如果父母经常限制孩子的主动行为，讥笑孩子不切实际的幻想，孩子就会丧失主动性，变得无所适从，并且对自己的能力感到怀疑和内疚。

如果这一阶段的危机得到积极解决，孩子就会形成"方向和目的"的品质，成年后性格倾向于自动自发、计划性、目的性、果断等积极的人格特质；反之，孩子成年后的性格则倾向于不思进取、无计划性、优柔寡断等消极的人格特质。

艾里克森认为，一个人未来在社会中所能取得的工作上、经济上的成就，都与儿童在本阶段主动性发展的程度有关。因此，父母要鼓励和肯定孩子主动性和想象力的充分发挥。

游戏是适合此时期儿童性格发展的最好形式，应该成为儿童的主导活动。

通过各种游戏，不但孩子的运动器官能得到发展，而且其认知和社会交往的能力也能有效增强；同时，游戏还能帮助孩子学会表达和控制情绪，学会处理焦虑和内心冲突，对培养孩子良好的性格品质有着重要的作用。所以，父母应积极组织并引导孩子开展多种多样的游戏，让孩子在游戏中学习，在游戏中成长。

另外，这一阶段也是孩子产生恋母（恋父）情结的特殊时期。因此父母一定要正确对待亲子关系，母亲要有意削弱自己在孩子生活中的重要性，父母要注意自己性别角色的正确扮演，给孩子树立榜样，同时要鼓励和引导孩子与异性同伴交往，建立完整的性别概念。

4. 第四阶段：学龄期（7～12岁）

这一阶段的孩子大都在上小学，其主要社会生活环境由家庭转移到了学校，活动范围扩大了许多。学习成为孩子的主要活动，并不断促使孩子产生勤奋感。如果不能发展这种勤奋，孩子就会对自己能否成为一个对社会有用的人缺乏信心，从而产生自卑感。

如果这一阶段的危机得到了积极的解决，孩子就会形成"能力"的品质；反之，就会形成无能。

勤奋感的形成对孩子成年后的社会工作和生活影响很大，将来孩子对学习、工作和生活的态度和习惯，都可追溯到本阶段的勤奋感。

这一阶段孩子性格的发展相对平静，父母应教育孩子勤奋读书，参加社会活动，尝试在各个感兴趣的领域中培养和发展自己的才能，同时培养孩子的生活自理能力，积极参加各种社会公益活动，做一个对社会有用的人。

5. 第五阶段：青年期（13 ~ 18 岁）

这一阶段的孩子必须思考他已掌握的各种信息，为自己确定生活的基本原则和策略。如果能做到这一点，孩子就能获得自我同一性，否则就会产生角色混乱，即个体不能正确地选择适应社会环境的角色，产生消极同一性，即个体形成与社会要求相背离的同一性。

如果这一阶段的危机得到积极解决，孩子就会形成"忠诚"的品质；反之，孩子就会形成不确定性。

同一性的形成标志着儿童期的结束和成年期的开始，标志着个体人格的成熟，只有建立了积极的同一性，才能顺利地度过青春期，也才能顺利地解决成年后三个阶段（结婚、立业、晚年）的性格发展任务。

孩子从一出生，就开始了性格的塑造过程，并且对成人后的性格及心理都会产生举足轻重的影响。这也为父母敲响了警钟，必须从一出生就开始注意孩子性格的塑造问题，并积极建立起正常的亲子关系，满足孩子身心发展的各项需要。每一位明眼的父母都会明白：良好的性格及心理素质的发展，将比单纯的让孩子多认几个字、多背一些英语单词重要得多！

教养方式直接影响孩子性格的发展

世界上每个人的相貌各不相同，其性格也是千差万别的。那么什么样的性格才是好性格呢？一般来说，好的性格应该包括以下几个方面：

1. 饱满的热情

一个人如果缺乏热情，那么他做任何事都不可能成功。热情对大多数孩子来说，是与生俱来的，然而，要使其不受伤害，继续把热情保持下去，不容易。因为热情是脆弱的，很容易被诸如考试的分数、他人的嘲笑等挫伤，甚至摧毁。因此，父母要十分注意保护孩子的热情。

心理学家认为，孩子从小无意识地受到父母态度的影响而形成的性格，儿时一般不易发现，进入青春期之后，这些影响才开始明显地显露出来，并且在以后都难以改变。

2. 充足的自信

一个人只有相信自己有能力迎接各项挑战，他才有可能成功。要做到这一点，父母首先要尽可能早地发现孩子的天资和才能，有意识地去诱导他们，鼓励他们具有充满成功的信心。

3. 热切的同情心

大多数孩子对有生命的动物所遭受的痛苦都是很敏感的。父母经常关心他人，自然会在孩子幼小的心灵中播下同情的种子。

4. 较强的适应能力

怎样培养孩子的适应能力呢？最好的方法是尽早用成年人的爱心和感情去对待孩子，使他们能早日成熟，避免由于过分幼稚和脆弱而经不起来自社会的各种打击。

5. 满怀希望

这种特性能使人在黑暗中看到光明，敢于迎接挑战。要想使孩子对生活充满希望，父母本身就应该是乐观主义者。如经常教育孩子：失败乃成功之母。这样，当困难真的来到时，孩子就不会畏缩不前，而会挺起坚强的脊梁，去战胜困难。

父母的教养方式是影响孩子性格发展的重要因素。曾有人将几百名四岁幼儿的家长按其"权威"和"关爱"程度分成溺爱型、忽视型、严厉型、关爱型、理智型五类。在这五种教养类型中，孩子的发展水平表明，溺爱型、忽视型家庭中长大的孩子，其各方面发展的水平都较低。在思想上接纳子女的非期望行为，行为上部分限制的关爱型父母培养下的孩子，其智力发展较快。思想、行为都部分接纳非期望行为的理智型家庭教育，则使孩子在各方面的能力都显得高人一筹。可见，较好的教养方式对孩子优良品格的形成所起的积极作用。

同时，父母常常是孩子的偶像，他们的一举一动都会成为孩子模仿的对象。生活中我们常常会发现，父母和孩子在举手投足、一颦一笑之间都有着惊人的相似之处，真像是一个模子中刻出来的。这虽然说明了遗传在孩子性格形成中的特别作用，但似乎更能说明后天环境对孩子性格影响的巨大作用。

这就是不仅父母与子女之间存在着奇妙的相似之处，就是同一父母所生的兄弟姐妹之间，在言谈举止中也会有或多或少的相似之处的原因。所谓"近朱者赤，近墨者黑"。现实生活中，我们也常常发现，夫妻二人感情较好的，他们彼此之间会越来越相似，这与他们日厮夜守，天天生活在一起有很大的关系。

因此，环境对性格形成的作用也是不容忽视的，因此为人父母者，还应努力为孩子营造一个良好的成长环境。

古时候孟母为了让儿子有一个良好的生活环境，不惜三次搬家，这就是"孟母三迁"的故事。孟子最终没有让母亲的苦心付诸东流，终于成为中国历史上伟大的思想家。现代人大多由于客观条件的限制，当然不可能再像孟母那样因对周围环境的不满意而频繁搬家，但父母至少可以为孩子营造一个良好的家庭环境。

孩子性格的形成与早期生活习惯有着密切的关系，这一点尚未引起人们足够的注意。常听到有的父母抱怨孩子天性胆小、娇气。殊不知，正是自己无意中错误的育儿方式造就了孩子的这种毛病。培养孩子性格品质要从小抓起，从建立良好的生活习惯着手，如饮食、睡眠、排泄安排、自理能力训练等，这些先入为主的习惯就是孩子日后的习性。

常与他人交往的孩子在处理人际关系方面有很强的能力，在人面前显得落落大方；相反，与人交往较少的孩子多会形成文静内向的性格，羞于与人交往，一说话就脸红，表情和举止极不自然。因此父母还应该注意为孩子创造一个良好的家庭环境，让孩子学会与人交往。

父母的情感态度对孩子性格的导向作用十分重要。现代父母的情感流露比以往更明显，频率和强度更高，这样会使孩子变得非常脆弱和具有依赖性，在娇宠中变得批评不得，甚至父母的声音稍高一点，孩子也会因此受惊而大哭不止，显示出脆弱的性格特征。一般情况下，娇气脆弱的孩子常缺乏足够的心理承受力，一旦受到挫折极容易出现心理障碍。

再则，如今独生子女多，父母的悉心照顾表现在各个方面，对孩子的很多事情进行包办或限制。这些过分"担心"的心理，不可避免地通过言行举止显露出来，对孩子起到暗示作用。不少父母在孩子想参加某项活动之前，总是向孩子列举种种危险，结果使孩子产生了恐惧的心理，并因此畏缩不前。年龄愈小的孩子愈容易接受暗示，父母的性格特点极易潜移默化地传导给孩子。

现在的父母还往往把孩子的身体健康寄托在各种食品和药品上，而不是让孩子在充满阳光、新鲜空气的户外运动中锻炼身体。一般来说，体弱多病与性格懦弱之间有着一定的内在联系，因为病儿会受到父母更加细心的照顾和宠爱，从而成为助长软弱性格的温床。这种保护过度的育儿方式，会使孩子的性格具有明显的惰性特征，表现为好吃懒做，缺乏靠自身能力解决问题的内在动力。

另外，恶劣的环境可能导致孩子恶劣的性格，这也就是在社会风气极度不良的情况下，容易导致青少年犯罪呈上升趋势的原因。所以专家们一再呼吁：保护未成年儿童，让孩子远离毒品、暴力、色情等一系列社会垃圾。

孩子性格的形成一方面取决于先天遗传，一方面取决于后天生活的环境。身为父母，在注意纠正自己性格中的不足之处，并努力为孩子营造良好的成长环境的同时，还应注意与孩子多谈心，多关心孩子，随时了解他们的所思所想，发现他们成长中的一些性格缺陷，及时给予纠正，如果等到孩子性格已经成型后再纠正就很困难了。

澳大利亚心理学者罗拉黑尔这样概述性格形成过程中遗传与环境的作用：

（1）在心灵与思想的一些特性上，家庭成员之间存在遗传这个事实。

（2）在许多个别的性格特质中，哪一个会得到发展，又能发展到什么程度，则由环境因素决定。

（3）若是先天已经具备非常强的性格特质，则在任何环境中都可以得到发展。

从罗拉黑尔的结论中，我们可以得到这样的启示：父母在为孩子营造成长的环境时，要注意发现孩子身上存在的特质，为孩子该特质的发掘与发展创造一个最佳的环境。

让快乐伴随孩子左右

几乎没有人不喜欢天真烂漫、活泼欢快的孩子。可是，做父母的是否想过，孩子很小的时候像皮球儿一样，在父母和爷爷奶奶以及幼儿园之间被踢来踢去。上学了，球儿踢给了老师和学校。从此，孩子整天背着沉重的书包，整天有写不完的作业，上不完的课外班儿，他们真的快乐吗？

孩子学习的动力、效率，身心的健康，个性的养成，都离不开快乐的生活。快乐对于孩子的学习成长非常重要！心理学家认为，快乐既是一种心情，也是一种"性格"。快乐的心情有起有伏，快乐的性格则较稳定。

快乐的性格是可以培养的。教育专家们已找到培养快乐性格的一些要素，为人父母的只要在这方面留意，就可能培养出具有快乐性格的孩子。

1.温馨幸福的家使孩子快乐成长

为了孩子，父母自己首先要做一个快乐和知足的人。专家指出："出身于快乐家庭的孩子，长大后也比一般人快乐些。"其中可能与遗传因素有关，但父母所缔造的快乐环境也是孩子快乐的重要源泉。

把家变得更温馨，看来是个小问题，但对孩子而言，这是很重要的。如果家里乱七八糟，孩子会不希望小朋友来家里玩儿。另外，井井有条的家会给孩子带来平和与满足。需要注意的是，温馨不代表干净过头，因为舒适才是快乐的一个组成部分，而干净过头只会给孩子带来束缚。

对于一个家庭而言，无论是每天共同进餐，还是一起庆祝生日或节日都是相当温馨的。过春节时包饺子、放鞭炮，过生日时切蛋糕、点蜡烛，周末全家外出晚餐，月末全家一起看儿童电影等，这些熟悉而亲密的传统习惯都能赋予孩子生活的意义，加强家庭成员之间的感情。

另外，笑对孩子的健康非常有好处。有些父母喜欢在孩子面前保持严肃的形象，以为这样才有尊严。其实不是那么回事，笑出声来，并不会失去你的尊严，反而会让家中充满快乐的笑声。

2. 兴趣爱好是孩子永远的快乐

研究发现，全身心投入一项充满挑战的任务中去，会给人带来很大的快乐。对于孩子而言，培养他的兴趣爱好，例如集邮、绘画等，让他投入其中，会让他很快乐。但这里的投入并非指给孩子安排满满的绘画课程或者舞蹈练习等，因为那样只会让孩子失去兴趣，失去从中得到的快乐。兴趣爱好不一定是某种竞技，却同样可以开发孩子的智力，更能让孩子从中学会投入的快乐。

快乐的人生活过得很平稳，因此他们可从很多方面得到快乐。倘若一个孩子只能从一种事情上发现快乐，那是相当危险的。比如，某个孩子可能因为错过了他喜欢看的电视节目而整晚都不开心；但另一个兴趣广泛的孩子，他就会改为看书或游戏，并同样自得其乐。所以，父母协助孩子培养广泛的兴趣很重要。

3. 让音乐带给孩子快乐

家长都有这样的经历，有时听一首好歌会让人精神振奋，身心舒畅。音乐可以陶冶人的情操，古代的西方人甚至坚信音乐可以医治一个人肉体和心灵的创伤。现代儿童医学研究发现，给患病的孩子听他们喜爱的歌曲，可以减轻他们的疼痛症状。而对于健康的孩子来说，全家在一起唱唱歌、听听歌，他们往往也会很快乐。

4. 引导孩子迅速恢复愉快的心情

快乐的人与其他的人一样也有情绪低落的时候，但他们能很快地恢复过来。做父母的只要指出任何困难情况都会有一线转机，教导孩子不屈不挠，便能帮助孩子掌握这种使自己变得快乐的本领。倘若经过努力也没能扭转情况，父母便应帮助孩子寻求安慰自己的办法。每个人都有应付坏心境的方法，但有些是有害、不值得提倡的。父母应指导孩子做些能平复其心情的活动，如听音乐、看书、骑车、向朋友倾诉心声等。

5. 让孩子体会亲近大自然的快乐

生活在现今的高科技时代，成人们常常忘了亲近大自然。对孩子来说，大自然充满了神奇的力量，无论是雨雪、白云，还是花开、叶落，都可以从中发掘到很多快乐。亲近自然还可以培养孩子的各项感官能力、观察能力、反应能力。

专家研究发现，花功夫饲养小动物是值得的。因为当孩子感到担忧或害怕时，小动物的陪伴会让他们觉得安心一些。通过饲养小动物，孩子可以学会体贴和照顾他人，感觉到自己的价值，有成就感孩子自然会很快乐。

6. 教会孩子解决问题的技巧

当孩子认为自己能解决一些问题时，可以让他们产生良好的自我感觉，能树立起信心，并且有了下次自己解决难题的勇气。

当他们遇到难题时，你可以按下面的步骤教会他们解决问题的技巧：

（1）发现问题。

（2）让孩子描述出他想要的结果。

（3）帮他设计出要达到这个结果的步骤。

（4）让他自己想，哪一步他能够自己完成，哪一步需要别人的帮助。

（5）在他确实需要帮助的步骤上提供帮助。

7. 给孩子展示自己的机会

每一个孩子都有自己独特的天赋和技能，展示这些能给他们带来极大的喜悦。"妈妈，我给你讲一个故事好不好？"这时即使你在厨房做饭，也要满足他这个愿望，并适时地给予肯定："你讲得真是太棒了！"要知道，能和你分享他喜欢的这个故事，对他来说是多么快乐。孩子的热情能通过你的分享和肯定，转化成良好的自尊、自信，而这些品质对他们一生的快乐都是最宝贵的。

8. 给孩子提供决策的机会和权利

常言道，童年应该是一生中最快乐的时期，但心理学家对这个说法持保留态度。孩子向来对一切事情都没有做主的份儿，不论是晚餐吃什么，还是家里要买什么东西，他们都不能过问。孩子都有这种无力过问的感觉，因而童年可能并不像成人所想的那么愉快。因此，让孩子自由地做一些选择，是培养他形成快乐性格的一个重要因素。

当然，父母在大多数事情上不能做主，但有些事让孩子做决定也无妨。例如听任两岁孩子吃黄瓜而不吃胡萝卜，或让6岁的孩子从父母准他看的电视节目中挑选一个来看。即使在这个层次，儿童也会在选择中令自己开心。

9. 教孩子与人和睦相处

与人关系融洽是快乐的一个重要条件。尽管父母不能完全支配孩子的社交生活，但可以通过与孩子的亲近关系，引导他们如何与人相处。因此儿童与他人和睦相处的前提是，他们与父母的关系要好。

父母可以尽量安排孩子常与别的孩子一起玩儿，例如参加游戏小组，或带孩子到游乐场去跟年龄相仿的孩子玩耍；要是能随时欢迎孩子的朋友到家里来玩儿，那就更好。父母还可以帮助孩子培养设身处地为他人着想的态度。他们大可谈谈家里的人、故事或电视节目中的人可能会有的感受。

10. 不要苛求孩子完美

孩子毕竟是孩子，各方面的能力有限，总有这样或者那样的不足。父母不可太过于追求完美，父母如果总是对孩子表示不满和批评孩子，会伤了孩子的自尊，失去自信。所以，下一次当你再要抱怨的时候，先想一下，这个过错是不是跟他们的年龄有关？十年后他们还会这样做吗？如果你的答案是否定的，就别再唠叨个没完。

让孩子从心里笑出来吧！快乐本来就应该是孩子最重要的情绪。就身体发育而言，它能使人各方面机能达到最佳状况；就心理发展而言，它能给人积极向上的力量；就学习而言，在放松的心境下才能使大脑处于积极的接收和运转状态，从而发挥出最佳的效果。

培养一个自信的孩子

自信是能力和意志的催化剂，它是成功人士必备的心理素质。对于一般人来说，正常的智力加上高度的自信就足以取得成功。因此父母要善于鼓励孩子相信自己的能力，鼓励他们克服困难取得成功。溺爱孩子或者蔑视孩子创造性的行为都会扼杀孩子的自信。

做父母的都希望自己的孩子能受到良好的教育，能早日成才，将来高人一筹。于是，孩子还在襁褓中，就给他们买许多玩具，提前教他们学外语、数学、绘画，送他们去学弹钢琴……目的只有一个，就是想让自己的孩子早慧。

但是，无数事实证实，这样的教育，成功者寥寥。因为这种狂热、高压的教育方法，充其量只能使孩子习得优秀的外在技巧，而孩子真正需要的是内在力量和精神品格的培养，尤其是自信心的培养，它是导致行动的内在品质。教育的起点最好从培养孩子的自信开始。

目前，一种旨在提高孩子对抗挫折的心理承受能力的观念已逐渐兴起。西方教育和心理卫生专家普遍认为，对待事物的良好心态是从童年时不断受挫、不断解决困难的过程中培养出来的。父母只有培养孩子在困难和挫折面前不低头的坚强意志和性格，并通过家庭中宽松氛围的营造，允许孩子有自己的想法和生活方式，才能使孩子形成客观、宽容、忍耐及和谐的心态。也只有这样，孩子才能在挫折面前泰然处之，保持乐观与自信。

在成长的过程中，每一个孩子都需要父母不断地鼓励，就像植物需要阳光雨露一样。父母的鼓励能使孩子产生自信，这是做父母的应时刻关注的。

天下父母没有不关心自己的孩子的，然而他们对孩子的关爱方式各有不同。同样是孩子没把作业做好，父母所持的态度不同，教育效果也就不大相同。

一位父亲发现孩子的作业写得特别潦草，很生气地对孩子说："你的作业太乱，跟耗子啃过似的，你必须给我重写一遍！"孩子看着非常生气的父亲，心中特别不安，然而父命难违，不得不重新写了一遍。但由于孩子是在不情愿的情况下写的，其结果与第一次自然相差无几。

另外一位父亲发现了同样的情况后，也很生气，但他努力克制了自己的感情冲动。他认为，不是孩子不能写好，而是态度不够认真所致。在这种情况下，与其把孩子批评一顿，还不如激励他，给他信心，让他下次写好。

于是这位父亲态度和蔼而亲切地对孩子说："你的作业有些潦草，不符合要求，要重写。我知道，要你重写你是不大乐意的，可我为什么要让你重写呢？因为我相信，你第二遍比第一遍会写得好得多。"孩子一听父亲这语重心长的言语，开头有点不高兴，可仔细一想，就深深体会到严明而慈祥的父亲的期望和信任，这种无形的力量使他受到激励，促使他很快又重写了一遍，而且，如父亲所期望的那样，写得相当好。

这两位父亲同样是要求孩子重写，为什么会出现不同的教育效果呢？就是因为前一位父亲严厉的批评，给孩子施加的是压力；而另一位父亲在批评时所含带的信任和期望，给予孩子的是一种驱动力。

恐怕所有的父母都希望自己的教育能达到上述第二位父亲的效果，这就需要父母学会在批评时鼓励自己的孩子。可以说，自尊自信是唤起自我教育的重要因素。健全的自尊感和自信心能使孩子亢奋、进取，坚定地去追求成功。它是心灵的保护层，一旦受到伤害，就会犹如树苗的表皮被剥去一样，最终有可能导致整棵树的枯萎。

自信心并非天生的，而要靠后天的培养。父母帮助孩子树立信心，是责无旁贷的事情。那么，怎样才能培养孩子的自信呢？以下是我们的一些建议：

1. 强化孩子对自我的积极认识

自信建立在充分评估自己的基础上，认识不到或低估自己的潜能都不利于自信的建立。事实证明，孩子对自己的潜能、长处和不足往往没有把握，很多时候他们是靠别人的评价来确定自我价值的。因此，孩子需要他人的引导、帮助和认可。对孩子思想和行为的肯定，可以让他们从中感受到成功的喜悦，自信也就会在不断的鼓励中得以提高。

对孩子要多以肯定的方式加以鼓励。在强化孩子对自我的积极认识的同时，要用语言肯定，最好不要用物质奖励，更不要以物质利益去刺激他争取领先地位。当孩子在某方面失败时，要帮助他们分析原因，鼓励其再尝试，争取成功。

因为，假若父母一味求全责备，求好心切，过多指责，那么孩子得到的信号将是"我不行"，孩子的自尊感和自信心将在长期的责难声中消退，以至丧失殆尽。

为了改变一些"差生"的心理，哈佛大学的研究人员曾创造一种"心情交流法"，并取得了出人意料的效果。

他们邀请一部分"差生"办了一个集体治疗小组。这些学生成绩已到了可能被勒令退学的地步。在每周一次的会议上，每个人都畅谈自己的苦经，比如，当前面临的压力、家人朋友对自己不正确的态度等。这种方式使这些学生第一次感到自己不是孤独的，这在很大程度上减轻了他们的恐惧感和情绪压力。加之心理学家必要的心理指导，这组学生在期末考试时，有75%的人通过了考试。

父母要强化孩子对自我的积极认识，帮助孩子认识到自己拥有巨大的潜能和无限发展的可能性，使其深信：只要自己在某些领域足够努力，并坚持不懈，就一定能取得成功。

2. 父母应该给予孩子多方面的鼓励和表扬

孩子需要保护，随着年龄的增长与能力的提高，父母对孩子可以从完全保护、适度保护、微量保护到完全放手让其独立。对孩子过度的保护，会使孩子在生活、学习、社会交往及心理等方面形成依赖性与不成熟性，带给孩子的信号不是"我爱你"，而是"我觉得你不行，你离不开我的保护""我不信任你"，这无疑是对孩子自信心的沉重打击。

再弱的孩子也有他的闪光点，父母要从发现孩子的优点入手，及时地给予肯定和鼓励，不断地强化他积极向上的认同心理，从而增强他们的自尊心。孩子取得了进步和成功，父母的鼓励可以增强他们的自尊心；孩子失败了，父母的鼓励可以提高他们再尝试的勇气和自信心。

父母千万不要把孩子的缺点挂在嘴上。因为对于孩子来说，父母的话具有很大的权威性。父母不仅不要经常谈论孩子的缺点，更不能对孩子说结论性的话，比如说"笨蛋""你没治了"等话。

可能在父母而言，只是一时"随口而出"，而在孩子的心目中就常常会留下很深刻的印象。即使父母发现了孩子的某些缺点，也要采用暗示的方法告知孩子，以避免对孩子产生心理压力。

父母应不断地在孩子身上寻找值得表扬的行为。表扬要有根有据，而且要细水长流，使孩子不感到虚伪造作。同时，父母应避免在表扬时加入消极的评语，或者拿孩子与他人进行对比等，致使表扬作用受到影响。

总之，鼓励和表扬能帮助孩子构筑美好的自我形象，看到自己重要的自我价值，增强自信心。

3. 让孩子有获得成功的机会

心理学家认为，人的潜力很大。一般来说，人的一生只用了自己潜力的10%。所以，只要充满自信，努力奋斗，绝大多数人都可以成才，都可以在某些领域有所成就。但是，父母仅仅这样教育鼓励孩子是不够的，还需要帮助他们建立适合自己发展水平的合理期望，教育他们不要好高骛远，眼高手低，而要踏踏实实地努力。这样，就可以避免因期望过高、难以实现目标而使自信心受挫。诚然，这样做首先要求父母的期望要合理，要针对孩子的实际情况，切不可盲目与人攀比。

此外，对孩子应适当降低标准，让孩子有获得成功的机会。如果父母对孩子的要求太高，孩子就很难实现目标，就很难建立起信心。如果父母针对孩子的实际水平适当地降低标准，孩子就很容易取得成功。成功对于孩子来说，往往会产生意想不到的自信效果。孩子会从不难获得的成功体验中获得充分的自信，从而取得更大的进步。

4. 尊重孩子的意见

父母在平时要注意倾听孩子的想法，重大事情与他们一起商量，尊重他们的意见，营造家庭融洽的和谐氛围。做父母的自尊、自信，构建家庭民主格局，这是培养孩子自尊、自信的无声语言。

5. 多给孩子讲在逆境中取得成功的事例

无论国内国外，乃至孩子身边，都有很多天赋平平或身处逆境，但不甘平庸、不屈服于命运安排，顽强拼搏，终于取得成功的榜样。父母运用这些榜样引导孩子，可以为培养孩子自信的好习惯提供活生生的依据。因为这样的事例往往能给孩子这样的感觉：这些人条件还不如我，他们能取得成功，我肯定也能行。

6. 适当夸大孩子的进步

即使孩子没有进步，父母也应该寻找机会进行鼓励。如果孩子确实有了进步，父母就应该及时夸奖他们"进步挺大"。这样一般都可以调动孩子心中的积极因素，促使孩子期望自己取得更大的进步，从而取得"事半功倍"的奇效。

7. 对孩子进行适度的"超前教育"

俗话说"笨鸟先飞","勤能补拙"。父母提前让孩子掌握一些必要的知识和技能，等到与同伴一起学习的时候他就会感觉到"这很好学"，在别的孩子面前就会扬眉吐气。能比别的孩子学得快，他自然就会信心百倍。

有意识地培养孩子的自立能力

动物会在孩子长大后把它们从身边赶走，逼迫孩子去独自生存。这种行为看似残忍，实则最有利于孩子的成长。作为高级动物的人类，有多少父母能狠下心这样做？父母对孩子发自内心的百般呵护，是爱孩子还是害孩子？为什么现在许多孩子的自立能力这么差呢？

在发达国家的家庭里，父母们普遍重视从小培养孩子的自立能力和自强精神，因为发达的市场经济要求社会成员必须具备这种能力和精神。

瑞士的父母要求女儿初中一毕业就去有教养的人家当一年左右的女用人，上午劳动，下午上学。这样做，既可以锻炼孩子的劳动能力，还有利于孩子学习语言。因为瑞士有的地区讲德语，有的地区讲法语，所以女孩子可以边当用人边学语言。其中也有相当多的人以同样的办法到英国学习英语。掌握了三门语言后，就去办事处、银行或商店就职。

在德国，家长也是培养孩子从小就自己的事情自己做，从不包办代替。法律还规定，孩子到14岁就要在家里承担一些义务，比如要替全家人擦皮鞋等。这样做，不仅是为了培养孩子的劳动能力，也有利于培养孩子的社会义务感。

日本的父母在孩子很小的时候，就给他们灌输"不给别人添麻烦"的思想。全家人外出旅行，不论多么小的孩子，都会无一例外地背一个小背包。因为里边装的是他们自己的东西，父母觉得应该由孩子自己来背。孩子上学以后，大都要在课余时间参加社会劳动挣钱。大学生常靠在饭店端盘子、洗碗，在商店售货，做家庭教师等挣自己的学费。

美国父母培养孩子的出发点是，把孩子培养成富有开拓精神、能够自食其力的人。美国人在孩子刚刚出生时，就开始培养孩子的独立性，让孩子与父母分床、分室而居。孩子逐渐长大，父母就开始刺激孩子的欲望："你想做什么，你可以去做，你可以失败。"无论是孩子踢被子也好，摔东西也罢，这些都是孩子做事的欲望，正是这种日常事件刺激着孩子的欲望。

美国父母从孩子小时候就让他们认识劳动的价值，让孩子自己动手修理、装配摩托车，到外边参加劳动。即使是富家子弟，也要自谋生路。农民家庭要孩子分担家里的割草、粉刷房屋、简单木工修理等活计。此外，还要外出当杂工，出卖体力，如夏天替人推割草机、冬天帮人铲雪、秋天帮人扫落叶等。因此，十几岁的孩子独立承担大人的一些事情是常有的事，他们可以独立开车，独立做裁判，独立做一些事情赚钱，这些都是父母从小培养独立性的体现。可见，培养孩子的独立性不可忽视。

有人认为美国的父母很自私，宁可自己去看电影，而把刚出生不久的孩子丢给保姆；宁可自己睡着二人世界的房间，而把孩子独自一人留在自己的小睡房……美国人是不是不爱孩子？相反，中国父母虽然用对孩子的 100 分爱，来证明自己是多么称职，而恰恰是这种爱，很多时候扼杀了孩子的独立性、自信心，甚至孩子将来的成功。

独立是一种很重要的品质，从小不培养孩子的独立性，孩子很难建立自信，而没有强烈的自信心，也很难有较强的独立性，也就很难成功。

那么，父母应怎样从小就培养孩子的独立性呢？

1. 不要把孩子想得那么娇气

新生儿看上去很娇嫩，很多父母总是担心："别伤着孩子。"其实，孩子是没那么娇气的。孩子有近四公斤体重时就开始自行调节体温了；他们甚至对大部分病菌也有了良好的抵抗力；他们每时每日都在成长。即便是刚出生不久、极度需要照顾的婴儿也仍然是一个独立的个体，他的内在成长力是未来独立的基础。所以，不必担心孩子将软软的头颈向后仰了就会伤着；也不必为孩子那未闭合的囟门而担惊受怕，因为它非常结实，足以保护孩子了。

2. 关爱孩子，但切忌过度照顾

孩子对母亲的依恋始于婴儿出生后最初几天的母子接触。之后孩子会越来越依赖父母或其他直接照管者。依恋是孩子对亲情的需要和体验，是一种情绪反应。安全性的依恋对孩子的心理健康有利，是日后社会关系形成的基础。依恋发展正常的孩子，并不需要成人时时伴随。只要在孩子有需要时，父母能出现在他身旁，满足其生理和心理的需要，其他时间孩子是能够独处的。

因此，忙碌中的父母，要尽可能地去关爱孩子，这是对幼儿的最佳教养方式。你可以在进厨房时，把坐在车内的孩子推到身边；你在读书写作时，抽空对他微笑，和他玩儿一会儿；也可以在睡前给他讲故事、朗诵诗歌……总之，父母和孩子各自拥有空间和时间，这样，孩子才会更快乐，与父母更亲密。

父母切忌过度照顾孩子。父母一刻不离孩子，只会让孩子形成过度的依恋。这种不正常的情绪反应，对孩子独立性的发展是十分不利的。

3. 离开时要向孩子打招呼

孩子一岁半到两岁半之间对父母的依恋最强烈。专家指出，如果孩子到了两岁左右还没有依恋，或者孩子到了 3 岁以后，依恋性还非常强的话，都不利于孩子将来走向独立。

也就是说，孩子在一岁半到两岁半之间，依恋妈妈是非常正常的。这是孩子生长发育的一个过程，是孩子自我意识形成的阶段，这时孩子接受新鲜事物需要有一个转折。父母一定要把握这个过渡期，不然的话，往往就会伤害到孩子。

在与孩子分开的时候，父母要向孩子打招呼，包括提前打招呼预防。比如说妈妈待会儿要上班。先让孩子对你将要做什么有一个基本的了解，基本的感受。即便到时候孩子仍会有情绪反应，父母也要跟孩子说再见，这样的话孩子就很明确，你的确是走了。如果父母偷偷溜走，一会儿孩子发现妈妈不在，就会觉得很奇怪："妈妈刚才还在，为什么现在不见了？"反而会给孩子造成焦虑。

父母要把孩子分离的焦虑，变成一种重逢的期待。父母可以告诉孩子，比如说你睡醒了妈妈就回来了，你吃完点心妈妈就回来了，回来之后再加以印证："是不是你吃完饭，妈妈就回来了？"这样逐渐让孩子适应。

4. 让孩子在集体中发展独立性

孩子进托儿所和幼儿园的初期，往往会产生恐惧和不安的情绪。解决好这一问题，对父母和孩子都是一个考验。

父母自身对孩子参加第一个社会团体要做好充分的思想准备，以积极愉快的态度让孩子快快乐乐进幼儿园。父母可以让孩子从小就接触同伴；经常让他到大自然中去；让他和其他成人接触；

入幼儿园时向教师详细介绍孩子的特点和情感表现，让老师多帮助孩子。这样，孩子就会逐步成为友好集体的一员，在集体中培养发展出来的独立性更具社会价值。当孩子学会自己照顾自己，自己排队，自己洗手，自己做一切能做的事，甚至独立操作和解决一些困难时，独立和自信就能自然发展。

5. 合理利用孩子的独立意识

2～3岁的孩子独立意识很强，想要摆脱父母种种束缚，他能力不够，却事事都想"自己来"。

比如，该吃饭了，妈妈习惯性地坐在孩子身边准备喂他。谁知孩子的小手紧紧地抓住碗，说："自己喂，自己喂，不让妈妈喂。"这时父母应让孩子自己吃，教孩子怎样拿碗，怎样拿勺，怎样往嘴里送，妈妈自己再拿一把勺，适时地帮孩子一下，并及时地夸奖孩子："宝贝真棒！会吃饭了！"孩子就会很高兴，从而体会到自己做事的乐趣。

相反，如果父母忽视孩子身体活动的需要和心理成长的需要，事事代劳，处处设防，就会引起孩子的"反抗"。父母应当细心观察孩子，了解孩子的独立意向；相信孩子，放手让孩子做自己想做又能做的事，并对孩子经过努力做成的事给予适当鼓励；让孩子在游戏中扮演大人，照顾娃娃；给孩子更多的行动自由，养成必要的独立习惯。这样，孩子发展的独立倾向就得到了保护，孩子就能顺利成长。

独立性与孩子的自我意识、情感发展、智慧增长、个性成长密切相关，是关乎孩子未来能否成功的重要心理品质。因此，父母就把爱"隐藏"起来一点，让孩子在独立中成长吧！

第四章　培养孩子的兴趣

积极引发、培养孩子各方面的兴趣

最开始引起孩子兴趣的往往是与他的生存有关的，能够在生理、心理上得到满足和快感的事物，如可口的食物、适度的光亮、宜人的温度、对皮肤轻柔和抚摩等，这些能够直接使人愉悦的外界刺激，都能引起孩子的兴趣。

随着生活经验不断丰富，孩子会对一些与愉悦刺激有关的事物或经验，以及能引起他联想的事物产生兴趣。如：孩子喜欢玩儿玩具，当知道有些玩具是可以用手工制作时，他便会对手工制作产生兴趣。

孩子对具体事物或经验的兴趣，可能会随着孩子知识的丰富、能力的增强而发展成对某类事物或经验的兴趣。比如：孩子刚开始的时候可能只会对听故事有兴趣，后来逐步发展到对故事书产生兴趣，进而将兴趣扩展到其他文学作品的阅读乃至文学创作方面的。

那么，作为父母，该怎样积极引发、培养孩子各方面的兴趣呢？

1. 善于发现和了解孩子的兴趣

人与人之间的兴趣是有差异的，父母要善于发现和了解孩子的兴趣，在兴趣的稳定性上做些工作，要从繁忙的工作和家务中抽出一定的时间与孩子在一起交流、玩耍、学习，成为他的伙伴和朋友，"蹲下来"与之交谈。

2. 及时加以引导

当发现了这种潜在的兴趣亮点时，父母就要不失时机地把它挖掘出来，创设各种情境或条件加以引导，有意识地去培养。对于爱拆拼的孩子，父母应多买些拆拼玩具，如积塑、插片、变形金刚等，有艺术细胞的孩子，最好去学琴学画，对数字感兴趣的孩子，可以和他玩儿数学游戏，如利用扑克牌比大小、排序、加减的游戏。

3. 在实践中诱发兴趣

生活中的很多日常活动和游戏都能让孩子学到不少知识，实践出真知。如：与孩子一起玩儿扑克牌，进行数字游戏，使孩子对数学产生兴趣；和孩子一起看电视新闻，培养其关心国家大事的兴趣；一同收看气象节目，培养他对气象学的兴趣；带孩子观看道路施工、架设桥梁，了解工程问题等；和孩子一同种花，了解植物、阳光、空气的关系，培养对自然科学的兴趣……这样孩子的兴趣广泛了，知识面扩大了，学习能力也提高了，为今后的学习不仅打下了良好的基础，而且提高了他的学习热情，形成了学习动力，使学习真正成为一种乐趣，一种需要。

4. 创造自由广阔的空间

给孩子创造一个广阔的学习空间，更能提高孩子的学习兴趣和创造力。不要给孩子太多的限制，要减轻孩子过重的学习负担，留一些时间让他做自己喜欢的事，不要把孩子的课外时间排得满满的，从而扼杀了孩子的兴趣。

5. 培养自身兴趣，成为孩子的榜样

俗话说：身教重于言教，父母是孩子的第一任教师，并伴随

孩子一生。因此，要培养和发展孩子的兴趣，父母自身也要有一定的兴趣，以身示范来潜移默化地影响孩子。

6. 营造爱的家庭氛围

没有爱就是没有教育，没有爱，就培养不出孩子的兴趣。在一个充满温馨、充满爱的家庭里，孩子的心情是愉快的，心灵是纯净的，性格是开朗的。在这样的氛围里，父母无限的关心与尊重、理解，会给予孩子创设出无限的兴趣发展空间，在他们的快乐世界里，展开自由的翅膀去探索世界，发现奥秘，在无限的乐趣中快乐成长。

7. 强化巩固孩子的兴趣

培养一项兴趣不易，巩固一项兴趣，使之长久，更不易。孩子的注意力短暂，兴趣容易转移，"朝三暮四"是常有的现象，这时父母就要开动脑筋，不断变换方式，创造多种环境，以巩固延续这种兴趣。比如，数学是很枯燥的，可以玩儿比赛豆子游戏来数数，利用散步时间即兴出几道简单加减应用题让他做，用积木学几何形状等等。生活中的教育方式随处可见，关键是父母要做一个有心人。

鼓励孩子对事物产生好奇心

在孩子的眼里，这个世界是神奇的，他们在面对好奇的事情时总会打破砂锅问到底："为什么？"其实，好奇心是孩子最宝贵的品质之一。如果一个孩子失去了好奇心，就会觉得所有事情的发生都是正常的，一切的事物都是平淡而麻木的，不管对什么样的事情都提不起兴趣。让孩子提高兴趣最好的方法就是激发他们的好奇心，如果孩子的好奇心得到了满足，他就会对生命充满激情。

好奇心是一个人先天就有的一种对世界客观的反应。这样的反应实际上就是人类积极探究新奇事物的一种特有的心理倾向，也可以说是人类特有的一种求知的本能。

随着哇哇的哭啼声和呀呀的学语声，孩子在贪婪地汲取乳汁的同时，还渐渐具有了另外一种能力，那就是对周围事情的关注和好奇。最开始他们喜欢问的是："这是什么？""那是什么？"慢慢地，随着心智的发育，"是什么"已不能满足他们了，于是，"为什么"便常常从他们的嘴里脱口而出，不绝于耳。

其实，成年人对自己从未见闻过或并不知晓的事物，也会产生好奇的心态，只不过有许多东西我们已"见多而不奇"罢了。而对于刚刚睁眼看世界的孩子来说，一切都是第一次接触，又怎么能不产生好奇心呢。对于孩子的这种兴之所至的学习，我们不应该漠视，不应该心烦，倒是应该满怀欣喜。

要知道，正是这些带着问号的简单词语，牵引出孩子的学习兴趣。我们应该把握住孩子的心理，及时给予解答和引导，不让这种宝贵的好奇心减弱或消失掉。

其实很多父母都希望孩子能够多学一点知识，希望他们能博学多才，但是他们在做这些事情的同时都犯了一个错误，这个错误往往会不自觉地破坏孩子的求知欲和好奇心。

大家可能会经常看到这样一种场景：

下班后的父亲疲倦地躺在床上；母亲正在厨房里烧菜做饭，忙个不停。这时孩子跑过来，缠着父亲不停地追问："爸爸，这个到底是怎么回事？"

父亲不耐烦地说："我很累，让我好好休息一会儿，你去问妈妈吧。"

于是孩子又跑到妈妈身边认真地问："妈妈，你看这个是什么原因呢？"

母亲也忙得不亦乐乎，哪有工夫管他："你没看我在忙吗，赶快走开！"

就这样，父母因为自身的原因破坏了孩子的好奇心和求知欲，当他们有空过问孩子的时候，孩子的兴趣早就没了。

很多家长在拼命地教育孩子多学一点知识，希望他们博学多才的同时都会犯这样的错误，往往会在不自觉间去破坏孩子的求知欲和好奇心。这不能不说是家庭教育的悲哀。然而，很多父母在不自觉地做过这些蠢事之后，还不断地叹息："我的孩子为什么不爱学习？"

如果孩子们拥有了解世界的强烈愿望，父母不需要花很多的时间和精力，就可以很容易地培养出他们对知识的兴趣。那么，父母要怎么做才能让保护孩子的好奇心呢？

父母可以在适当的时候用正确的方法引导他们的好奇心，回答他们的问题时不能敷衍，不能斥责，应该耐心而及时。虽然这是一种看似简单的做法，却是非常有必要的。

马丽的女儿在小时候具有极强的好奇心。当她第一次看了船之后回到家里仍然非常兴奋，竟然把马丽准备招待客人的菜当成船在玩儿，结果桌子上是一塌糊涂。眼看客人马上就到了，马丽心里无比焦急。但是马丽并没有责骂她，而是一边和女儿一起划起"船"，一边教她认识数字："一只，两只，三只……"

女儿渐渐长大了，她热衷于整日缠着马丽讲故事，或者提出一些稀奇古怪、意想不到的问题，简直让马丽难以应对。女儿总是抬起可爱的小脸不断地追问马丽，眼睛还紧盯着她，期待马丽的回答能让自己满意。女儿的问题如此之多，以至于马丽有时都难以回答上来，但她从来不会忘记一点，就是从不伤害或打击女儿的好奇心。

孩子们拥有了解世界的强烈愿望，所以父母不需要花很多的时间和精力就可以很容易地培养出他们对知识的兴趣。

有这样两位母亲，她们起初都对自己孩子的牙牙学语感到欣喜有趣，但不久之后，面对孩子那没完没了的问题表现出截然不同的态度。

一位母亲每当听到孩子提问就心烦："别吵了，哪有那么多的'为什么'！"或干脆置之不理。

久而久之，她的孩子确实变"乖"了，不再问大人任何问题，但同时也被发现失去了孩童应有的活泼天真，对周围事物表情冷淡，反应迟钝。后来，母亲想教他认字学算术，他也毫无兴趣，进步缓慢。

另一位母亲则对孩子的每一个问题都给予热情耐心的解答，回答不了的，就当着孩子的面向别人请教，或者和孩子一起到书籍中寻找答案。久而久之，她的孩子求知欲强烈，对事物的反应敏捷，接受能力也明显要比前一个孩子强，会自己去发现、去学习。大家都说这孩子悟性高，今后读书成绩一定差不了。

我们父母应看重孩子所问的每一个"为什么"，尽力满足他们的想要"吞下去"的"食欲"，让孩子的智慧之树因营养充分而茁壮成长，开出艳丽的花朵，结出丰硕的果实。总而言之，孩子不断成长的过程就是在一次次地追问中完成的。推动孩子不断成长的方式就是启发孩子不断地追问。

孩子的兴趣是需要诱导的

兴趣是孩子对事物的主动选择，诱导则是促使和加强孩子的这种主动性，使兴趣变得持久、有目的。也许孩子们的兴趣不会持续很长时间，但这种天然的兴趣是不会改变的，除非在这方面遇到来自父母、老师等外部环境极大的压制或厌恶。

几乎所有的孩子都对小动物有浓厚的兴趣。他们会在没有任何督促和要求的情况下，花上一个下午去观察一群蚂蚁的活动，这就是兴趣的力量。

然而，即使让孩子花上一两年时间去这样与蚂蚁玩儿，也并不能从中获得多少知识，这里面的关键就在于父母的诱导。

一位父亲第一次发现儿子对屋后花园里的蚂蚁感兴趣时，他也表现出极大的兴趣，同儿子一起去观察小蚂蚁。

第一天，仅仅是看，是玩儿，看它们怎样把一粒面包屑搬回家，怎样跑回去报信，带来更多的蚂蚁……

第二天，他同儿子共同商讨了一份关于蚂蚁的"研究"计划：

在"自然笔记"里开设蚂蚁的专栏。

读有关蚂蚁知识的书，并做读书笔记。

了解蚂蚁的生理特点：吃什么，用什么走路，用什么工作？

　　了解蚂蚁群的生存特点：蚂蚁群有没有王，怎样分工，怎样培育小蚂蚁？

　　有了目标，儿子的兴趣更浓了。如果说开始他只是觉得好玩儿，那么现在他觉得有意义了。这项研究持续了几乎一个夏天。在这项研究中，儿子不但学到了如何系统获取知识的方法，而且锻炼了他达到目的的毅力。

　　父母在这种事上所表现出来的兴趣会使孩子获得肯定，需要注意的是，不能让孩子觉察出这是一件必须完成的任务，要不然，有的孩子会兴趣大减的。

　　然而，现在有些父母会按照社会或学校既定的模式去设计孩子的未来，并企图把孩子的兴趣与这些模式联系起来，所以他们就会按照他们的想法把"有用"的兴趣留下，把"无用"的兴趣删掉。实际上，对于孩子的心智发展来说，很难用"有用"或"没用"去区别他们的兴趣。

　　回过头来看，成人世界有目的和有意义的研究，最开始也是起源于兴趣，之后才是需要。在一种有意义的诱导下，孩子自然而然地把这种事当成了最大的乐趣。

　　每一个孩子都会对不同的事物产生不同的兴趣，这种兴趣就是孩子隐藏的某种潜能和特长的前兆，所以父母要运用合理的方法来进行诱导和培养。

　　父母该如何去诱导孩子的兴趣，从而来开启和培养孩子的智力呢？以下建议可供参考：

　　当孩子对某件事物表现出兴趣时，不要因自己的主观认定孩子的某种兴趣是"无用"的而加以指责和否定。

　　诱导孩子通过自己查阅和请教别人的方式来获得与自己的兴

趣相关的知识。

引导孩子养成记录知识的习惯。

如果孩子还不具备文字记录的能力，父母也要给他准备一个笔记本，把题目写下来，让他口述。不要让孩子觉得这是一项"任务"或"作业"。

不要把某些兴趣强加给孩子

美国著名的教育家杜威认为，对于教育者来说，最重要的是经常细心地观察孩子的兴趣。他说："成年人只有通过对孩子不断地予以同情的观察，才能够进入孩子的生活里面，才能知道他要做什么，用什么教材才能使他学习得最起劲、最有成效。"

在很多情况下，父母会不自觉地把自己的兴趣、愿望、希望甚至是自己没有实现的理想都强加在孩子的身上。虽然孩子的可塑性很大，但对于有些孩子来讲，在他没有兴趣的情况下强迫他去做一件事情，是一种很痛苦的事。这样做不但收不到应有的效果，反而会损害孩子的天性。

如果孩子自己能保持对某一事物或某些习惯的兴趣，是再好不过了，但在很多情况下，兴趣也是需要后天的培养。尤其是面对有时显得枯燥的各种文化知识的学习时，兴趣就更需要培养了。但是，我们不能不提醒父母，父母自身的兴趣对子女兴趣的有无、兴趣的高级与低级都具有十分重要的影响。

有一对从事音乐工作的夫妇，希望子承父业，让儿子也成为一个著名音乐家。于是，他们使出浑身解数，想把儿子培养成一个出色的小提琴手。孩子不到3岁，他们就为孩子买了一把儿童专用的小提琴，漂亮而昂贵，希望孩子能爱不释手。可是出乎他们意料的是，不管他们怎么去哄，怎么去鼓励，孩子就是对拉琴毫无兴趣。每次拉琴只是机械地把弓放在琴弦上拉动，睁着暗淡无光的大眼睛，似乎是在受难。

有一次，儿子在期末考试中取得了好成绩，父母决定给他买一件他最喜欢的礼品作为奖励。向他征求意见，问他想要什么的时候，孩子想了想，低着头说："我说了你们能满足我吗？"父母说："只要办得到的，就一定满足你。"孩子便用乞求的眼光看着父母，用郑重的口气说："我要的礼物，就是你们别再勉强我拉琴，行吗？"父母听了孩子的话不免有些震惊。他们万万没有想到，自己的一片苦心，对孩子来说却是沉重的负担。孩子竟然把"不再拉琴"视作最好的奖赏。这是好心的父母绝对没有想到的结果。

现在有不少父母，总想为孩子安排一切，包括孩子的前途，他们都早已经为孩子设计好了。他们自己节衣缩食，却不惜拿出大笔学费，替孩子报各种各样的"特长班""兴趣班"，其实孩子既没有他们想象的特长，也根本没有什么兴趣，都是父母在那里瞎忙乎，孩子们在父母一厢情愿的逼迫下也是苦不堪言。孩子上什么样大学，学什么专业，也多半由父母包办。

一些父母眼看别人3岁的孩子就会背唐诗，也买回一本，每天口读面授，逼着孩子背诵。还有的父母，希望子女成为少年画家、书法家、乐坛"神童"，也不顾忌孩子的兴趣爱好以及自身的条件，就把自己省吃俭用的钱抠出搞"智力投资"，但结果往往不能与他们的愿望成正比。

如果不顾孩子的自身资质，不尊重孩子的意愿，用父母的爱好与期望，越俎代庖，替孩子去选择奋斗目标，则注定要徒劳无功。让喜欢画画的孩子当数学家，让喜欢数学的孩子去当歌唱家，让喜欢唱歌的孩子当作家，这样的"期望"不仅注定不会成功，而且往往会把孩子原来的长处也抹杀殆尽。

和孩子一起学习，一起游戏

有些父母自己躺在床上看电视，却不准孩子看电视，一味地叫孩子"好好读书"；自己总是看一些报刊，却叫孩子只能看参考书、儿童文学，并要孩子将来上一流大学，这实在是说不过去。要想让孩子用功，父母本身也应该用功才对。当然并不是说非要父母求取"学问"，或阅读一些高难度的书本，只是希望父母也能自我进步、自我要求，而不只是看些周刊、电视连续剧之类的东西。

在孩子小的时候，如果缺少了与孩子一起学习的观念，让孩子一个人面对枯燥、难懂的知识，对培养孩子的学习兴趣是有影响的。如果父母能够与孩子一起学习，让孩子觉得面对困难的不只是他一个人，这样孩子就不会厌恶学习。当孩子遇到学习困难时，父母也应该与孩子一起解决，让孩子体会到学习的乐趣。所以，与孩子一起学习对培养孩子的学习兴趣是非常重要的。

父母与孩子一起学习，还有一个非常重要的因素，就是让孩子明白学习是一件重要的事情。因为孩子还小，他们对学习的重要性没有实质的认识。当孩子稍微懂事以后，他就会逐渐明白，父母都花费时间来陪自己学习了，这说明学习对自己是一件非常重要的事情。

另外，与孩子一起学习，还可以培养孩子的自信心。因为，当父母帮助孩子解决学习上遇到的一个个困难以后，就会让孩子觉得困难也是很容易解决的，从而增强孩子的自信心。同时，这也是培养孩子良好的学习情绪的一个重要方法。

在与孩子一起学习时，尽量把自己也当成一个学生来看，你是与孩子一起学习知识，而不是去监督孩子学习的。这一点非常重要，如果处理不好，往往会使孩子对学习感到厌倦，而且也会影响对父母的感情。

学习的时候和孩子在一起，游戏的时候也要和孩子在一起。因为，游戏能够引起孩子对未知世界进行探索的愿望，而且，在进行探索的过程中，他们的观察能力、注意力、记忆力、想象力、思维能力以及语言表达能力等等综合能力都能够得到发展。因为，丰富的游戏环境，以及种类繁多的游戏材料，都是促使孩子运用多种感官的外在条件。有了这些条件，然后在父母的正确引导下，孩子的感知能力就能够得到合理的发展。在游戏过程中，孩子可以接触到各种事物，接受各种感官的刺激，孩子会产生强烈的求知欲望。这对于培养孩子的学习兴趣、培养孩子的学习能力来说是一个良好的基础。游戏能够训练孩子的思维能力和语言表达能力，当孩子在做游戏时，父母要让他们多动脑筋、积极思考。同时，游戏还能够充分启发孩子参加活动的主动性、积极性和创造性。

可以看出，游戏的种类很多，内容广泛、形式多样，是孩子发展智力的广阔天地。父母与孩子一起游戏是非常重要的一个环节。在教育比较发达的美国，与孩子一起游戏，已经成为父母们教育中的一项必要工作。

　　但许多父母都会认为，孩子自己会玩儿游戏，孩子喜欢怎么玩儿就让他怎么玩儿。于是，就对孩子的游戏漠不关心。甚至还有一些父母认为，孩子在游戏时会将房间搞得乱七八糟，因此他们非常反对孩子做游戏。父母应该明白，这样的做法对孩子的全面成长是非常不利的。克鲁普斯卡娅说："孩子在游戏中学习组织自己，学习研究生活。父母应该重视孩子的游戏，而且应该做相应的指导和帮助。"事实上，游戏是一种特殊的教育过程，对孩子来说，也是学习的方式之一。忽视或者阻止孩子游戏的做法，对孩子的教育的损失是很大的。

　　与孩子一起游戏，是素质教育的需求；当孩子的游戏玩伴，是每一个家长教育孩子必须做的一项工作。

　　一个成功的家长既可以和孩子一起学习，又可以和孩子一起游戏，他会和孩子一起进步，一起增长知识。这样的父母一定会教育出最棒的孩子。

不要扼杀孩子的学习兴趣

　　不要以为自己的孩子在 1 岁多的时候就会背 10 多首唐诗，他的语文成绩在长大之后就会很好。也不要相信当孩子在两岁多的时候会从 1 数到 100，长大之后孩子就会成为数学家。那些坚持让孩子在 3 岁的时候就让他读《道德经》的父母，难道真的认为孩子能深谙其中的道理？这些父母要小心了，你已经犯了孩子智力开发的禁忌。不要以为这样做是在开发孩子的智力，其实你是在扼杀孩子将来对学习的兴趣。著名教育家陶行知说："幼儿比如幼苗，必须培养得宜，才能发芽成长。否则幼年受了损伤，即使不夭折，也难能成才。"

很多父母都知道，孩子在 3 岁之前，其能力的发展是人的一生中发展最快的一段时期。父母给他的刺激越多，孩子的能力被挖掘得就越多。所以，父母应该在这个时期抓紧对孩子智力的开发。但是，在这个过程中，父母一定要从孩子的心理发展规律和年龄特征出发，采用的内容和手段"略为提前"一点就好，千万不要拔苗助长。

那么，哪些事情是禁止父母去做的呢？

1. 过分重视知识的灌输

刚满 3 岁的小旭恒每天的"工作"清单是：画两幅图画；写 1 ～ 20 个数字；读完妈妈新买的故事书《小熊的一天》，回来要讲给妈妈听；还要背出英语单词 5 个。每天，小旭恒只能眼巴巴地看着邻居家的小姐姐在院子里开心地骑脚踏车，而他就只能面对着一大堆"工作"发呆，不完成作业就不能出去玩儿，因为，妈妈的话就像圣旨一样。

这种单调的知识灌输会过早地将不易掌握的知识强加于孩子，这样做只能引起孩子更多的困惑和恐慌，特别是当他们面对想方设法要求他们完成任务的大人时，他们会为自己完成不了任务而感到害怕，对自己的能力产生怀疑，这种不自信带来的后果将会影响孩子的一生。

父母应该这样做：选择大人和孩子都轻松自由的环境进行教育。比如：在公园里散步，大人可以教孩子多去认识一些植物；在动物园或海洋公园参观，可以让孩子见识大自然多种不同的动物；在商场里买东西，可以教孩子识别不同商品以及了解各种商品的特性；在科技馆或者展览馆里，可以让孩子接触到各种各样的科学知识，拓宽孩子的知识面。

学习的时间不宜过长，一般 3 岁以下的孩子学习时间最多不超过半个小时，不要勉强孩子，当孩子注意力分散时，就可以停止教学了。

2. 用大人的标准去要求孩子

4 岁的佳妮已经可以画出 10 多种图形了，而且还会用水彩和油墨画画，幼儿园的老师都夸她聪明呢！可是一到了妈妈这里，就不过关了。其实也难怪，妈妈对她要求很高，每次都要求她画一些高难度的画，还不能出错。真难为她了，才小小年纪的孩子，哪能次次都不出错呢？

用大人的标准要求孩子，孩子会觉得事事办不好，事事都难办，从而失去前进的信心。

父母应该这样做：和孩子以游戏的方式来关注孩子学习上的点滴进步。父母可以做一张大表格，当孩子有明显进步时，为了表示奖励，让孩子自己在表格上粘一朵小红花；当孩子表现一般时，可以让孩子粘一朵小黄花；当孩子有了退步倾向时，就只有让孩子粘一朵小绿花了。在学习的过程中，家长让孩子学会区分自己不同的学习表现，从而慢慢地学会对自己不断激励和不断要求。

在具体学习上，尽量少用"第一"和"最后"的标准来衡量孩子的学习结果。

3.对孩子兴趣培养过早定向

自从两岁的雨桥对隔壁玲玲家的钢琴表现出些许好感后，爸爸回家就开始忙活开了，先是打电话咨询钢琴学校幼儿班的情况，又是在网上了解二手钢琴的价格，然后还在家里拿把硬尺量来量去，看什么角落正好可以摆一架钢琴。

爸爸这样做这不符合孩子身心发展的特定规律。事实上过早对孩子的兴趣定向，只会限制孩子能力的发展，不利于孩子完全人格的建立。

父母应该这样做：父母可以全面培养孩子的欣赏和鉴赏能力，带孩子去看一些专业的画展、音乐会、歌剧、舞剧、话剧，不要求他刻意地理解，只是让他学会欣赏，有个大致的了解，让孩子感觉到什么是美的，什么是高雅的，什么是动听的。

在孩子有兴趣的基础上发展其特长，可以辅助一些教材或训练，循序渐进地学习某种技能。

刚开始不要对孩子的某一种兴趣表现出太大的热情，用淡然一些的语气和他交流。如果他真的有兴趣，慢慢地你自然会感受到，如果他只是新造茅坑三日香，那你也省得费心了。

用音乐教育发展孩子的能力

喜欢音乐可以说是孩子们的天性，父母也经常会运用音乐来抚慰或是教育孩子。那么，音乐教育对于孩子来说有什么作用呢？

1. 音乐教育有助于孩子的情感发展

情感是人的社会化的一个重要方面。音乐教育是一种特殊的美感教育，它把旋律、节奏、和声、声调等音乐要素有机地组合了起来，将美好的情感付诸声音的表达中。这种声音能叩动孩子心灵中的琴弦，使孩子产生一种强烈的情感体验。因此，不管是从教育方式、教育手段，还是从孩子的接受心理来说，音乐教育在培养孩子良好的情感方面都具有独特的效果。

2. 音乐教育有助于培养孩子协作的意识与技能

孩子的社会化是指由自然人向社会人转化的过程。在一开始的时候，孩子的社会化表现为以自我为中心倾向，就像是教育家皮亚杰所说的："儿童早期的社会行为处于自我中心和真正的社会化之间的中间地位，只有当他们从自我中心状态中解脱出来，具备了与同伴进行有效协作的能力，社会行为便进入一个新阶段。"在这一社会化的过程中，对于孩子的音乐教育就可以起到重要的推动作用。

3. 音乐教育有助于培养孩子的规则意识

年龄小的孩子在家庭里往往只处于服从的地位，或是处于撒娇邀宠的"小皇帝"地位，要发展平等自治的伙伴关系是很困难的。但是在音乐活动中，父母可以使孩子逐渐体会到活动规则对活动本身的保障作用。

4. 音乐教育有助于孩子语言的发展

皮亚杰认为"语言导致行为的社会化"。有了语言，人们才能进行彼此的交流。因此，语言的发展是孩子的社会化的一个重要方面，而音乐教育则具备了促进孩子语言发展的诸多因素。

作为音乐教育的主要形式的歌曲，它包含了两个部分：歌词与旋律。歌词再配上动听的旋律，对于孩子来说比较容易能够接受和吸收。让孩子多听一些优美的歌曲，能够使孩子积累一些精练、优美、富有感情的词汇。

音乐教育不仅对孩子的一般意义的语言发展有促进作用，还有助于孩子特定意义上的语言交际语言的发展。这种语言必须在交往中才能学会运用。尤其在音乐游戏和舞蹈中，父母应当引导孩子学习使用交际语言进行交往。比如"我想和你跳舞""请你和我一起玩儿"等。这些语言是交际语言的重要组成部分，学习这些交际语言能够促进孩子社会交往技能的发展。

5. 音乐教育能够促进孩子的智力发展

目前市面上流行的胎教音乐很受欢迎，那些悠扬、轻柔、婉转的曲调不仅使母亲听了心旷神怡，而且使母体内的胎儿也能受到感染，使他们生活的"宫内世界"也像母体外一样充满阳光，从而使他们变得健康、漂亮、聪明。音乐为什么能够促进孩子的智力发展呢？

美国佛罗里达州、加利福尼亚州的政府有这样的法规，每一名新生婴儿都必须获赠莫扎特、贝多芬的音乐激光唱片。这是因为研究显示，聆听这两名大师的音乐能够提高儿童的智商。除此之外，他们还有这样的规定，州内的每一间托儿所都必须播放莫扎特与贝多芬的音乐给孩子们听，以便进一步为孩子营造一个能提升智商的环境。

对于孩子来说，自出生之前开始就对音乐有好感，出生后不断发展着对音乐的喜好，3～4岁时就已初步具备欣赏音乐的能力了。音乐能使孩子享受一种深深的爱，使孩子的心情充满欢乐。这种情绪会促使孩子神经系统的发育完善，能够调节血流量和神经系统的活动功能，有利于孩子的记忆、理解、想象思维等各种能力的发展。

6. 音乐能够促进孩子神经细胞的传递

孩子在出生后大脑不断发育，环境和经验都不断在神经元（大脑内传递信息的微小的带电神经细胞）之间形成神经回路和图形。大脑里有无数个这样的神经元。不过科学家发现，如果大脑不利用某些神经元，也不在它们之间建立通道，那么就会把它们削减掉。孩子所处的环境越丰富多彩，其大脑网络就越发达。

大脑发育最旺盛也是最关键的时期，是从出生后开始到 10 岁左右结束。语言能力和音乐能力都是在这段时间里发展的。近期研究表明，解决问题的能力和一般推理能力所依赖的神经学基础主要是在 1 岁之前建立的。孩子听到的话语使神经元之间产生一系列复杂的相互联系，这些联系对整个大脑的发育有重要影响。同样，研究显示，父母越是给孩子唱歌或播放旋律优美、结构严谨的音乐，孩子大脑就越容易产生神经回路和图形。除了上面所说的这些作用之外，音乐还有很多有助于孩子的其他作用，父母不妨让孩子接受一下音乐教育，让孩子在音乐教育下更快乐地成长。

培养孩子的运动能力

积极参加体育活动对身体发育有很多好处。培养孩子的运动能力，有利于提高孩子适应环境、抵御疾病的能力，形成热情活泼、积极向上的精神风貌。生命在于运动。

1. 提高孩子对体育运动的兴趣

好动是孩子的天性，父母应爱护孩子的这种积极的天性，并把它发展为体育兴趣。如给孩子讲名人锻炼的逸闻，与孩子一起观看体育比赛，与孩子一起跑步、打球、做操等都是促进孩子产生体育兴趣的有效途径。在指导年幼的孩子锻炼身体时，还可以把体育锻炼同游戏娱乐结合起来，如教孩子一边唱儿歌，一边跳橡皮筋；郊游时，和孩子比赛看谁最先到达目的地。这种锻炼方式会使孩子满心喜悦，充满激情，整个身心都得到发展。当孩子的体育兴趣发展起来以后，父母要为孩子的体育活动创造物质条件，如给孩子买球拍、跳绳、小足球等运动器材，使孩子更经常地锻炼身体，把体育兴趣转化为稳定的体育爱好。

2. 帮助孩子了解体育运动知识

体育锻炼强调通过具体活动增强体能，但仅把体育作为一种体力活动是不行的，应学习有关的知识和技能，才能增强孩子锻炼的积极性并提高成效。父母可以给孩子讲讲各种体育活动的特点和意义。如田径类运动靠力量和速度，球类运动对灵敏性和弹跳力要求较高。还可以教孩子一些常见运动项目的技术，指导孩子正确练习，如跑步运动中的起跑、加速跑、途中跑、变速跑、冲刺，打篮球的传接球、带球突破、投篮、防守等等，并告诉孩子基本的比赛规则，如打球时不能有意撞人，打篮球时不能带球跑。这是保证比赛顺利进行的基本要求。父母也要引导孩子正确选择适合自己的运动项目，如15岁以前的孩子不宜进行举重、长跑、吊环等运动，而应选择负荷较轻、欢畅自然的运动项目，如游戏、简易体操、小球类。孩子若是喜欢武术，可以学一些简单的武术套路，学习器械格斗时一定要有专业教练的指导，以防出现意外。

3. 督促孩子坚持锻炼

孩子的自觉性和毅力不强，若没有父母督促鼓励，就可能出现"三天打鱼，两天晒网"的情况，不利于保持体育锻炼的效果。

对此，父母可帮孩子制订锻炼计划，明确锻炼的目标、内容、时间和次数，如规定每天早上 6 点钟起床做操，每天下午放学后踢球半小时；双休日安排爬山、远足或参与半天的体能集训。制订计划要从孩子和家庭的实际出发，循序渐进，使孩子乐于接受，自觉执行。父母若能和孩子一起锻炼，则是对孩子的最好鼓励。即使不能天天与孩子一起锻炼，也要定期检查孩子的锻炼情况，并告诉孩子哪些地方做得好，哪些地方做得不好。对个别不喜欢活动的孩子，父母须采取强制措施，如定时叫孩子起床，督促他们外出活动，并必须完成一定的运动量后才能回家，锻炼认真时要给他一些鼓励，不认真时令其重做，直至养成锻炼的好习惯。

4. 指导孩子科学地锻炼

运动会引起身体机能的深刻变化，过少的运动量对身体机能无刺激作用，超负荷运动又会对身体造成损害。父母既要警惕超负荷运动，伤害孩子身体或使孩子失去锻炼的信心，又要提供合适的运动负荷，帮助孩子对自己承受负荷的能力建立信心。因此，要教育孩子明确锻炼的目的和意义，讲究锻炼的科学性和趣味性，以便在锻炼中调节好自己的情绪。告诉孩子要注重身体的全面锻炼，不但注意身体各部位的协调发展，也要同时提高力量、速度、耐力、柔韧、灵敏、平衡等各项身体素质；既获得跑、跳、投掷、攀登和游泳等实用技能，也培养果断、机敏、勤奋、吃苦耐劳、大胆沉着的意志品质。父母还应帮孩子懂得音乐、棋类也能提高锻炼效果。优美乐曲的伴奏，能消除运动带来的疲劳。

5. 不要给孩子压力

让孩子自由地运动，主要是使孩子养成良好的运动习惯，养成健康的生活方式、良好的卫生习惯，让孩子拥有健康的体魄，所以只要孩子敢于参与就是值得鼓励与肯定的。父母不要太在意孩子在运动中或者比赛中的名次，过分要求孩子获得荣誉争面子，这样将会加重孩子的心理压力，还可能使孩子厌恶体育、逃避运动。

有些运动不宜让孩子太早接触

随着父母认识的提高，有些父母已经认识到了体育锻炼对于孩子的益处，为了能够让孩子德智体全面发展，也为了让孩子能够有一个好身体，父母们开始让孩子从小就接受体育运动锻炼。但是，有关专家指出如果太早让孩子从事某些运动，不仅不利于孩子的身体，反而会对孩子造成伤害。

有关专家指出，人在运动过量的时候，为了防止能量进一步消耗，人就会感到极度疲劳、浑身无力、大脑反应减慢。如果长时间运动过量的话，就会使大脑机能受损，尤其是孩子，过量的运动会容易让孩子出现注意力不集中、失眠、健忘，甚至会出现缺氧现象。还有一些运动是孩子不宜过早接触的，希望父母能够注意。

1. 拔河

拔河这种运动可能会让孩子"伤心""伤筋"。从生理学角度来说，孩子的心脏正在发育中，植物神经对心脏调节功能还不是很完善，当肢体负荷量增加的时候，主要是依靠提高心率来增加供血量。拔河这种运动需要屏气用力，有时候，一次憋气甚至会长达十几秒钟，当由憋气突然变成开口呼气时，静脉血流也会突然涌向心房。这样，就会损伤孩子的心房壁。有关医学工作者曾经对250名5到6岁的在孩子在拔河比赛中进行生理检查，从中发现，在比赛时孩子的心率都比较高，赛后 1 小时有 30% 的孩子心率没有恢复正常。

除了会对心脏造成影响之外，拔河还有可能会伤到孩子的"筋骨"。儿童时期的肌肉主要是纵向生长，固定关节的力量很弱，骨骼弹性虽然大，但是硬度比较小。孩子在拔河的时候非常容易引起关节脱臼和软组织损伤，抑制骨骼的生长，严重的还会引起变形，影响孩子体形健美。另外，拔河是一项对抗性比较强的运动，孩子们争强好胜，集体荣誉感比较强，在比赛中往往难以控制保护自己，非常容易发生损伤。

2. 力量锻炼

孩子在生长发育的时候都是先长身高，后长体重，而且他们的肌肉力量比较弱，非常容易疲劳。也就是说，孩子的身体发育以骨骼生长为主，还没有进入肌肉生长的高峰期。如果在这个时候让孩子过早进行肌肉负重的力量锻炼，一方面会让孩子局部的肌肉过分发育，影响身体各部分的匀称发育；一方面会使肌肉过早受到刺激而变发达，给心脏等器官造成比较重的负担；另外还有可能会使局部的肌肉僵硬，失去正常弹性。所以，父母不要让孩子从事大人常练的引体向上、俯卧撑、仰卧起坐等力量锻炼。如果想要让孩子练习肌肉力量，从初中一、二年级开始比较适合。

3. 长跑

长跑属于典型的撞击运动，对人体各个关节的冲击力度都很高。如果孩子经常进行长跑锻炼，对关节处的骨骼发育会很不利，尤其是在坚硬的马路上进行冬季长跑的时候，对关节的冲击力更大，骨骼容易出现炎症，从而影响孩子长个子。长跑也是一项心脏负荷运动，如果孩子过早进行长跑，就会使心肌壁的厚度增加，限制心腔扩张，影响心肺功能发育。另外，儿童时期体内水分占的比重相对较大，蛋白质及无机物的含量少，肌肉力量薄弱。如果孩子从事能量消耗大的长跑运动，会使孩子营养入不敷出，妨碍孩子的正常生长发育。

4. 掰腕子

孩子四肢各关节的关节囊比较松弛，坚固性比较差，掰腕子容易发生扭伤。另外，和拔河一样，屏气是在掰手腕的时候的一种必然现象，这样会使胸腔内的压力急剧上升，静脉血向心脏回流受阻，而后，静脉内滞留的大量血液会猛烈地冲入心房，对心壁产生过强的刺激。如果长时间用一条手臂练习掰手腕，可能会造成两侧肢体的发育不均衡。

5. 极限运动

有关专家认为，少年儿童的体育锻炼，一是要遵循孩子自身身体生长发育的规律；二是要考虑孩子身体的解剖生理特点。孩子正处在生长发育期间，器官的各个方面都还没有成熟，自然就很难承受极具"挑战性"的极限运动，而且很容易造成损伤。如果孩子做一些超过孩子身体自身承受能力几倍的运动，就有可能会导致孩子的肌肉因长期处于极度疲劳的状态，造成肌肉疲劳损伤，容易留下运动损伤后遗症。另外，正处在生长发育期的孩子，关节中的软骨还没有完全长成，长时间过度磨损膝盖软骨，日后容易形成关节炎。根据研究表明，儿童时期的膝盖如果有所损伤，当孩子成年之后患关节炎的可能性会增加三四倍。

6. 兔子跳

当在做兔子跳这项运动的时候，人体重心所承受的重量相当于自身体重的3倍，每跳一次膝盖骨所承受的冲击力相当于自身体重的三分之一，这样对骨化过程尚未完成的孩子来说，很容易就会造成韧带和膝关节半月板损伤。

7. 倒立

尽管孩子的眼压调节功能较强，但如果经常进行倒立或每次倒立时间过长，会损害眼睛对眼压的调节。

8. 滑板车

8岁以下儿童不宜玩儿滑板车。孩子的身体正处于发育的关键时期，如果长期玩儿滑板车，就会出现腿部肌肉过分发达，影响身体的全面发展，甚至会影响身高发育。此外，玩儿滑板车时腰部、膝盖、脚踝需要用力支撑身体，这些部位非常容易受伤，所以一定要做好防护。在孩子玩耍的时候，最好有父母陪护，并且找平坦宽敞的非交通区域玩耍。

9. 小区健身器材

公共健身器材对孩子不太适合。例如较为普及的"太空漫步器"，按照其两脚间规格，明显是只适合成人使用的，而有关警示上只对运动的形式、健康禁忌做了规定，对于使用者的年龄并没有特别限制。于是，很多孩子也就把这些器材当成了玩具。目前由于孩子使用健身器材不当而引起伤害的事件不断增多，甚至出现了重伤、残疾的现象。据了解，小区里的健身器材原则上就是给中老年人配备的，目前还没有安装适合儿童的健身器材。所以，父母应避免让孩子碰那些健身器材。

以上这些运动都不宜让孩子过早接触，但是，让孩子做一些什么样的运动呢？有关专家认为，针对孩子身体的发育特点，父母可以让孩子进行跳绳、跳皮筋、拍小皮球、踢小足球、游泳等体育运动，这些项目既有助于增加孩子的身高，又不会伤害孩子的身体。

第五章　让自信陪伴孩子成长

让孩子生活在自信当中

"自信"就是"相信自己"。自信心，是一个人最重要的个性品质。它建立在自我意识成熟的基础上，是自主精神的重要内容。自信心强的人，就会相信自己的力量，不指望依靠别人的帮助，确信自己经过努力一定能够有所作为。因此，自信心是一个人在事业上取得成就的必要条件。

每个父母都希望孩子可以受到良好教育，能早日成才、高人一筹。于是，各种各样的教育方法都被父母们所采用，从小就给孩子买一些锻炼智力的玩具，恨不得孩子一开口就是一口流利的英语，期望孩子会有绘画、演奏等方面的技能……为了这些，父母们让孩子接受各式各样的训练，参加花样繁多的补习班。但是，无数的事实证明，通过这样的教育而获得成功的例子寥寥无几。因为这种狂热、高压的教育方法，充其量只能使孩子习得优秀的外在技巧，而孩子真正需要的是内在力量和精神品格的培养，尤其是自尊心和自信心，它才是导致行动的内在品质。因此，教育的起点，就要从培养孩子自信的好习惯开始，要知道，自信心并非天生，而要靠后天培养。作为家长帮助孩子树立信心，是责无旁贷的。

那么，怎样才能培养孩子自信的好习惯呢？

1. 强化对自我的积极认知

自信是对自己能力的一种正确认识和信任，如果认识不到或是低估了自己的能力，那他很可能会有不自信的表现。孩子正处于一个需要别人引导、帮助和认可的时期，他们对于自己的潜能、长处和不足往往没有什么认识和把握，大多数时候，他们是通过别人对他们的态度来确定自我的价值的。如果父母对他的思想和行为加以肯定，让他从中感受到成功的喜悦，那么，他的自信就会在父母鼓励的话语中不断地得到提高。如果孩子在某方面做得不好，或是失败了，父母就要帮助他寻找并分析原因，鼓励他要不断地进行尝试，去争取成功。父母应该强化孩子对自我的积极认识，帮助孩子认识到自己拥有巨大潜能和广阔的发展可能性，使其深信：只要自己在某些领域的努力持之以恒，坚持不懈，就一定能取得成功。孩子的自我认识在其成长过程中，对培养孩子自信有着举足轻重的作用。

2. 培养孩子的特殊才能

如果孩子拥有一项特殊的才能，就可以大大加强他的自信。所以，父母可以根据孩子的兴趣和爱好来培养孩子的一些特长，让孩子通过发挥他的特长而树立起信心。只要孩子有兴趣去学，肯定会做得很好，父母就可以抓住机会夸奖孩子，让孩子明白自己也是有能力的，从而培养起孩子的自信心。当然，父母也可以通过展示孩子的特长，让其他人来认可孩子的能力，这样更能提高孩子的信心。

父母应该让孩子知道，每个人都会有自己的特长，自己可能会在一些方面不如别人，但是也完全有可能在其他方面超过别人。父母还可以教会孩子运用一些自我暗示，这样可以让孩子从对某件事的良好感觉中扩散出去，从而形成良好的自我感觉。

父母还可以多鼓励孩子参加课外活动，让他们在学业之外，培养其他的兴趣与爱好；鼓励孩子参加社区义工活动，让他们多接触那些需要别人关爱帮助的人，这些都会增进孩子的自信心与自尊心。

3. 让一些榜样来引导孩子

无论国内还是国外，甚至就在孩子的身边，都有很多榜样，他们也都是天赋平平没有什么过人的才华，有时候他们甚至是身处逆境的。但他们不甘平庸、不屈服于命运安排，顽强拼搏，终于取得成功。父母可以把这些人的故事讲给孩子听，然后引导孩子向他们学习，为培养孩子的自信提供一些生活中的依据。

4. 尊重孩子的意见

父母一定要注意倾听孩子的想法，了解孩子的看法，一些关于孩子的重大事情要和他们一起商量，并且要尊重他们的意见。构建家庭民主格局，这是培养孩子自尊、自信的无声语言，也是最有效的做法。

5. 父母对孩子要有合理的期望

如果父母对孩子的要求太高，孩子就很难实现目标，一旦他们对父母制定的目标不能实现，就会很难建立信心，甚至会打击到他们的自信心。如果父母能够对孩子的实际水平适当地降低标准，孩子就会很容易取得成功。对于孩子来说，成功会带给他们意想不到的效果，孩子可以从他的成功中体验到快乐，并且能够获得充分的自信，这样，他们就会取得大幅度的进步。

6. 对孩子进行适当的夸奖

当孩子在某方面有了进步，父母应该对于他们的进步进行夸奖，这样可以调动孩子心中的积极因素，促使孩子期望自己取得更大的进步。即使孩子没有什么进步，父母也应该寻找机会进行鼓励，这样就会让孩子有想要进步的欲望和动力，让孩子更加渴望进步。

7. "笨鸟先飞""勤能补拙"

对于一些必要的知识和技能，父母可以让孩子提前掌握，等到他正式学这个东西，或是和同伴们一起学习的时候，他就会有"这很容易"的感觉，再加上别的孩子可能没有学过，就会让他产生自信。

一个人成功的起点是自信，也是他前进的力量，而自卑则是其成才之路上最大的阻力。作为父母不应该只看到孩子成绩单上的成绩，还要看到孩子其他方面的长处。父母对孩子的信任和评价，对孩子树立自信心有着不可估量的影响，因为孩子的经验是很有限的，他的自信心最初是建立在别人对他的反应上。如果孩子认为自己讨人喜欢并具有一定的能力，那他就会勇往直前，对自己充满信心。因此父母要用微笑、赞许的话来鼓励孩子。如果父母成天都在孩子的耳边说"这孩子没出息，比某某差多了"，孩子就可能真的会认为自己没有出息。如果父母经常告诉孩子"你并不比别人笨""别人能办到的，你也一定能办到"这些话语，这样就会对孩子产生一些效果，会让孩子拥有自信，而一旦有了自信，孩子就能通过自己的努力取得成绩。

接受鼓励是孩子成长的重要内容

鼓励是养育孩子最重要的一面，每一个孩子都需要不断地鼓励。当一个幼儿来到这个世界，他常会感到束手无策，会发现成人的世界好精彩，而自己的能力好无奈，连走路这样简单的事，都要慢慢学来，这是多么严酷的现实啊！尽管如此，仍然有勇气进行各种尝试，以使自己适应、融入这个世界。孩子们就是在这种一无所有的情况下，瞄准"万能"的成人世界，开始万里跋涉的。他们从最基本的技能学起，希望有一天能自立，能够成为家庭、社会中称职的成员。在这种时刻，他们最需要的是鼓励，是战胜困难的信心和勇气，这也是我们家长能够给予孩子的最宝贵的支持。

但在生活中，我们往往忽视鼓励的重要性，常忘记鼓励、轻视鼓励。许多家长错误地认为孩子需要的是教育，而教育更多的是训导与惩罚。鼓励是什么，他们不了解，也不在乎。他们没有认识到没有鼓励，孩子就不能健康地成长，没有鼓励，可能使孩子产生不良行为，并由此有许多打击孩子自信心的事情发生，甚至成年人在无意当中给他们设置了许多障碍，而不是帮助他们。我们这样做的根本原因是不相信他们的能力，并在我们的意识中已形成偏见。在一个孩子的成长过程中，接受鼓励而产生自信心是非常重要的成长内容，是我们父母应时刻关注的教养步骤。

小孩子要帮助大人干活儿是好事，干不好也是正常的，父母应该多加鼓励。让孩子学习做家务，本来就是父母教育孩子的一种手段，何况孩子乐意主动帮忙。所以，当孩子想做事的时候，作为父母要保护他们的积极性，鼓励他们并承认他们的能力。当然，孩子越帮越忙的事是难免的，也确实让父母感到麻烦，但父母只要花点心思，这个问题是能够解决的。

小孩子特别喜欢跟在大人后面"帮忙"，而事实上许多家务如拖地板、洗衣服等对他们来说太大，不切实际地让他们插手，显然只能越帮越忙。这时应该转移他们的注意力，引导其做一些力所能及的、以自我服务为主的事，如整理图书、系鞋带、叠衣服等。

我们还可以让孩子每天干好一件事。我们可以告诉孩子："宝宝是个好孩子，知道帮妈妈做事。不过你现在还小，一下子做这么多这么复杂的事做不好，你每天只负责做一件事，把它干好，行吗？"孩子高兴地答应了，就要立即开始行动。比如让孩子干的第一件事是整理自己的小书桌，做了示范后孩子像模像样地先擦擦灰，再将零乱的物品放整齐，我们提醒他每天不忘记做，以培养他的责任感，很有效。一件事情做了一段时间，孩子做得熟练了，再替他换个新工作，让他有一个新鲜感，像每天餐前为家人放好碗筷、收拾全家人的鞋子等等都是可以让孩子干的事情。孩子受到鼓励，乐此不疲，信守契约，隔一段时间给他换一件新工作，孩子就会在不断的劳动中学到很多新的技能。

我们许多人在小时候，都特别喜欢帮父母做事，可父母一方面嫌我们添乱，总是把我们赶开；另一方面他们又对我们极为关爱，处处照料周到，连自我服务的事也很少做。渐渐地，我们对做家务的事不再关心，也不想帮忙了。从小到大，从饮食起居到择业婚姻，无一不是父母包办代替。这使我们失去了许多磨炼，常常被一种怯懦的情绪困扰，在生活中经常处于一种劣势，不知错过了多少宝贵的机会。

作为家长我们常常有一种先入为主的观念，认为孩子到了某种年龄，才能做某种事情，否则的话，他就是太小，太缺乏能力，不能做这类事情。但是我们往往想错了，往往孩子在那个年龄那个时刻是可以做得很好的，而且他做得还会很有兴趣很有意义，但是我们人为地推迟了他学会本领的时间，而且最关键的是我们的这种做法，会使孩子失去自信，怀疑自己的能力，减弱他们的进取心，以至我们认为他们应该做某件事时，他们早已失去了做那件事情的兴趣。这种消极影响将会对孩子的一生都有作用。

　　　　王平的女儿4岁了，他吸取自己的教训，两岁起就鼓励她自我服务，虽然她洗脸洗成"落汤鸡"，牙膏一挤一大堆，吐口水吐到了自己的鞋子上，他还是快乐地告诉她："宝贝真能干，让爸爸来教你，你会做得更好。"女儿的小嘴挺甜，学着她妈妈的样子说："我下次就会做好的，爸爸请你放心。"由于从小受到鼓励，女儿最快乐的事就是帮大人干活儿，有时大人到田地里干活儿，她也拿个小火铲一起挖土。大人做完一件事感到很累很高兴，她也会说："今天好辛苦，不过你们的功劳也有我一份！"但有的时候，忙没帮上，还搞得家里一片狼藉。这时他和妻子宁可偷偷帮她修正，也很少责怪她或不让她插手。添乱是暂时的，只要孩子有兴趣，就一定会越做越好。

　　你可能会说，孩子最常发生的事就是看见大人在做事就想帮忙，你在洗衣服，他突然把手放进去搅拌一番，半截袖子也跟着浸在肥皂水里；淘米时，一不小心，他的泥巴手又来了。你也许会说："快走开，别捣乱。"孩子可能会为此而消沉，以后对家事变得不再关心，而等到父母想要孩子帮忙时，他早已没有兴趣了。事实上，小时候"牵手不动"的孩子，长大也不太会做事。所以父母想要使孩子成为一个能干的人，就要容忍孩子从"帮忙添乱"开始。

　　孩子刚开始尝试做事，不可能不犯错误。这时家长的态度对孩子今后的发展很重要，你绝不能让孩子脑中留下自己是个"笨蛋"的印象。因为这样会使孩子产生一种自卑心理，严重的会使孩子做什么都会感到自己无能而不想尝试，正确的做法是一件事情失败了只是说明孩子缺乏技巧，这种技巧只是因为父母没有很好地传授或孩子还没有学会。我们应该培养孩子有勇气去犯错误、去纠正和改正错误，敢于从失败中获取成功，从中获取自信力和自尊心。这就要求我们不要讽刺他们，使他们受到不同程度的打击；当然，也不要过分赞扬他们，以免产生骄傲情绪，要使孩子始终充满自信地活着，同时我们还要不断地鼓励孩子的自信心。

你为何不把握具体情况，给孩子以实际指导，鼓励孩子使她由"帮忙添乱"成为真正的小帮手呢？她想洗袜子，你就从抹肥皂到过水手把手地教她；她想烧菜，你就请她到厨房教她先择菜；她想洗碗，你就先教她怎样使用洗涤剂或先洗一只，然后再逐渐增加……

此外，许多孩子越帮越忙，很重要的原因是由于工具不合适造成的，成人用惯了的拖把、扫帚、抹布等工具，对孩子来说太大了，妨碍他们做事，结果才弄得越帮越忙的。欲善其事，先利其器，给孩子准备合适的工具，既是对孩子帮忙做事最大的尊重和鼓励。我们不妨到超市给孩子买来小扫帚、小簸箕、小拖把等做事工具，让孩子用起来得心应手，我们干家务活儿时，她也兴致勃勃地擦自己的小桌子小凳子，收拾自己的小床、抽屉等等。凡事没有生来就会的，总是要经过不断地学习和摸索。我们应该多一分耐心，多一点宽容，恰当地引导，不但使孩子能掌握一定的劳动技能，同时还能培养起劳动观念、劳动习惯和责任感以及对父母辛劳的理解。

鼓励孩子积极参加有挑战性的运动

在美国，很多孩子喜欢玩儿滑板，在街道两旁，广场的水泥路面上，常常有美国孩子冲来撞去，在几英尺高的台阶上跃上跃下，令人对他们的安全捏了一把汗。

滑板不但需要技巧，更需要胆量，因为它具有一定的危险性。这种游戏对孩子的胆量是一种挑战与训练，但在中国，家长认为这种游戏太危险，很容易摔断四肢，冒这种危险让孩子去获取胆量不值得，保险系数低，因而不鼓励孩子玩儿，使本来就有的对这种运动的畏缩情绪更受到抑制，因而有理由后退。

这种对身体的过度保护而带来的性格上的胆怯的缺陷，其实比一些不严重的外伤更具有损伤性。外伤会痊愈，性格软弱却不是一朝一夕能改变的，甚至影响其终生。

我们不希望孩子随意冒险，但鼓励孩子有一定的冒险精神，有克服胆怯的勇气，有与别人一比高低的信心，却是十分重要的。许多体育运动都有培养孩子勇气、信心及冒险精神的特性，鼓励孩子积极参加有挑战性的运动，无疑会对孩子将来的人生发展带来很大的益处。事实上孩子在体育项目或其他体力游戏上所锻炼出来的勇气、自信及胆大心细的作风，不只在体育上有所表现，也影响到他们事业中的所作所为。美国华尔街证券交易所中最好的经纪人往往是运动员出身，这不单是他们所拥有一般人所没有的强壮的体魄，得以应付高强度的精神紧张，而且在心理素质上反应迅敏，敢于决断，有魄力，理所当然地满足了这项工作的职业要求。

鼓励孩子遇到困难自己想办法解决

　　联联已经是四年级的学生了，他生性活泼热情，对什么事情都想试试。可他从小就有个毛病，一遇到困难就灰心丧气，失去继续探索的信心。他四岁时，做了一架飞机模型，可老是飞不上天，他气得把飞机模型扔在地上，用脚踩坏，从此再也不做飞机模型了。一年级时爸爸教他学游泳，可他到现在还没学会。原来，有一次他呛了几口水，难过了好几天，从此他再也不学游泳了。在学习上联联也是这样，一遇到难题就退缩了，不会做的题目从来不动脑筋思考，而是等着第二天去抄别人的。

　　一次，老师布置一道挺麻烦挺难做的数学题，第二天要在早自习课上收起来带回办公室批改。联联不会，便想了个办法，拿钱到商店去买东西，他把这道题出给售货员阿姨计算，结果售货员阿姨用算盘很快打出来了，他照数付了款回家把得数在作业本上填上了。虽然耍了一个小聪明，但没有算式只有结果还是被老师给发现了。

　　在生活中，困难和挫折是不可避免的，一些孩子灰心丧气、沮丧气馁是由于他们做不成喜欢做的事，在挫折面前产生了畏惧心理，丧失了克服困难的信心。心理学家认为：丧失信心的理由有千万条，但根本的原因只有一条，那就是学不会、做不好或觉得自己做不好。一旦做不好，信心就会丧失，倦怠、懒惰的情绪也随之产生，造成学不会——没信心——没兴趣——更学不会的恶性循环。

孩子会一遇挫折就灰心丧气，自暴自弃，其根本原因还是在于教育方式。许多家长认为孩子还小，而且就这么一个，不能让他累着，更不让孩子做些力所能及的事情，事事都包办代替，孩子从小养成了衣来伸手、饭来张口的习惯。每当遇到一点点困难，孩子就会叫父母、叫爷爷奶奶帮忙，从小就养成了依赖、懒惰的思想。

畏难是人的心理的一种消极的心理体验。不光孩子有，许多成人也有。如果家长是一遇到困难就退缩的人，孩子在父母的耳濡目染下，也会学到一遇挫折就自暴自弃消极等待的态度。因此要想孩子具有不怕困难、顽强的毅力，家长首先要以身作则，遇到问题不推诿，不退缩。

畏难心理也是孩子缺乏自信心的表现。有的家长在对孩子进行教育时，不是恰当地根据孩子的能力来提要求，对孩子的期望值过高，这样孩子往往达不到要求。这时，如果家长不问青红皂白横加指责的话，孩子就会感到自己很无能，丧失信心，以后一遇到困难挫折也不动脑筋，心想自己反正不行，想也没用。

父母首先要从自己做起，给孩子树立不屈不挠、勇敢顽强的榜样。不要让孩子做他无能为力的事情，经常让孩子获得成功的体验，这样有助于孩子树立自信心。不要过分保护和溺爱孩子，不要当孩子一遇到点小困难就给他帮助，而应该鼓励他自己想办法解决。和孩子一起分析困难到底难在哪里，以便找出化解困难的办法。要通过真实事例让孩子知道，在困难挫折面前唉声叹气并不会降低困难、减少失败，灰心丧气只会增加自己的痛苦。给孩子讲一些名人不怕困难、不怕失败，最终做出重大贡献的例子。在孩子遇到挫折时，要鼓励孩子树立信心，不灰心丧气，勇敢面对困难。当孩子通过自己的努力，尝到成功的喜悦后，孩子克服困难的信心就会增加。家长应注意帮助孩子吸取经验教训，让孩子在每次遇到困难后，总结一下困难的类型，克服困难的方法，以后遇到同样的问题就会顺利解决了。优良的意志品质是实现目的、事业成功的根本保证，因此，培养孩子良好的意志品质就显得非常重要，这需要从生活的一点一滴做起，如：孩子摔倒了不要立即心痛地去扶他，而要让他自己爬起来。家长要让孩子了解，人生道路上人人都会遇到困难，困难本身并不可怕，可怕的是丧失了克服困难的勇气和信心，应该以坚强的意志去面对生活中遇到的各种挫折。

世上没有唾手可得的成功，只有在挫折中不断进取才能摘取成功的桂冠。孩子成长过程中始终一帆风顺的情况是没有的，总会遇到些障碍，受到各种挫折，孩子耐挫力的大小直接关系到他社会适应的成败。我们做父母的要重视培养孩子的耐挫力，铸就他们百折不挠的意志力。告诉孩子怎样面对挫折是我们培养孩子耐挫力的重要环节。

在孩子不同的年龄阶段，我们可以建立适应孩子的不同的耐挫目标。一个5岁男孩的父亲说，在孩子还是不满周岁的小婴儿时，他们就刻意在每日精心照料之外，留出一定时间让孩子自己玩儿。这种既珍惜每天和父母玩儿的时间，又能专心自己玩儿，就是小婴儿的勇敢。这种养育中长大的婴儿，必定能够面对困难和挫折，而不会处处要父母领着、牵着、陪着。孩子5岁了，免不了磕磕碰碰，生灾害病，遇到这样的情况便视为培养孩子勇敢的机会，以坦然的态度告诉孩子，身体不舒服心里难过是暂时的，药虽苦打针虽痛但能帮你健康。孩子接受了这个道理，总是表现得非常出色。

一个6岁男孩的母亲说，单位电脑考试，她因病没有复习考砸了，她把这件事告诉儿子，并保证努力赶上，一个月后这位母亲以优异的成绩通过了考核。身教重于言教，这会潜移默化地影响儿子的。她还让孩子以自己为榜样，如，让孩子参加游泳训练，指导他将不怕冷不怕累的经历记录下来，在打退堂鼓时，提醒他看看记录，向自己学习。

每个孩子都有长处和不足，父母应有客观的评价与合理的期望，鼓励孩子向恰当的发展目标努力。若只看到孩子的优点无视缺点，孩子会因对自身的不足缺乏认识而骄傲自满，不能接受挫折。若父母期望值过高，就会增加孩子的心理压力，使他们不敢面对挫折。知己知彼百战不殆这句古语用在这里也很妥帖，知己就是要帮助孩子正确认识自己，了解自己的兴趣、能力、特长、性格以及希望自己成为怎样的人，未来的人生道路可能会在哪方面受挫等。知彼是帮助孩子认识环境了解社会，如社会需要什么素质的人，现实中存在哪些不尽如人意的事等，让孩子懂得做事要向高目标努力，但须做好承受最坏结果的思想准备。

能力不足的孩子，遇到困难无力应付，常常被挫折感压得垂头丧气。能力强的孩子善于解决问题，即便受了挫折，也能积极地寻求解决问题的方法。孩子的许多能力是在解决问题的过程中形成和发展的。父母过分照料孩子，就会造成轻而易举地放弃对孩子能力的培养。要求孩子为自己的生活服务，如洗自己的袜子、整理房间、倒垃圾、叠衣服等小事，因为这些小事正是培养他自立的能力和精神，是提高他应付挫折本领的一个重要途径。此外，在孩子遇到困难时，我们不能以决策者的身份越俎代庖，替他决定，而是当他的顾问，给他提建议，教他一些克服困难的方法，鼓励他有能力对自己的行为负责。告诉他挫折人人都会遇到，但挫折可以避免，可以战胜，挫折还能磨炼人吃一堑长一智。

一般而言，容易受挫的儿童往往表现出追求不切实际的目标，对追求目标过程中遇到的困难没有心理准备，能力不足，不会应付，缺乏自信，把困难当成不可逾越的障碍。可以说耐挫力是对孩子终身发展都极为重要的心理素质。

不要心疼孩子吃苦

从某小学通往某发电厂的宽阔大道上，人山人海，热闹非凡。马路中间是学生队伍，上千名小学生，个个精神抖擞，雄赳赳气昂昂地迈着大步，有的还不时小跑一阵，追上前面同学的队伍……马路两边比马路中央还热闹，人数比中间的小学生还多，阵势比中间的小学生还杂乱，且都推着自行车，骑着摩托车，甚至开着小轿车，还不时向中间的小学生队伍大喊大叫："别跑，慢慢走好了！""别逞强了，走不动爸爸捎你！"……从中间小学生队伍中响起的却是这样的回答："我能行！快回去吧！""没问题，放心吧！"……

原来，该小学正在搞活动——"我的训练"。当然是象征性的，从学校出发到发电厂，路程并不长，低年级还减半。尽管事先已和家长联系，沿途都有老师"站岗放哨"，最后还有收容车压阵，且早与交管部门联系好，这段时间内实行交通管制，绝对出不了事，可家长们还是不放心，孩子可从来没有走过这么长的路啊，万一吃不消怎么办？好多家长都劝孩子别参加这次活动了，可孩子哪里肯听！到了活动那天，家长们纷纷赶来为自己的孩子"保驾护航"，于是就出现了那么生动的一幕。孩子不可能永远泡在蜜罐里，总有一天要走向社会，而社会既有晴空万里，风和日丽，又有狂风暴雨，雷电交加。人生道路不会一直平坦，坑坑洼洼，荆棘丛生在所难免，主要看你有没有跨越的本领。

许多家长有舍不得孩子吃苦的心理，在不知不觉中就会漠视对孩子体力和意志力的培养，而体力和意志力则是智慧能否得以充分发挥的基础和保障。因此，孩子在体力上吃点苦，在意志力上受点考验并没有什么，更不必心痛。让孩子以强健的体魄和坚强的意志力去面对未来，接受各种挑战才是最重要的。

在夏令营里我们会经常看到这样的情景，白天孩子们一起做游戏玩儿得很开心，但到了晚上睡觉时，许多孩子看看床，抹起了眼泪。他们想父母，不能承受父母不在身边的痛苦。在劝说下，他们勉强上了床，但是要求老师不能关灯。有位女孩子让老师给她找个布娃娃抱着。灯可以不关，但娃娃找不到，女孩子委屈得哭了起来，老师无奈给了她一个枕头当娃娃，可能是哭累了，她竟抱着枕头入睡了。还有的小女孩直哭着要见妈妈，老师怎么劝也不行，无奈拨通了她家里的电话，让她妈妈在电话中哄着她睡，她妈妈在电话里给她讲故事，唱催眠曲，半小时以后，她终于睡着了。有的家长也抱怨，现在的孩子太娇了，依赖性强，吃不起苦，将来可怎么办？这样的担心并非没有道理，可是孩子真的去吃点苦，家长又牵肠挂肚地担心起来。

孩子将来面临的是市场经济社会，是一个处处充满竞争的社会。"物竞天择""适者生存""优胜劣汰"将是普遍现象，竞争会使孩子们面临极为严峻的考验。社会竞争不是一般能力的较量，自己的孩子没有吃苦的精神和能力，是不能在激烈的竞争中获胜的。

一些从日本回来的朋友，看到日本的一些幼儿园，每逢冬天，让赤身裸体的孩子在风雪中滚爬摔打。瑟瑟的冷风，冻得孩子发抖，嘴唇也发紫了。但是站在一旁的家长一个个"硬心肠"地看着，不动声色。他们被日本家长的这种举措深深打动了。日本的家长说："在送给孩子幸福之前，先要送给他们苦难。"

在德国，孩子们的事尽可能地让他们自己做，家长有意识地让孩子去做一些艰难的事。法律还规定，孩子到14岁时就要在家里承担一些家务，比如要替全家人擦皮鞋等。这一做法大大加强了孩子的社会义务感。

在美国，小学生在学习期间，用给他人送报、送奶、修理草坪等劳动，来挣自己的零花钱，从小就体验劳动的艰辛。相比之下，中国的孩子吃苦太少了，他们在家长无微不至的关怀下，成了温室里的花朵。如果我们始终是太至爱、太心软，不放手让孩子去锻炼，那么就有可能剥夺孩子本该获得的幸福。

孩子一生中不遇到挫折是不可能的，为了孩子将来少吃苦头，让孩子在成长的过程中适当吃些苦头也不失为一种培养孩子耐挫力的好方法。

锻炼孩子的勇气对于父母自身的勇气也是个考验

父母领孩子到农村的姥姥家去，姥姥家住在一个村庄的山坡上，父母就领孩子到山坡上的草地里去玩儿，草地像一床毛茸茸的大毯子，孩子刚开始还很好奇，甩开父母的呵护，勇敢地在草地上用小脚来回地踢踏，见到有蝴蝶飞过，还扑过去捉蝴蝶。父母看到孩子走进大自然那种开心的样子，一下意识到这是一个家庭多么温馨美好的时刻！可这种美好被一只大黑蚂蚁给打破了。原来，孩子胆量很小，一只大黑蚂蚁爬到了孩子的脚背上，她很恐惧，发出了尖厉的叫声，竟恐慌地哭泣起来。

去做你害怕的事，害怕将不再缠着你。本来一只蚂蚁并没有什么可怕，只要告诉孩子"勇敢些，把它从你的脚背上弄下来"，孩子经过一番努力是会实现的，孩子也得到了一次战胜恐惧的机会。可是做母亲的偏不，上前把那只蚂蚁抓下来踩死了。孩子的哭声止住了，可孩子的胆量没有成长，甚至更胆怯了。试想，如果这位母亲不是去帮助孩子把蚂蚁从脚背上抓下来，从而止住孩子的哭声，而是在孩子的哭声中告诉孩子要勇敢些，不要怕它，鼓励孩子把蚂蚁捉住，把它踩到脚下或抛向草地，孩子当时可能犹豫，可能身体会发抖，可孩子一旦把蚂蚁从脚背上抓起来，他就会增加战胜胆怯的自信心，就会激发孩子自己战胜困难的自豪感，或许以后再遇到此类事件他就不仅不会再害怕而且很可能主动从容地去自行处理了。

同样地，孩子在爬一个小坡时显得胆子很小，她一步一回头，不停地看着爸爸，很想让爸爸把她抱上去，爸爸似乎有意要锻炼她一下，并不看她，只是任她不停地向上爬着。因为爸爸知道，虽然是第一次爬坡，可孩子是能够爬上去的，这正是锻炼孩子胆量与技巧的好机会。可妈妈非常担心，她怕孩子摔下来，又怕她磨破细嫩的小手。母亲一会儿看看孩子，一会儿担心地嘱咐一声，一会儿又喊前面的爸爸慢些，孩子最终胆怯了，不肯再往上爬，后来还是由爸爸抱了上去，结果是以没有达到试试爬高的愿望而告终。

本来孩子是可以爬上去的，如果不是妈妈提心吊胆地在那里显出可怕的样子，对于这样一道小小的难题是可以胜任的，这是一次孩子认识自己的机会，可是这个机会被妈妈善意地剥夺了。

同样是那道小坡，回家了，该是下坡，父亲把母亲提前打发回家烧饭，由自己照料孩子。孩子此时在坡上，比上坡时显得还胆小，生怕自己掌握不好平衡会翻到坡下去，她再次向父亲求救，父亲不理她，只是向前走，孩子蹲在坡上，大声地呼叫："爸爸，我不敢，把我抱下来。"可父亲让她自己走，否则就不能回家吃饭。经过执拗的僵持，孩子无望了，又不敢下坡，只好自己坐在坡上一点点地往下挪。当她挪到一半的时候，蹲了起来，接着就跑下来了。父亲高兴了，转过身来让孩子再来一遍，孩子虽然还吓得心咚咚直跳，却还是按父亲的想法做了，这次孩子没有坐在地上挪，而是直接蹲着身跑下来了。父亲问她以后还敢下坡吗？孩子说以后再也不怕了。父亲高兴地把孩子抱了起来，说："鸭子天生会游泳，我的孩子怎么长这么大了还不会下坡！"父女俩开心地笑了。

　　孩子因着凉而感冒，父母急忙抱到医院看医生。医生说孩子需要打针，说这话时医生很平静，因为医生天天要给无数个病人打针，可孩子的父母不由得皱紧了眉头。要打针了，孩子有多可怜，孩子虽第一次听说打针这个词，还闹不清是怎么回事，但看到爸爸妈妈满脸的紧张，再望一眼身穿白大褂的医生忙碌地摆弄着针头、药品，心猛地抽紧了，哇哇地哭个不停。医生将注射器摆弄好，只好一针扎去，孩子顿时哭得更厉害了。因为父母的表情告诉孩子这事很严重，孩子就在父母不停的关怀呵护声中哭得几乎气绝。

　　其实如果做父母的对打针这一现象很平静，孩子也有可能不以为然，表现出勇敢精神，父母告诉他这并不可怕，在很短时间内便可结束，而且他的身体从此就会康复，孩子是能够更从容地接受这一事实的。这种做法往往还会给孩子留下一个极不好的经验，那就是一看见医生就跟父母闹别扭，一说打针就痛苦不堪以至大哭大闹。有时候孩子的心理与父母的想法是不一致的，甚至是对立的，而我们这些做父母的有时会粗心地忽略掉这些。孩子期望父母不要总是过分细腻地表现出来那种关心，他们有时很反感父母总是像风筝那样用绳子牵着他们，这样在别的小朋友面前他们会觉得很没有面子。甚至看到别的孩子放心大胆地玩儿，而自己总是被妈妈陪着会很厌烦，认为是妈妈多事，对他不公平，妈妈对他越不放心，孩子越气恼，内心越感到不平衡，有时甚至产生逆反心理。孩子越是不愿在妈妈身边，妈妈越不放心，越是要照顾他、指导他，孩子一生气，说"一点也不好玩儿，我不玩儿了"。妈妈却愣在那里不知是怎么回事。这些在独生子女的身上，表现尤为明显。

可以说，要锻炼孩子的勇气，常常对父母自身的勇气也是一个考验。如果我们自身或是困难、遇到带有一些危险的活动就害怕，很难想象这样的父母会带出有勇气有胆量的孩子，有时我们仅仅是为孩子的安危担忧，为防止万一而牺牲孩子锻炼的机会。这样做虽然保证了孩子当时的万无一失，但对孩子的成长是不利的，事实上也是很自私的。

父母这样思考更多的是为了保护自己的感情不受万一可能发生的危险的伤害，害怕自己不能接受这万一带来的打击，所以为求保险而加倍保护，造成孩子缺乏勇气的弱点。我们要克服这种自私，为孩子的将来着想，大胆鼓励他们敢去做力所能及的事情，做一个勇敢的孩子，只有这样，才能锻炼孩子的勇气，将来成为一个有胆量能做大事的人。

教子有方

你就是孩子最好的玩具

启 文 编著

中国出版集团

中译出版社

图书在版编目（CIP）数据

教子有方 . 你就是孩子最好的玩具 / 启文编著 . --
北京 : 中译出版社，2019.12（2022.5 重印）
ISBN 978-7-5001-6139-4

Ⅰ . ①教… Ⅱ . ①启… Ⅲ . ①家庭教育 Ⅳ . ① G78

中国版本图书馆 CIP 数据核字（2019）第 282099 号

教子有方

你就是孩子最好的玩具

出版发行： 中译出版社
地　　址： 北京市西城区新街口外大街 28 号普天德胜大厦主楼 4 层
邮　　编： 100088
电　　话：（010）68359827，68359303（发行部）;（010）68002876（编辑部）
电子邮箱： book@ctph.com.cn
网　　址： http://www.ctph.com.cn
总 策 划： 张高里
责任编辑： 李　颖
封面设计： 青蓝工作室
印　　刷： 金世嘉元（唐山）印务有限公司
经　　销： 新华书店
规　　格： 880 毫米 × 1230 毫米　1/32
印　　张： 30
字　　数： 550 千字
版　　次： 2019 年 12 月第 1 版
印　　次： 2022 年 5 月第 5 次

ISBN 978-7-5001-6139-4　　　　定价：149.00 元（全 5 册）

中 译 出 版 社

前　言

身为父母的你是否明白，相比玩具，孩子更喜欢你呢？其实，孩子不需要智力玩具或者电视节目，他需要的是你！他需要的是和父母在一起的温馨时光，他喜欢和父母单独相处而不被打扰的欢乐生活。

所以说，深度陪伴是最好的教养方式。很多父母认为长时间相处就是深度陪伴，其实这是不对的。事实上，与其周末和孩子在电视机前发呆一天，不如每天上班出门前，用15分钟来有效沟通谈话。有意义的陪伴，"质"比"量"更重要。深度陪伴更多的要求是来自内心的陪伴。父母要学会走进孩子的内心世界，和他交朋友，和他成为同龄人，这样才能站在他的角度思考问题，进而打开孩子内心世界的大门。

孩子的童年需要父母的滋养，需要父母正确的爱。没有父母不爱自己的孩子，但如何正确地去爱，却不是每个父母都能做好，溺爱、缺爱、错爱，以及父母角色的缺失，都会带给孩子一生难以修复的伤害。一个孩子从小被剥夺了以天真之心享受单纯生活的权利，就会在他的个性上造成难以弥补的裂痕。我们要让自己的孩子有过做天使的经历，不要让他生来只能做没翅膀的凡人。除此之外，父母更要给孩子游戏和成长的空间。让孩子在玩中学习，让他学会玩耍，然后学会学习。

生活中，情商高的人往往具有明显的优势，甚至有人说，成功与否 80% 取决于情商。孩子在学校里可以通过学习各种不同学科来提高思维水平，但是却没有任何一个课堂专门教孩子如何提高情商。所以，这个重任就毫无疑问地落到父母身上。父母应该对孩子的情绪给予同情和理解，在沟通中增进亲子关系，从而提高孩子的情商和沟通能力，为他们的成长打下有益的基础。

没有人天生会当父母，所以育儿的过程实际上也是父母自我成长与提升的过程。作为家长，要带着一颗愿意学习的心和一颗愿意改变的心，不断学习、不断成长，努力成为引领孩子健康成长的高素质父母，和孩子共同建立幸福的家庭港湾。父母和孩子之间的亲密关系是家庭中所有温暖和快乐的源泉，当父母建立起与孩子的亲密关系，孩子也就可以得到家庭关系所带来的归属感和安全感。

孩子处于家庭和学校两大不同的环境中，心理总会出现些不适应，于是，孩子总是出现很多问题，其实这些问题都很普遍，父母也不用大惊小怪，只要好好地引导和帮助，孩子的毛病就可以被改掉。在这个过程中孩子也会建立与父母一生的亲密关系。本书收集了大量真实的教育案例，相信各位父母在阅读的过程中会收获良多。

目　录

第一章　深度陪伴，最好的教养方式

深度陪伴，打开孩子的心扉

一位父亲最近的工作压力很大，天天在公司加班到很晚。这天，他迈着沉重的步伐回到家中，想不到 5 岁的儿子正站在卧室门口等他。

"爸爸，您 1 小时能赚多少钱？"

"这不是你该管的事情！为什么问这个问题？"父亲有点生气了。

"我只是想知道，爸爸。请您告诉我，您 1 小时能赚多少钱？"

"好吧，我 1 小时大概可以赚 20 美金。你可以去睡觉了吗？"父亲不耐烦地说。

"哦，"儿子没有回房间，而是低下头说，"爸爸，请您借给我 10 美金吧？"

父亲以为儿子想乱买东西，于是训斥了他一顿。儿子默默地回到自己的房间并关上门。

冷静下来后的父亲觉得刚才那么对儿子有些过分，就走进儿子的房间："对不起，爸爸刚才太凶了。这是你要的零用钱，去买你想要的东西吧。"父亲将 10 美元放在桌上。

儿子接过钱，高兴地从抽屉里拿出一个存钱罐，将罐子里的钱都倒了出来，慢慢地数着。

"你已经有钱了，为什么还要？"父亲又有些生气。

儿子把所有的钱捧在手上，说："爸爸，我现在有 20 美金了。我可以向您买 1 小时的时间吗？我一直盼望着能跟您吃顿晚饭，请您明天早点回来，好吗？"

这则故事告诉我们，孩子需要陪伴，需要父母的理解与爱，相较于物质上的关爱，精神上的关爱才是孩子最需要的。然而在现实生活中，身为家长，你有多久没有和孩子一起吃饭，一起出游，享受手牵手走过的每一分钟？你有多久没有和孩子坐在一起，静静看他写的每一笔，听他想说的每一句话？你是否觉得孩子和爷爷奶奶越来越亲近，却和亲生父母越来越疏远？……

这些问题你是否深有感触？

几年前，某市进行了一项关于少年儿童素质状况的抽样调查，结果显示，独生子女与父母交流、玩耍的时间最短，只有 5%，而一个人独处的时间高达 40%。随着年龄的增长，孩子与父母在一起的时间呈下降趋势。由于与父母缺少情感交流和语言沟通，相当一部分孩子内心空虚、性格孤僻、对人冷漠，与父母存在隔阂。

事实上，给孩子更长时间、更高质量的陪伴，更及时、更积极的回应，对孩子的成长至关重要。

首先，父母与孩子的沟通，不仅仅是内容的传递，更是情感的流通、爱的流动，对亲子双方都有着重要意义。父母只有长时间地陪伴在孩子身边，才更有利于亲子沟通。因为只有这样，父母才能及时听到孩子心里真实的想法，了解孩子的所思所想。双方的心扉打开了，沟通顺畅了，良好的亲子关系就更容易形成了。很多孩子之所以不愿将心里话说给父母听，就是因为父母没有时间陪伴他们，很多对他们来说很重要的时刻，父母没有给予足够的支持与帮助，所以他们跟父母的关系才会逐渐疏远。

其次，孩子唯有在父母的陪伴和呵护中成长，才能感受到父母无条件的爱，从而获得安全感、归属感和价值感，构建起独立的人格特质和与父母稳固的依恋关系。研究显示，凡是童年获得充足而又高质量陪伴的孩子，日后都会情绪稳定、乐于交往、敢于探究。

另外，教育孩子的前提是了解孩子。如果父母都不了解自己的孩子，就盲目地照搬别人的教育方法，结果只能适得其反。这种情况下，又何谈对孩子的尊重和理解？关于儿童生长发育的普遍规律，家长可以通过相关书籍有个大体的了解，但具体到某一个孩子成长规律和个性品质方面，一定是有很大不同的。所以父母想要真正了解自己孩子所处成长阶段的规律特征，以及他自身的天赋潜能、兴趣爱好、脾气秉性，内在需求等，就必须在孩子生活和游戏时观察他，在孩子不同的情绪和状态下研究他，而父母做到这些的前提就是，长时间地陪伴在孩子身边。

有一些父母整天致力于找寻培养孩子能力、品质的方法和秘籍，可对孩子连陪伴的耐心都没有，陪伴的过程都想省略，一心只想着通过说教、打骂等简单粗暴的方式来速效地教育好孩子，这怎么可能取得好的效果呢？

要知道，在养育孩子的过程中，父母只有长时间地陪伴孩子，才能把自己的信念、价值观、行为准则，以及对孩子的接纳、尊重、理解和信任传递给孩子，才能以自己身体力行的示范，去影响和熏陶孩子，从而让孩子树立自信心，拥有战胜挫折的勇气和力量。

孩子的成长需要父母的陪伴

一位母亲在给儿子的信中写道："你是一个铁杆球迷，为了看球，甚至可以不吃饭、不睡觉。说实话，我原本无法理解，对我来说，足球只是一堆人争夺一个球的无聊游戏。你常常深更半夜悄悄起来看英超、意甲转播，虽然为了不吵醒我们，你总是把音量放到最低。但是，你那压抑的激动声响和偶尔克制不住而发出的大声喝彩，还是会惊醒我，那时，总免不了对你的一顿教训。可有一天，一个念头突然冒出来：能够让你如痴如醉的足球到底为何吸引你呢？我怎样才能够体会你在看足球时的快乐呢？有机会一定要尝试一下。"

对此，儿子在自己的日记中也有所记载："奇迹果然出现了！不但是塞内加尔的奇迹，也是我妈妈的奇迹——她竟然从此迷上了足球，每天抢着看报纸，准时看球赛，关心贝克汉姆，询问罗纳尔多。当我们同时情不自禁地站起来，面红耳赤地给中国队加油的时候，我感到我们的心灵第一次如此相通。我心里只想说：'能跟妈妈分享我的快乐，我真高兴！'"

养育孩子的过程也是陪伴孩子的过程，只有当孩子感受到你与他同在一起，他才能把你的爱放入心中。

与孩子共同参与活动，陪伴孩子成长，对于亲子关系非常重要。

孩子们通常有自己的社会活动，例如，学校组织的风筝大赛、校际篮球比赛、乒乓球比赛等。一些父母可能会认为，这只是毛孩子的游戏，关我什么事儿呀！其实，这种想法是完全错误的。教育学家建议家长，要积极参与孩子的这类活动，因为你的参与就是对他们的肯定。

安吉莉从未忘记参加有孩子参与的每一项活动：市篮球联赛、运动会、学生音乐会、话剧表演——即使儿子只是演一棵树。安吉莉是一个牙科医生，对运动一窍不通，对音乐也不大感兴趣，但她还是努力抽出时间去为儿子加油。因为她说，希望自己在孩子成长过程中尽量陪着他。

最近一段时间，儿子迷上了制作遥控飞行器，为此，他甚至办了寄宿，专心地在学校里研究试验。每天，他都会给安吉莉打电话，报告自己的新进展：他的飞行器反应更灵活了、飞得更远了……

一天，儿子打来电话："妈妈，明天下午就开始比赛了，来替我加油吧！"妈妈兴高采烈地回答："太棒了！我明天一定准时去。"

第二天，安吉莉把诊所停业一天，上午跑到书店里找了很多遥控飞行器方面的书，又给儿子买了一组昂贵的飞机模型，下午准时赶到学校。遗憾的是，儿子那天并没有取得好名次，面对专程赶来的妈妈，孩子有点惭愧。安吉莉拿出自己准备好的礼物——书和模型递给了儿子，然后用玩笑式的威胁口吻说："小子，看到了吗？这么贵的书和礼物都买了，你要是敢因为一次小小的失败就放弃，那我绝对饶不了你！"

儿子大笑着接过礼物："什么放弃呀！等着吧，下次第一名就是我！"这时，他已经完全振作起来了。

腾出时间陪孩子一起做孩子所热衷的事情，是非常重要的。很多父母不明白这一点，一心一意"教育"，却拉开了孩子和自己的距离，到了孩子成年的时候，两个人竟然像陌生人一样，无法对话了。

如果你希望孩子养成持之以恒的品质，掌握其他与工作、生活相关的技能，你就要积极去参与孩子的活动，用你自己的兴趣、可依赖性及独特的指导，为孩子树立榜样。

最好的父母不是端坐在书房中写字，也不是忙碌在厨房里做菜，而是一直陪伴着孩子的父母。父母不是一个符号，而是孩子生命中不可缺少的一部分，共同的回忆把父母和孩子紧紧连在一起。

多多陪伴孩子，参加他的集体活动，主动帮他解决问题，这样父母才能真正了解自己的孩子需要怎样的爱。孩子的成长需要父母的陪伴，你可以错过一份好的工作、一个好的人生机遇，可是，身为一位家长，如果你错过了孩子的成长，便也错过了孩子人生中许多美丽的风景。

"高技术"产品不能代替父母的陪伴

欢欢的爸爸是外科医生，经常在医院加班，工作非常忙，所以，照看欢欢的重任就主要落在妈妈的肩上。妈妈是公务员，朝九晚五地工作，白天欢欢在幼儿园上学，下午放学后妈妈来把她接回家，可是，晚上回家吃完饭后，妈妈总是和几个阿姨约在一起打麻将，没有时间陪欢欢玩。所以，她总是让欢欢自己在家看电视。欢欢每天晚上都会坐在沙发上看电视，一直看到睡着，等妈妈回来再把她抱到床上脱衣服睡觉。慢慢地，欢欢与妈妈的接触越来越少，她也越来越自闭，经常一回家就坐在电视机前看电视，家里似乎只有电视机和她亲近，妈妈看孩子自己看电视也不阻碍她打麻将，就随她去了，可是，年仅5岁的欢欢，眼睛就近视了，而且还患上了自闭症。

每一个孩子都需要一种被爱的感觉，总是希望和爸爸妈妈在一起。而许多事业很成功或者是不负责的父母总是因为太忙或者太贪玩而无法和孩子们在一起消磨时间，于是就让电视机、电子游戏来帮忙自己照看孩子，久而久之使孩子丧失了思考的能力，且情感脆弱。

如果让一个孩子长期看电视，必然会导致智力的下降；同样道理，经常玩电子游戏，智力也会下降。而最近的一些报道也证明：那些利用新技术开发出来的智力玩具，也会导致种种意想不到的后果，人们被"新技术开发"这些光环所迷惑，不晓得这些东西对儿童的成长究竟有着多么大的危害。

其实，对于孩子来说，他内心最需要的，是一种爱的感觉——和爸爸妈妈在一起，相互交流，在亲密地接触中感受到爱和温暖。这种被爱的感觉，是一个孩子日后乐观、自信、积极的动力，也是一个孩子安全感和归宿感的加强。即便在成年人中，也常常会有人希望听到一遍又一遍"我爱你"的表白来确定一种稳定的关系，孩子的心里更是渴望他们刚刚意识到的爱的关系被行动证明。而父母的陪伴，无疑是最好的证明方式。孩子对父母情感需求是有一个规律的，从寸步不离到不胜其烦，有自己的变化。一旦父母错过这个过程，希望将来弥补，就没有现在陪伴的效果好了。

当孩子产生喜怒哀乐的情绪时，总想和人一起分享。我们成年人，有和人分享的心理需要，同样，孩子也需要人与他分享生活中的喜怒哀乐。所以他们需要父母来倾听他们的声音。倾听并分享孩子的喜怒哀乐，有利于协调亲子之间的关系，让孩子感到父母在关心、爱护他，从而取得孩子的信任。

由电动玩具、电视电脑带大的孩子，在他们的生活中，"亲情"很可能是一个陌生的概念，"世人皆有我独无"，尤其是当他看到别的孩子可以在妈妈的怀中撒娇，可以坐着爸爸的车上学放学的时候，孤独感和失落感都会给孩子的心灵留下阴影。大量事实表明，没有感受到太多爱的孩子更容易多疑、自卑、缺少主见，或是走向另一个极端——自大、个人主义、不能听取别人的建议。这些都不利于孩子将来的社交和生活，这种影响是持续的，不会因为孩子长大就消失。当孩子自己成为父亲或是母亲时，缺失父爱或者母爱的经历会让他们期望将自己失去的爱补偿到孩子身上，慢慢就变成一种高压和束缚，让孩子不堪重负。并不是所有的孩子都会如此，但是这样的情况，应该引起父母的警觉！

父母们一定要记住，尤其是那些忙着事业、忙着玩的父母，孩子真正在乎的，是爸爸妈妈能花多少时间来照顾他，来和他玩。让孩子过多地接触那些智力开发的产品，永远也比不上父母和孩子之间哪怕是随意地玩耍，这对孩子智力和感情上的良性刺激要丰富得多。

陪伴的安全感，会互相给予力量

陪伴是相互的，父母在陪伴孩子，孩子也在陪伴父母。在这个过程中，双方因为彼此而产生勇气。就像一个人的时候不敢走夜路，但是多了一个人就敢于走下去。陪伴的安全感，就是在陪伴的过程中相互给予。

陪伴给孩子带来的安全感和幸福感是能看在眼里的，因为越是年纪小的孩子，他们对父母的依赖性就越强。孩子需要在父母身上找到安全感，当父母不在家的时候，孩子会哭闹，因为没有人给他们回应。但是当父母来陪他们的时候，他们便会停止哭闹，身心的安全让他们找到了慰藉。最简单的事情就是一家人围在一起吃饭，这也是家庭关系和睦的表现，是增进亲子感情的最好方法。

有一位教育专家曾说："最好的家庭教育就是全家人坐在一起，吃很多顿饭。"的确，全家团聚在饭桌旁，吃上一餐香喷喷的饭菜，温饱食欲的同时，也是家庭成员见证彼此存在的证明。这会让孩子提升对亲情的感知，产生浓厚的安全感。

孩子安全感缺失的时候，他们的第一反应就是寻找自己的父母，当他们向你投来寻求帮助的目光时，你应给予的是对他们的回应。但是往往这个时候，一些父母会不在孩子身边，所以孩子只能在惊慌失措中寻找解决途径，最终不得其法。因此，不管孩子面对什么样的困难，对父母来说，唯一能做的就是站在孩子背后，让他们转身的时候能看到你的身影，然后给他们勇气，让他们继续往前走。

周末，琪琪跟着爸妈去儿童乐园，琪琪一向胆小，爸爸妈妈为了锻炼琪琪的胆子，经常让琪琪自己做些游戏。琪琪虽然不太情愿，但是爸爸妈妈的鼓励让琪琪每次都会去尝试一下。在一个儿童独自探索的区域内，爸爸给琪琪买了门票，琪琪抱着妈妈的脖子不想下地。妈妈安慰道："琪琪是最勇敢的孩子，你看，上面的小朋友都在玩儿，琪琪不想去看看吗？"

挣扎了几分钟后，琪琪还是在工作人员的帮助下穿上了安全衣，系上了安全绳索，走上了楼梯。高处的独木桥没有扶手，只能凭自身的平衡感过去，很多小朋友都不敢去。虽然下面有安全网，加上身上又有安全绳，但是依旧难住了很多孩子。琪琪准备绕过去的时候，爸爸在下面喊道："宝贝，你是最棒的。"爸爸的叫喊声吸引了很多目光，琪琪在上面也被小朋友注视着，那一刻琪琪突然鼓起勇气，抬脚登上了第一个台阶。

琪琪紧紧抓着背后的安全绳，慢慢地走了过去。背后传来了小朋友的惊呼声，然后就是掌声。琪琪站在对面的安全台上，朝着下面的爸爸妈妈笑得很开心。回家的路上，琪琪一直在说自己当时的想法，不断地重复着一句话："我觉得爸爸妈妈在下面，一定会保护我。"

孩子的世界很简单，他们相信父母会保护自己，所以只要有父母在，就能放心大胆地去做，因为他们在心底找到了父母给予的安全感。因为年龄和见识的原因，孩子无条件地相信父母能够保护自己，这份安全感对孩子来说是无比重要的，孩子在认知世界的过程中时刻都在学习，他们对外界感到新奇而又敏感，快乐和伤害会同时存在。每个人对新事物都有着戒备心理，孩子的防御心也不弱，所以他们才会时刻寻找安全感。对孩子来说，最好的安全感来源于生活中的点点滴滴，日常积累的安全感能够成为安全墙，当孩子在外界受到伤害的时候，安全墙会给孩子足够的保护力量。

父母不管是在生活还是社会经验上，都能给孩子足够的安全感，不管是在物质上还是精神上，都能让孩子体会到安全感。孩子一样会给父母安全感，这个安全感来自精神上。孩子虽然小，但是他们的出生代表着家庭的希望，代表着未来的生活，是父母生命的延续和希望的寄托，很多时候我们会听到这样一句话：孩子还在，一切都可以重新开始。

还记得之前的一则新闻，在当年的汶川地震中，远在外地的父亲赶回家里时，家里的一切都已经成了废墟，身边的人都被这场自然灾害带走了，但是不幸中的万幸是，他的女儿幸存了下来。父亲抱着女儿的时候说了一句话："我又有家了。"孩子在这个时候就是父亲的精神支柱，是这位父亲最后的安全感，是他在巨大的悲伤和不安全感中找到的救命稻草。

露露是一个孩子的妈妈，丈夫出了车祸，住院三个月，儿子正在上初三，时间很是紧张。为了不影响儿子中考，露露一直瞒着儿子爸爸出车祸的事情。孩子每次回家，妈妈都在家里正常地给孩子做饭，陪孩子聊天，还会让儿子给爸爸打电话，爸爸也很配合地说话，说在外地工作，得过一段时间才能回去。就这样，露露一边工作，一边照顾丈夫，还要照顾家里的老人。

有一次露露去菜市场买菜，不小心和别人的电动车撞了，对方得理不饶人，露露都急哭了，这个时候，露露的儿子扒开人群站到了妈妈身边，对着对面的人说："我已经报警了，让警察来处理，该赔的钱一分也不会少。"露露很吃惊，但还是先处理了事情。

晚上回家的时候，儿子和露露谈话，露露才知道儿子已经知道了家里的事情，他知道爸爸妈妈的苦心，也就将计就计让他们安心。这次回家，刚好路过菜市场，就看见妈妈的事情。露露抱着儿子又哭又笑，那一刻，露露又打起了精神，因为儿子给了她足够的勇气。

孩子能够给母亲重新振作的勇气，因为在一家人中，每个人都是需要保护的。孩子能够给予父母的就是精神力量，因为孩子的存在让父母有了生活的希望，有了面对困难的勇气，看着孩子，再大的困难父母都能挺过去。

学会每天睡前和孩子交流

相关的科学研究表明，孩子情绪最平稳的时候，就是每天睡觉前。在这个时候，最愿意和父母进行沟通。因此，不少教育专家建议父母，每天睡觉前，和孩子进行交流沟通。这对父母和孩子而言都有很好的作用。

首先，这是父母了解孩子的一种有效方式。

忙完一天的工作，即将入睡，这时父母和孩子的情绪都比较平稳，也不容易受到外界的干扰。这时的喃喃私语更容易走进大家的内心，孩子更乐意倾诉，而父母也会更敏感，可以敏锐地体察到孩子的情绪。

其次，这是影响孩子的最佳时机。孩子一直在模仿和学习大人，深受大人行为的影响。但人无完人，每个人都有困惑、烦恼和处事不当的时候，这些或多或少都会影响到孩子。而临睡前，孩子最容易接受影响，利用这个时机向孩子传达正面的信息，分析一天的得失，总结成长收获、失败、教训，孩子更容易接受。

晓晓今年7岁了，她的父母是上班族，每天回来都很累，只是督促晓晓写一下作业，而且口气很生硬。渐渐地父母发现，晓晓对他们甚至对同学、朋友说话的口气也变得很生硬。

"妈妈，把勺子给我递过来！"

"爸爸，去给我拿一下西瓜！"

父母原本没有特别在意，直到有一天，妈妈带晓晓去舅舅家玩，当舅舅家的小孩子大声哭的时候，晓晓却站在一旁，大声地呵斥："小孩子，不要哭，很烦。"

妈妈顿时觉得这样很不好，于是赶忙去找一名教育专家咨询。专家告诉她，每天睡觉前，试着用一种和蔼的态度和孩子交流。

妈妈听了以后，每天晚上在晓晓睡觉前，都问问晓晓这一天有什么高兴或者伤心的事情。当晓晓告诉妈妈高兴的事情的时候，妈妈就抱一下晓晓，当晓晓告诉妈妈今天她做错了一件事情，伤心的时候，妈妈就态度很温和地安慰一下她。

慢慢地，妈妈发现，晓晓说话的口气不再跟以前一样生硬了，而且也学会了在同学伤心的时候安慰同学。

最后，这种习惯一旦养成，会成为父母和孩子之间最为温馨的回忆。

一位美国女作家曾在自己的散文中记述了自己童年时期最为温馨的几个场景：

每天晚上，我都会等着母亲走进我的卧室，拿着一杯牛奶，放在我的床头。然后蹲下来，微笑着问我："宝贝，今天有什么开心的事情要讲给我听吗？"

有时候我会告诉她，我捉弄了住在隔壁的琳达，这时候她会笑着告诉我："不知道琳达捉弄了你以后，会不会开心呢？"

"我不知道，但是我想应该会开心吧。"

"那个时候的你开心吗？"

"会很沮丧。"

有时候，我会告诉她我今天看见了彩虹，很兴奋。

大多数的时候，都是一些小事情。可是现在回忆起来，却是满心的幸福。

其实，不管是父母对孩子的教育还是孩子和父母的感人记忆，大多数时候都是一些很小的事情。那父母不妨就从每天睡前问候孩子这件小事做起吧。

孩子临睡前，你和他最好的沟通方式莫过于讲故事了。那么，睡前给孩子讲什么故事比较好呢？什么故事适合睡前的孩子听呢？

1. 催眠故事最好与现实无关

催眠故事最好与现实没有直接关系，如果故事本身带有丰富的想象会更好。你可以给孩子讲述一些与动植物有关的故事，或者讲一些想象色彩浓烈的故事，让孩子觉得又好听好玩，又符合他们的口味。这个时候讲故事最好不要生硬地灌输给他们人生道理。

2. 催眠故事意境越美越好

如果在孩子入睡之前讲《卖火柴的小女孩》，那显然是不妥当的，这些与社会伦理有关，小孩子很难理解，而且在睡前给他们讲这些，强加在他们的心灵上，是不好的。

相比之下，《米老鼠和唐老鸭》《猫和老鼠》《龟兔赛跑》这类的动画故事会更加适合，因为这些故事中没有绝对的善恶、好坏、敌友之分，每个动物都有各自调皮可爱的一面。孩子听了故事，觉得温馨又可爱，然后就可以舒舒服服地睡觉了。

陪伴孩子读书，培养孩子的阅读兴趣

莉莎在女儿埃比出生之后，就开始给她读书。

最初的时候，还是个婴儿的埃比用嘴咬着书皮，口水都流到书里面去了。然而，莉莎对此并不介意，她甚至让埃比晚上和她的书睡在一块。

埃比到了1岁的时候，就爱上书了。她依偎在妈妈的怀里眼睛睁得大大的，认真地听着妈妈给她读《白雪公主和七个小矮人》的故事。

在埃比学会走路之后，就时常手里拿本书，坐在家中养的那条小狗旁边，给狗读书。当埃比上学的时候，阅读已成为他生命中不可或缺的内容。

作家赵丽宏在其散文《永远不要做野蛮人》中不无忧虑地写道："我曾经担心，现在的孩子课外阅读的范围越来越窄，能用于课外阅读的时间也越来越少，很多人已经丧失了阅读文学名著的兴趣和欲望，而与课程和考试无关的书，他们更是难有机会涉猎。这是一个令人担忧，也多少使人感到悲哀的现象。"

事实上，伴随着电子产品（尤其是网络）长大的孩子，他们不但阅读时间和阅读范围日益减少，而且他们的阅读兴趣也随着"读图时代"的来临而减弱，许多孩子甚至养成了排斥文字的坏习惯。他们的课余时间被影（音）像、电子游戏和卡通占据着，阅读在他们的课余生活中只是一种点缀。

许多教育专家呼吁："孩子对文字的冷漠态度就像一种隐形液

体，正慢慢渗透到社会之中。当逃避阅读成为习惯，孩子的阅读能力便迅速退化，从而直接影响到他们的成长。"

那么，父母怎样才能培养孩子喜欢阅读文字的好习惯呢？我们给家长的建议如下：

1. 和孩子一起阅读，让孩子养成阅读文字的好习惯

英国文学史上颇具传奇色彩的勃朗特三姐妹，她们之所以能写出蜚声世界的经典文学巨著，这与她们小时候的阅读习惯密不可分。她们的父母经常陪她们阅读，消遣漫长的冬夜。她们围坐在熊熊的炉火前，共同阅读优美、抒情的文字。春暖花开的时候，她们常常聚集在野外，朗诵自己或别人的诗作。文学的种子自此就深埋在了她们的心底。这正是他们能写出《简·爱》和《呼啸山庄》的源泉。

事实上，书本中只是一些枯燥的文字，家长在给孩子读书时，应该把书读得绘声绘色、娓娓动听，只有这样，才能够保证孩子们聚精会神地听。

2. 在孩子学会阅读之后，仍然坚持给孩子读书

许多专家建议，家长应当在孩子初中学业之前，一直坚持给孩子读书，尽管这时候孩子早已能够自己阅读。大多数孩子在13岁之前，听力要比阅读能力高，因此他们能够从听家长给他们读书的过程中汲取许多知识。给再大一些的孩子们读书，也利于你向他们介绍一些他们自己不可能去攻读的书籍。

3. 和孩子一起制订阅读计划，指导孩子阅读经典

孩子的阅读习惯应从识字开始，随着孩子识字能力的提高，

家长就需要有意识地指导孩子阅读，在全面了解孩子的阅读兴趣的基础上，和孩子一起制订阅读计划。古今中外的文学经典，自然是孩子阅读的首选。让孩子们的心灵与大师们交流、碰撞，让他们深切地感受到文字里所蕴藏着的瑰宝。

4.让孩子掌握高效的阅读方法，有选择地阅读

教育家称，孩子们喜欢那些符合他们的口味，适合他们的年龄段，并且难度适宜的书籍。孩子的读物需要多样化，专家建议，在给孩子读书的时候，可以选择各种类型的读物，如报纸、杂志、广告手册、诗集等。这样做，可以开拓孩子的视野，培养他们广泛的兴趣与爱好。

另外，家长为孩子选购图书时一定要和孩子一块儿商量着买，多激发孩子阅读的兴趣。同时要注意：为孩子选购图书应以不增加孩子课外的学习负担为前提。要教会孩子科学的读书方法，教育孩子注意用眼卫生，形成良好的读书习惯。

充分利用早晨的"黄金半小时"

早上起床的半小时是孩子和父母沟通交流的最佳时机，早晨的时间不能仅仅充斥着父母的催促，它可以成为一场家庭喜剧，也可以成为开启一天美好生活的"钥匙"。父母在这个时间给孩子一点陪伴，会让孩子在一天里都有好心情来应对学习和生活。

父母不要在临上班前的一刻才匆匆起床，也不要在每次出门时都急躁地朝孩子大吼。为人父母的责任，不仅仅是要照顾自己的心情，更要照顾孩子的心情。父母在自己梳洗完后留下半小时的互动时间，可以温柔地唤醒床上的孩子，当孩子从甜蜜的睡眠中睁开眼睛时，可以给孩子一个吻，甚至还可以让这个过程变得更有趣，比如父母可以尝试学公鸡叫、扮演太阳公公，最后再轻轻地送上一句"宝贝我爱你"，无论大人还是孩子，在未来的一天都将有个好心情。

在美国犹他州，有一个名为莱恩·普莱斯的中学生，在他15岁第一次乘坐新学校的校车时，曾经很尴尬，因为他的父亲戴尔·普莱斯坚持要送儿子。莱恩认为，这会让他的同学认为他还没长大，所以莱恩和妈妈请求道："妈妈，能不能不要让爸爸每天送我上学，这样显得我像是一个小孩子一样。"

然而，戴尔并没有因为儿子的请求就放弃送别。更为重要的是，他决定每天都装扮成不同的人物送儿子上校车。他曾装扮成各种怪物、喜剧人物和经典电影角色等。而且每天戴尔的服装都不重复，有时他会自己做，有时也会向邻居和朋友借。如今莱恩已满 18 岁，每天早上坐校车之前他都期待着父亲的新花样。

早起去上学对孩子来说并不是一件开心的事情，这个父亲深知这一点，于是花心思来为孩子开启新的一天。父亲对孩子的爱是无尽的，不然也不会长期坚持下来。孩子也从开始的抗拒到最后的期待，在这个过程中，孩子不仅收获了父亲更多的爱，也收获了乐观、积极的健康心理。在现实生活中，很少有父母在紧张的早晨抽出时间取悦孩子，更不必说扮演角色。

在很多中国家庭中，我们经常会看见这样的情况，早上起床，父母匆忙去找孩子，然后在一阵喊叫和催促中把孩子从床上拉起来，之后就是不断地催促，让孩子拿好东西，然后送去学校，之后父母再匆忙地去上班。孩子在路上的情绪不高，父母也不甚在意，因为在父母眼中，孩子只是起床闹脾气，只要去了学校，一切就会好的。在这样的想法下，父母不太注重孩子早上的情绪，但是长此以往，孩子会越来越厌恶上学。

早晨的黄金半小时是孩子一天的开始，不能因为父母的不在乎而毁掉，孩子的意见会在这个时候形成，糟糕的心情会影响他们一天，而孩子能够调节过来的情况很少。

元元上小学三年级，每天起床是他最困难的事情，所以每天早上就成了家里最鸡飞狗跳的时刻。爸爸妈妈每天早上都很忙碌，爸爸起来就去买早餐，妈妈要负责叫元元起床，加上化妆的时间，导致妈妈每次叫元元起床的时间少之又少。每次她都会在卫生间冲着元元的房间大喊："元元起来了没有啊！"如果元元不答应，妈妈就会进到元元的屋子，更加严厉地说道："我叫你起床几遍了？赶紧穿衣服起来，一会儿上学迟到了，快点，还要吃饭呢。"然后妈妈把衣服扔在元元的被子上，继续去忙自己的事情。

元元对此很是烦躁，因为本来就睡得不够，加上妈妈不断地催促，元元每次起床都是一场挣扎。等他生气地穿上衣服、洗了脸，发现根本没有时间吃早餐，于是只能拿着在车上吃。期间妈妈还要不断地嘱咐他在学校要好好学习、不要和小朋友吵架、要听老师的话、中午要好好吃饭等。元元皱着眉头坐在后面，一脸不愿意地咬着吸管。

这样的情景几乎发生在每一个家庭，父母在早上仅有的时间中几乎看不到孩子的情绪，加上不断增加的工作和生活压力，让父母很少能够在极少的时间中去观察孩子的情绪，很多被父母忽略的情绪会成为孩子成长道路上的隐患。早上的时间，对每个家庭来说都是紧张的，不仅是孩子，连大人都想多睡一会儿，但是为人父母，有些东西我们必须要承担起来。因为这是一份责任，也是一份成长，从为人父母的那一刻开始，你的身份角色就已经变了，你必须要为一些东西付出，然后舍弃一些东西。

早上抽出半小时的时间，父母中的一人站在孩子的床边，轻声呼唤孩子的名字，或者用玩具发出声音引导孩子起床。温柔地和孩子说话，可以说一些日常的趣事，不要催促孩子穿衣服，但是可以帮助孩子整理衣服。在这样的氛围下，孩子一天的心情都会很好，因为早上对孩子来说是很重要的，他需要调节心情来应对一天的学校生活。除了对孩子的教育，更加重要的是要利用好早晨的"黄金半小时"，不断提升孩子的幸福感。

假期是不可多得的亲子时光

每个寒暑假是辛苦了一学期的孩子早就翘首以盼的时刻。可是，如何让孩子过好假期生活，却成了家长们特别伤脑筋的事。在现实生活中，很多家长给孩子安排了一个又一个的培训班、学习班，把假期当成了孩子的"第三学期"。然而，相比"文化课""技能课"，当今孩子最该补的是"亲情课"。

平日里，孩子每天大部分的时间都在学校度过，家长因为工作也不可能有太多的时间陪孩子，只有在晚上有限的时间里与孩子进行简单的交流和沟通。特别是住校的孩子，一般只有周末才能和家长见面，家长想和孩子沟通都找不到机会。一些父母即使抽出时间与孩子交流，学习也往往是唯一的话题，关于孩子对生活中一些问题的看法，以及孩子思想上的变化等，父母则很少过问。

孩子的快乐、健康很大一部分来自于父母的陪伴和爱，而假期正是亲子沟通的好机会。在假期到来之际，父母不仅要引导孩子学习技能，更要做孩子的听众，倾听孩子的心声，和孩子进行深入的交流，补好"亲情课"。

在具体操作上，父母可以在家中与孩子坐在一起面对面地交谈；也可以一起去电影院、图书馆，在看了电影、读过书后一起谈谈感受；也可以到大自然中去，感受自然之美，并在自然美的陶冶中，增进亲子之间的感情。

暑假是外出旅游的大好时节，有条件的家长可以带孩子出去旅游或到乡下去走走，在休闲中感受亲情的可贵、生活的美好。在旅行中，父母和孩子的情绪都处于愉悦中，平时在家里讨论起来比较有火药味儿的问题，在旅游过程中就能够心平气和地解决。而且，在旅游过程中，父母和孩子面临着共同的问题，比如路线的规划、吃什么、住在哪儿等，聊着相同的话题，不知不觉就使亲子关系变得更和谐。

有位作家曾经写过这样一件事：

那年夏天，我去青岛开会。10岁的儿子从未见过大海，又正值暑假，我决定带他去开开眼界。这是我第一次带儿子出远门，临行前真担心在家里顽皮任性又没出过远门的儿子会给我带来麻烦。可后来的事实却证明，我的担心完全没有必要，而且通过这次出门，也改变了我对儿子的看法。

一离开家，平时在家里衣来伸手饭来张口的儿子竟然变得懂事多了，他不仅能自己拎手提箱，还主动挽住我的胳膊扶我下火车。我们在青岛玩了一个礼拜。在这七天里，我和儿子住在一个房间，白天同在大海里游泳，在海滩上散步；海水涨潮时，我们站在海边观看那一波一波的海浪；退潮时，我们光着脚丫拾贝壳、捉螃蟹。我们玩得非常愉快，变成了无话不说的朋友。

可以看出，正是这场临时起意的旅行给了这位作家和儿子难得的沟通良机，使他们的亲子关系更加融洽。

寒假恰逢一年一度的春节，走访亲友、吃吃喝喝在所难免，很多父母认为这是影响孩子学习的不利因素。其实，这也是孩子接触社会的大好机会，得体的待人接物、来自亲友的称赞都能让孩子充满自信，频繁的社会交流还能帮助孩子更加客观地认识自己、评价自己。如果这期间孩子接触到了亲友中些比较"成功"的同伴，家长更要抓住机会为子女树立积极进取的人生榜样，促使他们上进。

当然，家长和孩子在假期中的心情也会受到孩子期末考试成绩的影响。对于考得不好的孩子，家长不要一味指责，以免孩子在整个假期都处于压抑的状态。家长应该坐下来，心平气和地与孩子促膝谈心，和孩子一起分析一下成绩下降的原因，并指导孩子进行积极调整，帮助他树立信心，重新开始。

总之，愉快而轻松的假期生活是孩子们热切盼望的，也是家长与孩子在一起亲密接触时间最长的机会。家长一定要充分利用寒暑假的时间，对孩子的学习、生活、习惯等进行行之有效的了解、沟通和引导，帮助孩子健康成长。

无论在哪里生活，都要跟孩子在一起

父母要陪伴孩子，要始终和孩子在一起——我们经常能听到这样的话，也知道陪伴两个字对孩子有多么重要，但是生活的琐碎、谋生的无奈都让陪伴成了"奢侈品"，越来越多的"留守儿童"让人心疼，越来越多的问题少年也让人心碎。

调查显示，中国有 2.53 亿"流动人口"，他们中有人从农村走向了城市，有人从一个城市走到了另一个城市，甚至从一个国家走到了另一个国家。孩子出生之后又会因为户口、经济、教育等原因面临着是否留守老家的难题。现如今，不光农村有留守儿童，城市里也有很多留守儿童。

曾经看到这样一个场景：春节前后，返乡的农民工拖着行李箱，后面跟着哭着喊着的孩子，奶奶竭力地拉着小孙子，目送着儿子和儿媳妇离开。父母在外面打工，是为了家庭成员能够更好地生活，是为了孩子能够更好地成长。但与此同时，孩子在家里成了一个孤独的人。他们长期缺少父母的陪伴，只有隔代的亲人，加上周围环境的影响，孩子会越来越缺乏安全感。有些时候，甚至会失去对父母的依赖感。

微微已经 3 岁了，到了该上幼儿园的年龄，可是爸爸妈妈实在太忙了，没办法每天都接送她，所以她被送到了住在同一座城市的爷爷奶奶家里，在爷爷奶奶家门口的幼儿园上学。每个周末，爸爸妈妈都会带微微去科技馆、动物园、公园等地方玩儿，微微每次玩儿得都很开心。

有一个星期天，一家三口到游乐场去玩儿，傍晚回家时，微微突然问："妈妈，我们是回奶奶家，还是回你们家？"妈妈听了之后有些郁闷："为什么说你们家？爸爸妈妈的家不就是你的家吗？我们是一家人。"微微摸了摸自己的小脑袋，恍然大悟道："对哦！"但是这句话却让微微的爸爸妈妈陷入了沉思，一夜无眠。

孩子长期没有在父母身边成长，父母对孩子的关注度明显不够。以至于孩子和父母之间出现了较深的距离感，感受不到父母完整的爱。因为父母陪伴的缺失，让孩子失去了更多和父母在一起的机会，不利于孩子的成长，也让孩子和父母之间产生了隔阂。很多时候，父母因为长期在外谋生，连孩子的面都没怎么见过，孩子的成长中缺少父母的关爱，更加缺少对父母的认知。

某大型公益活动选了 57 名"留守儿童"到杭州、上海和爸爸妈妈团聚，其中有一个小女孩的爸爸妈妈竟然说出了这样一句话："可以让孩子奶奶一起过来吗？娃儿认不得我。"原来，孩子出生没多久就被交给了爷爷奶奶来抚养，夫妻俩继续在杭州工作，因为种种原因，居然好几年都没有回老家和女儿团聚。航空公司了解到这一情况之后，愿意为小女孩的奶奶多提供一张往返机票，让她陪同女孩前往。

孩子居然认不出自己的爸爸妈妈，这是一种怎样的悲凉。作家龙应台说过这样一句话：父母和食物一样，都是有"有效期限"的。孩子最初的十年是非常关键的，是孩子认知社会、个性形成以及与父母培养感情的最好时机，一旦错过了这一黄金时期，再去弥补便是为时已晚。父母不在孩子身边，甚至是从出生后不久就不在孩子身边，父母没有教会孩子说话。没有教会孩子走路，没有送过孩子上学。孩子懵懂成长的期间见不到父母，他们的世界中只有爷爷奶奶或者其他长辈，但是唯独缺少父母。

一些父母陪伴孩子的时间逐渐减少，最后导致孩子偏离了父母的期待，或者孩子和父母产生了隔阂，最后父母和孩子关系疏远，家庭出现了裂缝。这个时候父母才开始后悔，后悔当初没有陪伴孩子，后悔当初没有带孩子出来，但是时间不会给你这个机会。外出谋生，更要带上孩子。贫穷或者富有的区别，也许会养出不一样的孩子，但是想要养好一个孩子，绝对不仅仅是钱多钱少的问题。

有人说："我忙得都抽不出时间。"难道真的是这样吗？时间对每个人都是公平的，最大的差别在于我们要学会选择，选择当下最重要的。作为父母，其实你给不了孩子属于他的未来，他有自己的人生，你能做的只是努力守护孩子当下能够得到的快乐和幸福，和孩子一起体会相伴时遇到的每一处风景、每一种心情。

你可以外出谋生，孩子也可以跟着你，你下班回家的几个小时、给孩子做的一顿饭、送孩子上学的一段路程，对孩子来说都是至关重要的。这些陪伴要比你每年年假的陪伴管用得多，即便孩子跟着你会吃苦，但他们的心情是欢乐的。

很多父母会说："我们在外面辛苦，也是为了孩子啊。谁不想把孩子带在身边，但是工作环境不允许，自己又怕照顾不好孩子。"但这真的是理由吗？父母外出谋生是为了孩子，那么作为父母是否真的明白什么才是为了孩子。你缺席了孩子的每一个成长阶段，最后孩子的成长出现了问题，或者对你生疏了，你又责怪孩子不理解你的心思，责怪孩子不懂得感恩。但是在孩子成长的十几年时间里，你出现在他们生命中的时间加起来还不到一两年，他们为什么要理解你的心思、感恩你呢？这对孩子来说，是极其不公平的。

　　古语有云："父母在，不远游。"那么，我们不妨反过来说："父母要远游，也要带着你的孩子。"因为他们需要你，需要你带着他们去看看外面的世界，需要你带着他们走过成长的各个阶段，需要你牵着他们的手。不管你去哪里生活，请一定要带上你的孩子。

第二章　孩子的童年需要滋养

给孩子充满童趣的童年，让孩子这朵花盛开

某报纸曾报道过这样一则新闻：在被补习班填满的双休日，两学童偷偷弃学出玩。15日晚10时许，在民警帮助下，家长终于找到"流浪"街头的孩子。面对父母的询问，两学童委屈道出："真想有像你们一样快乐的童年！"

"真想有像你们一样快乐的童年……"孩子内心的诉求原来就这么简单！玩弹弓，过家家，捉迷藏，跳皮筋，打水战，跳格子，玩泥巴……这些简单的游戏，其实就是孩子的愿望。

可是，随着社会竞争压力越来越大，小孩子的简单愿望被父母强制忽视了，尤其是生活在城市的儿童，自由越来越少，负担越来越多。家长带着他们像赶集一样参加各种补习班、辅导班、培训班，以期增加孩子的竞争砝码。孩子们不再天真烂漫、纯洁无邪、活泼可爱、无忧无虑、无牵无挂，他们变得早熟、深沉、世故、稳重。他们的童真和童趣被世俗消磨殆尽，而他们的快乐自然也消失了踪影。

"知心姐姐"卢勤曾有过一段经历："去年我到非洲去，虽然当地生活很贫困，可不论我走到哪里都可以看到孩子们面带微笑。"中国孩子照相前会说"茄子"，可你发现孩子们笑得并不真

实，不会笑说明现在的孩子缺少童趣。我们的孩子为什么不笑了，或者笑得那么牵强？卢勤的答案是：今天的孩子活得太累了。

是啊！现在的孩子过早地承担了太多负担，超纲幼教、曲艺特长、智力竞赛、学习重担，等等，通通压在小孩子稚嫩的肩膀上，让他们喘不过气来。尽情游戏的快乐成为一种奢望，无忧无虑成为一种不可能，而童真童趣就在这有形无形的压抑中提早散去，独留下孩子娇小稚嫩的身躯。这样的现状，你满意吗？难道你看到孩子现在的笑容没有你小的时候多，看到孩子现在没有像你以前一样放肆地玩耍，你觉得公平吗？也许你时常会回忆童年的美好时光，那你为什么不让孩子有美好的童年时光来回忆呢？

其实，父母这样做，是出于对孩子的爱。然而，让孩子不快乐的爱，还是真的爱吗？这种爱，体现出父母根本不知道该怎样爱孩子，他们拼命地去为孩子构筑一切，不管孩子需要不需要，喜欢不喜欢，无情地把孩子和童趣分开，无情地剥夺了他们自己选择喜爱事物的权利。这样世俗的爱，注定结不出美丽的花朵。而且，没有童趣的孩子，即使在其他方面再有成就，他的人生也不会有真正的快乐。

孩子没有童趣犹如花朵没有养分，盛开不起来。所以，如果你真的爱孩子，就要牢牢记住：孩子的行为可以引导，但童趣、童真不能被剥夺，童心不能被践踏。

童趣是装扮童年的一把小花伞。若是在炎炎夏日，可以用这把小花伞遮挡烈日，让孩子仍然可以享受一份伞下的清凉；若是大雨滂沱，可以用这把小花伞抵挡风雨，使孩子依旧可以感受一份来自伞里的温暖……正是因为有了这样一把小花伞，孩子的童年一直都沉浸在快乐幸福中。

所以，你有义务和责任让孩子在童趣中拥有快乐幸福的童年，拥有值得一生回忆的美好记忆。"等待着下课，等待着放学，等待游戏的童年"，不仅仅是罗大佑经典歌曲中的歌词，也是所有童年孩子的心声！

呵护孩子纯真的心灵

王丽和张倩是五年级 1 班的学生，她们是最要好的同学，每天都形影不离，一起上下课。明天就是教师节了，两个孩子在放学路上商量着送什么礼物给老师。

"我们一起去买一张好看的贺卡送老师吧！"王丽建议道。

"你真是老土啊，现在谁还送贺卡啊！要送也要送点实惠的！"张倩对王丽的建议非常不满。

"那什么东西是实惠的呢？"

"我听说别的同学都是买一些比较贵重的礼物送老师，我们也要买，不然老师就不喜欢我们了。"张倩凑过来悄悄说道。

"但是我们没有钱啊？再说老师不会喜欢我们送礼吧！"

"你怎么那么笨啊，现在在哪个老师不喜欢人家送礼啊，我爸妈逢年过节都要给老师送东西呢，要不然老师会关照我吗？我们赶紧回去要钱，去商场买个贵点的礼物，千万不能比其他同学的礼物差啊！"于是，两个小孩快步朝家里走去……

人们常说现在的孩子太聪明了，一个个说话跟个小大人似的，经常把大家逗得乐呵呵的，但是，听到下面这些"大人话"时，父母是否应该提高警惕了：

"你看你那同学又黑又瘦，长得不好，穿得多寒碜，家里条件估计也不怎么样。那个同学一看就知道穿的是名牌，就是不一样！"

"我们班的同学可矫情了，在老师面前是一个样，在同学面前一个样，我们班两面派特别多！"

"就他那成绩，能进重点，不说大家也知道，不就是走关系嘛！不过也正常，我们家是没这个条件，如果有条件，我干吗不用，不用白不用。"……

这些不仅仅是一句话，也代表了孩子们被世俗沾染的心！

童年，应该正是天真烂漫，活泼可爱的时候。童年的孩子就应该有孩子的样子，当孩子的言行超于他的年龄段时，家长就需要去关注并分析其形成原因。不要觉得孩子言行像大人一样就表示了孩子很聪明而给予支持，更不要忽视大人化对孩子幼小心灵的影响。

其实，孩子的心灵都是一张白纸，而后来的那些世俗色彩是大人在生活中涂抹上去的。有些父母会在家里随意谈论一些家长里短，对其他人评头论足。有时候看上去孩子在一边玩着并没有听大人说话，但事实上他却竖着一只耳朵留意父母在说些什么，更有的父母甚至当着孩子的面就毫无顾忌地大发言论。这些都会给孩子不同程度、不同方面的影响。

时间长了，孩子会对大人的世界更加好奇，对大人的模仿也更有力度，他就会像父母一样对别人评头论足。而有的父母只是根据自己兴趣选择电视节目时，没有顾及身边的孩子，以为孩子看不懂，就让孩子一起看一些世俗色彩浓厚的电视剧，时间一长，孩子就会模仿电视上的人物的行为表现，电视，也就成为孩子学习社会世俗的另一个重要来源。

然而，幼儿的成长，在生理和心理上，都有着与成人不同的需求和特征。过于成人化的东西会给孩子心理发展带来不利的影响。这就好比一棵树，当它还是一棵幼苗时，狂风暴雨会压弯它的腰；当它枝繁叶茂时，才会有能力抵挡狂风的侵袭。

一颗果子要想甜美可口，就要自然成熟，家长有责任保护孩子不让他们被催熟，对于这些世俗，以健康的心态来引导孩子，比如给老师送礼，告诉孩子，这是为了向老师表达谢意，是对老师的尊重，而不是为了得到特别的照顾。比如，对孩子的同学给予客观积极的评价，在金钱名利、工作岗位等也给予正确的引导……我们是成人，我们有能力应对世俗，但孩子们没有，孩子们需要根据成人世界所传递的信息来建立起自己的人生观、世界观。所以，不要把我们对世俗的无奈提前传达给孩子，这其实是对他们的不负责，他们是无辜的。我们都曾经有一个美丽的童年，我们的孩子也应该有。

单亲家庭的孩子需要更多的关爱

谁能想到，普雷格尔——这个荣登科学殿堂的化学家，小时候却是个单亲家庭的孩子。普雷格尔的父亲很早就去世了，母亲一个人带着普雷格尔，非常辛苦。由于缺少父亲的教育，普雷格尔的性格从小就很顽劣。

那天，小普雷格尔像过去一样很晚才回家，衣服被弄得脏兮兮的，脸上、手上全是泥巴。他一进门，就躺在沙发上。母亲从厨房里走出来，一看到儿子的样子就吓了一跳，她大声叫道："天啦，你怎么把衣服弄得这么脏？这可是早上才换上的干净衣服啊。你知道吗？天气越来越冷了，水也越来越凉了，洗衣服更难了。"

小普雷格尔依然躺着，不以为然地说："哪个母亲不在冬天洗衣服？这有什么？"

可怜的母亲气得落下了眼泪，却又说不出什么，只好把儿子的脏衣服脱下来，又回到厨房里干活去了。

正在这时，门铃突然响起来了。隔壁的伍德太太拉着她的孩子闯了进来，对孩子说："来，汤姆，让婶婶看看普雷格尔对你做了什么。"

"你们来干什么？是来告状的吗？告诉你们，我不怕。下次惹了我，我还要揍他。"小普雷格尔从沙发上跳下来，恶狠狠地说。

"天啊！这就是你的孩子吗？他打了人，居然还是这样的态度！"伍德太太对小普雷格尔的母亲喊道。

母亲连忙向伍德太太道歉，请求她原谅；可小普雷格尔仍然警告汤姆，以后要小心。

"看看吧，这就是没有父亲管教的孩子！"伍德太太气愤地说。

这时，母亲再也无法忍受了，她扬手狠狠打了儿子一记耳光。

"妈妈，你打我？"小普雷格尔颇感意外，眼里滚动着泪花，在他的印象中，这可是目前第一次下这样的手，"是汤姆先骂我是个野孩子，我才打他的。"伍德太太见状，不好意思地走了。

屋子里只剩下他们母子二人，小普雷格尔还在轻轻地啜泣。

"孩子，你父亲死得早，他临终时要我好好教育你。为了你能过上快乐、幸福的生活，妈妈拼命地干活，从来没有好休息过，手上起满了老茧，可是，你却一点也不心疼妈妈，在外面惹事，让妈妈受到别人的指责。"母亲边说边流下了眼泪。

小普雷格尔看了一眼母亲的手，惭愧地低下了头。

"虽然你没有父亲，但是作为一个男孩子，应当做一个坚强的人、有志气的人，为妈妈争口气。可是，你却经常伤妈妈的心，让妈妈流眼泪。你难道不觉得惭愧吗？"母亲继续说道。

小普雷格尔想到自己的确经常惹得母亲流下眼泪，心里羞愧极了。良久，他紧紧握着母亲的手，用坚定的语气说道："妈妈，我对不起你。请你相信，我从今以后决不再淘气，决不让你再流泪，要努力学习，做一个真正的男子汉。总有一天，你会为你的儿子感到自豪的。"

后来，普雷格尔终于实现了自己的诺言。母亲再次为他落泪，可那是骄傲和幸福的泪。

据有关部门统计，目前我国单亲家庭子女已达数百万之多。父母一方的离去对孩子的心理会造成很大影响，大部分孩子都会出现或多或少的心理问题，如多疑闭塞、自卑，反抗性和攻击性强等。为了孩子能健康成长，并逐渐拥有一个完整的人格，单亲家庭的家长应该给孩子更多的关爱。

那么，家长具体要怎么做呢？

1. 理解孩子，安抚孩子受伤的心灵

刚刚成为单亲家庭，孩子不能理解或有异常都可以理解。这就需要家长努力来安抚孩子受伤的心。若几个月后还发觉孩子有不爱说话、行为孤僻等举动，就要引起父母的注意了。有资料显示，单亲家庭的孩子容易不合群、孤僻、拘谨、沉默寡言。父母在此时要及早发现，特别对一直内向的孩子，要提早预防，努力帮孩子度过这段危险期。

2. 避免在孩子面前过多地流露悲伤情绪

由以前的完整家庭变成单亲家庭，父母自身也会"愈想愈伤心"，可能会用封闭、极端的行为来保护自己，这种自怜自艾会直接影响孩子的心情，让孩子也陪家长沉入无尽的忧伤中。所以，父母必须坦然面对单亲的现实，尽快调整好自己的心情，以快乐、健康、积极的态度去迎接以后的生活，给孩子创造良好的成长氛围。

3. 生活的变动越小越好

父母一方的离去绝对属于孩子成长中最大的变故之一，所以在最初的那段日子里，最好是不要有太大的变化，比如搬家、转校等。这时的孩子已经不能接受更多的变化，哪怕一点点变故，都可能成为压垮孩子的"最后一根稻草"。

4. 要以平常心态对待孩子的成长

单亲家庭中的有些父母会有补偿心态，认为亏欠了孩子，所以对孩子的要求尽力满足；又或者把自己全部的爱及希望都寄托在孩子身上，对孩子处处严厉要求。这两种极端的行为，都会使孩子形成任性、霸道或暴力的个性。家长应把孩子当成是一个普通的小孩儿，用平常心态去教育，给孩子一个健康的发展空间。

5. 注意孩子与伙伴的相处

孩子一天大部分的时间都在幼儿园、学校里，处理好同伴关系，保持正常的群体生活，可以淡化孩子的痛苦，及早从生活的阴影中走出来。单亲家庭的孩子容易不合群，父母要鼓励孩子多交几个要好的小朋友，经常带孩子跟同龄的小伙伴一起玩耍，不要给孩子提供形成孤僻性格的土壤。

另外，有些好事者会说一些刺激性的话，如小普雷格尔的朋友一样，说他是个"野孩子"。这时家长不妨找那人聊一聊或者写一封信。家长这样做不但不丢脸面，反而是一种教育行为。如果那人是孩子的同学，家长也可以找孩子的老师反映一下情况，请老师以适当的方式在班上讲清道理，教会其他人正确对待这种情况，在孩子周围形成一种良好的舆论氛围。

给孩子一个健康的身体

匈牙利著名作曲家、钢琴家李斯特的童年是在艰难困苦中度过的。他的父亲最初干的是最低下、最粗笨的体力活，后来又当了某公爵家中管理羊圈的人。

靠父亲的微薄收入，全家过着仅能果腹的生活。他们家只有一间不大的、低矮的住房、一个厨房和过道，就连这所房子也不属于他家，而是那位公爵的财产。

屋里只有一张普通的床，一个小桌子放在屋里唯一狭小的木格窗前，一条粗笨的长凳，几把椅子和一些生活用品；后来家里又添了一台斯频耐琴（一种长方形的羽管键琴），是一位富商的赠品，小李斯特曾弹了它两年。这些就是他们全部的家当。

也许是贫穷的家境使然，童年的李斯特长得瘦弱多病，先天营养不足。父母没有足够的能力为他补养身体。他们所能够做到的，就是经常带着孩子走出家门，去乡间呼吸新鲜空气，用运动锻炼他的体魄，用大自然的风光启迪他的智慧和心灵。

李斯特坚持不懈地锻炼，体质逐年增强。谁也想象不到，后来的李斯特直到晚年都格外健康，甚至可以说他有铁一般的体格——他几乎不患病，极少感到身体不适，饮食起居不受任何约束。对于他后来的成功，健康的身体绝对是不可忽视的"功臣"。

身体是一切的本钱，帮助孩子塑造健康的体魄，让孩子养成锻炼身体的好习惯，是家长的重要任务。那么，家长应该如何做呢？

1. 明白孩子为什么不喜欢运动

如果孩子对运动没有兴趣，家长应当找出问题的根源，而不是强迫孩子加入到一个运动中去。孩子不喜欢运动，可能是以下几个原因：认为自己体能不佳或觉得自己与同伴不同。有这种心理的孩子，可能不喜欢参加运动，无论这些差别是真的存在或仅是孩子的想象，对孩子的自尊心和身体状况都可能带来影响。害怕失败。有的孩子害怕失败，担心自己失败之后让父母丢脸，这也是一些孩子不愿意参加运动的原因；另一些孩子可能缺乏（或自认为缺乏）在某项运动中取胜的能力，他们也害怕受伤或天生就小心谨慎。这些都是造成孩子不喜欢运动的原因。

2. 为孩子进行体格检查

在开始任何运动或健身计划前，家长应当让孩子接受医生的体格检查。视力或听力有问题或有其他疾病的孩子，进行某些项目的运动是有困难的。如果孩子对某项活动似乎毫无理由地抵制，或者突然对先前喜爱的运动失去兴趣，那么有必要请医生进行检查，看看孩子是否存在健康问题，妨碍了他的兴趣和表现。

3. 持开放心态为孩子选择运动项目

父母应该对孩子所选择的体育项目持开放的心态，要让孩子知道，无论他们选择什么样的活动，总会得到家长的支持。如果他选择起来有困难或固执己见，家长对孩子也应该很耐心，也许要经过好几次尝试，孩子才知道什么样的运动适合自己。

4. 清楚哪些活动能让孩子保持健康

以下活动对孩子来说都是有益的：骑自行车、游泳跳舞、滑冰跑步、滑板以及武术等。这些活动有助于树立孩子的自信心，增强力量，保持协调和身体健康。

5. 做孩子的好榜样

自己不爱运动的父母很难激发孩子进行锻炼。尽量使运动成为自己生活的一部分，寻找些适合全家一起进行的活动，比如游泳、骑自行车、网球甚至散步等，做孩子的好榜样。

不要否定孩子的想象力

　　莱特兄弟是著名的"飞机之父"。在孩提时代，他们就对宇宙空间产生了浓厚的兴趣。每当看到空中高悬的圆月，他们就想用手去摸一摸，于是，他们常常爬到树枝上，踮起脚尖去摸月亮，结果，好几次从树上摔下来，他们有点灰心了。

　　但是父亲知道这件事后，就鼓励他们说："孩子，骑一只大鸟，去摸摸月亮吧！"父亲的话给了他们莫大的鼓舞，他们对太空的探索欲望和兴趣更加浓厚了。"腾空摘月"的理想自此在他们幼小的心灵里萌发了。他们渴望着有一天能制造出一种可凌空搏击的神鸟，骑着它去摘那又大又圆的月亮。

　　正是父亲的鼓励和自己的浓厚兴趣，引导着他们走向了航空科学的道路。1903 年，在他们的刻苦钻研下，闻名于世的首架飞机研制成功了，他们真的驾着自己制造的"大鸟"翱翔于万里碧空。

　　有多大的想象力，才有可能有多大的成就。人没有幻想是不行的，没有幻想，莱特兄弟就不会发明飞机，阿姆斯特朗就不可能登上月球，牛顿就不能发现地心引力。

　　但是，还是有很多父母习惯于把异想天开当成贬义词，老是把孩子的想象当成是胡思乱想，于是对孩子的想象进行否定和压制。

　　北京、上海、安徽、云南等 8 个省市的 2855 名中小学生参加了《知心姐姐》杂志的一次问卷调查。调查的问题是："今后你最想做什么？"最后的结果是：92.71% 中小学生的梦想是上一个好大学，找一份好工作。仅有 7.29% 孩子的梦想是"周游世界、飞越万里长空、研究奇形怪状的生物、宇宙、外星人，到别的星球去工作"等新奇而富有想象力的工作。

通过这次调查，人们发现中国孩子回答的问题总是千篇一律，仿佛是没有个人喜好的。相比之下，在国外的类似调查中，外国孩子的思维更活跃一些，想象力也更丰富一些。那么，中国孩子的想象力哪儿去了？他们的想象力是怎么消失的？

某电视台的工作人员曾搞过一次别开生面的智力测验：用粉笔在黑板上画了一个圆圈儿，让被试者回答这是什么。问到机关干部，他们一个个面面相觑，都用求救的眼光看着在场的上级。局长沉默良久，气呼呼地说："没经过研究，我怎么能随便解答你们的问题呢？"问到大学中文系的学生，他们哄堂大笑，拒绝回答这个只有傻瓜才回答的问题。问到初中学生，一个尖子生举手回答是零；一个调皮的学生大喊是英文字母"O"，却遭到班主任的白眼。最后问及小学一年级的孩子们，孩子们争先恐后地回答："是月亮""是乒乓球""是烧饼""是爸爸唱歌时的嘴巴""是老师发脾气时的眼睛"……

这期节目有个很贴切的名字，叫"人的想象力是怎样丧失的"。由此可以清楚地看到，随着人们年龄的增长，所受教育越多，人的想象力就越贫乏越苍白。在西方国家，学校老师在教育孩子时，总是想方设法发掘他们的想象力和创造力。而我国的教育则更多的是要求学生循规蹈矩，一点儿灵活的理解都没有，只能死记硬背"标准答案"，孩子的奇思妙想就常常因为担心被老师或父母斥责而逐渐消失。

正是家庭和学校的教育让孩子的想象力丢失了，他们不明白，正是有了孩子的奇妙的想象，不切实际才有可能变为实际。孩子本应该是充满童真、充满童趣、富于幻想的，对于他们来说，今后想做的或喜欢做的事情太多了。对于一个未成年却充满想象力的孩子，父母永远都不可能预测他将通过何种方式、何种途径去实现未来的人生价值，获取属于他的成功，所以不要限制孩子的想象力，因为限制想象力就等于是限制了孩子的人生。更不要忘记孩子的年龄，让所有原本属于他们的激情与幻想消失殆尽，逼得他们一下子就变成了一个要考虑工作与生存的小大人。

黎巴嫩著名诗人纪伯伦说："我宁可做人类中有梦想和有完成梦想愿望的、最渺小的人，而不愿做一个最伟大的无梦想、无愿望的人。"所以，父母要做的只有一件事，那就是支持孩子的想象，呵护孩子的梦想，支持孩子做孩子的事，让他在自己愿意为之奉献的梦想中实现自己的价值，创造出一个个"不切实际"的奇迹！

孩子的成长需要梦想

梦想对于孩子来说，有着无穷的魅力，对孩子的成长产生巨大的牵引和激励作用。有人认为，梦想是孩子自我形象的理想化。所以，当父母鼓励孩子追求自己的梦想的时候，孩子就会产生强劲的内驱力，面对各种困难也会主动想办法去克服。

梦想能使孩子在学习、工作的过程中创造不辍，并获得愉悦的情感体验。曾经有人对爱迪生、毕加索、达尔文等成就卓著的人进行研究分析发现，他们在童年时期，都有一个绚丽多彩的梦，而他们一生为之奋斗的目标就是实现早年的梦想。因此可以说，没有梦想的孩子是没有未来的，也是不可能有所作为的。

孩子天生都有梦想，童年是多梦的季节，童年是梦想的故乡。一个孩子心中拥有了梦想，就会在希望中生活，并不断地创造生命的奇迹。梦想就像人体成长所需要的微量元素与氨基酸，缺少它，大脑的营养就跟不上，思维就会迟钝，没有想象力、创造力。父母要学会给孩子以梦想，让孩子在无数个梦想中，伴随着想象力和创造力的发挥，健康快乐地成长！

力力最喜欢琢磨海底世界了，他总有问不完的问题，有时妈妈还真被他问住了，就到新华书店，为力力搬回许多有关海洋知识的图书。力力对书中有关海洋世界的介绍入了迷，他从中认识了各种各样的鱼和形形色色的水生植物，那些反映海洋世界的动画片和电视节目，也成为力力最喜欢看的节目。

每当幼儿园里的小朋友遇到不认识的鱼，都会来问力力，力力总能答上来，大家都羡慕地叫他"海洋专家"，力力对此称谓感到很自豪。每当大人问力力长大后想做什么时，力力总会毫不犹豫地说："我想当海洋专家！"

力力从书上懂得了很多海洋知识，但他还是很想去海边，看看大海到底长得什么样？妈妈见力力这么喜欢大海，趁暑假带力力去了一趟海边。力力可兴奋了，他和妈妈一起在海边拾贝壳、捡海螺、看潮起潮落。妈妈还带力力参观了海洋馆，看海豚表演，买了许多海底世界的图片。力力每天都盼望着自己快快长大，能够早日实现自己的海洋梦想！

"每天暂停 10 分钟，听听小儿心底梦。"这是早些年在某电视台经常会见到的一则公益广告，它通俗地劝告家长要善于倾听孩子的梦想，用心去栽培孩子的愿望。随着孩子一天天地长大，头脑中的问号也一天天多了起来，对世界多了一份属于他们的独特的思考和理解。当他们有了自己的新发现的时候，一定急于要表达出来。这种正常的现象，却往往被家长们所忽视，认为这是小孩子的异想天开而加以制止甚至是呵斥。这种做法不仅伤害了孩子思考问题的积极性，还会给孩子的心灵蒙上一层阴影。

所以，父母最不应该做的事情，就是对孩子的梦想武断地说"不"。当一个孩子有了自己的梦想，父母正确的态度应该是为他有一个"理想的我"而感到欣慰和自豪，并且一定要给予肯定，哪怕那个梦想有些不可思议。而当父母对孩子的梦想坚信不疑时，孩子就会从你那里获得力量，获得勇气并树立信心。为了使孩子的梦想能够成为现实，在孩子追梦的过程中，你还应该给予多方面的关注，为孩子的圆梦计划提供建议和支持，或者在孩子志向动摇的时候给予鼓励。

事实上，让孩子追逐自己的兴趣，可以使孩子在这个追逐的过程中迸发出最大的能量，并且获得愉快的自信体验。一个真正爱孩子的父母，应当精心保护孩子的梦想，这样，梦想的种子才有可能长成参天大树。

别把自己的梦想强加在孩子身上

青青的妈妈从小就很羡慕别人会弹钢琴，她的梦想就是当一个钢琴家，但因为家里条件不好，她没能如愿以偿。所以，她把这个愿望寄托在下一代身上。在女儿青青还没出世前，她就帮孩子买好了钢琴，一定要让孩子学会弹钢琴，弥补自己的遗憾。

所以，青青从3岁就开始学习钢琴，每天放学后妈妈都会接她到钢琴教室学习2小时，周末的时候，经常整天都是在练习钢琴，这样下来，青青基本没有多少休息时间，她不能和小朋友一起玩儿，也不能看看动画片。长期的重负压得她透不过气来，她反抗过很多次，经常装肚子痛，扯着嗓子对妈妈大喊不喜欢钢琴，或者故意乱弹钢琴，这些反抗都没用，最后她只好默默承受了，但是，她的性格却越发内向和软弱起来。青青一边应付着妈妈的要求练琴，一边内心充满疲倦和不满，她的钢琴水平少有进展。最终，妈妈的钢琴家梦想还是没能实现，孩子反而从心里对钢琴产生疲倦和厌恶。

有些人如果自己追求不到某样东西，满足不了内心的欲望，他们就不再去追求原来的目标了，而是试图用替身来代替自己去追求，假借它去造成一种"实现梦想"的假象，以满足自己的欲望。这种心理便叫作"代偿心理"。

上述事例中青青的妈妈就是有"代偿心理"的妈妈，是一个为了弥补自己的遗憾而牺牲了孩子自由选择权利的妈妈。生活中，这样的家长不是少数，他们把自己未能实现的梦想强加到孩子身上，使孩子的童年因为背负了大人给的重负而丧失很多快乐和轻松。

这种"代偿心理"没有尊重孩子的独立想法，家长把压力转嫁给孩子，让孩子按照自己设计的路线去发展，无疑会给他们带来很大的压力。如果家长总是不断地闯入孩子的生活中，去打扰孩子，并且不和他们商量就操纵他们的生活，这从根本上说，是对孩子的不尊重。

得不到父母尊重的孩子，会觉得自己的活动没有任何意义和价值，感到自己软弱无能，这种感觉会慢慢变成沮丧和缺乏信心，进而压抑孩子行动的欲望。这会影响到孩子的学习，因为他们总是抱着"为父母而学习"的心态，最终丧失对学习的兴趣。家长的这种心理还会使孩子形成"外在的评价系统"，在成长的过程中，过于在乎家长、老师、朋友的评价，活在别人的世界里，忽略真实的自己。

父母对孩子有期待是没有错的，错就错在不懂得抛弃那些试图控制孩子的欲望。一个合格的家长应该懂得包容孩子，应该懂得放低自己，做孩子坚实的后盾。这样的家长在教育上其实并不会花费多少心力，不必牺牲自己，也能教出出色的孩子。如果你发现自己被"代偿心理"蒙蔽了双眼，那么就请回想自己的童年和少年时代，比如，"小时候，我也讨厌妈妈把她的想法强加给我。我不喜欢爸爸给我压力。"在这种回忆中，寻找教育的捷径。

家长们要克服这种心理，就必须建立这样的意识：因为自己的愿望而置孩子自身的需要于不顾，这是自私的一种表现。你虽然对孩子的一切负有责任，并不表示你有权利指挥孩子。尊重孩子，也是你作为家长的权利。如果你在孩子反对时仍坚持成人的立场，完全无视孩子的权利，这必然会导致与孩子之间的矛盾。父母要让孩子有自己的兴趣、爱好和梦想，而不是以你的梦想为梦想，记住：他不是另一个你。

让孩子的童年充满幸福和快乐

5岁的坤坤是个活泼可爱的小男孩儿，他聪明好动，对什么东西都充满好奇。在公园里，他会追着蝴蝶跑啊跑，也会在草地上打滚撒野，还会一边给鱼儿喂食，一边跟它们说话……坤坤还喜欢在楼下院子里和小朋友玩游戏，搓泥巴、捉迷藏、过家家、荡秋千、坐滑梯等，每次他都玩得很尽兴，但是都要付出些代价，或是衣服脏了、书包破了，有时还会受点小伤。

和其他小朋友不一样，坤坤带着这些代价回家不会招致爸爸妈妈的责骂，他们不会因为衣服脏了等问题责备坤坤的淘气，也不会因此禁止坤坤的玩耍，只要坤坤不影响完成功课、没有生命危险，爸爸妈妈就同意坤坤想玩什么玩什么，而且从不轻易阻止他。有这么开明的父母，坤坤玩得过瘾极了，同时成绩也一直名列前茅，老师同学都夸赞他聪明，怎么玩也不会影响成绩。

其实，爸爸妈妈明白，让孩子有一个快乐的童年很重要，成绩再好也换不来孩子的幸福，所以，他们从不压制孩子的快乐而逼迫他学习，而坤坤在如此轻松快乐的氛围中成长，智力和体力都开发得很好，带给爸爸妈妈很多惊喜。

孩提时代，理应是一个充满梦想和快乐的时代。所以，作为父母，一个很重要的任务就是让孩子不断地感受幸福和快乐。

然而，很遗憾我们在现实生活中却常常看到这样的情景——孩子在楼下玩耍，妈妈在旁边使劲催促："好啦，疯玩什么，快点回去做作业。"晚上，看着孩子在灯下熬夜做作业的辛苦样子，爸爸就说："孩子，好样的，'吃得苦中苦，方为人上人'。"其实，这是一种非常不健康的心态。因为持这种心态的父母大多认为：童年是不重要的，快乐是不重要的，只有成功才是最重要的。其实他们错了，让孩子学业有成、事业成功并非家庭教育的最大目标。成功，并不等于就幸福、快乐。排在成功前面，还有个更大的目标，那就是"让孩子感觉快乐"！这是家庭教育的最高境界，也是我们为人的最高境界。

教育家苏霍姆林斯基有一个含义深远的教育思想：把每个学生培养成幸福的人。他说，教学大纲、教科书规定了给予学生的各种知识，但是没有规定给予学生最重要的一样东西，这就是：幸福。作为关爱孩子的父母，要在家庭教育中弥补学校教育带来的不足，为孩子提供一个幸福的源泉，让每个孩子都拥有一个快乐的童年。

父母需要明白，最应该给予孩子的重要礼物就是"幸福"。那么，怎样才能让孩子感受到幸福呢？

让孩子有机会享受"不受限制"的快乐。在家里，妈妈辛辛苦苦好不容易把屋子收拾得干干净净的，而且周围的邻居又喜欢安静，所以孩子一旦开始玩耍、喊叫、跳跃，妈妈便会想办法制止，孩子只好越来越乖了。表面上，是妈妈管教有方，但由此带来的是，孩子的热情和活力在一点点丧失，孩子的心灵也感受到了压抑。想想看孩子毕竟是孩子，他们需要带着童真的想象力尽情地玩耍，需要有时间去打雪仗、看蚂蚁搬家——这些按照孩子自己的步伐去探索世界的活动，更能给他们带来真正的快乐。

有些事情大人觉得没意思，孩子却很喜欢，而大人认为孩子会喜欢的东西，小孩得到了却并不高兴。有的爸爸给孩子买很贵的玩具，孩子却宁愿玩水、玩泥巴、捉迷藏、过家家。所以，父母不要总把自己的好恶强加给孩子，要让孩子做他们喜欢做的事情，这样他们才在快乐的玩耍中感受到幸福。

一个幸福的孩子还应该懂得调整心理状态。父母要使孩子明白，有些人一生快乐，其秘诀在于具有适应力很强的心理状态，这使他们很快地从失望中振作起来。在孩子受到挫折时，你让他知道前途总是光明的，使他在恢复快乐心情的环境中寻找安慰，孩子的幸福感就会多一些。

另外，家庭生活的美满和谐，也是培养孩子感受幸福的一个主要因素。有关资料表明，在和睦家庭中成长起来的孩子，成年后能愉快生活、健康成长的，比在不幸家庭成长起来的孩子要幸福得多。

和孩子一起接受童话的滋养

下班回家了，看见女儿乖乖地坐在自己的房间里读刚给她买的童话书，妈妈很高兴。"来，让我们一起读这个故事吧！"于是，妈妈坐在女儿身边，开始听女儿抑扬顿挫地朗读《灰姑娘》这则故事。

"时间就要到了，我必须回家！"女儿模仿着灰姑娘的口气急切地说，她那投入的神情非常可爱，妈妈被她逗笑了。两人在一起度过了半小时的阅读时光，最后妈妈语重心长地对女儿说："你也要像灰姑娘一样勤劳，将来才能收获美好的人生，知道吗？"然后，妈妈心满意足地离开了房间。

上面这位妈妈的表现怎样？也许你会觉得还不错，既陪孩子阅读，又给孩子讲道理，两全其美。但是教育专家认为，这样的妈妈只能拿到及格分。能够有意识地与孩子在一起读书很好，但妈妈阅读儿童读物时的心情，也是很重要的。

孩子的童话里常常充满了"胡言乱语"，让成人忍俊不禁，这说明妈妈还没有进入阅读的状态，没有和孩子一起体验那段感情，上面的这位妈妈在危急的时候笑了，女儿这时却是真的感到十万火急的，这就让女儿感到妈妈没有和自己心领神会，所以会打断孩子的兴致。

很多父母说："是的，我鼓励孩子看童话书，因此买了童话全集让他看。"家长都以为自己的责任是提供图书，童话是孩子的玩意儿，里面全都是胡言乱语，自己是没有工夫读的。其实，每个人的心中都有一个孩子。当自己成为一名家长，为有效的教育方法晕头转向的时候，何不走进孩子的世界，从阅读童话开始，唤醒自己内心的小孩，与孩子一起成长。接受童话需要成人拿出孩子般的天真，童话就是一种文学形式，它和诗歌、散文一样值得认真对待，如果父母总是置身事外，就很难体会到孩子经历的感情。

在故事的结尾，妈妈教育孩子要像故事中的主人公那样如何如何，这其实也是没必要的。故事就是故事，不用拿社会的道德指标衡量里面的角色，然后要求孩子也做到。孩子在读的时候已经体验到了各种情感，他们会在生活中模仿，妈妈的指点没有多大的效果，反而会扫孩子的兴。如果想和孩子交流读书心得，不如换成"灰姑娘以后会怎样呢"，这样的提问会激发孩子续写故事。

另外，父母和孩子一起读童话的时候，不妨从听众变为演说者，为孩子读一些故事，独生子女家庭可以找邻居"借"几个小听众，一方面给孩子创造一种故事会的感觉，另一方面也为孩子找交流的伙伴。父母读故事，会让孩子感到温馨，也会让自己更加集中注意力，投入到角色当中。

如果有时间，父母最好能和孩子分配角色，脱稿饰演故事中的角色，能做到这一点是最好的，饰演角色不仅挑战了孩子的注意力和记忆力，也培养了孩子的合作精神和表演才华，因为剧情需要，孩子还可以为人物添加一些台词，这和诗人创作诗歌是相同性质的。孩子在与父母的互动中开发了大脑，还增加了与父母的亲近之情，而你如果真的释放出心中的小孩来全身心投入，美好的童话也会滋养你的心，让你或疲倦或复杂的心灵得到一些休息和解脱。同时，家庭的氛围也将在这种戏剧的互动中变得更加融洽。

　　童话对孩子具有神奇的魔法，它打开孩子的思维世界，让他在天马行空的想象中体验情感。童话故事中的真善美会滋养出纯洁美丽的花朵，所以，家长记得给"花儿"浇灌一些童话养料，让他们更加优美地成长。同时，如果你能和孩子一起接受童话的滋养的话，那你会成为孩子健康成长的最佳伙伴，不仅帮助孩子的成长，也有助于你自己内心的洗涤和净化。

第三章　给孩子游戏和成长的空间

正确引导孩子的好奇心

1847 年 2 月 11 日，著名的发明家爱迪生诞生在美国中西部俄亥俄州的米兰镇。当时，那里是有名的小麦集散地，运输小麦的航船来来往往为当地增添了喧闹和繁华。爱迪生的父亲塞缪尔是荷兰人的后裔，以制造和贩卖屋瓦为生，生活还过得去。他的母亲南希是苏格兰人的后裔，曾当过小学教师。爱迪生在家中排行第七，母亲格外疼爱他，喜欢叫他阿尔。

童年时代的阿尔与其他的孩子相比，有许多不同寻常的地方，令父母花费了不少心思来教育、培养他。他拥有十分强烈的好奇心，常常歪着圆圆的大脑袋，转动着一双充满疑惑的眼睛，不断地问"这是为什么""那是为什么"。

4 岁那年，他和小朋友们一起玩，突然一群马蜂朝树上飞去，他非常诧异地喊道："马蜂为什么飞到那里去了？"

一个大点儿的孩子说："那儿有蜂窝！"

阿尔又问："蜂窝是什么样子的？"

小朋友们都摇头。于是阿尔找来一根树枝要捅下蜂窝看个究竟。小小的人儿拿着长长的树枝去鼓捣，其他的小朋友都吓得一哄而散。这时，一只只马蜂发疯似的向阿尔袭来，一瞬间他的脸被蜇得又红又肿。但他好像不知道疼，捡起马蜂窝，高高兴兴地回家去了。

母亲看到阿尔肿胀的脸庞十分心疼，小心翼翼地给儿子涂上药膏，阿尔却只顾得意地炫耀："妈妈，你看，蜂窝有这么多小孔，原来马蜂就住在这里啊！"

南希忍不住泪水夺眶而出，把将儿子接进了怀里，说："孩子，一定要记住：捅蜂窝是很危险的！"

但是爱迪生的好奇心依然不减，他5岁时，有一天，他看见家里的母鸡乖乖地待在窝里，它的屁股下面藏了好多鸡蛋。

调皮的爱迪生就想赶它出来，然后数一数窝里有多少鸡蛋。可是，任凭他怎么逗弄，母鸡还是一动不动地守在那儿。

爱迪生觉得莫名其妙，他赶紧跑去报告母亲："妈妈，咱家的那只母鸡真奇怪，它把那么多鸡蛋藏在屁股底下，坐着不动。它是怎么了？"母亲一听露出笑容，她放下手里的活，蹲了下来，耐心地对爱迪生说："鸡妈妈是在孵小鸡呢！她把那些鸡蛋暖呀暖呀，过些天，就会有毛茸茸的小鸡从里面孵出来。"

小爱迪生听了，觉得真神奇，他的眼睛突然一亮，接着又问道："妈妈，是不是蛋放在屁股底下变暖和了，小鸡就能出来了？"

"对啊，你说得没错！"妈妈笑着摸摸儿子的脑袋。

这天，直到傍晚的时候，一家人都没有看到爱迪生的影子，大家急坏了，大街小巷呼喊"阿尔"的名字。

后来，母亲心急如焚地回到家，忽然听到从库房里传来阿尔的应答声，赶忙跑去一看，原来阿尔在那儿做了个"窝"，里面放了好多鸡蛋，他一本正经地蹲在上面。母亲感到很奇怪，试探着问道："孩子，你在干什么啊？"

爱迪生说："妈妈，你不知道吗？我在孵小鸡啊！"

母亲赶紧把爱迪生抱了起来，笑着说："傻孩子，你是孵不出小鸡的！"

爱迪生嘟着嘴说："我为什么孵不出来呢？"

母亲自责地说："都怪妈妈上午没跟你讲清楚！"于是，她认真地想了想，告诉儿子："鸡妈妈要孵出小鸡可不容易呢！它一连好几天坐在那儿，是为了给小鸡的出生做准备，鸡妈妈得很好地控制时间和温度，才能成功地孵出小鸡来。"

最后小爱迪生终于弄明白，自己是孵不出小鸡的。

孩子生来就有好奇心。早在新生儿时期，孩子就会对光亮的、颜色鲜艳的物体好奇地注视，五六个月时，他一听到声音就会好奇地去寻找声源；孩子会跑、会说之后，他会耐不住房间的寂寞，带着强烈的好奇心跑到户外去玩耍，去"探险猎奇"。"天空会下雨""太阳每天出来了又落下去""小鸭游泳而小鸡不会游泳"等等，这一切都会让孩子觉得稀奇、觉得有趣。可不能小看孩子们的好奇心，这中间往往蕴藏着不可预测的潜能。所有的动力原型都是对知识的新鲜感，即好奇心，好奇心是人获得智慧的关键。保护孩子的好奇心，就是保护孩子的未来幸福，家长要认真地倾听，并对孩子的好奇心加以正确引导。

1. 鼓励孩子细心观察生活，大胆地提出问题

日常生活中，有许多新奇的事物吸引着孩子。父母可以培养孩子从小事、小细节中受到启发，引发更深层次的思考，并鼓励孩子勇于发现问题。

2. 时常和孩子讨论问题，尊重孩子的观点

父母可以在与孩子闲谈的过程中，把闲谈深入一步，转为对某一问题的讨论。讨论的话题应该是孩子感兴趣的。在讨论时，不能把自己的观点强加给孩子，毕竟，孩子也有自己的想法，有自己的思维方式。

3. 让孩子自己探索问题

有的父母只是注意丰富孩子的知识，不厌其烦地回答孩子提出的问题以满足孩子的好奇心，这样一来，就会使孩子不能很好地开动脑筋，积极思考。父母应该鼓励孩子开动脑筋，认真思考，查阅相关书箱和资料，自己寻找问题的答案。

4. 经常与孩子参加户外活动

父母可以和孩子多逛逛游乐园、动物园等，户外活动更容易引发孩子的好奇心，是培养孩子创造精神的好环境。

5. 正确对待孩子因好奇而导致的破坏性行为

孩子强烈的好奇心除了表现为好问之外，还表现为好动。由于孩子的好奇心理年幼无知，往往会导致些破坏性行为的发生。对此，家长要正确处理，不可打骂指责和惩罚孩子，而应该耐心地引导、教育孩子。例如，孩子拆坏玩具后，家长不应该打骂，或是许诺再不给他买玩具了，而应该简单地向孩子讲述玩具的构造原理和安装方法，然后与孩子一起把玩具修好，并向孩子介绍玩具的正确使用方法，让孩子学会使用玩具、爱惜玩具。

知之者不如好之者，好之者不如乐之者

祖冲之的父亲祖朔之是位小官员，他望子成龙心切，祖冲之不到9岁，父亲就逼迫他背诵《论语》，读一段，就叫他背一段。两个月过去了，祖冲之也只会背十多行，气得父亲把书摔在地上不教了，并且怒气冲冲地骂道："你真是一个大笨蛋啊！"

过了几天，父亲又把祖冲之叫来，教训他说："你要用心读经书，将来就可以做大官。现在，我再教你，你再不努力，就决不饶你。"

可是父亲越教越生气，祖冲之也是越读越厌烦。他皱着眉头，愤愤地说："这经书我是说什么也不读了。"父亲气得额头上的青筋都迸出来了，嘴里骂着"笨蛋""蠢牛""没出息"，忍不住伸手打了祖冲之几巴掌，祖冲之号啕大哭起来。

正在这时，祖冲之的祖父来了。问明原因，就对祖朔之说："如果祖家真是出了笨蛋，你狠狠打他一顿，他就会变聪明吗？孩子是打不聪明的，只会越打越笨。"祖冲之的祖父还严厉地批评祖朔之说："经常打孩子，不仅不能起到任何好的作用，而且还会使孩子变得粗野无礼。"

祖朔之说："我也是为他好啊！他不读经书，这样下去，有什么出息。"

"经书读得多就有出息，读得少就没有出息？我看不一定吧。有人满肚子经书，只会之乎者也，却什么事也不会做！"祖冲之的祖父批评说。

"他不读经书，将来怎么办？"

"不能硬赶鸭子上架，他读经书笨，说不定干别的事灵巧呢。做大人的，要细心观察孩子加以诱导。"

祖朔之觉得父亲的话有道理就同意不把孩子硬关在书房里念书，并建议父亲领冲之到他负责的建筑工地上去开开眼界，长长见识。

祖冲之随爷爷到了工地上，处处感到新鲜，同这问那。有一次，祖冲之问爷爷：

"为什么每月十五的月亮一定会圆呢？"爷爷解释说："月亮运行有它自己的规律，所以有缺有圆！"

祖冲之越听越有趣，从此经常缠住爷爷问个不停。爷爷便对祖冲之说："孩子，看来你对经书不感兴趣，对天文却是用心钻研，正好，咱们家里的天文历书多得很，我找几本你先看看，不懂的地方问我。"

祖朔之这时也改变了对儿子的看法。每天，教孩子读天文方面的书，有时祖孙三代一起研究天文知识。这样，祖冲之对天文历法的兴趣就更浓了。

一天，爷爷带祖冲之去拜见一个叫何承天的官员，这个人在钻研天文方面很有成就。何承天问祖冲之："小家伙，天文这东西研究起来很辛苦，既不能靠它发财，更不可能靠它升官，你为什么要钻研它？"

祖冲之说："我不求升官发财，只想弄清天地的秘密。"

何承天笑道："小家伙，有出息。"

从此，祖冲之就经常找何承天研究天文历法。后来，祖冲之终于成为一名杰出的科学家。

古代伟大的教育家孔子说："知之者不如好之者，好之者不如乐之者。"这就是说，对于知识的学习来说，最重要的是自己喜欢，自己感兴趣。喜欢了、感兴趣了就会主动去学习，去求知。如果能够这样，对孩子来说是一种自我的成长与发展，对父母来说是一种精神的解脱。

然而，这样一种理想状态似乎在父母，孩子那里都得不到实现。原因可能有以下三点：

1. 父母不能发现孩子的兴趣所在

很多父母忙于工作以及其他事务，对于孩子的关注可能比较少。而孩子的兴趣往往是显示于生活细节之中的，比如可能会经常性地玩某种玩具、比较集中地问某一门类的问题，或者在听到音乐、看到绘画作品时有某种特殊的反应，这些其实都是兴趣的表征，如果父母不经常细心地观察孩子，那就很不容易发现孩子的兴趣点。

2. 父母没有给孩子营造自由表现兴趣的环境

有一些父母管教孩子时过于严厉，经常批评孩子，这里做得不对，那里做得不好。长此以往，孩子在父母面前就会战战兢兢的，总是担心做错什么。于是，孩子为了获得父母的认同，就会将注意力放在那些让父母满意的事情上，而不是在一种心灵舒适自由的状态下去做自己想做的事情。就拿祖冲之来说，父亲想让他读经，他也想让父亲满意，无奈自己就是不"好之"，在父亲的殴打责骂之下，甚至对读经起了逆反心理。在爷爷所营造的宽松气氛之下，祖冲之能够去问自己感兴趣的问题，并产生了钻研的志向。所以，父母一定要给孩子一个宽松自由的物质环境、心理环境。

3. 父母发现了孩子的兴趣，但不给予支持

在现实生活中，父母有时能够发现孩子的兴趣所在，但是这种兴趣与父母的预期不相同，父母就不支持。祖冲之的祖父、父亲发现了他对天文的兴趣之后，首先给孩子提供了一些书籍支持他的兴趣，但是，天文毕竟是一个不能带来功名利禄的兴趣，所以，祖父带他去见何承天。

何承天的问话其实反映了祖冲之祖父、父亲的矛盾心理，然而，祖冲之的坚持打消了他们的顾虑。父母希望孩子长大后衣食无忧、前程似锦，这都是父母一片好心，但孩子作为一个人，他还需要一个精神的内核，他需要在兴趣中获得精神愉悦，所以，作为父母，不管孩子的兴趣能否给他带来功名利禄，都要给予孩子强有力的支持。

懂玩耍的孩子才是真学霸

"学霸"这个词，如今已经成为大家的口头禅。许多父母在一起聊天的时候，都会说一些身边人的孩子，谁家的孩子成绩好，谁家的班里排名很高。然后这样的孩子就是群父母眼里的好学生，也就是学霸。没有父母不希望自己的孩子成为学霸，毕竟在这样竞争激烈的社会中，学霸的出路相对来说要好得多。

父母想让孩子成为学霸是无可厚非的，但是在孩子成为学霸之前，先要让孩子懂得如何玩耍。"玩耍"这个词，在许多父母眼中也许是不务正业的代名词，因为有玩耍的时间，还不如多学习一会儿。但是对孩子来说，过分地压抑天性，只会让孩子的叛逆心理越来越强。好的玩耍必然是积极向上的，也是父母应该支持的。

孩子学着老师的模样在家里给朋友教授课程，抑或是根据哪个童话故事和小伙伴演戏。在这样的玩耍中，孩子能逐渐培养越来越多的兴趣，同时提高语言表达能力、社交能力等各项能力。不要小看孩子，很多时候，孩子天马行空的世界会让你叹为观止。

有这样的一家三口在玩儿扮演白雪公主的游戏，妈妈身上披着床单扮演王后，大女儿扮演白雪公主拿着道具仓皇出逃。小儿子装成会说话的魔镜，妈妈看着眼前的小魔镜，中气十足地说道："魔镜魔镜告诉我，谁是世界上最美丽的女人啊？"小魔镜回答道："是您，我的王后殿下。"一家三口玩儿得很开心，偶尔父亲会抽空和他们一起玩耍。两个孩子对这样的游戏乐此不疲，在这样的影响下，两个孩子的周末也变成了写小剧本的时间，孩子把自己的想法写在纸上然后动手制作相应的道具，在这样的过程中，孩子们的创造能力和动手能力都在不断增强。

相比在高压力和题海中养成的学霸，让孩子在玩耍中获得学习的乐趣与动力更为有益。孩子在将来要认识的是世界，他们需要和社会沟通，而不仅仅是和书本对坐、动笔写练习题。学霸不仅是成绩上骄傲，更多的是要不断地学习。如果说阅读赋予我们知识，那么朗诵则让我们进一步体会到了语言的韵律之美。随着孩子生活阅历的丰富、知识的积累，每一次认识新事物都能让他们看到崭新的世界。

在孩子的成长过程中，学龄前除了对审美观念的熏陶养成，或许也会影响到孩子对科学的感知。孩子也许会很调皮，但是他们会在游戏中会变得更加有耐心，并懂得什么是规矩。

叮叮喜欢各种各样的拼接玩具，一开始只是简单、随意地拼插，但是现在他已经可以自己看着说明书组装复杂的玩具了。叮叮的父母在旁边看着，除了偶尔告诉叮叮有些字的读音，他们几乎不太插手叮叮的组装过程。叮叮则自己拿着螺丝刀和扳手，兴致盎然地进行组装，有时候组装对了，会一个人开心地笑，有时候遇到了难题，会紧锁眉头。在这样的游戏中，叮叮渐渐明白了杠杆原理、滑轮的使用、力臂的作用等。父亲在这个过程中扮演着讲解员的角色，只要叮叮有问题，他就会耐心地解答，并不断引导他提出更多的问题。

这样的玩耍更接近学习，或者说这样的玩耍才是真正的学习。不拘泥于课本公式，不拘泥于习题，从最根本的地方进行学习。孩子学习不是为了考试，不是因为家长和老师的压力，而是孩子自己对知识的追求和对世界的好奇。不管是积木还是拼盘，或者是大富翁游戏，孩子都能在游戏中找到乐趣，同时也会在游戏中发现问题，这个时候便是父母上场的时机。这也就是为什么父母需要和孩子一起玩耍，在教学过程中，父母一样能够学到更多的知识，因为你需要重复回忆，并把你所知道的知识简单地说出来。

所有的玩耍都是有技巧的，而在这个总结技巧、实践技巧的过程中，既是推理能力与观察能力的过程，也是培养专注力的好方法。往往最好的"玩具"在生活里，生活和学习的道理则在"玩具"里。

在游戏中，孩子可以学会取舍，当游戏时间有限，便要根据实际情况来对想玩耍的东西进行选择。父母要在这个过程中充当引导人，引导孩子自主取舍，这对孩子来说有着至关重要的作用。除了知识，一定还有一些果断、坚韧、不辞辛苦的品质，是孩子在玩耍的过程中所能学会的。会玩耍的孩子，才能有足够的精力去学习，如果学习也是一场玩耍，那么学习将不再是枯燥的。

孩子能从玩儿的乐趣中引发对这个世界的好奇，又在探索解答好奇的过程中享受到钻研的乐趣。当观察、思考、积累渐渐成为他们的本能，他们会打开敏锐的触角，在第一时间内挖掘好玩儿的地方，并且会勇于结识好玩儿的人，去钻研好玩儿的道理，或者呈现出好玩儿的作品。这样的玩耍更能让孩子学会学习，这样的玩耍才能培养出真正的学霸。

如何教育顽皮的孩子

石油大王哈默的父亲在哈默 4 岁时成为一个挂牌医生。他买了一匹马和一辆轻便马车，出诊时总要带上哈默。当他的业务慢慢发展起来后，从不让穷苦的人付钱，还经常爬上经济公寓的楼梯，替贫穷的病人看病，之后还留下足够的钱让病人去按方配药。

小哈默是个很顽皮的孩子，属于不听话的那一类。他在公立学校读书时，常常跟着一些"坏"的同学交往，开始逃学，学会撒谎，甚至损坏他人的财物；他的学习成绩极坏，上课时回答不上老师的提问。老师生气时，会这样骂他："一个富有同情心的医生，怎么养出这样一个令人头疼的儿子？"在无奈之下，老师把他送回家里，让父亲严加管束。

对这个给自己丢脸的儿子，父亲气极了。尽管他一向反对体罚，但这次还是拿起了皮带，给儿子一顿猛抽。随即他又后悔了。他静下心来，开始寻找在这个规矩家庭内部改造这只迷途羔羊的办法。他仔细考虑了问题的起因，认为毛病并不在自己孩子身上，坏就坏在一些坏伙伴的引诱。最好的办法，就是让他远离这里的不良环境，"放逐"他，把他送到可以信赖的地方。

就这样，10 岁的哈默被送到康涅狄州的梅里登，住在乔治·罗斯夫妇家里，在那里接受严厉的管教。

在放逐期间，哈默开始对无线电产生了兴趣，课余时间搞起了当时还属于起始阶段的无线电，掌握了莫尔斯电码，亲自组装了一台收音机。但罗斯太太不让他在屋顶上装天线，担心会把雷电引来。哈默的性格酷似父亲：顽强、毫不退缩。他没有因此停止自己的实验。他背着罗斯太太，沿着顶楼的屋檐拉了根天线，发现功能跟室外天线一样好。他整天躲在自己的小屋里鼓弄那些小玩意儿，不让任何人知道。

5年后，哈默才被接回纽约父亲身边，在一所高中读完最后两年课程。"放逐"的处罚很管用，哈默读书很用功，除了学好功课外，还找到了一种业余爱好——制造飞机模型。他把制品送去参加比赛，经常获奖。此外，在毕业演讲比赛时，还得到了金质奖章。

哈默是个典型的顽皮孩子，上课不听讲、爱冒险、固执、天不怕地不怕。其实，顽皮是孩子的天性，当孩子2岁以后，身体和心理的发展使得他们有惊人的旺盛精力、探索能力、吸收能力，他们不满足已有的环境、条件，要强力的自我表现，自我探索、自我学习。

怎样按照孩子成长发展的规律和顽皮的个性特点，对孩子加以正确引导、培养呢？

1. 肯定和相信是首要前提

顽皮的孩子容易使人产生讨厌的感觉，也特别容易暴露出他的缺点，因此往往给人一种"坏孩子"的印象，也就容易使家长戴上有色眼镜，因而不会去注意和发现他的优点和前进步伐。

其实，顽皮的孩子也有上进心，也有许多不为人发现的优点。他们往往聪明，思维敏捷、独立意识强活泼，精力旺盛，吸收能力强，等等。如果家长往往只看到孩子的缺点，反复盯着他的顽皮之处，批评这里，批评那里，轻则使孩子失去自由，重则影响了孩子的性格和心理、智力的发展。家长要看到顽皮孩子的优点和创新之处，多和孩子接触，用平和的心态对待他们，善于和深入观察孩子的言行，及时发现孩子的闪光点。

2.区别对待，正确引导

对待顽皮的孩子一定要注意区别什么是顽皮中的可取之处，什么是不可取的。如冒险行为，它是孩子的天性，又是他们探索世界、活跃体力的本能，这就要基本肯定，只不过要告诫孩子，要他懂得什么是危险，怎样避免伤害，但不要绝对禁止或过分干涉。

而对于发火、砸东西、喊叫等行为也要区别对待，有些是属于发泄情绪，表达情感的需要，家长不要压制孩子的反抗，否则会破坏他一生的性格，应该告诉他什么是更好的表达方式。但对于不讲理、耍无赖这些无理要求，家长则应态度鲜明地反对并采取不理睬和耐心说理的方法。

降低期望值，给孩子进步的空间

　　父母对孩子有希望，是因为天下所有的父母都希望孩子能够在将来过上比自己更好的生活，这是无可厚非的。所以从孩子小时候开始，父母便要求孩子完成各种目标。

　　生活中有很多父母都望子成龙，望女成凤，恨不得孩子能够把所有的事情做好，父母的期望没有上限，只会一次比一次高。欲望是无穷的，父母在面对孩子的时候更是如此，不管孩子做得多好，父母永远希望孩子能够做得更好。孩子在班里考了第一名，父母希望孩子在全校也考第一名；孩子在学校考了第一名，父母还希望孩子在区里、市里考第一名。在父母眼里，孩子的优秀程度越高，越能够过上好的生活。所以，父母剥夺了孩子玩耍的时间，剥夺了孩子游戏的时间，强加给孩子各种辅导班，然后紧盯着别人家的孩子，生怕自己的孩子落后一点。

　　于是，孩子在各种重压下越来越不是自己，越来越成为一个期待品。他们感受不到童年的快乐，他们会越来越想逃离，逃离父母的期待值，逃离生活。

　　一位老师和班级第一名的孩子的爸爸聊天，孩子的爸爸说："我儿子脾气太大了，还没说上两句就怒气冲冲的了。"老师赶紧问道："说的什么事呢？难不成说两句就生气？"孩子爸爸很无奈地说："哎，他每天玩儿游戏，一点儿也不自觉，还不让人说。"老师这才笑着说道："玩游戏就让他玩儿呀，你儿子这么优秀，成绩全班第一而且一直很自觉，自己买课外题做，学习很上进。"可是孩子的爸爸一点儿也不觉得儿子很上进，对老师的话——反驳。

"他语文成绩还不行，每天只顾着玩儿。要是语文成绩再好一点儿，能够到全校第一名的，现在也只是前五罢了。以后还要上重点高中，市内考试要是能考到第一名，那才是最大的荣耀。"

之后无论老师怎么说，孩子爸爸都有反驳的理由。老师很是苦恼，因为不是他一个家长对孩子要求太高而不自知。每次试一考完，班级群里都是家长抱怨孩子哪一科又退步了，要是分数再高一点儿就好了这样的言论。老师虽然进行了开导，但是家长对孩子们的要求一点儿也不曾降低。

父母过高的期望会让孩子的快乐减少，孩子在一心满足父母的要求的同时，会失去自己的乐趣。孩子不愿意和父母沟通，家庭的欢乐自然也不会增多。有时候，父母就像童话故事里的那个老太婆，不停地向金鱼索取，永远不会满足。孩子原本想学习画画，但是父母认为那是没有用处的，于是孩子面对的只有更多的习题。孩子想外出游戏，但是父母认为那是没有意义的，所以孩子面对的只有书桌。父母放不下自己的期待，永远看不到孩子好的一面，孩子渴望得到的鼓励，在父母眼里也是微不足道的。所以，家庭中的交流会越来越少，孩子也越来越不愿意和父母沟通。试问一个家庭没有了交流，还有什么幸福可言？

试想一下，每天下班回家，孩子已经在学习，当你想询问他们白天的学习生活的时候，他们会以不想被打扰为由，拒绝你的提问。而作为父母似乎也没有理由反驳，因为孩子在学习，而他们的这种行为是你要求的。当你有时间想和孩子谈心的时候，孩子已经封闭了内心，不想再和你交流。没有家庭的嬉笑，没有家庭活动，永远只是各自忙着各自的事情，这样的家庭哪里会有真正的幸福感。父母放低自己的期望不仅是为了孩子，也是为了自己，生活中的幸福感很好找到，只是父母不曾去发现。

小七在班里的成绩中等偏上，虽然老师说过可以适当地给孩子进行补习，但是小七的妈妈一直没有强迫小七去做，因为小七不想，小七说自己在学校有好好听课，也有好好写作业。于是妈妈就没有给小七报辅导班，不过妈妈和小七约定，考试要尽自己最大的努力。

小七点头，虽然每一次考试的名次起起落落，但是小七的确每一次都在进步，只要是犯过的错误，小七都不会再犯，而且分数每一次都在渐渐提高。每一次小七考试后，妈妈都会夸小七进步，然后适当地减少对小七的压力，并告诉小七做到尽自己最大的努力就好，不需要和别人争什么名次。于是，小七家里从来不会发生因为孩子成绩而大吵大闹的事情。每天隔壁的孩子因为成绩和作业与父母哭闹时，小七家中总是其乐融融的。

父母对孩子没有那么多的高要求，孩子在尽力做了一件事情后，也许会失败，但是这时的失败对父母来说不会过于失望。父母还依旧能看到孩子身上的闪光点，依旧觉得自己的孩子是有能力的。父母不苛责孩子，孩子的自信心也会逐渐提高，不会因为一件事情的失败而变得小心翼翼。父母降低了对孩子的期望值，不仅是在给孩子减轻压力，更是对自己心理压力的释放。因为不再苛求孩子，自己也不会有太大的压力和失望，这样一来，孩子会好好成长，自己也能看到孩子身上的进步。

让孩子从大自然中感受生命的美好

"让孩子归于自然"是德国《卡尔·威特的教育》的作者老卡尔·威特的教育主张，在儿子刚出生不久，他就带着孩子去外面呼吸新鲜空气，给孩子讲古老的传说，让孩子对自然充满亲近之情。

天生的好奇心会驱使孩子去大自然中发现生命，但是家长往往担心孩子受到意外的伤害或者过敏，加上城市远离自然，孩子接触自然的机会就非常有限了。

这其实是孩子童年的一种遗憾，孩子不仅可以在大自然中开阔眼界，丰富知识；而且可以认识到自然的美，欣赏自然的美，陶冶性情，培养高尚的情操。大自然是人类的母亲，也是孩子童年重要的组成部分。

大自然不仅对培养孩子高雅的审美情趣、超人的创造才能独具意义，而且是发现与培养艺术神童的最佳途径。

在让孩子参加各种审美活动时，家长能及时发现蕴藏在孩子身上的艺术天赋与才能，还能让这些天赋与才能得到及时的培养和发展。

例如，在孩子进行音乐活动或美术活动时，能发现那些对音乐或美术具有异乎寻常的兴趣和表现能力的孩子，他们在专家、教师和父母的培养、训练下，有可能成为音乐或美术领域的优秀人才。

当大自然毫无保留地呈现在眼前，天空的高远、流水的清澈、小鸟的欢快歌声、山峰的绵延磅礴都能激发心灵的愉悦。

《蓝色多瑙河》《月光奏鸣曲》《沁园春·雪》等杰出的作品，无一不是在大自然的感触下创作而成的。然而，并不是所有的人都能感受到自然的魅力，能够听懂伯牙的高山流水的人，也只有子期一个，因此，知音才难能可贵。

要激发孩子对大自然更深的体验，需要父母创造良好的条件，将孩子引入自然中，只是最基本的一步。只有调动孩子的情感，才能体会到大自然的美妙。

首先，家长要能够体会到自然的美丽，用自己的情绪去感染孩子，引导孩子领略大自然的美，使他从兴奋、愉快这些单纯的情感发展到更高的情感层次——美感，并产生热爱大自然、热爱家乡、热爱生活的高尚情感，以及用自己的创造性工作表现这种大自然之美的欲望。

其次，在引导孩子欣赏自然景色时，要学会一语道破的本领，用简练的语言向孩子仔细描述景色，帮助孩子去接触形容词，比如"辽阔""宽广"等，让孩子在看到景色的时候，能够与相应的感情词汇联系起来。

在孩子观赏自然风光时，也可以用儿歌来启发孩子的情感，使艺术语言和眼前的风光景致融合在一起，进一步启发孩子的灵感与想象，加深孩子对大自然之美的体验，把他的思想感情带到优美的境界中去。让孩子专注于一只蚂蚁、一堆石头，既可以培养他的注意力，又能让他对各种物体的记忆深刻。

另外，家长也可以带着孩子到接近大自然的农村去，让他了解播种和收获，看到劳动之美，并且认识各种粮食、蔬菜，避免"米是一袋一袋地长在田里"的常识错误。

让孩子投入大自然之怀抱，呼吸清晨的新鲜空气；看到山间的雾霭、小草上的露珠、漫天的彩霞、袅袅炊烟；听到小河的水声、牛羊的叫声、虫鸟的鸣啼；闻到荡漾在田间的泥土清香，庄稼、草木散发的芬芳；品尝新鲜的瓜果蔬菜，帮助孩子全身心地感受大自然之美，感受生命的美好，以此促进孩子智能的发展，培养他良好的审美能力，以及热爱农村、热爱家乡、热爱大自然、热爱生命的情感。

传授知识要寓教于乐

美国小学教育的目标是以儿童的身体与心理健康发展为重，在教育的过程中注重挖掘个人的潜能。在学校中，课堂的样式也是活泼多样，学校强调互相尊重和彼此接纳，鼓励每个学生表达自己的观点看法。

在美国的小学，老师们通常不要求学生们背诵文章或者公式，而是努力发掘他们的学习兴趣，充分激发孩子的想象力和创造力。比如在美国，老师很少会给学生留抄写的作业，取而代之的是需要观察、操作、探索的作业。

在美国的学校，基本上每天都会给孩子们安排体育课，大约有 1/3 的时间都是在户外活动，篮球、排球和橄榄球等各项活动既让孩子们锻炼了身体，也让他们体会到了竞技体育的魅力。所以说，美国孩子所受的教育，并不是仅仅局限在课堂上。

除此之外，学校还会经常组织各种各样的课外活动，比如商店实习游戏、各种交易买卖会、各种拍卖会等，保证任何一个学生可以在游戏和互动中检验学到的知识，同时增强了他们的交流沟通能力。美国的老师们也非常注重保护孩子的自尊心，在课堂上以表扬学生为主，尽量激励孩子，给孩子们信心。

由此可见，美国对孩子的教育是一种寓教于乐的快乐教育。让孩子们在学习的过程中健康快乐地成长，是这种快乐教育的中心。这种方法不仅有利于孩子更好地接受学习，也有利于孩子天性和人格的良好发展，值得我国的老师和家长们借鉴学习。

学习是件严肃的事，需要认真对待。但是越严肃的学习，越需要加入乐趣，以帮助孩子吸收知识。传授知识，如果只是死板地教，孩子就不容易记住。用比较活泼的形式教，孩子就喜欢听，并且容易记住。所以，在教育时，首先要把孩子当成是孩子，注重寓教于乐，注重孩子独特的天性，保证孩子玩耍的时间，让孩子们在学习的过程中健康地成长。

快乐的教育有很多方法，例如：运用讲故事的方法来教育孩子。快乐的故事教育也是最有效的方法之一，因为故事可以锻炼孩子的记忆力，启发孩子的想象力并扩展他的知识。故事形象易懂、切合实际，也便于小孩子记忆。同时，家长也可以边给孩子讲故事的同时，也让孩子自己叙述，这样既能锻炼孩子的语言叙述能力，还可以提高记忆能力。

在小维尼夫雷特还不会说话时，斯托夫人就给她讲希腊、罗马、北欧各国的神话。等她会说话以后，母女两人就表演这些神话。她还向女儿讲述《圣经》故事，有的还用戏剧的形式演出。斯托夫人的故事都是非常有目的性的讲述，对女儿讲神话是为了使她对天文学产生兴趣，让她看雕刻艺术是为了使她能够理解雕刻作品的内容。

还有一种方法家长们可以采用，就是起初用讲故事的方法教，而后把它们编成纸牌，采用游戏的方式教。这样孩子们就能从游戏中读到一本有趣的书，并写出要点。比如为了让孩子牢记神话中的故事，我们可以把有关内容编写在纸牌上。在和孩子一同学习各国的历史时，让孩子不知不觉中感受到学习的乐趣。

还有重要的一点，家长们需要非常注意，那就是在向孩子灌输各种知识时，这些知识一定是孩子将来用得着的。世间有些人，虽然读书破万卷，知道许多事情，但是仅仅是"知道"而已，这些知识对自己、对社会却都没有用。

最后，仅仅快乐对孩子的全面成长还不够，寓教于乐也要把握分寸。不能一味让孩子快乐，就对孩子放任不管，对孩子适当的束缚和正确的指导，是对孩子形成健康的人格、良好的品德有决定性作用的，所以，寓教于乐，让孩子快乐地接受教育，是必需的，但也是有限制的。

实践教育法——多湖辉

作为一名杰出的教育家，多湖辉教授对儿童心理和脑力开发研究造诣颇深。与许多以理论见长的学者不一样，多湖辉的教育思想更具实践性，直指儿童教育的具体实际问题，并提出了许多具有建设性的意见。他认为，增强孩子能力最好的办法，就是使父母成为"教育的实践者"。父母不仅要了解孩子独特的心理动态，还应该针对不同孩子的个性特征，不断地在生活和学习实践中摸索教育孩子的方法。

曾经担任过小学校长、做客广播节目《育儿问答》的经历，使多湖辉有机会接触到许多小学生，并开始考察围绕现代儿童的社会环境及家庭环境问题。通过他与父母和孩子进行了广泛的沟通，他了解到了许多在日常生活和现实社会中，孤立孩子、扼杀其应有才能的父母们的种种表现。他了解到，尽管每一个做父母的对子女的培养和教育都十分用心，为了把孩子培养成才，他们甘愿不辞辛劳，费尽心血。但是往往并没有取得相应的成效，其根本原因就在于孩子的父母没有以一个实践者的心态来教育孩子，他们既缺乏教育的具体行动，又缺乏教育的艺术和技巧。

在实践教育中，多湖辉发现玩耍的另一方面，"玩得发疯"，在大人的世界就很可能受到谴责，可是在孩子们的世界中则与"拼命地学习"是一致的，其实玩耍之中存在唯有当事人才能知晓的喜悦和快乐。而且，玩耍的意义并不仅在于此，可以说，玩耍是门深奥的学问。因为孩子们在玩耍的过程中，会不知不觉地学到方向感、空间时间的掌握、沟通技巧、如何与他人相处、如何解决问题等知识，并把这种知识转化成自己的技能。

如果孩子被过早地剥夺了这种玩耍的均等机会，就会因此缺少掌握这些有用技能的均等机会，其实是剥夺了孩子的天性学习时间。

除此之外，多湖辉认为孩子能在玩耍之中获得不受仪式或习惯所影响的精神上的自由。这虽然称不上是创造性活动，但是也可以看作是与其相酷似的一种体验。

总之，孩子所有的学习都来自于玩耍之中，将学习与玩耍明确地区别开，将其加以限制，这是大人的想法，而对于孩子来说，学习和玩耍是没有区别的，甚至从玩耍中可以学到很多书本上没有的知识。

多湖辉认为，开发孩子的智力，首先要使孩子感兴趣，并采用使他们快乐的形式进行。从这种观点出发，我们就要重新探讨今天的孩子所喜欢的游戏了。

多湖辉曾教育过一个孩子，虽然还是幼儿，却已经知道了车的各种型号，令周围的人非常吃惊。当然，这并不是父母强迫其学习的。父母带他驾车去旅行时，孩子在车里感到无聊而哭闹，于是，母亲就与其一起进行"押宝"游戏，让他猜遇到的车的种类和颜色等，使其不知不觉地掌握了"专业"知识。

孩子们能在娱乐中做事，从另一个角度来看，这也是孩子主动性得到充分发挥的表现。多湖辉认为这种学习的主动性尤为重要。我们在学习中真正学到的东西，都是从自己主动地想学开始的。

为了进一步说明游戏对孩子成长的意义，多湖辉对玩耍与学习是如何使孩子的头脑变聪明的问题进行了深入的探讨。他认为，耗能的机器越使用越受磨损，性能变得越落后，人的头脑却完全相反。通过对大脑生理学和心理学的研究可知，人的大脑是可以无限制地延长使用的。

只要父母在孩子娱乐的时候，稍微动脑想办法，做一些努力，把理论基础知识融入娱乐之中，单纯地玩耍马上成为使大脑变聪明的工具，可以说父母的任务就是掌握这种方法。

平时大家常说"好好学习，好好玩"。多湖辉则认为，从对孩子大脑的发育来说，不如改说成"好好玩，好好学习"，因为玩的比重正在扩大。孩子们实际上是通过玩来学习各种各样的知识的。

多湖辉建议教育者要随时把教学与实际生活联系起来，在日常生活中到处都有学习的机会，生活中随处都有最好的教具，他认为，只要把学习渗入日常生活中，不论多少都会有效果。通过这些无意识之中提供的学习机会，无论多么讨厌学习的孩子，都会逐渐对学习产生兴趣的。所以，父母要为孩子创造生活课堂：

1. 家庭旅行计划

多湖辉举了几个创造这种生活课堂的方法，比如通过让孩子制订家庭旅行计划，引导其对地理感兴趣，在做暑假家庭旅行计划时，可以简单一些，让其根据旅行目的地做一个旅行导游介绍。为了完成这一任务，必定要翻地图、查找教科书，在不知不觉中学习了地理知识，而且通过这项工作或许会使孩子逐渐喜欢上地理科目，在这个过程中同时给他一个策划者的职务，拥有职权，也会使其产生积极性，这是一种很好的教育孩子的方式。

2. 纠正孩子的厌学情绪

多湖辉指出，孩子是望着父母的背影长大的。如果要让孩子

"好好学习"，父母在日常生活中也必须以实际行动做给孩子看，让孩子觉得，父母也同样喜欢学习，以此纠正孩子厌学的毛病的方法是非常重要的。

对此，多湖辉对很多父母提出了批评，因为有许多父母过于注重"教育目的"，带孩子到博物馆好像是尽义务陪孩子的，孩子也感到没有兴趣。带孩子到天文馆去本来是件好事，但有的父亲却对孩子说："你自己看吧"，然后打起了呼噜。相反，父亲如果一边对孩子说："喂，快看，多厉害。"一边与孩子一样感兴趣，孩子的兴趣也自然会放在学习上。

因为当孩子一个人学习的时候，很可能产生"认知只有我必须学习"的心理，这种心理会使孩子厌学。因此，反过来用这种只能自己做的心理，也是纠正孩子厌学的方法之一。例如，如果每天规定让家庭所有成员一起学习10分钟，只要大家都做，孩子就不会有不满的情绪了。

3. 要求孩子做家务

多湖辉指出，要求孩子帮忙做家务，对于孩子来说，会起到比课堂更有效的学习效果。以往，孩子帮助家人做家务，是极为正常的事，但由于现在的孩子都是独生子女，家人都会十分宠爱，就会越来越缺少这种锻炼。实际上，这种帮忙与其说是为了父母，倒不如说也会给孩子带来锻炼的机会，提高他们动手实践的能力。

在家务劳动中，孩子自然而然就学会了安排计划，而且，还可以促使孩子将家务活与学习时间调剂好，在做不同家务的同时，也培养了孩子的耐性和身体素质。

不仅如此，从心理学的角度来讲，家务劳动对孩子的心理成长也有很大帮助，孩子在劳动过程中担当一定的角色，当家长充分授权给孩子后，可以使孩子找到一种主人翁的感觉，在做家务的过程中，可以受到大人们的常识，从而使孩子在心中找到自我存在价值，以形成一种做其他事的自信。

曾有一个孩子，父母很长时间一直认为这个孩子什么也不会，凡事都代替孩子来完成，一天，家里来了客人，需要买些招待客人的东西，由于家长忙于应酬没时间出去，就给这个孩子写了一个纸条，让他拿磁卡去买东西，结果他很顺利地就把东西买回来了，本来很简单的事情，但对于孩子的父母来说却喜出望外，不仅夸奖了孩子，而且从那以后，家长转变观念，放手让孩子去做。买东西，做家务，由开始的不会到样样干得很好，孩子逐渐从小事中找到了自我存在的价值，这种喜悦超过了大人的想象，并且也增加了孩子的上进心。

孩子有自己的标准，多湖辉认为，大人应该遵守孩子的标准。有一次多湖辉在美国街头看见一个约四五岁的男孩子，抓住一位留着乱蓬蓬胡须的嬉皮士问："对不起，你为什么赤着脚走路呢？脚不痛吗？"那位男子注视着孩子的脸慢慢地、像对大人一样地说："这是我的哲学，不想隔着鞋，想直接与地球接触。"这个孩子像是终于理解了，于是小声地说："好，是哲学。"这个时候，这个孩子必定是切身理解了"哲学"这句话。所以，这位男子像对待普通大人一样认真地回答问题，使孩子感受到了自己的提问得到了回答的价值。相反，如果大人采取不认真的态度，孩子的问题最终也得不到回答，很可能会导致孩子缩手缩脚。

有时候，父母经常以为如果不能完整地回答孩子的问题有失身价，就容易把回答问题想得很复杂。因此，当孩子问自己不知道的问题时，大人就含混地回答说"以后再告诉你吧""大概是这么回事吧"；相反，对于自己会的问题就想全部告诉孩子。多湖辉则认为，大人即便是知道的事情也不能全部告诉孩子，因为这样做会完全使孩子失去自我思考的余地，对于孩子的提问只作逻辑性和科学性回答，这才是最佳回答。

多湖辉认为，反抗是孩子精神成熟的重要标志。从根本上讲，孩子自立、有主见就意味着要脱离父母并且开始具有与父母相异的想法，当然，其中有些想法可能会与父母近似。然而，即使这样，他们也不会囫囵吞枣地听信父母，而是将其纳入自己的思维框架中进行选择接受自己认为可以接受的部分。

不服从父母，甚至与父母发生争执顶撞，都是伴随着孩子的独立性增强而自然发生的现象。孩子在真正长大之前，做事情总是欠考虑，往往采取较为激进的做法，比如激烈地反驳家长。有一段时期孩子总是感情用事，这时做父母的也不要与他计较，而要在孩子面前保持冷静克制的头脑。这一点对于孩子的成长极为重要。

在多湖辉的著作中，讲了这样一个故事：在东京的普通民众居住区，邻里交往密切，互相都像对待自己的孩子一样关照别人家的孩子。其中有一位善于对年轻人提意见的老人，这个人类似现代式的"大杂院长者"。对教育孩子感到头痛的父母都想去讨教这位老人。这样一来，刚才还与父母顶嘴的孩子马上都老实了。人们都想知道这种魔法般地说教的秘诀，便问道："为什么您的意见大家都老老实实地听呢？"这位老人回答说："就是因为讲得使人容易接受，所以就听进去了呀。"这位老人讲得十分谦虚。实际上，有没有这种极为正常的气氛，这关系到孩子能否认真听取父母指出的问题。

与责备相比，因为夸奖是肯定孩子做的事，许多父母认为不需要许多技巧。实际上同样具有一定艺术性。日本的家长在鼓励孩子时往往只是说："加油啊！好好干！"具体如何去做，却只字不提。

多湖辉并不认可这种做法，他认为这种鼓励方法并不能起到什么实际的作用。他们听后定会茫然不知所措。

这时候，如果能提出具体问题，那么孩子听后就会清楚自己应如何去做，当天开始就可以努力工作。如果孩子失败了，那我们也应该采取鼓励而不是批评的态度。

对于平时成绩不错的孩子，在一次考试中没及格，失利了，他本人肯定相当难过，这时如果再对孩子提出批评，结果只能是适得其反。这时较好的做法应当是要耐心地去鼓励孩子，在鼓励的过程中寻找问题，"这次为什么没有考好？咱们来分析一下。到底错在什么地方？搞清楚了，下次就一定能考好。你准没问题。"让他自己对所出现的错误进行反省。经过这样的分析，找到并解决了以往不明白的以及出差错的地方以后，那么下次考试取得好成绩就轻而易举了。

多湖辉就时常会对这样的孩子以朋友的口气说："谁都会有失败。不要泄气，下次努力就行，你肯定能考好的！"听到这样的鼓励后，孩子也会暗下决心："放心吧，下次我一定考好！"

此外，还要注意对孩子的意外鼓励。古代有一个常胜将军，打胜仗对他来说已成为家常便饭。当有人奉承他："你将作为战略家而载入史册。"他不以为然，一点儿也不感到高兴。可是有一次，有人夸奖他的胡须非常漂亮时，他却高兴得喜笑颜开。将军自己肯定没有注意到自己还有这种优点，因此当有人称赞他的胡子时，他才会高兴万分。同样，这种鼓励的方法用在孩子身上，还可以帮助孩子发现他在其他方面的优势。

同时，不要只在孩子考了 100 分时才说上一句："考得不错。"那么，孩子认为这时受表扬是理所当然的，丝毫不感到意外。如此一来，即使以后总得 100 分，那么孩子的上进心也会慢慢消失。不过我们可以换个方法去表扬孩子，要抓住要点或者"投其所好"地进行表扬。比如："今天确实不错，你学习了两个半小时。"这样的话，孩子听了会从心底感到高兴和激动，他们会觉得爸爸妈妈真是无微不至，连这些方面都注意到了。

当孩子因成绩不好而感到沮丧时，千万不要再责怪他们，这是相信孩子的才能并且能使之增加的一个原则。总之，不要一味地乱鼓励或者逼迫孩子，最理想的做法应该是坐下来同孩子一起讨论问题的所在，鼓励他们不要灰心，告诉他们怎样做才能取得好成绩。同时，在夸奖孩子时要注意细致入微，不能不切实际。如果只是口头上随便夸奖几句，反而易于造成对孩子心理的负担或伤害，让孩子觉得家长只是随口说说，并不是真的在意自己的表现。

为此，多湖辉建议家长应该恳切地对孩子进行具体的评价。比如夸奖孩子画画不错，不能只是说："不错，像毕加索一样。"而是要说："这个天空的颜色很有意思！""这个脸画得很像爸爸……"

多湖辉希望父母在对孩子讲话时，思考一下"办事靠会说话"这一问题。要想一想除了一再劝说"你要用功呀"之外是否还有别的办法；除了"不要光看电视"之外，是否还有更好的说法。父母应找到比这几句未加认真思考的话更尊重孩子心理的表达方式。

多湖辉以本田宗一郎为例，劝诫家长们，不要怕孩子失败，要多想想失败所带来的好处。本田宗一郎先生是以生产汽车、摩托车而闻名于世的大型企业本田技研公司的创办人。上小学时，他在班里却是"后进生"。无论让他做什么，都总是失败，学习成绩也不理想。

然而，对这段经历，本田先生本人是这样认为的："正是因为当时的失败，才培养了我能进行独立思考、具有灵活性和创造性的大脑。"

他说："从别人那里学到的东西与自己经过深思苦想得来的东西相比较，其价值和应用的广泛性是大不一样的。"

"不能怕失败，之所以不能怕失败，是因为一旦怕失败就什么也做不成了。"孩子想做某种新的事情时，大人比孩子更了解失败的可能性，便在事前经常说"弄错了可不行""别弄错了"。但是，这样不但没有起到鼓励的作用，反而给孩子增加了压力，使其畏缩不前。而且，孩子会从父母的话中得到"恐怕会失败"的暗示，反而易于出现失败。进而，孩子由于过于担心失败，认为什么也不做就不会失败，因此便失去了做事情的积极性，甚至会陷入对一切都无能为力的心理状态。

多湖辉通过一个故事来说明担心孩子失败会对其造成很大的负面影响：

有一个孩子拒绝上学，就算在父母的要求下不得不去学校，也一句话不讲，家长怀疑这个孩子精神方面出了问题，就带他去医院进行治疗。可让医生意想不到的是，这个一句话不说的孩子突然说话了，他的话却值得我们每个人深思。这个本来很沉默的孩子说："本来我什么都会，脑子也不笨。可是我在学校一有差错同学们就嘲笑我。因此，我现在什么也不干，什么也不说。"

一个健康的孩子仅仅是过于担心大家嘲笑自己的失败，而变得一句话不说。这可能是一个极特殊的例子。但这个例子恰恰告诉我们，总是担心失败，成了一个什么也不会的孩子，也就不可能指望其有更好的成长。

我们都有这样的体会，我们要摔倒时，本能地会伸出双手支撑身体，保护头部、脸部。但是，有些孩子摔倒时，一摔就是一个嘴啃泥，为什么？因为我们不忍心看着孩子在自己眼前摔倒？所以一遇到坑坑洼洼的时候，我们就告诉他绕过去的方法，甚至干脆抱过去。可是，孩子总有离开我们自己走路的时候，那时候就再没有人会告诉他该怎么面对坑坑洼洼了。

人生如同走路。小时候不让他磕磕绊绊，我们怎么能放心地让他独自出行，独自面对生活？所以，请家长们听从多湖辉的劝告：允许孩子失败。

多湖辉认为，如果家长从小就不培养孩子的持久力，就会影响孩子以后学习的专注度和注意力，对孩子的发展是非常不利的。

儿童的持久力是指在一件事情上持续的时间长短。具体主要表现在孩子的注意力和专注度上。多湖辉把持久力不强的孩子分为两种情况：一种是无论做什么马上就会厌倦，比如学习，不到5分钟他就开始厌烦。另一种是三天打鱼、两天晒网，比如长跑，最多坚持3天，他就想要放弃。

显然，不管哪种情况，都不利于孩子的发展。对此，多湖辉建议家长，给孩子规定一件事情，要求孩子每天都要完成。原则是这件事情不能让孩子觉得有负担，如小时候可要求孩子饭后撤碗筷，或每天早晨取报纸，上学后就要求写日记等。关键是要求孩子每天必须完成。对于第一种类型的孩子，做父母的应该去鼓励他们，循序渐进地增加他们做一件事情的时间。比如学习，昨天学了5分钟，今天就可以设法给他延长至7分钟，进而明天延长至8分钟，关键是不能一味求快。

对于第二种类型的孩子，我们要让他们清醒地认识到自己也具有能坚持到底的优良素质。每天让他坚持做固定的几件事。

具体来说，家长可以从以下几个方面着手：

1. 提供一个安静、干净、有秩序的环境

嘈杂、紊乱、刺激物过多的环境容易分散孩子的注意力。当孩子在专心做事、学习时，我们不要让他受到打扰。

2. 和孩子共同制定合理的生活规则

要求孩子严格按照作息表活动，比如：每次玩完玩具后一定要放回原处，每天固定时间上床休息，固定时间运动，不允许边玩边看电视等，这样使孩子久而久之就会在有秩序的环境中培养稳定的情绪和安全感，分心现象会逐渐减少。

3. 以身作则

我们都知道这是教育儿童最基本的原则，但我们真正做到的人却很少，在培养儿童持久力上，成人的模范作用更重要。因此我们平时要避免边看电视边吃饭或者边看书边聊天。与孩子沟通时要专心地听和说。

4. 让孩子做力所能及的事

我们前面已经说过，在培养孩子持久力的时候，一定不能让孩子觉得负担过重。孩子能专注地完成一件事情时，会获得成功的经验，享受专注工作所带来的乐趣，如果孩子觉得负担过重，不能完成家长交代的任务，他的自信心就会受到更大的打击，不利于他们的持久力的培养。

最后，在一系列著作中，多湖辉还强调了遗传对人的智力有很大影响，但后天的环境和教育对人的影响更大，即使先天不足，只要教育及时得法，不懈努力，同样可以使智力得以不断地提高。

第四章　智慧父母顺利开启孩子情商之门

高情商的父母培养高情商的孩子

文文和彬彬是邻居，两个人经常在一起玩儿，时间长了避免不了会闹矛盾，有时候甚至还会打架。

一次，他俩在小区里玩耍的时候，因为一件小事而发生了争执，最后就打了起来，结果两败俱伤：文文的脸被抓破了，彬彬的牙出血了。看到各自都受了伤，文文和彬彬马上都停止了厮打，哭哭啼啼地跑回家，向父母告状。

先说文文。他捂着脸回到家后，见到妈妈不由分说先把责任都推到了彬彬身上，愣说是彬彬故意欺负自己。但是妈妈在听了文文的诉说后，并没有帮他埋怨彬彬，而是温柔地摸着他的头，问道："你们俩到底是因为什么打架，是谁先动的手？"

"哼！彬彬有个新玩具不给我玩，还说咱们家穷，买不起新玩具，所以我当然要揍他了！"文文生气地说道。

妈妈一听，脸色立刻沉了下来，正色道："彬彬嘲笑你，你可以跟他讲道理啊，为什么要出手打他？你们俩平时玩得那么好，怎么能因为一句错话就打架？妈妈对你的行为感到很失望！"说完，妈妈不再言语，只是冷着脸盯着文文。

见妈妈生气，文文害怕了，其实他也知道是自己不对，不该先出手打人，于是低着头站在那里，心惊胆战，等着挨训。但是妈妈并没有那样做，而是爱抚地搂过文文的肩膀，柔声对他说："妈妈知道你也很委屈，但不管怎样，打架是不对的。虽然你没有彬彬的新玩具，但是你有其他的新玩具啊，你可以拿你的玩具和他换着玩，这样他会很乐意的。"

听妈妈这么一说，文文觉得有道理，不好意思地挠着头对妈妈说："我错了，我这就向彬彬道歉去！"妈妈赞许地点了点头。

而彬彬这边，情况却截然相反。彬彬的妈妈一看到儿子的牙竟然被人打流血了，顿时怒不可遏，指着彬彬破口大骂道："你真没出息！个子长得比文文高，吃得比文文多，却被他打得这么狼狈，丢人不丢人？不管是谁的错，只要别人打你，你就得打回去，不能吃亏！"

彬彬心里本来就憋着一肚子火，听妈妈这么一说，他更来气了，咬着牙举起小拳头恶狠狠地向妈妈发誓说："妈，你放心吧，下次我再见到文文，非把他肚子打开花不可！"正说着，门铃响了，原来是文文亲自登门道歉来了。

可是，打开门，还没等文文说"对不起"，彬彬一个箭步冲上去，照着文文的肚子就是一拳，文文当即搂着肚子痛苦地蹲在地上。

看了文文和彬彬的故事，相信大家都会把注意力集中到他们各自的妈妈身上，而不是孩子身上。的确，是两位妈妈截然不同的教育方式，导致了孩子在对待矛盾冲突上，表现出了大相径庭的言行！

这也就给父母提出了一个问题，如今大家都在倡导对孩子的情商教育，谁都希望自己的孩子拥有比同龄人更高的情商。但是，父母们先问一下自己：我们是否具备高情商？如果做父母的自身就没有什么素质，那么怎么有可能去教好孩子，去提高孩子的情商？恐怕很难很难。

现实生活中，我们经常听到越来越多的父母摇头叹息：唉！现在的孩子真让人操心！越来越难教了！可是，父母为什么总要在孩子身上找问题呢？如果能转换角度，多从自身去找原因，相信父母会有很大的收获。对此，日本著名教育家铃木镇一说得好："父母的反省是第一步。"在培养孩子的情商上，当孩子出现了问题，父母首先不要急着去责怪孩子，埋怨孩子不争气，应该先想想自己，是不是在整个教育过程中，教育孩子的方法出了问题，所以才导致孩子这样。

因此，父母一定要谨记：要想使孩子富有高情商，必须先从自身做起，要不断纠正自己错误的言行和教育方法，才能给孩子一个良好环境，才能让孩子不断地去进步。

那么，身为父母的我们应该如何做呢？

1. 不要打骂孩子，不随意对孩子发火

能够很好地控制自己的情绪，不急不躁，是一个人高情商的主要体现。但是有些父母，在教育孩子的过程中，总是忍不住怒气而打骂孩子，这本身就是一种缺乏素养的表现，并且这种行为也不能达到让孩子服从的目的。父母打了孩子后，自己也余怒未消，抱怨孩子不争气；而孩子呢，挨打后自尊心也受到了严重伤害，感受不到父母的爱，可谓两败俱伤。所以父母在教育孩子时，一定要记住，要"威"不要"怒"，耐心地让孩子表达出自己的想法，然后再柔中带刚地去教育孩子，帮助孩子纠正错误的言行，这样孩子才能对父母产生敬畏感，并愿意听从父母的教诲。

2. 对待任何事，父母都要在孩子面前保持理智，做好表率

父母不仅要理智地去教育孩子，同时在对待其他事情上，也要控制好自己的情绪，避免过于情绪化，让孩子受到不良影响。比如，在工作中遇到了不顺心的事情，父母不要在家当着孩子的面对家人发脾气或摔东西等。否则，父母的这种缺乏涵养的言行，被孩子看到后，就会给他留下很坏的印象。以后当他不高兴了，也会"照方抓药"，通过故意毁坏物品、骂人、打人等方式来发泄怒气，久而久之孩子就容易性情暴躁，缺乏修养，处处受人指责、厌恶。

3. 别总是盯着孩子的学习，要重视他的非智力因素

现实生活中，我们不难发现，有的孩子智力出众，学习成绩非常优秀。但是毕业后却没有什么太大的作为，反而不如那些以前学习成绩相对较差的同学。由此可见，智商高的人，并不一定就能百分百成才。个人要想取得更大的成就，除了智力因素外，还要取决于一些非智力因素。所谓非智力因素，就是通常我们所说的情商，是指情感、兴趣、性格、信念等方面，这些因素在孩子的成长过程中，起着不可忽视的作用。基于此，父母一定要抛弃"分数至上"的思想，多培养孩子智力以外的东西，让孩子将来在事业上更有作为。

4. 为孩子创造和谐、安定的家庭氛围

为什么生长在父母感情长期不合家庭中的孩子最容易出现问题？很简单，孩子需要安全感，只有生活在和睦的家庭氛围中，他才有动力去主动学习和发展自己，才有可能快乐、健康地成长。

相反，如果父母总是打打闹闹，导致家里缺乏亲情，孩子的内心就会长期处于恐惧和不安中，那么他就不愿主动与人交往，进而形成孤僻、固执的性格，这显然对于培养孩子的情商是极为不利的。所以，作为父母，一定要做好三点：对长辈要关心孝敬；对伴侣要恩爱、理解；对孩子要尊重、呵护。这样才能真正为孩子创造一个安定的家庭氛围，进而培养出高情商的孩子。

加强合作才能达成共赢

佳阳的父母一直以来就特别重视对孩子独立能力的培养，所以从佳阳上幼儿园开始，就尽量让他自己去做事，比如自己整理玩具，自己洗袜子，自己收拾书包等。

在父母的教育下，佳阳的自理能力非常强，很多时候佳阳做事不愿意别人插手，即便是别人好心的提醒，他也总是显得很反感，认为凭自己的能力完全能够做好。看到孩子这么独立，爸爸妈妈自然觉得很欣慰，但是慢慢地，他们也发现了一个问题，就是佳阳缺乏与人合作的意识，并且自私、固执，喜欢挑剔别人。

后来佳阳上小学后，身上的这种不良个性表现得更加明显。一次大课间，老师组织大家一起玩拼图游戏。为了提高同学们的合作能力，老师还特意将全班同学分为几个小组，进行比赛，看哪个小组能团结合作，在最短的时间内完成拼图。佳阳由于动手能力比较强，自然被选为小组长，带领自己小组的几位同学参赛。

比赛紧张地进行着。可是还没过一会儿，佳阳所在的小组就出现了"骚动"。原来，有个叫壮壮的孩子，由于精神太紧张，总是分不清拼图颜色。对此，佳阳非常不满，他大声训斥壮壮道："你怎么这么笨！让你拿红色的，你偏拿蓝色的；让你拿粉色的，你又拿黄色的！"壮壮知道自己做错了，低着头不敢反驳。

就在这时，佳阳的小组里有一位同学拼错了拼图，这下可把佳阳惹恼了："你们都这么没用！算了，我自己一个人来拼！你们都待一边歇着吧！"说完，他粗暴地把其他成员推开，自己开始拼了起来。

可是，佳阳自己刚拼到一半的时候，比赛就结束了。他们小组由于缺乏合作精神，拼得速度最慢，成了倒数第一。而另一个小组，由于成员之间能够齐心协力，没到规定的时间就早早地完成了任务，夺得了冠军。

一向争强好胜的佳阳，此时看到自己的小组输得这么惨败，心里很不是滋味。但是他不但没有反省自己，反而冲着小组其他同学怒吼道："都怪你们！要不是你们瞎捣乱，我自己做准能得第一！"

心理学研究表明，如果孩子从小就具有合作意识，善于与人合作，那么他在各方面的发展都会比其他孩子更胜一筹。比如，他的情绪会相对比较稳定，思想也会更加成熟，会积极地参加社会活动，并且对他人和社会的信任度也会提高，同时具备乐观精神。

但是，现在很多孩子，却并不善于合作，总是过于注重自我，不懂得关心他人。出现这种情况，与父母的不当教育有很大关系。例如有的父母，会像佳阳父母那样，过于看重孩子的独立能力，事事都让孩子独立去做，结果不仅导致孩子不懂得与他人合作，缺乏团队意识，而且孩子还会变得自高自大。还有一些父母，一味地向孩子灌输竞争意识，总是鼓励孩子赶超他人，最后也很有可能使孩子只注重竞争而忽视合作，等等。

由此可见，就孩子本身来说，他天生并不是缺乏合作意识的，而是后天受到了父母的影响，才出现了以自我为中心，不愿与人合作的现象。对此，父母一定要认真反省自己对孩子的教育方式，尽快重视对孩子合作能力的培养，让孩子从这种"独立"的习惯中走出来，融入群体。这样才能提高孩子的情商，为孩子将来适应社会做好准备。

如何培养孩子与人合作的能力呢？

1. 鼓励孩子多融入集体，使其感受集体荣誉感

合作是发生在群体之中的，所以父母平时一定要多鼓励孩子参加集体活动，让孩子积极地去感受集体的氛围和力量，尤其是集体荣誉感。当孩子感受到了集体荣誉感的重要性后，他自然就会想到与人合作；想到和大家齐心协力，为集体而努力。而一旦孩子在与人合作中获得了成功，他就会更愿意保持这种好的行为，从而乐意加入集体。比如，学校举行团体比赛，父母要鼓励孩子去参加，并告诉孩子：你是团体中的一分子，比赛的结果会直接影响到整个团体的荣誉，如果你不像其他成员为团体而努力的话，那么输掉的就不仅是你的个人荣誉，还有团体荣誉。

2. 父母在孩子面前要做好团结合作的榜样

在一个家庭中，家庭成员之间是否团结互助，对孩子的影响很大。如果父母忽略了这一点，平时在孩子面前总是自己做事，不与其他家庭成员进行合作，那么孩子就会跟着模仿，淡化与人合作的意识，有时候甚至连自己不能单独完成的事情，也不愿开口去求助他人，这样显然对培养孩子的合作能力很不利。因此父母要为孩子创造一个团结互助的家庭氛围，家人之间相亲相爱，互帮互助，这样可以从正面影响孩子，培养孩子的协作精神，增强孩子与他人合作的积极性。

3. 告诉孩子，信任他人是合作的前提

很多孩子由于过于自私，总是对他人的能力产生怀疑，因而

不愿与他人合作。对此，父母应该经常教导孩子：每个人的能力各不相同，不能用片面的眼光去看待他人，可能他这方面不行，但是那方面却比较优秀，所以大家要在合作中互相学习，取长补短，这样才能共同进步。另外，尊重和信任是分不开的，父母一定要引导孩子在与人合作的过程中，学会尊重他人，尤其是当他人在做事过程中不慎出现了纰漏，不要对其嘲讽、指责，这样会伤害对方的自尊心，使合作无疾而终。正确的做法应该是，及时和对方一起弥补错误，共同努力，把事情做成功。

4. 提醒孩子不要为了合作而丢掉自己的原则

合作是有一定原则的。如果孩子单纯为了与人合作，不顾自己的原则，甚至迁就他人，那么合作也就变得没有意义了，甚至会使孩子误入歧途，做出一些违法犯罪的事情。比如，有些学习成绩差的孩子，为了在考试中取得好分数，总是向那些学习好的同伴求助，希望能与其合作，进行作弊。对此，父母一定要及时告诫孩子：这样的合作是不光彩的，也不是真正意义上的合作，不能为了保全别人的利益而失去自己的原则，否则最后于人于己，都非常不利。

关心孩子的感受，积极地帮助他

每个孩子在成长的过程中难免遇到伤心的事情，因此会偶尔表现出闷闷不乐，不想跟别人交流。但是如果个人长期沉默寡言，不想跟他人交往，就需要家长特别注意了。

菲菲的妈妈最近很为女儿担心，因为在前不久的家长会后，老师跟她说，菲菲平时性格内向、沉默寡言，上课时总不积极回答问题，下课之后也不怎么喜欢与同学交流，这对孩子的成长十分不利。

菲菲的妈妈回想一下，觉得孩子平时就听话而内向，在公共场合胆子向来比较小，不禁怀疑自己的孩子有"社交恐惧症"。

"菲菲，今天是周末，你怎么不出去找同学玩啊？"

"不去了，也没什么玩伴，我还是在家好好学习吧。"

"学习也要注意劳逸结合啊，你出去玩吧，去找隔壁的肖丽吧，她今天在家。"

"不，我决不会找她玩的，她那么好动，话也很多，还总喜欢到人多的地方凑热闹，我可不想。"

"热闹很好啊，大家一起玩才开心嘛！"

"我不觉得，我喜欢一个人安静地待着，在人多的地方我常常感到害怕而焦虑，遇到有人跟我说话我还会心怦怦跳、手心出汗，我一点儿也不喜欢跟别人交流！"

菲菲的妈妈这时才感觉到菲菲可能是在和别人交往上出了问题。

在现实生活中，像菲菲一样的孩子不在少数，他们喜欢独自一人，害怕和别人交往，不喜欢在众人面前发言，在与人交谈的时候会表现得焦虑不安，担心自己在别人面前出丑。对人很回避，不能信任周围的人，不能接纳周围的人。

孩子之所以会出现这种行为，主要是源于内心的一种恐惧。这种不正常的心理状态与一个人的性格、心态、成长环境等因素密切相关。

假如一个孩子的性格很内向，那么，他很可能是在童年时期的社交场合受过打击，或者在成长过程中经历过什么让他感到不愉快的事情。这些不舒服的经历让孩子在潜意识中厌恶与人交往。

孩子不爱与人讲话，这本身是一个棘手的问题，说大也大，说小也小，有的孩子在他熟悉的环境中会表现得特别活跃，但是换一个地方换一群人，就会表现出非常内向的一面。要追问具体的原因，说不定还要从家长身上来寻找，很可能是因为孩子本身的生活环境太"安静"了，与人交往的机会太少。

作为家长，要站在孩子的角度上了解孩子内心的这种恐惧，关心孩子的这种感受，多多地鼓励孩子。

比如鼓励他主动跟其他小朋友玩，带着孩子参加亲戚朋友的聚会……要知道，童年的孤独是非常痛苦的，让孩子学会主动和别人讲话吧，哪怕声音很小，也要及时给予孩子鼓励，父母的态度决定了孩子下一次勇敢的尝试。

萧炎刚上幼儿园的时候，总是一个人躲在角落里，不跟其他小朋友玩。萧炎的老师看到这种情况后，就把萧炎拉到其他小朋友中间，让他们一块儿玩，但是没一会儿，就发现萧炎还是跑到角落自己一个人去玩了。

后来，萧炎的老师把这种情况告诉了萧炎的妈妈，于是，在一个周五的早晨，萧炎的妈妈和萧炎一块儿来到了幼儿园。到小朋友们活动的时间了，萧炎还是一如往常自己一个人躲在角落里。这时候，萧炎的妈妈叫来了住在萧炎家隔壁的彤彤，对彤彤说："彤彤，你去叫上萧炎跟你一块儿玩，好不好？"

"萧炎不喜欢跟我们玩，他总是一个人。"彤彤嘟着嘴说道。

"这次他会跟你一块儿玩的。"

彤彤和萧炎的妈妈一起找到了萧炎。

"萧炎，我们一块儿去玩吧。"彤彤对萧炎说。

萧炎看着彤彤摇了摇头。

"去吧，萧炎，和彤彤一块儿去玩，她很想跟你玩。"萧炎的妈妈对萧炎说。

萧炎还是摇摇头。

"萧炎，如果你不去，彤彤会很难过的，你哪怕去跟她玩一会儿，然后回来再自己玩都可以，好吗？"

萧炎点了点头，彤彤也很高兴地拉着萧炎去跟大家玩。玩了一会儿之后，萧炎却没有回来。萧炎的老师看到后，对萧炎的妈妈说："你真是有办法！"

"他只是有些胆小，多多鼓励一下他，就好了。"萧炎的妈妈对老师说。

在这个社会上，学会跟人交往是很重要的，因为良好的社交能够磨炼和增强一个人的能力。

只有当一个人的接触面越来越广，他的知识面才会得到更大程度的提升，情商也随之提高。反之，如果害怕与人交往，那么将来的发展就会受到一定的局限。所以说，家长们不能轻视孩子的交流问题，如果孩子变得不爱说话，或者是看到人就躲，就要及时关心孩子的情况和感受，并给予帮助。

培养富有同理心的孩子

李波的妈妈是个自私自利的人，凡事总是为自己的利益考虑，很少去顾及别人的感受。

李波5岁的时候，有一次，妈妈带他坐公交车外出。刚开始的时候车上乘客很少，妈妈和李波各占一个座位。后来乘客越来越多，座位都坐满了。这时，有个孕妇挺着大肚子站在李波妈妈身边。李波用手捅了捅妈妈，小声地说："妈妈，你看这个阿姨都怀孕了，站着多难受啊！我把自己的座位让给她吧！"

谁知，妈妈却冷冷地制止了他："就你爱当活雷锋！车上这么多人，别人怎么不让座位？况且我们跟她也不认识！你就老老实实地坐着吧！"李波胆怯地看了看妈妈，没再说什么。

就这样，在妈妈的影响下，李波慢慢地也变得越来越自私，不懂得换位思考和不主动去理解别人。

后来，李波12岁了，开始上初一了，但身上的这个坏毛病还是没有改掉。由于李波家离学校较远，所以李波选择了住校。每天晚自习之后，宿舍的同学们都纷纷给爸爸妈妈打电话。但是宿舍只有一部电话，因此当一个人用电话时，其他同学只能耐心等待。

一次，李波给妈妈打电话的时间比较长，说了半小时还没完事。对此，其他几位同学就不满意了。有人对李波喊道："你快点儿行不行！我们几个都在这儿等着呢！"李波不耐烦地说："知道了，催什么啊，我马上就打完了！"

类似的事情在李波身上发生过很多，所以时间一长，大家都觉得他有些自私，不考虑别人的感受。

还有一次，班上的小楠在值日，小楠把地拖得很干净，同学们都自觉地在座位上待着，尽量不在教室里走动，以免弄脏了小楠刚拖的地。而李波却全然不顾这些，他一会儿从教室前面走到后面和其他同学借东西，一会儿又走到窗户前。

见此情形，小楠生气地对李波说："你别乱走好不好，我好不容易才拖干净的地，又被你弄脏了。"李波满不在乎地说："我管你呢，反正今天是你值日，脏了你重新拖不就行了！"气得小楠说不出话来。旁边几位同学也看不下去了，纷纷指责李波做得不对。

对此，李波不仅没有虚心接受，反而和大家吵了起来："我有什么错！难道事实不是这样吗？"

所谓"同理心"，就是将心比心，设身处地地去感受和体谅别人。同理心是现代情商的重要组成部分，具有这种品质的人，往往能够站在别人的角度去考虑问题，从而更能理解对方的做法，减少误会和冲突。

但是纵观我们周围的孩子，有很多像李波这样的总是以自我为中心，做什么事都只顾及自己的利益。结果，这些孩子养成了漠视他人的习惯，对他人的不幸不屑一顾。尤其是在和别人发生矛盾时，这类孩子总是最先考虑自己遭受的损失，却从不为别人着想，所以容易与对方反目成仇，难以获取别人的信任和帮助。

那么，孩子缺乏同理心，到底是什么原因造成的呢？除了年龄尚小的因素外，父母的引导也是罪魁祸首之一。有些父母，自身就缺乏理解他人的品质，因而在孩子面前，言行举止中不知不觉地会把这些东西表现出来，久而久之，孩子耳濡目染，受到了不良影响。更有一些父母，看到自己的孩子在公共场合有"乐于助人"的举动时，不但不去表扬孩子，反而训斥或嘲讽孩子，劝其"多一事不如少一事"。父母的这些不明智的做法，会扼杀孩子的同理心，使孩子变得更加自私自利。

由此可见，在培养孩子的同理心上，父母一定要先矫正自己的行为，改变错误的教子方法，带领孩子慢慢学会站在他人的角度去考虑问题，主动关心对方的感受，这样才能教出高情商的孩子。

那么，父母应该如何做来培养孩子的同理心呢？

1. 教孩子多理解对方，并学着从自己身上找错误

同理心是在理解中产生的，不理解别人的想法和感受，也就无从谈起同理心。所以当父母发现孩子在与人交往的过程中，和别人发生争执、矛盾时，要及时地提醒孩子，多站在对方的角度去理解对方，并且让孩子在心里多问自己，"如果我是他，遇到这种事情，会做出怎样的反应"或者"换作是我，我当时会怎么想"等。这样孩子经过一番设想后，往往能够抚平自己的不满情绪，理解别人那样做的原因，从而认识到自己的错误。

2. 为孩子扩大交际圈

事实上，很多孩子之所以缺乏主动理解别人的习惯，往往是因为交际圈子太过于狭窄，平时就那么一两个知心朋友，不喜欢和更多的同龄人去交往。在熟悉的人面前，这类孩子做什么事说什么话总是按照自己的性子来，觉得彼此关系这么密切，对方肯定会理解、支持自己，从而忽略了对方的感受。基于此，父母要有意识地鼓励孩子扩大交友范围，让他主动参加集体活动，和更

多的人打交道，这样在丰富了孩子的交友经验后，孩子自然就能慢慢地学会换位思考了。

3. 父母要经常怀着同理心去理解孩子

要想培养富有同理心的孩子，父母首先要对孩子具有同理心，能理解、支持孩子，深入孩子内心，这样才能让孩子理解他人。但是要想做到这一点，光靠口头教导是远远不够的，父母平时还要耐心地与孩子进行沟通，了解孩子内心的苦恼。当孩子说出自己的心事后，父母不要急于批判或纠正孩子，应该先换位思考。比如"宝贝，我理解你，谁遇到那种情况，都会很难受""妈妈知道你现在心里很苦恼，我能体会得到"等。这样的话语不仅会让孩子得到安慰，同时也会让孩子有"父母很理解我"的感受，从此以后能慢慢地学着去理解他人。

4. 平时多与孩子做角色转换练习

教孩子学会换位思考是培养其同理心最主要的途径。所以父母不妨和孩子多做做角色转换练习，启发孩子的思维，让孩子学会站在他人的角度去思考问题。比如，看到电视上报道有人鄙视清洁工的事件，父母可以问问孩子："如果你是清洁工，受到如此不公正的待遇，心里会是什么滋味""如果你是那个鄙视清洁工的人，你现在心里会怎么想"等。除此之外，父母还可以和孩子调换角色，让孩子做父母，使其理解做父母的不易，并且让孩子从中认识到自身的错误。久而久之，孩子就会善于运用换位思考的方式来与人相处，从而变得富有同理心。

孩子的良好情绪，来自父母稳定的情绪

莎莎是一个胆子很小的姑娘，她从小生活在爷爷奶奶身边，爷爷奶奶对她呵护有加，关爱备至。

那时的莎莎性格活泼，常常逗得爷爷奶奶哈哈大笑。

莎莎6岁的时候回到父母身边生活，妈妈脾气比较暴躁，莎莎在她面前经常吓得什么都不敢说、不敢做。

一天，家里来了客人，妈妈让莎莎给客人倒水，一不小心，茶杯摔在了地上，妈妈当着客人的面劈头盖脸地骂道："你真是个笨猪！"生性敏感的莎莎羞愧得无地自容，眼泪大滴大滴地往下掉。当天晚上，莎莎做了一个噩梦，梦见妈妈恶狠狠地用眼睛瞪着她，并用手指着她的鼻子大骂。从那以后，莎莎只要看到妈妈就紧张，越紧张越是出错，每当这时，妈妈都毫不留情地对她加以训斥。莎莎最后患了恐惧症，每天晚上都做噩梦，一点儿风吹草动都紧张得不行。

莎莎的妈妈是爱她的，这一点毋庸置疑，但是她无法控制自己的情绪，常常以粗暴的打骂来发泄情绪。生活在这样的家庭中的孩子，他们一般是在父母阴晴不定、时好时坏的情绪中惴惴度日。父母不高兴的时候，可能毫无原因地就对他们大发雷霆，高兴的时候，又可能对他们有求必应。在这样反复无常的生活中，孩子变得敏感多疑，时刻生活在对父母脸色的察觉之中，于是，他们最早学会的是预测父母的态度，在这个察言观色的过程中，他们也学会了犹豫，以此来观察危险信号。

父母在家庭生活中的行为，尤其是情绪，会对孩子的心理健康发育产生重要的影响。研究表明，家长在家中情绪友善平和，接人待物谦虚礼貌，有助于孩子的心理健康发育；而如果家长在家里经常情绪恶劣，则会让孩子经常处于紧张和恐惧之中，对于孩子的心理发育极其不利。

从孩子的心理健康发育角度出发，父母在日常家庭生活中要特别注意情绪控制，谨防孩子因自己的不良情绪而影响正常的心理发育。为了孩子的心理健康发育，以下几点情绪控制特别需要注意：

1. 不要在孩子面前吵架动粗

爸爸和妈妈在孩子面前任何的吵架动粗，都会让孩子产生紧张心理和恐惧感。父母经常在孩子面前大吵大闹，会让孩子精神高度紧张，心里滋生不安全的感觉。因而，家长们必须谨记不要或尽量不要在孩子面前吵架动粗。

2. 不要在孩子面前抱怨生活或表露颓废的情绪

家长对生活的态度直接影响孩子的生活安全感和成长信心。如果家长经常在孩子面前抱怨生活，或者经常表露颓废的情绪，会使孩子过早接触到社会或生活方面的压力，会让孩子心理产生不安全感。对生活怀疑或颓废的生活态度可能会因此伴随孩子的成长，会让孩子身心过早地感受到不该承受的压力。因而，特别需要提醒家长们的是，无论你暂时遇到多大的困难和挫折，为了孩子的健康成长，请一定不要在孩子面前抱怨生活或表露颓废的情绪。

3. 不要在孩子面前责骂或批评他人

有的家长经常毫不避讳地在孩子面前责骂或批评他人，很多家长以为，孩子年幼不懂事，在他们面前责骂或批评他人对孩子没有什么影响。事实上，这不仅是一种非常不好的处世方式，更是一种有害于孩子健康成长的不良教育方式。这样的行为会让孩子对于家长日常的正规教育产生怀疑，也会使孩子因此学到这种不良的处世方式，会扭曲孩子的心灵，使孩子的心理健康受到极大的影响。

4. 不要在孩子面前用偏激的语气来表达对事物的看法

有的父母性格比较极端，对于事物的看法也比较偏激，往往会在孩子面前无所避讳地说一些过激的言语。心理专家认为，父母过激的言语和情绪会让孩子的心理也往偏激的方向转化，会对孩子的性格塑造和心理发育产生不良影响。因而，为了孩子的心理健康发育，不要在孩子面前用偏激的语气来表达对事物的看法。

父母的情绪对孩子成长的影响是深远的，只有情绪稳定的父母才能教育出一个乐观、活泼、开朗的孩子。为了孩子的明天，请以一种良好的情绪来面对孩子吧！

坏情绪，不"疏导"，就"决堤"

王女士曾遇到过这样一件有趣的事：一天深夜，她突然接到一个孩子打来的电话，对方的第一句话就是："我烦死他们了！"

"他们是谁？"王女士问。

"他们是很多人，我的同学、老师、爸爸妈妈。"

王女士感到突然，于是礼貌地告诉她："你打错电话了。"

但是，这个孩子好像没听见似的，继续说个不停："我学习不好，老师非常不喜欢我，同学们也都挺疏远我的，爸爸妈妈听不进去我说的话……"

尽管这中间王女士一再打断孩子的话，告诉孩子，她并不认识她，但是孩子还是坚持把自己的话说完。最后，她对这位素不相识的王女士说："阿姨，您当然不认识我，可是这些话已被我压了多时，现在我终于说了出来，我舒服多了。谢谢您，对不起，打搅您了。"

原来王女士充当了一个听筒的角色。

案例中的小女孩举动看似错乱，实际很正常。它形象地说明了小孩子也会有很多烦恼，有很多复杂的情绪，需要有一个倾诉、宣泄情绪的地方，而且消极情绪往往是蓄之越久，越沉重压抑。

实际上，我们每个人在一生中都会产生数不清的意愿、情绪，但最终能实现、能满足的却并不多。那些未能实现的意愿、未能满足的情绪如果被压制，就会产生一种心理上的能量，这种能量如果没有释放出去，它自身不会有丝毫减少。即使你在压抑、克制阶段意识不到它的存在，也只说明它从"显意识层"，转移到了"潜意识层"，它对你的潜在影响依然存在，而且一直在找机会真正发泄出去。

消极情绪得不到宣泄与缓冲，不仅会影响人的心理健康，还会引起身体上的一些疾病，像高血压、心脏病、胸闷等都是由于消极情绪长期累积而致。其实只要把那些不愉快的事情说出来，心情就会感到舒畅，因此表达能起到一定的情绪安定作用。我国古代，有许多人在他们遭到不幸时，常常有感赋诗，这实际上也是使情绪得到正常宣泄的一种方式。

对于消极的情绪，最好的办法是疏导，而不是堵塞。因为堵塞只能是暂时的，到一定程度就会造成"决堤"，那时情况失控，就更严重了。而很多家长在孩子情绪消极时，不但没有给以关心和正确的引导，反而运用家长权威强迫孩子收拾好自己的情绪，就算是假装，也要表现出积极的情绪。

梅梅是个成绩优异的小学生，偶然有一次，她考试失常得了历史最低分80分，她心情十分沮丧，回到家后，妈妈一询问，梅梅就伤心地哭着告诉妈妈，谁知妈妈当场大怒，指着她说："那你还好意思哭，居然考这么低分，不准哭了，看着我心烦，赶紧擦干眼泪回屋学习。"梅梅的眼泪被迫止住了，但是心里却永远有了一道伤痕。从此，她考试时情绪特别紧张，害怕考不好被妈妈骂，因而，考试失常的概率更大了。

坏情绪对孩子影响本来就很大，如果家长不给以理解，帮助疏导，甚至用强权手段进行"堵塞"，那孩子受到的影响将更大，后果更严重。

孩子的消极情绪是一定要宣泄出去的，但是"宣泄"不是让情绪的"洪水"到处泛滥。作家罗兰在《罗兰小语》中写道："情绪的波动对有些人可以发挥积极的作用。那是由于他们会在适当的时候发泄，也会在适当的时候控制，不使它们泛滥而淹没了别人，也不任它们淤塞而使自己崩溃。"因此，帮助孩子宣泄情绪一定要有度，比如，允许孩子一有怒气就大动肝火，一有痛苦就大哭大号，一有冲动就蛮干一通，这些不正确的宣泄方式反而会激起新的不良情绪。宣泄一定要合理，尽量不要指责别人，而用诉苦的方式，更容易博得别人的理解。或者引导孩子将消极情绪转移到另外一些对任何人都无害的事上，比如听音乐、做运动、写日记、游玩等。

天才儿童更需要情商教育

15 岁的美国中学生杨格，在 10 年级还没有结束就已经自学完高中所有的数学与科学课程。他决定提前申请大学，而且是申请美国一流的大学。没有想到的是，杨格竟然会连中三元，美国最顶尖的三所学校哈佛、麻省理工和加州理工同时都看中了他。

不管有如何的天赋，15 岁的杨格毕竟还是个孩子。如果杨格决定当年就进入大学读书，就会出现一个很有趣的难题：因为他没有修完高中毕业所需要的学分，所以无法获得高中毕业文凭，但是在 4 年之后他可以得到美国最一流大学的毕业文凭。不过杨格想延后一年进入大学，先把高中毕业证书拿到手。至于选择哪一所大学，杨格自己也拿不定主意，他甚至孩子气地说，如果实在无法抉择，那就会用扔硬币来决定。

杨格的妈妈是一位普通的办公室文员，一名普普通通的美国女性。她对于儿子能被哈佛大学录取，心理自然也是满欢喜的，但她没有显得很骄傲，也没有觉得自己高人一等。这位"神童"妈妈说了一句很令人深思的话："这个孩子好奇心很强烈，冲劲也很足。我唯一担心的是，他好像不明白一生的青少年时期只有一次，将来还有很多时间慢慢成长，我希望他早日了解这一点。"

这位美国妈妈讲述的是一个成长中很深奥的道理，那就是不论一个人如何有才华，在他的少年时代心理素质依然脆弱。什么才是妈妈不应该忽略的子女教育呢？那就是孩子的心理建设。孩子的心理建设非常重要，会影响到他的一生。在现实的生活中，有更多的天才不是笑傲天下，而是一无所成且非常压抑。因为聪明的孩子往往被同伴孤立，或者是对过于简单的学业不屑一顾，结果他们的辍学率竟和普通的学生是一样的。对于过分聪明的孩子，培养出健康的心理更重要。所以这位美国妈妈不怕孩子没机会读大学，而是更注重让孩子在青春期有充分的体验并培养出健康的心理。

曾经有一位华裔妈妈谈到他14岁的孩子上大学的故事，这位妈妈是个过来人，她很有感触地提到，孩子从中学跳级到了大学之后，要立即面对大学课程，同学又都是比他大三岁或者四岁，想法都差了一截，除了讨论课程之外，根本难以沟通，无法交往。孩子感觉自己无法享受到多姿多彩的大学生活，最终只得辍学在家。

研究表明，天才们大多也会被同样的烦恼所困扰，波士顿大学的心理学教授艾伦·文纳在他的著作《天才儿童：神话与现实》一书中说到了天才儿童必然要面临一个残酷的事实：

"在一个个人魅力和性格更能决定失败的世界，他们的考试成绩不再重要。新的认识可能会让人感到措手不及。"

被广泛引用的例子是在20世纪的20年代，美国的心理学家特曼曾经做过的一项大规模的研究，他首先使用智力测验来鉴别超常儿童。通过测试，他筛选出了1200个天才儿童，在美国政府的支持下为他们提供了最好的教育条件，给他们提供尽可能多的知识积累，精心进行培养，希望从他们中间出现像爱因斯坦那样伟大的人物。50年后，特曼的追随者们寻找到了其中的800人，调查的结果发现，在他们中间，大师级的科学家并不多见，对国家有杰出贡献的一组人，是具有坚强的意志品质和良好人格特征的人。

　　"情商"看起来和成功密切相关。美国儿童心理和行为矫治专家们的一系列新研究已经证实，正是神童的超常智力，有可能成为他们在社交生活中意想不到的一大障碍，尽管他们的智商很高，但"情商"未必一定高，心理上也远未发展到成熟的阶段。

　　14岁的美国人罗伯特·枚瑟是人们所说的超级天才，他在穿着尿片的时候就和母亲在超市里讨论应该买什么牌子的衣物柔顺剂，他躺在摇篮的时候就已经思考转世轮回的问题，可是他有的时候却对自己的天赋充满着诅咒，因为巨大的天赋往往伴随着巨大的期望。再加上媒体的大肆追捧，使得他畏惧失败，在沉重的外界压力之下，从而导致了心理疾病。

　　什么样的教育对天才儿童才是最好的呢？

　　美国加州的"天才教育"理念被越来越多的人所认同，它的特点是，从与社会隔绝的"精英教育"转向根植社会，从重视学生单方面的才能转向多种能力的均衡，从只重视学习成绩转向重视学生的社会情感需求。天才儿童的教育，不仅仅是单方面的智力培养，而应该是全方位的发展和培养，尤其是人格和情商的培养。这种"全人教育"的思想，更适合超常儿童的教育。

第五章 一起成长，共建幸福的家庭港湾

和孩子一起学习，和孩子一起进步

敏敏一家三口吃过晚饭后，在客厅里举行了一次智力竞赛，竞赛主持人是敏敏，爸爸是一号选手，妈妈是二号选手。他们脸上的表情都很严肃，好像临上战场的将军似的。

8 点钟，智力竞赛正式开始了，敏敏把题目分别放到了 10 分、20 分、30 分的盘子里。首先由爸爸来选题。只见爸爸看了三组题，犹豫了一下，抽出一道 20 分的题递给敏敏，敏敏清了清嗓子，大声念了起来："一只蜗牛用了一天时间就从北京到了杭州，为什么？"

爸爸听了毫不犹豫地说："它是从世界地图上爬的。"

"完全正确！"敏敏对爸爸说。

爸爸这回可得意了，哼着小曲坐到沙发上，还跷起了二郎腿。妈妈可急了，她先把手伸向 30 分题，但又缩了回来。

敏敏赶紧说："您快点儿。"妈妈为了超过爸爸的分数，还是鼓起勇气选了一道 30 分的题目递给敏敏，于是敏敏开始念题了："一头大象向前走了 30 米，向右走了 10 米，向左拐又向右拐。请问这头大象的尾巴尖是指向哪一个方向的？"

这道题可难了，妈妈托着下巴，想了好一会儿。忽然，她眼

睛一亮，高兴地说："大象的尾巴是向下的。"

"妈妈答对了，妈妈好棒！"敏敏高兴地欢呼起来。而爸爸呢，刚才骄傲的神情不知跑哪儿去了，由胜利在望的"将军"变成一个打了败仗的"小兵。"

敏敏一家经常开展这种智力竞赛，它让敏敏的家庭充满了欢乐，同时也活跃了敏敏的思维。

和孩子一起学习是快乐的，现在的孩子大部分是独生子女，希望有一个伙伴。如果家长和孩子做伙伴，不但孩子开心，家长也会找回童年的记忆。家长是孩子的第一任教师，孩子的言行和爱好是在家长的熏陶下形成自己的特点的。和孩子一起学习，让其置身于一个书的环境里，在知识海洋中，孩子会感到世界真的很美好。

现在的一些家长，往往抱怨孩子不理解自己养家糊口的辛苦，指责孩子泡网吧不学习，一股脑儿地把责任推给社会。而家长自己沉醉在无聊的应酬和消遣里，把学习丢了，缺失了再学习的能力。

学习不光是学生的事，也不局限于你的专业领域。为父母者，更应该善于和孩子一起学习。

那么，家长应该和孩子一起学习什么呢？可一起学的东西很多，如了解国内外大事，跟得上时代步伐，家长和他们一起进步。

实际上，这不是一个很高的要求，很多家长却不能够持之以恒。十年树木，百年树人。我国自古就崇尚教育，中国人以重视下一代的教育而闻名世界，但我们却不得不承认，现实中许多家长走偏了路。一些人以为给孩子找个名校，或是一掷千金，让孩子少小离家远赴海外当小留学生，就是对他们教育的大投入，就可以一劳永逸了。殊不知，这种把教育的责任推出去的做法却铸成了很多的错误和悲剧。

怎么学习？孩子也给出了答案：和他们一起学习。我们发现，这个调查结果令人惊异。其实，很多孩子并不是很在意家长的收入，而是更看重知识的力量，这无疑是我们这个社会和这个民族的希望。面对这些充满希望的下一代，家长们应该警醒了，在浮躁和迷失中静下心来，关上电视、撤掉麻将，在温暖的灯光下，和孩子们一起阅读和讨论，把你们的爱镶上知识的金边，融入孩子纯洁的心灵，呵护他们健康地成长。

许多父母经常教育孩子"多动脑子""好好用功"，而忽略了"以智能育智能"这一重要规律。调查发现：思维活跃、分析问题条理清楚的孩子跟他们的父母有直接关系，这些父母在谈话间明显地表现出思维的准确性和逻辑性，善于动脑筋。因此，促进孩子智力的发展，父母首先应加强自我学习，并与孩子一同积极投入到智力活动中去。

具体说来，家长可以通过哪些途径和孩子一起学习呢？

1. 读书、看报

读书，看报能使人获得更多更新的信息。在家庭中传递信息时，父母还要谈谈自己的认识。读书过程中养成划出重点、剪贴感兴趣的文章和记读书笔记等阅读习惯，在潜移默化的教育中，孩子自然也会喜读书，看报。

2. 小型家庭智力竞赛

进行竞赛的方法多种多样：必答、选答、抢答；口述、手写、动作；记分、淘汰、小奖品。这类活动还可以针对孩子在学习中的弱点进行，以激发其学习兴趣，扩大其知识面。

3. 家庭辩论活动

生活中有许多现象，问题是父母和孩子都感兴趣的，但看法未必一样，就此开展辩论活动，各抒己见，也是项不错的活动，对于开发孩子的智力很有帮助。

4. 向孩子请教

父母应有向孩子学习的意识，有些知识父母可以直接向孩子请教。比如，孩子的英语学得更好了，父母可以多请教请教孩子，这样更会提高孩子的兴趣，如果孩子发现自己不能回答你的问题，孩子就会很自觉地去学习，这样的学习方式难道不比听写、默写更能促进孩子的学习兴趣吗？

家庭中遇到的问题，只要不是必须回避孩子的难题，可让孩子一起参与解决，让孩子知道有关情况，听听孩子的意见。孩子在参与处理这些事情的过程中，不但能发展智力，还能提高责任意识。

营造温馨和睦的家庭氛围

1900 年 10 月 5 日，冰心出生在福建省福州市的一所大房子里，这里生活着她祖父谢子修操持的一个大家庭。

冰心的母亲名叫杨福慈，出身于福建一家世代为学官的书香门第。父亲谢葆璋是一名北洋水师的军官，夫妻俩感情极好，所以他们的家庭总是充满温暖、和谐的气氛，冰心是他们的长女，也是家中唯一的女儿，自然成了父母的掌上明珠。

谢葆璋和杨福慈婚后不久，就出海远征了，杨福慈一方面忍受着别离的痛苦，一方面挑起了家务重担。但不管怎样忙乱，她的嘴角总是带着微笑，对待子女也总是温柔和善。杨福慈的女红堪称一流，儿女的衣服，都是她缝制的。冰心称她的母亲是"世界上最好母亲中最好的一个"。

有一次，冰心曾问母亲："妈妈，你为什么这样爱我？"母亲笑着说："不为什么，只因为你是我的女儿。"

正是这种只讲付出、不求回报的崇高母爱，为冰心姐弟撑起了一片明亮的天空。冰心最怕母亲凝神不动，每当看到母亲稍稍发呆或遥望窗外的时候，就会跑过去，摇着母亲的身体，喊着："妈妈，你的眼睛怎么不动了！"有时母亲想让女儿来抱她，就会故意凝神不动。

冰心经常与母亲紧紧依偎在一起，有时说些甜蜜而知心的悄悄话，有时母亲教她读书认字，有时是母亲给她讲那些悲欢离合的故事。最使冰心难忘的还是母女共读一本书的情景，她们为故事情节中的欢喜场面开怀大笑，又为那些动人的故事而流泪。这份海洋般深沉的母爱，不仅滋润了冰心童年时代的心田，也影响了她一生的情感。在冰心的作品中，人们不难发现，展现最多的就是那温馨的母爱之光。

冰心的父亲谢葆璋，虽说是一位行伍出身的海军军官，却也是舐犊情深，对自己这唯一的女儿充满了柔情，舍不得让女儿吃一点苦。当谢家的伯母、叔伯母们催促着要给冰心扎耳朵眼时，谢葆璋怕女儿疼，便借口说："你们看，她左耳垂后面，有一颗聪明痣，要是把这颗痣扎穿了，孩子就变笨了。"

谢葆璋还不让给孩子穿紧鞋。小冰心深知父亲对她的疼爱，所以，刚一感到鞋子有点紧，便故意在父亲面前一瘸一瘸地走。父亲一看，就会马上埋怨妻子，"你又给她小鞋穿了！"母亲生气了，把剪刀和纸裁的鞋样都推到他面前，"你会做，就给她做，将来就是长出一对金刚脚，我也不管！"不料谢葆璋真的拿起了剪刀，去剪鞋样，逗得冰心和母亲都笑起来。

父母之爱，一直是冰心创作的动力源泉之一，直至晚年，冰心还一直深深地怀念着父亲与母亲。

冰心是幸福的，家庭和睦幸福，父母都非常疼爱她，时常陪伴在她的身边，对她情感的养成及以后的创作都起了重要的作用。父母是与孩子血缘关系最近的人，是与孩子关系最亲密的人，家庭气氛对孩子的成长将起到重要的、潜移默化的作用，一定要注意营造一个良好的家庭气氛。

家庭成员之间应相互关心，相互尊重。老人要体谅小辈；小辈要孝敬老人；婆媳不和是常见的家庭矛盾，需要双方多多努力，相互谅解；夫妻俩更要相亲相爱、同心同德。

父母之间不要在孩子面前发生冲突，父母之间要尽量避免在孩子面前发生冲突，吵吵闹闹，甚至打架。这样会让孩子受到惊吓，手足无措，不知道怎么办才好。

民主是良好的家庭气氛中不可缺少的要素。重要的决定，应该由全体家庭成员，包括孩子，一起协商后做出，尤其是父母与子女之间，若建立了一种民主平等的关系，将有助于形成良好的家庭气氛。

要力求使家庭的气氛保持一种轻松的状态，若家庭气氛太沉闷、太压抑，对孩子的心理发展是不利的。如父母在外面有什么不顺心，不愉快，不应该将它带回家里来，更不应该将它朝孩子发泄。父母对孩子学习方面的压力也不要太大。孩子放学回来，做父母的也要和孩子一起聊聊天，活动活动，看看电视，这样看起来好像耽误了时间，实际上调剂了生活，活跃了气氛，终究是得大于失的。

最后，父母们应注意加强自身修养，注意提高文化修养和素质。一个人文化修养好，有较丰富的内涵，才会有文明的举止、高雅的爱好等。在这样的环境中长大的孩子，容易成为一个有修养、讲文明的人。

孩子有权利参与家庭大事的讨论

在日常的生活当中，如果父母从来不考虑孩子的感受，不让孩子对家里的事情发表意见，那么孩子就会感到在家中没有话语权，从而感到失望愤怒。要是这种情绪无处发泄，久而久之，孩子要么会成为窝窝囊囊、沉默寡言的"闷葫芦"，要么就是事不关己高高挂起的"书呆子"。

因此，有教育专家建议，父母应该尽量多召开一些家庭会议，让孩子参与家庭大事的讨论。

家庭会议会让孩子找到了一个说话的窗口，在这里，孩子可以被倾听，可以参与到交流甚至是解决问题的环节中，在这种平等民主的氛围下进行的教育，无形中对孩子是一个良好的熏陶，孩子思考问题、组织语言、积极参与的能力都会得到锻炼，而且，在这种情况下孩子也很容易感受到来自父母的重视。

家庭会议是孩子成长的一个小渠道，孩子通过家庭会议上讨论的问题而逐渐熟悉家庭结构。在一个完整的家庭里，需要考虑到家务、财务预算、日程安排和生活方式。而这些，为孩子以后离开父母、自立门户更好地适应社会打下坚实的基础，还可以锻炼孩子的言语表达能力。

当孩子的想法得到表达，情绪也得到了宣泄，孩子的心理会更加健康，家庭也会更加和谐稳定。

每到月末，孩子就会拿出家庭会议记录本，和父母一起坐在沙发上，开始每月一次的家庭会议。今天晚上，一家人又坐在一起开会了。

"爸爸，你对我这个月的表现满意吗？"儿子真诚地询问父亲。

"嗯，非常满意，只是你今后放学回家时，要尽快洗个澡，可以吗？可能是由于天气太热，你总是抱怨自己浑身痒，影响你的睡眠。"

"嗯，好的，谢谢你的提醒！"儿了在会议记录本上写下"勤洗澡"三个字。

"我这段时间心里总有一股莫名的烦躁，也不知是什么原因。"母亲说。

"我想是你长时间待在家里干家务，而很少外出散心的缘故。这段时间我的工作很紧张，也没有多少时间来陪你。这样吧，下个星期天，我们一家人去郊游好吗？"

"你的建议太好了！"母亲开心地说。于是，一家人又在灯光下开始讨论下周末的郊游计划。

这样民主的对话，没有一个孩子会不喜欢。相反，专制的对话，几乎没有孩子会喜欢，一不小心还会激起孩子的逆反心理。

一个周末，梅丽在家里一边吃零食一边看电视，爸爸回来看到桌子和地板上有很多垃圾。

"你没看到地板脏了吗？这么大了，也不知道收拾收拾，整天就知道玩。"爸爸没好气地对梅丽说。

"嗯，好像不是很脏啊。上次你在家的时候，地板比这还脏，你都说可以等明天再打扫的。"

"你这孩子，怎么这么跟爸爸说话，爸爸忙着工作，可你呢？快点，把电视关了，打扫卫生！"爸爸的口气强硬和坚决，梅丽听后，心里非常不高兴，索性把电视关了，把原来桌上的垃圾全弄到了地上，自己回房间看小说去了。

其实，梅丽本来想吃完手中的零食就打扫卫生的，可爸爸此时却以不容商量的语气命令她，令她十分反感，所以她才选择了和爸爸对着干，如果爸爸能以商量的口气平和地跟她说话，她一定会愉快接受的。

很多父母常常觉得，自己是一家之主，孩子就应该听从自己的吩咐和要求。他们习惯于不征求孩子的意见，就自作主张地要求孩子去做某事，结果往往适得其反。就像文中的梅丽爸爸，他没有完全了解事情原委就以不容商量的口气下命令，结果引来了孩子的反感。

现实生活中，有些父母虽然征求了孩子的意见，但也只是象征性地问问孩子。很多时候，父母会觉得孩子的意见不成熟，最终还是主观地按照自己的意见去行事，而将孩子的意见弃之一旁。结果，让孩子觉得自己的意见得不到重视，最后也懒得参加这种形式性的"家庭会议"。

孩子是家庭中的一分子，就应该有权利参与家庭大事的讨论，而参与讨论又可以带给孩子不少益处，父母何乐而不为呢？

父母和孩子的沟通就像管道中的水，若是管道一头高一头低，水只能流向低的一头，只有两头差不多高，水才能自由流动。

在家庭生活中，父母如果想要求孩子做某事和不做某事，应该少用强硬的命令，而尽量以商量和请求的语气来代替，尽量多使用"你看能不能这样""我们想听听你的意见""请你帮个忙吧"等话语。虽然提出的要求还跟原来相同，但只要父母灵活地改变了语气，孩子的理解就会迥然不同。

家庭会议是一种和孩子沟通的方式，根据每个家庭各自的情况，因人而异。如果你觉得家庭会议是个不错的交流手段，那么就可以和孩子一同尝试一下。在会议进行当中，应该注意以下的事情。

（1）成人来负责主持会议，制定规定。

（2）除非特殊情况，否则成员不可以缺席。

（3）不管是反对还是赞同，每个成员都有表达意见的权利。

（4）做到耐心倾听不打岔，不得在会议中大喊大叫，影响会议进行。

（5）每位成员之间应做到互相尊重。

（6）将分散注意力的东西减到最少。关掉电视、电话和收音机等。

（7）由家中的成人做最后决定。

努力寻找与孩子的共同话题

由于爸爸妈妈平时的工作很忙，小于从小就跟着爷爷奶奶长大，直到上初中时，他才被接回到父母的身边。

由于长期没有跟父母生活在一起，小于起初与父母的关系不是很好，表现出极大的不信任，并且凡事都喜欢跟父母对着干。

小于的妈妈在多次尝试沟通失败之后，听从了教育专家的意见，试着走进孩子的生活，努力寻找与孩子的共同话题，以缩小与孩子的距离。在知道儿子喜欢打球之后，她终于找到了突破口。

"儿子，今天是周末，你想要打球吗？妈妈有段时间没运动了，很想去活动活动筋骨。"妈妈说。

起初，孩子十分不愿意和妈妈一起去运动，总找各种理由推脱，可几次之后，他终于答应了。

在球场上，母亲和儿子配合得非常默契。打完球回来，妈妈略带佩服地说："儿子，你在球场上表现真棒，没想到遇上高手了。今天我很愉快，因为我们都喜欢打球，以后再一起切磋。"

听完这些话，小于终于会心地笑了，与妈妈的距离感也消失了不少。

有不少父母发现，在生活当中，孩子越是长大了，和自己的关系越疏离，特别是正处于青春期的孩子。

还有一些父母发现，自己的孩子非常善变，在学校中和在家中判若两人，在学校里活泼开朗，但是在家中却是一言不发。

实际上，孩子在成长的过程中表现出对父母的疏离是一种比较正常的现象。孩子长大了，他们渴望挣脱父母的束缚，按照自己的意志去安排生活，同时也希望父母能够给予理解和支持。反之，就会表现出叛逆。

当然，对于这种疏离，父母也并不是束手无策的。让父母与孩子交流受阻的另一个关键原因就是父母和孩子之间缺乏共同语言。再加上有些爸爸妈妈常年忙于工作，不重视与孩子的交流，好不容易有了和孩子沟通的机会，又往往将侧重点放在孩子的学习成绩上，对孩子真正感兴趣的事情置之不理。

这种价值观的不同，直接导致父母与孩子之间的隔阂。

要想摆脱这种僵化的亲子关系，最好的方式就是试着和孩子做朋友，努力寻找和孩子的共同语言。

父母如果真的关心孩子的成长，想要真诚地和孩子交流，那么就应该允许孩子有自己的想法，并鼓励孩子说出自己真实的感受。同时，作为父母也要有意识地不断提高自己，多关注一些新鲜事物，多关注孩子喜欢的东西，努力让自己的思想跟上时代，不要让孩子觉得自己很老土。

怎样跟上孩子的步伐呢？

比如说，喜欢篮球的孩子很想看 NBA 球赛，那么父母就不要因为看电视剧和他抢频道。再比如说，孩子和同学玩得很开心，回家晚了，父母要抱以尊重和理解，不能上来一顿臭骂。再比如说，孩子很喜欢流行歌曲，父母也不妨试着学唱几首，体会一下孩子的感受。

萌萌和妈妈一起坐在沙发上，看着电视里播放的韩剧《秘密花园》。萌萌看得兴高采烈，这让妈妈很奇怪。

"你很喜欢里面的男主角吗？"

"当然喜欢啦，那是玄彬哦！"

"可是，我更喜欢女主角。"

"为什么呀？"

"因为她很努力呀，作为一个武打替身，她喜欢自己的职业，努力去做到最好。而且心地又善良，面对自己喜欢的人，虽然有时候表现出很骄傲的样子，可是私底下却努力跟他学习。"

"嗯，男主角也很好呀。那么爱她，照顾她。"

"是不错，可那也是因为这样的姑娘值得他爱。"

"好吧，妈妈，我想我知道你什么意思了，我也会努力做一个值得爱的女生。"

"哎哟，15 岁的孩子说出这样的话，可真是不害臊哦。"

"这都 21 世纪了，有什么害臊的？"

萌萌的妈妈笑了笑，看着女儿放下了遥控器回到房间去睡觉了。

在教育女儿的过程中，萌萌的妈妈尽量避免去讲大道理，大多数的时候都是通过孩子喜欢的东西从侧面给她讲述。就这样，即使是在萌萌的青春期里，母女关系还是很亲密，女儿也很少叛逆。

其实，当孩子意识到自己和父母有共同话题的时候，他们自然也愿意和父母多交流，主动向父母敞开心扉，把父母当作自己的朋友。

如果有一天，我们开始有这样的感觉：我和孩子可以谈论的话题越来越少，我们的共同语言随着时间的流逝而消失。那么，作为家长，我们要尽量想办法了解孩子的兴趣点到底在哪里。

我们可以尽自己的努力，与孩子读同样的书，或者寻找孩子喜欢的书给他，孩子和家长就可以拥有同样类似的经验，就可以产生共同的话题，从而变得更加亲密。

尊重孩子成长的脚步

刘女士忧心忡忡地向一位教育专家哭诉，说她5岁的女儿萱萱对学习失去了兴趣，上课的时候总是走神，像是患上了"厌学症"。

原来，从年初开始，为了全面培养萱萱，除了平时每天在幼儿园的6小时课程之外，每周有两个晚上，她都会带孩子去学2小时英语，此外，周末还会安排萱萱学习钢琴、美术，平均下来每天几乎是8小时"学习制"。

起初，萱萱还表现得饶有兴趣，时间一长，她就开始有点厌倦了。

再后来，萱萱对学习有了抵触情绪，不爱参加培训班。幼儿园的学习成绩也不升反降。更可怕的是，原本活泼开朗的萱萱也变得少言寡语。此时，刘女士才意识到了问题的严重性，急忙寻求教育专家的帮助。

其实，在生活中，像刘女士这样的父母不在少数。有调查表示。至少有一半以上的学龄前儿童或小学生，会在正常的幼儿园或小学课堂学习以外，接受至少一项兴趣培训，而这些培训往往是父母强加给孩子的。

究其原因，是因为很多父母生怕自己的孩子会输在起跑线上。事实上，这样的"超前教育"未必会取得良好的效果，甚至可能会适得其反。因为孩子的成长是有规律的，要知道，教育不是"拔苗助长"。

早在 100 多年前，意大利著名教育家蒙台梭利就明确地指出，在儿童成长中的某个阶段，只对环境中的某一项事物专心而拒绝接受其他事物，这个阶段就叫作敏感期。

蒙台梭利通过对婴幼儿的观察研究，共归纳出九种敏感期：

语言敏感期（0~6 岁），语言能力影响孩子的表达能力，良好的语言能力可为日后的人际关系奠定良好的基础；

秩序敏感期（2~4 岁），幼儿的秩序敏感力常表现在对顺序性、生活习惯、所有物的

要求上，当孩子从环境里逐步建立起内在秩序时，智能也因而逐步建构；

感官敏感期（0~6 岁），孩子从出生起，就会借着听觉、视觉、味觉、触觉等感官来熟悉环境，感受周围事物；

对细微事物感兴趣的敏感期（1.5~4 岁），这时正是培养孩子注重细节和缜密思维的好时机；

动作敏感期（0~6 岁），这时是孩子活泼好动的时期，父母应充分让孩子运动，使其肢体动作正确、熟练，并帮助左、右脑均衡发展；

社会规范敏感期（2.5~6 岁），这时，父母应与孩子建立明确的生活规范、日常礼节，使其日后能遵守社会规范，拥有自律的生活；

书写敏感期（3.5~4.5 岁），这一时期对儿童进行书写训练具有很重要的意义；

阅读敏感期（4.5~5.5 岁），父母可选择多种读物，为孩子布置一个读书的好环境；

文化敏感期（6~9 岁），父母可在此时提供丰富的文化信息，以本土文化为基础，延至关怀世界的大胸怀。

敏感期对于儿童的成长发展有着极其重要的作用，是其发展心智能力的黄金期，并且这一时期一旦过去就再也不会回来，是不可逆的一段时期。它不仅是儿童学习的关键期，也会影响到其心灵与人格的健康发展，甚至影响他整个人生的命运走向。

因此，在日常生活中通过观察孩子"匪夷所思"的行为，准确捕捉到他的敏感期，适时引导、趁势教育、开发智力、挖掘潜能、养育身心、培养综合能力，将成为每位合格家长的必修课。

假如父母能够迅速捕捉到孩子的敏感期，在适当的时候给予帮助，而且善于利用这个时期孩子的特点，将起到事半功倍的效果。

相反，如果孩子在敏感期的兴趣遭到妨碍而无法发展，父母就会丧失以自然的方式来教育孩子的机会。

完美的成长需要抓住完美的时期，敏感期正是教养的重点。敏感期是自然赋予幼儿的生命助力，如果敏感期的内在需求受到妨碍而无法发展，就会丧失学习的最佳时机，日后若想再学习此项事物，不仅要付出更大的心力和时间，成果也不佳。

了解了敏感期的有关知识，作为父母，就不该再对孩子进行"拔苗助长"式的教育，而应该尊重孩子成长的脚步，正确把握孩子的敏感期，在每一个敏感期对其进行相应的训练和智能开发，成就孩子的完美人生。

父亲是件"奢侈品"

不知道从什么时候开始，父亲已经成了孩子们的"奢侈品"。在不少家庭里，孩子很少有时间能够见到自己父亲。大多数家庭都是母亲在照顾孩子。父亲闲下来才会帮忙照顾孩子，然后不到几天，就会觉得照顾孩子很烦，于是又丢给了母亲。

在孩子的成长过程中，父亲的角色是不能够缺席的，因为父亲要教会孩子独立和承担责任，特别是男孩子的家庭，父亲的作用要更大一些。因为天性使然，男孩儿会更加愿意和父亲交心，随着年龄的增长，性别差异越发明显的时候，男孩的世界会慢慢出现改观，他们愿意和父亲说一些事情，因为他们可能会有共同的兴趣，还有共同的认知。

但是因为现实的情况，很多父亲在孩子成长的道路上缺席。我们经常看到母亲带着孩子去上学，在公园里玩耍，又带着孩子回家。等到孩子上学后，作业辅导还是要母亲来，因为很多时候，父亲回来的时候孩子大概已经睡了。等到孩子睁开眼睛的时候，父亲也许已经去上班了。

现在的一些父亲很少有时间带孩子，主要原因有几个，首先是经济压力大，不得不拼命工作，自然无法分出太多的时间和精力给孩子；其次，不少父亲还有传统思想，认为带孩子就是女人的事情，一个大男人怎么能去带孩子。放眼公园里带孩子的大都是女人，父亲的介入和参与度很低。很多父亲会借口自己忙，说自己工作了一天很累，说请假不方便，说要处理公事，等孩子主动接触你的时候，你随口一句"别烦我，去找你妈妈"就把孩子拒之门外，你看不到孩子的失落，也拒绝了孩子跟你的沟通"。

父亲在很多时候说的"太忙"，不过是自己找的借口，当然很多父亲会说我忙也是为了孩子，为了家庭。但是你不珍惜眼前的时光，难道还等着未来不忙的时候吗？等你不忙的时候，孩子是否还有时间和你交流，孩子是否还愿意和你交流。

涛涛的爸爸在一家公司当总监，经常需要加班，有时候半夜两三点才回来，然后睡到第二天中午才去上班。涛涛晚上见不到爸爸，早上起来的时候爸爸还在睡觉，妈妈说爸爸太累了，让涛涛不要去打扰爸爸。长此以往，涛涛几乎不和爸爸沟通。他每天上下学跟着妈妈一起，然后回家忙自己的事情。有一次学校举办活动，要小朋友写上爸爸妈妈的名字，涛涛在登记表上写名字的时候，突然愣了，他忘了爸爸的名字怎么写，因为每天的作业都是妈妈签字的，以至于涛涛写不出爸爸的名字，所以最后干脆没写。

学校举办活动的时候刚好是周六，涛涛的爸爸没有加班，于是跟着妈妈一起来到学校。等到门口报名字的时候，保安说没有这个名字。再三确认之后，依旧是没有。没办法，涛涛妈妈只好和老师联系，老师带着排练中的涛涛从教室出来，把爸爸妈妈带了进去。妈妈问涛涛怎么不写爸爸的名字，涛涛低着头说："爸爸总是不在家，作业本和登记表上只有妈妈的名字，我忘记爸爸的名字怎么写了。"听到儿子的话，涛涛爸爸的心中五味杂陈。

这样的事情听起来似乎是小事，但又确实令人感到辛酸。家庭中父母位置的失衡，让孩子在成长期间感受不到完整的爱。父亲对孩子的教导很多时候是缺位的，等到反应过来该给孩子爱时，发现孩子已经长大，不再和你亲近了。

　　除此以外，很多家庭会有这样一番言论，"他不会带孩子，能管好自己就不错了。"在家里操心的母亲和勤劳细心的老人这样说父亲们。仿佛在育儿的世界里，根本就没有父亲们的份儿。很多父亲因为长期缺位，让孩子和自己之间缺少共同语言，更不必提如何照顾孩子。事实上，没有人天生就会带孩子，作为父母，带孩子是一门必修课，不管你想学不想学，你都必须要学。而且还必须认真学习，因为考试过于严格，也没有重修的机会。不管父亲是否会带孩子，也要让父亲们去努力做，让父亲回归到自己的位置上去，这样的家庭才称得上是完整的。

　　现如今，让父亲带孩子真的很难，但是父亲必须要在孩子成长的关键时期对孩子进行呵护。要知道孩子的每一天都在努力成长，现在错过有可能就是永远错过了，父亲不应该是一个局外人。即便是再平凡，都要在匆匆的人生岁月中停留一会儿，或者转一个弯，在前行的路上，在一段走过去就没有回头路的成长路上，父亲需要拿出你人生中的一段时间陪伴孩子成长，帮助孩子度过关键时期。

　　父亲是"奢侈品"，但是这个"奢侈品"是因为你的能量和你传达给孩子的思想而奢侈，而不是因为你十天半个月抽出的零星时间而珍稀。和孩子一起成长，在这件事情上，不应只是母亲在行动，父亲更需要行动。

巧妙应对"青春叛逆期"

丽群的父母为养了一个"叛逆"的女儿而烦恼。自从上了初中后，丽群就越来越不听话了，经常顶撞父母，有时候父母说多了，她甚至理都不理他们，一副大义凛然的样子，随他们怎么说，自己依然我行我素。

丽群活泼好动，讲哥们儿义气，她特别喜欢打乒乓球，一有空闲，她就会和几个小伙伴一起去体育场打球。丽群的父母对她给予了很大的期望，希望她现在一心学习，以后能考上好的大学，有出息。因此，平时对丽群要求很严格。丽群上小学的时候，比较听话，爸爸妈妈不让她玩耍，她只好忍着。但她在课下喜欢上了乒乓球运动，偶尔征得父母的同意才去打打球。

上初中后，父母为了让她能够考进重点中学，对她的管教更严格了。但是，丽群觉得自己打球并没有影响学习，慢慢地，她与父母的矛盾越来越大，而且还常常闹情绪，打乒乓球的次数反而越来越多了，学习成绩也是直线下滑。

这天，丽群放学后打了一会儿乒乓球才回来，一进家门，父亲就质问她："你又去打球了？"

丽群只是看了父亲一眼，没吭声，径直朝自己的房间走去。

"我跟你说话呢！你这是什么态度？真是越大越不懂事了！"

"我怎么了？不就是打了会儿球吗？小时候我什么都听你的，可现在我长大了，我有自己的主见，你别再干涉我，行不行？"

"你还有理了？看看你的学习成绩，直线下降，还不都是因为天天打球？"爸爸越说越气。"我打球从来就没耽误过做作业，也没有影响到学习！"丽群理直气壮。

"还不承认，那你的成绩怎么越来越差了？"

"还不是你们整天这不行，那不许的，我心情不好，学不下去！"说完，丽群走进了自己的房间，重重地关上了门，门外，是目瞪口呆的父亲。

孩子的成长过程中，都会经历一个青春叛逆期，这一时期的孩子缺乏适应社会环境的独立思考能力、感受力和行动能力等；同时，初步觉醒的自我意识又会支配他们强烈的表现欲，即处处想体现自己，想通过展示自己和别人不同来证明自己的价值。所以，这一时期的孩子喜欢打扮得与别人不一样，喜欢做一些引人注目、与众不同的事情，也爱说一些令人吃惊的话，希望别人能够对他们另眼相看，这都是他们想要的效果。如果了解到这些，相信很多父母就不难理解孩子这一时期的叛逆表现了。

此外，父母的教育方法不当，也是孩子产生叛逆的主要原因。比如有的父母不尊重孩子的人格，随意对孩子进行讽刺、挖苦、辱骂，甚至殴打，伤害了孩子的自尊心，从而使孩子对父母产生对抗情绪。

有的父母对孩子的期望值过高、要求过严，当孩子不能达到父母的要求时，就大发雷霆，甚至打骂孩子。

还有一些父母由于缺乏心理学知识，不按照孩子的心理发展规律施教，说话过头，爱摆长辈的架子等，这些父母不注意的行为，都会导致孩子的叛逆。

同时，有压制就会有反抗、就会出现叛逆，反抗是孩子成长的轨迹，是孩子正在顺利成长的标志。当孩子出现反抗言行时，做父母的应放心：孩子在顺利成长呢。

可是令人遗憾的是，很多父母一遇到孩子反抗，马上就发起火来："怎么能对爸爸妈妈这样，真是不听话的坏孩子。"

反抗，是与自我成长同步出现的自然表现，对于孩子的发展来说是不可欠缺的重要一环，所以，欧美等国非常重视孩子说"NO（不）"，在反抗期里不会反抗的孩子才是令人担心的。

对于孩子的反抗和叛逆，父母不要与之对抗，而要巧妙地应付。

这时最好能记住4个关键词：一是"无知"，二是兴趣，三是"放权"，四是温柔地坚持。这是许多心理学专家共同的认识。

所谓"无知"，就是装傻，不要老觉得自己懂得孩子的一切，总是告诉孩子怎么做，而应启发他，放手让他自己做，让他体会到成功的喜悦。有的父母事业非常成功，这对孩子会构成压力，不如你装傻，让孩子能感到他自己的成功，对超越父母更加有信心。

所谓兴趣，就是不要只对孩子的学习感兴趣，要学会对他生活中的所有细节感兴趣。比如他爱唱歌，你要学会欣赏他。赏识对孩子的健康成长是非常有效的法宝。

所谓"放权"就是适当地让"权"。在孩子慢慢长大时，他需要在家庭里寻找自己的空间，这时候父母要学会闭嘴。比如孩子有自己的生活方式了，和原来你给他的生活方式发生冲突了，不要那么快就做出反应，可以用"等待的艺术"。

所谓温柔的坚持，就是有时候对原则性的问题要坚持，但要讲究方法。比如孩子早恋或者整夜泡网吧，这时候你就要温柔地坚持，说这样做对你是不好的。记住，是对他不好。不要强制他不出去，但只要他出去，你就用这种方式来提醒他，这些行为对他的身体、品行和人生发展，都可能会造成很大的负面影响。

父母们应记住，4 个关键词的核心是平等。

反抗期的孩子是最难"对付"的孩子，不过不必担心，孩子就是在反抗中逐渐长大，完善自我意识，形成独立人格，为将来适应社会打下基础的。你只要巧妙地应对孩子的叛逆，帮助他们化解青春期可能会遭遇的危险，让他们少走点弯路，就是对青春期孩子最好的照顾了。

树立目标是孩子成长的需要

早在儿童时代，比尔就是一个有想法的、早熟的孩子，表现出强烈的想成为人中之杰的愿望。在湖滨学校上学时，比尔·盖茨跟一个老师说，将来他一定能成为一个百万富翁，用现在的说法就是那时他就有远大的目标。

湖滨中学是美国最先开设计算机课程的学校。盖茨如鱼得水，求知欲得到极大的满足，凡能弄到手的计算机书刊、资料，盖茨总是百读不厌，还能举一反三。同窗好友保罗·艾伦，常向盖茨发难和挑战，坚强的意志力和强烈的进取心使他俩成为知己。艾伦曾说："我们都被计算机能做任何事的前景所鼓舞……盖茨和我始终怀有一个伟大的梦想，也许我们真的能用它干出点名堂。"

当艾伦醉心于专业杂志时，盖茨喜欢读一些商贸杂志。他们甚至想到用学校的计算机赚上一笔。盖茨的计算机水平提高极快，以致许多高年级学生向他请教。在破坏计算机安全系统方面，盖茨可算是行家里手。在计算机中心公司，他们发现了一种弄虚作假的办法，使计算机按他们的程序工作，而使用的计时记录却保持不变。一旦系统出现问题，公司人员立即就会猜出是盖茨捣的鬼。作为免费使用计算机的交换，盖茨和艾伦把发现的问题逐一记录，汇编成册，起名为《问题报告书》。半年后，《报告书》已增至 300 多页。

　　盖茨一直有一个伟大的目标：将来，在每个家庭的每张桌子上面都有一台个人电脑，而在这些电脑里面运行的则是他本人所编写的软件。正是在这一伟大目标的催生下，微软公司诞生了；也正是在这个公司的推动和影响下，软件业才从小到大，并发展到今天这种蓬勃兴旺的地步。

　　比尔·盖茨白手起家，最终成功创建微软帝国，这与他小时候确立的目标不无关系。事实上，追求卓越的创业天才，往往从小就有目标。

　　有目标的人，就有一股巨大的、无形的力量，将自身与事业有机地融合为一体。目标，能唤醒人，能调动人，能塑造人，目标的力量是难以估量的。有明确目标的人，生活必然充实有劲，绝不会因无所事事而无聊。目标能使人不沉湎于现状，激励人不断进取，引导人不断开发自身的潜能，去摘取成功的桂冠。

　　所以，每一个孩子都应该在心中树立一个目标，然后着手去实现它。他应该把这一目标作为自己思想的中心。这一目标可能是一种精神理想，也可能是一种世俗的追求，这当然取决于他此时的本性。但无论是哪一种目标，他都应将自己思想的力量全部集中于他为自己设定的目标上面。他应把自己的目标当作至高无上的任务，应该全身心地为它的实现而奋斗，而不允许他的思想因为一些短暂的幻想、渴望和想象而迷路。

　　如果你的孩子尚且年幼，那你不妨教会他在做每一件小事时都给自己设定一个可行的目标，比如搭积木，有的孩子搭得又快又好，有的孩子却反反复复也搭不出一个样子，这就是有目标和没有目标的区别。因此我们不妨在孩子动手做一件事前，总能先提示性地问问他：你要做的是什么？要做到什么程度才可以呢？这样习惯成自然，渐渐地，孩子就会懂得凡事都给自己确立一个目标了。

同为有目标的人，有人成功了，有人未成功，有人大成功，有人小成功。这与目标是如何确立的有很大关系。一个很容易付诸成功的目标具有两个特征：目标远大；目标可以量化。只有达到这两点，目标就很容易实现。

如果你的孩子正在为不知填报哪所高校和专业而犯愁，那你不妨问问他下面几个问题来启发他们：

（1）你想在你的一生中成就何种事业？

（2）在你的日常生活中哪一类的成功最能让你产生成就感？

（3）你最热爱的工作是什么？

（4）如果把它作为自己终生的事业，怎样做到在有利于自己的同时，也对别人有帮助？

（5）你有哪些特殊的才能和禀赋？

（6）周围有些什么资源可以帮助你实现自己的目标？

（7）除此以外，你还需要什么才能实现自己的目标？

（8）有没有什么职业是你内心觉得有一种声音在驱使我去做的，而且它同时也会让你在物质上获得成功？

（9）阻碍你实现自己目标的因素又有哪些？

（10）你为什么没有现在去行动，而是仍然在观望？

当他们认真、慎重地思考上述问题后，你会发现，它对寻找、定位自己远大目标，将有切实的帮助。

事业有成，是目标的赠予。确立了有价值的目标，才能进一步地分配自己的时间和精力，准确地寻觅突破口，找到聚光的"焦点"，专心致志地向既定方向前进。目标如一的人，能抛除一切杂念，聚积起自己的所有力量，全力以赴地朝向目标迈进。

不甘作平庸之辈的人，必须要有一个明确的追求目标，才能

调动起自己的智慧和精力，全力以赴为自己的目标而行动。所以，
父母应鼓励孩子树立目标，将这种积极的期望化为前进的动力，
最终在追求目标的过程中收获成就。

和孩子一起感恩，在感恩中幸福生活

有一篇著名的小说讲的是父亲带着儿子生活，后来娶了一个女人。女人非常不愿意和年迈的爷爷一起生活，父亲于是买了一床毛毯，准备将爷爷送进敬老院。

拿到毛毯的爷爷心里非常难过，但嘴上还是说："你真是个善良的人，这条毛毯真柔软，盖上它一定会很舒服的。"这一切都被小男孩儿看在眼里，他竟对父亲说了这么一句话："不如将这床柔软的毛毯剪成两半吧，等我长大了，另一半就用得着了。"

孩子的话让父亲感到震惊和心痛，他没有想到，自己在孩子面前将爷爷送进敬老院，孩子将来也会把自己送进敬老院。没有人照料孤苦地生活是谁都不愿意的，孩子的话让父亲警醒：不能够这样对待养育自己的父亲。

小说中的故事告诉我们，要让孩子懂得孝顺父母，自己首先得孝顺老人。如果孩子从小就看到父母孝顺爷爷奶奶，他会受此影响，学着为父母做一些事情；反之，孩子也会按照父母对待老人的方式对待父母，冷漠、自私的父母很难教育出知恩图报的孩子。

感恩是一种美德，一个成就再大的人，如果不懂感恩，人们也会说他无情无义，对他嗤之以鼻；相反，一个失足的浪子，如果不忘亲友的恩情，人们仍然会对他有所怜悯。感恩不仅属于经历沧桑的侠客名士，也属于每一个平凡人。父母对子女有养育之恩，教养的辛苦和操劳固然让人疲惫，但也值得父母们常怀感恩之心。

父母们要感恩生活，也要把孩子培养成一个知道感恩的人。在培养孩子感恩意识时，不要给孩子讲道理，而要用实际行动来向孩子展现感恩的美好，一个不孝顺自己父母的人教育不出孝顺的孩子；一个不会向人表示感谢的人教不出懂理的孩子；一个不会感恩生活的人教不出感恩的孩子。另外，父母们也可以拿动物们的小故事来启发孩子。乌鸦反哺、企鹅抱卵的故事都可以讲给孩子听，这些故事比大道理更容易理解，孩子也乐于接受。

在孩子平时的交往中，父母还要引导他进行换位思考。如果他向妈妈抱怨阿姨送的帽子不是自己喜欢的，妈妈不妨告诉孩子："假如你跑遍商场给朋友买了一件礼物，朋友打开一看满脸不高兴，你会不会有点难过呢？如果对方高高兴兴地接受，并大大方方地谢谢你，你是不是会很愉快？"换位思考让孩子知道宽容接纳，也知道替人着想，这些都是感恩的表现。

现在的独生子女，很难进行礼让和感恩的教育，这就要求父母一方面用行动影响孩子，另一方面也要让自己的小宝贝走出家门，多多认识朋友，在同龄人和不同年龄的人中学会与人相处的道理，这样，孩子自然就会慢慢学会感恩了。

一个孩子，如果能够从小就在感恩的环境中长大，那么他一定会生活得很满足，也容易养成自信、乐观、善良的品格，容易感恩的孩子最容易获得这种心境给他带来的报偿，他会变得更加上进，更加不辜负周围的人。

而缺乏感恩意识的孩子，无论他的能力多么出色，都难以成为真正意义上的强者，因为社会难以接受和认可不知道感恩的人。要想把自己的孩子培养为一个强者，就必须培养孩子的感恩意识，教孩子感恩父母、感恩社会、感恩大自然、感恩每一个人。

第六章　迎接挑战，与孩子保持亲密关系

孩子做事拖拉怎么办

四年级男孩李江，成绩一直很不错，但是，老师和同学都不喜欢他，因为他做事总是拖拖拉拉。他的作业经常不能够按时完成，导致老师经常生气。在生活中，同学们谁也不愿意跟他合作。

在一次晚会中，大家一起玩游戏。他和几个同学分在一组，结果因为他拖拖拉拉，使得他所在的那一组输得很惨。同组的几个同学都责怪他，不愿意和他交往。慢慢地，其他同学也不愿意理他了，觉得跟他合作既倒霉又没有意思……他在学校连个好朋友都没有，感到很压抑。妈妈最讨厌看到李江做事磨磨蹭蹭的样子，而且也为这件事情说了他不少回，就是不见效果。

像李江这样的孩子很多，做事拖拉、慢吞吞似乎不是什么大毛病，但融入集体、进入社会工作后，拖拉的恶习就会暴露出原本的弊端。

做事拖拉、磨磨蹭蹭是孩子常见的一种毛病。

孩子做事拖拉一般表现在：做作业时不专心，东看看西玩玩，1小时可以做完的作业要用2小时甚至更长的时间；从早上起床、穿衣、洗漱到出门上学的这段时间内，动作慢吞吞，不紧不忙地，经常导致迟到；因怕困难而把艰巨的任务、麻烦的事情拖到最后

办理，或寻找借口一拖再拖；一般不善于整理环境，卧室、写字桌上乱七八糟；一般都缺乏进取精神，不愿改变环境，不愿接受新任务；老是不肯做作业，一直拖到每天的最后一刻，甚至点灯熬油开夜车；遇到棘手的事或考试，就装生病、找借口，企图回避；在受到不公正的待遇时，即使自己有理，也喜欢忍气吞声，以免和别人发生冲突；无论遇到什么事情都怨天尤人，从不从自身寻找原因；说起来一套一套的，想法很多，但从来不去付诸实施……

如果孩子在学生时期还没有克服掉这种毛病，就有可能形成懒惰的性格，在碌碌无为中度过平庸的一生。父母教育孩子，一定要注意帮孩子改掉这一陋习。

孩子做事慢或者磨蹭，有的与孩子的性格有关，有的和孩子的生活习惯有关，父母应具体问题具体分析，对症下药，力争药到病除。

吃饭慢，这是小问题，只要孩子没有一边吃一边玩，而是在细嚼慢咽，就是可以容忍的；做作业慢，那是因为他没有什么有趣的事情等着去完成，如果完成了作业可以看电视，孩子就会积极一点，但是，不能拿这个作为交换条件，防止孩子的速度上来了，质量下去了。

有一个妈妈非常大胆——让孩子在看电视的广告时间做作业。孩子很感谢妈妈的宽容，作业写得又快又好，这种方式，也许值得妈妈们借鉴一下，因为这样给孩子的不仅是宽松的时间，更是莫大的信任。

一般来说，有明确目标的人，做事情会很快。拖拖拉拉的孩子，也许缺少的是目标感。另外，孩子的惰性也是导致拖拉的一个原因。不给孩子惰性心理留任何滋生的机会，时时提醒孩子

"明日还有明日事"是非常重要的。

对于孩子的拖拉，建议你给孩子规定一个时间，让他限时完成。同时，你还可以为孩子准备一个记事本，将要做的事情按重要顺序分类，养成孩子做事有条不紊的习惯。为了去除孩子对父母的依赖心理，让孩子自己承担做事拖拉的后果。比如要出门，提醒孩子准备妥当。若不改拖拉，就要丢下孩子，让他独自承担后果。

生命是由时间积累而成的，谁将该做的事无端地向后拖延，谁就会无端地浪费生命；谁重视时间，时间就对谁慷慨；谁会利用时间，时间就会服服帖帖地为谁服务。尽早培养孩子珍惜时间的习惯，即是教会了孩子珍惜生命。

孩子容易发脾气怎么办

李医生夫妇最近被儿子的坏脾气折磨得头疼。儿子奇奇7岁，才上小学二年级，却脾气暴躁得厉害，稍不如意就大发雷霆，大喊大叫；即使是跟他讲道理，他也听不进去，如果父母不按照他说的去做的话，他就一直吵闹、哭喊、在地上打滚，手里有什么东西都会顺手扔出去。

为此，李医生夫妇想尽了办法，他们打他，苦口婆心地教诲他，罚他站墙角，赶他早点上床，责骂他，呵斥他……这些都不管用，一有事情奇奇还是会大发雷霆，暴躁脾气依然如故。

这天，奇奇看到邻居家小朋友拿着一个变形金刚，奇奇觉得很好玩，就跟那个小朋友一起玩了起来，两个人玩得很开心。很快，吃晚饭的时间到了，那个小朋友被他妈妈叫回家了，奇奇也只好依依不舍地回家了。

回到家里，奇奇就跟妈妈讲："妈妈，你给我买个变形金刚吧。"

"你的玩具箱里不是已经有两个了吗？"妈妈很奇怪。

"我想要小朋那样的。"

"那等明天爸爸出差回来了带你去买吧。"

"我不！我就现在要！"奇奇的愿望没有得到满足，大声喊了起来。

"你这孩子，我晚上还得去值夜班呢，哪有时间去给你买啊。来，奇奇乖，咱们吃饭了。""我不吃，我就要变形金刚。"奇奇的倔脾气又上来了。

"快点吃饭！吃完了我要去上班！"妈妈生气了，说话的语气重了点。

"砰——"令妈妈没有料到的是，奇奇竟然把饭桌上的一碗米饭推到了桌子下，碗的碎片和米饭洒了一地。

妈妈很生气，拉过奇奇，狠狠地朝他的屁股上打了两巴掌。这下，可是捅了马蜂窝，奇奇躺在地上哇哇大哭起来。

妈妈又着急又生气，眼看着上班时间就快到了，可奇奇还躺在地上撒泼，她不知如何是好了。

"现在的孩子越来越难管了！"有不少妈妈抱怨说，"稍不如意，牛脾气就上来了。打也不听、骂也不灵，哄他吧，他还更来劲！"生活中，确实有不少这样的孩子。

心理学家认为，孩子爱发脾气是由于家庭教育不当引起的。特别是独生子女，如果从小家人就事事以他为中心，孩子要什么就给什么，久而久之，孩子就会养成遇事爱发脾气的习惯。比如，他想要一个玩具，而父母不想买给他，他就会大哭大闹，此时，父母既想管教，又怕孩子受到委屈，结果可能就会对孩子"俯首称臣"。这样反而会让孩子形成一种错觉：只要我大哭大闹，他们就会让步，我的愿望就能实现。如此下去，就会形成恶性循环，孩子逐渐就养成了乱发脾气的坏习惯。

每个父母都不希望自己的孩子是一个随意发脾气的孩子，可事实上发脾气是孩子成长过程中的必经之路，如果父母引导得不好，孩子就会像奇奇一样，养成乱发脾气的习惯，变成一个暴躁的孩子；引导得好的话，孩子的脾气就会成为每一次教育孩子成长的契机。

那么，怎样才能改掉孩子乱发脾气的习惯，或者说对孩子发脾气采取什么样的对策才是可行的？

　　专家建议：一是不能向孩子"俯首称臣"；二是当孩子发脾气时，适当地采取"横眉冷对"的方式；三是父母"以身作则"，让孩子从榜样的身上学到正确的东西。

　　孩子发脾气就向他屈服是最不可取的教育态度和教子方法。当孩子乱发脾气时，父母要保持冷静，对孩子的不合理要求绝不迁就，要让孩子明白，无论他怎么发脾气，父母都不会"俯首称臣"，他始终都达不到自己的目的。当孩子已经"雷霆万钧"时，不妨运用冷淡计，父母及其亲人都不去理会他。事后，再当着孩子的面，分析一下他发脾气的原因，细心地引导、教育孩子，相信孩子会从一次错误的行为中吸取教训。

　　专家认为，父母在阻止孩子坏脾气发作的时候，既不要采取过于强硬的态度，也不能采取过于软弱的态度。最好是能够迅速而果断地将孩子的注意力转移到其他方面，以缓和紧张的局势。也就是说，当孩子正处于发脾气的时刻，不要一心只想到训斥孩子，因为孩子这时是听不进去的；也不要强迫孩子或者用武力威胁孩子马上停止发脾气。最简便的方法就是运用冷淡计把他撇下不管，或把他送出门外，让他一个人去发泄，去自我克服、自我平息。这样坚持一段时间后，孩子就会渐渐改正乱发脾气的习惯，因为他知道这样做是什么也得不到的。

如何让孩子不挑食

人和动物饿了就会吃，这是一种生理上的本能，但到了今天，我们的文明社会中出现了一个反本能的现象：孩子不爱吃饭、挑食。这种不正常的现象，在独生子女中蔚然成风。一个小区里肯定有很多家的父母为"骗孩子吃饭"做过各种努力，也交流心得，如何分散孩子的注意力，让他不知不觉就吃了一口饭；如何提高自己的厨艺，做孩子喜欢吃的饭菜；如何根据医生的建议，给不爱吃饭的孩子另外增加营养，等等。但这些从一开始就错了，因为它建立在一个孩子挑食的基础上，只要孩子挑食，有些营养就难以跟进，孩子的生活习惯、情绪、自我意识等，都会受到一连串不好的影响。

怎样让孩子不挑食呢？我们可以借鉴"潜能教育之父"老威特的教子之道。

老威特认为孩子养成不良的饮食习惯，责任完全在于父母。孩子挑食、厌食、贪吃等多种毛病都只是在父母的溺爱和纵容下任性自私的表现。然而不少父母在生活中不但没有丝毫悔悟，仍一味地满足孩子不合理的饮食要求，或者是诱骗孩子吃有营养的东西。事实上，只要改变了孩子对食物的观念，就能改变孩子不良的饮食习惯。

父母首先需要使孩子明白"粒粒皆辛苦"的道理。据说，有一个小学组织孩子们到田间地头，参加农民劳动，感受汗滴禾下土的滋味，从此学校食堂浪费的现象明显好转了。孩子们从来不知道食物的来源，觉得一切都理所当然，也就不会珍惜了。

如果父母能和孩子一起种一株黄瓜，看着它开花、结果、慢慢长大，这种等待的经历更能让孩子感受到食物的来之不易，不能随便浪费。每一个青椒需要一个夏天的成长，每一粒绿豆都可能成为一株豆苗，它们其实都有故事，这些是孩子不知道的。

只有在孩子尊重食物以后，再适当告诉他有关的营养知识，他才容易接受。

如果孩子厌食，首先确定他是否生病了。如果并非如此，而只是孩子的饮食习惯问题，父母就要想一想，是不是孩子平时零食吃得太多，扰乱了正常的进食规律，导致他在正餐时间里拒绝进食。杜绝孩子吃零食和适当采用饥饿疗法，都能很快纠正孩子不爱吃饭的习惯。

也有一种孩子与挑食、厌食相反，不知饥饱，贪吃成性。孩子养成贪吃的习惯多数是家长促成的。老威特和妻子都非常注意这一点，规定有固定吃点心的时间。为了让儿子懂得身体健康及饮食合理的重要性，凡有朋友的孩子生病，他都会带儿子去探望，让儿子更为直接地体会健康饮食的重要性，这对儿子是一种很实际的教育。老威特记载了这样一个故事：

有一次我带着儿子散步，遇见了一个朋友的儿子。

"你家里人都好吗？"我首先问候道。

"谢谢，都好。"他说。

"但是，你弟弟病了吧？"

"是的，您是怎么知道的呢？"他惊讶地说。

"因为圣诞节刚过。"

我并不是胡乱猜测的，因为我知道那孩子特别贪吃，圣诞节过后准会闹病的。

　　果然不出所料，于是我带着儿子去探望。到那儿一看，那孩子不喊肚痛，不喊头痛，只是叫个不停。

　　病从口入这一点在孩子身上体现得非常明显，如果孩子口不择食，就很容易生病。父母一定要管好孩子吃东西，尤其是不要让亲友们太宠孩子，背着自己给孩子很多好吃的零食，这样只会坏了孩子的胃口。

　　孩子挑食，就像洪水泛滥一样，重点在疏导，而不是怎样去堵塞。从根本上改变孩子对饮食的态度，除了加强孩子尊重粮食的意识和进食的控制之外，父母也需要"宠辱不惊"。不管孩子爱吃什么、不爱吃什么，都不要大惊小怪，表现得很高兴或者很失望。因为这样只会让孩子觉得，吃东西是为了讨欢心，或者是为了发脾气，这就背离了饮食的本意了。

　　另外，大人在吃饭的时候也要做好表率，不要表现得自己很挑食或者太讲究，这样孩子也就不会跟着学了。

　　当你发现孩子对某一种菜完全不动筷子的时候，先不要惊慌。把这种菜改良一下继续放在餐桌上。假装没有注意到她不吃这个菜，然后自己带头去吃，孩子也会跟着尝试。如果大人说"你不吃洋葱吗"，孩子就会意识到这个问题，就真的不吃了。

孩子说谎话怎么办

老师打电话来说孩子一下午没去学校，于是等孩子回来，你问他：

"下午上课怎么样啊？"

"嗯，挺好的。"

"老师都讲什么了呀？"

"哦，讲的……讲的课文。"

这个时候，你明知道孩子说谎了，但是应该怎么做才能既不伤害孩子的自尊与自信，又不纵容孩子说谎呢？

1. 弄清楚孩子是否在说谎

当怀疑孩子说谎时，父母首先应该仔细地调查了解，弄清楚孩子是否真的在说谎，说谎的原因是什么。孩子的谎言，往往是把内心想象的事物和现实中的事物混同起来。特别是小朋友在一起时的"吹牛"更是没有边，许多话都是无知的语言，不必介意。比如，"我爸爸带我去动物园见到一个蚂蚁比皮球还大"等，这些都是孩子们的想象。小孩子说谎，是比较容易发现的，几句话就可以套出来。大一点儿的孩子说谎，往往能够骗得了父母，因为孩子知道父母喜欢听什么话，他们会制造谎言，说得天衣无缝。遇到这种情况，父母应通过仔细观察和进一步了解揭穿孩子的谎言，并用比较婉转的口气和迂回的方法教育孩子。

2. 证实孩子说谎后，应采取相应的措施进行教育

面对孩子的错误，父母往往火上心头，责骂不解心头之恨还会动手打孩子，这是不理智的。父母应该克制怒气，分析一下孩子错误的性质，对无意、初犯或较轻的说谎行为，切忌粗暴体罚，而应该耐心指导教育。首先要对孩子说谎的行为表示生气和不满，表明自己对说谎行为非常反感，然后教育孩子以后注意自己的言行，尽量不要再说谎。

有些孩子已经习惯于说谎话，屡教不改，甚至有损人利己的行为，而且态度恶劣。对于这种孩子，除了严厉的批评教育以外，还可以进行适当的惩罚，来戒除孩子的恶习。例如孩子又因贪看电视而没有做功课却谎称做完了，父母发现后，就首先要求孩子赶紧做完功课，然后剥夺孩子3天看电视的权利，或者3天内不能出门玩耍。但是父母惩罚孩子时要注意，惩罚既要让孩子感到痛苦和认识到事情的严重性，又不要使孩子的躯体受到严重损害和摧残，那种要求孩子下跪或打骂孩子的方法是不可取的，不但收不到效果，反倒使孩子产生逆反心理。

值得一提的是，当孩子旧错重犯时，如果他能主动、诚实地告诉妈妈自己所犯的错误，那么父母在批评教育之后，一定要对孩子的诚实做出肯定，并适当减轻惩罚。

3. 以身作则，正确引导孩子

营造民主温馨的家庭氛围，让孩子拥有一个自由快乐的环境，对培养孩子诚实守信是非常重要的。因此，父母承诺了孩子的事情应该尽量办到，不要随便欺骗孩子。而父母对孩子的说谎行为，应该进行正确的引导。例如，孩子模仿电影、电视中的人物而说

谎，父母就应该告诉孩子，这是不对的。同时告诉孩子说谎会带来各种可能后果，教给孩子做人的道理，让孩子建立正确的是非观念。孩子恶意说谎的行为就会逐渐戒除，不经意的说谎也会逐渐减少，成为一个诚实的孩子。

事实说明，无论你如何教孩子，他们迟早会对你说谎。孩子越大，谎话越多越高明，而且说谎得逞又逃过处罚，谎会越扯越多。第一次说谎心中的犹豫最强烈，还会自问该或不该，但恶例一开，原先再三思量的能力就丧失了。

为了培养孩子成为一个真诚正直的人，父母应根据不同情况客观分析，对孩子进行正确的教育引导，应奖励孩子的诚实，即使孩子有了错误，只要说了真话，就应肯定他的做人之道，并引导孩子不断地完善自己。不要用打骂、惩罚、斥责等消极方式对待孩子，避免孩子为保护自己而以谎言应付父母。

如何改掉孩子乱扔东西的坏习惯

有一个小孩子在家里的时候总是丢三落四，不停地找家长要东西，这也不见了，那也不见了，孩子一边放，家长一边收，结果谁都不知道东西去哪儿了。

但是很奇怪，孩子在学校里面从来不丢东西，从家里带过去的文具和饭盒，总能完璧归赵，从来不缺胳膊少腿。孩子的科目很多，教科书、参考资料、试卷、作业、强化练习等，也从来没有少过。这让家长很奇怪。

"聪聪，你们在学校都是怎样放东西的？"

"我们每个小朋友都有一个柜子，上面贴有自己的名字，大家都把东西放在自己的柜子里。其他的东西都是装在自己的书包里，别人我就不知道了。"

"哦，原来是这样。"妈妈开始考虑给孩子设计几个专用的柜子。

她给孩子买了一个雕花的大木箱，里面可以放很多东西。"这是你的魔法宝盒，我们把所有的玩具都放进去吧，娃娃留在外面。"然后妈妈给复印纸盒子贴上了好看的包装纸，上面写着"文房四宝"4个字，"往后，所有的文具就放在这个文房四宝盒里面好了"。然后买了几个大大的粘钩，贴在孩子房间的门背后，孩子够得着的地方，让孩子把书包都挂上去，随手可以拿走。

这个办法大大缓解了聪聪找东西的痛苦，而且他还觉得很有意思，自己又动手做了几个"多宝格"，仿照故宫中的多宝格样子，把大大小小的东西都放了进去，他的小世界便越来越清晰了。

聪聪上小学时，已经渐渐有了自控的能力。

有小朋友的家庭是很容易看出来的，往往沙发上放着玩具，桌子上有很多零食，孩子的用具随处可见，想让整个家庭保持二人世界的浪漫和情调已经成了一件不可能的事情。其实，从上述事例可知，只要方法得当，孩子的东西是能够很好地归类的。

对于那些低龄的孩子来说，父母们要培养其物归原处的习惯，先要自己做好示范。比如说，孩子要灰太狼玩偶的时候，父母最好能每次从同一个地方比如摇篮下面的储物层拿出来，这样孩子就能形成灰太狼放在储物层的概念，他自己就会动手拿。如果孩子忘了放回去，你可以提醒他："灰太狼可能想要回家啦。"孩子就能明白你的意思是要把灰太狼放回到原处，也很愿意帮助灰太狼回家。

心理学家说，一个习惯的培养需要 21 天的重复，也就是说孩子要培养一个哪里拿哪里放的习惯，大概需要 3 周的时间。父母需要有耐心，不能 1 周之内总是大发脾气说"提醒了多少次你都记不住，真是没用的东西"这样的话，这只会打消孩子的积极性，对培养好习惯一点儿效果也没有。孩子一两次没有做好也没关系，当他有意无意地物归原处了一次之后，你最好能表达一下高兴的心情："这次我很快就找到你的球鞋了，真好。"孩子也会因为觉得自己的行为给家人带来了方便，而感到骄傲。

其实人小时候的培养都是生活习惯的培养。记得有一个诺贝尔奖的得主在接受采访时，对方问他从小到大在哪一所学校获得的教育最深刻，他回答说："幼儿园，我在那里学会了对人有礼貌、遵守交通规则、自己的东西自己管理、按时吃饭等，这些我一直遵守到现在。"小时候培养了良好的生活习惯，孩子在独立之后，更能掌控自己的生活。这种投资是利益长远的，值得父母耐心培养。

孩子遇到"小霸王"怎么办

　　下午放学回家后，妈妈发现小辉的鼻子红红的，眼睛也有些肿，似乎哭过了。妈妈急忙把小辉叫到身边，问他是怎么回事。小辉见妈妈问，委屈的眼泪在眼眶里打转。"是昆昆打的。"小辉说着抹了抹眼泪，"下午课间休息的时候，我和几个同学嬉闹，跑的时候不小心撞了他一下，我连忙跟他道歉，可是，他二话没说，就打了我一拳，把我的鼻子打出血了。后来，汪老师把我带到医务室帮我止了血。"

　　小辉吸了吸鼻子，说："我以后再也不理他了，他就是一个小霸王，班上的同学都怕他。"听了小辉的述说，妈妈陷入了沉思，她之前也听小辉说过，昆昆是个霸道的孩子，有事没事就喜欢欺负同学。如果有谁惹了他，他就会动手打人，班上的好多孩子都被昆昆打过。有一次，他看到同桌张民从家里带来了一个有趣的玩具，他跟张民要，张民不肯给他，他就趁张民不注意，故意把那个玩具撞到地上，结果玩具摔坏了；还有一次，几个同学在操场里踢球，大家都不愿意和他一起玩，他冲上前去，一脚就将球踢到了校外；一次，方雨不小心将他的作业本碰到了地上，方雨赶快捡起来，并向他道歉，可他不仅把方雨的作业本摔到了地上，还打了方雨一拳……总之，昆昆在班上经常惹是生非，不是把这个弄哭，就是把那个打一顿。

　　显然，这时候去找昆昆的家长，恐怕意义不大；从昆昆日常在学校里的表现来看，从老师那里也没有解决的办法。于是，妈妈决定找到一个根本的解决办法。

一晚上，妈妈都在想该怎么办，突然她眼前一亮，想起自己从一本书上看到过一句："爱是最好的武器。"此时，用爱去感动他，不是很好的办法吗？

第二天早上，小辉上学前，妈妈告诉他："我下午去接你，顺便跟昆昆谈谈。"

下午，妈妈到小辉的学校门口等他。一会儿，小辉就出来了，他指着一个穿得有些邋遢的孩子，告诉妈妈："那个就是昆昆。"

妈妈将昆昆叫了过来，告诉他："我是小辉的妈妈，想跟你谈谈。"昆昆听说了，眼里流露出一丝害怕，但转而又流露出挑衅和不屑。

妈妈对昆昆说："你别紧张，阿姨只是想跟你谈谈，我们说会儿话好吗？"见校门口人很多，妈妈带昆昆来到了学校旁边的麦当劳，给昆昆买了一杯可乐。妈妈问昆昆："你说小辉是个好同学还是坏同学？"

昆昆回答："好同学。"

"那你愿意跟他交朋友吗？"

昆昆迟疑了一下，低声地说："愿意。"

妈妈把书放到昆昆面前，对他说："这几本书很好看，阿姨送给你。另外，小辉在家里还有很多好看的书，你要是想看的话，可以借给你看。"

昆昆接过书，点点头。

"好了，今天就先说这么多，你赶快回家去吧，要不你妈妈该着急了。"妈妈对昆昆说。

从那之后，昆昆再也没欺负过小辉，而且慢慢变得不再那么爱欺负人了，渐渐地，也有同学跟他一起玩了。

　　每个孩子在学校都可能会遇到"坏孩子"，这时，如果父母出面，目的应该是帮助孩子解决问题，化解矛盾，而不是去报复。爱孩子，就应该帮他创造一个和谐的氛围，而不要给他制造麻烦。上例中这位妈妈的做法很明智。随着年龄的增长，孩子的人际交往范围逐渐扩大。人际关系中的矛盾，会使他们产生"困惑""曲解"或"冷漠"等消极心理，并导致他们产生认识偏差，情绪偏差，进而会产生不适应、不理智，甚至极端的行为反应。因此，在孩子与人发生矛盾时，父母要及时指导孩子处理各种人际关系中的矛盾。

　　生活中，可能很多孩子都受到过别的同学的欺负，这时，家长可能有两种处理方式：一是告诉孩子"人不犯我，我不犯人；人若犯我，我必犯人"，要以牙还牙，甚至亲自出马，讨回公道；二是告诉孩子爱是化解矛盾最好的武器，教孩子去关爱别人。显然，第二种方法是可取的。

　　孩子遇到"小霸王"是正常的事，父母可以针对不同的对象采取不同的处理方式，但是有一点必须要明确，那就是不能伤害那个"坏孩子"，同时也需要考虑所采用的方式对自己孩子人格行为的影响，以及对其今后人际关系的影响。

当孩子出现口吃毛病时怎么办

李浩是一个聪明可爱的小男孩儿，但他有个小毛病——说话结巴。其实，李浩开口说话挺早的，说话也较流利，可到了3岁的时候，却突然变得有些结巴了。从5岁开始，李浩接受了妈妈的言语矫正训练，妈妈自制了一套训练方案，播放教学录音让李浩模仿，但效果甚微。时间长了，李浩觉得妈妈是在折磨他，而妈妈却认为李浩"我……我……我……"是故意的，于是批评、苛责、一招接一招。结果妈妈越着急，李浩就越害怕，越害怕就越结巴。

后来，妈妈看了一篇相关的文章，上面说2～7岁的孩子结巴是正常的，就没有再苛求他，心想慢慢地会好的。谁知道上小学后李浩的结巴竟然越来越严重，一句话中间老是有不恰当的停顿，或某个字的发音拖得很长，如"我不……想睡觉"，让人听起来很吃力。

每当与老师谈话或上课发言时，李浩就结巴得更厉害；有时遭同学嘲笑，他说话就更结巴了，越是这样，他就越不爱讲话，因而，讲话就更加不流利了。

说话不流畅，是2～7岁儿童比较常见的生理现象。孩子对自己的口吃无自我意识、恐惧和害羞心理，算不上是"口吃"。2～3岁的孩子思维迅速发展，想用语言表达一种思想，但往往找不到合适的辞藻，于是在找合适的词语来表达的过程中就会出现口吃，这种口吃一般只是阶段性的。在这一阶段，有很多孩子开始学会数数、念儿歌，但是说的技能赶不上思维的速度，以语言为基础的思维跑到语言功能的前头，思维和语言发展不同步，口吃就会更加明显了。但是随着孩子语言能力的进步，这种口吃就会慢慢地减少直至消失。

研究发现，孩子的口吃是后天形成的，与家长教育不当有直接的关系。一些父母见到孩子出现口吃，便会没有耐心地、严厉地责备孩子，时常提醒孩子注意。受到多次的责备和提醒之后，孩子就对讲话产生了不安、恐惧等心理，口吃现象反而会变得更加严重。父母不愿意听到孩子讲出"结巴"的话，急于纠正孩子的发音，这样孩子说"结巴"话的机会反而会增加，最后孩子真的成了口吃患者，把本来不是问题的事情弄成了问题。

口吃不仅影响孩子语言功能的发育，还会极大地损害他们的心理健康，使他们产生心理压力，自尊心受挫，容易形成孤僻、退缩、羞怯、自卑的不良个性。口吃的孩子往往情绪不稳，容易激动。他们害怕在大庭广众下讲话，害怕上课时老师提问，不愿意主动与同学交往。

所以，当孩子出现口吃的毛病时，父母应该做到以下几点：

1. 不让孩子模仿

模仿是口吃形成的主要原因之一，因此，在日常生活中，不要让孩子模仿电视里或者生活中的结巴。

2. 父母耐心倾听，不要指责

父母见到孩子口吃时，应保持平静、无所谓的态度，避免严厉的责备，不要逼孩子把话讲全，也不必提醒"你又口吃了，要注意"，以免增加孩子的紧张情绪，反而使他们更加结巴。

3. 慢慢地跟孩子说话

若孩子的口吃比较轻微，则不必采取任何措施，时间长了，口吃自然就会消失。若孩子的口吃现象比较严重，父母在同孩子讲话时，应该用缓和、拖长音的语气降低语速，孩子会逐渐模仿，用这种方式去讲话，口吃也会慢慢地得到缓解。

4. 及时给予鼓励

当孩子的口吃有一点改进时，应及时地给予表扬鼓励，这可增加孩子克服口吃的信心。

5. 寻找病因，消除病因

孩子本来不口吃，后来变得口吃，这其中会有很多原因：也许是智力负担过重，也许是家人当着孩子的面争吵、冲突，孩子受到惊吓或是孩子的习惯受到破坏等。只要能消除隐患，孩子的口吃一般会在几个月后自行消失。如果原因不明，就必须去咨询相关的专业机构，以便及早地解决问题。

孩子一旦患上口吃的毛病，就容易产生自卑的心理。所以，应该做一位耐心倾听的家长，让孩子认真地把每一句话都说完，相信孩子的毛病就会渐渐好起来。

不容忽视的儿童攻击性心理

佳佳和莎莎正在画画，佳佳缺一支红色的蜡笔，看见莎莎笔盒里有一支，伸手就去拿，嘴里还说："这是我的。"莎莎不肯给他，佳佳气得把莎莎画画的东西全扔掉，还用脚去踢莎莎。

8岁的轩轩散漫、冲动、好斗，言行极具攻击性，一年级下学期闻名全校。成绩门门红灯高挂，调皮捣蛋得出奇。老师见他头疼，同学见他害怕，上课破坏纪律，下课欺负同学，一会儿把同学的球抢过来扔掉，一会儿把女同学正在跳的橡皮筋拉得有十来米长，一会儿又故意用肩去撞对面过来的同学。如果谁说他一句，他就会对他拳打脚踢。

亮亮学习成绩差，性情怪异，不讲卫生，手脸总是很脏；人际关系恶劣，总是欺负周围的同学，有时无缘无故打同学一巴掌或踢同学一脚，或者故意拿同学的东西。他不尊重老师，对老师的要求不屑一顾，经常弄得全班同学哄笑不已，影响非常恶劣。

小孩也是有暴力倾向的，因为攻击性心理是一种本能。攻击性心理是指因为欲望得不到满足，而千方百计实施一些攻击性行为，以别人痛苦为乐的心理。它在不同的年龄阶段有不同的表现形式。孩子的攻击性心理在行为方面的表现为：幼儿园阶段主要表现为吵架、打架，是一种身体上的攻击；稍大一些的孩子更多的是采用语言攻击，谩骂、诋毁，故意给对方造成心理伤害。从性别攻击心理来说，男孩以暴力攻击居多，女孩以语言攻击居多。

儿童攻击性心理的形成大致有3方面原因：一是遗传因素。

有些攻击性强的儿童可能存在某些微小的基因缺陷；二是家庭因素。家长对孩子的暴力惩罚，往往使孩子产生一种抵触情绪，并把这种恶劣的情绪"转嫁"到别的人身上，找别人出气。家长过度地溺爱也会铸就这种惹事"小霸王"；三是环境因素。美国心理学家班杜拉通过一系列实验证明，攻击性心理具有模仿性，如果儿童经常看暴力影视片、武打片，玩暴力电子游戏，接触具有暴力倾向的人，会强化这种攻击性心理。

攻击性心理甚至会影响到孩子的整个人生，如果这种行为没有得到及时纠正，那么等到他成年后，就会出现人际关系紧张、社交困难，甚至走向犯罪。家长要及时预防和化解孩子的暴力倾向，平时要多了解孩子的收视信息，了解暴力内容对孩子的影响程度。当发现孩子对暴力内容非常感兴趣和崇尚时，一定要教育他不能凭个人武力去解决问题。当然不能是严肃的说教，用活生生的事例来说服孩子更有效用。

大部分男孩儿都对打打杀杀的场面很感兴趣，而且喜欢模仿，家长可以让孩子参加业余武术训练班进行训练，释放出在暴力内容刺激下活跃起来的体内能量。另外，孩子与朋友之间一定会有纠纷，教会孩子自己正确处理孩子之间的纠纷，比父母出面帮孩子解决纠纷更有意义。这样，既保护了孩子的自尊心，又教会了孩子怎么做人处事，消除了孩子的"暴力隐患"。

同是感冒，要用对症的药物才有效，而同属于"攻击性心理"，也要根据不同的诱因来"对症下药"。以下是几种"药丸"，请父母给孩子对症用药。

（1）停止那些攻击性的言行，创造一个良好家庭气氛，有充足的时间陪孩子玩。

（2）不让孩子看有暴力镜头的电影、电视，不让孩子玩有攻击性倾向的玩具。

（3）永远不对孩子的"攻击性行为"进行奖励，自己的孩子也有错。

（4）教孩子学会正确地"情绪宣泄"。

（5）饲养小动物，鼓励孩子的亲善行为，培养孩子的爱心。

（6）引导孩子进行"移情换位"，经常给他假设："你是被攻击的小孩儿，会有什么感受？"

孩子有"社交恐惧症"怎么办

玉蝶以前是一个懂事、听话的女孩，个性比较内向、敏感。两年前读高中时，有一天路上与老师相遇，她感到紧张，没有抬头和老师说话，便低着头匆匆走过。旁边有一同学看到这一情形，对她说："你不和老师说话，老师刚才一直都看着你呢。"

玉蝶听后深感内疚，第二天到学校时，不敢抬头看那位老师的眼睛。后来逐渐加重，连别的老师的眼睛也不敢直视，进而发展到连普通人的眼睛也不敢看。偶尔与别人的目光相遇，便感到特别紧张，心跳加快、全身冒汗，并认为自己的表情肯定很尴尬，会引起别人的耻笑。从此，在路上骑自行车或走路，总是低着头，唯恐看到别人的目光。由于紧张、心情不安，玉蝶上课无法专心听讲，学习成绩下降，结果没有考上大学。后来症状更加严重，以致不敢出门。她为此感到非常痛苦，不得不求助于心理医生。

玉蝶最初只是出现了轻微的社交恐惧心理，可是后来，这种心理状态不但没有调整好，反而变本加厉，发展成"社交恐惧症"。

"社交恐惧症"也被称作"社交焦虑障碍"，是以害怕与人交往或当众说话，担心在别人面前出丑，而尽力回避的一种恐惧感。恐惧的对象是某个人或某些人，甚至包括一些亲人朋友。

心理学家认为，"社交恐惧"这种不正常的心理状态与人在童年时期的某个行为印痕有直接的关系，而发病往往是在青少年期居多。例如，小时候本来想在众人面前表演一首歌。可没想到，他看到这么多人时，却忘了歌词，这使他尴尬至极。从那以后，他变得不敢当众讲话了。

有一个叫天天的小孩经常去邻居家玩，可有一次他无意中听到邻居朵朵的妈妈在警告朵朵："别让天天来咱家了，烦死人了，下次他再来你赶紧打发他走。"这个男孩儿悄悄地缩回了已经踏入门槛的一条腿，从此之后，他再也不喜欢与人交往了。

如果童年受过伤害的孩子，在以后的成长过程中，没有找到化解的方法，那么多半会在青少年时期伴有程度不一的"社交恐惧心理"，严重的便成为"社交恐惧症"。

此外，如果孩子看到别人或听到别人在某种交往情境中遭受挫折和拒绝，自己就会感到痛苦、羞耻、害怕。这种"间接经验"会不自觉地影响他们对人际交往的看法，甚至产生"社交恐惧心理"。

小孩的内心是极其敏感和脆弱的，任意一次再小的不顺都会对孩子造成伤害，而这样的伤害对孩子的一生都会有影响，因为人对生命的态度大多来自早期的生活体验。童年时期遇到的交往障碍如果没有得到消除的话，会对孩子一生的社交都造成影响。因此，父母要尤其注意小孩子的社交问题，及时帮孩子排忧解难。

社交恐惧症就像"流感"，最好在它没有来袭之前就做好预防。在孩子的成长历程中，父母尽量用多些时间陪孩子说话、游戏、散心，多带孩子去串门、逛街、走亲戚，哪怕牺牲赚钱的时间都是值得的。

如果孩子真的由于一些原因，出现社交恐惧心理或"社交恐惧症"，父母也不必恐慌，要知道你的恐慌会使孩子手足无措。这个时候唯一能做的就是"解决问题"。你可以用一些事情分散孩子对"恐惧"心理的关注，还可以运用系统脱敏法，鼓励孩子先与父母敞开心扉，其次再和比较亲近的朋友和亲戚交往，再和关系一般的同学交往……

　　如果孩子生理上的不良反应比较严重，最好是去看看心理医生。不过"社交恐惧症"听起来好像比较可怕，其实它只是一只纸老虎而已。只要"治疗方法"正确，孩子很快就会好起来。

孩子特别害羞怎么办

好不容易盼到了周末，恬恬很开心，因为妈妈答应这周带她去游乐园玩。周六早晨，恬恬一改往常周末赖床的坏毛病，早早就起床了。恬恬麻利地洗漱完毕，吃完早饭，就和爸爸妈妈一起出发了。

游乐园里人可真多啊，各个游戏场所前的售票口都排起了长队。爸爸去排队买票了，恬恬和妈妈在一旁等着。正巧，妈妈的同事李阿姨也带儿子小冬来游乐园了，两个大人见面打完招呼后，小冬也热情地问了声"阿姨好"，李阿姨的目光落到了恬恬的身上。

"哟，恬恬都长这么高了，也越来越漂亮了。"李阿姨边说边准备拉恬恬，谁知恬恬却一下子躲到了妈妈的身后。

"来，恬恬，跟阿姨和小朋友打个招呼，问阿姨好。"妈妈边说边往前面拽恬恬。可是恬恬却紧紧地躲在妈妈的身后，说什么都不肯出来。

"这孩子，就是害羞，怕见生人，一见到生人就躲，其实她平时在家话可多了。"妈妈有点尴尬。两个人又寒暄了几句，便各自走开了。这时候，恬恬才从妈妈的身后出来。妈妈不明白：孩子都10岁了，怎么还这么害羞呢？跟人说句话有什么好怕的呀？

在我们的身边，有很多这样的孩子，他们在面对新环境和陌生人时，常常会表现出腼腆、羞涩、扭怩不安、难为情或担心、犹豫等，这就是人们常说的害羞，害羞是一种很常见的心理反应。

一般来说，孩子在出生后 6 ~ 8 个月，便开始进入"认生期"，在这一时期，孩子会对陌生人表现出一定的害怕，随着时间的推移，孩子的认生现象会逐渐消退，但是，如果父母不给予正确的引导和教育，孩子害羞、怕生的心理便会越加严重。造成孩子害羞的原因主要有以下几个方面：

1. 遗传因素

遗传是导致孩子害羞的间接因素。从婴儿期开始，有的孩子就表现得比较敏感，这可能是由于母亲怀胎时的身体和心理压力所导致。如果父母本身性格内向，平时又不善于与人交往，相对地也会造成孩子害羞、怕生的个性。

2. 童年不愉快的经历

有的孩子在童年时期可能会有一些不愉快的经历，如搬迁、父母离婚、家人去世、转学、朋友的伤害等，这些不愉快的经验都会使他们失去较多的社会鼓励，以致变得畏缩、逃避，没有勇气与陌生人相交。

3. 成人的影响

很多孩子害羞，是因为从小受到成人所灌输观念的影响，有些孩子只是比较含蓄，但由于父母不断说他是个害羞的孩子，再加上亲戚朋友和学校同学的不断提说，结果，使他真的变成了一个害羞的孩子。

4. 父母不良的教养方式

有的孩子害羞是由于父母不良的教养方式导致的。比如孩子在小的时候，受到过父母或别人的恐吓；或者孩子有问题来问父母时，父母因为手头工作忙，不是被奚落一顿，就是被责骂，或者被不耐烦地拒绝，这些都会造成孩子日后遇事害羞。可惜的是，许多父母并没有意识到这一点。

从某种意义上说，害羞本身并不是一个问题，只有当孩子的害羞程度达到让他们无法参与到集体活动中时，他们的害羞才会成为问题。因为它会阻碍孩子交朋友、有碍学习进步和自尊心的确立，也会降低心理适应能力。害羞的孩子通常会神经过敏、疑惑不安、孤单、沮丧以及难交朋友。因此，必须予以纠正。

对于害羞的孩子，父母该如何帮他们走出害羞的阴影呢？

1. 要多给孩子以抚慰

离开母体，孩子就以一个独立的个体存在，他需要安全感来维持心理平衡，父母可以采用拥抱法来给予孩子抚慰。心理学家说过："成人每天要有 4 个深情的拥抱，孩子每天要有 20 个拥抱才能达到心理平衡。"

2. 要多给孩子以鼓励

每个孩子都希望得到别人的肯定和表扬。胆怯的孩子更需要，他们本身就自责、缺乏勇气，在做某件事之前，预见的是自己不行。如果这时给他一些鼓励，增加他的勇气，他会把事情做得很好。

3. 要给孩子一个温暖的家

平等、理解、温馨的家庭环境能给孩子勇气和自信。克服孩子的羞怯，要有这样的环境。在孩子面前不要滥用家长权威，尤其是对易羞怯的孩子。家里的事尤其与孩子有关的事，要多征求和尊重孩子的意见。

4. 要鼓励孩子交朋友

结交朋友是孩子社会化的一种表现。羞怯的孩子，担心别人瞧不起自己而不去交友。这时父母就应该鼓励他，首先让亲朋好友或比较熟悉的孩子与他一起玩，克服他交往的恐惧心理，然后再鼓励他在同学中交朋友。当孩子带朋友到家中时，父母要表现出热情，别不当一回事，以增加他的勇气。

孩子会"顺手牵羊"怎么办

小童今年刚上二年级，聪明伶俐，是个帅气的小男孩。这天下午放学后，妈妈把他接回家，督促他写完作业之后，就去厨房准备晚饭了。

客厅里响着轻柔的音乐，一向顽皮的小童，今天居然也安安静静地在屋子里看起了画册。妈妈从厨房探出头来，对他说："小童今天好乖啊。"小童拿起画册，告诉妈妈："妈妈，这本《福娃奥运漫游记》好好看！"

"你怎么会有《福娃奥运漫游记》呢？"妈妈的微笑突然一沉。

"我的！"小童理直气壮地说。

"瞎说，爸爸妈妈没有给你买过这本书。"

"我的……是爷爷买给我的。"

妈妈见小童这样的态度，没有再问他。爸爸回家后，妈妈将事情告诉了他。

晚饭后，爸爸对小童说："小童，我们去看看爷爷好不好？"

小童一听，似乎觉察到了什么，忙不迭地说："这么晚了还去看爷爷，我明天还要上学呢，不去了吧。"

"那怎么行呢？爷爷给你买了这么好看的画册，难道你不去谢谢爷爷啊？"爸爸追问小童。小童见事情已经无法再隐瞒，羞愧地低下了头，向爸爸道出了事情的原委："今天下午，我看见小强的桌子上有一本非常精美的画册，我好喜欢，就趁他不注意，把它拿回来了。"

"爸爸，我错了，我不应该拿别人的东西，也不应该跟你撒谎。"小童耷拉着脑袋跟爸爸承认错误。

"这怎么得了，才7岁的孩子就学会说谎，学会偷别人的东西，长大以后还不知道会怎么样呢……"妈妈指着小童怒气冲冲地说。

生活中有很多小孩子都曾经发生过"顺手牵羊"的行为，但并不是人人最后都变成小偷。小童妈妈对孩子的话语太重了，因为她把这个问题夸大了。根据著名心理学大师皮亚杰的理论，2～7岁儿童的思维属于"前运算阶段"，是儿童从表象思维向抽象思维过渡的阶段。处在这一阶段的孩子，总是以为周围的人和事物都与自己有关。如看到妈妈皱眉头，会认为是自己惹妈妈生气了。根据皮亚杰的观点，这种思维的基本特征是"自我中心"。

同时，处于这一年龄段的孩子，往往也分不清"你的""我的""他的"这些概念，只要是自己喜欢的玩具，他就会理所当然地将它带走，年龄越小，这种现象就越普遍。

因此，我们不能简单地将孩子的"顺手牵羊"的行为归之为偷窃，并且认为小时候偷针，长大之后就会偷牛。因为这种说法，不仅会影响孩子人格的发展，而且也会对孩子的心理产生莫大的伤害。

如果孩子已经将他人的东西带回了家，这时候，父母应该怎么办呢？勃然大怒，将其痛打一顿，或者晓以大义？

实际上，这些都不是最好的办法，这时候，父母应该用冷静、温和的态度问明东西的来源，并且和他讨论："福娃真的好威风啊！和电视里的一模一样呢。我知道你很喜欢它，但是小强一定也很喜欢它，现在小强找不到他的福娃，肯定会很着急，也很难过，是不是？现在我和你一起去把福娃还给小强吧。"然后带着孩子当面把东西还给对方。如此一来，不但不会伤及孩子的自尊，同时也能让他了解，东西有"他的"和"我的"之分，如果随便拿走别人的东西，他人也一定会很伤心的，就如同别人拿走自己的东西一样。

父母应该在孩子童真的世界里，建立"所有权"的观念——让孩子知道，福娃是邻居家小朋友的，玩具火车是表弟的，芭比娃娃是表妹的，那本画册才是自己的。同时应该让孩子知道，在拿别人的东西之前，应该征得对方的同意。如果父母本身就缺乏所有权的观念，今天说这玩具是哥哥的，明天说是邻居小朋友的，那就很难保证孩子也不如此。

因此，父母应该先学会尊重孩子的所有权，例如，拿孩子拥有的物品时，应该先告诉他一声；归还时也应该说声"谢谢"；进他们的房间，不妨先敲门；无意中弄乱了孩子的生活空间，应该向孩子道歉……一旦孩子感到自己的所有权得到了尊重，那么他也就学会了尊重他人的所有权。

所有权的观念，应该从什么时候开始训练呢？心理学家亨利·霍斯金认为，建立所有权的观念，应该从小做起。当孩子两三岁的时候，就可以告诉他哪些用具、物品是爸爸的，哪些是妈妈的；四五岁时，可以让孩子拥有自己的洗漱用具、房间、杯子、玩具等。当给孩子买了新东西的时候，可以告诉他："这是爸爸买给你的。"有了这些观念之后，孩子就自然学会了如何约束自己，不至于再随便拿别人的东西了。

另外，研究指出，孩子之所以会顺手牵羊，是因为他们所喜爱的东西，而家中没有。因此，平时父母要顾及孩子的需求，酌情买给孩子，不要因为担心孩子贪得无厌而逐一否决孩子提出的要求。

孩子厌食怎么办

学校门外，家长们正在等待孩子们放学。几位家长在聊孩子的吃饭问题，一位妈妈担心地说：

"我家毛毛，每次吃饭都能吃一碗米饭，好多菜。平常还吃好多零食，现在已经很胖了，我怕他再这样发展下去，会长成一个小胖墩儿。"

一位爸爸在边上随声附和道："我家彬彬也是，吃得太多，有点胖，我都担心他会得儿童肥胖症呢。"

这时，一直没说话的一位妈妈开口了："你们的孩子都还好，以后慢慢控制一下孩子的饮食就可以了。你们不知道，我们家芳芳，每次吃饭弄得跟打仗似的，这不吃那不吃的，米饭只吃一小口，我和她爸爸、奶奶每次都是追在她屁股后面求着她多吃一点，可就这样，这孩子每顿饭吃得还是很少，都4岁半的孩子了，看起来比人家3岁的孩子还瘦小呢……"

家长们正聊着，幼儿园放学了，孩子们一个个看到等在外面的家人，兴高采烈地叫着嚷着跑了出来。只有芳芳，一个人无精打采地、慢吞吞地走了出来。

生活中有很多像芳芳一样厌食的孩子，他们多是独生子女、生活富裕、娇生惯养，他们的父母担心自己的孩子长得不快，怕孩子营养不够，常常硬塞给他们东西吃，结果导致了这些孩子的厌食。

造成孩子厌食常见的原因有：常让孩子独自一人先吃，不与家人一起进食，没有饮食气氛。孩子进食时，父母或他人过分紧张地注视，造成孩子精神紧张。用种种许诺诱惑孩子进食或者用玩具逗哄孩子进食，降低了孩子的进食兴趣。有的孩子进食时注意力分散，边吃边看电视或画册，抑制了消化液的分泌，影响了消化功能。

"别说话，好好吃！""快点吃！""不要把饭粒撒到桌子上！"在父母的谆谆教诲中，原本愉快的进食氛围马上变得严肃起来，孩子必须时刻提醒自己按照大人的要求吃饭，运用较低的记忆力记住相当数量的规矩，这势必造成孩子兴奋遭受到抑制与弱化，导致消化腺分泌减少，食欲下降。对于偏食的孩子，父母们不断地给孩子下达命令："这个必须吃完！""这个不能剩下！"对孩子而言，"吃"就成了一种痛苦的经历。长此以往，孩子逐渐就对"吃"产生了厌恶之感，厌食的习惯就这样慢慢地产生了。

要想消除孩子的厌食，父母的心态一定要放平和，这是让孩子吃好、长好最关键的一点。同时要消除各种不良因素对孩子的影响，帮孩子建立进食时的愉快情绪，促进胃肠道腺体的分泌功能和消化功能，增加食欲。具体方法如下：

1. 疏导孩子不良的心理因素，改变不良的饮食习惯

孩子在自行进食时，父母不要训斥孩子或包办代替，更不要采用强制手段让孩子进食，不让小孩子边吃边玩边看画册，也不应给小孩子多吃零食。

2. 培养孩子进食兴趣

对年幼儿童，可在大人协助下尽量让孩子自己进食，增加进食兴趣，促进孩子的食欲。还可安排孩子与年龄相仿的小朋友共

同进食，并在进餐时给予适当的鼓励和表扬。也要尽量提供孩子爱吃的色、香、味俱全的食物。

3. 对孩子进行鼓励和奖赏

父母可记录孩子每天的食物摄入量，这样能清楚地反映孩子进食情况，当孩子饭量增加，则给予奖赏，如带孩子郊游、看电视、讲故事等。

另外，进食前半小时不让孩子做剧烈活动或听紧张的故事，让孩子集中精神进食。当孩子不愿进食时，父母不必强迫其进食，等孩子饥饿而有食欲时再进食。

孩子的厌食都是有原因的，而治疗孩子的厌食也是有方法的，父母一定要找到孩子厌食的"病因"，才好"对症下药"，方能"药到病除"，养出一个健康的孩子！

教子有方

如何说孩子才能听
怎么听孩子才肯说

启 文 编著

中国出版集团
中译出版社

图书在版编目（CIP）数据

教子有方.如何说孩子才能听 怎么听孩子才肯说/
启文编著.－－北京：中译出版社，2019.12（2022.5 重印）
ISBN 978-7-5001-6139-4

Ⅰ.①教… Ⅱ.①启… Ⅲ.①家庭教育 Ⅳ.① G78

中国版本图书馆 CIP 数据核字（2019）第 282105 号

教子有方

如何说孩子才能听 怎么听孩子才肯说

出版发行：中译出版社
地　　址：北京市西城区新街口外大街 28 号普天德胜大厦主楼 4 层
邮　　编：100088
电　　话：（010）68359827，68359303（发行部）；（010）68002876（编辑部）
电子邮箱：book@ctph.com.cn
网　　址：http://www.ctph.com.cn
总 策 划：张高里
责任编辑：李　颖
封面设计：青蓝工作室
印　　刷：金世嘉元（唐山）印务有限公司
经　　销：新华书店
规　　格：880 毫米 ×1230 毫米　1/32
印　　张：30
字　　数：550 千字
版　　次：2019 年 12 月第 1 版
印　　次：2022 年 5 月第 5 次

ISBN 978-7-5001-6139-4　　　定价：149.00 元（全 5 册）

中译出版社

前　言

　　普天之下的父母，对孩子都拥有同样的爱，都愿意把最好的给予孩子，更希望能教授给孩子一种方法，让他们学会面对现实、创造未来的本领。本书希望能为读者提供一种父母与孩子建立在平等互爱、相互尊重基础上的交流方式和沟通技巧。如果你觉得你的孩子"不听话""不懂事""不服管"，那么，你就有必要读一读这本书了。

　　天下没有哪一个父母不盼望自己的孩子成才，但无数事实证明，没有一个孩子是在父母的打骂中成才的。棍棒威吓可能会起作用，但只是暂时的，不会持久。只有父母会说也会听，才能培养出真正优秀的孩子。父母的一句话，可以照亮孩子的一生，让孩子的人生充满阳光和快乐；同样，父母的一句话也可以让孩子受到伤害，产生心理阴影。既然父母的态度和语言有如此强大的力量，作为父母，理应在孩子面前保持冷静。俗话说，没有教育不好的孩子，只有不会教育的父母。换种方式教育你的孩子吧。

　　父母要能说会听，及时与孩子沟通，消除隔阂，清扫孩子内心的尘埃，帮孩子营造出一片晴朗的天空！父母恰如其分的语言能搭建起与孩子进行心灵对话的彩虹之桥！父母用心倾听孩子的心声，才能捕捉到有效信息，找准教育的切入点！

本书围绕"如何说""怎么听"两个主题，从以下 5 个方面进行了分析和探讨。

（1）帮助孩子面对他们的感受。

（2）鼓励孩子与我们合作。

（3）鼓励孩子自立。

（4）表扬，不要贬损；批评，不要伤害。

（5）面对错误，还有惩罚之外的方法。

书中结合现代家庭教育中父母容易碰到的难题，设置场景再现，然后进行深度诠释，同时根据教育专家的建议，为广大的家长朋友总结出教育孩子的方法和技巧。全书内容通俗易懂，案例具有代表性，值得天下父母借鉴。尤为可贵的是我们清晰简洁地提供了一套操作方法，辅以大量的常见场景和问题加以说明，让父母可以把这些技巧烂熟于心，灵活运用，随时应付各种情况，做到游刃有余。

目 录

第一章　帮助孩子面对自己的感受

你是"独裁家长"吗

独裁家长让孩子的内心很伤悲

著名的钢琴演奏家郎朗出了一本自己的传记——《千里之行：我的故事》。在书中，他回忆起自己的童年，不免一阵心酸："每年的年三十，我也必须练完八小时琴再吃年夜饭，菜都凉了……小时候，父亲对我太激进了，其实那是对小孩的一种摧残。"郎朗面对来访者，当着父亲的面如是说。

但当爸爸看到郎朗书中所写的这些时，却似乎"想不起"那些事了。"我也是该严的时候严、该松的时候松，我也曾经骑着摩托车带他去抓过蜻蜓啊！"

"就两次！"郎朗马上说明。

一脸窘迫的爸爸承认："当然，我也有把变形金刚踹了的时候！"

总之，郎朗对爸爸的总结是："独裁！"

郎朗的专辑在美国畅销，被称为钢琴神童。但他想到童年的记忆时只说："我心里曾经很悲伤！"可以想到，在那些刻苦练琴的日子里，他的心里有太多的无奈和委屈。

其实，说起来，"独裁家长"并不是一个新词汇。如今，大多数家长在教育孩子的时候总是以成人的眼光去要求孩子——什么事情该做、什么事情不该做，都是家长说了算，完全忽略了孩子的感受。因为大多数家长都有一个念头，那就是"我这样做是为了你好"。不可否认，天下所有的父母都盼着自己的子女能有一个美好的未来。但问题是，我们不能因此就完全忽视孩子的感受。要知道，逼着孩子按照我们的要求去做，也许孩子会在我们的高压之下选择"乖乖地顺从"，但是却不能让孩子从内心真正认同，结果就会导致亲子关系越来越紧张、疏远。

曾经有一个女孩子，学习优异，各方面的表现都不错，但是她说自己不愿意和父母说话。是什么原因阻碍了他们之间的交流呢？让我们来看看这个女孩子内心的真正想法吧。

小学时，我成绩优异，一直担任班干部；初中时征文也屡屡得奖，然后我考上了最好的高中；接着考上了不错的大学，年年拿奖学金，做了团支书，入了党。

我从小被要求要出类拔萃，做这做那，一直到现在。我不忍心让父母失望，也从没让他们失望过。但是在这个过程中是他不断地要求，而不是一个爸爸对女儿的爱。

读完这个女孩子的内心表白，也许你会觉得这并不能说明父母不爱她，只是教育方式让孩子不能从感情上接受。很多家长都习惯于要求孩子做这做那，他们一心为孩子好，但遗憾的是，他们从来没有问及孩子的真正感受，没有问过孩子是否喜欢这样的安排。而他们这种爱之深责之切的做法，在孩子看来，不过是一种独裁和霸道，甚至被看作是一种投入与产出的关系。这样教育的结果，就是你对孩子再好，为他（她）付出再多，他们也不会从内心深处感激你，相反地，说不定还会对你的"独裁"怨声载道。

让孩子按照家长划定的路线去走，还需要看一看孩子是否能承受这份压力。如果父母给孩子的压力过大，不仅会适得其反，甚至可能会引发孩子的一系列心理问题。

因而，家长应该与子女建立一种平等、民主的关系，而不是家长"说了算"的独裁家庭关系。家长需要教育子女，但同时也要接受子女的建议，从传统的封闭式教育模式转向开放教育模式。

【怎么听怎么说之现场演练】

测测你是否有"独裁"倾向

你觉得自己是一个独裁的家长吗？你觉得自己是一个事事都要求孩子的家长吗？通过下面这样一个测验，来看看你是否有独裁的倾向：

（1）当孩子说："爸爸，我今天很不想去上学，我想休息一天。"你的第一反应会是什么？

发怒的反应：＿＿＿＿＿＿＿＿

平和的反应：＿＿＿＿＿＿＿＿

（2）当孩子说："妈妈，我觉得报兴趣班这件事情，我自己做选择就可以了。"你还会继续干涉孩子吗？

干涉的做法：＿＿＿＿＿＿＿＿

不干涉的做法：＿＿＿＿＿＿＿＿

（3）当孩子说："妈妈，晚上7点钟有我最喜欢的动画片，我想先看完动画片再做作业，只花费3分钟的时间。"你会同意他先看动画片吗？

如果你会同意：＿＿＿＿＿＿＿＿

如果你不同意：＿＿＿＿＿＿＿＿

（4）当孩子说："周末的下午，我有两个很要好的同学会来找我玩。我能不能不去爷爷家？"遇到这种情况，你会怎么答复？

同意孩子的说法：_____

不同意的说法：_____

通过上述四个问题，你完全可以给自己一个公正的判断，如果你在这些事情的做法上习惯于强制孩子的意愿，你很有可能有一些独裁倾向。

那么，如何使我们的心变柔软，如何让孩子从内心深处接纳我们呢？

孩子为何不告诉你他在想什么

著名教育家魏书生说过："走入孩子的心灵世界中去，你会发现那是一个广阔而又迷人的新天地，许多百思不得其解的教育难题都会在那里找到答案。"可是在现实中很多家长都遇到过这样的难堪——别说是走进孩子的内心，就是走近孩子的身边，他都会表现出十二分的不耐烦。

很多家长会有这样的困惑，孩子和同学、朋友甚至网友都能侃侃而谈，唯独对自己惜字如金。一旦问得稍微多一些，孩子极有可能会把父母顶撞得哑口无言。很多家长都有这样的感慨：不知道孩子在想什么，也无法知道。明明孩子近在眼前，却仿佛远在天边。

家长迫切地想要把自己的担心和忧虑告诉孩子，也希望孩子能将自己的想法及时告诉自己。可是，家长越是耳提面命、谆谆教导，孩子表现得越叛逆，甚至在内心对父母竖起了一堵高高的"墙"，表示他根本不想让你走进他的世界。

有位女老师问班上的一名学生："你和你父母的关系融洽吗？"那位同学很无奈地说："老师啊，我现在和父母之间的沟通越来越少了，每天回到家之后，我都会将自己关在房间里，除了吃饭，我和父母都不怎么说话。"

为什么孩子不喜欢和父母说话？在女老师的继续追问下，这位同学道出了实情："和他们说话，总像是在接受命令。他们不想了解我的心思，我也就不想和他们说了。"

看到这里，也许很多父母会感到很诧异，因为他们多半都认为自己做得很到位：我天天在跟孩子说，你要好好学习啊，将来一定要考大学啊，一定要有出息啊，可千万别走某某的老路啊……难道这不是沟通吗？

还有家长觉得：我整天跟孩子在一起，我陪着他写作业，我为他整理书包，难道这不是交流吗？

实际上，问题的关键在于，父母习惯将自己的"教训""命令""责骂"都归于沟通。事实上，这根本就算不上沟通，沟通是双向、互动的，但是父母习惯用单向的、带有指令式的方式和孩子进行交流。虽然，家长往往倾注了全部的关心和孩子进行"沟通"。苦口婆心换来的却不是好的结果。

这成为一个无法调解的对立：孩子总认为爸爸妈妈不了解自己，而家长却总是抱怨孩子不对自己说心里话。纵然家长有为孩子热忱服务的心，孩子也会感到困惑和无力，甚至会感到痛苦和焦虑。

沟通出现了断裂，教育自然难以施行。那么孩子为什么不愿意告诉父母自己在想什么呢？

第一，父母不能放手让孩子自己成长。很多家长喜欢事无巨细地替孩子考虑问题，当孩子要做某事时会表现出不信任，这让孩子十分苦恼，他会用强烈的反抗来表达自己的不满，而父母却很少在乎孩子的这些情绪，反而会用强势来压制他。如此一来，孩子就会觉得父母不理解他，不会再对父母敞开心扉。

第二，教育没有针对性。很多父母都喜欢用大众化的教育方式来教育孩子，喜欢盲目跟风，从来没有深入了解过自己的孩子，更谈不上与孩子探讨自己的哪些教育让他感觉不舒服。事实上，只有最适宜的才是最好的，那些不相匹配的教育方式，只会让孩子不堪重负，感到负累和压抑。

第三，父母喜欢想当然，自以为是。很多父母在与孩子交流的时候，总是想当然，表面上看起来是在与孩子平等地交流，可实际上却仍然习惯于将自己的想法灌输给孩子，期望孩子听话。如此一来，孩子自然不愿意再和父母沟通。

第四，沟通方式有问题。妈妈的唠叨、爸爸的训斥，都是孩子极为反感的，可是大多数父母除了这两种方式就没有其他的沟通方式。

所以，要想让孩子告诉你他的心中所想，首先必须以信任的态度来对待他，与孩子平等相处，保持一种轻松愉快的气氛，和孩子进行一种朋友式的交谈，这样更容易拉近与孩子的距离。

当孩子跟你交流的时候，一定要用信任、亲切的眼光注视他，让他感到你在认真听，千万不要显出漫不经心的样子，那样的话，孩子的内心也会很沮丧，他当然就不再愿意和父母敞开心扉了。相反，如果孩子觉得父母很重视他，就会变得主动起来，愿意和父母诉说关于自己的事情。

【怎么听怎么说之现场演练】

我们的行为是否让孩子反感

在日常生活当中，家长一些不经意的举动可能就会浇灭孩子的倾诉欲望，不当的举动、语言和表情极容易引起孩子的反感。下面列举一些情况，看看我们是否让孩子反感了：

在你的印象当中，孩子愿意和你说话吗？如果你觉得你们的沟通还算顺畅，可以跳过这个练习，如果你觉得你们之间的沟通还不够，那么接着往下看吧，或许会给你带来一些启发。

（1）孩子遇到了令他高兴的事情，兴冲冲地跑过来要与我们一同分享，我们的反应是：

和他表现得一样高兴＿＿＿＿＿＿＿＿＿．

很平淡，并且认为孩子大惊小怪＿＿＿＿＿＿＿＿＿

（2）孩子走过来要和我们说些事情，恰巧这个时候我们在忙自己的事情，那么我们如何表现：

停下手中正在忙的事情，关注孩子＿＿＿＿＿＿＿＿＿

做自己的事情，对孩子说话很敷衍＿＿＿＿＿＿＿＿＿

（3）我们和孩子一起交流观点，通常来说：

更习惯于听孩子说话＿＿＿＿＿＿＿＿＿

更习惯于发表看法，告诉他什么是对、什么是错＿＿＿＿＿＿＿

通过以上的小调查，我们也可以对自己和孩子的交流做一个反思，如果你在与孩子交谈时，总是一种以自我判断为中心的方式，那么，孩子也会很难感觉到你对他的重视，不太愿意跟你交流也就很正常了。

怎样做才能抓住孩子的心

笑笑的爸爸妈妈长年都在外地打工，由于工作忙碌，他们把笑笑放在了老家，由爷爷奶奶来照看。这样一方面省得孩子跟着大人奔波，另一方面也能给孩子提供一个好的成长环境。

平时，爷爷奶奶在家里很好地照料笑笑的饮食起居，而爸爸妈妈总会隔三岔五地打个电话问问孩子的情况。

这样的安排似乎挺不错的，似乎一切都妥当了，但事实并非如此。在每次通话中父母都希望能跟孩子多聊聊，但却事与愿违：

"笑笑呀，最近在家里乖不乖？有没有听爷爷奶奶的话，没让他们着急吧？"

"嗯。"

"最近学习怎么样啊？有没有考试啊？分数上去了吗？"

"还那样。"

"你们班主任老师有没有批评你啊？"

"……爸爸，奶奶想跟你说话。"

笑笑跟爸爸说着说着，就不耐烦了，索性喊奶奶去接电话，自己跑一边看电视去了。

可想而知，笑笑的爸爸当时的心情一定非常沮丧，他很想跟孩子多说一些话，但感觉总也抓不住孩子。

这就是父母在对孩子的了解上存在一定的误区，他们渴望与孩子进行良好的沟通和交流，但是他们的着重点是想了解孩子的近况，却忽视了孩子的内心，这样的话，当然也就抓不到孩子的"心"。

孩子在和父母交流的过程中，十分在意父母是否重视自己的内心感受，如果在交流的过程中感觉不合拍，觉得父母关注的问题都是自己特烦的问题，那当然就不愿意同父母说话了。

孩子因为学习或者其他方面受到了挫折，渴望能够从父母、家人身上找寻安慰，以缓解苦闷；再加上孩子的好奇心很强，喜欢尝试新鲜的事物，如果家长肯和子女多聊天，不但能够帮助他们疏解情绪，而且也能够从家人那里获得满足好奇心的愿望，这样十分有利于孩子的成长。

婷婷是个十分内向、羞涩的女孩，因为家人很少跟她沟通交流，所以，婷婷跟同桌小玉的关系特别好，有什么心事都愿意跟小玉说。

后来因为一件小事，婷婷惹恼了小玉，小玉很生气，要跟婷婷断绝好友关系。婷婷很伤心，一直以来，她都把小玉当成最好的朋友，现在突然这样，她接受不了，甚至还想到了自杀。幸好被家人及时发现，才避免了惨剧的发生。

这时候，她的母亲才意识到事情的严重性，转而向专家求教。经过半年多的努力，亲子关系改善了，而婷婷这个不善于处理人际关系的小女孩也变得开朗起来。

事后，婷婷的妈妈深刻地反省了自己，虽然自己爱子女的心从来都没有改变过，但是她过去处理问题的方式确实有问题。比如当婷婷在学校里受了委屈或者是学习上遇到困难向她诉苦时，换来的却是她的唠叨和批评。

久而久之，女儿就再也不愿意同自己讲心里话了，转而将重心放在了朋友身上。现在她喜欢倾听孩子的话，用微笑的脸取代苦瓜脸，并学会了在生活中赞扬孩子，同时以幽默的方式来表达自己的不满情绪。

由此可见，当孩子出问题的时候，我们要先了解真相，如果是教育孩子的方式有了偏差，就要努力调整自己。

总之，在与孩子交谈的过程中，要想取得良好的效果，抓住孩子的内心非常关键。所以父母在交谈的过程中尤其要注意以下几个方面：

（1）关心孩子的全面发展，在多方面给予孩子鼓励。

（2）设身处地地考虑孩子的内心感受，多了解他们的真实想法。

（3）在交谈中多说一些孩子真正感兴趣的话题，这样才更容易把话说到孩子心里。

（4）对孩子的情绪及心理的变化更加敏感，多给孩子正面引导。

（5）多一些认同、鼓励的语言。

除此之外，作为家长还可以根据孩子的一些小动作来判断他们的内心，以帮助自己调整谈话的内容。当和孩子交谈时，如果发现孩子的神态、动作不太对劲，家长就应该反思一下自己说话的内容，是否让孩子过于反感和不耐烦，具体的判断方法请参见现场演练。

【怎么听怎么说之现场演练】

判断孩子内心的小诀窍

孩子在与父母的交谈过程中，有时会在神情、语速、语调等方面发生微妙的变化，细心的父母完全可以根据这些变化来判断自己孩子的内心。那么我们可以从哪些方面来加以判断呢？

（1）孩子的语速。

A. 平时语速快的孩子突然变得吞吞吐吐起来你会认为＿＿＿＿

B. 平时木讷的孩子突然变得滔滔不绝你会认为＿＿＿＿＿＿

这两种情况都是反常的，最能反映出孩子的心理状态。大体来说，如果语言的速度比平常缓慢，那说明孩子对父母的话感到不满。相反，如果孩子的语速比平时更快了，那可能是孩子对父母的观点很感兴趣。而当孩子内心有某种不安或恐惧的时候，语速也会变快，借此来掩饰自己内心深处的不安与恐惧，以避免父母的怀疑。

总而言之，如果孩子的语速出现了反常，父母要格外关心孩子，这个时候他们的内心在发生变化。

（2）孩子的音调。

A. 孩子将说话的声音突然拉高你会认为_____

B. 孩子说话总是有明显的抑扬顿挫你会认为_____

法国的教育家狄德罗说过："孩子如果想反驳你的观点，最简单的方法就是拉高嗓门儿。"我们在日常生活当中也有这样的常识：如果孩子的愿望不能满足，他们最直接的反抗方式就是大哭大闹。

至于那些说话习惯抑扬顿挫的孩子，他们的潜意识中往往希望得到更多人的注意，这样的孩子天生有强烈的表现欲，作为父母，我们可以给予一些适当的引导。

通过以上这些小技巧，相信家长们可以更加准确地判断孩子说话时的内心活动，从而更加了解孩子。

倾听，沟通的第一步

放低姿态，把倾听当作一种愉悦

其实，每个孩子都有希望父母关注和倾听自己说话的渴求。作为父母，对于孩子的这种渴求当然也应当尽力去满足，并且在倾听孩子说话的同时，放低自己的姿态，不做指导者，给予孩子平等和尊重，这样更能使孩子感受到你是在乎和关心爱护他的，这对于发展孩子的语言能力来说至关重要。

"知心姐姐"卢勤在她的《好父母，好孩子》一书中就给我们讲过这样一个自己亲身经历的故事。

每次孩子回家，总是兴致勃勃地给我讲幼儿园里的事，不管我爱听不爱听。儿子需要一个忠实的听众，而妈妈是最合适的人选。

遗憾的是，开始我没有意识到孩子的这个需求，总觉得听孩子说话，浪费了我写稿子或思考的时间。所以，每次孩子和我讲话，我总是做出很忙的样子，眼睛左顾右盼，手里还不停地翻动着书报。

没想到，我的忙碌给孩子的语言带来了障碍。由于他是个思维很快的孩子，为了在有限的时间里把话说完，就讲得很快，慢慢地讲话就变得结结巴巴。

这引起了我的注意，我也开始注意改变自己，尽量抽出空来，倾听孩子讲话。

可见，父母学着倾听孩子说话，对孩子语言能力的发展是有重要影响的。此外，对于那些不听话的孩子，也只有放下姿态，倾听他们说话，父母才可能真正地了解其不听话背后真实的想法。

在现实生活中，当遇到孩子不听话的时候，大多数父母都只会摇头、吐苦水：孩子内心究竟是怎么想的？他怎么什么都不肯告诉我？然后抱怨孩子不懂事。

实际上，要想打开孩子的心门，探究他的内心世界，父母能做的就是放下自己的姿态来倾听。

耐心倾听孩子的诉说，让孩子体会到关爱和温馨，这才能使孩子与父母更加亲近。许多父母虽与孩子朝夕相处，但却不曾真正了解孩子的想法。如果父母不了解孩子的想法，那就很难有效地应对孩子的不听话行为。

父母要想纠正孩子的不听话行为，就需要放下姿态，亲近孩子，倾听孩子，走进孩子的内心。

晨晨今年12岁，是一名小学三年级的学生，上课老是调皮捣蛋，老师和同学们都很头疼。晨晨的父母更是头疼。他们对晨晨总是各种训导，可是晨晨依旧是我行我素。

有一天，晨晨的妈妈在收拾晨晨书桌的时候，发现了他夹在书里的纸条，纸条上写着：爸爸妈妈从来都不听我说话，不了解我心里想什么，不关心我。晨晨妈妈突然意识到，孩子调皮捣蛋可能只是想引起父母的注意和关心。

于是，等晨晨放学后，妈妈专门找他谈话。

"晨晨，来跟妈妈聊会儿天，好吗？"

"你又要训斥我了吗？"

"不是，这次，你说，我听。"

"真的？"

"真的。"

"可是，说什么呢？"

"那就说说你为什么在学校里调皮捣蛋的事情吧，还有为什么会这么做呢？"

晨晨便很认真地对妈妈说起了自己在学校里如何调皮捣蛋，还有为什么要如此。

妈妈便问晨晨："如果我们以后都能认真地听你说话、关心你，你是不是就不再调皮捣蛋了？"晨晨点了点头。每个不听话的孩子心里都有一个声音，只要做父母的放低姿态就一定能听得见。此外，对于建立和谐的亲子关系而言，父母放低姿态来倾听孩子说话也是必不可少的。没有人喜欢跟一个高高在上的人整天讲自己的心事，孩子也是如此。

欣怡已经上初中了，却很少体现出对父母的叛逆情绪，相处融洽，周围的同学和老师也都夸奖她是一个优秀的孩子。

邻居们更是羡慕欣怡的父母有这样一个乖巧的孩子，几乎每天，他们都可以看到欣怡的妈妈和欣怡坐在小区楼下公园的草地上开心说笑的场景。

"哎哟，欣怡妈妈真是好命，欣怡这么听话，跟妈妈好像是朋友，我们家依依什么事情都不愿跟我说，我们母女就像陌生人。"依依的妈妈对欣怡的妈妈说。

"阿姨，其实，不仅我听妈妈的话，妈妈很多时候也听我说话呢。"欣怡抢着说道。

"其实，要想和孩子成为朋友，就应该听听孩子内心的声音。这时候，不妨坐下来，坐在孩子身边，很愉悦地倾听孩子说话，试想孩子怎么会不愿意跟你说自己的心事呢？对不对，欣怡？"欣怡的妈妈一边对依依的妈妈说，一边摸着欣怡的头。

"对！"欣怡高兴地回答道。

总之，放低姿态，倾听孩子的诉说，对父母和孩子而言都是有益处的。那么，父母应该如何放低姿态，倾听孩子的心声呢？

【怎么听怎么说之现场演练】

放低姿态学倾听

和孩子交流，是一门学问，也是一门技术。如果一个家长不懂得沟通，和孩子说的话越多，越会起到相反的效果。

实际上，沟通的重点在听而不在说。如何放低姿态，让孩子愿意将自己的心里话说给你听呢？一起来检查一下我们是否做到以下几点：

（1）你是否能做到尊重孩子的感受？

能（列举具体做法）_____

不能_____

当孩子叙述一件事情时，父母应该安静、专心地倾听，不要给予评判。父母可以不接受孩子的某些想法和行为，但是必须要尊重孩子的感受。

（2）你会向孩子显示自己正在努力倾听吗？

会（列举具体做法）＿＿＿＿＿＿

不会＿＿＿＿＿＿

当孩子和我们讲话的时候，即使我们正在忙着做事情，也要将目光转向孩子，保持彼此目光的接触，并仔细地倾听，同时还要不断点头说"嗯……""是的……"等来显示对他的注意。

（3）你会主动跟孩子说你的想法和看法吗？

会（举出具体做法）＿＿＿＿＿＿

不会＿＿＿＿＿＿

仅仅是倾听和理解还不够，父母要对孩子所说的话做出相应的回应，主动表达出自己的意思。

（4）你觉得"听"是一件值得学习的事情吗？

认同＿＿＿＿＿＿

不认同（说出理由）＿＿＿＿＿＿

其实在生活当中，大多数人都习惯说话，不习惯听别人讲话，尤其是当父母面对孩子的时候，更是滔滔不绝。不听孩子说，怎么知道他在想什么呢？不听孩子说，又怎么能够了解、管教他呢？

（5）你经常使用责骂的方式和孩子交流吗？

是（举个最激烈的例子）＿＿＿＿＿＿

不是＿＿＿＿＿＿

如果父母经常用责骂的方式和孩子说话，久而久之，孩子就会用"懒得理你"来回敬。实际上，当孩子以这种方式对抗父母的时候，已经对父母失望了——与其沟通不良，干脆一切免谈。

耐心地听孩子把话说完

每个孩子都有自己的心声，但未必能像大人期待的那样表达清晰，作为家长一定要耐心倾听，这样才能真正了解孩子的想法和感受。

当孩子在说话时，要用眼睛看着他，表现出你有兴趣听。当实在忙时，要和孩子说明，并约定好可以交流的时间。如果家长在某一重要原则上表示不同意孩子的看法，应告诉孩子不赞同他的什么观点，并说出理由。但是在提出反对意见时不要过于武断，应等孩子说完他要说的话后再评断。即使孩子说得不对，也要控制住火气，不妄下定论。

一位母亲问她5岁的儿子："假如妈妈和你一起出去玩时渴了，一时又找不到水，而你的小书包里恰巧有两个苹果，你会怎么做呢？"

儿子小嘴一张，奶声奶气地说："我会把每个苹果都咬一口。"

虽然儿子年纪尚小，不谙世事，但母亲对这样的回答，心里多少有点儿失落。她本想像别的父母一样，对孩子训斥一番，然后再教孩子该怎样做，可就在话即将出口的那一刻，她突然改变了主意。

母亲握住孩子的手，满脸笑容地问："宝贝，能告诉妈妈你为什么要这样做吗？"

儿子眨眨眼睛，满脸童真地说："因为……因为我想把最甜的一个留给妈妈！"

那一刻，母亲的心里欣慰极了，她在为儿子的懂事而自豪，也在为自己给了儿子把话说完的机会而庆幸。

家长耐心地倾听孩子的诉说，不仅有助于了解孩子真实的想法，还能够让孩子把更大的兴趣投入到谈话中去。相反，如果家长没有耐心倾听孩子的诉说，孩子对谈话的兴趣也很容易就降低了。

欣欣5岁了，是一个活泼可爱、讨人喜欢的姑娘，她的父亲是财税局的一名工作人员，妈妈是幼儿园的老师。欣欣每天从幼儿园回来总是叽叽喳喳地说个不停，妈妈也总是很愿意倾听欣欣说。

这个暑假，欣欣跟着妈妈去了乡下的姥姥家里，看到了很多让她觉得吃惊不已的事情。刚回到家里，她就跑到爸爸的书房。她很想把这些事情告诉爸爸。

"爸爸，我跟你说，我看见萤火虫了，一闪一闪地，很漂亮的。"欣欣一边说一边还挥动着手臂做了一个飞翔的姿势。

"哦。"爸爸继续把头埋在自己的文件中。

"爸爸，我也看见了核桃树、苹果树、桃树……"欣欣看爸爸头也没有抬起来，兴趣就开始降低了。

"哦。"爸爸还是继续看他的文件。

欣欣站在爸爸桌子旁边，看了爸爸好久，转身泪眼汪汪地从爸爸的书房走了出来。

父母不只是在孩子有话说的时候要耐心倾听，在孩子有问题要问的时候更应该耐心。

爸爸带着女儿去动物园里玩，女儿很兴奋。一个劲儿地问爸爸各种各样的问题。

"爸爸，爸爸，鸟儿怎么能在天上飞，老虎怎么就飞不起呢？"

"因为鸟儿有翅膀，老虎没有呀！"

"爸爸，爸爸，狮子是从哪里来的呀？"

"从大草原上来的。"

"爸爸，爸爸，大象的鼻子怎么那么长呀？"

"好了，这孩子你怎么这么多乱七八糟的问题，别问了。再问下次就不带你来动物园了。"

女儿立马闭上了嘴巴，不敢再问了。

我们都知道，孩子对世界充满好奇，他们的脑子里也经常充满各种问题。大多数父母在孩子问第一个问题的时候还是充满耐心的，如果孩子连问三个问题，一些父母往往就会不耐烦了，粗暴地打断孩子，不让孩子再问了。这种做法其实极大地伤害了孩子的好奇心。

在家长在和孩子交谈时，还有一些细节需要特别注意：如家长一边忙自己的事情，一边听孩子说话；随意打断孩子说话；随意打断孩子的提问。这些行为都会让亲子沟通大打折扣。

静下心来，耐心地听孩子把话说完，走进孩子的世界，回答孩子的问题，这样才能创造更多与孩子交流的机会，才能真正地做到教育好孩子。否则，所谓的"教育"只能称为抚养。

【怎么听怎么说之现场演练】

向孩子表现出你的耐心

倾听是我们和孩子保持良好沟通并且能够及时了解孩子内心世界的渠道，是呵护孩子求知欲望和好奇心的基本手段。你有没有向孩子表现出耐心呢？应该怎么来做呢？一起来看看下面的一些做法吧：

（1）孩子讲话的时候，你会出现以下做法吗？哪个是最常用的？

A 不耐烦地打断孩子_____

　　B 心不在焉地敷衍＿＿＿＿＿＿

　　C 认真地听孩子把话说完＿＿＿＿＿＿

　　可能我们会认为，孩子的话毕竟是天真的，没有多大意义，真是懒得听。这实际上就是打断了孩子的求知欲和好奇感，扼杀了孩子的探索心和进取心。

　　（2）孩子正在说你一点儿也不了解的话题，你会采用什么样的做法呢？

　　A 把孩子敷衍掉，不听他说＿＿＿＿＿＿

　　B 直接告诉他：我不懂＿＿＿＿＿＿

　　C 微笑着认真倾听他的诉说＿＿＿＿＿＿

　　D 装作听懂的样子，表现出兴趣盎然＿＿＿＿＿＿

　　孩子说的事情，在我们看来可能是小事，但是在孩子看来，那是大事，是值得一说的事情。

　　在网上，有一位母亲分享了她的《没耐心歌》，在这里也分享给家长们，大家一起共勉。

　　当孩子要你再讲个故事时，没耐心的你找借口推脱，推掉了他的求知欲；

　　当孩子打破砂锅问到底时，没耐心的你厌烦的表情，烦掉了他的好奇心；

　　当孩子要求你陪他玩耍时，没耐心的你忙着自己事，忙出了他的孤独感；

　　当孩子正向你诉说苦恼时，没耐心的你打断了话语，打跑了他的亲和力；

　　当孩子汇报不合格成绩时，没耐心的你来一顿责骂，骂掉了他的自信心；

　　当孩子因怕挨打而说谎时，没耐心的你真给一顿打，打掉了他的诚实观。

鼓励孩子说出内心的想法

在家庭教育当中，很多父母都认为培养孩子的独立性是一件很重要的事情。可是独立的第一步从哪里开始呢？那就是父母应该允许孩子有自己的观点和看法，并且鼓励孩子说出来，甚至当孩子的观点和自己的想法有冲突的时候，鼓励孩子与自己争辩。

当一个人对很多事情开始有了自己的想法时，就说明他在慢慢地培养独立思考的习惯。因此不要阻止孩子说话，要知道在当今社会，培养一个会说话的孩子比培养一个会听话的孩子更重要。当一个孩子说出自己想法的时候，实际上也是其思考和加深对周围事物理解的过程；如果一个孩子能与父母争辩，那么就意味着他自我意识不断增强和心智日益成熟。

没有一个孩子的思想是在一夜之间能够变成熟的，他们需要一个成长和提高的过程，在这个过程中，他们很渴望说出自己的想法，有时候也难免会和父母发生争论，这就要求父母摆好自己的心态，不要为了维护自己所谓的"权威"而冲昏头脑。

君君今年刚上初一，他是一个活泼好动的男孩儿，课余时间特别喜欢体育运动，尤其是踢足球，但是他的父亲认为孩子踢球会耽误学习，时时敦促他好好学习。

这一天，君君和几个伙伴踢球玩，回家稍微有些晚了，他害怕挨骂，赶快和伙伴们一起往家走。

果不其然，他刚走到路口，就看到爸爸已经在楼下等着。爸爸看到他的第一句话就是："成绩不怎么行，玩起来倒是很有劲头，我看你将来怎么考大学。"

爸爸的话让君君觉得很没有面子，他争辩道："我今天的作业都完成了。我很久没有痛快踢球了，今天破例晚一点儿，你也不用这么生气吧。"

"今天破例，明天破例，以后就不用学习了。我生气还不是为你好。你还敢在外人面前跟我顶嘴，翅膀硬了是不是？都不知道你以后想怎样。"

"爸爸，你根本就不知道我在想什么！"

就这样，君君和伙伴们闷闷不乐地各自回家，完全没有了先前的愉快气氛。

孩子有自己喜欢的娱乐活动，这本来是再正常不过的事情，但是家长却认为这是不务正业，不由分说地对孩子大加责备。

其实，故事中的君君已经向爸爸表明了自己是以学业为重，是在做好作业之后才去踢球的，但是父亲却因为反感孩子"顶嘴"的行为，完全不顾及孩子内心的想法就断定他是在动摇自己的家长权威，因此引发了父子之间的巨大矛盾。

在鼓励孩子说出自己内心的想法时，最忌讳的就是拿家长的权威去压孩子。有些时候，孩子可能会迫于家长的权威，说出一些违心的话，甚至不惜撒谎。

18 岁的杨刚要考大学了，对于自己未来学什么专业，杨刚心里早有了打算，他准备报考社会学。因此当爸爸问他时，他几乎是不假思索。

爸爸听了，半天轻轻说了一句："那个专业就业很不好，希望你慎重考虑一下金融学。"说完转身回到了自己的房间。然后杨刚就听到了房间里爸爸和妈妈争吵的声音。

原来，妈妈支持杨刚的决定，爸爸反对，希望儿子能去学就业前景比较好的金融学。刚开始父母只是偶尔争吵一下，后来争吵的次数越来越多。

有一次，杨刚实在受不了父母每天这样争吵了，于是就对爸爸妈妈说："好了，你们不要吵了，我想了一下，觉得金融学也不错，就报金融学吧！"

殊不知，这只是杨刚的一个谎言，他还是坚持自己的喜好，在填报志愿时填写了社会学，只是当父母知道时，已经无济于事了。这件事让杨刚的爸爸生气了好久，他想不到儿子竟然会欺骗他。但是，志愿也已经报了，他也无可奈何。

总之，父母在教育孩子的过程中，只有鼓励孩子说出自己内心的想法，才有可能让自己的教育起到积极的作用。那么父母怎样鼓励孩子说出内心的想法呢？

【怎么听怎么说之现场演练】

鼓励孩子说出内心的想法

鼓励孩子将心中的想法说出来，这是走向成功沟通的第一步。不认真倾听孩子说话，不让孩子把话说完，这是对孩子的不尊重，久而久之，会伤了孩子的心，并且使孩子产生和家长的对抗情绪，造成沟通困难。

（1）再无聊的话也要鼓励孩子说下去。

孩子对你说："妈妈，我今天做了一个很美好的梦……"你会有什么反应？

A．一个梦有什么好说的？打断孩子的话＿＿＿＿＿＿

B．认认真真地听孩子讲他的梦＿＿＿＿＿＿

我们家长要想和孩子沟通，最重要的是尊重和理解孩子，让他有话痛快地说。多听孩子的话，就能够更多地了解孩子的想法，进而我们可以摸准孩子的脉，沟通上就会畅快很多。

我们要对孩子说的话表现出极大的兴趣和认真的态度，这才会使孩子对父母产生亲近感。孩子一旦认为自己所讲的话被父母接受了，那么他们就会对说话产生自信。

（2）多听少说，给孩子话语权。

很多时候，父母与孩子交流时未必一定要说什么，安安静静地听孩子把话说完，可能就已经满足了孩子心理和情感需求。在孩子说话时，父母的关注、尊重和耐心，是对孩子最好的理解和帮助。

平和、耐心地去倾听孩子的内心想法，不要着急去判断，那么我们一定能够听到孩子最善良的心语。有的时候我们与孩子沟通不良的一个重要原因就是：我们过于主观，并没有静下心来倾听孩子的真实想法，还埋怨孩子，随意打断孩子的话，使孩子关闭了心灵的窗户，再也不愿意和我们交流了。

让孩子从容面对自己的感受

与孩子的感受产生共鸣，有助于他自己解决问题

聪明的家长做孩子的顾问，对孩子旁敲侧击；愚钝的家长做孩子的主人，让孩子唯命是从。

在日常生活当中，有些家长在教育孩子的时候，不知不觉就摆出家长威严，强迫、训斥孩子，导致孩子反抗，关系僵持不下。这就是典型的"中国式家长心态"，当家长的觉得孩子就应该无条件服从，却很少站在孩子的立场上去体会他们的感受。

有一位母亲，出于担心和爱护，常常在女儿面前唠叨：少与男生来往。有一次，有几个同学邀约女儿一起去为朋友过生日，

竟然遭到了母亲的一顿臭骂，这使女儿受到极大的伤害，她觉得在同学面前很没面子，同学也不愿再跟她来往。她因此怨恨母亲："你们不让我好过，我也让你们难受。"她向父母喊叫："我就是要气你们！就是不好好读书！就是要把你们的钱拿去花光！"

实际上，父母的担心是可以理解的，只要和孩子好好沟通，孩子肯定也是可以理解的。可是，故事中的母亲却不顾孩子的感受，粗暴地制止了孩子的行动，这让孩子对她产生了深深的怨恨。试想一下，如果这位母亲换一种做法，告诉孩子："我知道你想和同学们出去玩，也能体会到你的感受，可是，你要记住你目前的主要任务是学习，请你在玩的同时不要忘了学习，可以吗？"这时候女儿一定能理解母亲，并按时回家，好好学习的。

站在孩子的立场上，考虑孩子的感受，与孩子的感受产生共鸣，对于孩子自己解决问题是大有裨益的。

陈宇飞是一名小学四年级的学生，门门成绩都很优秀，除了体育课。身体瘦弱的他特别害怕上体育课，有时候甚至装病来逃课。陈宇飞的老师把这个情况告诉了他的父亲，父亲决定跟儿子好好谈谈。

父亲晚上下班以后，走进了儿子的房间。

"儿子，今天你们老师告诉我，你没有去上体育课哦。"

"爸爸，我不喜欢体育课。"

"我知道。"

"你知道？"

"对，因为爸爸小时候也很讨厌上体育课。那时候的我个子比较低，也比较瘦，体育课上老是被同学们嘲笑。"

"那后来呢？爸爸也没有去上体育课吗？"

"不是，后来的我，每次都去。"

"为什么呀？"

"因为，要勇敢地去面对才是男子汉。不能因为害怕就逃避，相反要去克服。你说呢，小男子汉？"

"好的，爸爸，我会试着去克服我的害怕，去上体育课的。"

"对嘛，这才是男子汉，不要害怕，只要勇敢迈出第一步，就会不一样的。你看爸爸现在不是很壮嘛。"

随着孩子的成长，他们也会慢慢地试着自己去解决一些生活或者学习中出现的小问题，当然，面对有些问题的时候，孩子会很迷茫或者困惑，这时聪明的父母要做的，首先是和孩子的感受产生共鸣，慢慢让孩子自己去解决问题。

【怎么听怎么说之现场演练】

反思一下我们与孩子的沟通

下面，让我们一起来反思一下与孩子每天沟通的情况：

（1）你和孩子的沟通主要在什么时间段？每次的时间有多长？

比如说：晚上八点后，大概一个小时；或者早晨，大概半个小时；或者是随时随地沟通；或者是根本没有沟通。

———————

———————

（2）你和孩子在一起进行沟通的主要内容和方式是什么？

比如说：主要通过跟孩子聊天来教育孩子；或者用命令的口气来训诫孩子；或者是监督孩子学习。

（3）你在什么情况下和孩子沟通的效果更好一点？什么情况下和孩子沟通的效果更差一点？

比如说：在与孩子聊天、谈心、游戏的情况下，效果会更好一点；用温和、友好的态度与孩子沟通时，效果比较好。诸如此类。

做完这三个方面的测试，你大概就可以分析出来自己和孩子每天有多少时间在一起、在一起的时候都做些什么、和孩子主要是通过什么方式来沟通、沟通效果怎么样。通过这些分析，你就可以为自己和孩子的沟通打个分了。

不过大体说来，我们和孩子沟通要注意以下几点：

第一，与孩子沟通时，要使用孩子能够理解的语言。

与孩子的沟通应该是一个双向互动的过程，如果你讲的话孩子无法理解，那么沟通就是无效的。如果我们只是一厢情愿地喋喋不休，根本不考虑孩子有没有兴趣听，久而久之，孩子就会对父母的话充耳不闻。

第二，与孩子沟通，要使用孩子喜欢的沟通方式。

一味使用说教、命令、强迫等方式让孩子听你的话，孩子必然会反感。大多数孩子喜欢聊天的方式，父母可以在聊天的过程中把教育的道理融进去。孩子处于比较兴奋的状态时，也会比较容易接受父母的教育。

切忌对孩子不闻不问，放任自流

余涛的父母都是律师，平时工作都比较忙，抽不出时间照顾和关心孩子，所以余涛的妈妈把余涛的爷爷奶奶接来和他们同住。余涛从小到大的多数时间是跟着爷爷奶奶一起过的，由于爷爷奶奶对他有些溺爱，他渐渐养成一些坏习惯，比如自私、任性、懒惰等。

一天，余涛的爸爸出差回家，看到余涛正对奶奶发脾气，对奶奶说着很不礼貌的话．爸爸大声呵斥道："余涛，奶奶平时对你那么好，你怎么能这么对奶奶呢？"

"不用你管，反正你平时都不怎么理我，有什么资格管我！"余涛理直气壮地说。

"我是你爸爸，我怎么就没有资格管你！"爸爸十分生气。

"你还知道是我爸爸，那你平时怎么什么都不管我，别人都有爸爸辅导功课，可我没有；当别人受了委屈可以找爸爸哭诉，可我不能。"孩子越说越委屈，居然哇哇大哭起来。爸爸一时手足无措，愣在了一旁。

一些父母鉴于严格管教孩子的弊端，主张让孩子顺其自然地成长。实际上，这种观念是有偏颇的，对孩子管得太严极易使孩子反感并产生逆反心理，而对孩子不闻不问、放任自流也不能很好地引导和教育孩子，会让孩子失去行为标准，甚至养成一些坏习惯，而这些坏习惯是会陪着孩子一生的。

认为"树大自然直"，对孩子放任自流的父母实际上是忽视了孩子成长的特点及孩子成长中环境因素的重要影响。在最初的时候，孩子就是一张白纸，后天的教育和环境对于孩子个性的形成和发展、思想观念和道德品质培养等有深远影响。

因此，要想孩子健康成长，父母应该进行适当的干预和引导，切忌对孩子不闻不问、放任自流。但在管教孩子的时候，父母应该掌握两个要点：

首先，父母应该掌握好分寸和尺度，切不可管得太严。父母只有先掌握好管教的分寸和尺度，既关心和爱护孩子，但又不过分限制孩子，不约束或缩小孩子自由发展的空间，积极为孩子创造出愉快轻松的环境，孩子才能健康成长。

璐璐的父母都是教育方面的专家，他们在教育璐璐的时候，就很注意管教的分寸和尺度问题。

"妈妈，我想玩会儿再去写作业，可以吗？"

"可以，但是只能玩一个小时哦。不然，妈妈就会认为你是一个说话不算话的小孩，明天玩的时候就要减少时间了！"

"爸爸，我也想去荡秋千。"

"好的，爸爸帮你推，你自己要抓紧绳子。"

对于璐璐的要求，只要是不过分，父母都会在安全的范围内去满足。

其次，父母应该随时做好孩子的榜样，在教育孩子之前先纠正自己的不良行为。家庭是孩子接受教育的第一课堂，父母就是孩子最初的老师，只有父母先做好示范，孩子才会有样学样，接受好的影响。当父母行为不端时，孩子也会出于模仿而做出不好的行为，所以，想教育好孩子，父母先要以身作则，纠正自己的不良行为。

小雨今年上一年级，学习成绩很好，老师希望她帮助一下学习差的同学，于是就安排小虎做了她的同桌。小雨很不情愿，回家跟妈妈说了，于是小雨的妈妈就带着小雨去找老师。

"小雨妈妈这是去哪里了？"找完老师，回来的时候遇到了小虎同学的妈妈，小虎的妈妈问道。

"去小雨的姥姥家了。"小雨的妈妈回答道。

小雨看着妈妈觉得很奇怪，回到家里，爸爸问小雨去了哪里，结果小雨回答说"跟妈妈去姥姥家了"。

"去姥姥家干什么呀？"爸爸继续问。

小雨回答不上来了。

"怎么小小年纪就说谎话呢？"

"妈妈就是这么跟小虎的妈妈说的。"

小雨的妈妈当时就愣然了，然后意识到自己犯了一个很严重的错误，于是立马蹲下来，告诉小雨："刚才妈妈犯了一个错误，对小虎的妈妈说了谎话，妈妈知道自己错了。说谎是一种不好的行为，小雨以后千万不能学，知道吗？"

小雨点了点头。

总之，在教育孩子的过程中，父母会遇到很多问题，但只要父母心中有爱，坚持正确的教育方式，就总能教好孩子，切忌对孩子不闻不问、放任自流。

【怎么听怎么说之现场演练】

当一个"又闻又问"的家长

家庭是孩子成长过程中一个至关重要的因素，父母对孩子的教育是责无旁贷的。如果我们对孩子的行为不加约束，任其自然发展，这样做肯定会害了孩子。

所以，我们要当一个"又闻又问"的家长，拾起自己对孩子监督的职责。

下面一起来做几个测试题吧，看看你是不是一个"又闻又问"的家长。

（1）你认为孩子的成长应该"放养"吗？

A. 是的，成长是水到渠成的事情_____

B. 不是，否则教育就是空谈_____

如果家长在孩子成长的关键的几年中放任自流、不管不教，那么结果会是相当糟糕的。教育家布鲁姆说过："幼儿期被剥夺了智力刺激的儿童，永远达不到他原来应该达到的高水平。"

（2）你认为对孩子不闻不问就是在培养其自觉性吗？

A. 是的，我对自己的孩子很自信_____

B. 不是，好习惯也需要培养_____

教育学家说，要想达到自律，必须要经过漫长的他律过程。好的习惯会使孩子一辈子受益。在孩子还没有养成良好习惯的时候，父母应该起到监督检查的作用，而且要持之以恒。所以，如果我们真的爱他，就好好管管他吧。

（3）你对于"民主"怎么看？

A．民主就是给孩子自由＿＿＿＿＿＿

B．"民主"这个词不适合放在家教上讲＿＿＿＿＿＿

C．你有别的想法＿＿＿＿＿＿

家庭教育需要民主，民主气氛下长大的孩子自信心强，而且性格较为独立。但是世界上没有绝对的民主，只有相对的自由。如果孩子本身有缺点，那就绝对不能姑息，在这个时候谈民主，就是一种荒谬。

接受感受和限制行为

没有不能接受的感情

多多的爸爸妈妈是上班族，从多多出生开始，他们就专门雇了一个保姆来照看多多。对于这位保姆阿姨，多多在不会说话的时候还是表现出很喜欢的样子，可是从他1岁零1个月开始，每到早上妈妈要去上班，多多就嚷嚷着"打阿姨，打阿姨"，这样一直持续了一年。在这一年当中，多多的妈妈变换各种方法与孩子沟通，最终证实了孩子的感情可以接受，孩子的行为可以控制。

即便是在成人世界中，人们也会用"气死我了""我想揍他"这样粗暴的言语来表达感情，为什么就不能容许一个孩子这样表达呢？毕竟，孩子所懂得的语言并不多。当然，对于这种粗暴的语言背后的情绪，父母就得及时疏导，而不是要堵住孩子发泄情绪的途径。

此外，由于孩子的语言表达能力和思维能力不像成年人那样完善，他们对于感情的表达也不会像成年人那样完善。相反地，他们的表达和思维都是简单化的，尤其是学龄前的儿童。

孩子对于一件事情喜欢不喜欢，几乎都是出于自己的感情需求，而不是大人所谓的道德上的要求。他们偶尔会说讨厌父母，可能只是父母忘记了答应过周末带他去游乐园。所以，不能用大人的道德要求去评断孩子的感情，相反，要试着去接受孩子的感情，了解在大人看来不能接受的感情背后隐藏着孩子怎样的需求。

尤其值得注意的是，如果父母只是粗暴地制止或者纠正孩子，很有可能让孩子学会撒谎。

5岁的菲菲因为爷爷答应过给她买糖葫芦而给忘记了，就怒气冲冲地冲进妈妈的卧室，向她的妈妈抱怨说："我恨爷爷，我恨爷爷。"她的妈妈大吃一惊，回答说："你怎么可以恨爷爷呢？这孩子真没有良心，爷爷多爱你呀。"可是菲菲还是怒气冲冲地说："我就是讨厌爷爷，讨厌爷爷，爷爷骗我。"这次妈妈是真的生气了，伸手打了菲菲，说："不懂事的孩子，要说爱爷爷，听见没有。就是爷爷骗了你，也得爱爷爷。"结果菲菲不想再挨打，就沮丧地说了句："我爱爷爷。"

妈妈拥抱了菲菲，夸她真懂事。

菲菲真的懂事了吗？不见得，她可能会因为这件事情而学会撒谎，因为她看到了表达自己真实感情的后果就是挨打。所以，不要粗暴地制止或者纠正孩子的情感表达，相反要接受孩子的情感，并做出合理的疏导。

　　此外需要提醒家长的是，在接受孩子的情感时，不仅仅是单纯地了解一下孩子的感情需要，有时候也需要平复一下孩子的情绪。

　　每个人都渴望自己能得到他人的理解，孩子尤其如此。因此，家长在面对孩子的不良情感时，不妨敞开胸怀去理解孩子，接受孩子的这种感情，这样会拉近孩子和家长的距离。

【怎么听怎么说之现场演练】

学会无条件地接受孩子的感受

　　我们希望孩子能够真实表达自己的情绪，而我们也要无条件地接受孩子的感受。我们可以把孩子看作一个和我们一样有思想的个体来对待。

　　（1）当孩子情绪失控的时候，你会怎么做？

　　A. 狠狠地怒斥他，或者惩罚他＿＿＿＿＿＿

　　B. 引导孩子表达他的情绪＿＿＿＿＿＿

　　有一个小女孩儿，她从小有个习惯，只要是生气了就会把书撕烂扔到地上。但是她的父母从来不问她究竟发生了什么事情，而是一味对她说："你不可以撕书。你这样不乖，再这样我以后就不喜欢你了。"结果这个孩子到4岁的时候开始使劲地打自己，并且自虐倾向非常严重。

　　站在孩子的角度，她会觉得，她不高兴的时候不可以发泄，只要是发泄就会受到惩罚。那这样的话，只好朝自己发泄，只有虐待自己的时候，别人才不会指责，这是最好的发泄方式。

　　（2）当孩子的情绪被接受之后，你会想办法帮他转移情绪吗？

　　A. 不会＿＿＿＿＿＿

B. 会_____

C. 没试过_____

有个小朋友因为爸爸没带他去游乐园，很生气，扬言再也不要理爸爸了。妈妈和爸爸在这种情况下合演了一出戏：

"宝宝，你很希望爸爸走是不是？"妈妈很民主地问他。

"嗯，不理爸爸。"

"好，妈妈有魔法棒——阿拉卡拉。"妈妈拿小木棍一指，爸爸就走了，"你看，你只要拿这根魔法棒指一下，就看不到爸爸了。"

小家伙刚要试试这种新魔法，爸爸戴着很帅气的牛仔帽走出来："阿拉卡布拉，那支魔棒对我不管用。"

现在小家伙的注意力完全转移了，他不再谴责令他生气的爸爸，而是专心研究：魔法棒怎么不灵了呢？

怎样理解和接受孩子的感受

有几个家长敢说自己是真正了解孩子的？

很多家长会自以为是地回答道：我是家长，当然是最了解我的孩子的，如果我都不了解自己的孩子，谁还会了解他呢？

可是，如果家长只是简单地说"我了解你的感受"，那样并不会得到孩子的相信和认同。他们会说："不，其实你根本就不了解。"但是，如果家长把孩子的感受表达得更加细化，效果就不一样了。

比如，孩子要上小学了，家长说"我知道你不愿意去上学"，这样的说法可能并不会得到孩子认同。

但是，如果把问题细化，比如说"刚入学的这段时间，肯定是有些紧张的，有很多新东西需要去学习适应"，这样孩子就会觉得家长是真正理解他的。

家长可以试着多了解孩子的感受，不要怕弄错，因为孩子会在不经意间加以纠正。

孩子：爸爸，我们的测验要推迟到下周。

爸爸：那挺不错，你可以先清闲几天。

孩子：我不高兴，我还要多学一个星期。

爸爸：哦，原来你是想赶快考完。

孩子：是的。

家长们大可不必要求自己每次都对孩子的感受做出准确的判断，只要做到用自己的全力来理解孩子的感受，就足够了。

除了理解孩子的感受，接受也是很重要的，比如孩子在说"我讨厌你"或者"我恨你"的时候，家长们要如何来回应呢？可能这样的话会让大部分的家长感到难过，这时要冷静下来，想想用什么样的方式来处理才是最好的。

你可以对孩子说"我不喜欢我刚才听到的话，如果你对什么事情不满意，生气了，可以直接跟我说"。

有个爸爸答应孩子带他去动物园，可是由于工作的关系，这个承诺一直没有兑现。

有一天，爸爸终于有时间了，和孩子准备出发了，但是临时有事，又去不了了。这个时候，孩子很生气，怒气冲冲地说："妈妈，我讨厌爸爸，我恨爸爸！"

"你怎么可以恨爸爸呢，你要理解爸爸，他这么忙还不是因为你？"听了孩子这话以后，妈妈大声地呵斥道。

"那他怎么答应我的事情做不到？这样我很难过，你知不知道呀？"孩子说着说着，哭了起来。

看着孩子委屈的表情，妈妈的心软了。于是走到孩子身边，对孩子说："这样吧，今天妈妈跟你一块儿去动物园，等爸爸有时间了，一定陪你去。但是我不喜欢你刚才说你恨爸爸之类的话，这会让爸爸伤心的，如果你对他这次失约很伤心，你可以等爸爸回来后跟他说，好吗？"

孩子点了点头，拉着妈妈的手，一起出去了。

此外，父母除了要接受孩子的感受，更要了解孩子的期待。孩子认为家长是自己最亲近的人，就应该和自己一同分享快乐、战胜困难、同悲同喜。当他进步了，别人可以忽视，但是家长的赞扬不能少。他内心有疑惑，别人可以不当回事，但是家长的关切询问不能少。他遇到了困难，别人可以充耳不闻，但是家长的热心帮助不能少。孩子对家长的期待，就像家长对孩子的期待一样，真切又热烈。

作为家长，如果不能用细腻的心来感受孩子的期待，那也就不能体会到孩子的感情、不能理解孩子的行为。

久而久之，孩子和家长之间的交流必定会变得生疏甚至产生隔阂，最终，孩子会对家长失望。

总之，理解和接受孩子的感受，了解孩子的期待，也是家长的必修课。

【怎么听怎么说之现场演练】

接受孩子的感受，一切都可以解决

当我们的孩子难过时，他会习惯通过一种方式来倾诉他的痛苦，比如他会大喊大叫、会打打砸砸……通常这种发泄方式比较野蛮。但是，如果你足够细心就会发现，当孩子发泄之后，会慢慢安静下来。

那么，当孩子情绪不好了，出现了上述的状况，你是怎么来应对的呢？

　　A．大声地呵斥孩子＿＿＿＿＿＿

　　B．哄孩子，并对孩子借机提出的条件百依百顺＿＿＿＿＿＿

　　C．让孩子表述清楚自己的心境＿＿＿＿＿＿

　　有一种方法不仅能够让家长感觉舒服，又能够让孩子感到满意，那就是——画出心里的感受。一面交给孩子纸和笔，一面对孩子说："来，告诉我吧，你到底有多生气，把你的感受表达出来吧。"

　　这样做有两点好处：其一是避免滋长孩子的暴脾气；其二是让孩子明白他的感受是会被接受的。

　　可能有的家长会担心，如果接受了孩子的所有感受，是不是意味着默认孩子都是对的？这算不算是溺爱孩子呢？

　　其实我们大可不必这么想，因为只有当孩子的行为被全盘接受时，才叫溺爱。接受孩子的感受，叫理解，并不叫溺爱。

　　比如说，当孩子用勺子在饭碗边乱敲，我们可以对孩子说："这样敲是不是挺好玩？"这样的说法会得到孩子的认同，他觉得我们是理解他的。随即，我们可以拿走勺子和碗，对孩子说："饭碗是不可以用来敲的，我们去敲小鼓和小木琴，好不好？"

　　当孩子的感受被接受了，他和我们的关系会更加融洽和谐，同时他也会更加愿意遵守我们为他设定的界限。

理解孩子的情绪，但也要限制孩子的行为

　　每个孩子都有自己的想法，他们非常渴望父母的理解。试问一下，有多少父母试图理解过他们呢？

　　刚刚过完4岁生日的查尔最近总是闹脾气，不管什么事总喜欢和父母作对，这在他的父母看来有些不可理喻。

查尔的妈妈每次总是耐心地跟他讲道理，可查尔就是摇头，根本没把妈妈的话当回事。

周末，本来按照计划他们准备出去郊游。可查尔就是不去，妈妈生气地问："你到底想干什么？你说啊！"查尔小声回答说："我想去我们上次路过的那个湖边玩，我喜欢那里。"爸爸回答说："嗯，好主意啊，那个地方的确不错！查尔，你的建议真好啊！"

查尔的想法得到了肯定，他高兴地跳了起来，赶紧跑进屋收拾自己的东西……整整一天，查尔玩得特别开心，没有闹脾气。

回去的时候，查尔的爸妈意识到查尔已经长大了，他开始有自己的想法了，他不再是那个任人摆布的小家伙了！

从此，他们开始尝试倾听查尔的想法，尝试理解查尔的各种举动背后的含义。他们惊喜地发现查尔还是那个懂事的孩子！

查尔的故事说明，理解孩子不比尊重孩子容易。理解孩子，就要从孩子的角度考虑问题，不同年龄阶段的孩子有不同的特点，这就要求家长更加细心、更好地观察孩子，把握孩子成长的特点。

【 怎么听怎么说之现场演练 】

以顺从的方式对孩子进行正确引导

大人们有压力的时候总是找个理由给自己放假，所以家长要体谅孩子，给孩子释放压力的空间，以引导的方式帮助孩子排解压力。尊重孩子的想法，并且引导他们，远比那种高压似的命令要好上一百倍。

举例：学校里开了电脑课，这让孩子对电脑无比着迷，他这门功课的成绩在班上遥遥领先，但是别的功课成绩出现了下滑，你该怎么办？

A. 很生气，不允许他学电脑＿＿＿＿＿＿

B. 每天喋喋不休地督促孩子做功课＿＿＿＿＿＿＿

C. 肯定他的出色之处，并且鼓励他补上其他功课＿＿＿＿＿＿＿

在这件事情上，如果父母采用强行命令的方法让孩子认真学习，可能不仅不会取得预想的效果，还会影响孩子的长项。孩子往往对事物好奇心强，有时越是父母不让接触的，他们反而越想试一试。所以，我们应该对孩子予以鼓励和引导，不能只是简单地以限制孩子自由的方式来处理，这不利于孩子身心的健康发展。

我们要多给孩子一些自由的空间，不要让他们逆向而行，让孩子们体会到父母是尊重他们的。作为父母也要学着信任孩子的选择，因为得到信任的孩子往往愿意接受父母的意见。

引导孩子行为时的禁忌

经常有家长抱怨，说孩子不听话，一件事讲好几遍也听不进去。不讲吧，孩子的不良行为得不到纠正；讲吧，孩子又嫌自己烦。真是很头疼。

其实家长应从自身找原因，唠叨的家长往往是缺乏自信、性格软弱的人，对自己讲过的话、做过的事不放心，才会一遍遍地重复。孩子生长在这样唠叨的环境中，很难形成良好的个性。

有位老师，问过孩子们这样一个问题："你们最喜欢什么样的爸爸妈妈？"结果比较集中的回答是：

"平时不多唠叨，而当我心里有事时，他们——"

"说得上话！"

"救得了急！"

"解得了闷！"

面对孩子的不良行为，家长要有耐心去引导他们，在引导的过程中，有一些行为禁忌需要注意：

第一，不要一直在孩子的耳边唠唠叨叨。假如认为有必要重复地说，那就要改变唠叨的语气，换成提醒的口吻。唠叨让人很厌烦，易招致怒气，提醒的语气听起来则有帮助的意味，表示家长是和孩子站在同一边的。

没有人喜欢被控制，也没有人喜欢他人在自己的旁边一直指手画脚告诉他应该怎么做，特别是如果这个"吩咐"并不有趣。家长越逼迫，孩子就越抗拒，不管他年纪多大。但这并不是因为他不想做、不想改，只是对家长这种持续的唠叨感到很反感。

持续不断的叨念只会导致家长和孩子之间的对抗，制造矛盾。

杨璇今年 10 岁了，学习成绩不错，也很开朗活泼，几乎没有什么事情需要家长操心的。可最近杨璇却对妈妈很是反感。

原来，上一周杨璇对妈妈说她的眼睛看黑板有些模糊，于是杨璇的妈妈带她去医院体检了一下，发现杨璇已经近视了，而且近视度数高达 300 多。杨璇的妈妈不得已给杨璇配了一副眼镜。可妈妈还是觉得，杨璇这样小就近视了，实在让她担心。

于是，杨璇的妈妈开始在杨璇耳边唠叨。

当杨璇刚坐到书桌前，她就开始说："注意姿势，估计你这眼睛近视，就跟你看书姿势不对有关系。"当杨璇刚打开电视，她又开始唠叨："离电视远一点，不要窝在沙发上看电视，对眼睛不好。"每次上学前，都要叮嘱一下杨璇："写字看书注意姿势，不要让眼睛的近视再加深了。"

杨璇每次一回到家里，总觉得耳边有那么几句话飘来飘去："坐好""注意姿势""近视就要注意"。

终于有一次，杨璇实在受不了妈妈的唠叨了，摔门去了同学家。

聪明的父母从不规定孩子应该做什么、不应该做什么，而是放手让孩子去做。如果没有做好，也会耐心地帮他分析原因，鼓励他不要灰心，尽力而为。

第二，在这个过程中，学会尊重孩子也很关键。自尊心是影响孩子健康成长的重要心理因素，如果自尊受到伤害，他们会产生心理障碍，如自卑感和对抗心理等。因此，父母必须注意保护并培养孩子的自尊心。

在生活中，要注意孩子的点滴进步，及时加以肯定和鼓励。对孩子的缺点和错误要宽容，要给孩子说话和申辩的机会；即使是批评，话也不宜多。有些父母"苦口婆心"，类似"我像你这么大的时候""你怎么就不能学学人家"之类的话一天要唠叨好几遍。绝大多数子女对这种说教式的谈话都采取"缄默不语，心不在焉"的对策，而且觉得自信和自尊受到了打击。

第三，也是最重要的一点，切不可对孩子进行体罚。很多家长在进行了苦口婆心的教育之后，若孩子依旧我行我素，没有改掉自己的坏习惯，情急之下就会对孩子进行体罚。体罚也许可能改掉孩子的坏习惯，可是会对孩子造成一生的阴影。

小涛是一个十分调皮的孩子，父母带他去亲戚家做客的时候，他总是跑来跑去，喜欢把别人家的东西翻来翻去，父母觉得这样很没有礼貌，经常对小涛说不要乱动别人家的东西，可是，小涛还是没有改掉这个习惯。

有一次，爸爸带小涛去他的同事家里玩，小涛一不小心打碎了同事家里一个很精美的花瓶。爸爸一气之下，当众给了小涛一顿暴打。后来，小涛去别人家里玩，再也不调皮和乱翻别人家里的东西了。可是同时，他每次去别人家的时候，开始变得唯唯诺诺，干什么都要看一下父母的眼色。

不错，控制孩子的不良行为的确很重要，可是不能为了控制孩子的不良行为，而影响孩子正常的心理发展。

谈话的语气很关键

我们都希望把自己的孩子打造成一个乐于与我们沟通的人，但可能你没有注意过，父母跟孩子说话的语气是如此之重要，完全可以促进或者阻碍孩子的说话兴趣，甚至会对其情商、修养产生深刻的影响。

（1）说话要使用信任的语气。

举例：你在陪孩子练习打羽毛球，你会怎样说呢？

A．就你这三分钟的热度还想打羽毛球？

B．我想你只要是认真学习了，一定能打得很棒。

你的选择＿＿＿＿＿＿＿

（2）说话要使用尊重的语气。

举例：孩子很想和小伙伴们多玩一会儿，但是你想让他去学英语，怎么说？

A．越大越不听话了，现在不好好学习，看你长大能干什么！

B．那你再玩一会儿吧，不过玩痛快了一定要好好学英语。

你的选择＿＿＿＿＿＿＿

（3）说话要使用商量的语气。

举例：你想让孩子把地板上的玩具收拾干净，你怎么说？

A．你怎么搞成这样，到处乱丢东西，还不快点收拾好！

B．乖乖，乱丢玩具可不是好习惯啊，我们一起把它们收拾好吧。

你的选择＿＿＿＿＿＿＿

（4）说话要使用赞赏的语气。

举例：孩子认认真真地画了一幅画给你看，你怎么说？

A．画得一般，好好练吧。

B．这画的什么啊，简直浪费纸和笔。

C．想不到宝宝画得这么好，将来一定画得更好。

你的选择＿＿＿＿＿＿

第二章　鼓励孩子与我们合作

怎样营造最好的沟通氛围

和孩子开展平等的对话

美国总统西奥多·罗斯福有句名言："在儿子面前，我不是总统只是父亲。"他也将这句名言彻底贯彻在日常的生活中。他很少用命令的口吻跟孩子说话，而是一直以一种平等的姿态与孩子进行平等的交流。

作为家长应该主动理解孩子，相信孩子，做孩子的知心朋友。如果将自己放在了高高在上的位置，那么在和孩子的交流中很容易让孩子产生距离感甚至逆反心理，这都不利于家庭教育。那怎样做到与孩子进行平等的对话呢？

首先，要意识到孩子是一个独立的个体，不是父母的附属品，这是与孩子进行平等对话的前提。可是，许多父母习惯于把孩子看作自己的一部分，甚至是自己的私有物。在他们的父母的潜意识里，都有这种想法，即孩子是自己的骨肉，把孩子养育大，就可以把孩子当成自己的私有财产，自己也当然有权利处置安排他们的人生。

其次，在与孩子的交流过程中，要认真地去考虑孩子的想法，不要总觉得他只是个孩子，什么都不懂。这也是中国式家长最常犯的一个错误。

赵丽丽是一名小学三年级的学生，很喜欢跳舞，可是她的妈妈总觉得跳舞太耽误学习，不让她去学习。

有一天，赵丽丽想了很久，决定跟妈妈订一个约定，那就是如果她努力学习，成绩一直能保持在班级前五名，妈妈就得答应她让她去学习跳舞。晚上，等妈妈下班后，赵丽丽很高兴地走进了妈妈的房间。

"妈妈，我想跟你签个合同。"

"小孩子家的，知道什么是合同吗？好了，别闹了，去看书去。"

"可是，妈妈……"

"好了，哪里来的这莫名其妙的想法。学习去吧。"

赵丽丽沮丧地离开了妈妈的房间。

就这样，赵丽丽的妈妈失去了一次与孩子交流的机会。

最后，也是最重要的一点，那就是要放下自己家长的权威，允许孩子自由地表达自己的想法，尤其是在关于孩子的未来发展这种事情上。父母爱孩子，总是替孩子考虑和安排，却很少去考虑孩子的想法和感受，只要父母觉得好的，孩子就必须接受。其实，这对孩子非常不公平，而且也影响亲子关系，很多青春期的孩子和父母的矛盾冲突激化也是源于此。

而这种矛盾其实并不难化解，那就是和孩子展开平等的对话，听听孩子的想法，考虑一下孩子的感受。

欢伊又和妈妈吵架了，妈妈和欢伊都搞不清楚，这是从欢伊上初中以后，她们母女之间的第几次"战火"了。

这一天，欢伊和妈妈吵完架后，很生气地回到了自己的房间中，过了很久，欢伊从房间中又走了出来，递给了坐在沙发上正生气的妈妈一封信。

妈妈：

请原谅我不想再称呼你为亲爱的妈妈，这是因为我也很生气。我们总是吵架，没完没了。用爸爸的话说是"三天一小吵，五天一大吵"。我对于我们之间的吵架也很厌烦。

我知道你是爱我的，做很多决定也是为我好。可是我还是受不了你总是自作主张地替我决定未来。

我觉得自己已经不是一个小孩子了，我有权决定我自己的一些事情。就比如今天这件事情，我不想整个暑假都学习，我想出去旅游，而且爸爸都已经同意了，那为什么又给我报了一个补习班呢？

妈妈，我希望你不要生气，不过我还是要说一下我的这个要求：请你考虑一下我的感受，尊重一下我的决定。

最后，谢谢妈妈。

你的女儿：欢伊

当欢伊的妈妈看到这封信后，开始陷入了思考：也许，真的应该用一颗平等的心来和欢伊谈事情了。

爱，只有在平等的时候才会给人最温暖的感动，不平等的爱有时候带给人的压抑要比温暖更多。

父母对孩子的爱也是如此，只有父母平等地对待孩子，和孩子交流，放下家长的架子，孩子才会更多地感受到父母温暖的爱。

【怎么听怎么说之现场演练】

和孩子签个"合同"吧

平等，不只是同龄人的特殊待遇，孩子和父母也要在某种程度上做到平等，比如可以签订一份"合同"明确双方需要做到的。为与父母平等对话而与父母签订"合同"。

五年级的小学生阳阳和妈妈签订了一份双方共同起草的"母子协议"，这份看上去严肃又有趣的协议这么写道：

甲方（母亲）的权利及义务：

每月提供 50 元零花钱；

不能对孩子的朋友不友好；

不能未经允许偷看孩子的私人物品；

不能使用挖苦的语言，要尊重孩子；

孩子不会做的题目，要耐心讲解。

乙方（孩子）的权利及义务：

上课要认真听讲；

每天要按时完成老师的作业；

放学之后要按时回家，不能去网吧；

每天预习及复习功课的时间不能低于 30 分钟；

晚上 10 点之前一定睡觉。

教育专家认为，家长与孩子签订协议是一种新的家庭教育方式，它能够使家长和孩子在一个平等的位置上对话。

这种"合同"能够很好地展现家长与孩子之间的平等关系。尊重孩子，能够与孩子站在同一个平台上沟通是非常必要的事情。

现在，我们也可以试着和孩子签个合同：

甲方（　　）：＿＿＿＿＿＿＿＿＿＿＿＿

＿＿＿＿＿＿＿＿＿＿＿＿

＿＿＿＿＿＿＿＿＿＿＿＿

乙方（　　）：＿＿＿＿＿＿＿＿＿＿＿＿

＿＿＿＿＿＿＿＿＿＿＿＿

＿＿＿＿＿＿＿＿＿＿＿＿

用沟通代替对孩子的命令

在生活当中，不经意间就会发现父母和孩子的对话充满了父母对孩子的命令，相信在不少家庭中，我们都可以发现这样的景象：

"去，给我回家写作业去！"

"不准说话，赶紧吃饭！"

"今天必须去辅导班听课……"

在父母教育孩子的过程中，很多父母一不小心就忽略了一点，那就是孩子是发展中的个体，具有独立的人格和鲜明的个性心理特征，在向周围世界学习的过程中，他们更喜欢处于主体地位，做学习的主人，而不是一直被父母命令，被动地接受。

了解孩子、尊重孩子、激励孩子、诱导孩子是成功的教育方法，强迫责令，以成人为中心，往往使孩子被动，收不到好效果。

因此命令的方式应慎用，绝对不能滥用。

举个例子，当孩子玩得开心之时，家长硬性命令孩子去做这做那，孩子不去，家长便拖着孩子去，孩子很委屈，有时还大哭大嚷。其实，只要好言相劝，或者等孩子玩得尽兴一点再做其他事情，效果反而会更好。

田宇今年5岁了，这一天他正在跟隔壁的晓彤在小区的花园里抓蝴蝶，突然他的妈妈急急忙忙地拉着他往小区外面走。原来，田宇的妈妈有急事要出差，准备把田宇送到姥姥那里去，爸爸已经在小区外面等着他们了。

然而，田宇的妈妈并没有对田宇说原因，田宇说："我要抓蝴蝶。"

"抓什么蝴蝶，妈妈有急事，快！"边说边拉着田宇往外面走。

结果田宇就是不走，不一会儿就大哭起来。田宇的妈妈越来越着急，就打了田宇，田宇更加委屈，在地上打起了滚儿。

这时候田宇的爸爸走进了小区的花园。

"怎么还没有出来呢？"田宇的爸爸问田宇的妈妈。

"这孩子太不懂事了，死活要抓蝴蝶。"田宇的妈妈说道。

"田宇，爸爸跟妈妈今天有急事，要把你送到姥姥家，等从姥姥家回来，我们再和晓彤抓蝴蝶，好不好？"爸爸蹲下来对哭着的田宇说。

田宇抹了抹眼泪，点着头。爸爸抱起他往外走，妈妈向爸爸伸出了大拇指。

除了上面的例子，生活中还有一些情况需要父母们注意，比如当孩子用手抓饭吃，妈妈打了孩子的手，孩子哭了，正在哭得喘不过气来之时，爸爸命令孩子"不要哭，闭上嘴"。孩子怎能一下子憋住这口气呢？

纵然成人是一番好心去教育，但实际上却起了摧残心灵、摧残健康的副作用，这种命令是孩子不能执行，听从不了，也不应该听从的。

其实，有一种比命令更好的方式，那就是沟通。

不知道父母有没有发现，自己在命令孩子的时候，说话的态度往往是简单而生硬，而在和孩子沟通时，说话的口气往往也心平气和了不少。温和的态度更容易让孩子接受，而粗暴的态度容易遭到孩子的反抗。所以，温和的沟通比生硬的命令往往有效得多。其次，孩子在接受命令时，是被动的，而在沟通时孩子是主动的。比起被动的指派，主动的接受就多了一种愉悦的心情，这也是孩子为什么讨厌父母直接命令的原因。

小飞扬今年4岁了，每天晚上总是在房间里跑来跑去，一会儿摆弄玩具，一会儿摆弄书本，总之就是不安静地睡觉。飞扬的妈妈每天晚上都要追在他后面：

"飞扬，不要再摆弄玩具了，去睡觉！"

"飞扬，把漫画书收起来，睡觉了！"

"陈飞扬，去睡觉！"

妈妈的声音越来越大，可是飞扬却还是玩自己的。这让飞扬的妈妈很崩溃。后来，飞扬的妈妈实在是没有力气喊叫了，就走到飞扬面前，心平气和地告诉他："飞扬，小孩子要早早睡觉，才能早早起来，身体才会好。而且，爸爸妈妈明天早上也要早早起来上班，睡晚了，对身体也不好。你能安安静静地去睡觉吗？这对你对爸爸妈妈都好哦。"

飞扬听了妈妈的话，扔下了漫画书和玩具，乖乖地到自己的床上睡觉去了。

飞扬的妈妈也长舒了一口气。

通过沟通，最容易让孩子站在他人的立场上思考，也最容易让孩子养成理解他人的习惯。只有这样，他才有可能成为一个全面发展的优秀人才。所以，当下次父母命令孩子，而孩子依旧无动于衷时，不妨换个方式，好好沟通一下。

【怎么听怎么说之现场演练】

平等地和孩子说话

有的父母喜欢冲着孩子摆为人父母的架子，对孩子呼来唤去，常常用命令的语调对孩子说话。可是这样渐渐就会发现，孩子们慢慢不吃这一套了，常常将父母的一道道命令当成耳边风。

命令并不是教育孩子的好方式。

（1）积极的暗示有时会更有效果。

著名的教育专家陈鹤琴在《家庭教育》一书中举过这样的例子：一次，他看到自己的儿子拿着一块破旧的棉絮裹着身体当成毡毯玩。

如果是你，你会怎么做呢？

A．把破棉絮夺过来＿＿＿＿＿＿＿＿＿＿

B．不管，任他玩＿＿＿＿＿＿＿＿＿＿＿

C．告诉孩子，这个不干净＿＿＿＿＿＿＿

D．其他办法＿＿＿＿＿＿＿＿＿＿

陈鹤琴思考了一下，觉得还是用积极的暗示去指导最好，于是就对孩子说："这旧棉絮是很脏的，是有气味的，我想你不要玩这块布了吧。你可以去要一块干净的，去向妈妈要一块干净的布吧。"

结果孩子听了之后，高高兴兴地就去找妈妈了。

无论是什么人，受到激励而改过，是很容易的事情，受到责骂而改过，则是比较不容易的。小孩子更是喜欢听好话，不喜欢听恶言。

（2）柔和的教育才有回旋的余地。

孩子玩积木上瘾了，可是时间已经不早了，该让孩子睡觉了。你该怎么跟孩子说呢？

A．命令孩子停止玩耍，马上睡觉＿＿＿＿＿＿＿＿＿

B．让孩子尽兴地玩，不管他＿＿＿＿＿＿＿＿＿＿

C．让他再玩 10 分钟然后睡觉＿＿＿＿＿＿＿＿＿

D．其他办法＿＿＿＿＿＿＿＿＿＿

如果父母明白孩子的心理，可以这样对孩子说："呀，这个东西真好玩，可惜时间不早了，乖孩子该去睡觉了。要不你再玩 5 分钟？"这样说话，既夸孩子乖，同时又用征求的口气同孩子说话，让孩子感受到了尊重。

而且这样父母说话也为自己留下了余地，即使孩子暂时不听话，父母也不至于为了自己的威严而和孩子大动肝火。

与孩子保持恰当的距离

伯尔是一位精力充沛的父亲，经常在儿子小的时候带着他去登山。在登山的时候这位父亲总是大步流星地往前登，把儿子甩在后面，就好像和孩子比赛一样。

儿子自然没有他登得快，被远远地落在后面。有时候儿子就一个人站在那里害怕得不敢走。

伯尔的妻子总是担心孩子会掉下山去，会磕磕碰碰，会走丢，所以，最初登山时，伯尔的妻子走得很慢，为的是和孩子做伴。

伯尔不同意她的做法，讨论几次之后，伯尔说，如果妻子要和孩子待在一起，就干脆留在家里，不要去了。

由于伯尔的坚持，最后，妻子同意了。之后登山，她虽然仍频繁地往后看，但始终和伯尔走在前面。其实，伯尔也在偷偷地回头观察孩子的一举一动，只不过尽量不让他发现而已。

就这样，慢慢地伯尔发现了一件让他很高兴的事情，那就是儿子终于变得勇敢了，不再害怕一个人走在爸爸妈妈的后面。

有时候他会很高兴地在后面欣赏风景，而不是像刚开始那样充满不安，只顾追伯尔。甚至有时候儿子会加快脚步走在伯尔和妻子的前面，俨然是一个独立的"小大人"。

老鹰教小鹰们飞翔的时候，它不会等小鹰"翅膀硬了"才开始，而是叼着还很孱弱的小鹰飞到高空，松口让小鹰掉下山崖。

这个时候，小鹰如果不努力挥动翅膀，就会掉下悬崖摔死，而也就是在这种时刻，它的翅膀慢慢地变硬。

千百年来，鹰族一直保持着这样冷酷的训练方式，事实证明，这样的"教育"对小鹰的成长是有利的。

就像故事中的伯尔，在行动上与孩子保持距离，让孩子看到目标，找到前进的方向。而老鹰则在情感上也保持和孩子的距离，让它们身陷危境，必须努力寻求自保。这两个实例，都是在告诉家长，保持距离是让孩子成长的必需步骤。

与孩子保持恰当的距离，让孩子自己独自去面对生活中一些困难或者问题，并让他们独自去解决，这样孩子才能积累下必要的生活经验，才能慢慢地独立。如果一直都是父母代劳，那孩子的经验从何而来呢？如果父母一直都紧跟在孩子身后，那孩子如何学会独立呢？

一位儿子骑着自行车在操场的跑道上慢慢地前行，父亲在后面扶着。

"爸爸，你一定不要放手，不然我会摔倒的。"

"可是，如果我不放手，你又怎么真正学会骑自行车呢？"

"可是，我要是摔了怎么办？"

"不要担心，我会与你保持恰当的距离，及时扶住你的。"

"真的吗？"

"真的，放心骑吧！"

就这样父亲慢慢放开了手，孩子开始颤颤巍巍地骑着自行车在操场上转起了圈。

此外，与孩子保持恰当的距离，也会让孩子享受一些独自做某些事情的快乐。如果父母一直跟在孩子的身后，孩子的有些快乐就被无意中剥夺了。这对孩子来说，其实不见得是一件好事。

方方的妈妈每天下午都会接孩子放学，然后两个人一块儿走回家。有一天，方方的妈妈临时有事，不得不让方方独自一个人回家。那一天，方方回到家中的时候已经很晚了，这让方方的妈妈很担心。

"你怎么回事，去干什么了，回来这么晚？"方方的妈妈焦急地问道。

"没干什么，就是看了一下路上的每一棵树。"方方不紧不慢地回答道。

"树有什么好看的，你每天下午放学都能看见。"方方的妈妈有些生气了。

"可是，你每次总是在催我快走，我想捡几片叶子，仔细看看它们有什么不同都没有机会。好不容易我可以一个人回家了，我当然要仔细看看呀。"方方委屈地哭了起来。

总之，家长要记住，保持距离是一种对人格的尊重，这种尊重即使在最亲近的人中间，也应该保有。

稍微留一点分寸，得到的往往是海阔天空！而一旦没有了这种距离，没有了这种尊重，越过了这个尺度，是很容易产生了隐患的，而这种隐患一旦产生，离两个人的关系疏远甚至崩溃也就不远了。

因此家长要本着平等和理性的态度去尊重孩子，母子之间留一点空间，父子之间有一点距离。这才是孩子真正需要的高质量的爱。

【怎么听怎么说之现场演练】

从放手开始，培养孩子的独立性

大家都希望自己的孩子能够独立，对于孩子独立性的培养，应该首先从自我照顾开始。但独立的更深层含义，是一种独立人格的培养。

一个真正具备独立人格的人，不仅很会打理自己的生活，还会更加自信，对环境、对未来都会有更好的适应能力。所以，有时候我们应该给孩子创造这种机会，让他有独立的空间。

下面一起来做这样几个情景分析：

（1）你的孩子想自己到草地上去找蒲公英，你会让他一个人去吗？

A. 不行，一定要家长跟着＿＿＿＿＿＿＿＿

B. 让孩子自己去，但是不能让孩子离开自己的视野范围＿＿＿

C. 放心地让孩子去玩＿＿＿＿＿＿＿＿

当孩子想尝试自己独立的时候，做父母的需要传递给孩子一个信息：我们对你有充分的信心，但是如果你需要我，我们会立刻出现。也就是说，父母只需要"存在"，但是不要轻易干扰。

孩子有时候虽然很想独立完成某件事情，但是毕竟能力有限，当他遇到某些困难的时候，自然会向父母求助。

所以，父母的存在很重要，他们需要培养孩子的独立性，但并不是放手不管，而是要在恰当的时间出现。

（2）你的孩子眼看上学要迟到了，你会帮他收拾东西吗？

A. 会，这样他就不迟到了＿＿＿＿＿＿＿＿

B. 不会，自己的事情让他自己做＿＿＿＿＿＿＿＿

父母应该提供给孩子尝试自己处理事务的机会，这样不仅能够让孩子增强自信，更可以让孩子学习自立。

如果早上的时间比较紧张，帮孩子收拾东西这件事情，完全可以由妈妈做过渡到让孩子自己做，这是一个挺好的锻炼孩子的机会。

让孩子信任我们、接纳我们

理解是建立默契的开始

在家长和孩子之间，没有什么是无法沟通的，因为，每一个人都是从孩子长成大人的。

一个心理专家曾经写过这样一个真实的故事：

有一个孩子灰溜溜地出现在我面前，肯定是闯祸了。果然，他老是喜欢打邻居家的猫，人家都警告好几回了，他还是不听。

"是因为有什么心事吗？其实，我能理解你。我年轻的时候也做过一些不好的事情呢。"时光回到了我的少年时代。

"在我读初中的时候，父亲做生意，亏了很多钱。三四年的时间里，总有来路不明的自行车停在我家院子里，等着要账。有一年快过年的时候，还有两三个收账的就是不走，我当时心里特别难受，也很埋怨父亲。后来，我形成了一个习惯，就是但凡看到陌生的自行车停在我家，就会想办法拔了人家的气门芯，让他圆着进来，瘪着出去。这件事情渐渐被他们发现了，我挨了一顿打。其实，我当时也明白自己这样做是不会让家里少还一分钱的，要账的走着也能来，我总不能在地上铺钉子扎鞋吧，但我心中的委屈和痛苦需要发泄，所以我一如既往地拔气门芯，直到家里要账的人越来越少。"

"这是我小时候的功绩之一，还有很多呢，唉，小时候自己做了错事还不觉得错呢。"

"我打那只猫，是因为它什么都不干就可以吃东西，我却要好好念书写作业才能吃东西，这不公平！"他终于开口了。

"嗯，是不公平，不过你打猫也不起作用啊。"一个拧在孩子心中的结，慢慢打开了。

很多人在年轻的时候，对待周围的事情都非常敏感，并且想得很细致。但是到了成年之后，这些人就会完全忽略那些细微而丰富的东西，并且忘记了自己曾经年轻过，觉得读不懂孩子，无法理解孩子了。其实，这些大人在小的时候，有孩子一样的心路历程，只是他们忘记了而已。

20世纪70年代，流行黄上衣红星帽，左胸口插一支钢笔更时髦；80年代，流行喇叭裤、BP机，扛着录音机上街更拉风；90年代，流行染发，挑几缕金黄色的最有回头率；现在，流行火星文、自拍，在博客上说什么都能找到共同语言……时代一直在变化，而人的成长轨迹是一样的，渴望表达、渴望重视、渴望成功，改变的不过是抒发这些情绪的方式罢了。

要想理解孩子的情绪，需要家长反思一下，想想自己年轻的时候是什么样子，是否也经历过类似的问题，那时候的自己最希望父母怎样做……这样就知道现在身为父母的自己该怎么做了。

家长可以多回顾自己年轻时候的样子，这样就可以明白孩子的过错实在不是什么新鲜事，多多理解孩子，孩子的成长是需要爱和包容的。

而只有真正地理解了孩子，孩子与父母才可能建立一种默契。

每天下午5点放学，童童只要吹一下哨子，童童的爸爸就会抱着足球跑向儿子。而等到晚上7点吃完饭，童童的爸爸只要眼睛瞅一下钟表，童童也会自觉地关掉电视，回到自己的房间写作业。邻居们都说这是一对天生就非常有默契的父子。

可是，只有童童和爸爸知道，这默契的建立实在是来之不易的。以前童童十分爱玩，讨厌写作业。童童的爸爸试了各种各样的办法，包括把童童锁在屋子里强迫他写、弄坏没收童童的足球让他没办法玩等，可是都不见效。直到有一天，童童对自己的爸爸大声喊道："难道你小时候就只爱写作业，不爱玩吗？"童童的爸爸才想起了自己当年也很爱玩。于是他也开始理解童童了。最后，和童童商量，他陪童童玩一会儿，童童得乖乖地自己写作业。没想到童童很爽快地就答应了。刚开始，童童玩了一会儿后，写作业还得他去催促，后来，只要一看钟表，童童就知道自己该写作业了，父子之间默契了不少。

我们都希望自己和孩子建立一种默契的关系，那就不妨学学童童的爸爸，多多理解孩子

【怎么听怎么说之现场演练】

测试一下，你和孩子的默契程度

你真的了解自己的孩子吗？你和孩子真的存在默契吗？

存在默契的一个重要前提就是能够对孩子足够理解。下面一起做个小测试吧，一共有 8 个问题，你可以试试自己能不能答对，答对的数目越多，说明我们对孩子的理解程度越高。

（1）你的孩子最喜欢什么颜色？

——————————

（2）你的孩子最怕什么？

——————————

（3）孩子最好的朋友是谁？

——————————

（4）孩子最喜欢吃的食物？

——————————

（5）孩子的梦想是什么？

_____

（6）孩子最喜欢听的故事是什么？

_____

（7）孩子最喜欢的小动作是什么？

_____

（8）孩子最喜欢的电视节目是什么？

_____

如果我们答对的很少，那么就要注意了，我们要多花些时间来陪伴我们的孩子，来认识你的宝贝。

和孩子增加交流，建立默契，其实现的方式可以是多种多样的。即便是同样的父母，面对同样的孩子，也需要不断地调整自己的教养模式，不能总是用一套僵化的套路来和孩子建立默契。比如说，并非总是向孩子刨根问底，就会让孩子觉得有默契，也并不是总帮孩子做事情，孩子就会觉得默契。默契是一种心灵的感应，想做到默契，要在理解孩子、爱孩子的基础上，再施展教育的技巧。

如何应对和大人"对着干"的孩子

不少父母都发现，每个孩子在成长过程中都有这样一个阶段：对于父母的话左耳进右耳出，动不动就跟父母顶嘴，或者干脆跟父母对着干。孩子究竟是怎么了呢？怎么突然间就这样不听话了？

罗定的爸爸妈妈是一对很开明的父母，一直以来很少跟罗定有冲突的时候。可是罗定的妈妈最近发现，儿子自从读小学六年级以来，发生了显著变化。他似乎不像以前那样喜欢跟父母交流了，对于父母的一些做法和看法，他也时不时地提出反对意见。有一段时间，他甚至特别喜欢跟自己的父母"对着干"：父母要求他做的事情，他总是找各种理由拒绝；父母给他的意见和建议，他也经常当作耳旁风；当父母想要跟他好好谈谈的时候，他没听几句就索性出门。

"小定，你上次不是说想去看话剧吗？这周末妈妈陪你一起去看吧。"

"不了，我现在不想了，我周末想要跟同学一起去唱歌。"

"小定，过两天就是你的生日了，以前你总想请同学到家里来玩玩，明天爸爸妈妈就给你们足够的时间玩，我已经帮你们准备了很多零食，到时候你们可以好好聚聚。"

"不用了，我现在觉得还是去外面过比较好，我已经跟同学们说了，把地点定在必胜客。"

"那爸爸妈妈也去，顺便帮你买单？"

"不行，我请的都是同学，你们去不合适。"

"你这孩子，怎么总喜欢跟父母对着干？也不想想如果你是父母，我们老是跟你这么对着干，你心里会好受吗？"罗定的妈妈很委屈地对罗定说，惹得罗定的爸爸哈哈大笑。

其实，罗定之所以会经常做出与父母"对着干"的举动，与青春期的成长阶段和心理密不可分。在生活中，面对孩子成长发育过程中的这些心理特征，父母应该多多了解和关心，在这一基础上，父母可以通过一些实际行动来帮助孩子走出青春期的困惑，帮助孩子健康成长。尤其是当孩子出于叛逆而做出一些不合时宜或错误的事情时，父母更应该好好引导和教育了，而不是一味地对孩子进行指责，这会让孩子更加反感父母，从而更加叛逆。

兰兰下学期就读初中了，妈妈发现，她最近变得有些奇怪，总喜欢跟同龄人聊天，却什么话也不喜欢对家人说，有时候妈妈问上好几句，她才勉强回答一两句。更让妈妈担忧的是，原本乖巧的女儿似乎一下子变得叛逆起来了，在很多事情上她总喜欢跟父母对着干。

"兰兰，你不是一直想跟向老师学舞蹈吗？我们昨天已经帮你联系好了，明天就带你去报名上课。"妈妈高兴地说。

"舞蹈？我现在已经不想学了。"兰兰没好气地答道。

"你这孩子，上次不是哭着嚷着要去吗，妈妈费了很大的劲才帮你联系上，现在怎么不想学了？"

"就是不想，我就不喜欢按照你的意思去做，就不想总是顺从你！"

这个时候，兰兰妈要怎么跟孩子说呢？硬碰硬行吗？当然不行，这样做的话，只会让孩子的逆反心理更加强烈。其实，兰兰的妈妈不妨和孩子好好商量，在商量的过程中不要急于说服孩子，而是听孩子倾诉，把好她的脉，然后对症来下药，就可以取得事半功倍的效果。

在这个过程中，专家给出了以下三点建议，父母在引导孩子的过程中需要特别注意。

（1）尊重孩子，让孩子和父母有同等发言的机会，不能只是父母说了算，不许孩子表达自己的看法。其实，很多孩子不听父母的话并不是认为父母的话没有道理，只是觉得父母用一种高高在上的态度命令自己，这让他们感觉父母很不尊重自己。

（2）了解孩子，在此基础上如果发现孩子有做得不正确的地方，用一种商量和讨论的方式同孩子交流。孩子需要父母的理解，如果父母不了解孩子的喜好，只是站在大人的角度，对孩子进行命令或者评判，孩子当然是听不进去的。

（3）树立孩子的自信心。家长对于孩子处理问题中的积极方面要给予充分肯定，在此基础上与孩子讨论如何进一步完善事情处理的方法，孩子比较容易接受。

总之，要放下家长的权威，用爱心引导孩子，孩子自然会放下自己的叛逆的"武器"乖乖和父母站到相同的"战线"上去。

【怎么听怎么说之现场演练】

努力和孩子取得思想一致

想让孩子向好的方向发展，作为父母的我们要尝试着改变一些自己的不良做法，不要对孩子过于严厉，也不要总是喋喋不休，否则的话，我们越是卖力地管教，反作用越大。看看下面的一些问题吧，反思一下自己做得怎么样。

（1）你在说话做事的时候照顾到孩子的感受了吗？

A. 从来没有＿＿＿＿＿＿＿＿＿＿＿

B. 有时会想起来，有时会忘记＿＿＿＿＿＿＿＿＿＿

C. 一直很关注孩子的感受＿＿＿＿＿＿＿＿＿

实际上，我们关注孩子的感受，就等同于关注他是否接受我们的建议。有些家长认为教育孩子就是要严厉，在管教孩子的时候不许他这样那样，打骂孩子更是家常便饭。但是，在这种环境中成长起来的孩子，往往会懦弱、胆小怕事，要么就是逆反性极强。

还有一种家长，喜欢过多地干预孩子的行动，喜欢对孩子唠叨，对孩子的行为和想法总喜欢提出些反对意见。这样必定会引起孩子的反感和不满，对于教育和帮助孩子是没有好处的。

（2）你在管教孩子的时候喜欢摆架子吗？

A. 嗯，有必要用这种方式震慑＿＿＿＿＿＿＿＿＿＿

B. 发怒或不发怒，都顺其心情＿＿＿＿＿＿＿＿＿

C. 尽量和气，以理服人＿＿＿＿＿＿＿＿＿

父母在管教孩子的时候应该以尊重和宽容为前提。尽量多用一些商量的口气和孩子说话，可以温和一点的时候就没必要太严厉，更不要向孩子发号施令。

（3）你愿意多给孩子一些自己做决定的机会吗？

A. 小孩子不懂事，家长代劳＿＿＿＿＿＿＿＿＿

B. 在一些事情上孩子有自主权＿＿＿＿＿＿＿＿

在平时，父母可以多给孩子一些自己做决定的机会，让他们有一定的选择权，这样就可以大大减少逆反的行为。如果家长什么事情都独断专行，那么也难怪孩子有意见。

此外，对于那些总喜欢跟父母对着干的孩子，父母应该多多给予安抚和引导，在坚持原则的前提下，可以多多表扬一下孩子的良好表现，或者在日常生活中鼓励孩子玩玩互换角色的游戏，让孩子体验一下做家长的感觉。这样，孩子就比较容易理解家长的用心了。"别的小朋友爸爸的爱是热的，你的爱却是冰冻的。"

儿子的话给了这位年轻的爸爸巨大的震撼。从此，无论再忙他也会抽出时间陪可爱的儿子说说话，谈谈自己工作上的趣事，再聊聊儿子学校里发生的事情。这样相处的时间多了，他们的父子关系便变得融洽了。

这个故事的确具有一定的代表性，尽管现在的家长面临着各种生存压力，早出晚归，很少与孩子交流，但在一个完整的家庭里，对孩子而言，无论是爸爸，还是妈妈，都是他们每天生活中不可或缺的一部分。做父母的一定要知道，与孩子共同参与活动，对于亲子关系非常重要。

明白了这个道理之后，家长们就应该想一想怎样才能更加亲近孩子。

家长们多抽出些时间陪孩子一起做他们热衷的事情，是非常重要的。花越多的时间了解孩子，家长就越可以有的放矢地为孩子做心理辅导工作，教会他相关的生活技能，鼓励他实现自己的梦想。总之，孩子有了家长的陪伴，就会更加热爱生活、更加活泼开朗。

培养孩子的"合作"意识

注意培养孩子的交往能力

妈妈在路上碰到了老朋友，但是发现自己的孩子并没有跟朋友打招呼，于是问道："小丽，你好像忘记什么了吧？"小丽显然还没有意识到自己该说什么，这时妈妈指着朋友说："这是李阿姨。"小丽听了妈妈的话，害羞地低下了头。妈妈对朋友说："也不知道这孩子为什么看到人不知道打招呼，性格还这么内向，在学校也不愿意与人交往。"

在现实生活中有不少青少年性格孤僻，害怕与人交往，躲在自己的小世界中顾影自怜。一项调查结果显示，34.9％的青少年都觉得自己孤独。

不得不提醒家长的是，孤独的孩子试图逃离社会，胆小谨慎，害怕与别人交往，总是试图躲避他人。然而这种孤独的心理并不是一个人天生就有的，大多数是后天的社会性需要没有得到满足而造成的。

一个人的成长不可能脱离社会单独进行，因此父母需要特别注意培养孩子与人交往的能力。

众所周知，美国前总统克林顿成功竞选正是由于他拥有众多高知名度的朋友，而这些朋友在他竞选中扮演了举足轻重的角色，具有不可估量的作用。这些朋友包括他小时候的玩伴，年轻时在乔治城大学与耶鲁法学院的同学，以及当学者时的旧识等。大人物就是依靠他们所拥有的人脉成功的。美国石油大亨洛克菲勒在总结自己的成功经验时曾表示："与太阳下所有的能力相比，我更关注与人交往的能力。"正是洛克菲勒这种卓越的人际沟通能力成就了他辉煌的事业。

与人相处的能力，是一种综合能力，它包括很多因素，比如和小朋友在一起，他要考虑应该怎样和人家说话、怎么样才能够表达清楚自己的意思，不但要求有语言表达能力，还要有计划、有辨别力、有方法。

一个交往能力不好的孩子，其他能力的发展也必然受到影响。对此，教育专家给出了以下建议：

（1）尽量为孩子扩大交往的圈子，使孩子除了家庭以外，能够和更多的人交流、交往。如，朋友、同学、老师、亲戚，等等。

（2）尽量将孩子视为一个个体，平等地看待孩子，努力培养孩子独立的人格。需要注意的是，这个过程要顺其自然，不可强制规范，不然只会让孩子感受到不快乐，这对于他和别人的交往是极为不利的。

（3）从小就培养孩子自律的能力，这样有助于孩子和别人相处。

（4）除了和孩子进行语言上的沟通以外，也可以尝试和孩子进行一些其他方式的对话，比如一起做游戏，等等。

西西很小的时候，由于爸爸妈妈很忙，便由乡下的爷爷奶奶抚养，等到西西上幼儿园时，才接回到父母身边。刚到父母身边的西西总是表现出胆怯内向的一面，这也让西西的妈妈很担心，担心孩子无法融入到城市的生活中。

还记得西西的妈妈第一次带西西去幼儿园，西西一直躲在妈妈身后，不敢去和老师同学打招呼。即使过了一个月，西西在幼儿园里还是经常一个人趴在桌子上发呆，很少跟其他小朋友玩。

西西的妈妈为了能让西西融入到这个集体中，开始想办法，最后采取了老师的建议，那就是带西西去同学家里玩，或者邀请西西的同学来家里玩。

一开始，西西的妈妈害怕邀请西西的同学到家里玩，没有人愿意来。于是，就决定带着西西去同学家里玩。西西最初很不愿意，西西妈妈就鼓励地说："西西不要怕，去同学家里玩是很有趣的。"西西很不情愿地跟着妈妈去了同学家。就这样，慢慢地西西跟班里大多数的孩子开始了真正意义上的认识。班上的同学在学校里玩的时候也总是叫上西西。期末的时候，西西妈妈邀请西西的同学到家里玩，这时候的西西已经可以很快乐地和朋友们相处了。

没有人天生孤独，也没有人喜欢孤独。孩子都希望自己有很多朋友。但是，由于孩子的心理还不太成熟，还不足以解决和朋友交往中出现的所有问题，这就需要父母进行引导帮助。这不仅仅是孩子成长的需要，更是为孩子的将来种下了一颗有益的种子。

【怎么听怎么说之现场演练】

培养孩子与人交往的能力

孩子的社交生活需要大人的指导。因为交往不仅意味着快乐、分享，也一定会有竞争、矛盾、公愤等。那么我们怎样才能有效地培养孩子与人交往的能力呢？

（1）孩子喜欢与他人交往，你会加以限制吗？

A. 会的，希望孩子专心学习＿＿＿＿＿＿＿＿＿

B. 会帮助孩子选择，防止他被带坏＿＿＿＿＿＿＿＿

C. 鼓励他多与人交往＿＿＿＿＿＿＿＿＿

有些家长只希望孩子学习好，其他的人际交往都不让孩子参加。家里来了客人，孩子刚跑过来，家长马上训斥："去去去！小孩子不要多事，做功课去。"如果孩子有其他活动要和伙伴们外出，家长就横加干涉："有什么好玩的，待在家里看书。"在限制交往中成长起来的孩子，在与陌生人交际时，就会显得畏畏缩缩，甚至连一句话都说不出来。

（2）你的孩子有关心他人的习惯吗？你会在这方面加以引导吗？

A. 没怎么注意过＿＿＿＿＿＿＿＿＿

B. 会和孩子讲这些道理＿＿＿＿＿＿＿＿

C. 自己能做到以身作则＿＿＿＿＿＿＿＿

人际关系很大程度上是人际彼此相互作用的结果。若希望得到别人的关心，首先就应关心别人。家长平常应该多教育孩子关心身边的人，同学生病了，可以去看望一下同学；邻居需要帮助的时候，教育孩子给予邻居必要的帮助；自己有的东西，也可以和小朋友们一起分享。学会关心他人，是人际交往的基础。

（3）你平时习惯鼓励孩子多参加些团体活动吗？

A. 不怎么鼓励，以学习为主＿＿＿＿＿＿＿＿

B. 鼓励，为了他得到加分＿＿＿＿＿＿＿＿

C. 鼓励，希望他的生活多姿多彩＿＿＿＿＿＿＿＿

D. 鼓励，希望他找到自己喜欢做的事＿＿＿＿＿＿＿＿

孩子在和小朋友做游戏的时候，往往能体现出与人相处的能力，以及对人际关系局面的控制能力。多让孩子和其他小朋友一起玩，不但能够在游戏中锻炼他的团体合作意识，还能够训练孩子对人际关系的协调处理能力，孩子的性格也会变得开朗活泼，容易与人相处。

（4）你平时注重加强孩子的自身素质吗？

A．没太注意过＿＿＿＿＿＿＿＿＿＿＿

B．挺留心这方面的＿＿＿＿＿＿＿＿＿

注意加强对孩子能力的培养，如运动能力、歌唱能力、对知识面的扩张等，才能让他产生信心和勇气，在与人交往的时候就能底气十足。

在社会活动中培养孩子的合作精神

父母教育孩子，应该注重从小就培养孩子的合作精神，让他们懂得 1+1>2 的道理。在现代社会，如果一个孩子能有团结合作意识，并时刻将这种意识转化为自觉的行动，那他长大以后，往往也能在现实生活中争取到更多成功的机会。

星期六上午，一个小男孩儿在他的玩具沙箱里玩耍。沙箱里有他的一些玩具小汽车、敞篷货车、塑料水桶和一把亮闪闪的塑料铲子。在松软的沙堆上修筑公路和隧道时，他在沙箱的中部发现一块巨大的岩石。

小家伙开始挖掘岩石周围的沙子，企图把它从泥沙中弄出去。他手脚并用，似乎没有费太大的力气，岩石便被他连推带滚地弄到了沙箱的边缘。不过，这时他才发现，他无法把岩石向上滚动，翻过沙箱边框。

小男孩儿下定决心，手推、肩挤、左摇右晃，一次又一次地向岩石发起冲击，可是，每当他刚刚觉得取得了一些进展的时候，岩石便滑脱了，重新掉进沙箱。

小男孩儿只得拼出吃奶的力气猛推猛挤。但是，他得到的唯一回报便是岩石再次滚落回来，砸伤了他的手指。

最后，他伤心地哭了起来。这整个过程，男孩儿的父亲在起居室的窗户里看得一清二楚。当泪珠滚过孩子的脸庞时，父亲来到了跟前。

父亲的话温和而坚定："儿子，你为什么不用上所有的力量呢？"

垂头丧气的小男孩儿抽泣道："但是我已经用尽全力了，爸爸，我已经尽力了！我用尽了我所有的力量！"

"不对，儿子，"父亲亲切地纠正道，"你并没有用尽你所有的力量。你没有请求我的帮助。"

父亲弯下腰，抱起岩石，将岩石搬出了沙箱。

"儿子，记住，一个人的力量终归是有限的，你必须学会寻求他人的帮助，学会和他人合作。知道吗？"父亲语重心长地对儿子说道。

儿子看着爸爸，点了点头。

现代社会是知识经济时代，各行各业的竞争日趋激烈，然而这些竞争并不是靠个人单枪作战就可以取胜的。因此团队合作意识在竞争中越来越重要。

然而，在独生子女比例相当大的今天，每一个孩子的好胜心都很强，孩子大都缺乏这种团结合作意识。这种状况与我们所处的需要合作意识的信息时代很不合拍，十分令人担忧。

对此，父母在鼓励孩子与人交往的同时，更要帮助孩子树立很强的团队意识，培养孩子与人合作的精神。两人为"从"，三人为"众"，我们的社会是由人组成的，社会的发展需要人的团结合作。每个人都要借助他人的智慧完成自己人生的超越，于是这个世界充满了竞争与挑战，也充满了合作与快乐。

对当代的父母来说，在孩子很小的时候就培养他们与人协作的团结精神尤为重要。

一个孩子，一般不会在需要合作的情境中自发地表现出合作行为，他们也不知道应该如何合作。这就需要家长教给孩子合作的方法，指导孩子怎样进行合作。

我们可以为孩子量身打造一些活动，让孩子在活动中体验合作的重要性。例如，在活动中有四个小朋友，但是却只有三件玩具，怎么办？大家都在话剧表演中想演同一个角色，怎么办？……当孩子们在玩的过程中遇到问题了，他们就会想办法协商解决。当玩具不够的时候，他们就会主动想办法，相互谦让，或者是轮流使用，或者干脆大家一起玩，或者找其他的小朋友借。家长可以有意识地帮助孩子设计这样的情境，帮助他们逐渐养成合作的习惯。同时，通过合作，大家一起玩，反而会玩得更开心。

为了孩子的未来，为了孩子的幸福，希望所有的父母都认识到团结合作的重要性，并切切实实地将其贯彻到孩子发展的每一步。

【怎么听怎么说之现场测评】

测试一下，你孩子是否懂团结合作

你了解孩子吗，你是否可以很明确地回答出你孩子懂得团结协作？下面可以做个简单的测试，来帮你找到答案：

测试中的句子描述了孩子们经常会表现出来的行为，并说明他们怎样以团结合作的精神指导着自己的言行，在每个句子后面写上你认为最能代表孩子目前水平的数字，然后将这些数字加起来，得到总分。

评分标准：

完全符合 5 分

符合 4 分

基本符合 3 分

不太符合 2 分

不符合 1 分

（1）喜欢跟小伙伴们一起做游戏，并且在整个过程中能够与他们友好相处。

（2）遇到不会做的事情时会及时向别人请教，共同探讨解决的方法。

（3）承认并尊重别人的劳动，认识到没有别人的帮忙不可能实现自己的目标。

（4）会把别人推到果树上，然后共同分享摘来的果实。

（5）喜欢参加篮球、足球等需要合作的活动，能够得到伙伴们的认可。

（6）相信"团结就是力量""人多力量大"之类的至理名言。

（7）能够欣赏别人的优点，在共同做事时不嫉妒别人"出风头"。

（8）在合作过程中出现矛盾时，能够妥善协商。

（9）和家人一起出游时，能够很好地完成自己分内的事情。

（10）合作伙伴出现错误时，能够从对方的立场看待这一行为。

总分结论：

40 ~ 50 分：恭喜你，你的孩子很懂得团结合作。

30～40分：如果你能让孩子更好地认识到团结合作的重要性，相信会让他受益匪浅。

20～30分：孩子在合作方面有一些问题，影响到他与别人的合作效果。可能你得调整一下自己的教育方式，看看能不能找到更好的方式教会孩子懂得团结合作。

10～20分：怎么说呢，你的孩子没有合作意识，遇事喜欢自己干，不喜欢寻求帮助。建议你请教一下专业人士，相信他们会给你一些有益的建议。

第三章 鼓励孩子自立

培养孩子自律

适度自由，他才能学会自控

每个人都对自由有着热切的渴望，没有人喜欢自己的行为被人限制。有时候你对一个人的行为太过限制，就会激起反抗。

孩子也是如此，如果父母很严厉地控制着孩子的行动自由，孩子也会想方设法地从父母的控制下逃离。

斯思的母亲一直想把她培养成一个钢琴家。斯思每天放学回家都要苦练钢琴，看到别的小朋友在小区里开心地玩游戏，她心里满是羡慕。

有一次，斯思实在是太累了，就跟妈妈说："妈妈，我就玩10分钟。"妈妈一想也就10分钟，于是允许了。

可结果等了半小时，斯思还是没有回来练琴。妈妈气到了极点，把斯思找了回来，边走边抱怨："你这孩子怎么没有一点自控能力呢？说好的10分钟，现在都半小时了。"

我们经常听到很多父母这样抱怨：让他出去玩一会儿，结果玩了半天都不知道回来；遇到喜欢吃的东西，就吃个不停，不知道停筷子。其实，父母也应该去反思一下自己的教育：孩子这样，会不会是因为自己管得太严了？

调查显示，那些不知道自控的孩子，一般都是从小被管得太严的孩子，由于从小没有自己的空间，因此一旦有机会自由他们就不知道控制了。

我们都说孩子不懂得控制自己，其实可能是因为他们很少能够放纵一下，大多数时间都在别人的控制之内。所以一旦自由了，就会想着去尽情做自己平时想做又不敢做的事。如果你一直让他自己选择，他就不会觉得偶尔一次的自由多么宝贵，就能理性地对待自己的行为，慢慢学会自我控制。

著名漫画家朱德庸，他从来不限制孩子玩耍的时间，而且总是担心孩子在学校学习的时间太多而没有机会出来玩，于是常常请假带着孩子周游世界。但是很奇怪，他的儿子似乎并不喜欢这样放纵自己。

有一次在欧洲老爸玩得很开心，孩子却哭了起来，问他为什么，他说："爸爸，我想要回学校上学。"

很多著名的教育家也提倡孩子要在宽松的环境中成长，孙瑞雪女士的《爱与自由》这本书，就很深入地探讨了孩子的天性发展与成长环境之间的关系。当你放开手让孩子成长的时候，他是不会像你想的那样漫无目的、毫无纪律的，在他的内心中有一套自我发展的规律，他会听凭这个规律去学习、说话、排队等。如果我们压制它，或者想要人为地调整这个规律，就会破坏孩子的成长。

每个父母都希望自己的孩子健康快乐地成长，那不妨给孩子留些自由选择的空间吧。

在孩子的成长过程中，很多事情可以让他们自己做决定，比如他们可以自己选喜欢的衣服，自己决定零花钱的用处，自己决定吃饭的多少，自己决定做作业还是玩，父母要相信，孩子是会对自己负责的。

美君是家里的小公主，从小爸爸妈妈对她都很宠爱，也几乎替她安排好了所有的事情，美君似乎也习惯了爸爸妈妈的照顾。

可是，今年刚上初一的美君就宣布，从此以后要自己挑衣服，不要穿妈妈买的衣服了。这让妈妈很不高兴，也很担心，害怕美君选一些非主流的衣服。

"还是妈妈来替你选吧，妈妈还是很有眼光的。"美君妈妈有些不甘心，希望可以说服美君。

"不，我要自己选，你选了我是不会穿的。"美君一口回绝了。

"可是，你知道你穿什么样的衣服好看吗？"美君妈妈接着说。

"我会选我自己喜欢的。"美君也不甘示弱地说道。

"你要是选了那些看起来奇形怪状的衣服我是不会给你买的。"美君妈妈下了最后的通牒。

"放心，我会对自己负责的，才不会把自己打扮得像个外星人一样。"美君没好气地对妈妈说道。

妈妈吃惊地望着美君，才发现自己的小公主已经长大了，对事情也有自己的看法了，也是时候给这个小公主一些自由了。

其实，每个孩子成长到一定年龄段后，都希望可以自己做主。一般来说，当孩子有了这个意识之后，孩子的责任感也开始发展，孩子会替自己负责的。

所以，把自由留给孩子，父母能获得一份轻松，孩子也能学会自控，这对彼此都是有好处的。父母应该慎重地考虑一下这种教育方式。

【怎么听怎么说之现场演练】

为孩子留一些"自由的空间"

细心的家长可以想一想，和现在的孩子相比，谁的童年更幸福呢？

请对比一下我们的童年，和孩子现在的童年，你觉得谁更辛苦？

A. 我们那时候比较艰苦＿＿＿＿＿＿＿＿＿

B. 现在的孩子比较不容易＿＿＿＿＿＿＿＿＿

C. 都不容易＿＿＿＿＿＿＿＿

我们小的时候，各种物质条件很差，甚至有的同学衣服上有补丁，平时哪怕得到一盒蜡笔、一个乒乓球都要高兴半天。但是，那时候孩子的高兴事，现在的孩子却感受不到了。想想那个时候的上学生活吧：放学回家之后，用一个小时的时间做完作业，接下来就可以出去玩啦，男孩子们找个地方踢球或者捉迷藏、模拟打仗，女孩子则在院子里跳房子、跳皮筋。到了周末或者是暑假，胡同里面一大群的孩子，在那里捉蜻蜓、捉知了，还可以一起去郊外捉蛤蟆、捉蛐蛐，童年就是在游戏中尽情地释放欢乐。

而现在的孩子，和我们那时候的情况正好相反，他们享受着物质满足的同时，却减少了这个年龄应该有的"疯玩"时间。

一些调查显示，现在的孩子，平时要上课学习，到了节假日的时候，还要去参加各种补习班、兴趣班。这实在是挺让人无奈的一件事情。

但是对于现在的父母，尤其是上班族的父母而言，怎么让孩子有个多姿多彩的业余活动，确实是个难题。

现在大家住进楼房之后，院子没了，邻里之间的关系也变淡了，适合孩子们玩乐的场所也少了。我们要怎么做，才能为孩子创造一个适合他们玩乐的空间呢？

（1）你愿意帮孩子寻找一片适合他们玩耍的"安全地带"吗？

　　A. 觉得没必要＿＿＿＿＿＿＿＿＿＿

　　B. 觉得挺不好找的＿＿＿＿＿＿＿＿＿＿

　　C. 他们随便找个地方都能玩＿＿＿＿＿＿＿＿＿＿

　　D. 帮他们观察下地形，替他们寻找＿＿＿＿＿＿＿＿＿＿

我们可以帮孩子在居民小区内创造个玩耍的安全地带，或者作为业主提一些要求。比如不少公共健身设施多是为中老年人转腰抡臂设计的，利用率很低，恰恰缺少孩子们喜欢的篮板、球门等，这一情况应该改变。

（2）你愿意教孩子"怎么玩"吗？

　　A. 没必要，他们挺聪明＿＿＿＿＿＿＿＿＿＿

　　B. 愿意和他们互动＿＿＿＿＿＿＿＿＿＿

在双休日中，家长可以带着孩子打球、玩游戏，也可以带着孩子学习手工、学习厨艺。还可以干脆一家人比赛爬山，这些都是挺好的活动方式。我们可以给孩子多出主意，给他们支招，告诉他们应该玩些什么、怎么玩。

（3）你注意留给孩子"自己的时间"吗？

　　A. 之前没注意过＿＿＿＿＿＿＿＿＿＿

　　B. 注意，不会把他的时间排得满满的＿＿＿＿＿＿＿＿＿＿

我们要留给孩子自己做主的时间，哪怕是双休日有一天或者半天的时间让孩子自己说了算。哪怕让他多睡一会儿，哪怕让他在那里发呆。孩子的成长发育需要他逐步自主。

命令只会让孩子反感

"琳琳，你怎么磨磨蹭蹭地不肯起床啊，你必须赶快起床了，否则我们两个都得迟到，我可没有时间等你。快点！"

"快点，马上把牛奶喝了，然后背上书包，咱们马上出发。"

"琳琳，快点去帮妈妈倒杯水。然后，帮妈妈拿张椅子过来。你还在干什么，妈妈的话没听到啊，快点。"

"都放学这么久了还不写作业，快去先完成作业，做完之后才能出去玩。"

琳琳的妈妈是一个家长制意识比较浓厚的母亲，只要她在家，每天都会对琳琳发号施令，她认为对孩子的教育应该从小抓起，任何时候都不能松懈，所以在平时应该体现出威严。正因如此，妈妈经常以命令的口吻对琳琳说话，最常说的就是你必须马上去做、你绝不能这样做等，殊不知，对于她的这种说话方式，琳琳已经非常反感了，她讨厌母亲总用这种命令的方式让她办事，为此经常表现出反感和叛逆的情绪，总喜欢跟妈妈对着干。

现实生活中像琳琳妈妈一样的父母并不少见，这些父母喜欢根据自己的意愿安排孩子的行动，动辄发号施令或是斥责孩子，这是非常不好的。孩子虽然还小，但也有着自己的独立思想和感情，他们更希望按照自己的意愿办事。在他们看来，父母命令式的说话方式，不仅是家长权威的流露，也是双方地位不平等的表现。

所以，在家庭中，父母发号施令的说话方式不仅无法令孩子信服，还很容易激起孩子的叛逆情绪。当面对家长的命令时，孩子有时候会不得已而去执行，但更多的时候则会表现出反感和反抗的情绪。因此，家长如果想让孩子愉快地接受自己的教育，或者让孩子帮忙做一些力所能及的事情，应该避免对孩子发号施令。

火火是个十分爱睡懒觉的学生，每天早上闹钟响了好几遍了他仍然不愿意起床，妈妈因为担心他上学迟到而不得不一次又一次地到他的房间催促他。

"火火，快点起床了，你的闹钟已经响了，还不起来今天又要迟到了。"

"火火，怎么还不起来啊，你看都几点了，你必须马上起来了。"

"嗯，马上。"见妈妈已经叫了好几遍，火火只得答应道，可说完之后，他按掉闹钟，仍然赖在床上不愿意起来。

火火的妈妈见到这状况，禁不住大发雷霆："你必须马上起来了，马上穿衣服，然后去洗脸刷牙，之后再把桌上的牛奶喝了，必须马上这样做，快点！"

可能父母会觉得，对孩子发号施令是父母的权利，命令孩子做事情也是理所当然。但是，孩子终有一天是要长大的，当他们有了独立自主的意识，就会对父母命令的口气感到很反感，认为父母不尊重自己，也就不愿意听从父母的话。有的父母为了维护自己的面子，更喜欢强迫孩子做某些事情，这样的话，孩子与父母之间会产生对抗，进而影响良好的亲子关系。

教育孩子是要讲究技巧的，而要孩子乖乖听话、服从教育，更需要父母运用智慧，具体来说，在家庭教育中，有一些智慧是父母必须努力掌握的。

首先，在生活中，家长如果要求孩子做某事或者快点行动时，可以试着改变命令式的口吻，而改用商量的口气。因为不管在什么条件下，命令都是不平等的，而商量的口气则会让孩子感受到平等和尊重，才更有利于拉近父母与孩子间的距离，只有这样，孩子才更容易接受父母的教导，按照父母的要求办事。

其次，父母在避免发号施令的同时还可以采取一些灵活的说话方式来增强教育和说话的效果，如父母在要求孩子办事情的时候可以通过讲道理、表扬、鼓励等方式让孩子体会到行动的价值；父母在希望孩子立即行动时可以采用激将法、游戏比赛的方式来激励孩子的行为等。

我们可以改变与孩子沟通的方式，不用命令的口气和孩子说话，多从孩子的角度去思考问题，多听取孩子的意见，并且让孩子平等地参与到事情的决策之中，这样的孩子就会易于接受父母的观点，愿意按照父母的意愿做事情。

【小技巧】

（1）放下权威至上的观念，平等地对待孩子。

（2）养成"和孩子商量"的习惯。

（3）用孩子的眼光看待问题。

对感受要宽容，对行为要严格

孩子们是无法禁止自己的感受的，比如面对未知的事情的时候，充满恐惧；面对糟糕的事情的时候，满心的绝望。作为父母，这时候怎么办呢？

小勇今年刚上初一，以前都是住在家里的，现在由于学校要求进行封闭式管理，不得不住到学校。想到这里，他的心里很是害怕。

开学第一天，小勇就对妈妈说："妈妈，我心里有些害怕。"

"怕什么呢？男子汉不要怕！"小勇的妈妈有些不高兴地说道。

"学校住的地方晚上有灯吧！"小勇继续问道。

"有！你这孩子，真是的，这点事都怕，不要怕，听见了没有？"小勇的妈妈生气地呵斥道。

小勇感觉到妈妈似乎有些生气，就再也不说话了。而且，慢慢地在学校里遇到一些事情，也不再愿意跟妈妈说了，担心妈妈又说他胆小怕事，不勇敢！

面对自己从未经历过的事情，每个人都会有一丝害怕，这种感受是很正常的。可是，小勇的妈妈不仅不体谅他的感受，还指责孩子不勇敢，这导致了孩子后来有事情不愿意跟自己的妈妈分享。

试想一下，如果小勇的妈妈能宽容点对待孩子的这种感受，体谅一下他的害怕，孩子会感到妈妈的可亲，自然也不会疏远妈妈。

我们都喜欢和那些能够站在我们的角度，体谅我们感受的人做朋友。孩子何尝不是呢？

可是，对孩子的行为却不能纵容，需要严格要求的时候，必须严格。孩子的自制力等能力还在培养中，只有父母严格要求才有助于孩子养成良好的习惯。

丽丽今年5岁了，每天放学回家后的第一件事情就是放下书包，坐到电视机前，然后一直看到睡觉。丽丽的妈妈觉得这样不仅影响孩子的学习，也会伤害到孩子的眼睛。

"丽丽。把电视关了。"丽丽的妈妈每次都这样喊叫，可丽丽仍是无动于衷。气急败坏的丽丽妈妈就自己动手把电视关了。可是不一会儿，丽丽又把电视打开了。这让丽丽的妈妈很是无奈。

久而久之，丽丽的妈妈对此实在是没有办法了，只好放弃了，任由丽丽放学回家后一个劲儿地看电视。

　　直到丽丽的爸爸有一次严厉地教训了丽丽一顿，丽丽这种坏习惯才有所收敛。但是丽丽很长一段时间都因为爸爸的教训闷闷不乐，不敢跟爸爸说话。

　　丽丽不加限制地看电视的行为，的确是很不好的，作为妈妈严格限制也是没有错的，可是，丽丽的妈妈却没有收到效果，这是为什么呢？主要原因就是丽丽妈妈的方法。

　　在我们严格要求孩子的行为的同时，一定要注意我们的方法。父母对孩子的行为严格要求，但不一定要采取严厉说辞。相反，要尽可能地采取温和的说辞，给孩子留一些主动性，以防激起孩子的逆反心理。

　　要知道试图强迫孩子改变无法让人接受的行为，结果一定是令人失望的。

　　因此，在这里，我们给父母一些建议：针对孩子的不当行为，首先要理解孩子做出这种行为的心理原因，也就是首先搞清楚孩子是怎么想的。不过，不管孩子的想法是正确的还是错误的、是可以原谅的还是不可以原谅的，都不要去指责孩子，而要尽力去理解孩子的心理。

　　其次，针对孩子的心理，好好引导，在此基础上严格要求孩子的行为。

　　总之，父母在看待孩子的感受和行为时要区别对待，孩子还只是孩子，如果在教育孩子的过程中没有让孩子从心理上接受父母的教育，那可以说是白费力气了。

【怎么听怎么说之现场演练】

制定规则，大家一起来遵守

　　俗话说，国有国法，家有家规，我们要给予孩子充分的自由，但是这个自由也是有底线的，是要在遵守规矩的范围之内。和孩子一起制定规则吧，规则的制定可以根据不同家庭的情况，但是有几个原则却是不可以改变的。

（1）制定规则后，你能下决心按照规则惩罚孩子吗？

A．说得比较狠，其实做不到＿＿＿＿＿＿＿＿＿＿

B．说到做到，不留情面＿＿＿＿＿＿＿＿＿＿

你的孩子在电脑前专心打游戏，这个时候开饭了。你很不高兴地命令孩子说："再不来吃，你最喜欢的可乐鸡翅就没有了。"

但是孩子对你的话充耳不闻，无奈之下，你只好叹口气，等孩子什么时候过来吃饭再给他吃。

像这样的情况，就属于我们说话不算数，孩子当然会感觉无所谓。如果是立了规矩，那就一定要说到做到。

这样不仅能树立起父母的权威，同时也教育了孩子：爸爸妈妈尊重你的选择，但是你要自己承担后果。

（2）孩子不听话，你会不会有情绪化反应？

A．会的，会因为一件事而扯到其他事＿＿＿＿＿＿＿＿＿

B．不会，和孩子说话从来就事论事＿＿＿＿＿＿＿＿＿

孩子吃饭的时候不老实，把饭菜弄得满桌子都是，妈妈看到之后，一下子暴脾气就上来了："你真是烦人啊，怪不得幼儿园的老师不喜欢你。"孩子听了这话，委屈地哭了起来。其实，像这样情绪化的指责，孩子根本不知道家长想要表达什么。

所以，当我们看到孩子有某些不合规范的行为，可以心平气和地和他讲，比如说"不喜欢的菜可以不吃，但是不能乱扔"等等，就事论事，教育的效果会更明显。

（3）你觉得"立规矩"这个事情在教育中有必要吗？

A．全是形式，没必要＿＿＿＿＿＿＿＿＿＿

B. 没规矩就没方圆，有必要＿＿＿＿＿＿＿＿

孩子越是对自己喜欢的事情，往往越没有节制。给孩子立规矩，是在帮助孩子懂得"自我控制"，长大之后才能成为一个对自己行为负责的人。

（4）你在处理问题的时候会考虑到孩子的感受吗？

A. 这点做不到＿＿＿＿＿＿＿＿

B. 会的，尽量委婉些＿＿＿＿＿＿＿＿

孩子心爱的水瓶丢了，他会伤心地哭，买个新的，孩子还是闷闷不乐，怎么回事？很多家长都有类似的困惑。孩子有自己的思维方式，家长应该多从孩子的角度来考虑问题。

让孩子从自主中得到成长

松开手中捆绑孩子的线

向往自由是人类的天性，18世纪法国大革命的思想先驱卢梭曾经说过"不自由，毋宁死"，来表达自己对于自由的渴望。

孩子也有同样的渴望，他们也需要自由的空间。尤其是随着年龄的增长，孩子更不喜欢大人打扰属于自己的那片清幽的小天地，他们总有那么多"不能说的秘密"，需要一个人在夜深人静的时候独自享受。

15岁的初三女孩儿小兰，为父母一直把她当作小孩子、限制她的自由感到特别烦恼。

她说，父母就像看劳改犯一样管着她，有时比看管劳改犯还要紧。

　　她所做的每一件事都是父母为她安排的。她感觉到自己像一个玩具，毫无自由可言，连每天吃什么、穿什么、看多长时间书、做多长时间功课、练多长时间古筝、看多长时间电视、几点上床、几点起床，甚至连她日记中写的什么内容，父母都要干预……

　　尤其让她感到不舒服的是，学校就在家对门，父母还要坚持每天接送她，这让她在同学面前很没有面子，感觉自己是一个实实在在的囚徒……

　　孩子的成长需要自由的空间。要想使他们茁壮成长，父母就一定要给他们活动的自由，而不是把他们控制在一个小小的"鱼缸"，让他们成为鱼缸中悲伤的鱼儿。

　　父母管孩子，是出于对孩子的爱，这对于孩子健康成长是必需的，然而在现实生活中，有的父母总想事事都替孩子管，会扼杀孩子的天性，令孩子产生窒息的感觉，甚至会对父母心生怨恨。

　　这是父母和孩子都不愿意看到的后果，也是让父母和孩子都感到很委屈的一种后果，这个时候，父母想：我那么爱孩子有错吗？然而孩子会反过来想：为什么你们的爱会让我如此痛苦，你们这么做是真的爱我吗？

　　生存法则告诉我们：动物如果学不会自己捕食的话，就有可能饿死。孩子也是同样，在父母庇护下长大的孩子通常没有在社会独自生存的能力，一旦父母由于一些原因无法顾及到他们，他们就只能被社会淘汰。

　　心理学家贝克说得好："对子女督促过严的父母，也许可以逼使孩子养成良好的习惯，却也会使子女有不安、依赖、胆怯、敢怒不敢言、不爱做劳心工作，以及不喜欢参加有创造性的活动等缺点。比较起来，这种教养方法是得不偿失的。"这番话很值得父母深思。

著名的教育工作者孙云晓曾说过："中国的父母正在辛辛苦苦地酝酿着孩子的悲剧命运，争分夺秒地制造着孩子的成长苦难。实际上，我们的父母在和自己作战，用自己的奋斗来击毁自己的目标。"父母限制孩子的自由，实际上是在制造孩子和自己的距离，在某些时候会导致"控制"和"反控制"的斗争愈演愈烈。

父母应克制自己的想法和冲动，只有真正把属于孩子的空间还给他们，让他们从单一的学习中解放出来，让他们的生活变得丰富多彩起来，让孩子成为自己的主人，他们才能获得真正的成长。

对此，父母一定要给孩子足够的自由，对一些无关紧要的事情少管或不管，让他们养成独立生活的习惯。同时，避免他们因这些小事产生逆反心理，从而拒绝接受所有的要求，包括合理的要求。

只有这样，父母才能把自己的孩子培养成为生活的强者。成长与成才其实都需要顺其自然，让孩子走自己的路，水到自然渠成地达到他应该到达的位置。

【小技巧】

（1）在孩子面前不能太强势。

（2）能不管的事情尽量不管，提高其自主性。

（3）不能用"我是大人"来压孩子。

给孩子定的规矩越少越好

每个父母都想不费吹灰之力就可以把孩子教好，因此他们发明了一套简单省事的办法，那就是给孩子定很多规矩。

这些规矩中有要求孩子要主动去做的一些事情，也有一些是禁止孩子去触碰的事情。他们相信这一切都是为了孩子好。

然而，这样做真的就是为了孩子好吗？

首先，这样做的结果有时候还是会在父母的预料之外，尤其是那些禁止孩子做一些事情的家长。

比如不让读不健康的书，不让早恋，不允许玩游戏、网络聊天等。但是一味地严厉禁止，却不讲明利害，就容易产生"禁果效应"，反而增加孩子的好奇心，使他们在好奇心的驱使下甘冒风险去尝试那些也许并不甜的"禁果"，反而使教育走向了反面。

不仅如此，一般而言在父母管教过严、定规矩太多的家庭环境下长大的孩子，往往性格懦弱、没有主见、遇事慌张。家长过度限制孩子的自由，处处指责，也会影响他们自身各方面能力的提高，限制孩子的发展。

数年前，美国大学的学生们被各种规章制度束缚着，一言一行都受到关注，好像他们是无力管理自己的小男孩儿。有些学校像对待小偷一样对待学生，甚至派出"校园间谍"跟踪他们，监视他们的行踪。

学生们被强迫参加各种祈祷会和礼拜活动，如果哪一次活动缺席，就会被记录在案。为了应付点名，他们常常编造各种谎言，想方设法为自己找借口。总之，他们就像无力控制自己的行为，不会调理自己的生活一样，得不到学校的信任。

结果就出现了这样的情况：一旦他们脱离监视和控制，就会抛掉一切约束，像脱缰的野马一样，极度放纵自己。长期的压制使他们不再珍视自由，而是把自由当成放纵自己的大好机会。

后来，在校长艾略特的领导下，哈佛大学决定对学生充分放权，给他们自由发展的空间。

哈佛大学曾因此受到来自社会各界的强烈批评，当其宣布对参加唱诗班和做礼拜不做强制性规定时，家长们更是惊恐万状，害怕自己的孩子会走向堕落，直至不可救药。

但是艾略特认为在严格监督管理下的学生无法形成良好的性格，也不会有一个健壮的身体。

他苦心劝慰那些不安的父母，废除强制性的管理措施只是为了充分发挥孩子的全方位素质，他和同事们也是尽力这么做的。他指出，为了让学生健康成长，必须把他们人性当中最优秀的因素激发出来，相信他们能自己管理自己，相信他们有很好的自控能力和强烈的荣誉感，在走出校门时，不但拥有一张货真价实的文凭，还拥有良好的综合素质。

哈佛大学倡导的自由式教育得到了美国教育部的肯定，并在全国大力推广。今天，在美国这所最有名望的大学校园里，因为废除了许多陈旧的规章制度，让学生充分感受到了自由。

事实证明，得到自由的学生能够很好地管理自己，更具独立品格，更遵守秩序，也更加健康。

虽然现在哈佛大学的学生增加了几十倍，但是犯罪和被开除出院的比例却比艾略特进行改革之前低得多。这就是最好的证明。

有位教育家说，当孩子显露出某方面的天赋时，我们的教育不但不加以引导和启发，反而用纪律的条条框框去归整它，使它符合我们大人的习惯，这是多么悲哀的事情啊。其实我们在用条条框框去束缚孩子行为的同时，也束缚住了孩子的思维，让他们的习惯固定化，使孩子变成一个只会听话而不懂思考的机器。

因此，这位教育家一而再再而三地提醒父母：给孩子定规矩越少越好，这样才会让孩子的天性得到长远而富足的发展，让孩子健康快乐地成长。

需要注意的是，不少父母有一个错误的观念：若想纠正孩子的坏习惯，就必须给孩子定规矩。

我们这里说给孩子定规矩越少越好，并不是说反对父母纠正孩子的坏毛病，纠正孩子的坏毛病需要父母的合理引导，但是在此过程中，还是避免采取生硬地给孩子定规矩的方法。

提到规矩，我们总是容易想起它的同义词——纪律，然而纪律不应该只是一味地限制，这也不许做，那也不许做，让孩子没有主动的权利。

有时候纪律还有另一个侧面，那就是给予孩子适当的鼓励，鼓励孩子打破常规，让孩子自己去发现。可是，不得不提醒父母的是，只有给孩子少一些规矩的束缚，孩子才会有机会和能力去打破这种束缚。

【怎么听怎么说之现场演练】

防止孩子养成违反公德的习惯

少设立规矩不等于完全没有规矩，我们要给孩子设定一个底线，原则性错误是一定要制止的。

（1）不可以让孩子有抱怨的心。

你经常在孩子面前抱怨别人吗？

A．和别人会，和孩子不会＿＿＿＿＿＿＿＿＿

B．很少会抱怨＿＿＿＿＿＿＿＿＿

C．经常抱怨＿＿＿＿＿＿＿＿＿

其实在绝大多数的家庭中，很多家长尤其是当妈妈的，喜欢抱怨别人。那么，孩子会很自然地学会抱怨别人，推脱自己的责任。

（2）让孩子养成能吃亏的习惯。

你愿意教给孩子学吃亏吗？

A. 不，不想让孩子吃亏_____

B. 会的，学吃亏有大智慧_____

吃亏是福，会吃亏是一种智慧，能吃亏才能做大事。教孩子别斤斤计较，让孩子不要只顾眼前利益，对他们的成长很有益。

要相信自己的孩子有主见

每一年在高考结束后报志愿的时候，很多家庭都会为此展开一场"战争"。父母为孩子考虑，希望孩子选择一个就业率高，有着美好前景的专业，而孩子也是出于对自己人生的考虑，希望选择一个自己喜欢的专业。

"战争"的结果不管是父母胜利了，还是孩子胜利了，都会在双方的心里留下芥蒂，甚至有不少孩子因此对父母心生怨恨。

为什么会出现这种情况呢？站在孩子的角度看，这是因为父母剥夺了他们的自主选择权。其实，这种情况完全可以避免，那就是父母应该尽量相信自己的孩子，相信他们已经长大，对自己的人生已经有规划、有主见，不要随意去剥夺孩子的这种权利。

薇薇已经18岁了，是一个亭亭玉立的姑娘，她很喜欢小孩子，每次回到家里总喜欢跟哥哥家6岁的孩子玩。她对于自己的人生也已经有了一个小小的规划，她的人生梦想就是做一名幼儿园的老师。今年薇薇参加了高考，成绩还不错，可以挑一所重点大学。

这本来是皆大欢喜的事情，但是她整个暑假都过得不开心。原来，一家人在填报专业上发生了很大的分歧：薇薇想学自己感兴趣的教育学，在她看来，这是符合她的人生理想和规划的。但是父母总觉得教育学就业前景不好，现在对于教育的要求太高，动不动就要研究生毕业，他们认为新闻专业更适合女儿，女儿天性比较活泼，待人处世也比较沉稳，他们希望她成为一名记者，于是坚决主张薇薇报新闻专业。

"这是你的人生大事，爸爸妈妈有经验，你就听我们的，我们绝对不会害你。"妈妈开导薇薇。

"正是因为这是我的人生大事，我才一定要坚持学自己喜欢的专业。你们总是说我没有经验，但是你们给我锻炼的机会了吗？从小到大，哪一次不是你们决定的，这一次我绝对不让步！"

薇薇的反问值得家长深思。很多时候，家长抱着"为了孩子好"的想法，剥夺了孩子成长应有的空间，让孩子在父母设计的世界里成长。可结果却是孩子不但不领父母的情，还怨恨起父母。

仔细想一想，也都能理解。随着孩子的成长，他们的独立精神也在慢慢成长，等长到一定年纪的时候，就希望可以自行决定一些事情，小到自己穿的衣服，大到自己上的大学以及自己要学的专业。父母这时候能做的就是支持孩子的想法，这是孩子成长过程中走向独立的重要一步。

要相信孩子对于自己的生活和未来有自己的主见，不要随便剥夺孩子为自己做决定的权利。孩子的选择可能不是最佳的，但最佳的意义并不能胜过一次独立做主的经验，及由此得到的自豪感。

调查显示，青春期的孩子和父母冲突的一个重要原因，就是孩子总觉得父母剥夺了自己做主的权利。

程君今年 13 岁了，正在读初中。

一次，程君在姨妈家认识了一个新朋友玲玲，她比自己小半岁，但是已经学习舞蹈三年了。玲玲在家长的鼓励下表演了一段拉丁舞，这下刺激了程君妈妈的神经。

"我们的女儿成天像个男孩子，和小区的孩子们打打杀杀，不成样子。我看见老马家的女儿去学舞蹈了，跳得很有气质，不然我们也送女儿去学习？"

和爸爸商量之后，妈妈马上就给程君报了舞蹈课。

但是天生好动的程君根本不听老师的指挥，不仅上课讲话，学习也不专心。不到两周，程君就说什么也不上辅导班了，妈妈在家里急得直跺脚，但眼前的"假小子"一点儿改观都没有，还对妈妈多了一丝反感，两个人的关系也开始紧张起来。

没有人喜欢让别人决定自己的命运，孩子也一样。有时候，尊重孩子，让孩子自己做决定可能比替孩子做决定更能赢得孩子的爱戴。

【小技巧】

（1）"收放适度"的教养策略。

（2）让孩子感受到我们的善意。

（3）让孩子对我们信服。

（4）相信孩子能做好自己。

不要过多地干涉孩子的自由

观察自然万象，我们就会发现这样一个真理：只有自由的土壤才能培养出天地间的强者。为了自由，狼宁愿去搏杀，在险象环生的环境中生活，也不愿意享受"被限制了自由的富贵"。

同样的道理，父母如果想把孩子培养成为生活中的强者，就应该多给他们一些自由的空间，不应该随便插手孩子可以自己独立解决的问题。

海伦是 11 岁的小姑娘，但她却是一家夏令营的辅导员助手。她为人既公正又热情，而且待人细致周到。海伦的妈妈一向相信海伦的自理能力和出色的社交能力，从来不会对她有半点怀疑。

这一天，妈妈和海伦通电话，感受到海伦的情绪有些不佳。

"亲爱的，你不是很高兴吗？"妈妈问道。

"妈妈，我之前的辅导员走了，新来的辅导员很粗鲁，对我们这些工作人员很厉害。"

"她对你也很粗鲁吗？"

"今天早上，我召集队员的时间有些晚，她竟然当着全队人的面，将我训斥一番，我觉得很没面子。"

海伦说到这里，在电话中忍不住哭了，她的妈妈很为女儿难过："她这样做不对，我现在马上给你们学校的领导打电话，我要去提意见。或者我们辞掉这份工作，回家来吧。"

妈妈心疼女儿，这无可厚非，但是这位妈妈想让校领导批评辅导员，会让海伦更加认为自己是委屈的。其实，海伦本身也有失误的地方，妈妈这样的话会让女儿无法反省自己的责任，这样下去，辅导员在她心中的形象会进一步恶化，从而对今后她们的工作关系更加不利。

说到底，孩子和周围人的关系如何，需要孩子自己去处理。如果家长介入其中，就会剥夺孩子处理问题的权利，让孩子失去一次成长的机会。

当然，这不是说孩子在遇到事情的时候，父母不管不顾，孩子需要父母的指点，需要父母的帮助，但是父母不能过多地干涉。父母要做的就是稍稍地引导一下孩子，把最重要的一步留给孩子来决定。

如果海伦的妈妈能够换一种说法，结果就会不同了。

比如妈妈这样说："亲爱的，我很能够理解你，我想你现在一定觉得很不好过，但愿同妈妈谈一谈能让你心里变得舒服一些。"

接下来，家长要做的是帮助孩子分析整个事件的全过程，帮助孩子反省一下自己的责任，同时还可以抚慰一下孩子的心情："辅导员老师估计是比较粗鲁，不过我觉得，学会与各种各样的人交往、相处，也是你参加这项服务的目的之一。如果你能够想出办法与辅导员的关系处得融洽一些，对你今后的工作会有好处，也锻炼了你与人相处的本领，你觉得如何呢？"这样的话说出来，会转变先前孩子的抱怨情绪，给孩子留下思考和发展的空间。

不要干涉孩子的自由，不仅仅是不干涉孩子自由发展的权利，也不要干涉孩子自由选择的权利。

不干涉孩子的自由选择，会慢慢让孩子学会独立面对社会现实，并不得不学会承担自己应该承担的责任。

这个社会是很现实的，家长应当允许孩子有机会接触生活的各个方面并且学会如何来应付它们，而不是将他们与现实隔离开来，所以，当孩子在成长过程中出现状况时，家长要引导他们，而不是干涉他们。

每个父母都希望自己的孩子成为生活中的强者，希望自己的孩子勇敢面对人生的风雨，可如果父母不放手给孩子经历风雨的机会，不给孩子独立面对社会的自由，那孩子如何成长呢？所以说，爱孩子就不要过多干涉孩子的自由，让孩子自由地飞翔，才是真正爱孩子。

【怎么听怎么说之现场演练】

杜绝"四个过度"

家长对孩子要求得太多，管得太多，会让孩子觉得喘不过气来。所以，我们要杜绝四种过分的行为，对孩子的健康成长是有好处的。

（1）家长期望过高，孩子会对自己失望。

你平时会对孩子抱以很高的期望吗？

A. 会的，希望他很出色，给我们长脸＿＿＿＿＿＿＿＿

B. 不是，让他顺其自然地成长＿＿＿＿＿＿＿＿

对孩子的期望值过高，会给他们内心造成很大的压力。而一个孩子的成功，并非只取决于智商，而主要是取决于情商，要看孩子有没有良好的心理素质，以及好的性格。

（2）家长保护过度，孩子会表现出无能。

孩子觉得你是个唠叨的家长吗？

A. 是的，觉得我很唠叨＿＿＿＿＿＿＿＿

B. 还行，没太多反感＿＿＿＿＿＿＿＿

如果孩子觉得你是个唠叨的妈妈或者爸爸，那么你要好好反思一下喽。现在很多家长喜欢包办子女的事情，要知道，如果一个孩子从小不愿意对自己负责，那么他长大之后就不会对家庭负责，也不会对社会负责。

（3）家长过度关爱，孩子反而无情。

你有时会觉得自己养了个"白眼狼"吗？

A. 有点，觉得他们不够懂事＿＿＿＿＿＿＿＿

B. 没有，孩子挺懂事＿＿＿＿＿＿＿＿

心理学家说，孩子从出生到10岁的时候，他们对家长所表现出的亲近并不是爱，而是依赖。21岁以后对家长才会产生爱的感情。所以我们不要给予得过多，而是要培养孩子的爱心，这也是我们做父母的责任。

（4）家长过度指责，会让孩子手足无措。

你觉得自己的孩子是"笨孩子"吗？

A. 是的，很笨＿＿＿＿＿＿＿＿

B．不相信有笨孩子＿＿＿＿＿＿＿＿＿＿＿

联合国教科文组织曾经做过一次调查，中国的孩子是读书最刻苦，各种比赛成绩最好的。但是中国的家长对孩子的满意率最低。

究其原因，可能是因为中国人做人做事都比较低调，很少有人愿意当着别人面夸自己的孩子。殊不知，夸奖能够使白痴成为天才。

给孩子一定的发言权

让孩子有意识地为自己负责

调查显示，许多企业在选择职工的时候，"责任"是他们考虑的首要原则，没有老板喜欢不负责任的员工。

父母也希望自己的孩子是一个负责的好孩子。可是，很多父母的所谓的负责，是让孩子在成长的过程中学会对他人负责，而忽略了对自己负责。

汪洋是家里的老大，父母总是告诉他要照顾弟弟，这是他作为哥哥的责任。有一次，弟弟很想吃苹果，于是哥哥就偷偷从邻居家里拿了一个。结果被妈妈发现了，大声地训斥了一顿。

"你不是说照顾弟弟是我的责任吗？我这是在履行我的责任。"汪洋委屈地对妈妈说。

妈妈看着汪洋委屈的样子，觉得这样大声地训斥孩子是有些过分。于是，她蹲下来，很温和地对汪洋说："是让你照顾弟弟，可是你知道吗，如果为了照顾弟弟去偷东西，就是对自己不负责任了。"

"对自己不负责？"汪洋有些疑惑。

"对，对自己不负责。一个人如果为了照顾别人而做一些坏事，这就是对自己不负责。"汪洋的妈妈说道。

其实，要让孩子学会对自己负责，也不是一件很难的事情，专家给家长提出以下的建议：

首先，要逐渐培养孩子独立自主的意识。其实，随着年龄的增长，孩子的独立自主意识会慢慢地显示出来，父母需要做的，就是尊重孩子的成长规律，不要给孩子太多保护，忌孩子对父母太过依赖。

李嫣已经8岁了，可是父母总是觉得孩子还太小，很多事情都不让她去做。

"妈妈，能让我一个人去上学吗？学校离家很近，我坐公交车一会儿就到了。"

"不行，现在社会这么乱，还是让爸爸开车送你去吧。"

"妈妈，能不能让我自己来整理书包？"

"算了，还是妈妈帮你吧，这样能快很多，省时间哦！"

就这样，李嫣习惯了什么事情都不做，都让妈妈去做。

其次，当孩子犯了错误时，父母不要替孩子包揽过失，要让他自己去承担。每个孩子都会犯错，而犯错也是一个成长的契机，聪明的家长会利用这个机会，让孩子有意识地为自己负责。如果总是认为孩子还小，而大包大揽，孩子不但错失了成长的机会，可能还学会了推卸责任。

白杨很喜欢看《哈利·波特》，动不动就把家里的拖把骑来骑去。他已经弄坏了3把拖把了，这让他的妈妈很头疼。

有一天，他的妈妈语重心长地对他说："白杨，你已经弄坏了家里 3 把拖把了，你得为你的行为负责任。我决定以后再也不会批评你骑着拖把跑来跑去了，但是如果拖把被你弄坏了，我会直接从你的压岁钱里扣除买拖把的钱，知道吗？我想，你应该为你自己的行为负责。"

听了妈妈的话后，白杨便很少骑着拖把在屋里走来走去的了。

最后，培养孩子严格要求自己的意识。一个人能严格要求自己，是对自己负责的体现。在外界的压力下，很多人都可以表现优异，但需要自律的时候，可能就需要标准和约束。

阿娇是一个很可爱的孩子，同学们都很喜欢和她玩，老师也觉得阿娇表现很好，上课的时候总是端端正正地坐在那里，认真地听课。

可是，回到家中的阿娇却是另外一个样子，坐没有坐姿，站也没有站样。

"娇娇，为什么你可以在学校里表现那样好，连老师都夸你，可是回到家里，连个坐姿都没有？"妈妈问阿娇。

"学校的时候有老师监督，回家了老师又不监督我。"

"这样的想法可不对哦，就算没有老师监督，你自己也得严格要求自己！"

"为什么呀？"

"你想一下，如果你一直在家里坐没有坐姿，站没有站样的，久而久之，就会养成习惯，会影响你去学校以后的表现。还有，若看书写字姿势很不正确会严重伤害你的眼睛。即使你在学校里坐得端正，如果在家里看书写字都趴在桌子上，眼睛还是会近视的。你说对不对？"

"嗯，好像对。"

"那以后一定要严格要求自己，好吗？"

阿娇点了点头。

【怎么听怎么说之现场演练】

做"让孩子有主见"的父母

任何事都过犹不及，如果孩子过于听话以至于到了自己没有主见的地步，我们应该怎么办呢？怎样让孩子有主见呢？

（1）你尊重孩子自我成长的轨迹吗？

A. 希望孩子的成长按照自己的要求走＿＿＿＿＿＿＿＿

B. 希望孩子按照他自己的意愿成长＿＿＿＿＿＿＿＿

随着孩子慢慢长大，他会越来越有自己的见解，而两代人之间在成长背景、成长经历、价值观等诸多方面的巨大差异，孩子的见解很有可能和我们的不同。如果我们能够尊重孩子，亲子之间就可以互相接纳；如果我们能够欣赏孩子的优点，和孩子就可以互相滋养。

（2）你对自己的孩子有足够的自信吗？

A. 不好说，毕竟他是小孩子＿＿＿＿＿＿＿＿

B. 相信自己的孩子，不怀疑＿＿＿＿＿＿＿＿

任何人都是喜欢自由自主，而依赖性则完全是后天培养的。家长对孩子的好心往往成就了孩子的依赖性。比如：

"你一定要多吃一点，否则的话肯定会饿。"

"你一定要多穿衣服，小心感冒。"

"这个你肯定做不了，还是我弄吧。"

难道我们的孩子连吃不饱穿不暖也不懂吗？父母对他的督促多一次，孩子对自己的督促就少一次，而这种自主性就会被破坏一次。家长应该相信的是：任何孩子天生都有自主独立的愿望，也都能够胜任他的那个年龄可以做的事，他会自觉地通过犯过的错误纠正自己的做法。

如果父母真的可以做到这些，根据孩子的自主要求给予必要的支持、建议和帮助，而不是将自己的意见强加给孩子，那么孩子的自主独立精神一定可以培养起来。寄宿学校，我们不需要跟着爸爸去他工作的地方，他会每周末回家，我们也只能每周末回家。

慢慢地，随着我和弟弟长大，我们开始越来越像个男子汉，周围的邻居都夸我和弟弟是有主见、有责任感的好孩子，我想这跟我爸爸从小就给我们发言权密不可分。

没有一个人可以一下子长大，成长是一个缓慢的过程，父母在这个过程中应该尽量让孩子对自己的事情有发言的机会。不管他们说得对或错，都会培养孩子的能力，这对于他们日后走上社会是一笔财富。

教孩子聪明勇敢地说"不"

家长在教育孩子的过程中，也应该让孩子明白这样的道理：一个主动掌握着自己命运的人，一个不被别人左右的人，一个敢于挑战自我、突破自我的人，一定是一个懂得如何说"不"的人。只有学会说"不"，才能把握住每一个机会去展现自己，去尝试改变。

凯梅从小就是一个老好人，很少对别人说"不"。这种性格在她的学生时代带给了她不少的麻烦，但她却并没有改变。大学毕业参加工作不久，她的这种性格就给她招来了更大的麻烦，这让她很心烦。

她的姑妈决定给凯梅上一堂人生课。于是她的姑妈就假装来到她工作的城市看她。凯梅陪着姑妈在这个小城转了转，就到了吃饭的时间。

当时，凯梅身上只有 50 元，这已是她所能拿出来招待对她很好的姑妈的全部资金。她很想找个小餐馆随便吃一点儿，姑妈却偏偏相中了一家很体面的餐厅。凯梅没办法，只得随她走了进去。

俩人坐下来后，姑妈开始点菜，当她征询凯梅意见时，凯梅只是含混地说："随便，随便。"此时，她心中七上八下，放在衣袋中的手里紧紧抓着那仅有的 50 元钱。这钱显然是不够的，怎么办？

可是姑妈似乎一点儿也没注意到凯梅的不安，她不住地夸赞着这儿可口的饭菜，凯梅却什么味道都没吃出来。

最后的时刻终于来了，彬彬有礼的服务员拿来了账单，径直向凯梅走来，凯梅张开嘴，却什么也没说出来。

姑妈温和地笑了，她拿过账单，把钱给了服务员，然后盯着凯梅说："傻孩子，我知道你的感觉，我一直在等你说'不'，可你为什么不说呢？要知道，有些时候一定要勇敢坚决地把这个字说出来，这是最好的选择。我这次来，就是想要让你知道这个道理。"

女孩儿的姑妈教给了女孩儿一个道理，那就是在该拒绝的时候要聪明勇敢地说"不"，尽管说"不"代表"拒绝"，但有些时候，说不也代表"选择"，而且是一种必需的选择。

家长应该从孩子还小的时候，就给孩子灌输一些必须的观念：

（1）说"不"是你的权利，你不要因此而自责。很多孩子经常会因为拒绝了同学或者朋友的请求而惴惴不安，害怕同学和朋友因此而疏远自己。这时候，就需要家长告诉孩子，说"不"是一个人的权利，尤其是对一些过分无理的请求，如果这个人是真心把你当朋友，他也一定不会因为你行使了自己的权利就疏远你的。

（2）每个人都有一个自我的存在，不要因为害怕拒绝而丢失了自我。家长应该告诉孩子，当对一些人或者一些事情说"不"的时候，不仅仅是一种拒绝，更是一种选择，选择不去做怎样的人，或者不去做怎样的事情。每个人的一生都会受到无数的诱惑，只有那些勇敢地对这些诱惑说"不"的人，才能成就自己的人生和事业。而且勇敢说"不"并不一定会给孩子带来麻烦，反而是替孩子减轻压力。如果一个人想活得自在一点儿、有原则一点儿，就得勇敢地说"不"。

（3）对于自己力所不及的事情，勇敢地说"不"，是对自己负责也是对他人负责。生活中经常出现这样的例子，明明自己不一定能做好，但是不好意思拒绝或者为了保住自己的面子而答应了别人，结果最后不但没有帮到别人，还有可能伤害了自己或者别人。可以说，这是对自己和他人都不负责的表现。

此外，需要家长注意的是，让孩子勇敢地说"不"，不仅仅是让孩子学会拒绝别人的索求，也是学会拒绝别人的给予。家长要让孩子知道，人生的道路很漫长，坎坷之途谁都有。人，最终还是要靠自己站起来，越过这个坎，磨难将是孩子的一笔财富。

总之，学会拒绝是一种自卫、自尊，学会拒绝是一种沉稳的表现，学会拒绝是一种意志和信心的体现，学会拒绝是一种豁达、一种明智。学会拒绝，孩子才能活得真真实实、明明白白，才能活出一个真正完美的自己。

【怎么听怎么说之现场演练】

巧妙拒绝有技巧

拒绝这件事情，说起来容易做起来难，万一言辞不好听，很容易伤害别人的自尊心。所以，我们要让孩子知道，最高超的拒绝方式是既不让自己受损失，又不让对方心里难过。下面为父母们介绍几个妙招，我们可以以此来引导我们的孩子。

（1）商量就是一种交往技巧。

假设有人想要你的心爱之物，你会怎样？

A. 直接推辞＿＿＿＿＿＿＿＿＿＿

B. 说明难处＿＿＿＿＿＿＿＿＿＿

C. 其他＿＿＿＿＿＿＿＿＿

拒绝别人，有时就要和对方"耍嘴皮子"，直到对方认可为止。

亮亮有一个大电动车，结果辉辉很想拿过去玩。如果亮亮不给，或者辉辉直接抢走，都会闹得彼此很不愉快。聪明的亮亮这样对辉辉说："咱们俩比比个头儿吧，我比你高很多，你这么小，根本玩不了这么大的车，万一把你碰流血了怎么办。等你长大点儿，我再教你玩吧。"用这样商量的口吻来说话，既能够保住自己的车，又避免了一场暴风雨，亮亮是不是很聪明啊。

（2）体验别人的感觉。

假如有人在你即将出门的时候登门造访，你会怎样？

A. 干脆取消出行计划＿＿＿＿＿＿＿＿＿＿

B. 不管那么多，先办自己的事情＿＿＿＿＿＿＿＿＿＿

C. 和对方说清楚情况＿＿＿＿＿＿＿＿＿＿

丽丽要和妈妈出去游泳，恰巧这个时候兵兵来找她借玩具。丽丽很不耐烦，说："哎呀我要出门啦，你别来了。"兵兵听了很委屈，就哭了起来。丽丽看到小伙伴哭了，就委婉地说："我现在早点儿出去，待会儿早点回来。你下午来找我吧，我一定在家。"兵兵听这话，马上就理解了。不同的话，会收到不一样的效果，前者把同伴弄哭，后者就会受到理解。

（3）坦然的拒绝也很磊落。

假设有蛮不讲理的朋友提出无理要求，你会怎样？

A. 兜圈子，但是不敢得罪＿＿＿＿＿＿＿＿＿＿

B. 直接提出拒绝＿＿＿＿＿＿＿＿＿＿

成人的世界中，会遇到不讲道理的人，孩子也会遇到，对于那种行为蛮横的"小霸王"，我们就可以鼓励孩子直截了当地和他们说"不"，让他们碰碰钉子，不要让孩子说一些懦夫用语。

帮助孩子将依赖感降到最低

不要做事事代劳的父母

台湾著名作家龙应台在她的《孩子，你慢慢来》一书中有这样一段话："这个世界上，所有的爱都以聚合为最终目的，只有一种爱以分离为目的，那就是父母对孩子的爱。"这种分离几乎体现在孩子成长中的每一个时刻：孩子从母亲的身体中分离出来，孩子从家庭中分离出来，直到父母离开。

这是每个人成长中不可避免的忧伤，也是每个父母无法阻挡的规律。于是，智慧的父母在孩子很小的时候，就学着如何放手，学着让孩子自己独立处理事情，培养孩子的独立精神和能力，不事事替孩子代劳。

孩子很小的时候对父母有着很强的依赖性，这是一件再正常不过的事情，可是随着孩子的成长，父母就需要培养孩子的独立精神和能力。

首先，要帮助孩子摆脱依赖心理。很多父母总觉得孩子依赖父母也不全是一件坏事情，至少说明在孩子心里父母是最亲近的人，却忽略了这种依赖心理对孩子成长的阻碍作用。

郭飞今年8岁，已经上小学二年级了。班里许多同学都一个人去上学，可郭飞却连最简单的整理书包都得妈妈来。

他经常挂在嘴边的一句话就是"有妈妈呢，怕什么"。不管是学习上还是生活上，郭飞都对妈妈有着严重的依赖性。

郭飞的老师曾试着提醒他的妈妈，要注意帮助孩子摆脱对妈妈的这种严重的依赖心理，不然会影响孩子人格和能力的发展。

可是郭飞的妈妈对此并不以为然，她认为，孩子肯依赖妈妈就是觉得妈妈亲近，这没有什么不好。可是，结果却是郭飞越来越依赖父母，学习和生活上的各种能力都得不到提高。

其次，就是不要再事事替孩子代劳，尤其是在一些孩子力所能及的事情上。

赫赫今年10岁了，刚上小学四年级，却是一个办事很有条理的孩子，从不乱放自己的东西。

原来赫赫的妈妈自从孩子上幼儿园开始，就开始训练孩子把自己用过的东西放回原处。只要是赫赫能够自己完成的事情，赫赫妈从来不代劳。

有一次，赫赫去少年宫忘记了带画纸，赫赫妈发现之后，在一旁提醒赫赫说："再检查一下，看有没有忘记带东西！"

赫赫说："没有。"说完就背着书包走了。

赫赫到了教室之后，才发现自己没有带画纸，于是只好自己又回家拿去了。

赫赫妈这样做，自然有她的道理。在她看来，让孩子自己改正才是正确的惩罚办法，如果父母替他们改正，那她可能永远不会正视这个问题。这件事情给赫赫留下了深刻的印象，从此之后赫赫就再也没发生过类似的事情。

现在赫赫基本上可以将自己能处理的事情独自解决，赫赫妈逢人就说，对孩子事事不管才是最好的管。

最后，就是要鼓励孩子在社会生活中多实践、多锻炼，让他们学会独立地生活学习，自主地处理生活、学习中的各种问题。

有一位父亲领着4岁半的儿子去游玩，遇到一个土坑，儿子非要下去玩。当儿子玩得高兴时，爸爸躲到不远处的地方，不让儿子看见。儿子玩够了，要上来，开始喊爸爸。爸爸却一声不吭，装作没听见。

儿子开始直呼其名，他还是不理。于是，儿子连哭带骂："坏爸爸，大坏蛋！呜呜……"可无论怎样叫喊哭骂都不见爸爸露面，儿子只好自己想办法。

他发现土坑里有一个小阶梯，便手脚并用地爬出了土坑。当他发现爸爸就在不远处蹲着时，便惊喜地扑上去，高兴地举着小拳头自豪地说："我是自己爬上来的！没有爸爸，我自己也能爬上来！"

现在有很多父母甘心做孩子的保姆，将孩子照顾得无微不至。其实这种保姆式的养护，会让孩子没有自己动手的机会，丧失基本的生存能力。

还有不少父母以长者自居，总以为孩子什么都不懂，习惯将自己的想法强加给孩子，孩子做这不行、做那也不行，凡事一概由父母支配，结果会使已经有独立意识、独立人格的孩子在上进心方面受到伤害。父母虽然管了孩子的事，但其实也抹杀了孩子的独立意识，对孩子的成长非常不利。

总之，在孩子成长的过程中，让孩子学会自己的事情自己做，是十分必要的。毕竟，父母不可能永远陪伴在孩子身边。

【怎么听怎么说之现场演练】

鼓励孩子自己解决问题

事实上，当父母鼓励孩子自己想办法解决问题时，孩子通常可能会对处理的结果更加认同和满意。他们会很乐意、很配合地按照他们自己想出来的办法来解决问题，而通常不会出现什么抱怨或者抗议。

你相信自己的孩子可以独立解决好问题吗？

A．不太相信，他们太小了＿＿＿＿＿＿＿＿

B．相信，因为小孩子遭遇的都是小孩事＿＿＿＿＿＿＿＿

军军很喜欢飞机，每到节日都能收到爸爸送的各种飞机模型。他建造起一个庞大的"飞行大队"，玩得可带劲了。

一旁的乐乐看得直眼馋："军军，我也想玩，让我玩一会儿吧。"

"不行。"军军不乐意了，"飞机是爸爸买给我的，你可以找你爸爸要。"

"就玩一会儿，你真小气。"就这样，两个孩子吵开了。

通常遇到这种事情，家长最常见的反应就是："跟你们说过多少次了！不要抢，不要打架！你们要是不想好好玩，我就把玩具收起来，谁都别玩了！"

没收飞机，或者能够制止他们的争吵，但却无法打破他们的这种循环，他们会因为其他的事情再次争吵。

所以，关键是要让孩子们认识问题出在哪里，在这个时候，套用一句老话叫"解铃还须系铃人"。

不妨把问题抛给孩子："军军，你能不能想出一个既不用吵架又可以解决问题的方法呢？"让两个孩子互相商量，然后取得一致的认可，才是最好的方法。

或许军军想一下会说："好吧，那乐乐把他的弹球拿过来，大家一起玩星球大战吧。"总之，他们一定会想出个和平方法解决这个问题。

让孩子学会自己面对风雨

中国内地歌手王筝，有一首著名的歌曲《对你说》，是继《我们都是好孩子》之后最受人欢迎的歌曲之一。这是一首妈妈唱给孩子的歌曲，这首歌唱出了很多妈妈的心声，尤其是"我好想替你阻挡风雨和迷惑，让你的天空只看见彩虹"。

没有父母希望自己孩子的人生充满风雨，都希望孩子人生的天空永远晴朗。可是，这明显是一个不现实的期待，与其在这种不现实的期待中替孩子的未来担忧，倒不如放手让孩子学会自己面对风雨。

小刚有一天垂头丧气地回到家，告诉父母今天和同学一起踢足球赛，他带领的队伍输得很惨。看到小刚这样一蹶不振，爸爸拿出了自己年轻时候的照片，递到小刚的眼前。

"你看，这是爸爸上学的时候和同学的合影。"

小刚瞅瞅照片，一声不吭。

"那次也是足球比赛，我所在的队伍也输了，可是你看，我们还是很高兴地一起合影。"

小刚不知道爸爸接下来想说什么，一下忘记了难过，想听爸爸继续讲下去。

"现在已经多少年过去了，还有谁会记得当年的那场球赛呢？现在留下来的，只有我当时快乐的影子。你说，一场输了的球赛，在人生中的分量能有多重呢？"

小刚明白了爸爸的意思：因为一场小小的比赛而把自己的情绪搞坏，那是非常不值得的。

"孩子，打起精神，你已经长大了，应该学会勇敢地从失败中站起来，经过努力，下次一定会赢的。"

爸爸拍拍小刚的肩膀，小刚则一扫刚才的郁闷，变得和平常一样生龙活虎起来。

在生活中，也许会出现这样的情况：原本优秀聪明的孩子会因为一次考试不理想、老师某一句话、生活中偶尔出现的苦难和挫折等而被击倒，从此变得消沉起来，失去进取心；原本乐观开朗的孩子会因为家庭的变故、亲人的离世、生活的意外等偶然的打击而变得沉默寡言、萎靡不振……

尽管每个人都渴望生活得顺心如意，但人生中却充满了挫折、失败和种种不可预测，对于孩子来说尤其如此。

孩子年龄小、能力有限，遇到的困难和挫折可能会更多，一些孩子因此而遭受到沉重打击，不知该如何处理，此时父母需要帮助孩子学会勇敢地站起来，积极面对风雨。上述案例中小刚的爸爸就是这么做的，他的这种行为是值得肯定和效仿的。

平时，父母可以告诉孩子失败在人生的道路上是不可避免的，让孩子在思想上做好准备，这样，即使孩子以后遇到失败，心理上也更容易承受，从而能将失败对于孩子心理的影响降到最低。

另外，在孩子遭遇失败和挫折时，父母也绝不能责怪他、讽刺他，更不能嘲笑他，而应该给予鼓励和安慰，帮助孩子重建自信，培养孩子健康积极的心态，让孩子学会勇于承担风险。

失败是成功之母，如果能从失败中吸取教训，磨砺意志，人就会逐渐变得成熟和坚强，从逆境中奋起。父母要教育好孩子，应该教孩子学会吸取失败的教训，勇敢面对失败，变失败为成功。

【怎么听怎么说之现场演练】

告诉孩子"失败是什么"

在很多情况下，让孩子困惑的并不是失败本身，而是他对于失败的理解。所以，当孩子遭遇失败的时候，正确的安慰是他们心中的指路灯。

（1）为孩子做科学的失败分析。

当孩子考试失败了，你的反应是？

A．你真够笨的＿＿＿＿＿＿＿＿＿

B．你不够努力＿＿＿＿＿＿＿＿＿

C．你怎么努力都白费＿＿＿＿＿＿＿＿＿

当孩子遭遇失败的时候，我们可以和孩子一起分析，可以在纸上画一个圆圈，在圆圈的边缘拉出一条条线代表失败产生的原因。

比如孩子没有被选中参加歌唱比赛，他可能想到的原因有"我不如别的小朋友""他们更需要女孩""他们想挑唱歌唱得最好的"。这样做的目的并不是要让孩子逃避责任，关键在于要让孩子明白，那些导致失败的原因都是自己可以改变的。

再比如说考试失败了，最好让孩子觉得没考好的原因是"我上课没有专心听讲"而不是"我比别人笨"。

（2）给孩子一个遭遇挫折的机会。

你会刻意让孩子遭受挫折吗？

A．不会，没必要＿＿＿＿＿＿＿＿＿

B．觉得挺有必要＿＿＿＿＿＿＿＿＿

如果我们永远都将孩子放在自己的羽翼之下，帮他挡住伤害与失败，那么孩子永远学不会在打击到来时独自承受。

所以，我们有必要给孩子一个了解挫折的机会。当孩子遭遇挫折的时候，我们也要冷静，说不定这对孩子而言是个好事情。

另外，年龄稍微大一点的孩子有时候会主动拒绝尝试新的或者是他们认为苦难的事情，如果我们给他们定的目标是"试一试"而不是"成功"，那么孩子就会比较容易接受。

需要提醒父母的是，这种亲密的依恋随着孩子的长大会慢慢淡化，这是孩子成长的一般规律，孩子不会再像小时候那样黏父母，会想去做自己想做的事情，当然这并不是说孩子和父母不再亲密，只是孩子对于感情开始学着成熟地把握，不再像小时候那样只能用单一的依恋来表达对于父母关爱的渴望。如果孩子长大后还依旧像小时候那样黏着父母，父母可就要小心了，这说明孩子可能从心理上还没有度过"断奶期"。

因此，在这里给父母一点温馨提示：要把握好孩子对自己依恋，在孩子小的时候，要尽量满足孩子的这种依恋，然而等孩子稍微长大一些，就要顺其自然地发展孩子独立的能力，不要依旧让孩子黏着自己。

第四章 表扬，不要贬损；批评，不要伤害

赞赏：令孩子更加出色

把赏识当成孩子成长中的需要

孩子就像一棵小树苗，他们渴望被赏识，渴望被肯定，就像树苗渴望春雨一般。赏识和肯定会让孩子更加自信和快乐。因此，父母应该把赏识当成孩子成长过程中的一种必需品。

也许有的父母担心，一味地肯定孩子，会不会让孩子变得禁不起挫折和批评？还有的家长担心给孩子的肯定太多，会让孩子变得特别在意别人怎么看自己。其实这些想法的产生，是因为没有把赏识和表扬区别开来。赏识和表扬还是有区别的。表扬是把注意力放在孩子身上，而赏识则更加注重孩子所做的事情。

有的父母觉得赏识就是说好听的，或者简单戴高帽子，其实是一种错误的理解。孩子的成长离不开家长的赏识，如果家长总是将对孩子的肯定不说出来，会令孩子感到失望和不满。相反，如果家长总是能肯定孩子，用一种赏识的眼光看待孩子，对于开发孩子的潜能有着相当大的益处。

蒋方舟是 90 后的杰出代表，2012 年从清华大学毕业后被《新周刊》聘用，担任新周刊的副主编。一个 22 岁的少女，毕业即担任副主编，是一个让人吃惊的事情，很多人都觉得蒋方舟是一个天才。

然而儿时的蒋方舟并未表现出过人的天赋，在妈妈眼里，她

甚至要比同龄孩子迟钝许多。幼儿园老师反映，蒋方舟内向，不喜欢唱歌跳舞，不像其他小女孩一样爱打扮和出风头。妈妈就想让女儿学点才艺，于是将她送去学电子琴，可是没几天蒋方舟就不学了。不学就不学，妈妈不再勉强，从那以后再也没给女儿报任何兴趣班了。

后来，蒋方舟上幼儿园大班时，班上要准备一次英语汇报演出，老师放假回家了几天，再回来孩子们的英语全都忘了，唯有蒋方舟还记得很清楚。老师便让她当小老师来教其他孩子，蒋方舟居然教得很好。妈妈很惊喜，她开始笃信，女儿确实有语言天分。于是，就有意识地让她多看一些书，还鼓励她去写一些东西。每当妈妈发现蒋方舟写的文章中有好句子时就大声赞扬，在妈妈的赞美声中她越来越喜欢文字，开始涉猎大量的书籍，9岁的蒋方舟就以《打开天窗》赢得了众人的关注，后来也是由于文学上的长处被清华大学破格录取。

蒋方舟很幸运，有一个懂她、赞美她、支持她、发现她优点的母亲。不难发现，蒋妈妈最大的育儿秘籍就是赏识孩子、赞美孩子。

但是不少父母总有这样一个观念，那就是"我的孩子还不够好"，怎么去赏识他呢？其实，每个孩子都有值得称赞的地方，许多父母之所以觉得自己的孩子不够好，主要原因是对孩子的期望过高，已经超过了孩子年龄段应有的能力。所以他们表现一般时，家长就会觉得孩子很差劲，或者没有什么天赋，甚至会出言批评他们。三年级以下的孩子写作文的能力都很一般，这时候如果大人觉得"你写得还没有我好呢"，孩子的自信心和积极性就会受到影响，甚至不愿意写作文，害怕作文考试。

如果家长拿孩子的昨天和今天比较，多看看孩子的进步，就能找到一些孩子的优点、进步来鼓励他。这样的话，孩子会更加有信心。"我发现你说话越来越有条理了""你讲的故事真有趣"，这样一些具体的表扬和赏识能帮助孩子建立信心。

家长在和孩子交流的时候，若能表现出对孩子的欣赏，他们才能拥有成就感，而有成就感的人就容易对自己产生信心，有信心的人就能爆发出更多的潜能。肯定孩子、赏识孩子，实际上就是为孩子的成长搭建平台。

有一位著名的国际妇女活动专家说："现代人类最本质的动力不是追求物质与器官的享受，不是满足生理上的需求，而是满足成长的需求和发挥个人最大的潜力。"

总之，懂得赏识和赞美的家长，才能给予孩子及时的鼓励和赞美，获得赞美的孩子才会一点点做得更好，才能一步步在赏识中走向美好的未来。

【怎么听怎么说之现场演练】

赏识不是每天挂在嘴边

很多家长在了解赏识教育之后，就开始试着夸奖孩子，天天夸，结果发现赏识的效果并不怎么明显，甚至有的孩子被夸奖之后变得越来越自负了。是不是我们的孩子不适合赏识教育呢？

赏识只是教育中的一部分，如果被断章取义地拿来用，当然会出问题。只有当我们掌握了教育的规律，赏识才能够成为有效的教育手段，我们的孩子才能够更加健康快乐地成长。

（1）好的关系胜过100句赏识。

你觉得你和孩子的关系怎样？

A. 很一般＿＿＿＿＿＿＿＿

· B. 很默契，无话不谈＿＿＿＿＿＿＿＿＿

首先，如果你想让自己的赏识有效果，最好是和孩子建立良好的亲子关系。当孩子和家长关系很好的时候，我们说的很多话孩子才能听进去。好的关系是沟通的基础，如果没有这个基础，再好的赏识语言都没有用。

（2）表扬时机要恰当。

你和孩子谈话时有"话不投机半句多"的时候吗？

A. 有的，所以很少沟通＿＿＿＿＿＿＿＿

B. 还行，基本顺畅＿＿＿＿＿＿＿＿

我们在表扬孩子的时候，时机越恰当，表扬的效果就越好。当我们看到孩子有良好的表现时，一定要及时表扬，因为这样做才能让孩子把被表扬的感受和做好事联系在一起，才可以让孩子乐于重复他之前被表扬过的行为。

相信孩子：你一定能行

有不少父母在教育孩子的过程中都有过这样一种矛盾的心态：当孩子想要独自一个人去上学时，心里很高兴，但是又很害怕。高兴的是孩子终于有了独立的一面，害怕的是孩子遇到危险怎么办。

然而，不得不提醒的是，父母的这种犹豫不决可能会直接导致孩子对于自己能力的怀疑。一个教育家就曾提醒过父母：在教育孩子的过程中，父母一定要表现出对孩子能力的相信，不然，当父母犹豫不决时，孩子就已经失去了信心。一般来说，父母对孩子的信心会使孩子更有动力、更加自信。

有一个孩子，从小家里人都说他勇敢，他也就自觉或不自觉地把自己当成勇敢的人。一个星期天，母亲带他去公园玩。公园里有一座天桥很高很高，桥板又窄又长，两边围着护网。虽然如此，走上去还像走钢丝一样，令人心惊胆战的。刚开始走上天桥，他很害怕，母亲鼓励他说："你行，想上去就上去吧！"在妈妈的鼓励下，孩子走上桥，自己给自己打气，心里想着"我不怕，一定能行"，一步一步地试，终于勇敢地走了过去！那种惊险的感觉让孩子觉得自己真行。

这就是相信孩子产生的力量。其实，孩子的"行"与"不行"，很大程度上取决于小时候父母怎么看待他们——是相信孩子一定行，还是打击孩子让他们泄气？每个孩子都有很多潜能，而这些潜能的发挥与父母对他们的赏识是分不开的，如果父母能对孩子投以欣赏的眼光，孩子的兴趣就有可能转化为特长，甚至创造奇迹。

思琪和诗雨是同班同学，两个人都很喜欢打乒乓球，水平也差不多，这次都被选为学校的代表，去参加市里的乒乓球比赛。比赛的前一天，思琪和诗雨都很紧张。

在思琪的家里，思琪对妈妈说："妈妈，我很紧张，你说我能打好吗？"

"当然，我们思琪是最棒的！"

"真的吗？妈妈你这么相信我？"

"对，我相信我们思琪一定可以为学校争光！"

可是，在诗雨的家里，诗雨很紧张地对妈妈说："妈妈，我有些紧张，我觉得我可能打不好。"

"反正我和你爸爸也没指望你打好，打得好的多着呢。"妈妈边打毛衣边对诗雨说。

结果比赛结束后，思琪得了冠军，诗雨则没打进半决赛。

父母认为孩子"行"还是"不行"，对孩子的一生有着很大的影响，如果父母相信孩子"行"，并用一种赞赏的目光来看待孩子，孩子也会对自己更加有信心。可是，如果父母对孩子表现出"不行"的表情，孩子就会开始怀疑自己，认为自己真的不行。

此外，需要注意的是，很多父母认为孩子"不行"，更多的是出于一种对孩子过度的担心和保护，不得不说，这对孩子能力的发展有着很大的伤害。万一孩子一个人上学走丢了怎么办？万一孩子被高年级的同学欺负怎么办？在这种一系列的担心之下，父母理所当然地认为孩子不行，于是就替孩子包办了很多事情。可是，父母有没有想过，有些事情孩子总是需要一个人去面对的，如果父母这么一直都不相信孩子，那孩子什么时候才可以真正地长大呢？

永琪今年 8 岁了，上下学一直都由妈妈接送。有一天，永琪很想一个人独自去上学。

"妈妈，我不想让你送我上学了，能让我一个人去吗？"

"不行，万一遇到坏人了怎么办？万一迷路了怎么办？"

"不会的，我们班上有好几个同学都是一个人去上学的，老师夸他们很勇敢。"

"那是他们离家近，总之，我不放心，也不相信你有那个能力一个人去上学。"

就这样，永琪的妈妈拒绝了永琪的请求，但是，这让永琪开始怀疑自己是不是真的没有能力独自一个人去上学，甚至觉得自己跟同学一比，真是太胆小了。

每个人都渴望自己能得到他人的肯定，对孩子来说，尤其如此。因此，这就需要父母时时提醒自己："相信孩子的潜力是无限的，不需要父母事事代劳，相信孩子是坚强的，不需要父母事事保护，我们需要做的，就是相信孩子一定行，给他鼓励，给他赏识，让他更加勇敢地前行！"

【小技巧】

（1）鼓励比插手更让孩子开心。

（2）不要说"你还小，我帮你"。

（3）即便做得不够完美，至少要肯定其做事的积极性。

提高激励效果的技巧

善于挖掘孩子身上的闪光点

教育家在调查实验的过程中发现了这样一个现象：大人们总是对孩子的缺点非常敏感，对孩子的教育也往往以"纠错"为主。然而不得不说的是，这种教育在一定程度上压抑了孩子的个性。新时代需要有个性、有自信的孩子，而这样的孩子大多是在激励和赏识的教育中培养出来的。这就需要家长对孩子多点耐心，找到他的闪光点。

小军是一个让老师和家长都非常头疼的孩子，从上初一起就调皮捣蛋，不遵守课堂纪律，在家里，他似乎也很叛逆，喜欢跟爸爸唱对台戏。

"你这孩子，在学校不好好表现，我的脸都让你给丢尽了！"在又一次被老师请到办公室谈话之后，爸爸一回到家就对小军大声嚷嚷。

"总是这么不争气，看我今天怎么教训你！"爸爸十分恼火，想要惩罚一下小军。这时妈妈走过来，劝住了爸爸，将小军拉到了一旁进行教育。

"跟妈说说，你为什么要在学校打人呢？我知道你在学校虽然有些调皮，但却不是一个爱打架的孩子。"

"今天课间的时候，小月因为不给大个子莫风抄作业就被他打了，当时小月的脸都青了。我是小月的朋友，看到好朋友受欺负很气不过，所以就出手替她打抱不平。"小军说道。

"原来是这样。你这样做，也算不上错，看到同学被不讲理的人欺负，是应该帮助。但是你的做法太过于鲁莽了，只要你打人了，就算你有理，在别人眼中也是错的。可以想想其他更温和的方式。"

听完妈妈的话后，小军觉得很受用，也能认识到自己打人的错误。

父母想要教育好孩子，最关键、最要紧的是要学会欣赏孩子，善于发掘其身上的闪光点，而不是一味地埋怨和批评。寻找孩子身上的闪光点就能恰当地进行评价和表扬，不仅仅能让孩子感受到温暖和关爱，也能让孩子受到鼓舞和启发。鼓励是自信的酵母，夸奖是自信的前提，有效的鼓励和夸奖能让孩子发扬自己的优点和长处，取得更大的进步。

当然，努力发现孩子身上的闪光点不仅仅对于他改正缺点有着积极的作用，对于他未来人生的发展更是有着不可估量的作用。努力发现孩子身上的闪光点，就是发现孩子身上的潜能，帮助孩子把潜能开发出来，成就他更加精彩的人生。

著名的钢琴演奏家李云迪18岁就获得了肖邦钢琴大奖，是目前获此大奖的唯一一个中国人，也是这项奖最年轻的获得者。他谈起自己的成功时，说除了努力练琴之外，最重要的就是他的妈妈在他很小的时候就发现了他身上的音乐天分。如果不是妈妈的慧眼他现在可能就是一个普通人。

不可否认，不是每个人都有着李云迪一般的音乐天赋，但是我们也必须承认，每个孩子身上都有闪光点，只是有的孩子的闪光点是天生就有的，有的孩子的闪光点是后天培养起来的。就像有的人天生对语言敏感，也有不少小时候并未表现出语言天赋，在后来的学习中找到了兴趣，同样也成就了一番事业。而且，父母得明白，比起孩子能力上的闪光点，孩子身上表现出的道德性的闪光点对于孩子的人生发展有着同样不可忽略的作用，比如有些孩子就是喜欢热情地帮助别人。

只要细心观察，不戴有色眼镜，不求全责备，就能找到孩子值得赞美和肯定的地方。在明白了这点之后，父母就需要在平时多观察，多深入挖掘。

【怎么听怎么说之现场演练】

闪光点从哪儿挖

上面讲了很多发掘孩子闪光点的重要性，但是，我们从哪里挖掘孩子的闪光点呢？以下地方更容易找到孩子的闪光点：

（1）孩子最突出的优点。

你觉得你的孩子最明显的优点是什么？

A．没有（再使劲想）_____

B．有（写出来）_____

细心的家长会发现，孩子在生活中是喜欢展示自己的，当他表现优秀的时候，最希望得到父母的肯定和鼓励。积极正面的肯定，会使孩子的内心产生一种愉悦，并努力做得更好。

（2）孩子与同龄人最大的不同。

你觉得和同龄孩子比，你的孩子有没有很特别或超常的地方？

A．没有_____

B. 有_____

这世界上没有完全相同的叶子，也不会有完全相同的孩子。每个孩子都有自己的特点。

（3）错误中也有闪光点。

孩子犯错了，你是直接教训他，还是分析下原因呢？

A. 只要是错了就要收拾_____

B. 会问一下来龙去脉_____

孩子避免不了要犯错误，当发生这种状况的时候，我们可以分析一下孩子的问题出在哪里，对症下药。如果孩子犯错的出发点是好的，只是好心办了坏事，那么家长是应该欣慰的，一定要先肯定孩子，满足孩子的心理需求。

不忽视孩子每个细小的进步

每个孩子都像是一块尚未雕琢的璞玉，都有成为人才的可能性。而这块玉是大放光彩还是失去光芒，完全看父母如何教育了。

张天今年已经读小学六年级了，可他的字一直写得很潦草，笔画不清。为了帮助张天改善，妈妈在征询他的意见之后给他报了一个书法兴趣班。刚开始的时候，张天还很有耐心，刻苦地学习和练习，可过了不久之后，他学习的兴趣慢慢减弱，在练习方面也远不如原来了。

一天，妈妈见张天正漫不经心地练习着，问道："儿子，最近感觉怎么样？学书法有用吧！"

"有什么用啊？用毛笔练习真累，我是越来越没有耐心了，而且，用毛笔写好了未必能用钢笔写好，我不想学了。"张天说。

妈妈听完，拿过张天的练习本一看，然后顿了顿说："嗨，还真是不错，你的字明显比以前进步了嘛！你最近的作业我也看了，字迹清晰，结构合理，比以前好很多了啊，你怎么说没用呢？"

张天听后，虽然还有些怀疑，但心里却十分高兴，仿佛一下子又找到了学习的热情。

很多父母常常因对孩子要求过高而难以看到孩子的细小进步，甚至当孩子没有达到自己理想的标准时就全盘抹杀孩子的进步，这其实是非常错误的做法。

事实上，孩子的进步是阶段性的，是需要时间的，家长应该充分明白并理解这点，给孩子的成长以充足的时间，赏识孩子的每一个进步。只要孩子比原来有所进步，就要及时给予孩子肯定和赞扬，这对孩子来说是一种很大的鼓舞，会让他们在进步的道路上不断前行。

所以，家长不妨对孩子说："你每天都在进步。"这句话对于成长中的孩子来说，尤其对看起来没什么进步的顽童来说，是一种积极的鞭策。要知道，孩子受到什么样的对待，就会变成什么样的人。

每个孩子都是不断成长的，从不成熟到成熟需要经历一个较为漫长的过程，在孩子们看来，自己前进路上的每一步都是不容易的，只要做好了，父母就应该是高兴的，就应该表扬自己。在家庭教育中，父母应该读懂孩子的这种心理，珍视孩子的进步，学会欣赏孩子，因为这不仅影响到孩子学习和做事的效果，还会影响到孩子对人对事的态度。

金星的成绩总是在班级里垫底，老师和同学们瞧不起他，他自己也放弃了，可是，金星的妈妈却一直不放弃，坚持鼓励孩子。

"金星，你能做到每一次进步一个名次吗？这次是倒数第一，我只要求你下次考到倒数第二就可以了。"

金星在母亲的鼓励中，一点一点地进步着。五年级期末时，他不再位列班级倒数十名了。可是，刚上小学六年级，金星又考了一次班级倒数第一，他很沮丧。

"不要这样沮丧，你看你这次的数学成绩可是考了一个前所未有的高分哦！"金星的妈妈对金星说道，"不要放弃，下一次可以考得更好的。"

就这样，金星在妈妈的鼓励中重新获得了信心。等到六年级期末的时候，他的成绩已经排在班级中等了。

不积跬步无以至千里。没有细小的量的累积也就没有质的变化。我们都相信，没有孩子注定做一块失去光芒的石头，只要父母留心孩子每一次细小的进步，并用一种赏识的眼光去看孩子，及时鼓励孩子，这块玉就总会有大放光彩的一天。

【怎么听怎么说之现场演练】

从细小环节增长孩子自信心

孩子不自信是经常遇到的问题，我们要给孩子一个宽松的成长环境，在日常的生活中，通过一些小细节来表示对他的肯定，让孩子在快乐中增长自信心。下面提供一些提高孩子自信心的日常做法，我们可以试一试：

（1）你会嘲笑"孩子话"吗？

A. 有时候会＿＿＿＿＿＿＿＿＿＿

B. 不会，会鼓励他＿＿＿＿＿＿＿＿＿＿

孩子刚刚学会说话的时候，如果出现发音不准的情况，我们不要嘲笑他，也不要当面刻意强调他的错误，否则我们的嘲笑会让孩子失去学习语言的信心和兴趣。当孩子发表某些观点，我们也不要因为不切实际而嘲笑他，多让孩子描画美好的蓝图，也是不错的事情。

（2）你会张贴孩子的"作品"吗？

A．不＿＿＿＿＿＿＿＿＿

B．会摆放一些＿＿＿＿＿＿＿＿＿

荣誉感能够激发孩子的自信心。我们可以给孩子创造一个让他展示作品的空间，让孩子在家中最醒目的墙上张贴他的作品，或者为孩子准备一个柜子，陈列他的小制作。

（3）你会拿孩子和别人比较吗？

A．会给他树立很多标杆＿＿＿＿＿＿＿＿＿

B．只让孩子跟自己比＿＿＿＿＿＿＿＿＿

家长不要总是拿孩子和别人比较，也不要对孩子说诸如"妹妹都学会数数了，你还不会，你可真笨"之类的话。哪怕孩子真的比别的孩子差，我们也不能这样说。总是拿比他强的孩子和他比，这样最容易挫败孩子的自信。

（4）你会鼓励孩子表演他的特长吗？

A．很少＿＿＿＿＿＿＿＿＿

B．会的，并且配合他＿＿＿＿＿＿＿＿＿

鼓励孩子表演特长，并且鼓励他敢于从容地登台表演，这就是锻炼他的自信心。当孩子在表演背诵诗歌、讲故事和唱歌的时候，我们可以在旁边给他鼓励，孩子有了优秀的表现，最好及时给予表扬，让他们能够把赞扬和好的行为联系在一起。推迟的赞扬，往往效果大打折扣。

有针对性地赞扬孩子

强强是一个内向的小男孩儿，平时比较胆小，从小学到初中，上课从不敢积极回答问题，做什么事情也都不自信。后来，妈妈听从一个教育专家的意见，采用了赏识教育的方式。

"我儿子真棒！"

"我儿子真聪明！"

"真是一个好孩子！"

起初，在妈妈的赞许和鼓励下，强强的进步非常明显，可过了不久之后，妈妈发现强强是自信了，但似乎渐渐对称赞不敏感了，无论自己怎样鼓励赞美，他都提不起劲，有时候，他还很容易"翘尾巴"，经常因为骄傲自满而听不进别人的意见。

这时候，强强的妈妈开始反思自己的赞扬是不是错了，于是又去咨询教育专家。专家就问她如何表扬孩子，强强的妈妈就如实回答了，教育专家告诉强强的妈妈，之所以会出现这种情况，是因为她以往总习惯于用抽象的表扬来肯定孩子，孩子得到了赞扬是很高兴，却不知道自己受表扬的原因。在明白了这点之后，强强妈妈改变了做法，尝试着拿把"尺子"来赞美孩子，如常会用"这幅画画得真好""今天你帮妈妈打扫了卫生，值得表扬"之类的话语夸奖孩子，孩子的进步又很明显了。

在家庭教育中，多肯定和赞美孩子的表现对于促进孩子的成长是很有帮助的，但与此同时父母还应该注意，赏识教育不能毫无限度和标准，父母应该学会拿把"尺子"称赞孩子，即以一个统一的标准来看待孩子的表现，并具体说出孩子值得肯定的地方。

美国心理学家里维斯博士认为，赞扬应当在孩子完成某一个值得肯定和鼓励的行为时进行，而且要恰如其分。如果误用欣赏和表扬，不仅不能起到教育的效果，还会适得其反。例如，如果经常使用类似"你今天表现得不错"等抽象性语言，孩子就很难明白受表扬的原因，容易养成骄傲、听不得半点批评的坏习惯。

表扬是一门艺术，运用不好是无法达到激励孩子进步的效果的，所以，身为父母，应该掌握表扬的艺术，具体来说，父母可以从如下方面去努力：

（1）表扬要注意个性。对性格内向、个性懦弱、能力较差的孩子就要多肯定他们的成绩，增强他们的自信心。反之，对虚荣心强、态度傲慢的孩子则要有节制地运用表扬，否则将会助长他们的不良性格，影响他们的进步。

（2）表扬要具体。表扬得越具体，孩子越容易明白哪些是好的行为，越容易找准努力的方向。如孩子洗了手绢，可以夸赞他洗得真干净；孩子收拾了玩具，可以表扬他收拾得真整齐。只要孩子有进步就要鼓励，有好的表现就要赞扬。只要留心，总会找出具体理由来称赞与表扬孩子。

（3）在表扬孩子时应掌握好方式。表扬、鼓励的方式有很多，如购买图书、玩具、衣服、糖果、饮料等物质奖励；点头、微笑、搂抱、竖大拇指等动作、表情奖励；恰如其分的语言表扬；等等。只有适合孩子的表扬方式才能收到最好的效果。

（4）夸努力不夸聪明。

努力是孩子的付出，而聪明是天生的。如果家长总是夸孩子聪明，就会让孩子觉得，他成功的原因是因为聪明，而聪明不聪明并不是他自己能够改变的。这样夸他，反而会让孩子更加依赖自己的聪明，而忽略了努力的部分。

（5）表扬和建议相结合。

孩子做事情不可能做得十全十美，如果只是表扬，那么并不能有效地帮助孩子改变做错的部分，反之家长可以先表扬，然后提建议，这样的话孩子便好接受些，也能够向着更好的方向发展。

适度的表扬，给孩子创造一个积极成长的环境，对于培养他自信乐观的品质有着积极的作用，而且还有助于父母和孩子之间形成和谐的亲子关系。身为父母，可以试着去学会这门"魔法"。

【小技巧】

（1）针对孩子的个性进行表扬。

（2）具体的表扬好过笼统的表扬。

（3）表扬和建议相结合。

表扬要讲究时效，趁热打铁

美国著名的儿童教育专家讲了这样一个故事：

克里亚特夫人去卫生间，看见自己的儿子亨特又把他的牙刷扔在台子上了，就对他喊道："亨特，你怎么又把牙刷扔在外面了，我不是告诉过你牙刷用过后要放到杯子里吗？"

亨特正在玩自己的玩具，听见了妈妈的话就随口应付说："我知道了。"

克里亚特夫人见儿子并没有认真听她说话，就打算再强调一下，以巩固效果。

"亨特，你过来一下。"

"干吗呀？"亨特很不情愿地放下玩具走了过去。

"把牙刷放到杯子里去。"

亨特很快放好了，转身就走。

"以后记住了。"

"知道了。"

第二天，亨特把牙刷放到了杯子里，但是母亲没有注意到，第三天，牙刷又放到了台子上。

"亨特，你又没有把牙刷放到杯子里，怎么搞的？"

"我以为你不记得了"亨特有点赌气地说。

"什么叫我不记得了？"母亲不解地问。

"因为昨天我的牙刷是放在杯子里的，你什么也没有说。"

通过这个故事，我们看到了父母不仅要学会称赞和表扬自己的孩子，还应该打铁趁热，及时进行表扬。

因为当孩子表现良好、做出了成绩，或者取得进步的时候，是十分希望得到肯定和赞许的，此时孩子几乎将所有的精力和期待都放在了这件事情上，所有的兴奋点也全部集中在这件事情上。

父母此时趁热打铁，给以称赞，孩子的成就感就能最大程度地得到满足，从而能巩固孩子的良好行为，增强孩子的办事热情。

著名的儿童教育家陈鹤琴就曾说过："无论什么人，受激励而改过是很容易的，受责骂而改过是不大容易的。而小孩子尤其喜欢听好话，而不喜欢听恶言。及时有效的好听话，对孩子改过有着不可估量的作用。"

笑笑虽然已经上初中了，可平时的生活起居一般都是由妈妈料理的，家务事也通常由爸爸妈妈分担，笑笑从不过问。今年，眼见妈妈的生日就要到了，笑笑想给妈妈送一份特别的礼物。想了很久，她决定在妈妈生日的那天承担家里的全部家务，这样可以让妈妈多休息一下。

妈妈生日的当天正好是周末，可妈妈要加班。笑笑在家先是把所有衣服都用洗衣机洗干净了晾好，之后又把家里收拾得很整洁，然后把地板打扫得干干净净。做完这一切后，她已经累得筋疲力尽，此时正好妈妈回来了。

"妈妈，你有没有觉得家里有什么变化？"笑笑急切地问妈妈，想得到表扬。

"好像没什么啊！"妈妈环顾了一下四周，"哦，家里显得宽敞整洁了一些，地板也干净了。"

笑笑还等着妈妈继续说完，之后称赞和表扬一下自己，谁知妈妈却放下包又去电脑前忙了。笑笑很泄气，劳动的热情严重受挫。虽然吃晚饭时妈妈也就此表扬了笑笑，但笑笑一点快乐的感觉也没有了。

此外，父母及时的鼓励也可以培养孩子的自强心。

三岁半的多多很认真地画了一幅画。

多多：妈妈，来看我的这个房子画得怎么样？

妈妈：妈妈正忙着呢，让你爸爸看。

多多：爸爸，过来一下，看我画的画。

爸爸：我忙着呢，找妈妈去。

孩子失望地离开。

每个人都很期待自己的付出可以获得回报，这几乎是人的天性。孩子在自己努力表现的时候，也希望可以得到父母的夸奖，这是孩子正常的心理渴求。因此，父母在孩子表现好的时候，不妨及时给孩子夸奖，满足一下他们的这种心理。

【小技巧】

（1）满足孩子喜欢听到表扬的心理。

（2）有优点就表扬式地鼓励。

（3）对孩子的表扬，越及时越好。

消极刺激会让孩子内心黯然

不要总表现出对孩子的"不满意"

有一次，几十个中国孩子与外国孩子一起进行某项测验，并且把自己的分数拿回家给父母看，结果中国的父母看了孩子的成绩之后，有80％表示"不满意"，外国父母则有80％表示"很满意"。而实际上，外国孩子的成绩不如中国孩子的成绩好。

中国的父母总是习惯用挑剔的眼光来看待孩子，也用一样的眼光来看待周围的世界，而外国的父母则习惯用欣赏的眼光看待自己、孩子和世界。其实，大多数的中国父母的这种不满意，并不是真的对孩子自身不满意，而是和别人家的孩子对比得出来的不满意。而这种对比很容易导致中国父母在教育孩子时常以别人为标杆。

人家的孩子去学钢琴，自己的孩子也一定要学；人家的孩子考上了哈佛，自己的孩子也一定要朝着这个目标努力才行……一些学生与父母产生矛盾，就是因为父母总是和别人比这比那的。"别人是别人，我是我，为什么我不能按照自己的情况来设计人生呢？"

父母应该明白，每个孩子都应该有自己的人生轨迹，也应该坚持做自己，而不是与别人比来比去。想想欧文·柏林那句著名的"做你自己"，这是他送给作曲家乔治·格希文的忠告。

柏林与格希文第一次会面时已经很有声誉了，而当时的格希文只是个默默无名的年轻作曲家。柏林很欣赏格希文的才华，说自己愿意以格希文目前收入三倍的薪水请他做音乐秘书。可是柏林也劝告格希文："最好不要接受这份工作，如果你接受了，最多只能成为欧文·柏林第二。要是你能坚持下去，有一天，你会成为第一流的格希文。"格希文接受了忠告，最终成为当代极有贡献的美国作曲家。

父母对孩子总表现出不满意的另一个重要原因就是，很多父母望子成龙的心太过迫切，似乎容忍不了孩子暂时的落后与普通的成绩，往往把自己急躁的心情压在孩子身上，但是这样的做法常常会适得其反。

　　每个父母都希望自己的孩子成龙成凤，可是，仔细看看周围，哪个成龙成凤的孩子是在父母的不满意声中成长起来的呢？孩子需要得到父母的肯定和鼓励，一个在父母不满声中长大的孩子，只会越来越让父母失望。

　　身为父母应该学会多想想孩子的优点，感谢孩子给你的生活带来了幸福和快乐，不要总是想着孩子这也不好那也不好。如果总是抱怨，对孩子和家长而言，生活又有什么乐趣呢？调整好自己的心态，少责骂批评孩子，多给予他们赏识与鼓励，他们才会有信心继续向前走。

【小技巧】

　　（1）不要想当然地为孩子规划人生。

　　（2）不要给孩子施加压力。

　　（3）试着每天夸奖孩子一个优点。

不要随意使用批评孩子的权利

　　生活中，我们经常听到这样的对话。

　　"妈，不要再说我了，再说我就疯了。"

　　"怎么，我还说不得你了，作为你妈，我就有这个权利。"

　　有不少父母在教育孩子的过程中，总是动不动就批评孩子，总觉得这是自己的一种权利，而且批评孩子也是为了孩子好呀。却忽略了，批评给孩子带来不少负面效应。

　　比起温和地向孩子指出他的错误，直接批评孩子的错误让他很难接受，从而，真心实意地改错的概率也比较小，孩子可能会想"以后不让父母知道就是了"。

西南交通大学心理咨询中心主任宁维卫向父母们建议说："不要轻易批评你的孩子！"他说，孩子犯了错误之后，在简明扼要抓住要害、严肃认真地指出错误后，要更多地给予肯定，要知道批评的目的重在改正。他还说，有的家长批评孩子时，没有指明改正的方向和具体方法，只是单纯地指责孩子这不对、那也不对，孩子听半天之后，还不知道应该怎么去做，这种批评是没用的。毕竟对孩子来说，发现自己错在哪儿才算真正明白了问题。

8岁的西西从邻居家拿了一个很漂亮的洋娃娃，回家后整晚都兴高采烈。这时候妈妈气冲冲地走了进来。

"洋娃娃哪里来的？"妈妈站在西西面前，严厉地问。

西西不说话，只是坐在床前望着妈妈。

"哪里来的，我问你话呢？"

西西还是不说话。

"小小年纪不学好，竟然会偷东西了。"妈妈一手拽过西西手里的洋娃娃。

"我没有偷，我只是拿来玩玩。"西西辩解道。

"不经过别人的同意，随便拿就是偷！"妈妈的声音越来越大。

西西大声哭了起来，边哭边说："你干吗这么凶，你吓着我了。你就不能好好跟我说吗？我恨你！"

其实，西西的妈妈完全可以选择另一种做法，那就是蹲下来，心平气和地告诉西西，不经过别人的同意，是不能随便拿别人东西的，西西也会乐于接受。可是，西西的妈妈在气头上却选择了非常不明智的做法，招致了西西对她的怨恨。我们都相信，不管是批评还是夸奖，父母都是为了孩子好，是爱孩子的。可是爱也是讲究方法的，为什么非要选择不理智的方法呢？想想父母批评孩子时和孩子的对话，是不是很像两段独白呢？一段充满了批评和指令，另一段则全是否认和争辩。这样的对话，对孩子和父母来说都很痛苦。

批评还容易激起孩子的逆反心理，尤其对处于青春期的孩子。

"你不知道，我真的都快疯了，不管我怎么批评，他就是不听，那也就算了，还偏偏跟我对着干。"一个妈妈向教育专家抱怨道。

"可是，你为什么要一直批评他呢？"教育专家反问道。

"他做错事情了嘛。"妈妈说道。

"对，他做错事情了，也许他自己已经意识到了，只是羞于承认，或者不敢承认，这时候你应该去鼓励他、安慰他，而不是批评他。也许他还没有意识到，那你就应该给他讲道理，让他意识到自己错了，他自然会改。你越是批评，他只会越反感，于是就跟你对着干了。毕竟孩子有自己的自尊心。"教育专家建议道。

这时候，这个妈妈恍然大悟。

每个孩子都希望在自己迷茫无助，尤其是犯错以后，得到父母的帮助而不是父母一味地批评，所以，当孩子犯错的时候，若站在孩子的角度，放下家长的权威，去试着帮助孩子改正错误，这才是真正爱孩子。

【怎么听怎么说之现场演练】

批评的技巧

当孩子犯错的时候，我们如果是一味地责备孩子，不讲究批评技巧，结果往往会事与愿违。那么家长在批评孩子的时候，应该注意哪些技巧呢？

（1）低声好过高声。

你觉得批评孩子的时候，抬高声音他就会听话吗？

A．有时还是管事的＿＿＿＿＿＿＿＿＿＿

B．觉得这不是个好方式＿＿＿＿＿＿＿＿

俗话说"有理不在声高"，我们在批评孩子的时候，应该低于平常说话的声音，这样反而会引起孩子注意，这种低声的"冷处理"，往往比大声训斥的效果更好。

（2）沉默好过喧嚣。

你使用过"沉默不语"的批评方式吗？

A．没试过＿＿＿＿＿＿＿＿＿＿＿

B．有时用的＿＿＿＿＿＿＿＿＿＿＿

孩子一旦做错事情，总是会担心父母责怪他。如果家长的表现与孩子的预期一样，那么孩子反而会有一种如释重负的感觉，对批评和自己所犯的过错也就不以为然了。相反，如果父母保持沉默，那么孩子的心理反而会紧张，会感到不自在，进而反省自己的错误。

（3）暗示好过明示。

孩子犯了错误，你会上来就骂得他狗血喷头吗？

A．有时会，太气人了＿＿＿＿＿＿＿＿＿

B．这样不是解决问题的好法子＿＿＿＿＿＿＿

当孩子犯错的时候，如果家长能够心平气和地启发孩子，会让他愿意接受家长的批评和教育，而且这么做也就保护了孩子的自尊心。

训斥应该避开众人，在私下里进行

有不少人可能在大街上看到过这样的场景：一个在前面的

"暴走"家长和一个在后面哭闹的孩子，家长不停地训斥，孩子不停地哭。

英国教育家洛克有一句名言："父母不宣扬子女的过错，则子女对自己的名誉就愈看重，他们觉得自己是有名誉的人，因而会更小心地维护别人对自己的好评；若是当众宣布他们的过失，使其无地自容，他们愈会觉得自己的名誉已经受到了打击，设法维护别人对自己好评的心思也就愈淡薄。"

很多家长很少注意照顾孩子的自尊心，相反，还有一些家长认为，在大庭广众之下教训孩子，可以让孩子加深印象，这样可以避免以后重犯类似的错误。

实际上，当众教育孩子不但会使亲子之间的矛盾公开，而且还会招来周围人的侧目、围观。最为重要的一点，这会给孩子的心灵带来极大的伤害。科学调查显示，那些经常在大庭广众之下被父母训斥的孩子长大以后比其他孩子更容易产生自卑心理，也更容易走上犯罪的道路。

我们都希望别人认可和欣赏自己，这是人的本性，孩子也一样。对于那些自尊心极强的孩子而言，父母当众训斥自己，简直是一种莫大的侮辱，难以接受。

刘洋已经 12 岁了，但是性格内向，不太爱说话，很少和同学交流，平时学习成绩在班里也只能算是中等。

有一次，刘洋的妈妈到学校开家长会，老师告诉她，刘洋的成绩最近有些退步。结果还没等老师说完，刘洋的妈妈就大声呵斥起了刘洋："怎么成绩又退步了，不是回到家一直在看书吗？你怎么就这么笨呢？你说我养你有什么用？"刘洋的同学窃窃私语，刘洋拉了一下妈妈的衣服。

"怎么，还怕人说呀，怕人说你就好好学呀。"刘洋的妈妈还是一个劲儿地说着，结果刘洋没等妈妈说完，就跑出去了。

从那以后，刘洋变得更加内向，更加不愿意和同学交流，总觉得同学们在对他评头品足，觉得同学们都瞧不起她，学习成绩也是一落千丈。最糟糕的是，从那以后，刘洋开始对妈妈充满怨恨。

有些家长会觉得，在众人面前训斥一下孩子不是什么大不了的事情。但是对孩子来说，这却是天大的事情。他们会很长一段时间处于担心和害怕中，害怕同学们从此用一种异样的眼光看自己，担心自己在同学面前抬不起头。就在这种担心和害怕中，孩子会变得敏感多疑。

还有一些家长，当孩子在公共场合哭闹、提要求时会觉得很没面子，一时心情急躁就会训斥孩子。可事实是，这样不仅没有维护到家长的面子，有时还会适得其反。建议家长能够平静地和孩子沟通，简单说出自己拒绝的理由。实际上，无论多大的孩子都能够明白家长拒绝的话语，家长只需要耐心地告诉孩子就可以了。

【怎么听怎么说之现场演练】

如果孩子当众让你难堪

越是有人关注，小孩子就越是会做出令人不可思议的举动。如果有一天，你的孩子当着很多人的面，做出让你很没面子的事情，那么你该如何对待他呢？是打他、不理他，还是有什么更好的办法来制止他？

给孩子界定很多的条条框框绝对是一件有难度的事情，但这也并非实现不了，我们应该掌握一些这方面的小技巧。

（1）保持冷静。

孩子让你觉得没面子了，你能按捺住情绪吗？

135

A．不能，会发火_____

B．还是忍住脾气_____

当孩子的举动不合时宜的时候，家长要保持冷静确实是一件很难做到的事情，但是我们要记住，孩子这么做并不是在故意使坏，他们年龄尚小，有时并不了解自己的这些行为将会带来什么样的后果。如果我们忍不住脾气，对孩子来说是很无辜的。

（2）忽略旁人的眼光。

你觉得自己是个特别爱面子的人吗？

A．是，一般人都挺爱面子的_____

B．还行吧，不是特别爱面子_____

千万不要把孩子的举动当成是没有家教的表现，适当的时候应该忽略旁观者的注目，只管理好自己的情绪，管理好孩子就可以了，不必过分看重旁观者。

（3）了解"反向规则"。

当孩子一味任性的时候，你会怎样？

A．发脾气制止他_____

B．先反思孩子为什么这么做_____

当你的孩子穿着一双成人的鞋子走来走去时，当他站在糖果柜台大吵大闹，甚至打滚的时候，家长需要往好的方面想：

（1）小孩子只会对亲近的人发脾气，他们觉得这些人会给他带来安全感。

（2）孩子能够任性，说明他们有自己的想法、自主性和自我意识，这难道不正是家长们所希望孩子拥有的吗？

绝情的话千万不能说

我们总是很容易在生气的时候说一些绝情的话，虽然事后感觉很后悔，可是无奈话已出口，即使道歉，说这并不是自己的真心话，也总是难免给听话的人心里留下阴影。

父母在教育孩子的过程中，也有可能出现这种时候，一时生气，脱口而出，对孩子说一些类似于"滚出这个家"等伤害孩子心灵的话，而大多数的时候，父母也不会因此去向孩子道歉，于是就给孩子留下了可怕的阴影，造成了不少悲剧。

期末成绩出来了，晓红这学期成绩下降了很多，妈妈很生气，狠狠地对她说："你还好意思拿着成绩单回来啊！叫你少看点电视你不听，现在成绩这么差，你好受了吧？"

"我又不是故意考不好的，我是……"

"你当然不是故意的啊，你就是现在成绩不好，才考得差的，别找什么借口了！"孩子话还在嘴边，妈妈就打断了她的话。

"你就是从来都不相信我，故意误解我的意思，你就是对我不好！"

"你说什么？你这孩子怎么这样了？我让你吃好的穿好的，花那么多钱供你上学，你居然说我对你不好，你还有没有良心啊？"

"本来就是，你从来都不关心我心里想什么，总是这样骂我，谁家的妈妈这样啊？"

"好啊，那你去找别的妈妈啊，你滚吧，想去哪里就去哪里，快点滚！"

晓红生气极了，当真跑了出去，在街头流浪了两天，直到爸爸妈妈找到她，把她带回家。

生活中，孩子离家出走的事件屡有发生。许多情况下，孩子是被父母的话逼出家门的。"你滚吧，想去哪里去哪里"这句气话有惊人的杀伤力，往往把孩子逼出家门，而且在心里留下永久的伤痕。

　　其实，当家长说出这句最后通牒式的话来，无非是想逼迫孩子就范，或者是想以它来结束这场口舌之争，并没有把话当真，甚至事后会非常后悔自己说出了这样的话。然而这会让孩子认为家长一点儿也不在乎自己，随随便便让自己走就是因为自己一点也不重要，所以，不少任性要强的孩子，因为忍受不了家长的嘲弄而离家出走。他们当然不想离家出走，可一旦就此低头，便会显出自己的软弱，就这样屈辱地留在家里，还有什么自尊可言？所以，他当然要逞一回英雄，就这样真的离家出走了。就算孩子没有出走，也会在心里一直记得这个伤痛。

　　有一次，聪聪妈正在和孩子说说笑笑，两个人你一言我一句，一边说一边笑。聪聪妈说到兴头上，来了句："我的乖宝宝啊，你怎么一下子长这么大啊，你要还是个小娃该多好玩啊。要不妈妈拿你去换个小娃娃吧。"这么说不要紧，没想到聪聪听了之后，睁大了惊恐的眼睛看妈妈，接着就开始哇哇大哭起来，眼泪就像开闸的水一样涌出来，一发不可收拾。聪聪妈这才意识到问题严重了。本来嘛，自己说把孩子换出去，在孩子看来就是妈妈不喜欢他呀。

　　总之，绝情的话不能说，不管是生气还是开玩笑，这会让孩子感受到深深的伤害，而且也不能解决任何实际的问题，如果说得太绝情，甚至会切断父母与孩子之间的感情。

【小技巧】

　　（1）多说爱语，别嫌腻。

　　（2）时刻尊重孩子，哪怕是开玩笑。

　　（3）多和孩子一起玩，大家都高高兴兴的。

第五章 面对孩子的错误，
还有惩罚之外的方法

放下棍棒，寻找代替惩罚的方法

建议比批评更管用

环环才上初中，聪明乖巧，与父母的关系比较融洽。可是最近一段时间，她发现自己变得有些讨厌妈妈了，因为妈妈总是动不动就批评自己，即使是当着同学和朋友的面，也不会考虑自己的感受，而且有时候说话还特别难听。为此，她已经跟妈妈吵了几次架了，母女关系有些紧张。

一个周末，妈妈以命令的口气要求环环帮自己把一些特产送到同一城市的姑姑家去，可环环因为要和同学一起去逛街而拒绝了妈妈的要求。

"你怎么这么不懂事，妈妈今天要忙着加班才让你干一点儿活，你就这样。"妈妈当着同学的面批评环环。

"我就是不去！我们早就约好了，而且昨天也跟你说了，东西你可以明天再送嘛！"环环说。

"可妈妈明天还有其他事情啊，这么大的孩子了，一点儿都不懂得体谅父母。"妈妈再一次批评了环环。

"我也想体谅你啊，可你每次跟我说话都是这样的语气，还动不动就训人，爸爸就不会这样！"说完，环环拉着同学走出了

139

家门。

父母批评和教育孩子，多是想用"苦口良药"和"逆耳忠言"帮助孩子成长，然而，这样良好的期待，却常常难以收到好的结果。

其实，父母想要帮助孩子培养良好的品格、教养、习惯，促使孩子茁壮成长，完全可以将自己对孩子的批评转换成给孩子的建议。以下的方法可以参考：

第一，在教育孩子之前，父母最好能仔细回想一下孩子的行为，并用描述性的语言记录下来，如孩子当时做出了怎样的举动、错误和表现糟糕的地方在哪里、其中有哪些可取之处和需要改进的地方，要保持客观的态度。

第二，父母在教育孩子时，最好能用商量和建议代替严厉苛责。同时，父母还可以多用正面积极的语言来描述孩子的行为等，并且在认同孩子的基础上，给孩子提出建议。在提建议时，讲自我经历的方式和激发孩子自我思考的方式都是可以用的。父母讲究恰当的方法是孩子健康成长的重要保障，在家庭教育时一定要注意这一点。

林芳平时学习很努力，也积极上进，在班上颇有人缘，新学期开学的时候还被同学们推选为班长，她因此非常高兴，学习和办事也更有热情了。可最近的一段时间，她却总是没精打采的。

爸爸看到女儿的这种神情，就关切地问："最近怎么了？好像没以前精神了。"

"嗯，最近出了点状况。前不久因为一些小误会，我和班上的学习委员闹矛盾了，心情受到了很大的影响，常因此而心不在焉，以致耽误了学习，上次的考试也没有考好。老师为此特意找我谈话了。"说完这些，林芳准备接受爸爸的批评。

不过爸爸并没有批评女儿，反而表扬她说："你能认识到自己的问题和错误很好。现在最重要的还是要想办法补救啊，既然你已经意识到两人发生冲突的原因是误会了，爸爸建议你先及时向同学承认错误，然后再端正自己的学习态度，爸爸相信你一定能做好的！"

林芳听了爸爸的表扬，感觉自己又有动力了。

随着孩子一天天长大，他们需要理解周围世界的规则，需要了解周围人对他们的期待，需要了解自己和别人怎样相处，需要通过一些途径来衡量自己不断增长的技巧和能力。他们需要了解的太多，于是就免不了遭遇一些错误和困难，可能会因此而感到沮丧，失去自信。作为家长应该理解孩子这时候出现的错误和困难，多给孩子一些建议，少给孩子些批评，让他们明白更多的道理，同时不会对自己失去信心。

【小技巧】

（1）绝不可以通过一件事来否定孩子。

（2）批评之前"三缄其口"，先将肯定的话放在前。

（3）用商量和建议代替严厉苛责。

疼爱孩子，也要懂得如何责罚

琳琳今年已经 5 岁了，是家里的独生女，平日里爸爸妈妈还有爷爷奶奶都很宠爱她。琳琳也会犯一些小错误，但是琳琳的爸爸妈妈从来都不会说她，一般都是很温和地告诉她这样不好就完事了。

有一次，爷爷和奶奶带着琳琳去公园里玩。琳琳看见公园里有一个小朋友的玩具很好玩，就抢了过来。结果惹得那个小朋友哇哇大哭，小朋友的妈妈赶过来，又从琳琳手里把玩具抢了回去，还大声地呵斥了琳琳。琳琳的爷爷奶奶很不好意思地替琳琳向人家道了歉。

"你上次抢幼儿园里小朋友东西的时候，妈妈不是告诉过你，好孩子是不会抢别人的东西的吗？抢东西是一种强盗行为，非常不好哦！"回到家后，妈妈很温柔地对琳琳说。

"是非常不好，可是也没有什么严重的后果呀？我实在太喜欢那个玩具了。"琳琳说道。

"怎么没有严重的后果呀？"

"有吗？我没有感觉到。"

琳琳的妈妈这时才意识到，自己平时太溺爱孩子了。

每个父母都是爱孩子的，不想责罚孩子。可是，适当的责罚在教育中是很有必要的。

首先，恰当的责罚会让孩子真正意识到做错事情的后果。

每个孩子都会有犯错的时候，犯了错误之后，有一些家长出于疼爱，觉得只要让孩子知道这样做是不正确的就可以了。

其实，孩子需要为其错误的行为付出一些"代价"，才会意识到这种错误行为的真正后果。看看故事中的琳琳，她并没有意识到问题的严重性，觉得犯了错误也没有什么大不了的。

其次，只有适当地责罚孩子，才能让孩子真正学会一些规矩，这对于孩子学会守规则十分重要。

有不少家长给孩子定了规矩，但却没有相应的责罚，结果孩子还是不遵守规矩。如有些家长告诉孩子吃饭按时吃，可是当孩子没有按时吃饭，说自己肚子有些饿的时候，立马又跑到厨房给孩子做饭，还边做饭边说"不是告诉你了吗，要按时吃饭"。

当孩子看到即使不按时吃饭，想吃还是能吃到时，他按时吃饭的观念立马就降到了最低点。

李立总是不按时吃饭，每一次都需要妈妈催促，结果还是收效甚微。这让他的妈妈很头疼。有一次，李立的妈妈把这件事告诉了李立的同学张毅的妈妈。

"那他要是饿了怎么办？"张毅的妈妈问。

"再给他做呗。"李立的妈妈无奈地说道。

"你可以这样试试，如果他不按时吃，你就不要再给他做了，饿他一次试试看。"张毅的妈妈建议道。

结果，李立的妈妈再次让李立吃饭的时候，没有再三催促，就只告诉他要吃饭了，李立还是不以为然，没有去理会。当他饿了，要求妈妈再做时，被妈妈拒绝了，并告诉他"以后过了吃饭时间，妈妈是不会再单独给你做饭的"。结果下次，李立不用妈妈叫，自己赶过来吃饭了。

最后，适当的责罚会让孩子更加坚强。

父母总是害怕孩子受到各种挫折、各种困难。可是，挫折困难却是人生中不可避免的。

作为父母，与其白费力气担心孩子受挫折受打击，还不如帮助孩子培养在挫折和困难中坚强面对的心理素质。

好的家庭教育一定是赏罚结合的。当然，父母必须注意"责罚"孩子的手段，体罚、当众责罚孩子是不可取的。

【小技巧】

（1）小事能装糊涂，大事不能装糊涂。

（2）不能放纵孩子的原则性错误。

（3）坚持原则，就是不给孩子回旋的余地。

惩罚太多，必将失去效果

有一个成语叫"物极必反"，意思是说，事物发展到极点，会向相反方向转化。这个成语提醒我们在做事情的时候一定要把握好尺度。其实，在教育孩子的过程中，尤其是惩罚孩子的时候，父母也应该记住这样一个简单朴素的道理。

在一个教育咨询中心，我们听到一位母亲一脸焦虑地说：

"老师，你不知道，我们家孩子真是太让我和他爸爸头疼了。那孩子总是在外面跟同学打架，每一次他打完架，就会被他的爸爸暴打一顿，总以为他会改，可是，他爸爸已经打过他无数次了，他还是没有改掉。老师，你说怎么会这样？"

"那是因为他的爸爸惩罚他的次数太多了，他都习以为常了，不再害怕了，自然也就不会将纠正坏习惯这件事情放在心上了。"老师一针见血地指出了问题所在。

很多家长都会有这样的疑惑：不是说好的教育应该赏罚结合吗？怎么罚来罚去，孩子就是屡教不改呢？这时候，就需要家长静下心来，反思一下自己了。是不是将惩罚当作家常便饭了？如果是，那可就太糟糕了。

这是因为大凡孩子知道自己犯错的时候，内心都有一种要接受惩罚的准备，会担心家长如何处置自己。在这种担心之下，他自己也会告诉自己以后不要再犯了，没有人喜欢不安的感觉。可是，如果家长经常性地惩罚孩子，孩子就会预料到家长惩罚的手段，他们心中的那种不安会逐渐消失。一旦这种不安消失了，孩子就开始无所顾忌了。对孩子的惩罚如果太多，孩子就会形成一种印象：惩罚其实没什么大不了的。

"改了能怎样，不改又能怎样，大不了就是来一顿打呗，没什么大不了的。"一个经常偷盗的孩子对心理医生这样说道。

"可是，这件行为本身就是错误的，难道你没有意识到吗？"心理医生对孩子说。

"我父亲并没有告诉我这些，他知道我偷东西以后，每次都只是将我暴打一顿。刚开始我还很害怕，后来打的次数多了，也就无所谓了。"孩子一脸无辜。

如果家长经常惩罚孩子，不仅起不到教育的效果，还会对孩子的身心发展造成伤害，影响孩子未来的人生。科学调查显示，那些在经常性惩罚中成长起来的孩子，要么性格内向，害怕与人交往，总是表现出极不自信的样子，要么就性格暴躁，具有暴力倾向。

此外，经常惩罚会让孩子对父母产生敌对情绪，从而影响亲子关系的和谐。

张飞上初二了，粗心大意，经常闯祸。每次遇到事情只会跟妈妈说，从来不喜欢和爸爸多说一句话。每次只要爸爸走到他跟前，他就戴上耳机，这让爸爸很伤心。

"你把耳机摘下来。"爸爸有些生气了，命令道。

张飞装作没有听到。爸爸更生气了，从张飞的耳朵上取下了耳机。张飞又把耳机戴上了，结果这次爸爸给了他一巴掌。张飞大声喊叫起来，妈妈赶紧跑来解围。

"你怎么就不能跟爸爸好好说话呢？"妈妈一边安慰张飞，一边问张飞。

"我就是讨厌跟他说话，他总是不分青红皂白地打我。不管我犯错想改还是不想改，他就是觉得犯了错就该打。"张飞跟妈妈说道。

张飞的爸爸听了张飞的抱怨后，不好意思地低下了头。

总之，家长千万别忘记了，惩罚教育是一把双刃剑，因此家长在用的时候，尽量要谨慎，否则不但实现不了惩罚孩子的初衷，还会伤害孩子、伤害自己。

【怎么听怎么说之现场演练】

对不同性格的孩子采用不同惩罚方式

当孩子出现不良行为时，一些家长往往会束手无策，有的会轻描淡写地说几句，有的则会破口大骂，用五花八门的惩罚方式对待孩子：罚站、罚跪、罚写作业、罚干活。

但通常的结果是，罚不到点子上，孩子会手足无措，不起作用或让孩子产生抵触心理。那么，要怎样掌握好这个"度"呢？

（1）孩子有点敏感、小心眼怎么办？

A. 有错误直接说＿＿＿＿＿＿＿＿＿

B. 旁敲侧击、委婉地说＿＿＿＿＿＿＿＿

敏感、独立意识很强的孩子，家长应该以商讨问题的态度把批评的信息传递给小孩，并创造一种宽松、愉快的谈话气氛，打消孩子的顾虑，使其乐于与家长合作。

（2）孩子自尊心强怎么办？

A. 该批评就批评＿＿＿＿＿＿＿＿＿

B. 循序渐进地批评，使他们心理有个过渡＿＿＿＿＿＿＿＿

对于自尊心比较强、缺点又比较多的孩子，家长要由浅入深，耐心引导。这样，可以给孩子一个心理准备，使他们逐步接受，不会因此而背上思想包袱。

（3）孩子性格开朗，但不喜欢认错怎么办？

A. 直说无妨＿＿＿＿＿＿＿＿

B. 摆出道理，让他哑口无言＿＿＿＿＿＿＿＿

　　对于性格开朗、乐于接受批评的孩子，可以直截了当地指出他们的问题，而对不轻易承认自己过错的孩子，家长要进行有理有据的严肃批评。

　　（4）你习惯使用赞许和批评相结合的方式吗？

　　A. 不太习惯＿＿＿＿＿＿＿＿＿＿

　　B. 视情况而定＿＿＿＿＿＿＿＿＿

　　C. 这种方法比较好＿＿＿＿＿＿＿

　　不同年龄的孩子对惩罚的反应是不一样的。一般说来，年龄偏小的孩子心理更加脆弱，所以要多使用赞许与惩罚相结合的方式。而年龄偏大的孩子，就可以直接批评了。

问题多多：好言好语好方法

"等我冷静一下再说"——愤怒时最好闭嘴

　　科学家通过实验表明，人和人沟通的效果，70%取决于谈话时的情绪，30%取决于谈话的内容。

　　据此，科学家建议人们，在谈话的时候，一定要调整好自己的情绪。因此，父母在教育自己的孩子时，也应该注意调整好自己的情绪，让孩子不必分心与情绪对抗，而是直接面对问题。

　　相反，用一种愤怒的情绪跟孩子去沟通，只会让孩子很反感，从而很容易与父母对着干。

　　教育名家成墨初在自己的畅销书《把话说到孩子心窝里》讲了这样一个案例：

　　有一位母亲打电话给成墨初老师，抱怨说："我为了孩子，付出了一切，每天起早贪黑，任劳任怨，除了上班还要辛苦地照顾孩子的吃喝拉撒，还有学习。可是这孩子满身的缺点，我每次都大声地给他指出来让他改正，他根本不听，还跟我对着干，成老师，你帮帮我，怎么才能让孩子好好听进去我说的话呢？"

成老师给这位母亲的建议就是，当这位母亲看到孩子的缺点，愤怒地想指正出来时，一定要忍住，不要跟孩子说话。

结果，一个星期之后，孩子的母亲打电话过来告诉成墨初老师："孩子慢慢变得听话了，有一次他还问我'妈妈，你怎么不说话了？是不是我哪里做错了惹你生气了？我以后改就是了'，这真是让我高兴呀！"

很多父母在管教孩子，尤其是孩子犯了错误以后管教孩子时，总是怒气冲冲的，其实，这时候大多数的父母都只是在发泄自己的愤怒情绪，而很少去考虑孩子的感受，也很容易就说出一些伤害孩子的话。

这样的结果就是，父母伤了孩子的心，孩子也没有心情去听父母的说教，因此也不会接受父母的劝告和教导。

一位妈妈带着13岁的儿子去找一位教育专家。

"我们家孩子实在是太不让人省心了，我和他爸爸说他他总是听不进去，还跟我们甩脸子。老师，你说这孩子是怎么了？"

教育专家还没有张口回答问题，这个孩子倒是先插话了："你们每次说我，就像吃了枪药一样，怒气冲冲的，让人觉得很不舒服。而且，你们说话，从来都没有考虑过我的感受，这让我也很愤怒！"

妈妈这时候脸上也火辣辣的，教育专家立刻支开了儿子，悄悄对妈妈说了一句："下次，教育孩子的时候，如果觉得很愤怒，不妨先对孩子说一句，'让我冷静一下'，情况或许会好很多。"

要想让孩子听进父母的劝告，父母一定要学会在愤怒时闭嘴，对此专家给出了以下几点建议：

（1）要学会控制自己的情绪，不要带着消极的情绪去教导孩子。带着消极的情绪去教育孩子，会给孩子一种好像自己是父母的出气筒的感觉，一旦孩子有了这种感觉，孩子的逆反心理就开始起作用。

（2）当父母在教育孩子时出现了负面情绪时，尽量要做到离开孩子，借机让自己冷静一下，也可以管住自己的嘴巴，不说出伤害孩子的话。等到情绪平静了以后，再教导孩子，一般而言，这时候，父母的话会比较客观而且有效得多，孩子也容易接受。

（3）学会转移自己的注意力。每个人在愤怒的时候都会表现得很固执，将注意力集中在一点上，紧抓住不放。可是也正是因为如此，人很容易陷入一种错误的观念中，增加自己的愤怒。

从前，孩子只要一犯错误，尤其是那些屡教不改的错误，我就会很生气，抓住这一点不放，越说越生气，孩子对此很是反感，也听不进我说的。

有一次，在训斥孩子的过程中，孩子实在是受不了了，夺门而出，留我自己一个人在屋里。我看着空空的房间，一直很生气，直到我的注意力被放在阳台上的花吸引，才从愤怒中走了出来。

从那以后，孩子犯了错误，在批评他之前，我总要先遏制自己的愤怒去阳台上看一会儿花，直到心情平复，才回去跟他讲道理。结果却发现，孩子也很容易接受我的批评，甚至表示愿意主动改正错误。

其实，我原来只是不想自己老生气，没想到还收到了意外的效果。

总之，如果父母想让对孩子的教导卓有成效，应该学会在自己愤怒的时候冷静一下，等到情绪平静了再去跟孩子沟通。

【小技巧】

（1）在教育孩子之前，努力去平复自己的心情。

（2）孩子犯错误时，不要只看到他犯错，多看看孩子脸上的表情。

（3）当孩子激怒父母时，让孩子自己先在房间里独自待一会儿，也是给父母一个冷静的时间。

"这也许不是件坏事情"——换个角度说事情

很多父母都会遇到这样的情况：孩子很努力地去学习一样东西，可是成绩却不如人意，孩子就会觉得很沮丧。这时候很多父母都是一味地鼓励孩子继续努力，却发现收效甚微，孩子的心情还是很沮丧，也很难再继续坚持学习。

丫丫的妈妈给丫丫报了一个古筝兴趣班，丫丫很认真地去学习，可是每次老师让弹奏的时候，丫丫总是很紧张，从而表现得很糟糕。

"妈妈，我觉得我天生就不是弹古筝的料。"

"没有人天生就是适合干什么事情的，你要继续坚持，才会有所收获。"

"可是，妈妈，我实在坚持不下去了。"

没过多久，丫丫就开始逃避上古筝兴趣班了，有时妈妈把她送到班上，她会偷偷溜出来。

每个孩子在学习新事物的过程中，都会伴随一系列的失败，这些失败会让孩子丧失自信，从而产生想放弃的念头。这时候，如果父母只是一味地鼓励，对孩子来说，作用并不是很大，父母可以换个角度，告诉孩子这些挫折也并不全是坏事情，然后帮助孩子理性分析，这比只是一味鼓励要好得多。

谢攀刚上初一，以前都是住家里，妈妈是一名教师，可以在学习上辅导一下他，现在住到了学校里，学习和生活中有很多不适应的地方，学习成绩也不如以前，尤其是数学成绩。尽管谢攀上课很认真地听课，可成绩还是不如人意。

"妈妈，我实在不想学数学了，我感觉不管我怎么努力都学不好。"周末回家后，谢攀向妈妈抱怨道。

"怎么会努力了还学不好呢？那就是你的方法不对了。"

"方法不对？"

"是啊。学习方法很重要。其实，你可以慢慢地来，不要着急。做题总是错，也不是件坏事情，至少它会告诉你哪里没有学好，这样你就可以去问老师和同学。"

"我从来不敢问老师。"

"你看，这就是你的方法不对了吧，遇到不懂的，就应该去请教老师。"

"可是，我害怕。"

"不用害怕，老师们都很喜欢学生问自己问题的。"

"真的？"

"真的，妈妈就是老师，妈妈就很喜欢学生问自己问题。"

就这样，谢攀又把数学卷子拿了出来，把自己做错的题目认真分析了一遍，并把自己不懂的画了出来，去问老师。慢慢地，谢攀的数学成绩提高了，再也不说要放弃数学了。

我们常说，任何事情都有两面性，有好的一方面，也有坏的一方面。挫折也是如此，如果能从挫折中找到解决问题的方法，那它就是一件好事情。在孩子遇到失败或者挫折的时候，一味地鼓励孩子，不如把这个道理告诉孩子。可以说谢攀的妈妈在这一方面就做得很好。

古诗云："山重水复疑无路，柳暗花明又一村。"在教育孩子的时候，换一个角度，就可以把"无路"的情形转化为"柳暗花明"的另一番天地。

【怎么听怎么说之现场演练】

父母要学会换个角度说事情

古诗有云"横看成岭侧成峰"，是说从不同的角度看事情就会得出完全不一样的结论。其实，从不同的角度说事情，人们接受的效果也会完全不同。在教育孩子的过程中，父母学会换个角度说事情很有必要。

（1）当孩子因为自己退步而感到沮丧时，你会怎么做？

A．批评孩子，指责他不努力学习＿＿＿＿＿＿＿

B．鼓励孩子，告诉他退步有时候是为了更大的进步＿＿＿＿＿＿

很多父母在孩子成绩退步以后，都会去批评孩子，认为这是孩子不努力的结果。结果孩子的成绩越来越差，其实，当孩子成绩退步时，自己也是很沮丧的，会对自己没有信心，这时候父母最应该做的就是鼓励孩子，帮助孩子重新树立信心。

（2）当孩子被老师批评而闷闷不乐时，你会怎么做？

A．让孩子自己去反省＿＿＿＿＿＿＿＿＿

B．帮助孩子从批评中找出需要改正的地方＿＿＿＿＿＿＿＿＿

任何事情都有好的一面也有坏的一面，被老师批评了固然让孩子感到很难过，可是父母要是能帮助孩子从难过的情绪中走出来，并且改正了老师指出的错误，这就是一件好事。

（3）你是否有过这样的想法：如果我是孩子，我会希望父母怎么说？

  A. 是，有过_____

  B. 否，没有过_____

  要想让孩子真正听进父母的道理或者安慰，站在孩子的角度替孩子考虑是十分必要的。这会让父母了解到孩子的真正需求，从而在跟孩子沟通时，产生最好的效果。

"要是不这么做的话"——在对比中领悟道理

  公交车上，一个小男孩儿拿着一瓶饮料，他的妈妈一直在对他说："不要在公交车上喝饮料。"可是，男孩却仿佛没有听见，喝了一口又一口，还看着妈妈笑了起来。结果，就在男孩儿咬着饮料瓶的瓶口时，公交车急刹车，瓶子戳到了孩子的嘴，孩子疼得大哭了起来。

  "给你都说了让你不要喝，你偏不听！这下知道疼了吧！"妈妈一边安抚，一边责备着。

  "可是，如果你早告诉我这么做会弄疼我的嘴巴，我就不喝了。"男孩儿一边哭，一边埋怨着。

  相信很多父母都会遇到故事中妈妈遇到的情况，都告诉了孩子不要那样做，可是孩子就是偏不听，非得等到有了教训，才想起了父母的警告，可是这时候，往往都为时已晚，孩子已经受到了伤害。如果说这只是一些小伤害倒还无所谓，就当是给孩子长了个教训，可是有些伤害却会对孩子造成永久的影响。

  有些父母会说"道理都讲了一箩筐了，可是孩子就是听不进去，我们还能怎么办呀"，其实，讲道理也需要技巧，一般来说，在对比中让孩子领悟道理，是很有效的一种方式。

  佳妮很喜欢看书，每天晚上都要看一会儿书。这本来是一件很好的事情，可是，佳妮的妈妈却很惆怅。

原来，佳妮每天晚上都是趴在床上看书的，这对眼睛的伤害很大。佳妮的妈妈每次看到佳妮趴在床上看书，总是要说她几句，可是，佳妮却依然我行我素。有一天，佳妮又趴在床上看书了。

"佳妮，不能趴在床上看书，坐到书桌前去看。"

"我要是不去呢？"

"不去，你的眼睛就会慢慢变成近视眼，看东西很模糊。"

"你骗人吧？""没有骗人，你看隔壁的王叔叔，要是不戴眼镜，找个东西也得找老半天。""对！"佳妮把"阵地"从床上移到了书桌上。

孩子虽然有时候不听话，但是道理他们还是懂的，尤其是一些他们可以从生活中看得见的道理。很多父母总有一个错觉，认为孩子听不进自己所说的话，就是听不进道理，因此有时候采取了一些强硬的态度来对孩子，却发现还是收效甚微。其实，孩子是听得进道理的，但需要父母在给孩子讲道理时，展示一些可以看得见的效果。

总之，人都有趋利避害的本能。如果父母在给孩子讲道理的时候，能在对比中将利与害清晰地呈现在孩子面前，孩子是一定会去选择对自己有利的一方面的。因此，当孩子不听话的时候，父母可以试着在对比中让孩子去领悟其中的道理。

【小技巧】

（1）让孩子在故事中不同人物的命运中领悟道理。

（2）将生活中出现的反例指给孩子看。

（3）在给孩子对比时，说话的语气要温和，不要恐吓。

"如果别人像你一样怎么办"——将问题抛给孩子

天下没有父母不希望自己的孩子一生一帆风顺，无忧无虑。可是，现实总是让父母的愿望落空，每个人的一生总是被各种各样的问题困扰，而且，这些问题是从一个人的童年就开始出现的，只是，那时候大多数的问题父母都替孩子解决了。

父母爱孩子，乐意去帮孩子解决生活和学习中出现的问题，可是，这样做真的对孩子好吗？

真正爱孩子的父母总是希望孩子拥有独立思考的能力和独立解决事情的能力，因此，他们会在孩子出现问题的时候，将问题抛给孩子，让孩子自己去解决。

暑假，妈妈带着6岁的娇娇来到了乡下姥姥家，娇娇从小在城市里长大，没有来过乡下，对这里的一切都充满了好奇。

有一天，娇娇在表弟的房间里看到了一盆很漂亮的花，就想把它带回自己家里去，可是表弟却不愿意给他，结果娇娇就和表弟抢了起来。妈妈和舅舅、姥姥都冲到了房间里。

"姐姐是个坏人，抢我的花。"表弟哭着说。

"是你太小气了，一盆花都舍不得给我。"娇娇也哭了起来。

晚上睡觉的时候，娇娇还是对表弟很生气，妈妈就对娇娇说："如果表弟像你一样，去抢你最爱的那个洋娃娃，你会怎么样？"

"当然不给！"娇娇脱口而出。

"那你抢表弟最爱的那盆花，表弟为什么要给你呢？"

娇娇被妈妈问得哑口无言。

第二天早上，娇娇就去找表弟道歉："昨天抢你的花，是我的不对。不过，我们可以交换，我想要你的花，你看看你想要什么，我也可以给你！"

"那你把你带来的那本书给我吧！"

就这样，娇娇和表弟和解了，还用书换到了她自己想要的花。

将问题抛给孩子，让孩子独立解决，不仅可以锻炼孩子独立思考和解决问题的能力，也可以逐渐让孩子学会站在别人的角度思考问题。

此外，在孩子犯错误时，将问题抛给孩子，对于孩子自主地认识到自己的错误，从而去改正也是很有好处的。

乐乐是家里的独生子，但是爸爸和妈妈从来都不惯着他，对于他偶尔表现出来的小缺点，父母总是想法设法去纠正。

有一次，乐乐从幼儿园拿了七八个小气球回来，骄傲地给妈妈看。

"妈妈，你看，我今天拿了好多气球。"

"是老师发给你的吗？"

"不是，老师说自己想要随便拿，我就去拿了这么多，我们班上有好多同学都没有拿到。"

妈妈就对乐乐说："乐乐，如果拿了七八个气球的是你的同桌圆圆，你一个都没有拿到，你会怎么想呢？"

"嗯，我会觉得圆圆真讨厌！"乐乐很不好意思地说出这句话。

"那圆圆要怎么做，你才觉得她又不讨厌了呢？"

"除非，她把她的气球给我一个。"乐乐低下了头，"妈妈，我明天就去把气球分给班上没有的同学。"还没等妈妈开口，乐乐就已经知道自己要怎么做了。

总之，当孩子的生活和学习出现问题时，父母将问题抛给孩子，让孩子自己解决，对孩子的成长是非常有好处的。

【怎么听怎么说之现场演练】

将问题抛给孩子

学会将问题抛给孩子，让孩子独立解决，是父母都应该学习的一门功课。现在不妨测试一下，看自己这门功课到底做得怎么样。

（1）当孩子与同学出现矛盾时，你会选择：

A．直接干涉，帮助孩子去解决_____

B．合理引导，让孩子独自去处理_____

所有父母都不希望自己的孩子受到伤害，总是想替孩子解决所有的问题，可是，显然这样并不能真正帮助孩子，因此，应该学着合理引导孩子，让孩子自己去解决一些问题，这才是真正帮助孩子。

（2）当孩子犯了错误时，你会不会引导孩子站在别人的角度考虑：

A．不会，只是一味地批评孩子_____

B．会，让孩子意识到自己的错误给别人带来的伤害_____

一味地批评并不能让孩子意识到自己所犯的错误有多严重，父母可以让孩子站在别人的角度去感受一下，也许孩子就会意识到自己的错误。

宽容一下，效果更好

与其责备，不如给予反省的机会

几乎每个孩子的成长都伴随着父母的责骂，可是，很多的时候，父母发现，不管自己如何责骂，孩子的有些错误还是依旧。对此，他们真的已经束手无策了。在一节家庭互动课上，老师让家长坐在教室的后排，听听学生对父母的要求："如果你们做错了事情，希望父母怎么办？"老师开始问大家问题。"我希望我爸爸不要打我。"一个瘦瘦的男孩儿站起来说道。"我希望我的妈妈不要老是责备我。"一个短头发的女孩大声地说道。"我希望我的爸妈告诉我，我错在哪里。"一个眼睛大大的女孩说道。"我希望我的爸妈能给我一个反省的机会。"一个个子高高的男生大声说道。"如果父母都做到了这些，你们会怎么做呢？"老师笑了笑，继续问道。"我会很爱他们，试着去改正错误。"孩子们高声答道。

大多数的父母在孩子犯错以后，第一反应都是去责备孩子。可是，这种做法真的十分有效吗？不见得。其实，孩子做了错事以后，是非常担心父母责备的。如果父母严厉地批评孩子，孩子反而有一种"如释重负"的感觉。相反，如果父母能保持沉默，孩子的心理反而会紧张，更容易产生一种愧疚感，进而会去反省自己的错误。

同是13岁的王刚和李蕴是非常要好的朋友，两个人在同一个学校的同一个班级，而且又住在一个小区，从小玩到大，可以说关系非常亲密。

有一次，在和其他小朋友踢足球的时候，王刚不小心把足球踢到了臭水沟里，其他小朋友都不想和他玩了。王刚生气地走了，李蕴也跟着王刚走了。走在路上，王刚说，要是有个自己的足球多好呀！于是就跟李蕴商量买个足球。可是两个孩子都没有多少零用钱，王刚就建议偷偷从家里拿。两人回到家后，偷偷拿钱买了一个足球，可是心里总是觉得不踏实。

李蕴的妈妈和王刚的妈妈都发现家里的钱少了，但是两个人的处理方式却截然不同。

李蕴的妈妈在发现钱少了的同时，也发现李蕴最近总是怪怪的，回到家就开始写作业，吃饭的时候也不敢看她，于是就怀疑可能是李蕴拿了钱买什么东西了。于是，她装作什么事情也没有发生，只是每天晚上去李蕴的房间，问问李蕴有没有什么话要对妈妈说。李蕴前三天一直都说没有，到第四天终于对妈妈坦白了，还说知道自己错了，希望妈妈给他改正的机会。

王刚就没有这么幸运了。王刚的妈妈发现钱少了后，也发现王刚最近怪怪的。有一次打扫的时候她发现了王刚藏在床底下的足球，就去质问王刚是不是拿钱去买了足球，王刚说是的。然后，王刚的妈妈大声地呵斥了他一顿，原本王刚觉得自己偷偷拿钱去买足球不对，心里很愧疚，结果妈妈把他训斥了一番之后，他的愧疚感却消失了。王刚的妈妈以为王刚记住了这次教训，可是没过多久，发现他又偷偷从家里拿钱了。

两个妈妈都是十分爱孩子的，希望孩子能够改正错误。可是，面对同一件事，孩子犯了同一个错误，两个妈妈采用了不同的处理方式，出现了完全不同的结果。我们不得不说，李蕴妈妈处理的方法比王刚的妈妈处理的方法高明得多。

其实，父母责备孩子也是希望孩子可以改正错误，只是有时候却发现结果与期望完全相反。这个时候，父母不妨换一种方式，适当地保持一段时间的沉默，给孩子一个反省的机会，让他试着自己去改正错误。

【怎么听怎么说之现场演练】

引导孩子正确地评价自己

有人形容说，培养孩子就好比是雕刻一尊精美的雕像，即便

159

如此，每一件雕塑也很难达到完美，这就需要家长能够引导孩子正确地评价自己，正确看待自身的优缺点。

（1）帮助孩子树立乐观、自信的心态。

对待孩子学习，你更喜欢督促，还是鼓励？效果怎样？

A．总是督促他要学习＿＿＿＿＿＿＿＿

B．经常鼓励他，让他相信自己＿＿＿＿＿＿＿＿

有一位家长谈自己的亲身经历。初一时，孩子的学习成绩不好，他们经常督促孩子学数学，但孩子的成绩一直没有大的突破。结果这位家长改变了战略，到孩子初二的时候采取放手管理，没想到孩子的成绩却是稳中有升。

（2）帮助孩子正确认识自己。

孩子和成绩差的同学交朋友，你会是什么反应？

A．只要是成绩差，就不支持＿＿＿＿＿＿＿＿

B．可以引导孩子发现人家的优点＿＿＿＿＿＿＿＿

C．相信他，让他自己拿主意＿＿＿＿＿＿＿＿

虽然家长们总是要求孩子有选择性地交朋友，但是，只要孩子的朋友品质不坏，我们完全没有必要做硬性选择。同时我们要相信自己的孩子，让他能够正确认识自己，同时相信他在选择伙伴上会有分寸，把这个自主权交给孩子。

（3）让孩子以阳光心态看待自身优缺点。

你觉得孩子的缺点能够转化为优势吗？

A．缺点就是缺点，不能转＿＿＿＿＿＿＿＿

B．觉得应该可以＿＿＿＿＿＿＿＿

资源，放错了地方就是垃圾。垃圾，放对了地方就是资源。每个孩子在出生之时都具有自身独特的潜质。但是随着孩子一天天地成长，由于潜能发挥的程度不同，由于他们努力的方向不同，导致每个人的生命轨迹不同。

最正确的教育就是让孩子保留他的天分。

理解孩子的小脾气

婴儿时代的孩子常常会用哭的方式来表达他的痛苦。由于孩子还不会表达，父母总会耐心地寻找原因，直到他们不哭不闹为止。这时候，父母总觉得孩子的脾气不可捉摸是理所当然的，并且认为，当孩子学会表达以后，这种情况就好多了。可是他们却惊讶地发现，即使孩子长大了，他们的脾气有时候还是不可捉摸。

而且一旦小脾气得不到理解，孩子就开始和父母唱反调，这个时候家长可能会疑惑：孩子为什么越大就越不听话了呢？

其实，孩子并不是越大越不听话，而是他们长大了，有了自我意识。当他们的情绪被父母否定之后，自然会表现出不高兴，觉得父母不理解他。因此，聪明的家长如果希望孩子长大之后依然能是听话的好孩子，就要学会尊重孩子的自我意识，尊重他们的情绪，理解他们的小脾气。

一个小女孩对妈妈说："我不要去看医生，打针会很痛。"

"我知道，你很怕打针吗？"

"嗯，我不想打针。"小女孩认真地说。

"妈妈知道打针会很痛，妈妈小的时候也这样认为，你不用怕，妈妈在旁边一直陪着你好吗？"

最终，在妈妈的耐心指引下，小女孩决定去看医生了。

和成人不同，孩子的情绪往往会敏感很多。因此，有时候认同孩子的情绪，是促使孩子乐于与父母合作的主要因素。

很多父母当孩子在告诉他们遇到的问题或困难的时候，往往会迫不及待地扮演"救世英雄"的角色，告诉孩子面对这样的问题应该怎样怎样解决。但是，让父母不理解的是，当面对父母的好意指点，很多孩子不但不领情，反而会变得大发雷霆。

一天放学后，珍珍跑回家哭着说道："妈妈，体育老师不让我进入学校的体操队。"

"老师为什么不让你去呢？"

"她说我的协调性不好。呜呜……"珍珍看上去难过极了。

"老师怎么可以这样说？我现在就打电话过去问问。"妈妈要为女儿摆平这件事。

但是令妈妈吃惊的是，珍珍对妈妈的这种行动并不领情，她哭着对妈妈说"臭妈妈，我不理你了。"说完就跑进自己的房间。

女儿的这种反应把妈妈吓了一跳，妈妈最后也没有给学校打电话过去。

后来，珍珍向妈妈道出了自己的想法："其实我只是想发泄一下。"

看吧，这就是孩子的怪脾气，他们又哭又闹，看上去无比委屈，但是他们从内心并不想解决这个问题，只是为了博得爸爸妈妈的理解和同情，只是想得到安慰。在不了解孩子情绪的状况下，父母做出的任何帮助可能都不是孩子想要的。他们需要的，可能就是父母一个认可的眼神、一个关爱的动作，只要做到这些，就能够让孩子从坏的情绪中摆脱出来。父母在了解了这一点之后，就可以在与孩子沟通的时候多聆听，少提建议。在孩子发泄脾气的时候，先明确孩子是希望父母帮她们解决问题，还是只想向父母倾诉一下。明白了孩子的心理需求，就能够减少这种不必要的冲突了。

如果孩子觉得自己的情绪没有得到父母的肯定，就会认为这是父母对他们不尊重，他们会因此更加伤心难过，并且情绪变得更糟糕，甚至会苦恼、摔门、大发脾气。所以，当孩子向家长表达自己的情感，尤其是负面情感的时候，父母与其给孩子提供解决方法，不如接受其情绪，并对其遭遇表示同情。女儿哭着对妈妈说："妈妈，我的小白兔死了。""没事，回来妈妈再帮你买一只。"

"我只想要这只小白兔，我就喜欢它。"

听到女儿这样讲，妈妈不耐烦地说道："你这个孩子怎么这样任性呢？不就是一只小白兔吗？再给你买一只不就得了吗？"

女儿听到妈妈这样讲，气不打一处来："你快别说了，烦死了。"

"你怎么这么大脾气……"

妈妈说的话小女孩为什么会听不进去呢？正是因为父母不认同她的情感，才使她的情绪被激化。其实同样的事情，如果父母换个说法，效果就不一样了。

女儿哭着对妈妈说："妈妈，我的小白兔死了。"

妈妈同情地对她说："难怪你这样伤心。"

"它是我最好的朋友。"

"失去朋友是件很难过的事，妈妈理解你的感受。"

"我每天都喂它吃东西，还给它水喝。"

"是啊，你很用心照顾自己的朋友，但要能问问兽医就好了。"

女儿恍然大悟，不再哭了，她认真地对妈妈说："妈妈，你再买一只小白兔给我吧。"

父母总觉得孩子的小脾气是莫名其妙的，似乎永远都不可捉摸。

其实，恰恰相反，孩子发脾气的原因都是很简单的，多数时候都是父母不理解孩子，才导致孩子发脾气。如果父母试着去体会孩子的感受，多多理解他们，就会发现，孩子其实还是那个听话的孩子。

【小技巧】

（1）接受孩子的情绪。

（2）孩子闹脾气了，不要轻易否定。

（3）先安抚情绪，再提出合理化建议。

不要太介意孩子的"顶嘴"

有一位妈妈抱怨说："最近我女儿特别爱顶嘴。比如，在从学校回家的路上，我们到一个公园去玩了一会儿。当我说'咱们回家吧'，她不干，还会反问我：'为什么我非要听你的，而你就不能听我的？'女儿特别喜欢小动物，总想养一条小狗，我不让，说小狗身上有细菌。但是她却说：'你说得不对！电视里说过，小朋友和小动物多接触可以提高抵抗力。'每当这时候我都会很着急，但是又不知道该怎么对待孩子。"

有不少家长都有过这样的抱怨，随着孩子一天天长大，渐渐觉得孩子不如从前听话了，并且变得难管了，动不动就与家长顶嘴，家长说东，他偏说西，这令家长十分为难和恼火，真不知道到底该拿这孩子怎么办才好。

其实，家长也没有必要十分烦恼，只要找到孩子顶嘴的原因，一切都是很容易解决的。一般而言，孩子的顶嘴都是有原因的。随着年龄的增长，当孩子进入了青少年时期，他们具有一定的独立思考能力，从这时候起，他们不再愿意别人把他们当作小孩子来看待，也不愿意处于被照顾的从属地位，更不愿意一直处在被命令指派的位置。所以，家长们没有必要为孩子的顶嘴而生气恼火，不妨为此感到高兴，因为孩子开始顶嘴意味着他们有自己的想法了，有独立思考的能力了，这不正是家长所企盼的吗？

有的父母不愿意接受孩子开始顶嘴这个现实，大多数是由于受到千百年传统观念的影响，总觉得小孩子见识少、阅历浅、不成熟，于是就形成了"父母说话小孩子听"的定论。也有不少父母要孩子对他们"言听计从"，否则就认为有失父母的威信和尊严。其实这种想法也是不对的，因为父母不可能总是按照管教三四岁小孩的方法来对待自己已经长大的孩子。要求和命令的时代已经过去，换成说服的方式取而代之就可以了。

聪明的家长应尊重孩子的独立性，允许孩子有不同的观点、看法。面对顶嘴的孩子，应保持风度、保持冷静，不要轻易发火动怒，加剧双方的抵触情绪。要善于倾听孩子的意见，耐心让孩子把心中的观点讲出来，然后分析一下孩子说得是否有道理，变顶嘴为讨论、探讨。如果孩子是正确的，就应该给予肯定和鼓励。如果孩子是无理取闹，家长也可坚持自己的观点，但应该将心比心，耐心听完孩子的意见后，讲明道理，真正说服他。

德国汉堡心理学家安得利卡·法斯博士通过多年的实验观察后证实，隔代人之间争辩，对于下一代来说，是走向成人之路的重要一步。能够同父母进行真正争辩的孩子，在以后会比较自信、有创造力和合群。

孩子争辩的时候，往往是他们最得意的时候。这至少有两个好处：一是当孩子最来劲、最高兴、最认真时，对他们的大脑发育是有好处的；二是这样可以营造家庭的民主气氛，增加孩子各方面的能力。这样的孩子具有很强的交际能力和其他方面的能力，对将来的发展是大有好处的。

总之，如果一个孩子从不与人争辩，总是与世无争，那么，他的勇气、智商、口才、进取心、自信心等就值得怀疑了。因此，从某种意义上说，争辩是孩子的一门必修课，而这门课最好在家里进行。在争辩的过程中，父母要有热心和耐心，让孩子在争辩中不断成长。

【小技巧】

（1）对孩子无关痛痒的顶嘴，别计较，别生气。

（2）不能霸道地说孩子的顶嘴就是错的。

（3）允许孩子争辩。

好妈妈会反思：一定总是孩子错吗？

欣宜和妈妈向来是对"欢喜冤家"，两人的争吵在欣宜初三那年开始，到现在越演越烈。最近妈妈刚刚内退在家，听说高中女生容易早恋，就格外关注女儿和男同学的交往。可欣宜是学校里的文艺积极分子，总有不少男生打电话或写信找欣宜，欣宜怕妈妈知道后又要和她吵架，便什么都不跟妈妈说。妈妈只好以偷听女儿电话的方式来监督她，以防出现早恋问题。

一次吃着饭，欣宜讲起了学校里的事。她说某个男生球打得好，人也长得帅，唱歌比明星唱得还好听，还说女生都被他迷住了。妈妈听后火冒三丈，指责女儿"不好好学习，受男生干扰"。

针对妈妈的批评，欣宜也不示弱："我们班确实有女生对那个男孩有好感，有的甚至给他写'情书'，可我对他没感觉，你用得着翻脸吗？"

吵着吵着，妈妈打了欣宜一巴掌，欣宜哭着跑了出去。从这以后，两人几天不说一句话。后来外婆把欣宜接过去住了一个月，母女关系才得到了缓和。

我们发现，在这个故事中女儿和妈妈闹别扭，并不是女儿的错。女儿只是在陈述情况，但是妈妈却想多了。造成母女矛盾的罪魁祸首是妈妈的担心和疑虑。

在现实生活中，大凡是孩子和父母争吵，父母会觉得一定是孩子的错。这一方面是因为父母总是不自觉地把自己摆在了比较权威、不能触犯的位置上；另一方面，则是由于父母总觉得自己为了孩子好。在这种双重"有理"下，大多数父母都会觉得一定是孩子错了。

处于青春期的孩子比较容易和父母起冲突，这是可以理解的正常现象。孩子在慢慢地成长，他们的自我意识也在进一步发展，并逐渐形成了自己的价值观，这种价值观有时候与父母的价值观不同，就会遭到父母的反对。但是他们又不会按照父母的价值观来，于是就和父母起冲突。其实，这种冲突完全可以少一些，这就需要父母多宽容、多理解孩子，要放下自己家长的权威，不要总是觉得孩子不懂事。如果家长能够学会及时反思自己，那么一定能够得到孩子的理解，从而走进孩子的心里，与孩子之间建立一种亲密的类似于朋友的关系。

有一天，孙杨的妈妈在给孙杨整理房间时，发现了孙杨藏在床头的一封信。原来，这是他写给他们班上一位女同学的情书。孙杨的妈妈看了以后很生气，准备等孙杨回来好好教训他一顿。

下午放学后，孙杨一回到屋子，就发现妈妈阴着个脸。等他回到房间后，发现他写的那封情书不见了。

"妈，你是不是乱翻我的东西了？"孙杨大声地问道。

"是的。"

"你怎么能这样呢？"

"我要是不翻你的东西我能知道有些事情吗？我还不是为了你

好？再说，我也不是故意的。"孙杨的妈妈辩解道。孙杨听后转身回到了自己的房间，关上了门。

孙杨的妈妈也开始反思自己，觉得自己翻看孩子的东西毕竟不对，于是决定向他去道歉。就这样，孙杨的妈妈敲开了孙杨房间的门。

"我觉得我翻看你的东西是我的不对。"孙杨妈妈说出这句话后，孙杨很吃惊，想了想就说："我觉得现在的我写情书也不对。"妈妈听后笑了笑。"其实我也没想着要早恋，不然我干吗写了不给她呢？"孙杨接着说道。

自从这件事情以后，孙杨的妈妈每次在跟孙杨对于一件事情有不同意见的时候，都会去反思自己是不是做错了。孙杨也很愿意将自己在学校的一些事情拿来跟妈妈说，觉得这个"朋友"其实还不错。

我们总说，每个人都会犯错误，父母在教育孩子的过程中也是一样，可是，好的父母一定会在错误出现的时候，反思一下自己。其实，父母反思的过程，就是站在孩子的角度上看问题的过程。会反思的父母之所以会受到孩子的喜欢，就是因为他们可以用一种平等的态度，站在孩子的角度上思考问题。

【怎么听怎么说之现场演练】

反思我们对孩子的"过火"

现在的孩子越来越不好管了，动不动就要和家长唱反调！

孩子为什么会这样？其实，教育方式不当，也是导致孩子逆反的重要原因，所以做家长的不妨看看自己在教育孩子时有没有犯过以下错误。

（1）唠叨不休。

你觉得自己是唠唠叨叨的家长吗？

A．有点爱唠叨＿＿＿＿＿＿＿＿

B．不是＿＿＿＿＿＿＿＿

有的父母唯恐孩子不听话，遇到事情就会反复和孩子唠叨个没完。岂不知，这样的做法会造成很多孩子的逆反心理。当孩子过多地接受同样的教育内容时，他的大脑就会对这些信息进行自然屏蔽。这种"木鱼式"的教育，孩子过段时间就会听腻了、听烦了，变麻木了，即使他明白家长说得十分有理，可能也不愿意听。

（2）提出过高要求。

你觉得你是"拔苗助长"型的家长吗？

A．是的＿＿＿＿＿＿＿＿

B．不是＿＿＿＿＿＿＿＿

有的父母很少考虑孩子的实际能力，盲目地对孩子提出些过高的、不切实际的要求。这些强人所难、拔苗助长式的做法会给孩子造成巨大的心理压力。日久天长，当孩子感到心力交瘁，再也无法承受这些压力时，他们就会采用各种方式反抗。

（3）不顾孩子的意愿。

你愿意"一厢情愿"为孩子安排吗？

A．习惯为他们都安排好＿＿＿＿＿＿＿＿

B．让他们自己做选择＿＿＿＿＿＿＿＿

有的爸爸妈妈为了让自己的孩子不输在起跑线上，给孩子安排各种各样的学习项目，但是却没有真正考虑到孩子的实际情况与个人爱好。如果孩子对家长的这种安排不感兴趣，那肯定是学不好的。这时候如果家长再摆出长辈的架势采取高压政策逼孩子就范，那就很容易使孩子产生强烈的逆反心理。

（4）对孩子专制粗暴。

你觉得你对孩子很严厉吗？

A．是的，挺严厉的_____

B．不，自我感觉挺民主_____

一些家长信奉"不打不成才"，一旦孩子达不到自己的要求，就会现出"怒目金刚"相，这样的做法是非常错误的。个性比较温顺的孩子经常会屈从于父母的威吓，变得更加胆小、懦弱和自卑。个性刚强的孩子则会产生与父母对立的情绪，并不时以反抗形式来回应家长。

惊喜在最后——耐心听孩子说完

很多父母总是不等孩子把话说完，就迫不及待地打断孩子，并开始教育孩子。

美国知名主持人林克莱特一天访问一个小朋友："你长大后想当什么？"

小朋友回答："我要当飞机驾驶员！"

林克莱特接着问："如果有一天，你的飞机飞到太平洋上空时，所有引擎都熄火了，你会怎么办？"

小朋友想了想说："我会先告诉坐在飞机上的人绑好安全带，然后我挂上我的降落伞跳出去。"当时现场的观众笑得东倒西歪，林可莱特没有笑，而是继续注视着这孩子，没想到孩子的两行热泪夺眶而出，林克莱特问他："为什么要这么做？"

"我要去拿燃料，我还要回来！"

小孩的天真烂漫、纯真善良，就在这最后一句话里尽显无疑了。可是，不是每一位父母都能做到像林克莱特一样，给了孩子说出最后一句话的机会。然而，往往孩子们让我们惊奇的一刻就在这最后一刻。

孩子有着不同于大人的思维模式，他们充满想象力，没有生活经验的束缚，也不带有很强的道德意识。作为父母，一定要去理解孩子的这种思维，不能凭借自己的生活经验或者道德要求给孩子评价，否则对孩子的心灵来说，是一个很大的伤害。要知道，不管是对于周围人的爱还是对于一件事情的看法，孩子总是有着不同寻常的表达方式。

爸爸带着哥哥和弟弟去游乐场里玩。哥哥和弟弟都想玩荡秋千，可是哥哥一直坚持要自己先坐在秋千上玩一会儿。

"你是哥哥，要懂得让弟弟，知道吗？"爸爸严厉地训斥着哥哥，可是哥哥的手还是抓住秋千不放。

"卡尔，你不能这样，否则会让爸爸很失望。"爸爸决定换一种口气去跟哥哥沟通，可是哥哥还是抓住秋千不放，一直低着头。

爸爸最后很生气，把哥哥从秋千上拽了下来。哥哥很委屈，回家的路上，都不和爸爸说一句话。

回到家后哥哥也一直闷闷不乐，妈妈就问是怎么回事。爸爸说："大概是他今天没有玩到秋千，心里不高兴吧。"哥哥听到爸爸的这句话后，大声地哭了起来，跑回了自己的房间。

妈妈觉得一定是爸爸有什么地方误会哥哥了，于是敲开哥哥房间的门，去询问到底怎么回事。

"妈妈，我讨厌爸爸。其实，我今天只是想先去试试那个秋千是不是真的修好了。我前几天路过公园时，看见有人从秋千上摔了下来。"小男孩儿跟妈妈抱怨道。

听了男孩儿的抱怨，妈妈把他抱在了怀里，原来，孩子是这样的善良，可是他们却冤枉了他。

很多父母不等孩子把话说完，就打断孩子，是因为父母觉得孩子说的话太过幼稚荒唐，或者没有一点意义，有时候简直就是在说废话。可是，父母却很少知道，在父母眼里的废话，对孩子来说却有着重大的意义。

小宝的爸爸在书房里看书，小宝跑了进来。

"爸爸，我今天又看《喜羊羊与灰太狼》了，还看见小灰灰了。"

"这个你已经连续说了四天了哦。"

"可是，你昨天没有听我说完。"

"哦，那你还有什么要说的吗？"

"小灰灰去羊学校上学去了，喜羊羊他们都很喜欢小灰灰，懒羊羊最喜欢了，不让任何人欺负小灰灰，还有……"

"好了，爸爸还有事情，这些爸爸都知道了，不用再说了。"

"还有你不知道的呢！"小宝突然对爸爸吼了起来，爸爸吃惊地望着小宝。

"还有什么我不知道的？"爸爸放下了手里的东西，把小宝抱了起来。

"你不知道小灰灰的爸爸有多爱小灰灰，为了小灰灰都不吃羊了。"说完小宝竟然哭了起来，边哭边说，"你就不爱我，你都不跟我说话。"

爸爸突然明白了小宝为什么每天都要跑来跟他讲《喜羊羊与灰太狼》了，原来孩子最想说的是最后这句话，可是他都没有听孩子说完过。

每个孩子都有无数的惊喜等着父母去发现，耐心地听孩子把话说完，感受孩子的童真和他们内心的爱，这对于所有父母都是一门必修课。

【怎么听怎么说之现场演练】

听明白孩子话里的话

孩子的话语中经常会包含一些特殊的意义，我们耐心倾听，可能会发现孩子的话是在"声东击西"。所以，我们不仅要耐心倾听孩子的话，更要能够理解孩子话里的深层含义，这样才能够明白孩子所要表达的真实情感，才能够更好地满足孩子的要求。

（1）如果孩子不停地向你重复一件事情，你怎么认为？

A. 没觉得怎样，挺平常的＿＿＿＿＿＿＿＿

B. 孩子想得到关注 ＿＿＿＿＿＿＿＿＿

C. 孩子想得到父母理解＿＿＿＿＿＿＿＿

几乎所有的孩子都想得到父母的关注，希望成为父母的焦点，所以会想尽办法去赢得注意。

（2）孩子说出伤人的话，你会怎么想？

A. 很生气，越来越不像话＿＿＿＿＿＿＿＿

B. 想分析一下孩子的情绪＿＿＿＿＿＿＿

C. 想想他是不是有委屈 ＿＿＿＿＿＿＿＿

在某些情况下，孩子可能会说出伤人的话，家长一定不能介意。比如孩子在气愤的时候会说"我恨死你了"，其实这并不是他们的真实想法，因为那么小的孩子，他们不一定能明白那些话的意思，他们只是借机来表达自己内心的不满而已。可见，家长能够读懂孩子话的意思是多么重要。

聪明的家长会说会管

榜样的作用挺重要

从孩子出生到上学前，孩子的一些基本能力和品格都开始慢慢形成。在这段时间，孩子的生活环境主要是家庭，和他们接触最多的就是父母。因此，也可以说孩子这个时期能力和品格的发展全靠父母影响，父母的一言一行无时无刻不影响着孩子。

模仿是孩子学习的主要方式，当孩子能够模仿大人扫地抹桌子的时候，他也就同样可以模仿大人的其他行为，比如语言、生活习惯和待人接物、处理问题的方法。由于孩子的能力有限，他们的模仿几乎是没有选择性的，父母的一些坏习惯和不文明语言，孩子都可能会去模仿。所以，父母要注意自己榜样的作用，为孩子树立良好的形象，以身作则，才能够培养出具有良好道德品质的孩子。

"你怎么把小美的发夹拿回来了？虽然很喜欢，但没经过小美的同意，你也不能拿别人的东西啊！"妈妈刚带着月月从小美家做客回来，看到月月拿了小美的发夹，不禁有些生气地说。

"可是她又没有看见。"

"别人的东西不能拿！趁着别人没看见时拿，那就是小偷了。"妈妈说完，一把抢过月月手中的发夹，要给小美送回去。

月月低着头，嘀咕着："可是妈妈还拿人家的梨呢。"

原来，有一次妈妈带孩子去买水果，趁卖主未看见，拿了几个梨放在自己提兜里，孩子看到了这一切。当孩子指出妈妈的错误时，妈妈并没有立即改正，而是说："只是贪了下小便宜，不要紧的。"正是在妈妈的影响下，她也学会了贪小便宜。

父母是孩子最重要的老师，没有什么比父母的言行更能影响孩子了。如果说孩子是制作陶瓷的黏土，那父母就是陶瓷制作师。如果父母想让孩子成为优秀、快乐、聪明和有礼貌的人，想要培养孩子的良好习惯，引导他们健康成长，那么父母的一言一行都必须成为孩子的好榜样。上述例子中的月月妈妈就是因为没能为孩子树立一个良好的榜样，导致孩子误入歧途。

要相信，孩子是站在父母肩膀上看世界的，父母有多高，孩子视野就有多高，父母能走多远，孩子就能走多远。父母是孩子最亲近、最热爱的人，父母的所作所为容易被孩子认为是自然合理的，对孩子的心理发展具有潜移默化的影响。因此，想要引导孩子健康成长，父母应该首先做好示范作用。

首先，当父母对孩子提出更高的要求，希望孩子进步时，应该先给孩子做好表率。有些父母平时不积极上进，生活比较懒散，却要求孩子努力学习，并且经常以命令的口气让孩子干这干那，这是很不好的。要知道，父母的言行就是孩子成长中的镜子，如果父母做不到积极进取，孩子同样也会如此。

其次，在鼓励和引导孩子进步的时候父母应该说话算话，平时不要轻易承诺，承诺了孩子的事情就一定要努力做到。有些父母总喜欢以物质奖励激发孩子的进取心，但当孩子取得成绩时又不能及时兑现，这不仅容易打击孩子的积极性和学习热情，还会使孩子对父母丧失信任，影响父母在孩子心中的形象和亲子关系。

最后，父母在教育孩子的过程中如果出现了失误，比如冤枉了孩子，要放下家长的架子，及时向孩子道歉。一方面，父母的道歉会给孩子树立一个好的榜样；另一方面，父母的道歉也可以让孩子对父母更加信服。

总之，父母在教育孩子的过程中，要时时刻刻严格要求自己，给孩子树立一个良好的榜样，要知道"其身正，不令则行；其身不正，虽令不行"，当父母自己的品行端正了，即使不去刻意要求孩子，孩子也会潜移默化地受到影响的。

【怎么听怎么说之现场演练】

认真做一次自我检讨

为人父母应该经常反省自己。我们可以扪心自问，自己是否是孩子的好榜样。换言之，作为一个家长，我们可以经常问问自己：我是否是一个高尚的人？我是否尽了自己最大的努力去做一个高尚的人？

（1）不要拿别人孩子的长处对比自己孩子。

你在这样做的时候，想到过拿比自己强的家长和自己比吗？

A．哈，还真没想过＿＿＿＿＿＿＿＿＿

B．所以，我从来不这么比＿＿＿＿＿＿＿＿＿

有的家长总是对孩子说"你要像某某某一样"。但当我们这样跟孩子说的时候，他也会想："那谁谁的家长比你强多了，还能给孩子补习，你行吗？"天外有天，山外有山，其实只要让孩子自己和自己比就可以了。

（2）杜绝"三寸不烂之舌"。

你是不是总能把孩子说得哑口无言？

A．是，回回都是我有道理＿＿＿＿＿＿＿＿＿

B．不这样，点到为止＿＿＿＿＿＿＿＿＿

大人们总以为自己是大人，觉得自己说话往往是正确的，做子女的就一定要听父母的。就算子女指出父母的错误，父母也要用其"三寸不烂之舌"为自己辩解，子女如果再不从的话，往往会被迫吃一盘"竹笋炒肉丝"。更有的家长不允许孩子狡辩，一定要把孩子说得哑口无言才行。时间长了，孩子自然容易对父母的话充耳不闻。

慎用批评孩子的权利

一个上初中一年级的学生在日记中这样写道：

今天，我的好朋友敏敏来约我出去玩，正碰上妈妈大发雷霆地教训我。

这次考试，我的成绩下降了，在班里只排到第 10 名。敏敏在一边替我解围说："阿姨，你们方方还好，我还不如她呢。"

谁知，敏敏不说倒还好，她一说，妈妈反而更来劲了，她骂着我把敏敏也捎带进去了："那你们还不在家好好补习功课，还到处玩？我要是学习不好，早就趴一边哭去了，看你们，一点儿事也没有，脸皮真厚！"

敏敏气得眼泪在眼眶里直打转，转身就跑了。

我和妈妈吵了起来："妈妈，你怎么这样没礼貌？"

妈妈说："我就是要把她气走，免得她以后再来找你，以后也不许你和她在一起了。"

我气哭了，跑进自己的小屋，把门反锁上。

我觉得很委屈，妈妈怎么能这样无情地批评我呢？她怎么能这样批评敏敏呢？平时她不是显得很有教养吗？怎么现在原形毕露了呢？

可见，方方妈妈这次批评给她心理带来了很大的创伤。偶尔成绩下降在求学生涯里是一件司空见惯的事情，但是方方妈妈却大发雷霆，还骂孩子的好朋友，所以说家长要慎用手中批评的权利，如果批评不当不但起不到教育的效果，还会失去在孩子心中的威信，实在是得不偿失。很多教育专家都建议家长，要尽量避免批评孩子，如果真的要动用批评的武器，也要讲求批评教育的艺术。

已经上初二的小梅学习成绩优异，但仍然"玩"性不改，每周六都要像哥哥一样玩一会儿电子游戏。

说是"一会儿"，实际上却是好几个小时。因为她每次都要打一局，而一局至少得打过好几关，有时甚至能从头打到尾，这样几个小时就过去了。

有时母亲看不过，便吼她："别玩了！快去写作业。"

她往往会以"只差一点儿就过关了"为理由，再拖半个小时。

为了帮助女儿改掉贪玩的坏毛病，母亲想了个好办法。又一个周末，母亲约了自己的几个朋友聊天，并让小梅服务。

就在小梅为阿姨削苹果的时候，母亲提起了如何对待孩子贪玩的话题。几位朋友都有十几岁的孩子，所以都有话说。

其中一个阿姨说："我儿子已经上初三了，还整天惦记着玩，家里看得紧，他就到游戏厅、网吧玩，我都快愁死了。"小梅在旁边很紧张，生怕母亲揭自己的底。

小梅的妈妈接过话茬儿说："你越管得紧，她越不听话。我就从来不管小梅和她哥，每周他们都可以玩一个小时的游戏，而且很守时，说一个小时，就一个小时。"

说着，看了看表，然后对小梅说："女儿，到了玩游戏的时间了吧？去吧，玩一个小时就停。"

那天，小梅很自觉地在游戏机旁放了一个闹钟提醒自己，一个小时后，干干脆脆地退出了游戏。

以后，不管母亲在不在旁边，小梅都只玩一小时，到了时间就立刻停止，再也不用母亲费心了。

小梅妈妈的这种教育方法虽然不适用于每个孩子，但是很值得家长借鉴。至少，家长在孩子犯错误的时候要保持冷静，要能心平气和、循循善诱，让孩子认识到自己的错误，而不要一味地呵斥、一味地批评。

在有些孩子的成长中，永远被这些话包围：

"都这么大了还不懂事！"

"就知道玩，这么大了还让我操心！"

"好的没学会，就学会上网了，你是不是想把我气死？"

可想而知，这些话会带给孩子心灵很大的伤害。所以说，批评也要讲究艺术，不能一味地呵斥和责备。

家长在批评孩子的时候应注意：

第一，批评与表扬相结合。该表扬的时候表扬，该批评的时候批评，孩子会觉得父母是公正的，如果只批评不表扬，孩子会因家长只看到他的缺点看不到他的优点而不满，从而不愿意接受批评。

第二，批评孩子要适时、适度。孩子的时间观念比较差，昨天发生的事，仿佛已经过去好久了，加上孩子天性好玩，刚犯的错误转眼就忘了。因此，家长批评孩子要趁热打铁，不能拖拉，否则就起不到应有的教育作用。

第三，批评时离孩子近些，在批评孩子的同时，父母应该让孩子感受到家长对他的爱。这时，增加和孩子的身体接触，就是最好的辅助批评的方法。在批评孩子时，可以搂着他的肩膀说话，或拉着他的手讲道理给他听。但是切记不要很大声，要压低音量。总之，要尽量考虑孩子的感受，这样，即便父母说出指责的话，孩子也会坦然接受。因为他知道，父母是出于爱才批评自己的，自己并不会因为这次错误而失去父母的爱。

【小技巧】

（1）批评和表扬相结合。

（2）无论是批评还是表扬，都要适时、适度。

（3）批评孩子的同时可以增加肢体语言表示亲近。

主动认错的孩子不批评

我们常说"能认识到自己的错误的就是好孩子"，其实，让犯错的孩子认识到自己的错误，主动认错，是最好的一种教育方式。因为，只要孩子主动认错，一般都会真心实意地去改正。因此，只要孩子主动认错，父母也就不需要再去批评孩子。

怎么引导孩子，让他认识自己的错误，进而主动承认自己的错误呢？看看下面一位妈妈的教养心得吧：

浩浩今年4岁了，他喜欢一边洗澡一边玩水。这次，他又在洗澡的时候找妈妈要杯子。妈妈把杯子递给了浩浩，提醒他一句："你要快点洗澡哦，《亮剑》马上就要开始了，加快速度吧。"一听说看《亮剑》，浩浩马上爽快地答应妈妈："好的，我今天不玩了。"说罢，他就把杯子扔到了澡盆外面的地方，只听"咣当"一声，杯子撞击地面的声音格外刺耳。

妈妈当然对浩浩这样的做法很不满意，她真想把浩浩狠狠地揍一顿，但怎么能这么粗鲁呢？妈妈想了一下，换了一种方式。

妈妈说道："哎呀，你看，杯子怎么哭了啊？它摔得那么重，一定很疼吧。你说杯子是不是不高兴了，以后就不理我们了呀？"

浩浩正在水里扑腾，听妈妈这样一说，脸色马上就沉重下来，他说："妈妈，我们向杯子说对不起可以吗？它能原谅我吗？"

其实，妈妈听到浩浩说这些话，心里已经很高兴了。但是，她不想让孩子的道歉成为一句空话，应该让他知道他犯下错误所造成的后果。

于是，妈妈说道："它还没有原谅你呢，它还在哭呢。虽然你现在跟它道歉了，但是它刚刚摔得很疼，它还很伤心，没有办法原谅你啊。"

浩浩眨着眼睛问道："为什么还不原谅啊？"

妈妈说道："你刚才摔疼了它，虽然你跟它道歉了，但是它的疼痛感并没有消失，它怎么能原谅你呢？你想想看，如果是妈妈摔了你，给你道歉，你就不疼了吗？"

浩浩听了之后，脑袋摇得像个拨浪鼓一样。

"那你今后还摔杯子吗？"妈妈赶快趁热打铁地问。

"不摔了。"浩浩干脆利落地说道。

"嗯，这就对了，妈妈就知道你以后不会再摔了。好吧，现在你继续洗澡吧。"

浩浩拾起杯子递给妈妈："把杯子放好吧，我以后再也不摔了。"

妈妈很高兴，说道："嗯，刚才杯子跟我说过了，它已经原谅你了。"小家伙很轻松地笑了。

这位妈妈的做法很值得提倡，孩子自己知道错了，并且能够主动认错，这是最好的结果。那么，究竟要怎样才能让孩子从心底认识到自己的错误，并且真心实意地改正呢？

（1）给孩子知错的机会。

当孩子犯错误的时候，家长先不要怒斥孩子的错误行为，而是要先心平气和地说出自己的感受，这样，孩子就可以从家长的话中，认识到自己所犯的错误对他人造成的影响，从而心甘情愿地主动认错。所以说，孩子不知道认错，其实大多数时候是家长没有给他们机会。

（2）教孩子知错认错的方法。

有些家长可能会有类似疑问：孩子明明知道自己错了，但是嘴上就是不肯说出来，这是怎么回事呢？其实，这是件很正常的事情，因为认错也是需要勇气的，而且也是伤面子的事情。如果孩子因为爱面子不肯认错，说明他是一个自尊心非常强的孩子。另外，有些孩子不肯认错，是担心认错以后，家长不再爱他了，遇到这样的孩子，家长不妨试着告诉孩子，只要知错能改，大家都是喜欢他的。总之要让孩子明白，认错并不是一件丢人的事情，相反，知错能改是一种可贵的品格。

（3）通过换位思考的方法，让孩子知道犯错所造成的后果。

孩子由于年龄小，缺乏判断力，不知道因为他的错误会给人带来很多伤害，所以家长有必要将错误的结果告诉孩子，让孩子想办法弥补自己的过错，并对自己所犯的错误承担责任。只有这样，孩子嘴里的"下次再也不犯了"才会成为事实，因为他已经感受到因为他的不小心，会给别人造成伤害。

犯错并不可怕，相反，孩子正是在错误中不断成长的，如果把错误看成是正确的铺垫，那么家长有责任让孩子知错并认错，因为只有知错的孩子才会去改正，有了改正的决心才不会再犯同样的错误。

【小技巧】

（1）孩子犯错，家长应先主动说出自己的感受。

（2）告诉孩子：认错并不丢人。

（3）让孩子对他所犯的错误承担后果。

过分苛责会伤害孩子

欣欣从小学二年级就开始练小提琴，一方面出于自己的爱好，另一方面一直寄希望于文艺特长能对高考录取有利。

一次，欣欣正在练琴，妈妈在旁边监督，发现她的手形不对，就用一根小棍挑起她的手腕，大声训斥："跟你说过多少次了，手形不对，你怎么总是出错啊？"

欣欣马上改了过来，但是不一会儿，手形又不对了，妈妈又大声训斥她："已经跟你说过了，要保持正确的手形，怎么就是不听啊。你有没有脑子？真不配做我女儿！"

欣欣听了很不高兴，也有些着急，于是她对妈妈喊道："我不练了，我就是练不好！我真不配做你女儿！"说完就跑了出去。

其实刚开始练琴时，欣欣很有积极性，每天都主动要求练琴，并且很努力。但在妈妈一声高过一声的训斥中，弹琴变成了欣欣最讨厌的事情。后来，她对钢琴完全失去了兴趣。

有教育专家曾指出，责备孩子的声音越小，孩子听得就越认真，教育的效果也就会越好。相反，责备的声音越大，孩子就越害怕，教育的效果也会越坏。美国教育专家的一项研究结果也显示，不仅肉体处罚会伤害到孩子的心理健康，父母对孩子动不动就破口大骂，也有可能在以后的岁月给孩子造成心理伤害。孩子容易犯错，并经常犯同样的错误，父母的批评教育是必要的，但也应该讲究方式方法，千万不要对孩子过于苛责，更不能对孩子说一些尖酸刻薄的话，因为苛责孩子只会伤害孩子的心灵，加重其心理压力，甚至还会影响孩子的正常发育和成长。

小乾的爸爸是单位的领导，做事雷厉风行，有胆识、有魄力，平时很受人尊重，可是小乾呢，却个性胆小懦弱，做事没有主见，在公众场合表现得羞怯焦虑，他爸爸对此有些恼火。

有一次，小乾的爸爸带着儿子去参加单位举办的一个聚会，聚会上有抽奖和互动环节，结果抽到了小乾的名字，要求小乾表演一个节目，之后就能领取一份奖品。

爸爸对小乾说："真幸运，儿子，去表演一个节目吧！"

可小乾的脸马上就红了，他向爸爸求救道："爸爸，我害怕在别人面前表现，你帮帮我吧。"

小乾的爸爸一听这话，气就不打一处来，数落小乾道："你怎么这么没出息，真不配做我的儿子。"

自从爸爸这次在大庭广众之下训斥了小乾之后，小乾表现得更加不自信，更害怕与人接触了。更为可怕的是，只要爸爸一大声说话，小乾就害怕，父子俩几乎不再交流了。

父母过分地苛责孩子是不能教育好孩子的，还会折磨和伤害孩子，因此父母在家庭教育中一定要避免这种行为的出现。具体来说，父母可以从这些方面加以努力：

（1）指责要适时和适度。

父母在指责孩子的时候，一定要选对时间和地点，不要在众人面前指责孩子，不要在孩子吃饭的时候指责孩子。尽量选择在孩子自己的房间里，选在孩子睡觉前，一般而言，这时候孩子的心情比较平静。而且，要尽量选在孩子犯错的当天或者第二天对孩子进行一些必要的批评教育。此外，尽量少对孩子说一些过分的话和苛责的话，比如"我怎么养了你这么笨的孩子"之类的很伤害孩子自尊的话。

（2）要控制好自己的情绪，语气尽量温和。

一些父母在得知孩子犯错时常常会情绪激动，不分青红皂白就责骂和数落起孩子来，结果孩子往往因惧怕而一句也没听清楚，根本起不到教育的效果。如果父母能控制好自己的情绪，孩子会更好地明白父母的意思和自己的错误所在，从而改正错误。

（3）在指责孩子的同时，要耐心地指出孩子错误。

指责孩子，一定要给孩子指出他的行为或者言语错在哪里，否则只是一味地告诉他"你今天表现得不好"或者"你做的那件事情糟糕透了"，会让孩子觉得莫名其妙。因为，有可能他并没有意识到他做错了什么，或者在他看来，那些行为并不算是错误，这就需要父母很明确地告诉孩子。总之，想教好孩子，父母一定要注意自己的态度，千万不能过分苛责。

【怎么听怎么说之现场演练】

委婉地批评孩子

批评孩子的时候，如果不讲究方式方法，结果只能是"家长出了气，孩子不服气"，起不到应有的教育效果。所以，对孩子进行批评教育，也要讲究策略，"心中有剑口中无剑"是批评的最高境界。

（1）以柔克刚。

你批评孩子习惯使用硬邦邦的语言吗？

A．是的＿＿＿＿＿＿＿＿

B．不，尽量使用温和的语言＿＿＿＿＿＿＿

孩子天性顽皮，但是富有爱心，就看家长会不会调动。有的孩子被家长不知道批评了多少次，但是照样是我行我素。这个时候，我们应该避免直截了当的批评，调动孩子满腔的热情，就能够很容易达到目的。

（2）此时无声胜有声。

你觉得自己是个急脾气的家长吗？

A．是的，孩子一犯错，就压不住＿＿＿＿＿＿＿＿

B．不是，先思考一下教育对策＿＿＿＿＿＿＿＿

假如一个孩子每天都处在被打骂和训斥的环境中，就会变得麻木，而且还会产生一种想法：他们都觉得我是坏孩子，那我就坏下去吧。如果在关键时刻能用沉默代替语言，实际上是对犯错的孩子进行无言的谴责。孩子会在这种氛围下感受到强烈的刺激，反思自己的所作所为，对父母的痛心和难过产生切身体会。

（3）让孩子知道你爱他。

你善于向孩子表达你的爱吗？

A．太酸，从来不表达＿＿＿＿＿＿＿＿

B．　有合适的机会就表达一下＿＿＿＿＿＿＿＿

爱可以感化一切，孩子虽然叛逆，但不是草木，其对父母的深厚感情是天生就有的。如果孩子总是对父母表现得叛逆激烈，那是因为他觉得父母不爱他了，所以也就没必要听家长的话了。如果孩子明白父母对他的爱有多深切，那么他会用爱来回报。

教子有方

好妈妈胜过好老师

启 文 编著

中国出版集团

中译出版社

图书在版编目（CIP）数据

教子有方 . 好妈妈胜过好老师 / 启文编著 . -- 北京：
中译出版社，2019.12（2022.5 重印）

ISBN 978-7-5001-6139-4

Ⅰ . ①教… Ⅱ . ①启… Ⅲ . ①家庭教育 Ⅳ . ① G78

中国版本图书馆 CIP 数据核字（2019）第 282101 号

教子有方

好妈妈胜过好老师

出版发行： 中译出版社

地　　址： 北京市西城区新街口外大街 28 号普天德胜大厦主楼 4 层

邮　　编： 100088

电　　话：（010）68359827，68359303（发行部）；（010）68002876（编辑部）

电子邮箱： book@ctph.com.cn

网　　址： http://www.ctph.com.cn

总 策 划： 张高里

责任编辑： 李　颖

封面设计： 青蓝工作室

印　　刷： 金世嘉元（唐山）印务有限公司

经　　销： 新华书店

规　　格： 880 毫米 × 1230 毫米　1/32

印　　张： 30

字　　数： 550 千字

版　　次： 2019 年 12 月第 1 版

印　　次： 2022 年 5 月第 5 次

ISBN 978-7-5001-6139-4　　　　定价：149.00 元（全 5 册）

前　言

俗话说："没有种不好的庄稼，只有不会种庄稼的农夫；没有教不好的孩子，只有不会教孩子的妈妈。"教育孩子是需要技巧的。做一个合格的好妈妈、一个优秀的好妈妈，光有爱是不够的，兼有洞察力也不足以胜任。一个好妈妈要能够透彻地认识自己，并认真研读孩子这本无字书，不断完善自己的育儿知识和教养方式，才能为孩子提供一个适宜的成长环境。也许世界上所有的妈妈最盼望的只有一件事：使自己的孩子健康幸福地成长，并在人生道路上取得成功。那么，好妈妈应该是怎样的呢？妈妈在孩子的成长历程中应该怎样发挥作用呢？

好妈妈首先是孩子的好朋友。在孩子的成长过程中，好妈妈要像好朋友一样陪伴孩子成长。这种陪伴，对于良好亲子关系的建立和巩固具有非常重要的作用。在忙碌的工作中，妈妈一定要特意腾出时间来与孩子一起打打篮球，出席他在学校的演讲比赛，又或者带他到郊外去探索大自然的奥秘。通过与孩子的这种近距离接触，孩子才能真真切切地感受到妈妈的爱，妈妈也才能和孩子有更多的共同语言，就像好朋友一样，与妈妈分享自己心中的快乐与忧伤，与此同时，这种朋友式的关系还能够帮助孩子养成持之以恒的品质，掌握其他与学习、生活、工作相关的技能。妈妈自己的兴趣、可依赖性及独特的指导，也能为孩子树立榜样。最好的妈妈是那个像好朋友一样，与孩子一起游戏，一起解决问题，了解孩子需要怎样的爱，和孩子一起领略人生中最美丽风景的妈妈。

好妈妈也是孩子的好老师。老师被誉为人类灵魂的工程师，也是人类智慧、能力、知识的传递者。好的家庭教育就像学校的小班授课，妈妈和孩子是一对一的教学关系。孩子作为一个独立存在的个体，能够得到妈妈全部的关注。著名的教育家杜威说过："教育就是生活，生活就是教育。"好妈妈要想办法使孩子的心灵进入一个更大的世界中，培养孩子出色的生活实践能力和良好的道德品性。孩子终究是要长大的，要离开妈妈走向社会。作为孩子称职的"老师"，妈妈不仅要积极配合孩子完成书面的作业，还要放手让孩子参与社会实践活动。当孩子在实践活动中遇到了挫折，妈妈应给予关怀和帮助。如果妈妈把握好在生活中对孩子的教育，当好孩子的好老师，这将是孩子的福分和幸运。

好妈妈是孩子成长道路上的引路人。中国的多数妈妈认为：孩子的事都需要管，让孩子完全按妈妈的思路去做，便是对孩子最完全的爱，其实这是妈妈在借助"爱"的名义来控制孩子。好妈妈应该克制自己的"控制欲望"，尊重孩子的选择，给孩子自由，给孩子成长空间，培养孩子独立思考和判断能力，在一点一滴的小事中，对孩子不同做法的选择加以引导，这样才能逐步培养孩子乐观、向上的生活态度和良好的价值观，让孩子在不同的年龄阶段拥有自主选择权，好妈妈只做孩子成长道路上的引路人。

好妈妈就是一所用爱筑就的学校，每一砖每一瓦都承载着一个母亲对孩子至真至纯的、无私的、伟大的爱。好妈妈就是那个用彩笔为孩子描绘绚丽人生画卷的人，用声音为孩子讲述多彩世界的人。

目 录

上篇
爱子心经
——孩子，妈妈会这样爱你

第一章
审视你给孩子的爱

越多的爱并不意味着对孩子越有益，通过牺牲自我来满足孩子的需要也不能说明母爱的伟大，给孩子爱之前，先洞察一下自己的心理真相，也许你会发现，自己并没有那么伟大，你的爱也没有真正滋养到孩子。

溺爱的心理真相不是牺牲自己，而是宠爱自己

一个已经在上高中的学生，还要他的妈妈为他去拉抽水马桶，不是不会拉，而是每次都懒得动手，后来，他去了美国。他从那里回信说：由于妈妈"多管闲事"，几乎毁了他的前程。

一位已经上了大学的女孩子，喜欢吃鱼，但不"喜欢"摘刺儿。据说她妈妈"喜欢"摘刺儿，而"不喜欢"吃鱼。于是母女多年来就成了理想的"搭档"。后来，她到了一个盛产鱼的国度。她从那里回信说，正是妈妈的"喜欢"帮助，几乎剥夺了她维生的"技术"。

一般人富贵了都想给子孙留下一笔可观的财富，自己享受了一辈子，也让子孙享受一辈子或者半辈子。但是，我们从历史上看，很多人虽然留了很多财富，子孙都不会享受一辈子的。名门之后，还想高人一等，结果是连普通人都不如，享受少而受苦多，

有出息的更少。在东南亚的华侨，有很多人发了大财，但是传到第二代，就破产了。

溺爱，对孩子和妈妈来说，不是幸福而是灾难。因为溺爱，不知多少青少年失去正常的生活能力和人格魅力；不知多少妈妈为宠爱出孽子而痛心疾首。溺爱是毁灭性的教育方式，相信大多数妈妈已经从无数的前车之鉴中认识到这一点，但是，还是有那么多妈妈控制不了自己的溺爱行为，甚至那些通情达理的高素质知识分子，一面对楚楚可怜的孩子也不禁变成疯狂给爱的妈妈。这是为什么呢？母爱真是如此伟大吗？

其实，溺爱不仅仅出于妈妈本能的母爱，还出于妈妈对自己的宠爱。

每个人心中都藏着两个"我"。一个是"内在的父母"，即我们现实中的父母角色与理想中的父母角色的内化，当我们为人父母时，这个"我"也就是我们自己。另一个是"内在的小孩"，即我们对自己童年体验的记忆和自己理想童年的内化。

溺爱最重要的也是最不容易被人发现的原因，就是妈妈将"内在的小孩"投射到现实中的孩子身上。她把现在的孩子，当作自己，按照自己潜意识里的意愿给孩子爱，她根本看不到孩子的成长需求，而是将孩子当成自己的另一个"我"，给予过度满足。例如那些从小生活贫困的妈妈，就会在物质上大量满足孩子，因为她潜意识里极端排斥贫苦的日子，她给孩子大量的物质，其实是在满足自己"内在的小孩"的物欲。所以，妈妈无节制地给予孩子爱，其实是在无节制地满足自己的欲望。溺爱表面上是牺牲自己满足孩子的需要，其心理真相却是宠爱自己。

每个妈妈都应该反思一下自己对孩子的爱，你是不是在按照自己的想法爱孩子，你是不是希望有一个和孩子一样的童年呢？

如果是，请注意了，你也许正在有意无意中溺爱孩子。

在溺爱中成长的孩子会有很多缺陷，比如他喜欢追随别人、求助别人、人云亦云，在家中依赖父母，日后在外面宁愿依赖同事、依赖上司，也不愿自己创造，不敢表现自己，害怕独立，又或者他喜欢做一个"小霸王"，自私自利，不尊重父母兄弟姐妹，脾气暴躁，性格极端。这些都意味着他的人格还没有趋于成熟和健全。溺爱对孩子的负面影响可见一斑。

对孩子真正的爱其实是一种理智的爱。比如，当和孩子一起外出游玩时，孩子发现了很多精美的玩具、美味的糖果、漂亮的衣服……妈妈可以买，但一定要有个节制，让孩子明白，不是所有的东西，妈妈都必须要无条件去给予他。或者在某些特定的情况下，满足孩子某些特别的愿望。关键在于，在这种时候，你要让孩子知道，这是由于有特别的原因你才会这么做的。

理智的爱还表现在针对孩子不同的阶段，采取不同的爱的方式，比如在 0 ~ 2 岁，要给予孩子无条件的爱，让他在这种爱的环境中得到生命最初的安全感。到了 2 ~ 4 岁，孩子开始自主探索世界与自己，这时，最明智的爱是尊重孩子的自主探索，使他的自我意识得到强化，这样，当他步入青春期后，他会发现他已经能够独立地处理很多成长的问题，化解很多生活中的困惑。

小测试：看看你溺爱孩子的程度

这个测试针对 6 ~ 12 岁孩子的妈妈，请根据孩子的真实状况选择偏高、一般、偏低三个选项。偏高得 2 分，一般得 1 分，偏低得 0 分。答完 24 题之后，累计总得分。

（1）会自己整理书包，准备上学用具。

（2）受到挫折的时候，不会向父母发泄。

（3）看到某些想要的东西，如果父母不给买，就会放弃得到。

（4）在找人借东西之前，都会向物主说一声。

（5）遇到什么困难都不会抱怨别人，并且希望下次做得更好。

（6）会关心其他的家庭成员。

（7）愿意与客人分享自己的食品和玩具。

（8）无论是看电视的时间，还是上床睡觉的时间，都有规律可循。

（9）需要做决定时，知道自己要什么，不会不知所措。

（10）做家务劳动的时候尽职尽责。

（11）能够清楚地表达自己的想法。

（12）遇到问题首先会想到自己解决，不会马上让父母协助。

（13）见到别人会很自然地打招呼。

（14）善于反省自己的问题。

（15）不会乱发脾气，生气有原因。

（16）能够欣赏别人的优点，而不是嫉妒。

（17）对父母的付出懂得感谢。

（18）家里家外一个样。

（19）能合理地支配自己的零用钱。

（20）总是喜欢自己、欣赏自己，对自己很有信心。

（21）容易亲近，善于与人合作。

（22）喜欢动手帮忙做家事，不懒散。

（23）在环境及外部条件恶劣的情况下，依然做好自己该做的事。

（24）不会和人比较物质条件。

测试结果：

37分以上：你不是特别宠爱孩子，你的孩子已具备很好的社会化能力，能应付这个繁杂的社会。

36～25分：你有一点宠爱孩子，现在你要帮助他建立欠缺的与人交往的能力。

24～12分：你很宠爱孩子，有时过度保护，有时又太放任，这样会阻碍他发展相关能力的意愿与标准。

11分以下：你已经过度宠爱孩子，阻碍了他很多能力的培养，不可以再宠他了。

放纵型溺爱，最致命的爱

一对夫妇中年得子，对儿子是百般疼爱，从来什么都是依着他，他要什么就给什么。儿子是个比较内向的男孩儿，平时不爱和人交往，学习成绩也是普普通通。高中毕业之后，儿子没有考上大学，父母就将他送入一所私立大学读书。就在儿子读书期间，夫妻两个人每两个星期都要到儿子的学校去看望他，生怕他有什么不适应。

大学毕业之后，父母并不鼓励儿子主动去找工作，他们对儿子说："你是大学毕业生，可以找一份好点儿的工作。"意思是不让儿子出去受苦受累。于是儿子也是很心安理得地在家里过了两年，但是什么工作都没有找到。后来父亲不得已帮儿子找了一份很普通的工作，儿子上班不到一个月就回来了，说是不适应，而这一回来，就在家里待了4年，这4年中不出家门一步。

看到儿子这样，做父母的十分担心，但还是一味地由着他，可是老两口一把年纪，这么下去，儿子以后怎么办呢？父亲为此渐渐变得不爱说话了，心中的压抑堆积了起来，最后得了忧郁症。父亲住院了，儿子也不去看望，而母亲不得不在照顾完丈夫之后又回家给儿子做饭。

这是一个真实的故事，可以说，儿子能走到今天，都是父母放纵溺爱的结果。这样的男孩儿，如此自闭、冷漠、寡情、无能，几乎等于一个废人，更谈不上是什么男子汉了。这是孩子的悲剧，更是父母的悲哀。

溺爱看起来最富有牺牲精神，但其实也是最致命的爱。其中最最致命的就是放纵型的溺爱，因为这样做的妈妈放弃了思考，而让没有什么自控能力的孩子去发号施令。对孩子来说，他小的时候也许会觉得妈妈对他很好，但当他逐渐长大，有了自己独立的思想之后，他会觉得妈妈的干涉是对他的一种禁锢，他想冲破这道禁锢，于是矛盾就不可避免地产生了。而如果他的独立意识已被磨灭的话，这对孩子就是更致命的伤害。就像上文中的儿子一样，毫无独立意识的孩子会过度依赖妈妈，对困难畏首畏尾，对生活也缺少热情。

所以，教育孩子，最忌讳的就是溺爱。一个在溺爱环境中长大的孩子，别指望他将来会有出息。对孩子的爱，只能放在心里，表现出来的，该狠还是要狠一点儿。不要放纵孩子，对他的要求全部给予满足，而要舍得让孩子吃一点儿苦头。以孩子为中心，一味地放纵溺爱，是不利于孩子身心健康的，对他们的成长极为有害。

一般来说，在家庭当中，妈妈放纵地溺爱孩子，最典型的表现有以下几种：

其一，对孩子给予"特殊待遇"，使孩子滋生优越感。

有很多妈妈由于孩子是家里的独生子，让孩子在家里的地位高人一等，处处都会受到特殊照顾。这样的孩子必然是"恃宠而骄"，变得自私没有同情心，不会关心他人。

其二，对孩子的各种要求"无条件满足"。

有的妈妈对孩子的各种要求总是无原则地满足，儿子要什么就给什么。有的妈妈觉得"再穷不能穷孩子"，即便是自己省吃俭用，也要满足孩子的无理要求。这样长大的孩子必然养成不珍惜物品，讲究物质享受，浪费金钱和不体贴他人的坏性格，而且毫无忍耐和吃苦精神。

其三，对孩子过分保护。

有的妈妈为了孩子的"绝对安全"，不让孩子走出家门，也不许他和别的小朋友玩。更有甚者，变成了儿子的"小尾巴"，步步紧跟，含在嘴里怕化了，吐出来怕飞走。这样养大的孩子一定会变得胆小无能，丧失自信，养成依赖心理，或者是在家里横行霸道，到外面胆小如鼠，造成严重的性格缺陷。

其四，袒护孩子所犯的错误，成为"护犊子"。

当孩子犯了错误的时候，妈妈总是视而不见，反而说："不要管太严，孩子还小呢。"有时候爷爷奶奶还会站出来说话："不要教得太急，他长大之后自然会好了。"这样环境长大的孩子全无是非观念，长大之后很容易造成性格的扭曲。

为了孩子的健康成长，妈妈要给予他充分的爱，但是不可以一味地迁就儿子，这样培养出来的孩子将来会出现很多问题：缺少远大的理想，缺少是非观念，缺少良好的习惯，缺少挫折教育，等等，直接影响孩子的未来。

苏联著名教育学家马卡连柯警告说："父母对自己的子女爱得

不够，子女就会感到痛苦，但是过分溺爱虽然是一种伟大的感情，却会使子女遭到毁灭。"如果妈妈无视这种警告，一意孤行地认为只要尽力满足孩子的一切需要，就能保证孩子幸福健康地成长。那么，这种教育方式势必会影响孩子在各个方面的发展，让孩子失去竞争力，甚至使孩子养成各种不良性格。

疼爱孩子是妈妈的天性，但是如果疼爱得过了头，那就要变成溺爱了，溺爱只会害了孩子。作为妈妈，千万不要让你致命的放纵型溺爱害了孩子。

密不透风的"爱"源于自私的爱

一个访谈节目中，台湾地区舞后比莉讲起在培养孩子的过程，自己总是处于希望孩子快点长大，但又害怕孩子长大的矛盾状态中。比莉回忆在儿子小时候，有一次送他上学，儿子在门口对她说："妈，以后不要再送我上学了，我都上中学了，同学爸妈都不送了！"她听了儿子的话才恍然大悟，意识到儿子已经长大了，比莉就跟主持人说："我真舍不得让他长大！"

相信每一个妈妈都有和比莉一样的感受，想让孩子长大，但是又舍不得他们长大。多希望孩子永远都能天真无邪、单纯可爱，永远在我们的翼下保护，不要离开我们的视野，让我们永远拥有他。妈妈们心里深处或多或少都会有这样的恐惧：害怕孩子长大独立，害怕孩子与妈妈分离。

所以，妈妈即使认识到自己对孩子这种密不透风的"爱"，会令长大了的孩子有些受不了，也会使他们变得越来越糟糕，但是妈妈就是不自觉地要对孩子过多爱护和管教。

当孩子越来越大、越来越独立、越来越渴望自己为自己做主时，妈妈就会感到极大的分离焦虑。她在内心里害怕孩子长大，于是，有些妈妈会有意无意地在阻碍孩子长大。

小豪今年已经上初中二年级了，他从小由妈妈带大，任何事情都是由妈妈全权打点，无论是削铅笔、收拾文具、洗衣服、买零食，还是选择学习内容、填报志愿，大大小小的所有事情都是妈妈为他做。小豪对此很安然自得，妈妈也做得心满意足。

然而，小豪在学校里发现其他男孩儿都会做很多事情，例如自己把带来的饭盒洗干净、自己收拾自己的文具书本、自己绑鞋带，等等，而这些事他都不会做，他觉得有点不好意思，于是他想和其他同学一样，自己做自己的事。当他向妈妈提出这个要求时，妈妈当即回绝了他："傻孩子，妈妈帮你做就好了，你就不用操心了，好好学习吧。""可是其他同学都会笑话我什么都不会做啊，他们说我长不大，什么都要靠妈妈，不像个男生！""才不是呢，他们是嫉妒你，其实他们自己也不想做，所以故意说你呢！"

小豪勉强相信了，可是，他渐渐地开始对妈妈的关心和帮忙产生了反感，他总觉得自己没有其他孩子自由，于是经常对妈妈发脾气。妈妈看到孩子这样的抵触情绪，觉得孩子长大了，翅膀开始硬了，就想离开妈妈了，心里特别失落，但是，她还是不让小豪碰任何家务事，甚至是小豪自己的事，她总觉得，只要自己帮孩子做这些，孩子就会一直依赖他，就不会离开他，她宁愿让孩子懒一些，也不愿意他很快独立起来离开自己。

很多妈妈就是这样，希望通过为孩子做事，了解孩子的想法，来感觉到孩子仍然依赖着自己，来消除自己害怕孩子长大的心理。这样的爱看似是对孩子的宠爱和负责，其实是出于妈妈的自私，为的是满足妈妈的安全感。如此自私的爱，不能算是真爱。孩子长大是必然，没有一个妈妈能够把孩子绑在自己的身边一辈子，即使你把他绑住了，那也是对他巨大的束缚。

孩子长大了，会渴望独立空间，渴望伸展自己的手脚，尝试自己的力量。这是一个生命成长的必然规律。妈妈们不要一厢情愿地认为孩子就是一个永远不懂事的小孩，永远不知道该怎么做事的小孩，你得时时为孩子的一切事情操心。不要像对待一个2岁的孩子一样去对待已经长大的孩子，这是对孩子无形的伤害。

妈妈必须要舍得孩子长大！要知道，妈妈的怀抱再温暖，也不如给他一双强健的翅膀，这样即使妈妈不在身边，他也能飞翔；妈妈的肩膀再结实，也不如给他站立的力量，这样即使妈妈老去，他也能独立行走；无论妈妈是多么智慧、多么有能力，都不如教给他智慧和能力，这样才能让他独立面对世界。

作为妈妈，必须舍得孩子长大，不能因为舍不得就牢牢地把他圈在自己爱的包围圈里，这对孩子是错误的爱，好妈妈会允许孩子心理上与自己分离。

"永远都是为了你好"是谬论

冬季的一天，寒风凛冽，气温骤降。一位母亲冒着刺骨的北风骑车数里来到一所大学校园的女生宿舍，找到正在这里上学的女儿。打开宿舍门，女儿见是母亲，感到十分惊讶，问她有什么事，母亲说给孩子送羽绒服。

女儿感到啼笑皆非，告诉妈妈自己不需要。"我这里有足够的保暖衣服。这么冷的天，我们都在宿舍里念书，不会出去的。再说，您顶着风给我送衣服，就不怕自己生病啊？"

母亲则十分恼怒，"我这不是怕你冷吗？怕你不知道多穿点儿。怎么了，我关心你不对吗？我这不是为了你好吗？你怎么这个态度？"

母亲扔下衣服愤愤地走掉了。女儿追出来叫她进屋坐一会儿，她好像没听见。

母亲感到很委屈：她觉得自己很伟大，她是如此地心疼女儿，顶着寒风送去冬衣，简直是个英雄！一路上，她都在想象女儿看见自己时会是多么感激涕零。然而女儿却让她失望了，非但不领情，反而将她送到手边的温暖拒之门外。当着女儿同学的面，她真是下不来台，不禁恼羞成怒。

女儿也感到很委屈：我已经长大了，能够自己照顾自己了，妈妈却还拿我当小孩子。这么多同学的妈妈都没有来，偏偏她来了，小题大做。她总是命令我无条件地接受她的关怀，也不看我到底需要不需要。只要提一点儿意见，她就责怪我，让我对她感到负疚。

这位妈妈认为自己的爱是伟大的，无论何时女儿都应该谦恭地接受，否则就是没有良心；然而，从客观的角度看，她仅仅照顾到了自己的利益，却忽视了孩子的体验。她沉浸在自己的情绪之中，却毫不顾及女儿的感受。美国家庭心理咨询师茱迪丝·布朗将这种"爱"称作对孩子实施"慈祥的虐待"。实际上，这种以"爱"的名义所产生的心理伤害，绝对不亚于暴力行为留下的重创。

　　茱迪丝·布朗说，"妈妈自欺欺人的通病就是，他们为孩子做的一切，无论如何满足了他们自己，却说成是为了孩子。"这种说法表面有理，其实荒谬。在这个旗号下，妈妈不仅参与孩子的所有的行为，强迫孩子接受妈妈的选择，甚至指导孩子何时何地以什么样的方式表达自己：委屈了不许哭！失望了不许生气！高兴了不许叫唤！对妈妈之情要感激感动、感恩戴德……

　　茱迪丝·布朗还在《都是为了你好》一书中指出，在家庭中，妈妈有着强大的需求，但是这些需求往往被高尚的托词乔装遮掩，暗中扭曲孩子的生活。"都是为了你好"就是最常用来遮掩父母内心需求的高尚托词之一。

　　孩子不爱吃饭，妈妈端着碗在身后追着喂："为了你的营养，为了你的身体好！"孩子爱玩儿水，身上弄湿了，妈妈坚决制止："怕你感冒，为了你的健康好！"妈妈给孩子报了钢琴班、美术班、舞蹈班、英语班，每天陪着孩子东奔西跑上课练习考证："为了你的将来着想，为了你的前途好！"孩子有了自己的喜好，妈妈马上站出来制止："别看那种书！不能跟那种人交朋友！你会学坏的！这可是为了你好！"孩子喜欢文学，妈妈却禁止他看小说："不许学文学艺，应该学理学商学医，这才是正道！都是为了你的将来好！"孩子恋爱了，妈妈对其钟情的对象横挑鼻子竖挑眼："这个对象不行，跟他（她）吹了，我们给你介绍更好的。别伤心别生气，我们都是为了你好！"

　　无论孩子做什么，妈妈都会参与、指挥、压制、干涉："听我的，这都是为了你好！"每个妈妈都应该坐下来，扪心自问：我殚精竭虑呕心沥血，所做的一切，真的都是为了孩子好吗？"都是为了你好！"凡是这样说话的妈妈，都持有一种自以为是的态度，摆出一副居高临下的架子，把自己当作孩子生活的总指挥：

"听我的，我知道什么是对你最有益的选择！"

当孩子反抗时，"都是为你好"的意思是"我为你好才这么要求你，所以你不论喜欢还是不喜欢，都必须照办"，这里隐含了一个假设，即出发点好结果就一定好，这个假设不符合事实。另外这里还包含了一个前提：你自己不知道什么对自己好，所以要听我的。对于很小的孩子，这一点或许是事实，对比较大的孩子，是不会认同的。

当孩子置疑时，"都是为了你好"意思是"我的动机是为你好，所以你无权置疑我行为的效果，即使事实表明我错了，我也不需要道歉，而且下次你仍然应该无条件地服从我"。这个潜台词十分蛮横，如此一来，哪个孩子还敢表达自己的意见？

当什么情况也没有发生，妈妈却高频率地说这话，意思是"我整天都在为你好，我的生活目的就是为你好，所以你应该记住我的恩情，你欠我的"。这是妈妈在扮演一种"债权人"和"施予者"角色，扮演的目的是要保持对孩子的控制。

这样一句"都是为你好"，对孩子的威胁却是十分可怕的。在这句话的威胁中成长的孩子往往既不会表达愤怒、也不怎么会表达爱。经常压抑自己的愤怒和感情，习惯于以别人的标准要求自己。他们不敢和妈妈做直接的交流，因为在交流之前就已经在脑海里出现了妈妈勃然大怒的形象。

就是这样轻而易举地，妈妈对孩子实施了精神控制，或者说是精神奴役。常说这句话的妈妈们请好好反思一下，"都是为你好"真的是为孩子好吗？

慈母让孩子无限扩张，严母让孩子无限萎缩

2009年，某富家公子飙车撞死一青年的事件，格外令人关注，这场车祸很快演变成一场公共社会事件。因为这起事件显示出当代家庭教育的重大问题——家长的溺爱放纵造成孩子的自私放肆，这个问题尤以富二代为甚。

富家公子在市区飙车，撞人后若无其事，竟没有一点负罪感。而出事后肇事者的妈妈居然不是报警救人，而是赶紧打电话找关系。在死者的追悼会上，肇事者的妈妈跪在灵前，连声说对不起。原本一直哭泣的死者妈妈，一反常态地平静，对着肇事者妈妈说："我不会打你，我就是想跟你说我养大这个儿子有多么不容易，我摆过早饭摊……什么都干过，好不容易养大了，成才了……"

事件中的两位妈妈，一位摆饭摊养家糊口，培养出了懂事、上进、孝顺的青年才俊；一位一掷千金，给儿子买跑车如买玩具，结果是除了自我，视他人生命如草芥。

这个事件，印证了韩非的名言："慈母有败子。"慈母之所以败子，就在于放任孩子，致使最后不可收拾。妈妈对孩子过分慈爱，子女就不会成器。诚然，疼爱子女是妈妈的天性，也是应尽的责任，但爱总得有个"度"。眼下，生活水平提高了，给孩子提供良好的生活学习条件，也在情理之中。但切不可好过了头，爱过了火，否则不仅实现不了盼子成龙、盼女成凤的美好愿望，反而有可能种下的是苦果，甚至恶果。

法国教育家卢梭说："你知道运用什么方法，一定可以使你的

孩子成为不幸的人吗？这个方法就是对他百依百顺。"所以，真正伟大的母爱，应是有尺度有方法的理性的爱，以孩子人格的健全发展为前提，以孩子独立能力的形成为目的。如果妈妈真正爱孩子，就不要对孩子无原则地慈爱，这样的慈爱就是溺爱，在溺爱的环境里，妈妈的娇惯和纵容使孩子滋生了唯我独尊的心理，包围孩子的是一片表扬、赞叹，孩子就会变得过分要强，就像温室里的花朵经不起一点风雨，一遇到挫折就变得精神萎靡不振，消沉慵懒，做事没有劲头。

过度慈爱会败子，而过度严厉也会毁子。慈母败子的错处在于让孩子自我无限地扩张，而严母毁子的错处在于让孩子自我无限地萎缩。

有一个小学四年级学生，是班里的学习委员，酷爱学习，是老师心目中的"尖子生"。但妈妈对她的期望过高、要求过严，她要求女儿每门功课必须在98分以上，有时考了95分，虽然在班里名列前茅，但妈妈仍不满意，对她严厉批评。在妈妈的严厉管教下，孩子的心理压力很大，学习丝毫不敢怠慢。后来渐渐地，她便感到力不从心、疲惫不堪，学习成绩明显下降，对学习也产生了厌倦，开始喜欢上了逃课，当老师找到她时，她蜷缩在路边，十分恐惧，并且哀求老师不要把她送回家去，她害怕回家面对严厉的妈妈。

妈妈对孩子提出比较高的、比较严格的要求是必要的，但应当把握好"度"。如果期望过高，反而会适得其反，这时孩子会觉得自己无论怎样努力也达不到妈妈的要求，无论怎样努力都是失败，渐渐地就会失去信心，对自己的能力产生了怀疑，进而会把学习当成一件可怕的、痛苦的事情，厌学情绪也会油然而生；有的极端的孩子干脆来个"死猪不怕开水烫"，反正达不到要求，索性放弃！

每位孩子的心理素质和学习能力是不同的，妈妈应当根据孩子的实际能力和水平，提出适当的要求。另外，妈妈应当认识到，考试分数充其量不过是关于孩子学习质量的一种不十分精确的信息，并不能反映孩子的学习全貌，没有必要把分数看得太重。还应该认识到，孩子的成功与否并不是最重要的，快快乐乐地成长、幸幸福福地生活才是生命的真谛。

妈妈过于严厉，不仅对孩子的身心发展有危害，还会腐蚀孩子的价值观。若妈妈对孩子管教过于严苛，对孩子没有耐心，容易暴怒、动辄体罚，就会适得其反。孩子在这样的环境长大就会潜意识中把暴力植入自己的大脑，以为这就是解决问题的方法，久而久之就养成了崇尚武力解决一切的习惯，严重阻碍孩子的健康发展。

总之，"慈母败子""严母毁子"，妈妈一定要慎重对待给孩子的爱，把握好爱的"度"，才能发挥好爱的作用。

自我"牺牲"换不来孩子辉煌的未来

我是一位 63 岁的农民，今天我给你们写信，是想说说我的家事。虽说家丑不可外扬，但这些事憋在心里好长时间了，最近总感到心口疼。

我儿子是一名大学生，也是我们家五代人唯一考出的大学生，这是我老两口的骄傲啊！但因为这个不争气的东西我们也伤透了心。

记得儿子刚考上大学时，我去学校送他。下了火车后，我扛着笨重的行李走在前，儿子跟在后。本来就因为坐了一夜的火车，再加上上了年纪，刚到学校门口，就被大门前一根铁条绊倒了。我重重地摔倒在地上，行李扔出了老远，一只鞋也甩掉了。儿子向四周看了看，像怕什么似的拉住我的胳膊猛地用力拽了一下说："干什么啊

，丢不丢人！"尽管我的双腿摔得很疼，但还是得很快爬起来，捡起鞋穿上继续去背行李。把儿子安顿好后，我忙着又是挂蚊帐，又是买日用品，这一切似乎在儿子眼里都是天经地义的。

第一学期儿子一共来了3次电话，每次都是要钱。我和老伴种着3亩地，抽空我就到村里的砖厂去做工。开始人家说我老，不肯收，我几乎给人家跪下了，人家可怜我才让干的。小闺女16岁了，初中毕业后上不起学给人家当了保姆，挣的钱交给我后，我一分舍不得用，全寄给了儿子。甚至有一段时间老伴的眼睛肿得厉害，疼得一个劲儿流泪，都舍不得花钱买一瓶眼药水啊！

为了能多挣点钱，老伴又在村子里找了一份看孩子的差事。给人家抱一天孩子只挣5元钱，没日没夜的。去年冬天，儿子电话打得特别勤，每次都是要钱。我寄了4次有6000多元，我不知道现在上学就得这么多钱。后来才听村里去打工的一个小伙子回来说，他见到我儿子了，正谈着恋爱，很潇洒。说真的，我和老伴听了后不知是该气还是该高兴。然而最可气的是今年过年儿子回来时，那不争气的东西，居然偷改了学校的收费通知，虚报学费。这之前我只是在报上看到过这种事，没想到会发生在我身上。如今好几个月过去了，我一想起这事就心痛，整夜睡不着觉。我不明白，我们亲手抚养大的儿子好不容易考上大学，为什么会变

成这样，不知他们在大学里除了学习文化外，还能否学到要有良心？

这是一篇刊登在《新华每日电讯》上面的文章。这对可怜的父母，几乎牺牲了自己的一切去讨好儿子，得到的却是这样的回报。相信看了这篇文章的妈妈们都感到痛心疾首，可怜天下父母心，怎么会养出这样一个不孝子！同时，我们也能猜到，这样一个毫无感恩之心，虚荣自私的孩子，是很难有光明的前途的。他将为自己的"小聪明"付出很大的代价。但反思一下，不难发现，恰恰是因为父母的完全"牺牲"，孩子才养成现今这种虚荣自私的品性，所以，自我"牺牲"不仅换不来孩子辉煌的未来，甚至会造成孩子品性的恶劣和前途的渺茫。

苏联教育家马卡连柯曾说，一切都让给孩子，为他牺牲一切，甚至牺牲自己的幸福，恰恰是送给儿童的最可怕的"礼物"。

但是，家庭对绝大部分女性来说，往往意味着"牺牲"，至少要牺牲很多的个人时间和空间，去处理家庭的琐事，例如孩子不肯睡觉了，老人生病了，亲戚串门了，等等，不得不推掉很多的同学聚会、健身课程和个人爱好。一个家的确需要一个凡事都操心的人，这样家里才有主心骨，才能团结在一起。但是这个主心骨就一定要什么事情都做好，抛开自己的一切吗？

有一位成功的职业女性，结婚生子后，毅然放弃自己的工作，安心在家相夫教子。但是很快问题就出来了，一方面是教育孩子没有她想得那么顺利，总是问题不断，小孩生病，读书不好，对人没有礼貌等，这一切在她的公婆看来，都是因为她教子无方；另一方面，她觉得自己离以前的那帮姐妹越来越远了，她很久不去做美容，也没有心情购物，整个人的情绪坏到了极点。

后来她去咨询心理医生，心理医生说："你需要一份工作，或者是一个爱好来疗伤。"

的确，百分之百将自己牺牲在家务当中，不仅不能达到照顾家庭的理想效果，还会给自己制造伤口。如果家庭中产生不愉快，妈妈们很自然会把原因归结到自己的无能上，渐渐增加了负罪感和挫败感。而一个爱好，或者一份工作能让妈妈们重新找回自信和乐趣。

为什么说牺牲自我对家庭的好意未必见效？我们想一想，牺牲自我的妈妈们往往把孩子的事情都揽在自己身上，小到系鞋带，大到他交了怎样的朋友、将来读什么大学等，事事都要关心。这样做的结果，往往是孩子不知道妈妈为自己做了多少事情，或者就算是知道了，也觉得理所当然，少了感恩之心。长此以往，孩子不知不觉中学会了自私自利。

爱孩子并不意味着"牺牲"自己，给孩子越多爱不代表对他越好，为了孩子健康成长，为了家庭幸福美满，妈妈要学会适度从家庭孩子中抽身出来。对很多妈妈们来说，要从家庭抽身回到职业女性的角色稍嫌困难，但我们可以培养一个自己的爱好，或者养花种草，或者养养宠物等。将自己的精力和情感分散开来，这样我们的内心才能达到平衡的状态。孩子、家庭和自己，每一个都能好好兼顾过来。

第二章
如何给孩子高质量的爱

爱孩子是每一位母亲的本能，这种爱，有时能给孩子温暖，有时却严重地影响了孩子的发展。所以，母爱都深如大海，但质量有别。任何时候，爱都要讲究方法，都要为孩子量身定做，只有让孩子受益，妈妈的爱才是真正有意义的。

妈妈宠爱孩子有方法，要宠不能惯

今年一开学，某学校脑瘫班的乐乐，现在连路都不怎么会走了，而上个学期期末的时候，她走路非常地好，虽然时不时会摔倒，但是可以自己独立的行走。大家都夸她练习认真，成果明显。结果这个学期怎么突然就退缩了呢？

原来这个暑假，乐乐的保姆去照顾姐姐的孩子了，没有时间照顾她，因此乐乐的生活都是由妈妈负责的。而乐乐的妈妈由于孩子的缺陷，非常地自责，对孩子十分迁就，哪怕是乐乐说："无论我说什么，无论我说的是对的还是错的，你都不准反驳"，妈妈都没有任何的意见。在家里，乐乐称王称霸，家里人不敢说半个不字。因此寒假的一个月时间里，乐乐就整天坐在家里看电视，从来没有好好地锻炼自己的身体，更别说专门的练习走路了。一个月不练习的结果就是：现在连走路都有问题。

宠爱孩子，这是孩子的福分。所谓的宠，应该是满足孩子在成长过程中的感情需求，这样宠出来的孩子在日后的成长过程中会更加自信。天下的妈妈没有不宠爱自己孩子的，但是，并不是所有的妈妈都懂得宠爱孩子的尺度，这是孩子的不幸。对孩子的宠爱，应该有度，如果宠爱无度，就会变成溺爱。溺爱会给孩子带来一系列的不利影响：助长孩子的任性和娇气，弱化孩子与外界交流的能力，埋没孩子处理各种事情的潜能。

有一些妈妈，从来不让自己的孩子做任何的家务，对孩子的各种要求几乎是"有求必应"，当孩子遇到各种困难自己都先迎难而上。一句话概括就是，妈妈在极力创造一个让孩子感觉到没有任何委屈的环境。这样做的后果，孩子无疑是得到了安逸，万事不求人，但是这样做的同时，也把孩子应该具备的社会适应能力和免疫力舒舒服服地破坏掉了。

妈妈对孩子无度的宠爱还会使孩子在潜意识中形成"唯我独尊"的错误意识，他们成了家里的上帝，他们的喜怒哀乐左右了家庭的气氛。在学校中，有不少孩子是任性不羁的霸王，没有任何人能和他沟通，没有任何规则能够约束他。

妈妈对孩子的过度宠爱，原因大致有以下几个方面：

（1）妈妈小的时候自己受苦太多，曾经感受到过贫苦生活给自己带来的折磨，现在自己事业有成了，总觉得不能让孩子再像自己从前那样受苦，所以千方百计给孩子最大的满足。

（2）有的妈妈本身从小生活在富裕的生活环境里，并且现在的条件要比过去好很多，所以就觉得孩子一定要过得比自己舒服才算是跟上了时代进步的步伐，才算是不委屈孩子。

（3）有的妈妈由于经常不在家，长期在外拼搏，无暇照顾孩子平时的生活，总觉得自己对孩子有亏欠，所以就容易在物质方面尽量满足孩子，甚至可以容忍孩子挥霍金钱。

任何东西如果给得太多了，人的感觉就会钝化，爱也是如此。妈妈对孩子如果爱得太多，那就是糊涂了。因为无论是什么原因导致溺爱心理的产生，最终都会导致孩子心理发展的障碍。

（1）被过度宠爱的孩子容易变得无情，只喜欢一味地索取，不懂得付出。

（2）被过度宠爱的孩子容易变得无能。如果妈妈帮助他做了很多本该属于他做的事情，过度地照顾让孩子的品德、智力甚至是身体发育停滞不前。妈妈可以给予孩子生命，但却无法担负孩子的一生，孩子迟早要独自面对他自己的事情。

（3）被过度宠爱的孩子基本上缺乏自强的精神，缺乏自立的能力，承受不了任何风风雨雨，心理的抗挫能力极差。有些孩子会在日常的生活中有一些具体表现，比如缺乏自我控制能力，行为怪异；不能控制饮食；在活动中不守秩序，如果别人不按照自己希望的方式就会大吵大闹；很少为别人考虑；不能与别人一起分享成果。

（4）被过度宠爱的孩子会表现得很难适应社会，因为过分娇宠的孩子容易自私、任性、放肆、骄傲、易发脾气、不遵守规则、没有公德等。这样的孩子一旦走上社会，往往高不成低不就，大事做不来，小事不肯做，注定要失败。

在当今我国的独生子女身上，过度宠爱、娇生惯养的危害体现得淋漓尽致，而西方国家的孩子相对来说就独立很多，所以，我们的妈妈可以向外国先进的育子智慧学习。在美国，无论家长是高官还是富豪，从来都不给子女零花钱。而子女的零花钱大多是通过课余或假期的打工中"按劳取酬"获得的。不仅如此，当子女成长到了18岁的时候，他们就再也不会在经济方面依赖自己的父母，而是必须要自食其力。而这些美国孩子也把长大了还向父母伸手要钱视为是一种耻辱，自觉地凭劳动和智慧来挣钱料理自己的生活。总之，要想孩子独立，就要从小培养他的独立意识，不能娇生惯养、过度溺爱！

妈妈爱孩子，这是人之常情大家都理解，但是千万不要"过度"。爱孩子不能只用感情，爱孩子需要用智慧，教育孩子时坚持"要宠不要惯"的原则才是最好的方法。

被孩子接受的爱才是孩子幸福的源泉

漂亮机灵的梅子是妈妈的心肝宝贝，妈妈把家里所有的好吃的都留给她吃，给她穿最好看的公主裙，给她比同龄小朋友更多的零花钱，但是，渐渐长大的梅子越来越不喜欢妈妈给的东西，例如她不喜欢吃妈妈给她买的巧克力蛋糕，不喜欢妈妈经常要她穿的泡泡裙，不喜欢妈妈因为害怕她受伤而不让她和小朋友去玩游戏……梅子向妈妈抱怨了很多次，但是都没有效果，妈妈依然按照自己的意愿给梅子这些她不喜欢的东西，久而久之，梅子开始讨厌妈妈，她不再喜欢笑了，也不再对妈妈给的东西感兴趣，她甚至觉得妈妈不像以前那么爱她了。

梅子妈妈无疑是非常爱她的，爱孩子是每一个妈妈的本能反应，但是有爱不代表就能让孩子感到快乐，不代表孩子就能感受到生活的幸福。妈妈的爱，只有被孩子接受了才能让孩子感到幸福。

既然爱要以孩子的接受为标准，那平常就应该多思考：孩子想要的到底是什么？怎么表达爱，孩子才更容易接受和理解？生活中总是有些妈妈，宁可自己省吃俭用，也要让孩子在物质上应有尽有，但在精神上经常忽略孩子的需求，对孩子的情感和人格缺乏应有的尊重，这样也很难让孩子体会到妈妈无私的爱。所以作为孩子的妈妈应该尽可能多地和孩子在一起。每个孩子都需要从妈妈那里得到足够的重视。在每天工作之余，妈妈要腾出一些时间参加孩子的游戏，和孩子一起读书，为孩子提供接触外界的机会，学会倾听孩子的心声。与孩子谈话也为妈妈提供了一次了解和教导孩子的机会。这样，妈妈就能够在第一时间知道孩子到底需要什么，怎样的爱他们才能接受。

在生活中能感受到妈妈爱的孩子才能被幸福的阳光照耀。但是不接受妈妈的爱，拒绝去关爱她们的冷漠的孩子不会被幸福垂青。

冷漠的孩子内心总是寒冷的，也许他得不到妈妈的关心，也许是不接受妈妈的关爱，也许是接受不了妈妈关爱的方式。他们总是在寒冷中挣扎，感受不到温暖，也感受不到生活的幸福。那么，我们应该怎样才能让孩子冷漠的心感受到温暖、感受到幸福呢？

这说难不难，说简单也不简单。面对生活中日渐冷漠的孩子，想让他们感觉到爱的幸福，要一步步融化孩子的冷漠。

第一点，改变冷漠就要让孩子从身边的小事开始，比如，每天多问候一声爸爸妈妈，多给朋友一个微笑，多为集体做一件好事，多看一眼今天明媚的阳光等。这样做，可使孩子得到爱与热情所带来的充实和快乐。

第二点，带领孩子到生活中去感受"热心"的暖流。书画家为拯救灾民的义卖书画活动；社会各界为"希望工程"的捐助活动；为美化校园，每人献上一束花的活动……应创造条件、提供机会，让孩子去感受这些活动。

第三点，就是强化孩子的"热心"行为。当孩子扶起倒在地上的自行车，当孩子给上坡的三轮车助上一把力，当孩子把自己的新书送给贫困地区的同学，当孩子为正在口渴的奶奶送上一杯茶……当孩子出现这些"热心"行为时，妈妈应及时地给予表扬、鼓励。这样，在强化孩子热心行为的同时，就抑制了"冷漠"心态的滋生。著名的女作家刘继荣在这方面做得很棒，她每个周末就会带着孩子去广场上帮助有困难的人，时间久了孩子就养成了一种习惯，每当别人遇到困难的时候，他就会主动去关心。在别人痛苦消失中孩子得到了幸福的微笑。

最后一点，是训练孩子的"同理心"。所谓同理心，是指能站在他人的立场，从他人的角度去思考问题，去体验情感。亦即能设身处地想他人之所想，急他人之所急，乐他人之所乐。例如，可以开展"假如我是……"的角色换位活动，使孩子理解、体验假想角色的内心感受，改变原来的冷漠态度。一位下岗职工的孩子正是通过"假如我是下岗的妈妈"的角色换位活动，体验到妈妈的烦恼，认识到妈妈的不容易，从此改变了原来的做法，与妈妈的心贴得更近了。

经过这样的训练，孩子逐渐能体谅妈妈的爱，同时还学会了去帮助别人。渐渐冷漠就会离他远去。不冷漠的孩子才能深切感受爱的含义，更容易沐浴爱的幸福的阳光。另外，妈妈要想孩子更多地去享受生活的幸福，还应该让他明白：人活着不只是为了享乐，人存在的最大价值在于被他人需要。当孩子感到被需要的时候，这种感情就会使他有旺盛的精力。这股力量会促使他不惧怕面前的困难和挫折，勇往直前。被别人需要，是人的一种天性，也能体现出一个人的价值。在某些特定情况下，一个人如果不被别人需要，生存也就失去了意义。

幸福并非是一颗美丽、难以寻觅的巨大宝石，无论孩子付出怎样的努力也无法找到它；只要妈妈的爱能让孩子接受，融化他那颗冷漠的心，同时还能感觉到他自己被人需要的价值，内心就会充盈，幸福就会不自觉溢出。

爱是合理的给予和合理的不给

毛毛是家里的独子，自从出生下来就集万千宠爱于一身，爸爸妈妈、爷爷奶奶、外公外婆、叔叔姑姑、人人都对他疼爱有加，有求必应，只要他眼里流露出对某样东西的好奇或是喜欢，家长马上就把这个东西送到他手上，这就养成了毛毛要什么就必须得到什么的习惯。冬天的一个晚上，妈妈带着3岁的毛毛去朋友家串门。回家的路上毛毛突然发现一直攥在手里的一块糖果不见了。那块糖果是妈妈的朋友给的，他家没有这样的糖果。毛毛着急得哭了起来。爷爷奶奶、爸爸妈妈都来安慰他，并承诺第二天给他买他最喜欢的玩具。但毛毛没有妥协：我要！我要！我一定要！！

毛毛打着滚哭闹，爷爷奶奶、爸爸妈妈看着实在心疼，便带上照明工具倾巢而出，沿着回来的路拉网式地搜寻，眼看午夜12点了，糖果还没有找到，妈妈看着因绝望而死去活来的孩子，终于硬着头皮敲响了朋友家的门，把已经睡着的朋友一家人吵醒找那块糖果。

经历小小的失望就歇斯底里，预兆着未来灾难的来临。毛毛长大了，想找一个女朋友，但他喜欢的女孩儿根本看不上他。他不再打滚哭闹，而是拿起一把刀子割破了自己的手腕。医院里，毛毛被抢救过来，但是他又开始绝食。

独生子女最大的问题，就是得到过多的"不合理的爱"的问题。他们一切合理的或不合理的要求都得到满足，并且没有兄弟姐妹来分享，这样的成长经历让他们养成无限制索要的习惯，并且觉得父母就应该也能够满足自己的需要，这是天经地义的事情，不用感恩也不用怀疑。也许在孩子小的时候，父母觉得满足小孩的要求不是件难事，只要孩子开心就好，但是，没有一个家长能满足孩子一生的所有需要，当你的孩子欲求未满时，当你没有能力给予他时，孩子会怎么样？上述事件中因为追不到女孩而割腕的毛毛是对所有不理智满足孩子需要的家长的警醒。

父母对孩子过度的爱容易造就出一批自私、不懂感恩、心智不成熟、人格不健全的儿女，真正伟大的爱不是无限制地给予，而是合理地给的同时也有合理地不给，它是合理地安慰、鼓励、督促、给予，也是合理地争执、对立与批评。它是一方面尊重孩子生活的独立性，另一方面又给予孩子积极的引导。

因此，妈妈在教育孩子的时候，不要给予孩子过度的爱，不能溺爱和娇惯，要让孩子明白不是所有想要的东西都能到手；爸爸妈妈不是能帮你实现所有愿望的超人；如果家长满足了你的需求，要感谢他们的辛勤付出；干净的衣服、可口的食物、舒服的环境，这一切都不是理所当然的；好东西是应该与别人分享的。当孩子了解了这些事实后，他会迅速长大，懂得感恩、懂得分享、懂得控制。孩子生来是一张白纸，关键在于妈妈在上面写上什么样的思想情感。不要在白纸上填满色彩，也不要给予孩子太满的爱，凡事留点空间，才有更多的美感。

给予孩子爱，是所有妈妈的本性，不是件难事。正如美国心理学家斯考特·派克所说的，对孩子的溺爱和对宠物的爱有一致性，可以说是一种父性或母性的本能。它不需要努力，不需要经过意志抉择，并且对心灵的成长毫无帮助，所以不能算是真爱。虽然溺爱也能帮助建立亲密的人际关系，但要养育健康而心智成熟的子女，还需要更多的东西。所以，真爱不是只会给予的爱，而是合理地给予或合理地不给的理智的爱。

虽然，这样做的妈妈经常会处于一种两难的困境当中，一方面要尊重所爱的人在生活和人格上的独立，一方面又要适时提供爱的引导。这种真爱复杂而艰巨，需要认真思考，需要不断创新。但是，为了孩子健康成长，妈妈多花点心力又有什么关系呢？

封闭的爱也是对孩子的伤害

文文是家里的独生女，从小娇生惯养，不用做任何事情，而且受到的是"这样不行""那样危险"的过度保护。一次，文文下楼跟小朋友玩，发生了小小的争执，文文被小朋友打了一拳后，妈妈再也不让她出门玩耍。"不要去跟那些小孩玩，他们是坏孩子！"上学后，妈妈也不让文文和同学交往，慢慢地，文文变得越来越孤僻和高傲，她总是拿自己和别人对比，总是觉得别人不如她，而一旦发现有人比她好时，她心里就极其不安，常常为此感到痛苦和焦虑。

生活中，有很多独生子女像文文一样，从小就在一个比较封闭的空间中生活，而一旦离开妈妈营造的幸福温暖的空间后，他们就容易心神不宁，焦虑不安，不知所措。医学上认为，这样的人，精神上就像一个外形完整的蛋壳，外表上个性极强，但内心空虚、脆弱，只要轻轻一捏，就成了碎片。因而，他们只要一离开妈妈的保护，就难以适应，接受挫折的能力差。

这也就是如今独生子女心理问题的主要来源之一。独生子女本来接触别人的机会就少，妈妈却没有意识到要多给孩子提供接触社会的条件。有的妈妈在孩子上幼儿园之前，把孩子交给爷爷、奶奶或保姆照看，他们又经常把孩子限制在屋子里，或者经常抱着孩子。不让孩子自由行动，使不少孩子没有经过必需的爬行阶段。这也不让孩子摸，那也不让孩子动，孩子虽减少了一些危险因素，却大大影响了孩子的身心发育和智能的发展。有个妈妈忙于工作，把孩子放在姥姥家，姥姥怕孩子出去学坏，就把孩子关在家里看电视、看书。孩子长大后性格特别孤僻、胆小退缩、好幻想、神经质，最后得了强迫性思维症。

有些妈妈虽然自己带孩子，却很少带孩子去户外游玩，不让孩子到别人家串门儿，结果孩子的性格变得胆小、内向、孤僻、不会和别人交往，甚至孩子一到陌生环境或见到生人就哭，到公园也不敢玩游乐设施。还有的家庭，爸爸基本不参与到孩子的生活中，孩子完全由妈妈一个人带，儿子和妈妈在一张床睡，和妈妈总黏在一起，感情上完全依赖妈妈，结果造成男性性格女性化。

除了不让孩子和社会接触，妈妈们还经常包办孩子的一切事物。什么家务也不让孩子做，更不让参加社会活动。有个五年级的小学生，妈妈除了让他学习和练琴之外，什么也不让他做，包括看电视、游戏、运动、交往、家务，等等。孩子学习成绩很好，小提琴考到8级，但因压力过大、生活过于单调而患了精神分裂症。这就是因为过度封闭而单调的生活，致使孩子的动手能力、独立解决问题的能力、社会适应能力都很差，责任心、自信心都不强。

另外，妈妈都希望自己的孩子越单纯越好，所以从小给孩子提供的教育方式、教育内容、生活环境是纯而又纯，甚至在价值观念上对孩子的教育都过于单纯。她们总是习惯于对孩子说教，给孩子现成的是非观，经常说孩子"你不应该这样，应该那样，你这样不对"，很少启发孩子自己思考，自己面对困难及解决问题。孩子对事物没有自己的判断力和价值观，经常陷入偏执的思想中。

有个初中生，不愿意住校，不愿意和同学交往。原因是她嫌同宿舍的同学吃饭会发出声音，咳嗽不捂嘴，睡觉前爱说话，等等。她家条件很好，单独一个房间，没有人打搅她，所以她认为在哪儿都应该那样，有人打搅她就觉得厌烦，无法忍受。她在班上一个朋友也没有，问她为什么不交朋友，她说："他们都不是好孩子，因为他们说话带脏字，妈妈说，讲脏话的孩子不是好孩子，所以我不能和他们玩。"

妈妈绝对没料想到自己对孩子的保护和教育，竟使得孩子变得如此孤僻和不合群，这个时候妈妈再来后悔，就迟了。

所以，不是越多的保护对孩子越好，不是越单纯的生活对孩子越有益，封闭的爱也是对孩子的伤害。

妈妈要知道，我们给孩子的教育、给孩子提供的生活环境过于单调的话，孩子就没有机会发展自己各方面的能力，就没有能力去应对将来复杂的生活。所以，该放手时就放手，该复杂时就复杂！

掌握向孩子表达爱的途径，不要忽视爱的表达

有关的研究表明，如果孩子在 1 岁的时候没有得到充足的爱，将来会或多或少表现出人格的缺陷。心理学家认为妈妈与孩子的关系具有绝对的依赖性，不仅在生理上需要得到妈妈的照料，同样在心理上渴求来自妈妈的爱。如果一个孩子在幼年的时期严重缺乏妈妈的关爱，在他成人之后就完全不知道如何给予他人关爱，甚至一生都会受其困扰。

有些妈妈感到疑惑，甚至并不认同这样的说法。天下的妈妈没有不是一心在为孩子着想的，哪有不爱孩子的妈妈？但是，很多妈妈不了解自己的孩子究竟需要的是什么样的爱。妈妈感到很头痛，孩子也感到很难受。

很多妈妈对孩子的关心可以说是到了无微不至的地步，甚至可以说是具有无私的奉献和牺牲精神。她们为了孩子能够更好地成长，省吃俭用，节衣缩食，把全部的财力和精力都奉献给了孩子，帮助孩子创造最好的物质条件和学习条件，只要是别的孩子有的，自己的孩子也一定要有。这样对待孩子，能说是不爱孩子吗？结果，孩子的心理出现了障碍，与妈妈的隔阂反而越来越大了。于是很多妈妈不禁感叹："教育孩子可真难啊，我费了那样大的心血，可是他却这样对我！"

妈妈对孩子的爱，如果仅仅是物质上的奉献是远远不够的。妈妈对孩子的爱，还应该包括对孩子的尊重，亲子之间亲密、平等的交流。有一个小学生在他的日记中就写道："我希望，妈妈能

够经常对我笑，能在我睡觉之前和我说声晚安。"孩子是多么渴望与妈妈的感情交流啊。作为妈妈，不要总是觉得自己有多么的爱孩子，重要的是让孩子能更多地体验到妈妈对他的爱。很多妈妈都为了孩子付出了巨大的代价，但是她们的孩子却很难体验到妈妈的爱，使爱的质量大打折扣。

所以，妈妈不仅要会爱孩子，还要会向孩子表达爱。那么怎样正确地向孩子表达爱意呢？美国宾夕法尼亚大学莫尔学院一位博士认为：妈妈应该给自己准备一份自我检查表，经常对照检查。检查的内容有：

（1）告诉孩子"我爱你"。

（2）通过温和的触觉传达对孩子的爱意。

（3）关心孩子的行踪。

（4）让孩子明确什么是对，什么是错。

（5）对孩子每一个小小的进步表示认可。

（6）向孩子询问对父母是否有意见。

（7）耐心地回答孩子提出的各种问题。

（8）交给孩子一些工作，让他懂得承担责任。

（9）让孩子对自己有足够的信心。

（10）尊重孩子的人格。

这位博士在研究过程中，为妈妈总结出向孩子表达爱的 3 条途径：

第一，每天有固定的时间与孩子进行交流。可以是坐在地板上与孩子一起做游戏，可以是帮助孩子完成学习计划，可以是与孩子一起欣赏光盘。

第二，用和蔼的语言让孩子感觉到被认同。当孩子向妈妈表达一种感受的时候，妈妈应该是以同样的心情回应他。

第三，帮助孩子正确表达自己的情绪。妈妈可以限制孩子的行为，但是要让孩子充分地表达自己的情绪。交给他正确表达情绪的方法，并不是单纯靠哭闹就可以解决问题。

以上这些方法仅仅是表达爱意的几种方式，相信妈妈在与孩子的相处中，能够得知更多地向孩子表达爱意的途径。也许你某种方式的拥抱，让孩子笑得特别开心；也许你和孩子在一起玩的某个游戏，让孩子离你更近；也许你说的某一句话，让孩子可以乐上几天。这些都可以成为你今后向孩子表达爱的重要途径，其实，只要妈妈用点心，孩子就能更好地体会你的爱。

第三章
孩子成长需要一个幸福温暖的摇篮

人若没有一个好的家庭环境，就很难孕育一个正常的生命。给孩子一个幸福的家，让孩子在生理和心理两方面都健康地成长，成为一个身心和谐发育的人，这才是妈妈所能给孩子最丰厚的、一生享用不完的财富。

家庭温暖来自家人的呵护，而不是金钱的温度

现在的妈妈们总是很忙，忙着不停地工作、加班、赚钱……从来没有停下来，陪孩子一起玩。大多妈妈本能地认为，挣钱满足孩子的物质需要就可以了，孩子不愁吃不愁穿，自然也就没有什么烦恼了。可是妈妈的这种想法错了！其实妈妈的爱才是孩子最需要的！家庭的温暖来自家人的爱，而不是来自家人的钱。

美国心理学家哈洛做了一个独特的婴猴实验：

哈洛把刚刚出生的婴猴从母猴所在的笼中取出，放到另一个装有两个人造母亲的笼子里。一个纯金属丝的人造母亲胸前安有一个奶瓶，另一个的表面包裹着柔软的布，但不安奶瓶。按理说，婴猴应该经常爬到安有奶瓶的金属丝妈妈的身上，然而结果却相反，婴猴只是在肚子饿要吃奶的时候才爬到金属丝妈妈身上，而

大部分时间都爬到布妈妈身上。如果在布妈妈身上也安上奶瓶，那么婴猴就几乎不接触金属丝母亲了。如果在婴猴下地玩耍的时候，突然放入一个自动玩具，就会看到婴猴吓得马上逃到布妈妈身上。

这个实验推翻了人们传统思想中"有奶便是娘"的认知。从这个实验可以得知，婴猴对母猴的依恋主要不是食物，而是柔软、温暖的接触。推而广之，小孩子依恋母亲并不仅仅是为了喝奶，他更需要柔软而温暖的皮肤接触，小孩子只有在母亲温暖的怀抱里才能健康地成长。就像小猴子不喜欢只能提供食物的"金属妈妈"一样，孩子也不喜欢只能提供食物、金钱的"机械妈妈"，他更需要的是妈妈的爱。

"工作忙""加班""挣钱""为了以后更好生活"……这些都不能作为"不陪孩子"的借口。孩子需要的不是一台"赚钱机器"，而是妈妈的爱与理解。虽然说一个家庭的经济能力比较重要，但是只要爸爸、妈妈与孩子之间其乐融融，即使经济能力较差，大家也会共同努力来克服。而如果因为赚钱而影响到孩子的健康成长，那就太不值得了。妈妈们不要掉进繁忙的陷阱，也不要做赚钱的机器，钱是永远赚不完的，而孩子只能成长一次，错过了就后悔莫及了。千金难买陪孩子成长的过程，物质也换不来与孩子相处的天伦之乐，有些东西错过了，就是孩子和妈妈一辈子的遗憾。

营造适合孩子成长的家庭环境

文明之家、小康之家、五好家庭，所有褒奖都只是一个称号，住在里面的人能和谐发展才是最有分量的奖赏。也许家长素质很高，但却把孩子管得太死；也许家长忙着赚钱而不负责任，放任孩子自由成长；也许家长在外面表现得彬彬有礼而在家凶神恶煞，对孩子性格造成消极影响。有这些家长的家庭环境，肯定不是适合孩子成长的好环境。那什么是适合孩子成长的家庭环境呢？首先要先了解一下家庭环境的类型，以便妈妈对号入座，进行反省。

根据对家庭教育现状的研究分析，把儿童成长的主要环境——家庭，划分为4种类型：顺其自然型、力求完美型、圆梦补偿型、绿色健康型。

顺其自然型的家庭：父母认为"小树长大自然直"，孩子的成长不用太操心，有幼儿园、有老师呢。对孩子比较放纵、迁就和娇惯。尽可能满足孩子的各种物质要求，与孩子沟通较少，对他们的成长比较放心。这类家长特别依赖老师对孩子的教育，认为教育只是老师的事情，自己的责任仅仅是给孩子解决衣食住行的问题。

力求完美型的家庭：父母认为儿童的成长是人生第一阶段，不能有一丝一毫的闪失，任何不符合儿童成长的因素都要严格控制，希望自己的孩子在人群中永远是最优秀的。父母的情绪处在高度紧张状态，对孩子要求过高，苛求孩子各方面完美，容不得孩子犯错误。忽视儿童成长的阶段性和其特点。当孩子进步时会得到较高的奖励，但当孩子没达到父母的目标时，也会受到严厉的惩罚和指责。

圆梦补偿型的家庭：父母认为自己童年的理想没能实现是件遗憾的事。既然孩子是自己生命的延续，何不把自己的梦想寄托在孩子身上，无论如何，要帮助孩子把所走的路铺好。孩子的一切父母都要包办代替，把自己的意愿强加给孩子，让孩子时刻按照他们的理想去生活和学习，忽视孩子自身的天性和兴趣，用家长权威逼孩子去追求家长自己的梦想。

绿色健康型的家庭：父母认为儿童是人一生发展的关键阶段，他们的成长和发展有其自身的特点。父母要为孩子的成长打下坚实的基础，必须尊重孩子的天性，为孩子提供适宜的教育环境，为孩子终生可持续发展奠定基础。这类父母知道要教育好孩子必须从自己做起，深信"身教重于言教"，处处为孩子做榜样，并尊重孩子的发展特点、兴趣和需要。这类父母讲求科学的教育方法，经常与孩子沟通，善于发现孩子的进步，勇于向孩子学习。正确运用鼓励、欣赏、批评的方式，对孩子进行晓之以理、动之以情、持之以恒的教育。

显然，绿色健康型的家庭才是孩子成长的理想家庭环境，真正懂得爱孩子的妈妈，就应该为孩子构建这样的一种家庭环境。你可以从以下几个方面做起：

1. 给孩子童年的快乐

童年只有一次，童年的快乐是人一生中不可缺少的精神财富，要像珍惜孩子生命一样去珍惜孩子的快乐，这是儿童健康成长的基础。快乐的童年才能滋养出快乐有能量的孩子，请给孩子童年的快乐，这是儿童应有的权利。

2. 树立正确的孩子成长观

妈妈要了解自己孩子的成长与发展，给他们提供适宜的教育，不要盲目攀比，切忌用一把尺子衡量所有的孩子。因为每一个孩子都是唯一的，他们有鲜明的个性，有自身潜在的各种能力，在他们成长的过程中孩子表现出极为明显的个体差异，这些都是很正常的。任何虚荣攀比和不实事求是，都会影响孩子的健康成长。

3. 对待孩子的未来要理性

一味追求孩子"成龙成凤"，其结果可能恰恰相反——妈妈对儿童期望值越高，可能失望越大。正确的方式应该是理性地对待孩子，尊重他们的兴趣、尊重他们的选择、尊重他们的发展。人生之路十分漫长，孩子的成长是谁也代替不了的，妈妈应该相信孩子可以选择自己未来发展的道路。不要越俎代庖，更不能过高苛求孩子尽善尽美。

4. 实现孩子理想的发展

为了实现儿童理想的发展，每一个妈妈都要学会观察了解孩子的成长特点，掌握孩子的发展规律，为他们提供健康愉快的成长环境。妈妈是孩子最好的成长伙伴，要多给予他们亲情，多与他们沟通，常陪他们游戏，尽可能多地满足儿童精神上的需求，这些都是儿童理想发展的重要条件。相信孩子的能力，尊重他们的需要，引导他们发展是每个妈妈的责任。为了使孩子更理想地发展，妈妈要学会与孩子共同成长。

幸福的家是送给孩子成长的最好礼物

有一对夫妻在接女儿放学回家途中，不知为什么就大吵起来，最后居然扬言要离婚。等争吵暂告一个段落，他们才意识到孩子还跟在后面。他们看到女儿拿着画板在画画，画面上有两个大人，他们表情愤怒，两个大人中间躺着一个小孩儿。

妈妈很好奇地问："地上怎么会有个小孩儿，他怎么了？"

"死了！"孩子说。

"他怎么会死了呢？"

女儿沉默了半晌，说："因为爸爸妈妈吵架、分手……"

女儿的话深深震撼了他们。原来，女儿看见班级中所谓的"单亲儿童"总是神情忧郁、落落寡合，她害怕像他们一样。看来，父母吵架、分手后，他们的孩子就好像被抛于旷野，会一点一点死亡。

小女孩在无意间用一幅画表露她的心声，也让父母及早警觉：孩子在成长中最需要的就是安定、安心、安全的环境与父母完整的爱。当着孩子的面父母不要吵架，家庭成员之间关系不能紧张，要相互信任和体贴，以免给孩子带来精神上的苦闷。

几乎所有的孩子都渴望自己的爸爸、妈妈能够相亲相爱，希望自己的家充满和睦、友爱、温暖的气氛。而许多父母却时常忽略孩子的这点心理与要求。

良好的家庭气氛是孩子成长的重要依托，家庭气氛是两种环境关系的产物，它包括家庭物质环境和家庭心理环境。家庭的物质环境依每个家庭富有程度的不同而不同，每个父母都会尽最大的努力来满足孩子的物质需要。但是很多父母却会忽视为孩子营造一个良好的家庭心理环境。而实际上，家庭心理环境对孩子的影响远远大过家庭物质环境，一个贫穷的家庭里只要有家人间关切的爱和温馨的环境，孩子就会在幸福的笑声中快乐成长，而一个冷漠严肃的家庭即使富可敌国，也买不到孩子的开心快乐。

妈妈要想把孩子培养成为心地善良、感觉敏锐和能力强的人，家庭日常生活应该是和谐的、欢乐的、充满爱心的，这是首要的条件。要知道夫妻间的互相尊重与爱护是良好的家庭教育的基础，而幸福的家庭是送给孩子成长的最好礼物。

安徒生小时候是在丹麦一个叫奥塞登的小镇上度过的。他家境贫困，父亲只是个穷鞋匠，母亲是个洗衣妇，祖母有时还要去讨饭来补贴生活。他们的周围住着很多地主和贵族，因为富有，这些人便觉得自己高人一等，他们讨厌穷人，不允许自己家的孩子与安徒生一块儿玩耍。安徒生的童年孤独而落寞。

父亲担心这样的环境会对安徒生的成长不利，但是他从来没在孩子面前流露出自己的这种焦虑，反而轻松地跟安徒生说："孩子，爸爸来陪你玩吧！"父亲陪儿子做各种游戏，闲暇时还讲《一千零一夜》等古代阿拉伯故事给他听。虽然童年没有玩伴，但有了父亲的陪伴，安徒生的内心世界也充满了阳光和快乐。

所以，温馨的家庭环境是孩子健康成长的保证，童年时代的安徒生生活在良好的家庭氛围中，才培养出了自己的童话细胞，以及一颗善良、充满幻想的"童话"之心。

由此可见，父母之间的恩爱，和睦的家庭氛围能够为孩子的身心成长注入生机与活力，增加孩子对生活的信心与勇气。如果孩子在一个紧张压抑的家庭氛围中成长，会逐渐变得忧心忡忡、缺乏热情、性格内向，而在良好的家庭氛围的影响下，孩子一定可以健康、茁壮地成长。

对于孩子来说，与变形金刚、自行车、芭比娃娃比起来，一个幸福的家庭才是父母送给他的最好的礼物。世界上没有什么事情比爸爸妈妈相亲相爱更令孩子开心，所以，为了孩子能够健康成长，请拒绝争吵，为他们创造一个温馨的家庭环境。

幸福之家不能有"瘾君子"妈妈

凌宇的妈妈爱赌钱，以前是小玩小赌，现在不仅每天去赌，且赌额越来越大，凌宇和爸爸百般劝止，也不管用。她甚至变卖家产、向人借钱赌。其实凌宇的妈妈也知道自己错了，对不起家人，但不赌心里就难受，就像毒品上瘾那般不受控制，等输了钱，有些后悔，但每次她一想起下次可能会赢很多钱，便止不住陷了进去。

3年前，36岁的小吴因为应酬，约客户去酒吧玩。期间她喝了一瓶特殊的可乐，几分钟之后头发晕，过一会儿人又好像飘了起来，她立即兴奋无比。原来这瓶可乐掺了止咳药水，止咳药水里有一种成分和摇头丸一样，能起到兴奋、抗疲劳的作用。小吴本来认为这不是毒品，可是喝了几次之后，却怎么也戒不掉了。她整个人也变了，过去她是个好妻子，也是孩子的好妈妈，可现在她和家人之间的关系越来越淡漠了。

嘉强是两个孩子的妈妈，她的"酒龄"有10年了。由于她长年喝酒，不仅严重影响了事业，而且患上高血糖、脂肪肝，连脾气都变得暴躁和古怪了。她每次喝完酒都要和丈夫、两个孩子吵架，甚至有时候还发生肢体冲突。孩子一见到妈妈喝醉酒，就害怕得不得了。

赌博成瘾、毒瘾、酒瘾、网瘾……这形形色色的瘾既危害了当事人的身心健康，又严重影响了家庭和睦。"瘾君子"妈妈经常因为瘾发而脾气暴躁、难以自控而给家人和自己带来伤害，因此，使本来幸福的家变得四分五裂。

瘾已经成为医学、心理学、社会学等学科普遍关注的问题。所谓成瘾性，常常是人在心理和生理的某种尝试行为中产生了愉悦反应；这种反应的多次重复，就形成人对愉悦刺激补偿的渴求，渴求又带来刺激的不断强化，于是就形成了人对这种刺激的依赖。比如烟对人来说，是一种特定刺激物，人们发现抽烟可以使人产生欣快、愉悦和满足的感觉，于是一再抽它，从而形成了对烟的依赖。人不断重复这一行为，一定数量的香烟所带来的快感就降低了，这就需要增加抽烟的次数来获得相同的满足，于是就出现吸烟快感的强化。于是人的烟瘾就会越来越大，酒瘾、网瘾、毒瘾等，也是这个道理。

除了这些常见的瘾之外，生活中有一些在常人看来比较奇怪的瘾。比如那些工作狂，他们做起事情就无法停下来，除了必要的休息，几乎从不闲着。这是因为他们太过于追求完美，他们认为只有保证他们的地位和能力，才能获得心理的安全感。还有的人为了赢得赞许，就经常强迫自己做出一些行为以满足人们的期望。这种现象被称作"表演上瘾"。另外，还有饮食成瘾、性成瘾、购物成瘾等。

成瘾程度有高低之分，但是大多有危害之处。烟瘾伤害当事人的身体和家人的健康；酒瘾不仅伤身还伤和气；网瘾耽误了家人交流相处的时间；工作瘾带来家庭的冷漠；购物瘾大量伤害钱财；毒瘾则劳财害命，给予家庭和当事人自身摧毁性的伤害。

但是，凡事如同硬币的两面，往往都不是一概而论的。瘾也是如此，它除了这些消极的影响之外，还有一些积极的因素。比如发明成瘾、读书成瘾、爱诗成瘾等，这些瘾都是一些有益的瘾。

妈妈作为营造家庭氛围和养育孩子的核心人物，肩上负有重担，一旦成为"瘾君子"的话，幸福之家就岌岌可危了。而那些"瘾君子"妈妈，让家的温暖代替瘾营造的"世界"吧。

当家庭成员有瘾时，记住：一个温暖幸福的家庭环境，胜过万种良药。不妨来个家人总动员，相互帮助"瘾君子"从他的世界里走出来。平时多多关心"瘾君子"，多放一些与瘾有关的影视、广播、图片、实物，或者展开家庭讨论的方式，让成瘾者认识瘾的危害，纠正他的错误认知。

有时，虽然老习惯戒了，一段时间内情感需求并未告终，因此要用一种有益身心健康的新习惯来代替老习惯所产生的满足感，如当吸烟者想吸烟时，不妨让他吃些平时爱吃的零食，或者干脆拉着他去做运动、听音乐等。

事业型妈妈，不能把权力强迫心理带回家

一名老干部，曾经为新中国的建立立下不少功劳，抗美援朝时，他曾经是一个团长，他在战场上英勇作战，身先士卒，他的一只眼睛就是在战争中失去的。后来他退休了，回到了老家。他把家当成了战场。他将以前在军队的一些东西搬到家里，闲着的时候就和这些事物打交道，有事没事就对家人下命令，让他们按照自己的意愿去行事。他经常说："这是组织的命令，我是军人，即使退休了也要按照军人的标准做事情。你们是军人的妻子和儿女，所以对于我的任何命令只能服从，不能说'不'。"

他妻子性格比较懦弱，能够忍受他的倔脾气，但他的儿子和女儿则不同。儿子从小就很有主见，并且和父亲一样喜欢控制和

影响别人。儿子大学毕业后，想自己创业。可老干部坚决不让，他坚持让儿子去军队当兵，并让人给他安排最低、最差、最没出息的岗位，他本来是想锻炼锻炼儿子，结果却使得儿子与他断绝了父子关系。他女儿本来想嫁给自己喜欢的人，可他为女儿"幸福"着想，坚决让他嫁给他曾经非常看中的一个属下，结果女儿嫁过去之后，生活一直不如意，整日以泪洗面。

　　本来好好的一个家，自从他回来之后，变得四分五裂了。

　　现如今，事业型的女人越来越多，她们都习惯于在职场上呼风唤雨，雷厉风行，往往也会像例文中的老干部一样，把这种权力强迫心理带回家中，对丈夫和孩子难免颐指气使，居高临下。妈妈不再是温柔善良的依托者；爸爸和妈妈之间不是互较高低，就是妈妈成为一家之主，独裁着所有家庭事务；孩子也没有机会向妈妈撒娇，要求妈妈的疼爱，因为妈妈并非慈眉善目，除了安排任务和视察工作，她没有多余的心思来疼爱孩子。长此以往，家庭里孕育不出温暖的气氛，如此冷漠的家庭自然不会有良好的亲子关系，当然，孩子的健康成长也会受到极大的影响。

　　其实，不仅仅孩子和家庭会受到妈妈权力强迫心理的危害，妈妈自己本身也会受到很大的影响。极端的权力强迫心理不但会扭曲人的健康心理，并且还会引起人生理上的一些疾病。这种现象在女性中比较常见。具有权力强迫心理的女性，大多经常感受到巨大的压迫感，身心疲惫，身体上出现一些症状，如肌肉酸痛、头痛、牙疼、皮肤敏感、月经失调、失眠、紧张、心情忧郁等。在人际交往这方面，她们经常遭遇冲突与不协调，但不得不以压抑或逃避来维持日常生活。所以，无论你是多么"伟大"的人，你在事业上多么成功，你还是一个妈妈，一个女人，不要把自己逼迫得太厉害，如此可怕的权力强迫心理，家庭和你自己都是经不起它的危害的。

事业型妈妈们要记住：工作中的规则是权力，其运作机制是竞争与合作、控制与征服。而家庭则完全不同。家应该以"珍惜"为主旋律，家庭成员之间相互理解、接纳、关爱。如果不明白工作与家的区别，将工作中惯用的权力心理带回家，必然会破坏家庭中的和谐关系。

家不是工作的延续，而是温暖的开始。当你忙完工作回到家中时，请卸掉工作中的装束和工作中的氛围，扮演好你的家庭角色。在家里，你是一个好妈妈，也许你在工作中有着"只处理事情，不理会感情"的磊落之风，可是，当你回到家中时，你所面对的事情已经不是工作，你不需要去处理事情，而需要去感受家的温暖，理解家人的付出，接受家人各自不同的性情。在家里，不谈工作，只谈琐事。不讲效率，只讲感情。不要冷漠，只要温暖。

中篇
育子秘诀
——如何雕刻孩子这块璞玉

第一章
早期教育成就孩子的一生

小孩子的智力水平和学习能力，往往被大人忽视了。到了学龄年纪再教育，其实已经迟了。错过了孩子智力发展最迅速以及学习最敏感的时期，用上九牛二虎之力也很难将孩子潜能开发到他原本可以达到的高度了。

教育真正重要的时期是无限接近零岁的时候

曾有一个专家做了一个实验，他把刚刚生下来且同样体重的小白鼠分成两组，一组放于较大、光线充足的空间，提供丰富的声响、有滚筒、滑梯等玩具，让小白鼠自由追逐玩耍；另一组小白鼠，则关于没有光线的笼子里，没有玩具、没有同伴，虽然提供同样的食物营养，不过经过 19 天的测试，智力的表现大相径庭。

结果显示，前一组小白鼠机敏灵活，人抓不住它们；后一组小白鼠，则呆滞迟缓，即使人去抓它们，也不知逃跑。抽样解剖发现，前一组小白鼠因常接受丰富的刺激，它们的大脑生出了许多突触发展出紧密的连接；而后一组小白鼠则因少受刺激，脑组织竟呈现萎缩状态，脑重量及体积也相对变小。

这个实验的结果，主要是用来印证早期教育的重要性，他认为在婴幼儿成长的过程中，一旦错过了生长发育期的发展，脑组织结构就会趋于定型，潜能发展也将受到限制，即使拥有优越的天赋，也无法获得良好的发展。

　　早期教育受到世界各国教育专家的认同，而早期教育应从多早开始进行呢？现在越来越多的教育家、科学家们提出了零岁教育的理念。著名生理学家巴甫洛夫有句名言："婴儿降生第三天开始教育就迟了两天。"日本儿童教育家井深大认为，过去的教育都是从孩子懂话的时候开始，但是这种教育已经迟了，因为在孩子会讲话之前，他就已经获得了比利用语言传授的知识更多的东西，因此，教育孩子的最好时机，既不是上幼儿园的时候，也不是3岁，真正重要的时期是无限接近零岁的时候。

　　另外，孩子婴幼儿阶段发展的特殊性也决定了早期教育从零岁开始的必要性。这些特殊性表现为：

　　（1）大脑发育的可塑性。大脑的可塑性是大脑对环境的潜在适应能力，是人类终身具有的特性。年龄越小，可塑性也越大。3岁前，尤其是出生的第一年，是大脑发育最迅速的时期，零岁时受到的外部刺激，将成为大脑发育的导向。早期形成的行为习惯将编织在神经网络之中，而将来若要改变已经形成的习惯却要困难很多。

　　（2）从幼儿的生理上看，两岁末大脑已基本具备了它的主要生理特征。7岁时已达成人脑重的90%。脑神经细胞的70%～80%是在3岁前形成的。因此，进行早期教育已有牢固的生理基础。

　　（3）研究表明，在大脑发育过程中，有一系列的关键发展期或敏感阶段，也称学习的关键期，虽然人类的学习关键期持续时间可从出生延续到青春前期，但人类最基本的情感、行为、技能的学习关键期却开始于出生之后、3 岁之前。

（4）婴幼儿时期是智力发展的最佳时期，如果把 17 岁时所具有的普通智力水平看做百分之百，那么 4 岁时所获得的智力将达到 50%，头四年所获得的智力等于后 13 年的总和。因此，早期教育在发展幼儿智力上有着关键性的作用。

（5）婴儿一出生，他就要学会适应外界环境，呼吸、吃奶，以后还要逐步学习语言，认识事物，掌握各种动作，学会各种能力，等等，所以婴幼儿时期是一个人生活、心理发展最迅速的时期，一个人一生发展的基础往往是在婴幼儿时期奠定的。

孩子的这些特性，使 0 岁教育成为可能和必要。细心的家长只要观察孩子的表现，就会发现 0 ~ 3 岁孩子的学习能力特别强，如能及时进行教育，让孩子的潜能得到最大限度的发挥，孩子就会在起跑线上就拥有有利条件，自然他的发展就会更好。

也许有些人会质疑对那么小的孩子进行教育，让孩子的大脑吸收过多内容会不会对孩子有伤害？会不会给孩子带来太大压力？

其实，完全不用担心这些问题，因为人的潜能非常之大，心理学家有个研究，说一个人在生命结束时，他的脑细胞只用了 5%，科学家只用了 10%，这说明大脑实际上是一个装不满的知识仓库，不用担心早教会给孩子的大脑带来超重负荷。另外，婴幼儿都具有本能的自我保护能力。婴幼儿用脑不是外部压力起主导作用，而是他本能的好奇、兴趣、精神生活的追求决定的。外部的信息一旦超过他的负荷，或者枯燥乏味，他会立刻关闭"注意"的门户，从而把自己彻底保护起来。

早教不仅不会伤害孩子的大脑和身体，而且对孩子的身体发育是有利的。据资料讲，美国研究人员曾对 549 名天才儿童做了

37 项，2200 次的精密身体测量，结果显示这些儿童不仅在身高与体重上较优于常态儿童，而且在各种生理品质上也有此种趋势。例如，他们的肺活量、握力、臂部、腰部及肩部各种宽度都比常态儿童要好。

所以，科学的早期教育，不但不会伤害孩子的大脑，反而能促进大脑的发达和身体的健康。妈妈们可以放心大胆地对孩子进行早期教育，也许你也可以创造出一个天才！

儿童的潜能存在着递减法则

"哈佛女孩"刘亦婷的母亲刘卫华坚持早期教育，使女儿的记忆能力明显超过了常规孩子。以"认生"——婴儿第一次表现出记忆能力——为例，刘亦婷 3 个月大就开始认生，比平均水平提早 6 个月，6 个半月就出现了"理解记忆"（即明白词汇与物体的关系），而 50% 的婴儿则是在 10 个月大时出现的。当她长到 1 岁 1 个月时，记忆力的发展又出现一个飞跃。在记忆方式上，她已不再仅仅依靠人类 3 岁以前所特有的"模式记忆"，而是提前萌发了 3 岁之后才有的"分解记忆"能力。在女儿满 1 岁半时，妈妈就试着教她背唐诗。刚开始是两个字一段地教她，没过几天，女儿就可以流利地背诵朝辞、白帝、彩云……虽说她并不懂诗的含义，但唱歌一样的朗诵，却能使她感悟到诗歌韵律的美妙。自那以后，婷婷的学习热情一直很高，姥姥教她背了一首诗："雄鸡一唱天下白，千家万户把门开……"在从工厂的路南区到路北区的路上，她看见一只公鸡就把诗背了一遍。

经过妈妈的不懈努力，对女儿的教育也结下了满意的果实。

刘亦婷聪慧过人，成绩优异，轻松考入哈佛大学。

成功专家罗宾曾说："每个人身上都蕴藏着一份特殊的才能。那份才能犹如一位熟睡的巨人，等待着我们去唤醒他。"事实上确实如此，每一个孩子身上或多或少都有一些将来可以成就大器的潜质。不仅那些反应敏捷、聪明伶俐的孩子是这样，即便是那些相对木讷，甚至看起来有些愚钝的孩子也有这样的潜质。一旦有人将他们的潜质打开，凭借这种热忱的力量，原先人们在他们身上看到的那种"愚钝"也会慢慢消失。

而儿童虽然具备潜在能力，但这种潜在能力不是一成不变的，而是遵循一定的规则在变化。杰出的日本儿童教育家木村久一总结出儿童潜能的递减规律：比如说生来具备 100 度潜能力的儿童，如果从一生下来就给他进行理想的教育，那么就可能成为一个具备 100 度能力的成人。如果从 5 岁开始教育，即便是教育得非常出色，那也只能成为具备 80 度能力的成人。而如果从 10 岁开始教育的话，教育得再好，也只能达到具备 60 度能力的成人。这就是说，教育开始得越晚，儿童的能力实现就越少。

根据儿童潜能的递减法则，儿童智力发展的这个最佳期非常关键，它对人一生的智力发展都起着决定性作用，妈妈们千万不要错过。妈妈教育孩子的第一要旨就是要杜绝这种递减。而且由于这种递减是因为未能给孩子发展其潜在能力的机会致使潜能枯死所造成的，因此，教育孩子的最重要之点就在于要不失时机地给孩子以发展其能力的机会，也就是说要让孩子尽早发挥其能力。

我们都知道，有可能长到 30 米高的橡树，实际上很少有长到 30 米的，这是由于生长环境的影响。如果橡树阳光、水肥充足，再加上精心培育，就可能长到 18 ~ 21 米，甚至更高可达 24 ~ 27

米。但一般橡树只能长到 12 ~ 15 米，要是环境不理想，就只能长到 6 ~ 9 米。同样的道理，具有 100 度潜能的孩子，如果放任不管，就只能成为具有 20 度或 30 度能力的人。也就是说，他的潜能只发挥出了一小部分。但如果对他进行适当的教育，他的能力就可以达到 60 度、70 度，甚至是 80 度。也就是说通过教育，就可把他的潜能大部分发挥出来。

那些"神童"也好，早慧儿也好，只不过是他们的妈妈从小对他们进行了科学的早期教育，使他们的各种潜能得到了充分开发，使潜质转化为了强大的学习能力，自然在后续教育中就占有极大的优势，总是跑在同龄人的前面。

格莱斯顿也说过："最有意义的事情莫过于把一个孩子内心潜藏的热忱激发出来。"每个孩子都有自己的闪光点，作为妈妈，要做到认清自己的孩子，了解孩子的长处和短处，挖掘孩子的潜能，因材施教，扬长避短，每个孩子都能成材。

所以，妈妈要努力发现自己孩子的与众不同之处，相信孩子的潜能，及早对孩子的综合潜能进行正确的评估，及早开发，将对孩子的健康成长大有裨益。

早教不该是纯粹游戏式的，要有适当的强制性

有些妈妈认为，家庭教育不应该制度化、有强制性，这是欠妥的。实际上孩子是最喜欢制度化的。

早期孩子的智力教育不在于获取知识的多少，而在于发展孩子的思考能力，培养孩子的思考习惯，尽管获取知识也许是一种结果，但却绝非是目的。而且还要让孩子们喜欢学习，善于学习，

这样他们会越学越感到乐趣无穷，而孩子们认识的内驱力愈强大，钻研愈深，探究倾向愈强烈，孩子的智力发展就越好！

在进行早期智力教育时，关于是应该实施单纯的游戏式教育，还是要有适当的强制性，这个问题也一直颇有争论。

由于早期的智力教育不仅仅是单纯的知识教育，它还是让孩子的大脑开窍的训练，而让大脑开窍是一个不断地让孩子思维深入的过程，因此早期智力教育存在着一个系统化的问题，它不是随心所欲地进行的。又由于孩子的智力教育不能离开知识的学习过程，因此智力教育有它本身的规范性，这也决定了这种教育需要适当的强制性。

但是，一方面因为现在不少妈妈不懂教育原理，一味地进行蛮干。陀螺明明没有转起来，她们却拼命地用鞭子抽，越是没有转起来越抽得厉害，幻想能够用这种方法让陀螺转起来，而没有想到自己应该蹲下来，将鞭子绕在陀螺上，然后抽好这第一鞭；另一方面，人们似乎认为对于孩子只有在玩中学，随孩子的意志才是对的，对孩子的任何规定都被误认为是剥夺、抑制了孩子的天性，所以长期以来对智力教育的强制性批评也甚多。

其实，孩子学习效果的好坏，不完全取决于游戏形式的本身，而取决于学习内容和方式是否能对孩子产生强大的吸引力。品德教育、习惯教育也都带有适当的强制性，所以可以说没有适当的强制性就没有教育，对孩子可能更是如此。

纵观历史上的很多天才，小时候都受到家庭严格的训练。比如莫扎特练琴极为辛苦，一年 365 天，几乎天天都要坚持；爱因斯坦 5 岁时被母亲逼着学小提琴，他曾极度反抗，但是后来却成了一位极爱音乐的大科学家。文中所说的严格绝不是恣意对孩子进行专制，而是在学习过程中难免有要求严格的时候，这时妈妈们应该因势利导。几乎所有接受早期智力教育的杰出人物，由于妈妈们对要求的领域的熟悉，从而才能引导孩子不断前进。而那种不是行家却爱瞎指挥的"严格"，在家庭教育中应该避免，否则孩子不仅不能取得成绩，相反性格还会遭受扭曲。

在早期智力教育中，妈妈们应该吸收学校教育的长处，定时、定量、定人、定地点，把这种教育制度化，这样孩子是会很好适应的。

至于智力教育的内容，应该以教孩子识字、阅读为主。因为这不仅是每一个人都要掌握的，而且这还是最符合孩子心理发展的。

所以，妈妈们在对孩子进行早期的智力教育时，不能纯粹地游戏式，还应该有适当的强制性，这样效果才更好。

早期智力教育不等于知识教育

斯托夫人这样描述她对孩子的早期教育：我从训练五官开始对女儿教育，首先使她学会使用耳、目、口、鼻等，首先应该发掘耳朵的听力。因为对婴幼儿来说，最重要的是听到母亲轻柔悦耳的歌声，可我感到为难的是自己不会歌唱，因此就对孩子朗读诗歌，我朗诵的是《艾丽依斯》，这是威吉尔的诗，结果发现效果很好。在我轻轻地朗读时，小维尼雷特很快安静下来，听着听着就睡着了。这个方法我后来在别的孩子身上试验过多次，效果都很好。有时候摇篮曲并不能够催婴儿入睡，可是《艾丽依斯》屡试不爽。因此，在我看来这部出色的叙事诗同时也是一首了不起的摇篮曲。

斯托夫人热爱音乐，而且天才地把颜色和音乐联系在一起，开发小维尼的感官功能。她给七音分别标以不同颜色，在墙壁上用三棱镜制造出美丽的虹光，教授她弹奏乐器。小维尼长大后10来岁自己可以写曲，自娱自乐，陶冶情操。为了使孩子辨认节奏，她还教小维尼和着诗歌的音节舞蹈。舞蹈可以塑型强身，同时也增强了小维尼对于文学和音乐的通感才能。

维尼雷特还有各种各样的小球和木片，这些玩具五颜六色，很适宜孩子玩耍，她的布娃娃都穿着色彩鲜艳的服装。斯托夫人就是借用这些玩具尽力发展她女儿的色彩感觉。

蜡笔也是不可缺少的工具。斯托夫人经常和女儿做一种"颜色竞赛"游戏。游戏一般是这样进行的：她先在一张大纸上用红色蜡笔画一条3厘米左右的线，然后让女儿用蜡笔平行画出一条同样的红色线，接着她用蜡笔在自己的红色线之后接上一条青色线，再让女儿模仿自己用青色蜡笔画出一条线，游戏就这样进行下去。要是女儿没有用和自己线条相同颜色的蜡笔，女儿就输了，游戏就中止。

斯托夫人对女儿进行训练，没有任何勉强的成分。因为她知道孩子的天性，她的目的是要使孩子的潜能得以发挥。她进行各种引导，就是为了不使女儿的某种潜在素质被埋没。与此同时，孩子在这样的教育之中，总会有事可干，不会因为闲得无事犯常见的毛病，比如咬手指头、哭叫。

以上感官的开发使小维尼在学习知识前已蓄势待发，在正式开始学习语言和其他知识时，便如鱼得水。

斯托夫人的女儿3岁就开始写诗歌和散文，4岁能用世界语创作剧本，到了5岁，她的诗歌和散文开始发表在各种报刊中，并且已能够熟练地运用 8 个国家的语言。不仅如此，她女儿在其他方面，比如数学、物理、体育、品质等也都明显比其他的孩子优秀。这一切成就，有斯托夫人早期教育的很大功劳。

斯托夫人对孩子进行的早期教育涉及了很多方面，但是就功没有在知识教育上下功夫，因为她知道，早期智力教育并不是知识教育。早期教育应注重开发多元智能，本着兴趣、需要的原则对孩子实施启蒙教育，应创造适当条件使幼儿的各项潜能得到最大限度的发挥，为培养孩子体格健康、智力发达、品质和个性良好打基础。

卡尔·威特认为，从出生到 3 岁之前，孩子的大脑对事物的记忆不是对其特征进行了分析之后才记住的，而是在反复的观察中，将整个事物印象原封不动地做了一个"模式"印进了大脑之中。在最初，他的大脑还处在一个白纸状态，无法像成人那样进行分析和判断，因此，可以说他具有一种不需要理解或领会的吸收能力。如果不把你认为正确的模式，经常地、生动地反复灌入幼儿尚未具备自主分辨好坏能力的大脑的话，他也会毫无区别地大量吸收坏的东西，从而形成人的素质。所以，早期教育最主要的不是给孩子灌输知识，应该根据婴幼儿的心理发展规律和年龄性，把重点放在发展小儿的智力和个性品质培养上。因此，婴幼儿时期的早教内容应是以下几方面：

1. 促进孩子语言和思维的发展

科学研究证实，婴幼儿 1 岁半左右是学习语言的最佳时期。此时，小儿学说话最容易而且学得快，故应及早与孩子说话，不断与小儿进行语言交往，可以诱导、启发和促进孩子的语言发展。

2. 锻炼孩子的感知觉

婴幼儿感知觉器官的功能，需有相当的刺激输入和锻炼，才能得以发展。妈妈可以向斯托夫人学习对孩子的感官功能的培养方法，利用声音、语言玩具、实物等刺激其听、视、触、嗅觉等，促使他们在看、听、闻、摸、尝的过程中，获得各种印象，让孩子对客观世界有正确的初步认识，这对婴幼儿智力发展有着重要意义。

3. 呵护孩子的好奇心

婴幼儿时期的孩子，对周围的一切都感到新奇，妈妈应珍惜孩子的这种求知欲望，一定要耐心而热情地倾听，认真简要而正确地回答小儿提出的每一个问题，从而满足他们的要求。

4. 对孩子进行正确的价值观传输

小孩子不会分辨大人对她说的话是好是坏，他只会照单全收、不加筛选地进行记忆，所以，妈妈一定要注意对孩子的思想教育，要经常将真善美的品德告诉他，虽然他不懂其中的意思，但他在记忆中会慢慢形成这样的价值观，这对孩子的一生有着良好的意义。

音乐是启迪儿童智慧的"心灵体操"

大家都知道，爱因斯坦是一位伟大的科学家，而不知道他还是一位出色的小提琴家。但是，爱因斯坦之所以能对人类科学作出巨大贡献，与他学习小提琴有着密切的关系。因为音乐无处不在的张力能使人的想象力和理解力发挥到极致。

母亲的音乐熏陶开启了爱因斯坦的智慧之门，爱因斯坦的母亲是一位很有修养的女性，她爱好音乐，在钢琴和小提琴上都有很深的造诣。她是爱因斯坦的小提琴老师，也是他的音乐启蒙老师。6岁时，爱因斯坦学拉小提琴，他的妹妹玛雅学钢琴。稍后，爱因斯坦也学习弹钢琴。随着时光的流逝，爱因斯坦对音乐渐渐入迷。7年之后，当他懂得了和声学和曲式学的数学结构，当他体会到演奏莫扎特作品的技巧和奥妙时，琴弦和心弦一起共鸣了，他一生中的科学和艺术生涯也开始了。

母亲的音乐教育不但开启了爱因斯坦的音乐之门，给了孩子一个多彩的童年，也为他开启了一个智慧之门。爱因斯坦是伟大的，他的母亲也是伟大的，她的伟大就在于用适当的方式对爱因斯坦进行早期智力的开发，并为爱因斯坦的成功奠定了根基。

一位哲学家曾经说过："音乐往往能够造就出天才。"当然，他所说的天才已经超出了音乐的范畴。但值得肯定的是，音乐可以改变一个孩子的气质，因为孩子在接受音乐教育中不仅为他成为音乐家提供了可能，也为其他方面的发展创造了极佳的条件。

孩子与音乐似乎天生就有不解之缘，而音乐又是启迪儿童智慧的"心灵体操"。聪明的妈妈可以充分挖掘和启发孩子与音乐的"缘分"，使他在音乐艺术美的熏陶中，获得一生受用不尽的财富。

音乐是表情达意的艺术，孩子恰恰具有喜形于色、感情外露的特点，他们很难用言语表达他们内心的情感和体验，而音乐中强烈的情绪对比、鲜明的感情描写正抒发了孩子的内心感受，所以孩子发自内心地喜欢音乐，以至于常常情不自禁地随着音乐手舞足蹈。

天真活泼的孩子对音乐天然的热爱和向往让我们确立了这样的信念：每个孩子都需要音乐，每个孩子都有接受音乐文化的愿望和要求。音乐的启蒙就是满足并激发孩子对音乐的兴趣，发现和培养孩子的音乐才能。孩子需要音乐，那么音乐对于孩子的生活和成长又有什么意义呢?

一直以来科学家们不断研究音乐,认为它是一种心智"体操",像玩乐器、练唱、听音乐等可增强身体协调力,对时间的敏感、专注的能力、记忆的技巧、视觉听觉的发展以及对压力的控制都有帮助。音乐与右脑有关,而右脑掌管情绪与感觉,所以玩乐器、唱歌、听音乐有助于宣泄情绪。当我们听到好听的音乐,情不自禁就会手舞足蹈,这是因为音乐刺激了我们的脑神经,使我们活跃起来。日本著名的音乐家和教育家铃木镇一,在自己的教育法著作《早期教育与能力培养》一书中特别强调了兴趣对于孩子的重要性。他提倡用音乐开启孩子"天才教育"的大门,曾轰动了全世界,而且他用实践证明了才能不是天生的,任何一个孩子,只要教育得当就能成功。

音乐对心智发展的积极效果,从很多实践中都可以看出来。实验证明音乐会刺激新生儿的活动。美国耶鲁大学小儿科仙思教授的一项研究指出,接受有规律的音乐刺激的新生儿,他们的智商比未接受刺激的高出 27 ~ 30 点。

在生活中,只要运用恰当的方法,在恰当的时间引起孩子的注意,一定会让孩子为了快乐而欣赏音乐。培养孩子去欣赏音乐,能懂得欣赏音乐的人是幸福的。但是妈妈该如何让孩子跟音乐进一步接触呢?

(1)要为孩子创造一个音乐环境:随着人们生活水平的提高,现代化的视听设备逐渐进入了家庭生活,这为培养孩子的音乐素质,提供了物质条件。妈妈可以充分利用音响、卡拉 OK 机和电视机,对孩子进行音乐教育,此外妈妈还可以带孩子参加一些音乐会、文艺晚会,或者利用茶余饭后的空闲时间,让孩子表演一些音乐节目,也可以亲自为孩子演唱、演奏一些音乐节目。孩子稍大一点儿，妈妈还可买一些乐器，让孩子学习演奏。

（2）培养孩子在音乐伴奏下做动作、跳舞：在音乐伴奏下做动作或跳舞，可以发展孩子的节奏感，陶冶性情。妈妈可以教孩子按音乐节拍、速度和情绪做动作，通过运动神经去感知和表现音乐艺术美。

（3）教孩子唱歌：妈妈教孩子唱歌，应当从教歌谣开始。让孩子从掌握语言的韵律节奏，逐步过渡到掌握音乐的韵律节奏。

总而言之，就像诗人歌德曾说过的那样："为了不失去神给予我们对美的感觉，必须天天听点音乐……"因此，让孩子接触音乐是很重要的。虽然不能让每个孩子都成为音乐家，但至少可以培养孩子的气质，也丰富了他们的艺术生活。

天才是天生的，更是要培养的

爱因斯坦小时候，智力发育的水平看上去不如一个普通同学，诺贝尔奖的获得者也未必都像是居里夫人那样聪颖早慧。孩子的天分是妈妈无法决定的，但是人脑的复杂性和多用性远远超过任何一台电脑，关键在于妈妈如何来挖掘。

经过研究，我们发现，天才的秘密就是智力潜能比一般人开发得多一些早一些而已。所有天才的诞生都源于为他们的幼年生活安排了丰富多彩的环境，并获得了较好的心灵阳光。莫扎特出生在一个音乐世家，很小的时候就听他父亲演奏音乐，在他的周围有许多乐器。他5岁时就拉小提琴并为小提琴作曲，8岁时谱写了他第一部交响音乐。那么，怎样使用环境法开发孩子的潜能呢？如何为孩子的心灵生活布置充足的阳光，培植健康的情感世界，让孩子始终有个好心情？

也许我们都有这样的经验，在镜子前对自己笑一笑，心情马上就会变为愉快轻松。对于大脑的潜能开发也一样，如果能不断输入积极的意识，让意识通过下意识对大脑提出要求，潜意识就会调动体内的潜能发挥作用。比如有一道题苦思冥想都没有做出来，在睡前将有关的条件、信息输入大脑，第二天早上起来，说不准答案就出来了。

1960 年，哈佛大学的罗森塔尔博士曾在加州一所学校中做过一个著名的实验。新学年开始了，他让校长把 3 位老师叫进办公室，对他们说："根据过去 3 年来的教学表现，你们是本校最好的老师。为了奖励你们，今年我们特别挑选了 3 班全校最聪明的学生给你们教。这批学生的智商比同龄人都要高，希望你们能有更好的成绩。"

老师们表现出掩饰不住的喜悦，临出门时，校长又叮嘱他们："要像平常一样教他们，不要让孩子或者妈妈知道他们是被特意挑选出来的。"

一年之后，这 3 班的学生成绩是整个学区中最优秀的，比平均分数高出两三成。这时候，校长才告诉老师们真相，这些学生并不是刻意选出来的，而只是随机抽选出来的普通学生。3 位老师万万没有想到事情是会这样的，只有归功于自己教得好而已。而校长又告诉他们，其实他们也是随机抽选出来的。

这就是因为暗示发挥了重要作用，这三位老师觉得自己很优秀，充满了自信与自豪，工作中自然就格外卖力，学生知道自己是个好学生，肯定会努力学好，结果就真的全部优秀起来了。

所以，妈妈在开发孩子智能的时候，要给予孩子积极的暗示，不断给他输入积极的意识，才能激发出孩子的正面能量。尤其是越小的孩子，他越需要妈妈的鼓励和认同，需要妈妈的信心来转变为自己的自信。

爱因斯坦既是一个思想家，也是一个科学家，同时还是一个脑袋里充满符号和公式的数学家，是个左脑发达、逻辑思维极强的人。但是，爱因斯坦的思想，首先来自于图像和形象，以后把它们翻译成词句和数学符号。他创立相对论不是通过他的理性思维，他没有坐下来用纸用笔一步步算出这个理论，最后得到符合逻辑的结论。理论的诞生是在一个夏天的下午，当爱因斯坦躺在长满青草的山坡上，透过微闭的眼睑，凝视着太阳，玩味着通过睫毛而来的光线，当时他开始想知道沿着光束行进会是什么样子，他就像进入了梦境一样，躺在那里，让他的思想随意遨游，幻想着他自己正沿着光束行进。突然他意识到这正是刚才所探求的问题的答案，这个意识正是相对论的精髓。

孩子的想象力总是无穷无尽，这是多么宝贵的资源，妈妈千万不要遏制孩子的想象，而是要支持甚至引导孩子积极遐想，也许，就能培养出下一个爱因斯坦！

我们经常从照片上看见以万里晴空为背景的冰山景观，相信每一个人都会发出由衷的赞叹：啊，多美啊！而我们所看到的，也只不过是浮出水面的一部分而已。到底是什么造就了冰山之美呢？是那部分隐藏在底下的冰山。堆积在底下的冰山，渐渐地就会将一部分瑰丽地呈现在水面上，在这里"呈现"是不可预料也不好控制的，而"堆积"是完全可以通过计划实现的，而事实上，实现了"堆积","呈现"就是不速而至的。"堆积"要计划，包括有目的、有计划、有准备、有措施、有安排、有步骤、有反复、有效率、有节制、有效果。

所以，激发孩子的潜能，妈妈还需要计划，应该给孩子的心智发展提供良好的渠道和方法，使其充分发挥自己的潜力。

总之，天才之所以是天才，不仅仅是因为他有天生的智能，更是因为他后天得到了更早更好地开发。卡尔·威特认为：孩子的天赋当然是千差万别的，有的孩子多一点，有的孩子少一点。没有一个孩子生下来就注定会成为天才，也没有一个孩子注定一生庸碌无为。一切都取决于后天的环境，取决于后天的培养和教育，父母则是其中最为直接和关键的因素。所以，只要妈妈早期教育培养方法得当，每一个孩子都可能成为天才。

第二章
阳光心态是妈妈给孩子受用一生的礼物

心灵的健康和身体的健康一样重要，快乐的分值比学业的分值更加可贵。因此，衡量一个妈妈是否是好妈妈，关键是看她的性格而不是学识。乐观开朗的妈妈，给予孩子一个幸福阳光的心态，胜过学富五车的妈妈给予孩子一个漂亮的成绩。

幽默感不是爸爸的特长

妈妈要在家庭中发挥自己幽默的智慧，将各种矛盾化于无形并且为孩子成长托起了一片天。现代的妈妈要用幽默的智慧轻松的语言来教育自己的孩子，让其在如沐春风中健康成长。此外妈妈也必须把幽默的这种智慧传达给孩子，因为幽默是现代社会交往的有效通行证。

幽默的语言往往给人以诙谐的情趣，又使人在笑意中有所领悟，因而幽默往往是缓解紧张、祛除畏惧、平息愤怒的最好方法。孩子从小学会这种智慧，长大后就会在社交中游刃有余。

一位美国州议员有一次参加会议，主席台上另一个州议员在做一篇很冗长的演讲，他觉得对方占用的时间太长，就走到对方跟前低声说："先生，请你能不能快点……"话未说完，那个正在演讲的议员便回过头来，用严厉的口气低声呵斥他道："你最好出去。"然后仍旧继续其演讲。这个议员觉得受到了别人的侮辱，他顿时怒气冲天。他迫不及待地想报复，但一时又找不到什么方法。于是他就去当时麻省议会主席柯立芝那里申诉："柯立芝先生，你听见某某刚刚对我说的话了吗？""听见了，"柯立芝不动声色地答着，"但是，我已经看过了有关的法律条文，你不必出去。"

这种回答实在是太聪明了。柯立芝把那位议员的愤怒当成了玩笑。他不让自己卷入这种儿童式的争吵的旋涡中去，就是因为他能看出这种无聊的争吵的幽默之处。因此，妈妈要让自己的孩子明白：机智的人不仅善于以局外者的身份化解他人的争吵，而且更善于化解在与人交往时因发生矛盾而出现的僵局。

弗洛伊德说："最幽默的人，是最能适应的人。"在生活中孩子也会面临许多尴尬的时刻，在那一瞬间，他们的尊严被人有意或无意冒犯，或者被喜欢恶作剧者当众将了一军。此时，孩子们就会感到自己丢尽了脸面，无地自容。如果能从容自若地谈笑如故，就会幽默地将伤害自己脸面的难题一一化解。

孩子长大后还会面临求学、工作、住房、购物等方面的问题，往往要与人交涉。孩子学会在交往中适时地表现些幽默，他们做事情成功概率一定会大大增加。

妈妈要学会掌握幽默这种智慧。在生活和教育孩子的过程中，总会遭遇无数的痛苦，悲伤以及困苦，如果你善于运用幽默的力量，能够主动地去创造幽默，那生活一定会充满了欢笑。孩子也能在一种愉悦的氛围中健康成长，与此同时孩子也能从妈妈身上学习到这种处世的智慧，在面对别人的一些不适当的言行，处处针锋相对时，也会运用幽默的力量，打破紧张的局面，使自己和对方各种各样不愉快的心情，顷刻间烟消云散。

将快乐这种生存能力传递给孩子

韩国 18 岁少女喜儿弹奏的钢琴曲非常动听，吸引了不少听众。

喜儿的双腿比正常人短，而且每只手上只有两根手指头，她并不聪明，只有 7 岁小孩的智力。但这个少女似乎对自己的命运很满意，她丝毫没有察觉自己的缺陷，还经常面带微笑和别人交流，而且非常刻苦地练习弹奏钢琴。在她看来，正是因为自己只有 4 根手指头，所以很多人才喜欢听她演奏，她觉得幸福极了。

她喜欢自己，接纳自己，丝毫不在意旁人怪异的目光。这种健康快乐的心态取决于她有一位懂得教育的妈妈。

曾经有记者采访喜儿的妈妈："当您第一次看到孩子的手指时，您是什么感受？"

妈妈说："我觉得我们家喜儿真的很漂亮，当她晃动两根手指时，就像绽放的花朵一样美丽，我经常对喜儿说：'宝贝，你的手指真漂亮，咱们换手指，好吗？'"

喜儿的妈妈丝毫不在意别人对喜儿的评价，她总是不停地告诉喜儿："你的手指是世界上最漂亮的手指。"因此喜儿丝毫没有被身上的缺陷所伤害，她总是快快乐乐的。

喜儿的快乐的妈妈传达给孩子的不仅仅是一种快乐的情绪，更是一种积极的快乐的生存态度。她凭借这快乐的态度演绎出了自己的精彩。

观察一下你身边，就可以发现，那些阳光自信、充满乐观情绪的孩子们，几乎无一例外地都拥有一位极其疼爱他们、并乐于赞美的妈妈。爸爸的爱或许更多的是含蓄与深沉，它在潜移默化中教会孩子形成正确的价值观与良好的品性，而妈妈的爱与热情，正好将这种力量激发出来，使之发挥出最大价值。女人天生有善于表达情感和想法的特质，这让妈妈更易于夸奖孩子、关注孩子情绪的变化、在意孩子心情是否愉快等，并且会把快乐的心态传达给孩子。

生活中难免会遇到许多不如意，环顾身边的人，聪明能干的人不少，却很少有生活得十分快乐的。不是对生活不满，便是在追求许多东西的过程中丧失了快乐。快乐的人也许不是出色的人，但却是掌握人生要义的人。他们知道怎样热爱生活，怎样让生命更有意义地度过。他们可能生活得很平凡但却有滋有味。拥有快乐的人是这个世界上最富有的人，所以妈妈应该将快乐这种心态植入孩子的心。

正所谓："人生不如意者，十有八九。"在生活里，当孩子遇到不能改变的困难时，妈妈就要告诉孩子改变自己的心态，让他们给自己装一个"快乐引擎"，让他们从日常平凡的生活中寻找和发现快乐，就一定会获得幸福。因为大多时候，"快乐"并不是别人带给你的，也不会凭空从天上掉下来，而是靠他们自己去寻找。

妈妈都是魔术师，她们凭自己的努力能让孩子在生活中找到自己的快乐。下面教您几种调制快乐的方法，在日常生活中传达给孩子。

妈妈在日常生活中，要引导孩子不要害怕改变。快乐的人不害怕生活中的改变，他们甚至会离开让自己感到安逸的生活环境，去寻求全新的生活感受，从来不求改变的人自然缺乏丰富的生活经验，也就难以感受到快乐。

　　妈妈要让孩子懂得，不抱怨的人才会有快乐。快乐的人并不比其他人拥有更多的快乐，只是因为他们对待生活和困难的态度不同，他们从不问"为什么"，而是问"为的是什么"，他们不会在"生活为什么对我如此不公平"的问题上做长时间的纠缠，而是努力去想解决问题的方法。

　　友情是生活中的快乐元素之一，懂得感受友情的孩子才幸福。一个人如果没有朋友的友谊，就会感到孤独寂寞，不可能有更多的欢乐。因此，人的生存需要有朋友和朋友的友谊。遇到不愉快的事情或矛盾时，要多和朋友交流，商讨解决问题的办法。闲暇时，也可和朋友做一些有意义的活动，充实生活。事实证明，真正的友谊会给你带来幸福和快乐。

　　快乐很简单，简单生活的孩子更能抓住快乐的尾巴。时下有一个非常流行的理论，得到了广泛的认同。这个理论把天下所有的事分成了3件事：一件是"自己的事"。诸如：吃什么东西、开不开心、要不要帮助人……自己能安排的事皆属之。一件是"别人的事"。诸如：小王好吃懒做、老张对我很不满意、我帮助别人，别人却不感激……别人主导的事情皆属之。一件是"老天爷的事"。诸如：会不会刮风、下雨、地震、发生战争……人能力范围以外的事情，都属于老天爷的管辖范围。人的烦恼就是来自于：忘了自己的事，爱管别人的事，担心老天爷的事……要轻松自在很简单：打理好"自己的事"，不去管"别人的事"，别操心"老天爷的事"。让你的孩子记住这个理论，他们的生活就会简单许多，生活越简单，他们就会变得更快乐。

让孩子经常快乐，培养孩子快乐的性格

成功，并不等于就幸福、快乐。排在成功前面，还有个更大的目标，那就是"让孩子感觉快乐"！这是家庭教育的最高境界，也是我们为人的最高境界。孩提时代，理应是一个充满梦想和快乐的时代。所以，作为妈妈，一个很重要的任务就是让孩子不断地感受幸福和快乐。

要知道，妈妈最应该给予孩子重要的礼物就是"快乐"。快乐是一生的财富，快乐的人比较能够以轻松的心情来迎接未来的挑战，快乐的人比较能以理智的方法来解决问题。美国儿童心理学家经过多年的研究发现，注意培养孩子快乐的性格，有利于孩子的健康成长。

那么，怎样才能让孩子经常快乐呢。

（1）妈妈要注意培养孩子对快乐的体验。在每一件小事上，妈妈都可以询问孩子的感觉，高兴不高兴？为什么？例如，出去玩的时候问孩子："你喜欢出来玩吗？高兴吗？"另外，妈妈也要经常把自己的体验告诉孩子，例如，"你能帮妈妈做家务，我很高兴。"

（2）让孩子有机会享受"不受限制"的快乐。孩子毕竟是孩子，他们需要带着童真的想象力尽情地玩耍，需要有时间去打雪仗、看蚂蚁搬家——这些按照孩子自己的步伐去探索世界的活动，更能给他们带来真正的快乐。有些事情大人觉得没意思，孩子却很喜欢，大人认为孩子会喜欢的东西，小孩得到了却并不高兴。

有的妈妈给孩子买很贵的玩具，孩子却宁愿玩水、玩泥巴、捉迷藏、过家家。所以，妈妈不要总把自己的好恶强加给孩子，要让孩子做他们喜欢做的事情。

（3）不要苛求孩子。孩子毕竟是孩子，各方面的能力有限，总有这样或者那样的不足。妈妈不可太过于追求完美，如果妈妈总是对孩子表示不满和批评，会伤了孩子的自尊，使孩子失去自信。

（4）给孩子展示自己的机会。每一个孩子都有自己独特的天才和技能，展示这些能给他们带来极大的喜悦。"妈妈，我给你讲一个故事好不好？"这时即使你在厨房做饭，也要满足他的这个愿望，并适时地给予肯定："你讲得真是太棒了。"要知道，能和你分享他喜欢的这个故事，他就会很快乐。孩子的热情能通过你的分享和肯定转化成良好的自尊、自信，而这些品质对他们一生的快乐都是最宝贵的。

（5）教孩子调整心理状态。妈妈可以为孩子指出前途总是光明的，使他在恢复快乐心情的环境中寻找安慰，积极调整好心态。那些经常快乐的人，并不是永远都心态很好的人，而是特别善于调整心态的人。

（6）密切与孩子之间的感情。在培养快乐性格的过程中，友谊起着重要作用，所以妈妈要加深与孩子的感情，鼓励孩子与同龄人一起玩耍，让他们学会愉快融洽地与人交往。

（7）保持家庭生活的美满和谐。家庭和睦，也是培养孩子快乐性格的一个主要因素。小的时候在美满幸福的家庭环境中长大的孩子，长大后性格也比较乐观开朗，对生活充满热情和希望，比在不幸家庭中成长起来的孩子要快乐得多。

快乐的孩子容易成功，失败不能令他沮丧，烦恼也不会妨碍他继续追求成功。所以，妈妈应该给予孩子的最重要的礼物就是"快乐"。

伤心之事也要用美妙的语言解释给孩子听

莎莉上幼儿园的时候，她的爸爸妈妈离婚了。

一天，她的爸爸和妈妈整整坐了一夜，也说了一夜的话，或是因为莎莉太小没有记住。但有一句爸爸说的话她记住了："你走吧，由我来向莎莉解释。"这意味着妈妈要走了。

莎莉的妈妈走了好几天了，莎莉每天都在等着爸爸所谓的解释。

也许他把他说的话忘了，仍跟以前一样接送莎莉上学，给莎莉在学前班的家长手册上认真填写她又学会了的新字，又听到的新故事以及纠正莎莉左手写字画画的情况。这些在莎莉的其他同学家里都是由妈妈来做的事情，在她家里却一直是由爸爸来做的。

每当莎莉的奶奶看到这些，就叹气地说莎莉的妈妈"心早就不在啦"，莎莉的爸爸就会用眼神制止奶奶，好像在隐瞒什么。但莎莉并不追问，莎莉相信总有一天爸爸会向她解释的。

莎莉妈妈走了快一星期了，又是一个晚上，莎莉爸爸合起给莎莉读的故事书，又压了压莎莉的被角，像又要给莎莉讲故事一样对她说："你一定听过很多天使的故事。"

莎莉的爸爸停了停继续说："每一个天使飞到一个地方，发现那里有人冷了，有人饿了，有人在受苦，有人需要她的帮助，她就会留下来当差，做他们的父母兄弟。如果一切都很好的话，不当差的天使就会放心地飞走，继续去找需要她帮助的人。

"如果世界上的爸爸妈妈就是天使，是专门飞来照顾孩子，陪孩子一同好好长大的话，那咱们家里，爸爸一个人就能照顾好莎莉。所以，妈妈才放心地把莎莉留给爸爸，妈妈去了一个叫澳大利亚的很远的地方，就像不当差的天使一样……"

莎莉当时很小，但她听明白了这是怎么一回事，那就是妈妈离开了。

这也是莎莉在以后的生活中，听到过的父母在孩子面前对"离婚"作出的最美、最好、最阳光灿烂的解释。

这是一种单纯形态的幸福，是人们在生活中苦苦追寻的，即使是最大的幸福也无法比拟。只要我们解释得当，哪怕不快乐的事情孩子也会觉得很美好，不会在心里留下阴影。每个妈妈都希望自己的孩子能拥有健康的心灵，在快乐中健康地成长，那么我们怎样做才能让孩子永远保持这样一颗快乐的童心呢？

（1）孩子的妈妈要想法让孩子天天快乐。轻松愉快的情绪能使孩子顺利地进行各种活动，妈妈应使他经常处于一种兴高采烈的状态。妈妈要为他树立模仿的榜样，时时处处以自己乐观向上的情绪去感染他，让他生活在轻松愉快的氛围中。

（2）让他感到妈妈的可亲可敬。家庭内部民主平等的人际关系是他心理健康的"维生素"。尊重他，认识到他也是一个独立的人，有自己的情感和需要，放下做妈妈的架子，使他觉得妈妈和自己是平等的。要礼待他，不打骂他。妈妈做错事、说错话，要勇于向他承认错误。

（3）让孩子认识自我。孩子能否正确认识自己，评估自己的能力，是其心理健康的一项重要指标。帮助他形成良好的自我意识，发展他的自尊心，提高他的自我意识水平，使他认识到世界上只有一个"我",如:"我"是独特的;"我"很能干;"我"有许多优点,也有一些缺点,不过,经过努力,"我"能改正自己的缺点,做个好孩子。

(4)让孩子对任何事情都拿得起,放得下。和小朋友吵架了,他很快就会忘掉,不会记仇;挨妈妈训斥了,即使是哭了,也会很快就破涕为笑;受到老师批评了,他也不会老是怀恨在心。他当哭则哭,当笑则笑,受到表扬,便高兴得又蹦又跳,受到批评便掉眼泪,绝不会掩饰和做作。

孩子的认识主要来自于妈妈,妈妈要尝试着用美妙的语言解释一切。像莎莉的爸爸一样,再残忍的事情我们也可以用最美妙的语言让他们感到快乐和美好。

积极乐观能通过妈妈传递给孩子

对人生的态度、对生命的把握、对自我的认识,这些抽象的东西,都能通过妈妈传达给孩子。妈妈的言谈举止对于孩子的成长产生着很大的影响,妈妈的积极心理现象可以促使孩子乐观积极、奋发向上;反之,也会使孩子变得消沉、忧郁、萎缩。引导、教育孩子以乐观、积极的态度去面对一切,不仅需要各种活生生的事例使孩子心悦诚服,也需要妈妈自身能够以平静的心态对待一切,"不以物喜,不以己悲",尽量消除掉各种消极心理的负面影响。

人的一生中最需要的就是积极乐观的心态。每一个妈妈只要积极乐观,都能带动孩子的人生。

在纽约的一家华人学英语的学校里，一个年近八旬的老奶奶每天都来上课，她从来不迟到，也从不早退。老师布置的作业，她像个小学生一样按时完成，写字很工整。尽管她的口语已经很难流畅地道，但她总是积极发言……这是一个标准的中国三好学生，当时老师就想，这样一个对自己要求严格、积极好学的妈妈，一定有很不错的儿女。于是，她就主动上前去问老人，她孩子是做什么工作的。

老人家先是不想说，后来很谦逊地说："我的女儿在给国家打工，她叫赵小兰。"原来，这就是美国第一华人女部长赵小兰的母亲，赵小兰的成功和传奇经历，在她的妈妈身上似乎也能找到。

这个故事是一个老师写的，他当时非常感慨，也许他说得没错，正是因为有这样严于律己的母亲，才能培养出那么优秀的女儿来。妈妈是女儿最好的老师，妈妈选择了进取，女儿也没有理由后退。

教育家斯宾塞做过这样一个实验，带两群孩子来到小镇边上的小河边，他告诉其中一群孩子："我一发出口令你们就跑到教堂那里去，那里正在举行婚礼，先跑到的有可能会得到小糖果。"他又对另一群孩子说："你们要尽快跑到教堂那里，越快越好，谁落后我就会惩罚谁。"随着他的一声口令，两群孩子都飞快地跑起来，要知道从河边到教堂有很长的一段路程。结果呢，那群知道先跑到教堂可能有糖吃还可以看到婚礼的孩子，先跑到的很多，而且到达以后，大多还很兴奋。而另一群孩子，有的掉队了，有的干脆跑了一半就停下来了。停下来的孩子多了，大家也就不怕惩罚了。

同样一件事情，因为不同的心态，就有截然不同的结果。谁都希望自己的小孩分在第一组，是去奔赴一场宴会，但孩子的人生中，绝大部分时间是由他们自己决定是在奔向幸福还是不幸。

使孩子保持乐观的心态很重要，但更重要的是，妈妈首先保持自己的乐观心态，以身作则地感染孩子们。你不一定要做一个美艳动人的妈妈，但你一定可以去做一个坚强、勇敢、乐观的快乐妈妈。

妈妈，别把焦虑转嫁给孩子

小凡的妈妈最近一段时间不知道为什么，老是为一些微不足道的小事忧虑，以至于影响了正常的工作。

比如，她总是莫名其妙地对那支钢笔产生厌恶之感。一看到那磨得平滑的钢笔尖就心里不舒服，她更讨厌那支钢笔的颜色，乌黑乌黑的。于是她干脆把钢笔扔到了垃圾桶里。可换了支灰色的钢笔后，她依然感觉不舒服。原因是买它时，自己当时在售货员面前出了点丑，自尊心受到了伤害。因此刚买回来，她就把它扔到楼道里，任人践踏。

还有一次，小凡给妈妈买了一个用来盛饭的小塑料盒。妈妈脑子里冒出一个想法："这是不是聚乙烯的？"几年前，她记得自己曾看过一篇文章，好像是说聚乙烯的产品是有毒的，不能盛食物。这下她的神经又绷紧了：这个小塑料盒会不会有毒？毒素逐渐进入我的体内怎么办？她万分忧虑。

有一天，妈妈又为小凡头上的两个"旋儿"而苦恼起来。他听人说"一旋儿好，俩旋儿孬，两个顶（旋儿），气得爹娘要跳井"。真有这么回事吗？要不为什么小凡总是让自己担心呢！可有两个旋儿的人多的是呀！这个念头令她终日忧虑不已。小凡的妈妈就是这样一直在忧虑中徘徊、挣扎着……

而可怜的小凡，也在妈妈这种焦虑情绪的影响下，整天忧心忡忡，她总是很自责，觉得自己是妈妈的"克星"，如果妈妈当初没有生下她，可能会很幸福。慢慢地，小凡上课总是紧张兮兮的，害怕学不会东西，对不起妈妈，她也很担心自己以后没什么前途，不能赚钱养妈妈……以往乐观开朗的她也逐渐变得沉默寡言、焦躁不安。

小凡的妈妈其实是患上了焦虑症。而小凡的焦虑情绪其实是被妈妈传染的。美国心理学家研究发现：如果父亲或母亲患上焦虑症，那么与他们生活在一起的孩子患上焦虑症的风险是正常家庭孩子的 7 倍。而焦虑症的"传播"途径往往是患有焦虑症家长平日的一些行为，如对孩子过度保护、过度批评、在孩子面前经常流露出惊慌和害怕的神情等。那么什么是焦虑症呢？

我们还是先从焦虑的情绪体验说起。焦虑是一种没有明确原因的、令人不愉快的紧张状态。我们可能都有过这样的情绪体验：在你第一次和心爱的人约会之前，在你的老板大发脾气的时候，在你知道孩子得了病之后，你都会感到焦虑。适当的焦虑并不是坏事，往往能使人鼓起力量，去应付即将发生的危机。但是，如果忧虑过多，以至于达到焦虑症，这种情绪就会妨碍你去应对、处理面前的危机，甚至妨碍你的日常生活。

焦虑情绪过重或有焦虑症的人，他们内心充满了过度的、长久的、目的并不明确的焦虑和担忧。比如，他们会为孩子的前途担忧，即使孩子很聪明，学习又好，他们也会感到危机和焦虑；

或者他们会成天为自己孩子的安全担心，生怕他在学校里出了什么事；更多的时候他们自己也不知道为了什么，就是感到极度的焦虑和不适。他们整日忧心忡忡、神色抑郁，似乎感到灾难临头，甚至还担心自己可能会因失去控制而精神错乱。

妈妈一旦焦虑情绪过重，生活的紧张及抑郁气氛就会加重，孩子在这种环境下生活，必然会受到影响。如果妈妈时时刻刻打电话担心自己的安危，孩子也会跟着不安起来；如果妈妈压力太大，孩子也会想分担妈妈的压力而给自己增加压力；如果妈妈整天愁眉苦脸，孩子自然会少有笑脸……所以，妈妈，为了你和孩子的健康生活，请不要那么容易焦虑起来，更不要将你的焦虑展现在孩子面前，转嫁给他。孩子的乐观心态，会因为你转嫁来的焦虑而磨灭，最终，他将带着和你一样焦虑的情绪走过一生。这应该不是你所想的。

消除焦虑心理有多种方法，比如，听音乐、做运动、换环境、放松心情，等等，但是最本质的却是纠正认知错误，凡事都看得开、看得破。这里告诉大家一种比较实用的方法（同样也适用于因为家长影响或其他一些原因患上焦虑症的孩子）。

第一步：当你焦虑时，请拿出一张白纸，把你焦虑的问题写到纸上，比如，"我总担心自己失业"，"我怕孩子不能适应社会"，"我莫名其妙地冒出一些讨厌的想法"……

第二步：全部写下后，再逐一分析这些焦虑有什么原因，思考它对事情的发展有没有好处，并写在纸上。一般你会总结到这一点——越焦虑，事情反而会越糟糕。

第三步：想更好的办法，比如：既然焦虑失业会更糟，那么我安下心来工作才是最好的办法；既然越是为孩子的前途感到焦虑，越是让孩子有负担，不如，把"不管"当作"最好的管"。

（把你想到的这些想法也写在纸上）

反复多次，你会发现你已经远远地把焦虑甩在身后了！

灰暗的妈妈，养不出阳光的孩子

海明威是蜚声20世纪文坛最优秀的美国作家之一，《永别了，武器》《老人与海》等都是其具有代表性的小说。他享受到了让所有人羡慕的荣誉与财富，但令人遗憾的是他在众人羡慕的眼神中把猎枪的枪口放进嘴里，扣下了扳机，结束了自己的生命。那么，在众人眼里应有尽有的海明威为什么会选择自杀呢？

这或许是一个偶然，在非洲的时候他曾经遭遇过两次飞机失事的事故，从此之后便留下了后遗症。在他62岁的时候已经不能正常行走了，而且记忆力也急剧下降。这些让他感觉到极度的恐惧和悲伤，对自己也失去了信心，于是走向自杀的道路。

海明威极度的自卑情绪扰乱了他的生活，"既然不能像正常人一样活着，还不如死掉"的想法一直萦绕在他脑海中。他的自卑，让他无力去和这个强大的世界抗衡，无奈之下选择了终结自己的生命。那么他的这种自卑情结是与生俱来的吗？答案是否定的，这与海明威从小生活的环境有着千丝万缕的联系，与他的家庭环境，尤其与他母亲的影响有很大的关系。

海明威一生结过4次婚，但是对他人生和人格起决定作用的并不是他的4位夫人，而是教师出身的母亲格蕾丝。

格蕾丝是一个很懒散的女人，从小过着公主生活，是父母的掌上明珠。嫁给海明威父亲克拉伦斯的时候，格蕾丝就与海明威的父亲签订了几项规定，其中有一项就是不做家务，婚后克拉伦斯一直遵守着这项约定，从来不让格蕾丝做家务，家中的大小事全由他自己处理。即便是有了孩子，格拉伦斯还亲自为孩子准备早饭，然后再把妻子的早饭送到床上。

克拉伦斯是一名著名的医生，但无论他有多忙，都会亲自去购买各种食品、下厨、洗衣服、管理下人。这样更加纵容了格蕾丝自私的性格，这位大小姐非常排斥肮脏的尿布、生病的孩子、打扫房间、洗碗、做菜……这些事情她一次也没有做过。

母亲格蕾丝懒散的印象遭到了海明威的厌恶。再加上母亲的强势管教，总是强迫他严格遵守日程计划表、随时接受检查，还要求他保持端庄整洁的形象，更加让海明威憎恨。

海明威为了对抗母亲的强势行为，曾坚持10天不吃蔬菜，为此不但挨了打，还患上了便秘。即便如此海明威也不屈服。在第一次世界大战期间，海明威远赴意大利战场加入反对佛朗哥的军队，并担任战地记者，在古巴内乱时支援反对卡斯特罗的地下组织，参加非洲探险活动，这都是他试图摆脱母亲的影响和与母亲对抗而做出的举动。

母亲的强势性格对海明威就是一种压制，让海明威一直处于一种弱势的自卑地位。这种自卑和对来自母亲强势的厌恶，使得他成年之后极为讨厌试图干预他的任何一位女人。这也是他选择多次离婚的原因。

不管是在文学上还是心理学中，把孩子讨厌母亲喜欢父亲的性格称为"海明威情结"。"海明威情结"凸显出了家庭教育中母亲对孩子的影响，强调了母亲的性格和言行对孩子性格形成的作用和重要的意义。

妈妈的性格取向总是有一种很神秘的力量在支配着孩子的言

行和性格的养成。有时候妈妈对孩子的影响并非总是积极的，妈妈的性格以及性格决定下的言行会给孩子造成负担。如果妈妈的性格过于强势或过于软弱，对孩子过于溺爱或漠不关心，都让孩子形成自卑懦弱、无情冷漠的性格取向，从而影响孩子的一生，甚至给孩子造成致命的伤害，这样的伤口一辈子都无法愈合。

如果妈妈能有一种相信他人的人格，就不会表现出对孩子的不信任，就不会在孩子端着一个水杯的时候，担心孩子会烫伤，或者摔坏杯子，然后从孩子手里把杯子拿走。如果妈妈这样做了，孩子会产生一种挫败感，长期受到这样的对待，他们就会认为自己连力所能及的事情都做不好，就更没有信心去做更重要的事情了。

对孩子成长影响极大的妈妈们要改变不良的性格，做一个阳光妈妈。把赞美和欣赏，把自信和坚强，融入自己的性格中，才会让孩子在阳光中沐浴，才能让孩子阳光、健康地成长。

妈妈的抑郁会传染给孩子

文慧今年已经 35 岁，担任某公司的经理。由于平时压力大，又很少真正交心的朋友，文慧这几年来有一种难以言状的苦闷与忧郁感。说不出什么原因，她总是感到前途渺茫，一切都不顺心。即使遇到喜事，她也毫无喜悦的心情。过去常常下班后和小儿子一起玩，有时也和丈夫去看电影、听音乐，但后来就感到一切索然无味。

她深知自己如此长期忧郁愁苦会伤害身体，并且影响家人心情，但又苦于无法解脱，而且还导致睡眠不好、多噩梦及胃口不开。有时她感到很悲观，甚至想一死了之，但对人生又有留恋，有很多放不下的东西，因而下不了决心。

她的丈夫知道她的抑郁心理比较严重，总是想方设法讨她欢心，经常和她谈心，陪她听音乐，给她讲一些幽默笑话……可是没什么效果。丈夫最近总是觉得心灰意冷。更糟糕的是他最近发现11岁的儿子好像也有抑郁倾向：不爱说话，成绩好但很自卑，总觉得自己缺点太多，对自己的长相不满意。文慧的丈夫很着急，他越想越不明白，难道是妻子的抑郁传染给孩子了，使得一向优秀的儿子缺少自信？

什么是抑郁心理呢？抑郁心理是以心境低落为主，与处境不相称，可以从闷闷不乐到悲痛欲绝，期间常常伴有厌恶、痛苦、羞愧、自卑等情绪。严重者可出现幻觉、妄想等精神病性症状。对大多数人来说，抑郁只是偶尔出现，历时很短，时过境迁，很快就会消失。但对有些人来说，则会经常地、迅速地陷入抑郁的状态而不能自拔。

很显然，文慧是被抑郁"缠上了"，而她丈夫的问题也并不是空穴来风——抑郁症的确会遗传，但孩子虽会有潜在的抑郁症风险，如果没有外界刺激，一般不会发作。如今儿子也有抑郁的症状，关键是因为妈妈的抑郁刺激了孩子的心情。

现代医学认为抑郁症发病一般不是单方面因素引起的，而是遗传、体质因素、神经发育和社会心理等因素共同作用的结果。家族病史，婴幼儿期没有得到足够的爱，突发灾难，长期精神压抑等，都是致病因素。

抑郁症危害也比较严重，一旦被抑郁缠身，便会很难挣脱，有的甚至抑郁情绪反复发作，时好时坏。并且六成以上的抑郁症患者有过自杀的行为或想法，15%的抑郁病人最终自杀。

然而，在多数人眼中，抑郁仿佛永远在他处，与己无关。事实并非如此，据世界卫生组织估计，几乎每30个人当中，就有一个人正经受着抑郁症的困扰，每15个人当中，就有一个曾经面对过这种疾患，并且女性比男性更容易患上抑郁症，其比率为2：1。并且抑郁症还具有一定的遗传性。但没有重大事件的刺激，孩子和妈妈一般不会同时患上抑郁症。所以即使自己患有抑郁症，也不必忧心忡忡，避免孩子遭受不必要的打击，能很好地让他远离抑郁症。

虽然引起抑郁的原因多种多样，每个人抑郁的事情也都有所不同，但调节抑郁的方法更是多种多样，甚至平时的休闲活动都可以在一定程度上调节抑郁情绪。下面介绍几种实用的小方法，不妨一试！

（1）随意涂鸦：把引起你忧郁的事情画出来，比如，因为想念双亲而忧郁，就把双亲慈祥的面孔画出来，不要计较像与不像，只要倾注全部感情去画。如果讨厌一个人，也可以去画他，把你厌恶的感情也画进去。

（2）写下随想：当你心情不佳时，不妨拿起一支笔，抒发胸中的情感，将心情诉诸纸上，会有释放的感觉。

（3）亲近自然：当你感到无助和抑郁时，不妨置身于自然之中，感受自然的鸟语花香，忘记现实的烦恼。

（4）便利贴的妙用：把鼓励自己的话，写在便利贴上，贴在自己一眼就能看到的地方，不时提醒和鼓励自己，便不会感到孤单和萎靡不振。

（5）聆听音乐：虽然音乐的确能够达到调节抑郁的目的，但不同的人最好根据自己的喜好来选择音乐。

（6）创造家庭好环境：良好的家庭环境是使孩子免受抑郁侵害的保护伞。妈妈应避免长期在孩子面前吵架、向孩子诉苦、给他讲一些悲观的想法。

妈妈不仅要学会调节孩子的抑郁情绪，更要学会调试好自己的心态和情绪状况，千万别让你的抑郁传染给孩子。

乐观精神是孩子应对困境的最好武器

比尔·盖茨从 20 岁时便开始领导微软，31 岁时成为当时最年轻的亿万富翁，39 岁时身价一举超越华尔街股市大亨沃伦·巴菲特而成为世界首富，同年，他以一票的微弱优势领先通用电气（GE）公司的杰克·韦尔奇，被《工业周刊》评选为"最受尊敬的 CEO"。

这样一个"命运的宠儿"，曾经送给年轻人一段让人回味深长的忠告："公平不是总存在的，在生活学习的各个方面总有一些不如意的地方。但只要适应它，并坚持到底，总能收到意想不到的成效。"他自己的经历也最能说明这句话。

在比尔·盖茨读中学的时候，他接到全国最大的国防用品合同商 TRW 公司的电话，要他去面试。为了实现自己的梦想，比尔·盖茨征得学校的同意后，去做 3 个月的"临时工作"。3 个月后，盖茨回到学校，迅速补上三个月中落下的功课，并参加期末考试。对他来说，电脑当然不在话下，他毫不担心，其他功课他也很快赶上了。结果他的电脑课老师只给了他一个"B"，原因当然不在于他考试成绩不佳——他考了第一名——而是他从不去听这门课，在"学习态度"这条标准中被扣了分。这是盖茨第一次体会到"不公平"，但他并没有抱怨什么，而是接受了这种现实，集中精力做数据的编码工作。他因为梦想离开了哈佛，不久之后，他成了名副其实的电脑程序员，具备了坚实的编程基础和丰富的经验。

海伦·凯勒说：虽然世界多苦难，但是苦难总是能战胜的。挫折常常会不请自来，关键是不能把挫折当成放弃努力的借口。乐观的态度是支持比尔·盖茨的巨大力量，让他能为了自己的目标，不把这些不公平放在眼里，并取得常人都无法企及的成就，这些都是乐观对他的馈赠。美国人有着异乎寻常的乐观精神，他们面对挫折从来不会垂头丧气。

一次可怕的意外事故之后，美国人米歇尔的脸因植皮而变成一块"彩色板"，手指没有了，双腿异常细小，无法行动，只能靠轮椅活动。但他不认为他被打败了，而是坚定地说："我完全可以掌握我自己的人生之船，我可以选择把目前的状况看成倒退或是一个起点。"6个月之后，他居然又可以自己开飞机了。

他为自己买了房子、一架飞机及一家酒吧，之后开始经营公司，并把公司发展成佛蒙特州第二大私人公司。事故后的第4年，他所开的飞机在起飞时又摔回跑道，把他胸部的12条脊椎骨压得粉碎，腰部以下永远瘫痪！但是他仍然不屈不挠。之后他被选为镇长，后来竞选国会议员，他用一句"不只是另一张小白脸"的口号，将自己难看的脸转化成有利的资本。

接着他完成终身大事，并拿到了公共行政硕士，持续他的飞行、环保及公共演说活动。

正是这种乐观的精神，帮助人们克服困难，获得好的结局。

作为妈妈，我们要做的就是传递给孩子这种乐观精神，让他能感受并体会到。当孩子出现了失败的状况时，妈妈千万不要对孩子说那些令人垂头丧气的话，而是要努力去激发和保护孩子积极乐观的心态，这样孩子面对挫折和失败时才能更坚强。那么妈妈应该怎样做呢？

首先，妈妈应该以身作则，对挫折要有正确的观念，要有承受心理及应对良策，即使遇到再大的困难也不要唉声叹气。如果事情和孩子有关，需要他一起来面对，妈妈也应该给孩子树立一种克服困难的信念。

其次，不要苛求孩子。比如在言行举止上，如果孩子写字不规范，可以让他仔细观察书上的正确写法，鼓励他帮助他。妈妈还应多抽出时间陪孩子玩游戏，这样会让孩子很开心。要孩子学会调整心态，当孩子痛苦烦恼时，妈妈应及时地帮助他们找到摆脱的办法，如听歌、运动以及和朋友谈心等，帮助孩子尽快振作起来。

最后，不要伤害孩子的自尊心和打消他的积极性。不要动辄就用一些否定性的字眼来批评孩子。孩子犯错了，妈妈应该先客观地分析，再教他正确的方法，而不是总替他惋惜、后悔，"如果这样做就好了，就不会那样了"等。经常让孩子沉湎于回忆和懊悔，他的乐观精神也会变少。

遭遇挫折并不可怕，可怕的是没有面对挫折的勇气。挫折像是我们的老朋友，虽然有时会跟我们开开玩笑，但正是它让我们的心更强壮。生活好比一面镜子，当我们对它笑的时候，它才会对我们笑。快乐的行动决定于快乐的思想，一个乐观的心态，比100种智慧都更有力量。而当孩子拥有乐观的心态后，就有了征服困境的最大武器。

第三章
妈妈，和孩子谈谈生命

生命只有一次，生命是一切价值的前提，热爱生活、珍惜生命是人最基本的素质；开展生命教育则是家庭教育的重要内容和职责；妈妈通过生命教育帮助孩子认识生命、珍惜生命、尊重生命和热爱生命，为提升孩子的生存能力和生命质量奠定基础。

给孩子一次涤荡心灵的"生命教育"

孩子的心理健康非常重要，每个妈妈都希望拥有一个活泼健康的孩子。孩子成长的过程中，或多或少会遭遇危险的威胁。那么，爱孩子，就对孩子进行一次生命教育吧。

提到生命教育，不得不提到 2008 年的汶川大地震。

汶川大地震发生后，伤亡惨重，但有一个中学全体师生幸免于难、全部逃脱，这就是桑枣中学。该校共 2200 多名学生、上百名老师在地震发生后仅用了 1 分 36 秒的时间就全部冲到操场，以班级为组织站好，无一伤亡，创造了一大奇迹。

这得益于 2005 年开始，桑枣中学每学期都要在全校组织一次紧急疏散演习。他们的应急工作做得非常仔细，每个班的疏散路线、楼梯的使用、不同楼层学生的撤离速度、到操场上的站立位置等，都事先固定好，力求快而不乱，井然有序。这是桑枣中学重视生命教育的一个重大成果。

那么什么是生命教育呢？

生命教育，就是教会孩子尊重与珍惜生命的价值，热爱与发展每个人的生命，并将个人的生命融入社会之中，使孩子树立起积极、健康、正确的生命观。其最终目的在于，通过教育使孩子掌握必要的生存技能、增强承受挫折的能力、培养起坚定的理想信念，学会关心自我、关心他人、关心社会，从而树立积极的人生观、尊重他人生命和自我生命的意识，以博大的胸怀和坚忍的毅力去实现个体的生命价值，为社会造福。

长期以来，我们的教育一直为升学所左右，"生命教育"成为教育盲点，常年缺席，正因为"生命教育"的"缺席"，孩子们才不知道生命的宝贵，才不知道爱惜自己的生命。其实，人最宝贵的是生命，健康是一个人最大的财富，生命都没了，还谈何教育？

某小学 4 名女生因为看了电视中特殊的自杀方式，便商议一起尝试起来，最终 2 人死亡。

某市第九中学一位名叫文婷婷的女生因为喜爱的偶像去世而自杀。

一名 13 岁学生文文从家里偷出 300 元钱偷偷去见网上认识的男友，最终被骗失身。

河南信阳一名高中女生，半夜把一杯硫酸泼到同学的脸上，原因让众人大吃一惊——她比我学习好。

......

　　以上案例让人胆战心惊，然而都是事实，都在生活中真真切切地发生或存在过。这些 21 世纪的青少年，这些担负着祖国未来和妈妈期望的"花朵们"，其观念和行为竟然如此不可思议。

　　面对这样的事实，妈妈们和教育人士不禁要问：这些孩子们到底怎么了？

　　"人生天地间，忽如远行客。"生命属于人只有一次，相对于天地之悠悠，一个人的生命是短暂的，失去了就无法挽回。人和动物的区别之一在于人类有着明晰的死亡意识，也正由于这种意识，人才对生命倍加珍惜，努力成就自己的一生。

　　那么，怎样对孩子实施生命教育呢？妈妈可以在诗意的环境中讲述"死亡"。我们现在的教育在有意无意地回避"死亡"这个话题。但实际上，对于死亡，再小的孩子都会有自己直接或间接的体验，回避死亡话题，反而会压抑其对自然生命的体验和感受的认识。

　　生死学大师库伯勒·罗斯在《关于儿童与死亡》的书里提到，透过绘画、游戏过程，有助于儿童理解或面对死亡。因此，当我们向孩子讲述死亡这个话题的时候，应该尽可能把这个话题放在一种诗意的环境中，让孩子既认识了死亡又不会感到恐惧。

　　对孩子进行生命的自我保护过程也是不容忽视的一个环节。孩子要有生命安全的意识。泰戈尔说："青少年学生应该有教育的目的，应当是向人传递生命的气息。"生命的价值首先是基于生命的存在，在此基础上才能发展和提升。作为孩子成长的守护者，妈妈不仅要关心孩子知识的获得、精神的成长，还要教会孩子懂得如何保护自己、呵护自己的生命，防止任何可能伤害生命的行为发生。

　　作为妈妈，应该教孩子欣赏并尊重生命。生命教育的一个重要方面就是尊敬生命、欣赏生命。人们不仅要珍惜自己的生命，还要珍惜其他人的生命。不应该无视生命价值，任意践踏生命。生命是宝贵的，孩子们要学会善待他人、善待自然、善待生命。

妈妈还应该帮助孩子正确认识世界，逐步建设美好的人生蓝图。要做到这一点，就应该让孩子明白，生命的意义和价值所在。要告诉孩子，虽然生命中有坎坷挫折，但生命的本质是光明的，是积极向上的。帮助孩子为实现理想而排除悲观、厌弃自身生命的可能，要做到这一点，妈妈首先要把家庭塑造成一个充满幸福和快乐的园地。

每一位妈妈都有责任把"生命至高无上"这样的话告诉孩子，都有责任时时关注孩子的心理，培养他们"珍惜生命和健康"的意识，都有责任呵护孩子，使其快快乐乐地长大。

孩子对人生的理解是从妈妈开始的

诺贝尔生理学和医学奖的获得者班廷同，在年轻时是一个神学院的学生。他与母亲的感情深厚，当他刚学完一年神学时，就接到了母亲病逝的噩耗。为了帮助那些像母亲一样的病人，班廷同毅然决定从医。每当他遇到一些学习上的困难时，看看床头母亲的相片，看到母亲在病痛中依然保持着的微笑，就什么困难都能克服了。

观察一下你身边，就可以发现，那些阳光自信、充满乐观情绪的孩子们，几乎无一例外地都拥有一位极其疼爱他们、并乐于赞美他们的母亲。父亲的爱或许更多的是含蓄的与深沉的，他在潜移默化中教会孩子形成正确的价值观与良好的品性，而母亲的爱与热情，正好将这种力量激发出来，使之发挥出最大价值。女人天生注重表达情感和想法的特质，让母亲更易于夸奖孩子、关注孩子情绪的变化、在意孩子心情是否愉快等。父亲让孩子感受到勇敢和进取，但是让孩子在生活中深刻体会到这种品质的，还是与孩子形影不离的守护神——母亲。

母亲教育研究所所长王东华教授在他的《发现母亲》中说："对母亲的依恋是人的精神赖以存在而不致崩溃的基础，也是人不断扩大自己生存疆域的依据，人所有的信仰，都是对母亲的信仰的一种替代形式。"这话一点也不夸张，母亲能够带给孩子生命的动力，是难以估计的。

战国时期齐国的王孙贾，15岁入朝侍奉齐闵王。一年，淖齿谋反刺杀了齐闵王，齐国人却不敢讨伐逆臣淖齿。王孙贾的母亲看到这一切，极为痛心。她对儿子说："你每天早上出去，晚上回来，我总在家门口等你，如果你晚上回来得晚，我还要到外面张望。你是闵王的臣子，怎么能够在闵王失踪生死未卜的情况下，安然回家呢？"母亲的话让王孙贾非常惭愧，他走上街头，号召人民起来讨伐淖齿，当时就有400余人响应，最后终于平息了叛乱。

母亲的鼓励帮助孩子克服了恐惧，选择了正义这一边。母亲自身对美好的追求，也能感染孩子走上同样的道路。

居里夫人的丈夫很早就去世了，政府提出帮她抚养两个女儿。年轻的居里夫人谢绝了，她说："我不要抚恤金。我还年轻，能挣钱维持我和我女儿们的生活。"

在养育女儿的过程中，居里夫人没有把小孩子扔在家里，不愿以科学之名推脱自己身为母亲的责任。在笔记本上，居里夫人像做实验一样每天记载着小女儿的体重、吃的食物和乳齿的生长情况。"伊蕾娜长了第七颗牙，在下面左边。不用人扶，她可以站立半分钟。3天以来，我们给她在河里洗澡，她哭，但是今天她不哭了，并且在水里拍手玩水……"

在一本食谱的空白处她写道："我用8磅果子和等量的冰糖，煮沸10分钟，然后用细筛过滤。这样得到4罐很好的果冻，不透明，可是凝结得很好。"

居里夫人第二次获得诺贝尔奖时，特地带上了女儿伊蕾娜，让她与自己一起分享这份荣耀。"一战"爆发以后，居里夫人征求孩子们的意见，是否同意将保障她们生活的财产捐给国家，两个女儿都欣然同意了。随后，她们又加入战地救护的队伍当中。居里夫人用自己的专业知识，亲自创设并且指导装备了20辆X光汽车和200个X射线室。没有司机的时候，她就自己开车到外面营救伤员，遇到故障，她就下车自己动手修理。

作为一个年轻的母亲，居里夫人并没有比别人有更多的优势，她有科研项目，还是一个寡妇。但她坚强的意志和乐观勇敢的生活态度，使一切都不能将她击倒。这种品格，也影响着她的女儿们，最终，伊蕾娜也成了诺贝尔化学奖的获得者。

很多人担心，不知道怎样去教育孩子珍惜人生、积极进取。其实，只要你自己是一个积极进取的母亲，孩子自然就能拥有阳光的心态和性格。孩子对人生的所有理解，都是从母亲的身上慢慢感悟到的。正因为如此，妈妈们才更有必要去改变自己，提高自己。妈妈的生命觉悟高，孩子才会有一个好的生命观。

妈妈善待自我，孩子才会珍惜生命

据国际预防自杀协会主席布莱恩·米沙拉说："全世界每年死于自杀的人数超过了 100 万人，比死于战争、恐怖袭击及谋杀这三者的总数还多。也就是说，自杀者多于他杀者。"

想一想我们身边的人与事，就会被这种说法深深地触动。我们都面对过一些痛哭流涕的家长，他们失去了心爱的孩子；也有父母选择了轻生，留下一个残缺的家庭，孩子的性格变得孤僻。自杀给家庭造成的伤害是无法计量的，尤其是白发人送黑发人，更让我们的社会多了一些没有欢笑、没有依靠的人！

据统计，自杀已成为我国 15 ～ 34 岁人群的首位死因，每年至少有 25 万人自杀身亡，200 万人自杀未遂。这些数据的背后，都是一个个鲜活的生命啊，他们有家庭、有亲人，也就是说，每一天都有人要面对亲人自杀的巨大悲痛。

为什么有这么多人选择这条路？世界这么大，难道就没有一个人的容身之所吗？其实不是世界容不下那些轻生者，是他们的内心中不想再给自己一次机会，他们厌倦了人世，很多孩子则是对世界彻底绝望，然后走上了绝路。

难道生命真的不值得人多给自己一次机会吗？当然不是的，只是很多人没有发现生命的美妙，在他们眼中，生命是一种痛苦，是一种沉重的负担。

一所名牌大学新闻系有一个男孩，20 多岁，研究生快毕业了，在一家时尚杂志社工作。但是因为导师给他的压力太大，他跳楼了。很多人都觉得这是导师压榨研究生的一个缩影，是现代教育制度的牺牲品。但也有人说，这个孩子的心灵太脆弱了。

谁来告诉孩子们珍惜生命？要回答这个问题，先要知道，是谁让孩子有了生命意识。如果这个人能够在第一时间把积极的生命意识传达给孩子，告诉他们在任何时候生命都是很宝贵的，那么社会上就会少很多一时冲动酿成的悲剧。有的孩子因为老师的一句"胖得像猪"跳了楼，如果她能意识到这句话在生命面前多么不值一提，就不会这样做了！

孩子的生命老师是谁？当然还是我们的妈妈。那妈妈自己的生命意识怎样呢？怎样看待生命是一种生命观，这种观念直接影响着孩子。那么珍惜生命的母亲，该怎样把这种生命观传达给孩子呢？答案就是要善待自己。但是在现实生活中，妈妈总是把温暖留给家人，把辛苦留给自己。用一个全职妈妈的话说："全职妈妈就是老公和孩子的高级保姆，只是这个称呼听起来好听一些而已。"那这些在家庭第一线终日忙碌的妈妈们，不知不觉就进入了一个"保姆"的角色中，事情永远做不完，谈何善待自己？

妈妈们总是会把最好的东西留给孩子，也给孩子补充各种营养，但不要忘了，我们自己也需要很好地调理，越是觉得自己的责任重要，越有必要照顾好自己的身体。很多妈妈认为保养就是吃营养品，喝各种口服液。其实并非如此。早上起床的时候喝一杯蜂蜜水，晚上睡觉之前一杯牛奶，偶尔喝一点红酒，一点也不奢侈，反而能让孩子和家人看到自己用心调理，留下很好的印象。

妈妈们整天要处理家务，因此常常穿得很随意，这也不是在善待自己的青春和美丽。韩剧中大部分都是居家生活，但是我们看到那些漂亮的围裙和居家的衣服时，都会觉得赏心悦目。为自己挑一个可爱的围裙，或者一双可爱的拖鞋，既能提高自己的生活质量，也能让家人眼前一亮。

　　妈妈们平时没有时间娱乐，但是可以读书看报，和家人交流自己的感想。如果你从来都是默默地做事情，可能会被孩子当成一个"家务机器"，但是如果你能和他说说最近发生的新闻、谈谈你的感想，就会让他认识到一个有想法、有深度的妈妈。

　　有了家庭，并不意味着要放弃社交，放弃朋友。如果有条件，把朋友请到自己家里，和大家开开心心地聊天，说一些过去有趣的事情，这在孩子的心中有很重要的意义。他会看到友情的美好，意识到每个人都能有几个好朋友。他也会积极主动地去认识新的人，并且申请带回家来。有了很多朋友，我们就不用担心孩子太孤独、太悲观了。友情能让人的生活变得丰富很多。

　　人生不应该只有一种颜色，也不应该只有一个角色。你是妈妈，同时也可以是学生、姐姐、密友、咨询师……每一个新的角色，都会带给你新的感情体验，缓解单一的角色带来的压力。同样，孩子也会去积极扮演不同角色，珍惜这丰富的生命。

　　妈妈善待自己，这并不是自私自利。如果你连自己的生命都不能善待，孩子又怎么会感受到人生的美好呢？

启发孩子，从平凡的生活中体会快乐

　　人是一种追求新奇的动物，小孩如此，大人亦然。如今的孩子生活给予了他们太多的选择和刺激后，孩子们反而变得麻木起来。他们总觉得生活无聊，周末让他出去玩玩，他有时会懒得动，说没有啥好玩的，待在家里，在书柜里翻出一堆书，翻翻又扔到一边说没啥好看的；打开电视，不停地调台，最后说没啥好节目……

妈妈们应该启发孩子从平凡的生活中去发现美和快乐，这样快乐的源泉才可以说是最丰富、最自足和最不可穷竭的。

又是一个星期天的上午，10 岁的女儿麦莉做完了作业，在书架前转了几圈，看看有没有能吸引她的书，她抓起几本看了看，开始嘟囔上了："还是这些书，还是这些书，就不能来点别的。"

妈妈忍不住了："家里的书还不算多？这十多架书，你到底看了多少？"

"没有小孩儿书！"

"小孩儿书？你都快是中学生了，还小孩儿书呢！你就最喜欢看那些武侠、侦探小说，寻求刺激，可是好的武侠、侦探小说就那么多，你都看过了。"麦莉知道自己理亏，不吱声了。她转到自己房间，打开电视，马上听见她不断换频道的声音，没过多久，只听"啪"的一声，电视关掉了。

女儿转到了爸爸身旁，求爸爸和自己玩会儿。

差不多每周，这样的事情都会发生。麦莉总觉得没有朋友陪自己玩，而且生活无聊，没有好看的小说、没有好看的电视。

也许很多小孩都曾遇到过这样的情况。孩子总是希望每天都有新奇的事情发生，觉得那样的生活才算真正地有意思。

可是，生活真的是那样才有意义吗？

正如英国哲学家罗素《走向幸福》中所写的："追求兴奋的欲望深深扎根于人类的心灵之中，这种欲望在人类早期的狩猎时代很容易得到满足，随着农业时代的到来，生活变得比过去枯燥多了。今天工业社会中的人排遣厌烦的手段则比过去多得多，但他们也更害怕厌烦……然而，就像一切伟大的著作都有令人沉闷的章节一样，哪怕是伟人们的生活，也有许多看来乏味无趣的时候。就连那些精彩的小说也都有令人乏味的章节，要是一本小说从头到尾每一页都扣人心弦的话，那它肯定不是一部伟大的作品……"

精彩的日子再多再好，最终也将归于平静。生活的实质还是平静的生活。所以，真正懂生活的美好之处的人，往往就是那些能够在平静的生活中体会到快乐的人。而现如今社会风气日益浮躁，能真正体会到生活美好的人便随之日益减少。

现代的妈妈可能时常会感慨，现在的孩子很幸福，有那么多好玩的玩具、好吃的食物、好看的衣服，甚至可以体验形形色色的感觉。为了能让孩子快乐，大人们甚至不惜用金钱来衡量给孩子们爱的多少。

但也许就是因为提供给孩子过多被动的娱乐活动，诸如电影、戏剧、电脑游戏等，会让孩子很少有机会和心灵对话；如果当孩子了解世界的方式，更多的是通过电视与电脑，而不再依赖个人的感受、体验或是那些需要转化成个人经验的文字的时候，孩子们将变得越来越肤浅，而这对他们一生的事业也没有任何作用，也不会从平静的生活中体会快乐。

妈妈们应该从儿童时期开始就培养孩子对单调生活的忍受能力，让孩子能够在平静的生活中锤炼出一颗远离浮躁和喧嚣的心，因为只有沉寂下来的心灵才能指引着孩子找到自己的方向，激励着孩子向着梦想的道路勇往直前。尤其是在现今日益浮躁的社会中，沉寂干净的心灵愈显珍贵！

当然，这一切的前提，是妈妈要有一颗去除浮华的心，是妈妈要有从平静的生活中体会到快乐的能力。

下篇

实用宝典

——妈妈解决育子难题的妙招集锦

第一章
怎样把学习变成轻松的事

学习并不如想象中那么难，凡是觉得学习困难的孩子，都是因为他没有遇到好的引导。只要妈妈用对了引导方法，孩子的学习就可以变得很轻松。

不要把学习暗示为"苦"事

很多妈妈从孩子小时候就向他灌输"学习要刻苦努力"的观念，以期培养孩子良好的学习态度，但殊不知，少有孩子会认同妈妈。因为人的天性是避苦求乐，妈妈将学习暗示为一种"苦"，孩子自然就对学习这件"苦事"开始回避。

杜威认为，"凡是所做的事情近于苦工，或者需要完成外部强加的工作任务的地方，游戏的要求就存在"。如果妈妈把学习暗示成一件"苦事"，或者给孩子强加了很多任务和压力，使得学习成了一件"苦事"，孩子就会想逃避，想玩耍而不想学习。所以，要想让孩子喜欢上学习，就不要把学习暗示成或者弄成一件"苦"事，因为没有一个人能在讨厌一件事的情况下把一件事做好。

所以，妈妈在督促孩子学习的时候，要让孩子学会轻松学习的态度，养成轻松学习的习惯！

首先，轻松学习需要劳逸结合，合理安排时间。心理学专家

100

认为，每天要有充足的睡眠时间：初中生为 9 小时，高中生为 8 小时。为了更好地学习，每天至少要保证 8 小时的睡眠时间才能有充足的精力高效率地学习。

一个人的精力如同一根弹簧，你如果在它的弹性限度内拉开它，手一松，就会弹回去，恢复原来的状态。但假如你无限度地拉，超出了弹簧的弹性限度，当你再松手的时候，它就不会再恢复原状了。

如果孩子睡眠不足，每天"超负荷学习"，就好似超过"弹性限度"，时间长了，必定影响身体健康。同时，由于大脑连续工作时间过长，会疲劳不堪，从而孩子会感到学习很累，轻松更无从谈起，学习效率也会大大降低。孩子的大脑每天都处在兴奋和抑制的交替进行状态，即学习时大脑皮层兴奋，随着学习的进行，兴奋逐渐减弱，并出现抑制，这就需要使大脑得到休息。当孩子学习感觉到很累的时候，不妨就小睡片刻，这样精神就会很好，因为这时睡觉会马上进入梦乡，所以睡眠质量很高，可以马上补足精神，精神补足后，学习效率就会提高，学习也变得相对轻松起来。

妈妈可以帮助孩子养成学习中途休息不超过 10 分钟的习惯，因为超过 10 分钟，会较难收心。中午时分，如果能小睡一下，下午和晚上都会很有精神。另外，体育锻炼是休息的最佳方式，这是一种积极的休息方法，对提高学习效率非常有帮助。事实上，只有做到劳逸结合，学习才会变得轻松起来。

其次，轻松学习也要适合孩子的个性。在学习中，每个人的个性各有其优势，不必羡慕别人，别人的方法未必适合自己的孩子。丰富而自由的个性也是一个社会之所以具有丰富创造力的根本原因，没有个性的存在，没有个性表现的自由，就不会有创造力。

再次，轻松学习需要培养孩子的记忆力。许多妈妈认为，人的记忆力是天生的，无法培养。事实上，这种说法是错误的。没有一个人在生下来的时候就认识他的妈妈。他之所以能够认识自己的妈妈，是因为妈妈经常和他在一起。因此，人记忆力的好坏不仅与遗传因素有关，更重要的是和记忆的条件、记忆的方法有关。许多妈妈以为孩子记忆力不佳是资质比较愚钝，其实不然，大多数孩子记忆力差，是因为没有掌握记忆的规律，缺乏正确的记忆方法。只要妈妈有意识、有目的地加以培养，任何健康的孩子都是能够提高记忆力的，高效的记忆会提高学生的成绩。

最后，轻松的学习就要从压力中走出来！当自己的孩子感觉学习压力大时，告诉他们让他们自己彻底放松，从学习的压力中走出来。这时，可以听听音乐、做做运动，也可以出去散散步。

让孩子轻松地学习才会有快乐，同时，轻松地学习，也会使孩子的学习效率更高，学习效果更好。也只有在轻松的状态下学习孩子才能不被学习所奴役，才能发现学习的兴趣。

不规定具体时间，写作业心甘情愿

有一个妈妈曾介绍经验：她的孩子以前老是爱看电视，不知不觉就忘了写作业。等到想起来的时候已经很晚了，又害怕明天挨骂又想睡，结果哭了一场。

"哭也还是要写呀，不然明天老师就要批评你了。我们陪着你写，好不好。"妈妈主动提出来陪女儿写作业，好让她尽快投入到解决问题的行动当中，而不是把时间浪费在哭上。

"既然已经这么晚了，你写作业的时候要快也要好。如果草草写完，明天照样挨批，还不如现在就去睡呢。要写就把它写好了，这才值得。"女儿终于耐着性子把作业写完，安心睡了。

第二天，女儿回家，朝妈妈坏坏地一笑："幸好昨天做完了，老师今天对那些没写作业的同学可凶了，罚他们回家把昨天的作业写10遍。"妈妈听了笑着说："昨天的滋味不好受吧。往后我们规定一个写作业的时间，平时分成两个，为看电视前和看电视后，周六和周日，就在早上、中午和晚上之间选择。当然啦，这个是由你来做决定的，你挑吧。"

吃过昨天的亏了，女儿当然心甘情愿地选择看电视之前写作业，周末，她有时候会和朋友出去玩，所以都选在早上早餐后做作业。就这样，这个女孩每天都很自觉地在看电视以前把作业做完，周六日吃了早餐也不要父母催，乖乖回屋写作业了。

上面的这个妈妈，最贴心的地方就是让女儿自己选择做作业的时间。一个人只会对自己的选择心甘情愿，如果可以选择不做作业，孩子们多半会选择不做，但是他们没有这个权利。在做作业上，他们完全不能还价。所以，在何时做作业上，妈妈们不妨"放权"，让孩子们自由选一个做作业的时间。

可能有的妈妈会担心：让孩子自己选时间，他们肯定会选越晚越好，能拖就拖。其实这是不信任孩子的表现，在你放下权力的时候，孩子能感受到你对他的信任，这其实是在强化"作业必须做"的意识，他们自己去选择时间，自然就会按照那个时间来做。如果孩子真的"厚脸皮"，出尔反尔，那多半是因为以前家长在他的面前做过这种说话不算数的事情。

分析一下孩子的心理，我们就能明白为什么他们不喜欢做作业。中小学生的作业往往是"抄十遍""做两套试卷"这样简单、重复的事情，缺少乐趣，单调乏味。孩子们实在难以拿出热情来爱上这样的作业；另一方面，孩子们的自觉性不高，也不能认识到学习对自己人生的重要性，脑袋里面就想着玩，让他们去做作业，简直就是压抑天性，何况老师和家长都是以命令的语气来告诉他们，要做多少，怎么做，何时交上来，就跟交房租时的心情是一样的。

对很多孩子来说，家庭作业犹如一场战争，既要和自己的惰性较量，又要和家长、老师较量。作业做得不好，孩子要挨批，家长看着也生气。想要让孩子爱上写作业很难，但是想要让孩子自觉地做作业，不推三阻四，不敷衍塞责，也是有办法的。那就是让他自己选择做作业的时间，这一点很重要。

当孩子忘记做作业的时候，先不要提醒他，假装自己也忘记了这回事。等他自己想起来的时候，妈妈再出来"救场"，孩子才会教训深刻。如果他决定不做作业，那也不要紧张，明天他就会为自己的这个决定承受代价了。这是一种成长的经历，妈妈们就做一个冷酷的"看客"好了。

把学习的时间交给孩子去选择，是在鼓励孩子自己决定自己的生活。何止学习的时间可以让他们自己选择，穿哪种颜色的衣服、看什么样的课外书、参加何种兴趣班，这些都可以让孩子们自己去选择。我们都知道"强扭的瓜不甜"，也听孩子说"我的地盘听我的"，何不做个顺水人情，让他们自己安排生活呢！妈妈们也乐得清闲，不为写作业这件事发火闹心，自己做自己的事情。这样的方法才是一劳永逸的。

把学习当成一场表演，让孩子在角色中学习

歌德是德国最伟大的诗人，是德国乃至整个欧洲著名的作家，还是一位多才多艺、知识广博的艺术家和科学家，备受世人的尊敬。他8岁能阅读德、法、英、意大利、拉丁、希腊等多种文字的书籍，14岁开始写剧本，25岁用了4个星期完成了风靡全球的小说《少年维特之烦恼》。人们称歌德为天才，这个天才的出身很普通，不过他有一对不一样的父母。

1749年8月28日，歌德出生于莱茵河畔的法兰克福。父亲曾获法学博士学位，当过地方官。歌德小时候常和父亲去林中散步，背诵大自然的诗歌，认识动植物；稍大一些之后，父亲带他到各地旅游，走到哪里，父亲都能介绍出当地的历史、风土人情。

歌德家常有宴会，当然都是为孩子们举办的。这时歌德被允许站在椅子上，面对观众做演讲。他从结结巴巴、词不达意，慢慢变得口齿伶俐、声情并茂起来。

歌德的母亲是当地市长的女儿，她爱好文学，喜欢给孩子讲故事。有时到了关键处，妈妈故意停下来，要歌德设想接下来发生的事。母亲请人在家中演木偶戏，看完之后，歌德就和其他孩子兴致勃勃地排演这个剧目，他们背诵台词，准备道具，慢慢发展到自己写剧本，扮演角色。

歌德后来在回忆录上写道："这种儿童的玩意和劳作从多方面训练和促进了我的创造力、表现力、想象力以及一种技巧，而且

是在那样短的时间，那样狭小的地方，花那样小的代价，恐怕更没有别的途径能够有这样的成就了。"

很多妈妈说，孩子学习很用功了，但就是记不住东西，于是怀疑是营养跟不上，买了很多号称"增加记忆力""提高学习效率"的营养品！但结果是孩子的体重上去了，学习成绩没有上去。

有没有不花钱但又能让孩子爱上学习、增加记忆力的办法呢？这也是有的，可以从世界著名的博学之人歌德的成长故事中得知。

无论是到林中散步，还是自己想故事或自己扮演角色，歌德所接触到的教育都是能够亲身参与、身临其境的。在学习的时候，他调动了自己的感情、语言、动作，全身心地投入其中，所起到的效果当然要比死记硬背好得多。歌德学习的时候并不是为了记忆知识，却达到了牢记知识的效果，这种高效的学习方式，未尝不可借来一用。

孩子们现在会接触到很多人文知识，从历史到政治、地理，信息量很大。而他们的人生经验很有限，也没有时间去名胜古迹旅游、去剧院一一观看历史剧，更不可能为了学一段历史就去守着相关的电视剧看，何况电视剧中有很多的演绎成分，会混淆孩子的历史观。这时候，妈妈们就可以和孩子做角色扮演的游戏，比如今天学了唐朝的藩镇割据，就可以找出安禄山、唐明皇这些角色，帮他们设计台词，给他们一个画地图、指点江山的地方。当然，还可以发动爸爸、爷爷、奶奶等一起参与其中，让整个故事更加丰富、复杂。

当然，孩子们要背诵的不仅是历史知识，还有政治上的一些常识。很多学校都会在学校展开"模拟法庭"，让孩子们扮演被告、原告、律师等，这也是一种角色扮演的教育方法。家长们在家里，可以把场景和道具都改变一下，比如从民事案变成刑事案，加深孩子对知识的理解，那样他们才能掌握更好地掌握一门学问。

事实上，在很多欧洲国家，以及日本、韩国，这种角色扮演的活动是学习的重点，很多家长都必须为孩子准备好表演的道具，有时候家长也必须到学校去参加各种表演。如果谁的家长没有去，校方就会认为家长不支持教育，孩子也会因此而感到自卑，在同学面前抬不起头。

如果妈妈觉得角色扮演的做法太可笑了，大人怎么能和孩子一起疯疯癫癫，那将会非常遗憾，孩子因为妈妈的这个想法，错过了一个好玩又有意义的学习过程。任何学习的方式，都比不上身临其境、设身处地地思考，他在背诵上花了好几个小时，不如花一点时间扮演一回大唐皇帝。而且整个家庭的氛围都会变得活泼、快乐起来。

很多妈妈为了孩子可以什么都不要，却不能为了孩子扮演一个虚构的角色。在成年人的眼中，很多事情都没意思、太可笑，但在孩子的眼里，恰恰是那些游戏最能带给他们快乐。如果你真的是一个爱孩子的妈妈，就要下决心去改变自己的想法，做真正能帮到孩子的事情。相比孩子记不住知识的沮丧和自卑，妈妈偶尔"疯狂"一把又算什么呢？

多向孩子请教，"小老师"进步快

有一个叫作小雨的孩子，平时学习成绩还不错，但是考试的时候总是不理想，妈妈分析觉得还是孩子的知识没有掌握牢固。

有一天，小雨正在背地理课本里面的地中海气候什么的，妈妈从外面进来，端了一杯水，笑着说："喝点水吧。你背的这个地中海气候是什么意思啊？"

"这是一个气候术语，就是根据地理气候的特点，把全球分成了不同的气候类型。不过地中海的比较特别，集中在地中海沿岸，所以就叫地中海气候。"孩子喝水的时候回答道。

"哦？地中海和别的地方有什么不同啊，妈妈从来没有想过那么远的地方会是什么样子呢。"妈妈好像真的想去看一看。

"地中海在这里，"儿子指着地球仪，"它的气候特点是……"就这样，孩子把地中海的气候介绍了一遍，又和别的气候做了比较，还顺便介绍了中国的气候特点。妈妈听得津津有味。

"哎呀，你们现在的教材真有意思，可惜我们当年没有这么有趣的书读。"

"妈妈，你要是喜欢，我往后经常给你讲讲？"小雨竟然主动提出了给妈妈上课，妈妈当即说好，并且定下每个双休日选一个下午的时间给妈妈上课，从地理到历史，除了数学之外都行。孩子自由备课，可以拟定试题、抽查考试、判分数、写评语……

当然，这个妈妈在背后也下了不少功夫，为了提醒儿子不要犯同一个错误，妈妈故意在孩子出错的地方做错，让孩子"纠正"，这样一个学期下来，"小老师"的学习成绩提高了很多。

这种学习方法看起来是在增加孩子的负担，其实是在减轻孩子的心理负担。孩子一直处于一个被安排、被教育的地位，很容易产生厌倦情绪，如果不及时疏导，就会积累成厌学、偷懒的坏毛病。妈妈以一个求教者的身份来接近孩子，孩子的情绪就会适当排解。

两个孩子在一起玩弹珠，当然是其中最会弹的那个玩得比较积极，输的那个不用几个回合就会觉得没有意思了；两个孩子同时学习，当然是成绩好的那个比较积极，总是出错，老被别人比下去的那个积极性会差很多。

　　无论做什么事，孩子总是会在自己稍微有优势的方面表现得积极，比不上人家的方面就不积极。如果他老是没有邻居家的孩子考得好，学习起来自然觉得没意思，大人也是这样的。几乎谁都喜欢处在占优势的那一方，好控制局面。

　　但不是每个孩子的成绩都好，成绩相对较差的孩子怎么办？必须出现一个比他更弱的人，来增加他的自信心，这个人不是哪个倒霉的孩子，而是我们的妈妈。

　　当孩子在家学习的时候，妈妈总是以指导者的身份出现，告诉他哪个对哪个错，孩子的心里总是忐忑不安。如果妈妈能虚心向他请教，假装自己不知道，孩子的自信心反而会高涨起来了。

　　这里最需要的，是妈妈的决心和耐心。如果有的妈妈喜欢麻将、逛街等，自然就很难有时间学习了。所以，妈妈适当地作出牺牲才能成就这种学习方法。

　　当然还有别的方式，比如让孩子给表弟表妹当老师，辅导他们的作业等，不过，这没有让孩子直接复习自己刚学的功课有效。给表弟表妹上课时，大一点儿的孩子因为"有恃无恐"，可能养成没有耐心、急躁、伤害弟弟妹妹的行为习惯，所以要慎之又慎。

　　如果孩子觉得妈妈当学生很奇怪，你可以给他讲孔子不耻下问的故事，这个故事相信很多孩子也听说过。

　　孔子走在路上，听见两个孩子为太阳的远近争辩不休。一个孩子认为太阳刚升起的时候距离人近，但是到正午的时候距离人远，另一个孩子认为相反。

第一个孩子的理由是：太阳刚刚升起的时候像车篷般大，到了正午看起来就像盘子一样，这不是因为远的东西看起来小，近的看起来大吗？后一个孩子的理由是：太阳刚出来的时候感觉很清凉，到了中午就灼热起来，这不是因为越近感觉越热，越远感觉越凉吗？孔子听了他们两的话，不能判断谁对谁错，于是拜小儿为师。

太阳的远近究竟是怎样的呢？这也可以成为孩子和妈妈讨论的一个问题。连大学问大智慧的孔子都虚心向孩子求教，妈妈学习也是很正常的，而且，孩子也能学会"不耻下问"这个词的真正含义。

妈妈在向孩子请教的时候，一定要投入到请教的过程中，不能一看就知道是在"演戏"，那样孩子就没有认真教课的欲望了。如果妈妈能够提出几个有价值的问题来更好，挑战"小老师"，"小老师"再回去问老师，如此循环，孩子对知识就能理解得更透彻了。

学习遇到瓶颈时，多动心力而不是体力

张琦是某重点高中三年级的学生。他认为自己属于那种学习不很卖力又有些小聪明的学生。高一、高二学习马虎，对待老师、家长的批评是"虚心接受，坚决不改"，但成绩都能保持在班级10名左右，发挥较好时甚至能进入班级前5名。父母亲戚、老师同学都说他学习潜力很大，上高三后会进步很快，可望进入国内一流名牌大学，甚至可以向清华、北大冲刺。对此，

他也颇感自负。

　　进入高三后，他真的洗心革面，抛弃以前的所有陋习，全身心拼了起来。可是，暑期到现在，两个多月了，每次考试还是10名左右，最近一次考试排班级19名。这样的成绩，考清华、北大甭提了，就是进重点大学都有问题。家人着急，他自己也"头悬梁、锥刺股"，靠补品支撑着熬到深夜一两点钟。可是成绩并不呈上涨势头，而且一拿起书本头就嗡嗡直响，听课时也会莫名其妙地走神，注意力总集中不起来，好像有劲却怎么也使不上。张琦开始怀疑过去对他"聪明"的评价是对他的嘲讽，怀疑自己的潜力已挖掘殆尽。

　　张琦遇到的这种现象是一个很普遍的问题，很多孩子会在一段时间出现学习和复习效率停滞不前，甚至对已经学过的知识还感觉模糊，有时头脑昏沉，心情烦躁，学习效率降低，越学越没有劲头。这种学习进步的速度减慢甚至停滞的现象在心理学被称为"高原现象"。例如：当掌握的词汇量达到3500～4500个的时候，就会出现第一次高原现象，平均滞留时间为8个月左右；达到6500～7500个时，出现第二次高原现象，平均滞留时间为12个月左右；当词汇量达到了9500～10500个的时候，第三次高原现象就出现了，平均滞留约18个月。

　　高原现象的产生也是多种多样的，具体来讲，当学习一段时间后，好奇心已满足，学习兴趣减弱，学习动力随之下降；也许目前使用的学习方法已不再适应这一阶段学习的要求；也许是生理与心理的双重疲劳；也许是原来形成的知识结构网络不适合进行新的学习……诸多因素，致使孩子的学习停滞不前。

　　高原现象是学习成绩一时性的停顿现象，它与生理的极限和工作效率的绝对顶点是不同的。当孩子学习成绩暂时停顿的时候，妈妈首先要明白，"高原现象"不等于"学习的极限"，是一种正常现象，如同运动员在长跑中会出现极点一样。妈妈不必慌张，不要逼迫孩子加大学习力度，更不要责怪孩子不够努力。你的不理解只会增大孩子的压力，起到阻碍孩子突破瓶颈的作用。

要想帮孩子不慌不乱地走下"高原"，妈妈首先要鼓励孩子再坚持一下，学会为自己加油，增强信心，这种感觉就会消失。用一种平和的心境看待它，告诉孩子在合适的时候学习合适的内容。比如，早晨可用于早读，中午休息，下午整理消化当天复习内容，晚上3门学科交叉系统进行。尽快把头脑中较为混乱的知识排序重新组合，通过比较、分析、归纳、概括等手段，使自己已有的知识系统化，这样可以避免在知识调用时出现混乱，人为造成"高原现象"。当然，更重要的是要陪孩子一起放松身心。可以谈谈心，一起打羽毛球、出去旅游等。

一时的停顿会让孩子有些泄气，但聪明的妈妈会帮助孩子走出困境，让他感受到学习中的突破带来的更大乐趣。走下"高原"后，孩子才知道学习并不是件困难的事，再大的瓶颈也是可以跨越的。

"减压"比"拼命学习"更重要

青峰的父母在社会上都是有头有脸的人物，他们对青峰倾注了很多心血，同时也为青峰设置了极高的标准。在学习上，青峰必须争第一，在父母眼里，第二都不是优秀，只有第一才是赢家。为了达到这个目标，青峰从小学习时间就长过其他孩子，他没有时间看动画片，没有时间出去游玩，放学后不是参加补习班，就是到钢琴教室弹钢琴。青峰是个懂事的孩子，为了自己能使父母感到欣慰，他卖力地学习，所以，从小学到初中，他成绩都很优异。但是，俗话说"打江山容易，守江山难"，好马也总有失蹄的时候，青峰偶尔也会失去第一名，而这种时候，父母就对他冷言冷语，怪他懒惰不知上进，逼他增加更多的学习时间……在越来越多的学习时间中，在越来越大的压力中，青峰的学习成绩反而越发不稳定了，第一名的次数越来越少，青峰的学习后劲也越来越不足，看着同学们进步非常，而自己却不进而退，他心里产生巨大的挫败感和失落感，同时，本已经受伤的心还要面对父母越发严厉的批评，青峰最终崩溃了，他变得暴躁不安，情绪波动很大，并且经常失眠。他听不进去父母的话了，也不跟同学老师来往，把自己封闭起来。这样的状态深深影响了青峰的身体和心理健康。最终，他中考一败涂地，没有考上高中。

俗话说，井无压力不出油，人无压力轻飘飘。适当给孩子施压是应该的。因为望子成龙是每个家长的愿望。可凡事有个度，过重的压力会让孩子感觉到生命所不能承受之重，出现逆反心理，反而事与愿违。父母给予青峰的巨大学习压力，是青峰身心受损的最根本原因。要想避免这种不良后果的产生，父母就该改变"压力越大，效率越高"的错误观念。因为如果人的压力过强，就容易变得紧张，思维局促，甚至在极端的情况下，大脑会一片空白，这样的情况，当然不利于发挥水平了。只有在压力适度，人比较放松的情况下，人的能力才会得到充分的发挥。

从前，在山中的庙里，有一个小和尚被派去买油。在离开前，庙里的厨师交给他一个大碗，并严厉地警告他："你一定要小心，绝对不可以把油洒出来。"

小和尚答应后就下山到城里，到厨师指定的店里买油。在上山回庙里的路上，他想到厨师凶恶的表情及严厉的告诫，越想越觉得紧张。小和尚小心翼翼地端着装满油的大碗，一步一步地走在山路上，丝毫不敢左顾右盼。很不幸的是，他在快到庙门口时，由于没有向前看路，结果踩到了一个坑，虽然没有摔跤，可是却洒掉了1/3的油。小和尚非常地懊恼，而且紧张到了手脚开始发抖，无法把碗端稳。等回到庙里时，碗中的油就只剩一半了。

厨师拿到装油的碗时，很生气地指着小和尚大骂："你这个笨蛋，我不是说要小心吗？为什么还是浪费了这么多的油，真是气死我了。"

小和尚听了很难过，哭了起来。

另外一位老和尚听到了，就问了是怎么一回事。知道了事情的经过，他就去安抚厨师，并私下对小和尚说："我再派你去买一次油，这次我要你在途中多观察你看到的人、事、物，并且回来后详细地描述给我听。"

小和尚想要推掉这个任务，说自己油都端不好，根本不可能既要端油，还要看风景。不过，在老和尚的坚持下，他只好勉强答应了。

在回来的途中，小和尚发现，其实山路上的风景真是美丽啊。远方有雄伟的山峰，不远处有农夫在梯田里种地。走不久，又看到一群小孩在路边的空地上玩得很开心，而且还有两位老先生在树下的石凳那儿下棋呢。小和尚就是这样边走边看风景，不知不觉地就回到庙里了。当小和尚把油交给厨师时，发现碗里的油依然满满的，一点儿都没有洒掉。

妈妈对孩子的教育也应该这样，给孩子要求，但是不要给孩子太大的压力，孩子才能心情放松地去学习和生活。心理学家认为人的各种活动多存在一个最佳的压力水平。压力不足或者过分强烈，都不是一种好现象。比如，一个整日混日子，没有什么理想的学生，很难有学习的兴趣；而一个对学习抱有太大的期待，过分追求学习功利性，学习压力过高的学生，势必会为自己制造巨大的压力，最终影响到他的学习效率，而学习效率的下降，反过来又会增加他的压力。

压力过强和过弱都不好，那么什么样的压力水平才是最适度的呢？美国心理学家耶克斯和多德森认为，中等程度的压力激起水平最有利于效果的提高。所以，当孩子的压力超过中等程度时，妈妈记得要帮孩子减压，可以从以下几个方面做起。

（1）当学校老师为孩子施加压力，让妈妈监督孩子学习时，妈妈最好不要让老师牵着鼻子走，而要做到"不管"和"不说"。孩子们已经够累了，就让他们在这种"不管""不说"中学会自我监督、自我放松吧！

（2）无论妈妈有多紧张，都应该尽量避免在考试期间，与孩子发生情绪上的冲突，增加孩子的压力。

（3）确保孩子作息正常。考试压力过大的孩子可能会在考试期间或者备考期间出现乱发脾气、头痛、发烧、肚子不舒服，甚至失眠等状况。调节孩子身心平衡，让孩子和平时一样吃好睡好，维持正常作息，孩子才能处于最佳状态。

（4）和孩子一起做运动。适当的运动，能够让孩子的紧绷状态松懈下来。几分钟的深呼吸，10分钟的暖身操，花半小时去游泳、跑步，到公园散步，都是很好的解压方法。

饭后学习效率低，不如轻松小憩

很多人一谈到读书学习，总是强调"勤奋是成功之母""手不释卷""一寸光阴一寸金，寸金难买寸光阴"之类的名言。不能说这些名言没有道理，但真理向前多跨一步就可能成了谬误。勤奋程度大小、学习时间长短在一定范围内与成绩成正比，但绝不是越勤奋刻苦、学习时间越长，成绩就会越好。

小海今年升入初三了，他刚吃完饭准备看一会儿电视，这时正在厨房洗碗的妈妈说："初三了，学习这么紧张，不要看电视了，快去做功课。"小海只得无奈地走到书桌旁去学习。但是小海一看见书就发困，他强迫自己看书，但是眼皮却一直往下跌，实在困得不行了，小海就趴在桌上小睡一下，谁知道妈妈进来看见了，给小海劈头盖脸一顿说："你这孩子怎么这么不上进，叫你别看电视争取时间学习，你就在这里睡觉，人家其他同学这个时候肯定都是抓紧每一分钟努力学习呢，你还在这里浪费时间，看你考不上高中怎么办？"小海听了妈妈的话觉得很委屈，对妈妈说道："我又不是故意要睡觉的，但就是困啊！我已经尽力强迫自己看书了，你一点儿也不体谅我！"母子俩争执完后，小海继续看书，但是现在他更看不进去了，这一晚上的时间就这样浪费了！

很多妈妈盲目要求孩子抓紧时间学习，而不重视学习效率和学习状态，造成孩子的学习事倍功半，甚至引起孩子的厌学情绪和不自信。就像上文中的妈妈，逼迫孩子饭后立马学习，结果得不偿失，这不能怪孩子，因为事实上饭后马上进入学习状态是不科学的。生理学上说，吃完饭之后，胃部需要大量的血液来消化、吸收刚吃过的食物，由于大量的血液参与胃部消化，大脑就会缺少血液供应，处于不清楚的状态。人们就表现出想睡觉、犯迷糊。如果此刻坐在书桌旁学习，学习效率会很低。而长此以往，对身体健康也不利。

一般说来，孩子持续学习时间越久，则疲劳强度越重，要消除疲劳就越不容易。如果孩子感到累时适当休息，不但可以迅速消除疲劳，头脑清醒了，也更易于接受理解新知识，学习效果好了，孩子的心态、信心也会大大的振奋。反之，如果妈妈不忍心"浪费"这宝贵的时间，当孩子已经头昏脑涨了，眼睛干涩难忍了，还要他"坚持"学习，此时大脑反应迟钝，对知识的理解力差，不仅学习效果不佳，更令孩子身心受损。

列宁说过："不懂得休息，就不懂得工作"。学习本身就是一项复杂的脑力劳动，而大脑是唯一能够进行学习和思维活动的器官。要使孩子的大脑保持清醒，并在学习中维持一种兴奋状态，就必须确保每天有充足的睡眠和休息时间，因为休息可以使脑的功能得到最大限度的恢复，这样才能最大限度地提高学习效率，而不会白白做一些无用功。

为了提高学习效率，让孩子的大脑保持清醒的状态，妈妈就要帮孩子平衡好学习与生活，为他合理安排适当的休息时间，让孩子做到劳逸结合、张弛有度。

（1）确保足够的睡眠时间。生理学家研究表明，中学生夜间睡眠必须保证 8 ~ 9 小时。因为充足的睡眠对于学习最少会带来两个方面的益处：可以更好地巩固记忆，防止学习结束后带来的记忆干扰和记忆衰退；能更好地恢复记忆。

每天晚上早点睡觉，保证足够的睡眠，能让大脑得到充分的休息，第二天早起，早晨空气清新，头脑清醒，此时学习效率较高，而且，上课不会犯困，听课效果就会较好。这样才能为好成绩开一盏绿灯。

（2）学会间隙休息。休息可分为安静休息、活动休息和交替休息。安静休息是指睡眠和闭目养神。活动休息也称积极性休息，如散步、打球和轻微的体力劳动等，也可以是与他人聊天。交替式休息是指将各种不同性质的学科交叉在一起来学习，如文、理穿插复习，这样，大脑皮层的神经细胞不仅不会疲劳，而且还会有相互促进的作用。

（3）用体育锻炼来调节。给孩子制定一个体育锻炼时间表，或者利用好学校安排的优育活动。比如：认真上好课间操和体育课。这段时间就是专门用来锻炼的，既然无法做其他事情。与其马马虎虎对待，不如积极认真锻炼，达到健身的目的。周末假日，可以多带孩子到户外锻炼或野外踏青，和孩子一起打羽毛球、散步等。

（4）音乐可消除疲劳。在消除疲劳过程中，情绪因素很重要。积极向上、乐观、愉快的情绪能加速消除疲劳。优美的音乐能振奋情绪，引起轻松愉快的感觉。学生在学习间隙或学习之后，可以通过听音乐来达到消除疲劳的目的。

需要注意的是，所听音乐最好是没有歌词的。因为文字信息进入大脑，会影响大脑的休息；听音乐时不要想其他的事，必须陶醉于音乐中，这样才能完全放松，使疲劳得到彻底的消除。

及早学外语，让外语和母语一样容易

《时代》杂志曾经有一篇报道，马里兰大学的教授德凯泽研究认为：人只要超过了6岁，掌握语言的能力就开始下降了，而其中的原因尚不清楚。但有一些研究人类大脑的专家说，随着年龄的增长，大脑中的神经纤维覆盖了一层由脂肪和蛋白质构成的保护膜，这种保护膜一方面加快了信号经过大脑的速度，同时也限制了产生新连接的能力。

每个儿童都是语言学习的天才，如果在幼年时期得到合理开发，很容易掌握一门语言。儿童的语言学习不是通过刻苦努力获得的，也不是通过大人的谆谆教诲。他们以一种特殊的方式来学习语言，只要环境里有的语言他们都可以学会。所以如果有足够好的语言环境，儿童就能不费力气地学习两种、三种甚至是更多的语言。这些都可以归功于儿童的学习语言的能力和优势上，主要表现为以下几个方面：

（1）心理障碍小。大人学英语的时候，一般都会介意自己的文法和意思是否正确，总会在意如果自己说错了会没有面子，而小孩子的这种好面子的心理尚未形成，而且也不太分辨哪一个是自己的母语，哪一个不是自己的母语，自然就不会抗拒学外语了。

（2）发音尚未定型。人的发音器官，和身体其他器官的发展一样，在青春期前皆处于发展状态，具有相当大的弹性。一旦过了青春期，发展便会渐趋稳定，弹性也逐渐减小了。因此，就语言发音而言，若是一个孩子从小接触数种语言，并有充分的机会使用这些语言，他的发音器官自然会配合这些语言发音系统调整形状，发出这些语言需要的各种声音，而过了青春期再学习另外的语言，由于发音上会有一些限制，于是产生了所谓的腔调问题。

（3）模仿能力强。小孩子的模仿能力一般来讲都相当强。孩子从出生之后，就能够从各种情境中不断吸收、记忆所听到的声音、看到的影像，以及触摸到的东西，渐渐地组成了有意义的概念，到了一两岁的时候，孩子就能够模仿大人的发音、姿态、手势等动作语言。

在 6 岁之前给孩子适量的语言刺激，可以激发脑细胞成长，为日后的学习、发展储备能力。如果孩子对外语学习有兴趣，尽早学习可以让孩子的发音更纯正、表达更地道。人的大脑在儿童期的成长速度最快，妈妈在这一"得天独厚"的优越时期合理开发孩子的语言才华，可以使孩子轻松地掌握一门语言，使大脑这一智商"硬件"得到充分的开发和利用。所以，妈妈们如果希望孩子能多掌握一门外语，不妨在孩子儿童时期就让他开始外语学习。和母语一起学习，有利于孩子像掌握母语一样熟练地掌握外语。早一步，孩子的外语学习就轻松一些！

制订学习计划，是把学习变得轻松有效的法宝

俗话说："凡事预则立，不预则废。"学习也是如此。一个人如果有了学习计划，就有了奋斗的目标；就可以对整个学习过程

的目的、内容、方法、时间安排做到心中有数；就可以排除干扰、坚持学习；就可以学得主动、学得有成效。

所以，妈妈要教育孩子养成制订合理的学习计划的好习惯。让孩子在轻松的学习氛围中找到适合自己的学习方法，能够在学习中抓住重点，提高学习效率！

有个叫瑶瑶的同学，她的成绩非常好。她最常说的一句话是："学习应该是快乐的事，学习是为了增加快乐，而不是让快乐越来越少。"

实际上，在班里她也是最爱笑的人，时不时还来点恶作剧。一到课堂上，她的眼睛就放光，举手最多的就是她。

别的同学看她学得这么轻松，非常羡慕，纷纷向她请教。她则拿出了一张计划表说："我全是靠它。"

她的计划和别的同学不一样，每天都用荧光笔标出了大大的"休息"和"玩"，她说："为了保证自己的自由活动和玩的时间，我必须提高学习效率，学得越快，玩的时间越多。"

在学习的部分，她从来不写学习的时间，写的是效果，最多的是"理解"、"运用"和"熟练掌握"等字样。

别人每天回家先写作业，她则先复习课堂上做的笔记，对照书里的例题，看明白了再写作业，这样就能非常轻松地做完了。

每天写完作业，她只用 10 分钟的时间，把新的和旧的知识点都画到一张结构图上，是完全不看书画下来的。画的时候就等于把以前的知识温习了一遍，同时把新知识和旧知识有机地联系起来。

在计划表上，她每天还留出了半个小时的时间，用来补漏洞。

她把所有测验和作业中错过的题，都单独抄到一个本子上，每天补漏洞的时候，就从里面挑题目做，故意挑那些看起来比较生疏、印象不是很深的题，做对一次打一个钩，做错一次打一个叉，当一道题目能连续得到 3 个钩，她就认为自己已经掌握这个知识点，可以复习其他内容了。

在孩子学习方面的培养上，需要告诉孩子制订一个合理的学习计划的重要性，这样才能保证学习的质量，提高学习效率。计划合理就不会浪费时间，就会挤出很多的时间干其他的事情，这样对于孩子综合能力的提升是有很大好处的。

此外，妈妈在指导孩子制订学习计划的时候，要学会变通，当制订好的学习计划被打破时，让她学会及时地调整学习计划。

当学习过程中出现了偏科，就应该花更大的力气来弥补自己的不足；当因为生病等原因无法保证学习时间时，也应该对学习计划进行调整，尽快把落下的科目补上。

那么应该如何引导孩子制订合理的学习计划呢？

首先，妈妈告诉孩子在学习计划中留出机动安排的时间。在每天的学习计划中，应该至少留出半个小时作为机动时间。机动时间主要用来回顾与复习，把前一段时间学到的知识点串起来，系统记忆，夯实基础，加深印象。根据各科成绩，合理调整时间安排。学习过程中常常会出现个别科目拖后腿的现象，这时就需要在计划安排上有所侧重，在成绩差的科目上多花一些时间。最好是在不影响正常计划的前提下把机动时间用来查漏补缺，每天至少要解决一个问题。

其次，妈妈还可以要求孩子每个学期要对学习计划的执行情况做一次总结。学期结束，根据考试成绩，总结一下原来的学习计划是否得到了很好的执行，有什么具体的问题，在新的学期应该如何调整。

　　轻松有效地学习，才不会被学习奴役。轻松有效地学习才会有快乐，同时，也会使学习效果更好，让孩子发现学习的兴趣。

第二章
妈妈应该学习的五大权威教育方法

每个妈妈都有自己教育孩子的方法，但是都有利有弊。所以，妈妈可以多参考一些权威的教育方法，吸收其精华，找到适合自己孩子的教育方法。

卡尔·威特：全能教育法

把一个出生后被认为有些先天不足、痴呆的婴儿呕心沥血地培养成了一位举世瞩目的"神童"，这不能不说是教育史上的奇迹。创造这个奇迹的人就是老卡尔·威特。

1800 年 7 月，在德国一个叫作哈萨克勒洛赫的小村庄，一个孱弱的小生命哭叫着诞生了。

老来得子，本当欣喜若狂，可面对着一生下来就四肢抽搐、呼吸急促的儿子，孩子的父亲老威特却抑制不住地悲伤起来，很明显，这是一个先天不足的孩子。

面对着邻居们的议论和妻子的绝望，老威特渐渐镇定下来，在给堂弟的一封信中，他这样写道："我 52 岁才得到一个儿子，怎么会不爱他呢？我要用我以为正确的方法去爱他。我已经制订出周密而严格的教育方案。现在儿子看起来虽然毫无出色之处，但我必将他培养成非凡的人。"

　　老威特在信中说到的他以为正确的方式，便是早期全能教育法。运用这套方法，老威特培养出了19世纪德国的一个著名的天才。卡尔·威特八九岁时就能自由运用德语、法语、意大利语、拉丁语、英语和希腊语这6国语言；并且通晓动物学、植物学、物理学、化学，尤其擅长数学；9岁时他进入了哥廷根大学；年仅14岁就被授予哲学博士学位；16岁获得法学博士学位，并被任命为柏林大学的法学教授；23岁他发表《但丁的误解》一书，成为研究但丁的权威。与那些过早失去后劲的神童们不同，卡尔·威特一生都在德国的著名大学里授学，在有口皆碑的赞扬声中一直讲到1883年逝世为止。

　　卡尔·威特的成才在当地引起了巨大的轰动，随后，老威特将卡尔长到14岁以前的教育写成了一本书，这就是《卡尔·威特的教育》。书中详细地记载了卡尔·威特的成长过程，以及自己教子的心得和独辟蹊径的教育方法。

　　老威特教育理论的核心是：孩子成为天才还是庸才，不是决定于天赋的多少，而是决定于出生后的早期教育；教育孩子应先从提高母亲的素质做起；催逼会毁灭天才；当孩子智力的光芒刚刚出现时，对他的教育就应该开始了。

　　在他看来，天才的教育就是让孩子内心潜藏着的能力发挥到十成。他坚信著名教育家爱尔维修的观点：即使是普通的孩子，只要教育得法，也会成为不平凡的人。

　　把卡尔造就成身体和精神全面发展的人才，让他从小就享受真理的滋味，比任何一个儿童都幸福，是老威特的教育理想。为了实现他的教育理想，老威特制订了严密的教育方案，发明了很多具体的教育方法。

　　老威特说："我只是想让卡尔能够成为一个接近完美的人，只是想让他的一生充满情趣，在幸福之中度过，仅此而已。"这是一个父亲对孩子的期望——完美，相信也是所有妈妈对孩子的期望。那么赶快行动起来吧，借鉴老威特的全能教育法，努力把孩子培养成全面发展的人才，让他的一生都充满快乐和幸福。我们可以从以下5个方面来了解学习老威特独特的教育法：

第一，为了让卡尔全方面地发展，老威特不仅教给他很多"有用"的东西，也教给他很多在别人看来无用的东西。

比如老威特教会卡尔认识了池塘水中的倒影、阳光下的阴影，他还会很有兴趣地注视自己的手的影子，小手一翻一翻的，非常有乐趣。

这些可以帮助卡尔扩大视野，扩展联想的范围，形成更多的情感，因为艺术在很大程度上是抒发人的思想感情。

老威特对卡尔爱好的培养都经过了精心的安排，首先从住宅开始做起。老威特在住宅的房间中，决不放置任何没有情趣和不协调的东西。墙上贴着使人心情舒畅的墙纸，并且在上面挂上经过精心挑选的有边框的画，还尽力在室内摆设很有情趣的器具，决不摆设任何不合身份的东西。

如果有人赠送的礼物和家具的陈设不谐调，老威特决不会摆出来。在衣着上，全家人都极为讲究，不仅是老威特自己，他也要求家人衣帽整齐，打扮得干净利索。

老威特在住宅的周围修上了雅致的花坛，栽上那些各色各样从春到秋常开不败的花卉。他从来不会种植那些没有情趣和不协调的花卉。

另外，老威特还培养卡尔的文学爱好。老威特从小就给他讲一些有趣的故事，到他能够自己阅读之时，老威特把一些好的文学作品推荐给他。很小的时候，卡尔就成了一个了不起的文学通，他几乎能背下所有的名诗，像荷马、维吉尔这样伟大诗人的作品，他都非常喜爱，并且很早就会写诗。

这正是老威特在教育方面的独创，他摒弃以功利为目的的教育却让自己的孩子日后拥有了很多在他人看来可望而不可即的"荣耀"，原因就是非功利的教育更易调动孩子的兴趣，顺从他的自由本性发挥最大潜力，这一点，也是非常值得借鉴的。

第二，老威特认为教育之重要就在于不蒙蔽孩子的理性，不损坏孩子的判断力。威特父亲的教育方法是严格的，然而并不专制。所谓专制，是指强迫孩子盲从。威特的父亲反对专制，他不论在教育方法上还是在其他方面，都注重讲道理。所以他在批评孩子时，与那些不分青红皂白就斥责孩子的父母不一样，威特的父亲则努力弄清事实，避免错误地批评孩子。在斥责或禁止他做某事时，总是一一说明原因，使孩子先在思想上弄通。决不使孩子在挨了批评后仍不知道为什么。这一点非常重要，因为再没有比父母弄错了事实而错误地批评孩子更糟糕的了。退一步讲，即使父母的斥责和阻止是正确的，如果不让孩子知道其中的原因，那也是不好的。

老威特说，一旦孩子失去正常的判断力，那么他一生就不能正确地判断事物的正误好坏了。他在书中写道：

"如果卡尔对他人说了些鲁莽的话，我并不马上斥责他，而是先立即给对方道歉：'我的卡尔是在乡下长大的，所以才说出这样的话来，请您不要介意。'这时卡尔就已省悟到自己可能说了不合适的话，过后他一定会询问个中原因。等他问我时，我才向他说明：'刚才说的那些话从道理上来讲也没什么不对，而且我也是那样认为的。但是在别人面前那样说就不好了。难道你没有发现，当你说了之后，他的脸都憋得发红了！人家只是因为喜欢你，又碍着爸爸的面子，所以才没有作声。但他一定很生气，后来他之所以一直沉默不语，就是因为你说了那种话。'我这样对卡尔讲明道理，也不会伤害他的判断力。"

为了让父母真正全面地理解这种教育方法的好处，老威特对此做了进一步的论述：

"假设在我向卡尔提出批评以后，他继续反问：'可是我说的是真的呀。'这时我就会进一步开导他：'是的，你说的是真的。但是他很可能想：我有我的想法，你那么小的孩子知道什么。再说即使你说的话是真的，你也没有必要非将它说出来不可。因为那已经是人人皆知的事，你没有发现别的人都是沉默不语吗？如果你认为那事只有你才知道，那你就太傻了。再打个比方，大人指责孩子的缺点本来是理所当然的，因为孩子在成长过程中，有许多缺点，说出来也并不是什么可耻的事。即使这样，人们对你的缺点不是都装着不知道吗？如果你以为人们都不知道你的缺点，那就大错特错了。事实上，人们已知道你的错误但都沉默不语，这是因为考虑你的面子，为了不使你丢脸而已。这样你就明白了人们对你的好意了吧。而你在发现别人的缺点以后应该怎么做呢？也应当这样。圣书上不是说：己所不欲，勿施于人吗？道理就是这样。所以在人面前，揭别人的短是很不好的。'"

听了上面的开导后，孩子由于年幼肯定还是感到困惑，因为他们的心理还不像成年人那样复杂，而且这种处世方法很可能被视为不诚实或过早地世故。但老威特觉得父母这样做有他的道理，且听他是怎样对卡尔作出解释的：

"不，不能说谎。说谎就成了说谎的人，伪君子。你没有必要说谎，只要沉默就可以了。如果所有的人都互相挑剔别人的毛病和过错，并在别人面前宣扬，那么世界不就成了光是吵架的世界了吗？那我们也就不能安心地工作和生活了。"

威特父亲的教育方法就是这样的合乎人情。由于他的教育是合情合理的，绝不专制，所以没有蒙蔽孩子的理性，伤害孩子的判断力。当然老威特的这种"成人化"的教育，之所以能取得如此成效，还得益于他对卡尔的语言潜能开发。由于卡尔语汇丰富，通达词义，故一点就透。

世间的一般孩子，由于语汇的限制，父母往往在实施这种合理的教育时就会碰钉子。因此，我们经常发现父母见到孩子在这种场合的表现后，就会当面训斥，有的还拳脚相加，还怪罪自己的孩子不懂礼貌，但就是不检查一下自己的教育方法。这也从另一个侧面表明，为了使孩子更加明辨事理，必须尽早教给孩子以丰富的语言知识。

第三，老威特的教育理念，是要造就身体和精神全面发展的人才，所以他重视德、智、体全面发展，尽管他在书中没有着重写体育，但是卡尔从小就是一个健康，精神饱满的活泼少年，并且一生都是健康的。从这一点来看，他对卡尔的体育锻炼还是有一套办法的。

天气晴朗时，老威特和妻子把卡尔带到田野里，让他眺望绿色的原野。并且，老威特非常注意让卡尔的身体能自由自在地活动不把他包起来，以免妨碍他手脚自由活动，也不给他围围巾，以免把嘴和脸弄歪。天气好时经常让他在屋外睡觉，以便接受阳光浴，呼吸新鲜空气。当他在屋内睡觉时，在洁白的床上铺上鸭绒褥，便于他的手足自由活动。因为这种活动就是婴儿的运动，所以婴儿睡觉，决不能像布娃娃那样把他裹得紧紧的。因为一个健康的人需要的是自由而不是束缚，哪怕这种束缚看起来很舒适。

卡尔6周时，长得很大，像4个月的孩子，这是威特夫妇让他经常呼吸新鲜空气，进行运动的结果。这儿所说的运动是从他两三周时开始，比如让他在光滑的木棍上做悬垂运动。生物学的理论说："个体发育是整体发育的短暂重复。"所以婴儿是可以像猿猴那样在木棍上作悬垂运动的。当然，这不可以勉强地做，还有一种训练是让孩子抓住父母的手指，由于婴儿的"把握反射"，他就像吊单杠一样用力拉起自己的上身。等到两个月大反射消失时，他的胳膊已经活动得相当有力，这可以为提前进行爬行训练创造条件。

老威特还培养孩子喜欢洗澡的天性。"如果水温过高或过低，孩子就不愿洗澡，所以，我一开始就注意调节水的温度。我和妻子每天都给卡尔洗澡、按摩手脚，这样既能发展他的触觉，又能促进血液循环和肢体的灵活。"从卡尔1岁时起，老威特就教他洗脸、洗手、刷牙，一天要洗几次，早起和晚上睡觉之前都要刷牙，卡尔吃完食物后，也让他刷牙，并且从小就教他用手绢擦鼻涕。

老威特把卡尔是否能自由自在地活动看得非常重要，有一次甚至还为此而发脾气。

有一次，老威特和妻子去教堂做弥撒，家中只有女佣和卡尔。女佣是个非常善良的女人，她总是很细心地照顾卡尔。可是，当老威特和妻子回到家时，发现卡尔被严严实实地裹在被子里，满脸通红，"哇哇"大哭着，于是，老威特不顾他们的阻拦，揭开了包裹在卡尔身上的被褥，仍然让他在床上自由自在地活动，只是又往壁炉里加了一些柴火，这时，卡尔不再哭了，他显得非常高兴，非常满意。

愉快是健康的关键，老威特很注重为卡尔营造良好的氛围，周围的气氛阴郁，孩子必然会消化不良、身体不健康，因此，孩子居住的房间从最初起就应是令人心情愉快的。

这样，经过营养和体能两方面的精心培育，卡尔从体弱多病的婴儿长成了一个健康活泼的孩子。

人们常常以为，健身是成人的事情，襁褓中的婴儿还太小，他们连爬都不会，怎么能锻炼他们的体能。还有人认为婴儿骨骼脆弱，容易受伤。因此也不适合进行体能训练，如果进行锻炼，对他们的健康也没有什么好处。而老威特却不这么认为，他相信"健全的精神寓于健全的身体。"所以他从一开始就对卡尔进行体能训练，为其全面发展打下了良好的基础。

第四，充分发挥儿童的潜能是卡尔·威特教育法的目的，这也是老威特的教育理想。他认为世上天才不多的原因就是没有对儿童进行适当的教育，以至于孩子的潜在能力得不到充分的发挥。如果能尽早地挖掘潜能，并引导孩子发挥出这种潜能，这样就能培养出伟大的天才了。

儿童虽然具备潜在能力，但这种潜在能力不是一成不变的，而是遵循一定的规则在变化。在老威特看来，儿童潜能是递减的，比如说生来具备100度潜能力的儿童，如果从一生下来就给他进行理想的教育，那么就可能成为一个具备100度能力的成人。如果从5岁开始教育，即便是教育得非常出色，那也只能成为具备80度能力的成人。而如果从10岁开始教育的话，教育得再好，也只能达到具备60度能力的成人。这就是说，教育开始得越晚，儿童的能力实现就越少。这就是为后人熟知的著名的儿童潜能递减法则。

他认为如果一棵树以正常状态生长，它能够长30米高，那么这棵树就具有可以长到30米高的可能性。同样，一个孩子要是在理想的状态下成长，可以成长为一个智商高达100分的人，因此我们就认为这个孩子具有100分的高智商。具有这种智商的人就是天才，而这种天赋是人人内心都潜藏着的，因此只要对孩子进行适当的教育就可以让他成为天才。

根据儿童潜能的递减法则，某种智力发展的这个最佳期非常关键，它对人一生的智力发展都起着决定性作用，千万不要错过。对儿童早期智力开发的关键，就是抓住最佳期。

老威特指出，任何动物的潜能都有各自的发达期，而且这种发达期是固定不变的。倘若不让它在发达期得到发展，那么以后也很难发展了。

儿童潜能递减法则是实践经验的总结，所以教育孩子的第一要旨就是要杜绝这种递减。而且由于这种递减是因为未能给孩子发展其潜在能力的机会致使枯死所造成的，因此，教育孩子的最重要之点就在于要不失时机地给孩子以发展其能力的机会，也就是说要让孩子尽早发挥其能力。

儿童心理学指出，儿童的最佳发展时机是在婴幼儿期，即从生下来起到3岁之前。我们说，这个时期是天才核裂变的时期。

第五，为了把卡尔培养成全面发展的人，老威特尽自己所有的可能培养卡尔的好习惯，老威特坚信：一个孩子的精力若不用到有益的方向，就会成为破坏的力量，而只要养成了勤恳的习惯，恶魔便无机可乘了。

但是，在提倡陶冶孩子品行的同时，老威特也认为，如果一个人心底只有善良，只有同情心，那么这种善良的泛滥就很可能淹没他对是非的辨析能力。也可能让人变得懦弱可欺，甚至在无力维护善良的情况下最终走向善良的反面。所以，真正品格教育的核心绝不是让孩子去无休止，不加辨别地奉献，而是在教孩子学会善良，更应让他们学会去维护善良。

小卡尔最终能够成为一个有爱心的人，与老威特的家庭教育密切相关。老威特在教育卡尔的时候，不是只让他记住一系列的规范，因为简单的背诵不会对他的行为产生影响，而是在平常生活的言行中去让他体会真正的爱心、真正的善良。

他告诉卡尔，做一个高尚的人是最大的幸福。高尚的人能够理解别人的思想，能够体会别人的情感，高尚的人能克制自己，能够减轻他的痛苦，能替他人分忧。

这样，卡尔很小就懂得，做一个高尚的人比那种单纯是学识渊博的人更能得到别人的尊重。

为了使卡尔培养善良的品德，他母亲给他绘制了品德表，一周一张，内容有：服从、礼节、宽大、亲切、勇敢、忍耐、诚实、快活、清洁、勤奋、克己、好学、善行。如果卡尔做了与这些项目相符的行为，就在那天的一栏中贴上一颗金星，反之，则贴上一颗黑星。每个星期六数一下，若金星多的话，下周内就可得到和金星数相等的书、鲜果、点心等，如果黑星多，就不能得到这些奖品了。

卡尔的母亲就是从生活中的一些小事开始，一点一滴地培养卡尔的善行，并教会他做人的道理。

如果家长希望孩子长大后具备爱心，同情心及责任心，那么不妨从现在开始，学习老威特的方法。

老威特不仅告诉卡尔：帮助别人是爱心的表现，是来自千万人心底里的善良，善良是人掌握在手中的最有力的工具，它具有无穷的力量，而且常常带卡尔接触大自然，他认为这能使孩子的心地善良，因为自古以来与大自然感情融洽的人都是心地善良宽厚的人。

而且，与大自然接触不仅可以使孩子身体健壮，还会让孩子的精神也旺盛起来。城市里的孩子多因远离大自然，很少呼吸新鲜空气而心情不佳或性格乖张。有鉴于此，老威特就带卡尔到森林中去玩。他在森林中教给卡尔诗人们歌颂自然的诗。在晴朗的天气中，呼吸着新鲜空气，立足于肃静的天地朗诵古人的诗，是非常愉快的。

凡与卡尔相识的人都夸他"像天使般纯洁"。他是个非常虔诚的富于情感、温和可亲的孩子，他从未与人争吵过。对待自然，不要说动物，就是一朵野花，也舍不得乱摘。这正是老威特精心而得法地对他进行教育的结果。

卡尔·威特的教育方法不仅把自己的孩子培养成了天才，还影响了很多人。其中包括美国著名心理学家塞德兹博士和宾夕法尼亚州大学语言学教授斯托夫人。他们在研读了《卡尔·威特的教育》以后深有感悟，开始借助书中的方法并加入自己的理解训练孩子。结果，小塞德兹 11 岁就考入哈佛大学，斯托夫人的女儿维尼夫雷特 3 岁就会写诗歌和散文，5 岁就已经在报刊上刊登文章了。而在 200 年后的中国，著名的"哈佛女孩刘亦婷"的母亲正是在这种教育方法的启迪和指导下，将女儿培养成为出色的人才。

蒙台梭利：特殊教育法

玛丽亚·蒙台梭利（1870 年 8 月 31 日—1952 年 5 月 6 日），意大利第一位医学女博士，继福禄贝尔后又一位杰出的幼儿教育家，也是世界上第一位杰出的女性学前教育家。蒙台梭利最初研究智力缺陷儿童的心理和教育问题，后来致力于正常儿童的教育实验，创办了举世闻名的"儿童之家"。她撰写的幼儿教育理论著作已经被翻译成为 37 国文字，对现代儿童教育的改革和发展产生深刻的影响。她坚信，心理缺陷和精神病儿童，通过运动和感觉训练活动，可以使身体协调，智力也能得到发展。

1894 年，蒙台梭利毕业于罗马大学医科，成为意大利第一位女医学博士，名震全国；在任罗马大学精神病诊所助理医师期间，她开始对智力迟钝儿童的教育问题感兴趣。她接触到了白痴儿童（在当时白痴和疯子同被关在疯人院），对他们也由同情地帮助解决生活困难，转而开始研究智障儿童的治疗及教育问题，于是她开始阅读当时塞根关于特殊教育的著作与伊塔对这方面的研究报告。在精神病诊所的这两年工作中，她察觉到："儿童除了食物之外，还会在屋子里面到处乱抓、乱摸，找寻可让两手操作的东西，以练习他们的抓握能力。"这种认识奠定了她教育理论中，"发展智力需要透过双手操作"的基本理论。并且由这两年的体验，她提出了对低能儿童教育的看法："要克服智能不足，主要还得靠教育的手段；不能只用医药去治疗。"一改传统尽以药物治疗低能儿的偏执做法。

她认为，儿童心理缺陷和精神病患的主要问题是教育问题，而不是医学问题，教育训练比医疗更为有效。缺陷儿童教育的成功给了她新的启示：既然缺陷儿童通过教育能够达到正常水平，那么正常儿童通过训练和教育，不是可以达到更高水平吗？于是，她开办"儿童之家"，转而从事正常儿童的教育工作。这是她教育生涯中的一个重大转折。她以一个社会和教育改革者的面貌出现在儿童之家，尽最大努力打破传统的学校的教育方法，不带任何先入之见，一切从观察研究儿童及其家庭环境入手；并以儿童和家长的朋友的身份出现，热爱关心儿童，为儿童设计各种教育方案。经过不断探索和总结，她建立了自己独特的幼儿教育理论和方法，引起了社会的广泛而强烈的反响，促进了现代幼儿教育的发展。她对世界学前教育的巨大贡献不仅在于创立了蒙台梭利教育法，而且在于她以长期的宣传和实践推动了世界学前教育的发展。她的学前教育课程被后人称为蒙台梭利方案。

英国教育家赞誉她为"20世纪赢得世界公认的推进科学和人类进步的最伟大科学家之一"。在日益重视素质教育的中国，以她的思想为基础创立的蒙台梭利婴幼儿早期教育班也越来越受到家长的青睐。

蒙台梭利的幼儿早期教育主要可以归纳为以下几方面：

第一，从0岁开始的早期教育，是人的智能开发和训练的最佳时期。孩子年龄越小，智力发展的可能性越大。如果剥夺了孩子这一最佳时期受教育的权利，对孩子的发展就会事倍功半，甚至劳而无功；如果完全剥夺孩子这一早期教育的权利，孩子的智能将被无情地埋没。

第二，对孩子各种感觉训练和智力潜能的开发，有着（0～6岁）年龄段的关键期和敏感期。

第三，对婴幼儿的早期培养要坚持持续性，要把婴幼儿看作连续发展着的个性，要看到这个个体与环境的交互作用。

第四，把儿童的学习活动加入"工作"的含义。

第五，通过感觉教育（触觉、视觉、听觉、嗅觉和味觉等感官的训练），把感官作为心灵的窗户。

蒙台梭利认为干涉儿童自由行动的教育家太多了，一切都是强制性的，惩罚成了教育的同义词。她强调教育者必须信任儿童内在的、潜在的力量，为儿童提供一个适当的环境，让儿童自由活动；同时，对婴幼儿的早期培养要坚持持续性，要把婴幼儿看作连续发展着的个体，要看到这个个体与环境的交互作用；在蒙台梭利看来，从 0 岁开始的早期教育，是人的智能开发和训练的最佳时期，在这段时期，父母应尽量给宝宝提供多元感官刺激，有意识地训练宝宝的视觉、听觉、嗅觉、味觉、触觉和语言能力。

蒙台梭利教育的首要条件是给儿童提供一个适宜的环境，蒙台梭利在"儿童之家"精心创造了一个特殊的世界。她努力将儿童置于成人干涉最少，而自我教育机会最多的环境之中。这种环境不仅是物质的，还包括精神的。物质方面，在"儿童之家"每一样东西的大小都与幼儿的身材相称，并都轻巧，位置便于他们取用，用完后都小心依次放置，保持美丽、光泽与完美，对儿童富有吸引力。精神方面，教师是创造良好精神环境的使者，所以，教师必须进行准备。

第一，需要学会沉默的能力以取代表达的技能，必须用观察取代灌输式教学；必须以谦恭取代那种自誉为一贯正确的骄傲感。

第二，教师的仪表要有助于赢得幼儿信任和尊重，轻盈和文雅是对教师仪表的基本要求。

第三，关键是要激发儿童的兴趣，使他的整个人格都参与活动。为此，教师必须像火焰一样用它的温暖去振奋、活跃和鼓舞所有的儿童，要想各种办法吸引儿童做各种练习。

第四，不要给予儿童不必要的帮助。当儿童获得专心于某件事的能力之后，教师才可在实际生活的练习中向儿童呈现教具。一旦儿童对某种教育发生了兴趣，教师就一定不要打断他。

在蒙台梭利看来，儿童的兴趣不只是集中于操作本身，而通常是以克服困难的愿望为基础的。如果教师试图帮助他，他常会让教师去做，自己却跑开了。这种不必要的帮助实际上成为儿童天然能力发展的障碍。这些也就是传统教师与蒙台梭利式的教师的主要区别。蒙台梭利要求教师必须意识到在儿童内心深处隐藏着神秘的力量，它是儿童发展的源泉。

其次是提供适宜环境的前提。教师要观察儿童，要了解儿童的需要，要明确儿童其本身应有的能力，在对儿童及其发展的理解（儿童观和儿童发展观）的基础上，才能创造一个能给予儿童这种能力以"保护"并"培育"的环境。所以，蒙台梭利要求教师要首先学会沉默，在沉默中观察，在观察中了解，在了解的基础上为儿童创设最适宜的环境，给予最恰当的引导。

但由于这个"以儿童为本位的环境"其意义并不仅只是环境，而是儿童不久将要面临未来世界及一切文化的方法与手段，因此他必须具备如下条件：

（1）充分发挥儿童的节奏与步调。儿童与成人在心理和生理方面差异悬殊，成人在1小时内的认知和感觉与儿童所经验到的截然不同。儿童以其特有的步调感知世界，获得很多成人无法想象的事情。儿童特有的节奏已成为他们人格的一部分。成人在复杂、多变的文化环境中生存时，必须愈加保护儿童特有的"节奏或步调"所需的环境。

（2）给儿童安全感。人类的孩子比其他动物的成熟要来得迟，因此他们更需要庇护，当孩子的身体感到危险时，用温柔、鼓励的眼神关爱孩子，才能使他们自由、奔放地行动。

（3）可自由活动的场所与用具。儿童必须依靠运动来表现其人格，尤其是他们的内心一定要与运动相结合，才能够充分获得发展。因此，需要能让儿童持续接触能收集、分解、移动、转动、变换位置等可自由活动的用具与场所。

（4）美对儿童是非常具有吸引力的，儿童最初的活动是因美引起的，所以在儿童周围的物品，不论颜色、光泽、形状都必须具有美的感觉。

（5）必要的限制。儿童的周围不可有太多的教材或活动的东西。太多的东西反而使儿童的精神散乱迷惑，不知该选择何种教材或从事何种活动。以至不能将精神集中在对象上。为避免儿童做不必要的活动，而导致精神疲惫、散漫，教材及活动必须有某种程度的限制。

（6）秩序。儿童的秩序感以两岁为高峰，其后的数年间，儿童的秩序是极特殊的，这个时期秩序感与儿童的关系就像鱼和水、房子与地基。事实上，儿童会以秩序感为中心，运用智慧，进行区分、类比的操作，将周围的事物加以内化。要是没有秩序的话，一切事物将产生混乱，儿童会因而失去方向感。所以，秩序必须存在于有准备的环境中的每一部分。

（7）与整个文化有连贯性。所谓"秩序存在于有准备的环境中的每一部分"，就意味着秩序应包含于拓展儿童智慧的教材中。这种秩序可使儿童能真正认真地去进行"真实的生活"。能够独立专注于自己世界内活动的儿童，才能真正在下一个阶段的成人世界中活动。

蒙台梭利不赞同传统的教育理念——同龄的孩子在一起游戏或者学习更容易促进儿童的身心健康发展。因为他们的发展水平差距有限，教师更容易掌握儿童的发展状况，从而提供一个更合适的发展空间。而混龄班中不同年龄的儿童的角色是固定不变的，岁数大的儿童总是以哥哥姐姐的位置自居，一直是处于照顾别人、比别人强的地位；而年龄小的孩子则永远是弟弟妹妹。始终处于被照顾关爱弱者的地位。

她认为，不同年龄幼儿间的互动对其智力，特别是思维能力发展是非常有意义的。当不同年龄幼儿间发生认知冲突时，年长幼儿充当了"小老师"的角色，给弟弟妹妹讲解他们掌握的知识，这促使他们更深入地理解知识，牢固地掌握技能技巧。当然，这里所说的混龄教育仅限于幼儿园阶段。

在混龄教育活动中，不同年龄的幼儿在一起玩耍，增加了群体互动的复杂性和层次性，与异龄同伴交往带来的角色、心理体验和沟通方式的变化对幼儿提出了新的人际挑战。同时，随着年龄的增长和环境的变化，幼儿个体的角色也在不断变化，在这里是弟弟或妹妹，在那里可能就是哥哥或姐姐，这种变化促使他们不断适应和接受新的角色。混龄教育为幼儿创造了一个较为复杂的、动态的小型"社会环境"，为幼儿情感的发展提供了动力和源泉。

混龄教育为幼儿提供了丰富的情感体验的机会。由于年龄差异以及由此导致的能力差异和经验差异，每个幼儿都拥有区别于以往的角色和地位，不得不面对复杂的关系情境。在混龄教育活动中，一名幼儿既可以是老师的学生，又可以是其他幼儿的弟弟妹妹或哥哥姐姐，还可以是同龄人的伙伴，这些角色变化既让幼儿体验到年幼幼儿对年长幼儿的尊重、敬畏、钦佩或嫉妒，又让幼儿体验到年长幼儿对年幼幼儿的关心、爱护或轻视等，这些复杂的情感体验给幼儿带来了巨大的冲击。因此，在混龄教育活动中，我们既要为幼儿提供情感体验的机会，培养幼儿对各种情感的敏锐性，丰富幼儿的情感世界，又要防止幼儿过多体验不健康的情感，如嫉妒、傲慢、轻视等，把幼儿的同伴关系引向关怀、互助的方向，为幼儿健康人格的形成打好基础。

混龄教育增强了幼儿对积极情感的敏锐性和对消极情感的承受能力，锻炼了幼儿的情感控制能力，扩展了幼儿情感体验的范围。年长幼儿的积极行为为年幼幼儿提供了良好的榜样，并由于年龄的相近而更具感染力；年幼幼儿通过与年长幼儿的交流可逐步克服自己的消极情感如胆怯、任性等；年长幼儿也因为榜样的自我心理暗示，愿意在与年幼幼儿交往的过程中自觉展现积极情感如谦让、耐心等，克服任性、霸道等消极情感。同时，教师也需要积极引导，帮助幼儿克服消极的情感体验，加强幼儿对积极情感的认同和渴望。

自由是蒙台梭利环境中不可缺少的要素之一。蒙台梭利认为，自由是儿童可以不受任何人约束，不接受任何自上而下的命令或强制与压抑的情况，可以随心所欲地做自己喜爱的活动。

这里所谓的给孩子自由，不同于放纵或无限制的自由。蒙台梭利相信，要给予儿童所需要的自由就必须要儿童的人格先有健全地发展及建构，这其中包含的内容有独立、意志与内在纪律。首先，应该对儿童个人自由的积极表现加以引导，使他们经历这些行为而达到独立。无论是我们家长还是老师，总是习惯性的替幼儿做一些事情，害怕会出现什么危险，尤其是家长们总是不放心，不让孩子动这个，不让动那个，从而限制了孩子的独立、自由性，也就错过了很多对他们有益的自发性活动。所以，无论如何我们对儿童的责任就是帮助他们依照自身所需要做的事情来完成有益的活动。其次，我们必须帮助幼儿发展他们的意志，借助激励的方式来完成自己选择的事情，但我们成人必须注意，不能以自己的意志来代替儿童的意志，而限制了他们自己的选择。蒙台梭利环境给予儿童自由，儿童便拥有了独特的思想行为，能够确定自己的行为对自己或别人有哪些后果，增加了自信心，使幼儿整个身心得到放松、快乐。

最后，我们应该给儿童创设一些建构性的工作，让他们通过建构工作来达到纪律的发展。比如，我们在进行长棒与数棒进行建构时，孩子们的注意力是非常集中的，同时扩散了幼儿的思维，这样在无形之中就加强了对儿童的纪律性。为了建立纪律，必须帮助幼儿建立对善恶的分辨，对儿童的任何破坏性及利己的行为严格的限制。所谓儿童的自由，应该是以不违反共同利益为原则，如果出现触犯他人或骚扰他人的行为，甚至一些粗暴的行为都要加以限制。儿童可以随意选择自己喜欢的工作，但是一些不利因素一定要排除，因为这些都会限制儿童的自由。

在形成纪律的过程中，蒙台梭利和卢梭一样，完全排斥了"说理"的作用。她认为，幼儿仍处于潜意识向有意识的过渡阶段，成人的说教不会奏效。此外，采取强制命令去束缚儿童将压抑儿童的个性，这是违反自由原则的。所以老师或家长不能武断地规定工作，同时幼儿在遇到困难时，不应过早的去干涉，而是仔细观察孩子们自己的解决办法。

另外，蒙台梭利提出要尊重孩子成长的步调：对孩子各种感觉训练和智力潜能的开发，最重要的就是要尊重孩子成长的步调，根据不同年龄段的关键期和敏感期挖掘潜能的任务，进行不同的训练，作为教师和家长，要懂得和了解这些具体的问题，根据孩子的年龄段，对孩子进行系统的、分段的、有侧重的智力培训和潜能开发。这就要教育者抓住孩子的"敏感期"，即是指这样的一段时期，当孩子在内心会有一股无法抑制的动力时，会驱使孩子对他所感兴趣的特定事物，产生尝试或学习的狂热，直到满足需求或敏感力减弱时，这股力量才会消逝。

而敏感期的教育要注意以下几点。

（1）孩子是个有能力的个体，我们应该充分地尊重他。蒙台梭利认为，孩子是具有能力的天生的学习者。他们会循着自然的成长法则，不断使自己成长为"更有能力"的个体。

（2）每个孩子都是独一无二的，他们的成长速度不同，敏感期出现的时间也不一样。因此，我们应该细心观察敏感期的出现。

（3）布置丰富的自由的环境。我们应该在孩子的某项敏感期出现时，就已经为孩子准备好了一个能满足他成长需求的环境。

（4）在自由中发现儿童。蒙台梭利认为，我们不应该过多地干涉孩子的活动，当然，这并不是丢下孩子完全不管，而是应该把我们的引导变为隐性的。让孩子在自由的环境中自由探索、尝试。

蒙台梭利还主张要根据儿童自身天然的特点及成长要求，在自由与快乐的学习环境中，达到教育的目的。她说："在探索儿童心灵世界这件事上，成人切记不要用自己的角度，或以自我为中心。如果成人以自我为中心去观察与儿童心灵有关的所有因素，只会增加对儿童的误解。"

蒙台梭利强调儿童是和成人截然不同的独立个体，成人必须重新看待孩子，发现孩子存在的价值，而不随意将自我意识强加在孩子身上，从而磨灭了儿童的人格意识。蒙台梭利以科学观察验证的精神，发现了儿童成长的自然法则——儿童具有自我学习，使自己趋于完善的潜能，也就是说孩子致力于改善他自己。

斯托夫人：自然教育法

斯托夫人有个女儿，名叫维尼夫雷特。在得到《卡尔·威特的教育》一书之后，她一边按照老威特的教育方法来培养自己的女儿，一边研究自己的育儿方法，取得了非凡的成功。在母亲的训练下，女儿从 3 岁起就会写诗歌和散文，4 岁时便能用世界语写剧本。她的诗歌和散文，从 5 岁起被刊载在各种报刊上并汇集成书，博得了广泛的好评。

在女儿12岁那年，斯托夫人将自己的教育经验写成《斯托夫人的自然教育法》，阐述了早期教育的重要性。凝结斯托心血的自然教育，与卡尔·威特的教育方法互相印证，但是添加了更多新的元素；与赛德尔兹的教育理念有异曲同工之妙，但是斯托的方法有更鲜明的女性特征。

斯托夫人也不满足于仅将自己的女儿培养成才，她也渴望让世人了解早期教育对孩子成长的重要性，她的"伟大始于家庭"的观念已经深入美国的千家万户，并使越来越多的美国家庭从中获益。她的教育观点主要有以下几个方面：

第一，孩子能否成为杰出人物，完全取决于母亲施行了什么样的教育。因此，最早对孩子进行教育的应该是家里的母亲，而不是学校的老师；而且家庭教育必须伴随孩子们的一生，而不以某个年龄段为限。

斯托认为，母亲在孩子的教育中有着不可替代的作用，可以说，孩子的未来命运有时就操纵在母亲手中。那些没有准备好承担困难或者准备将困难教给保姆的人，最好不要做母亲。

在现实生活中，许多母亲并不是真正知道胎教的重要，在孩子还只是一个胎儿时，他们认为自己对孩子的健康和幸福没什么责任。没有任何一个母亲会给婴儿吃咸菜、虾和喝酒，但却有许多母亲给胎儿吃这些有害的东西。也就是说，许多母亲在妊娠期间吃这些东西。根据医生和生理学家的建议，母亲所吃的食物对胎儿的健康会产生非常大的影响。所以，做母亲的为了生出一个健康的孩子，应当加强对食物的研究，多多听取专家的意见和建议。

母亲不仅要考虑胎儿的健康，同时也应为胎儿的品德形成和智力的发展负责。所以，妊娠的母亲应使自己的生活过得快活，不应经常哭泣。因为哭泣易使未来的婴儿发育不良，而发育不良是形成社会上软弱无能者的重要原因之一。人生在世，会不断地遇到困难，为了使下一代有克服困难的能力，我们必须生育出健康的孩子。此外，应使孩子具有爱美、爱正义、爱真理、爱善行的精神。为此，在怀孕期间，应看好书、想好事情、听好的音乐、欣赏大自然的美和艺术作品，并且要做好事。

希腊有个习惯，妇女在怀孕期间要观看美丽的事物，这是为了使孩子也能成为美丽的人。因为美能使人精神愉快、感到幸福，而愉快和幸福能使人变得更加美丽。斯托夫人也建议给孩子营造一个优美、舒适的室内环境。孩子的房间应选择家中最好的屋子，空气新鲜、阳光充足。墙壁最好是暗绿色的，有利于孩子的眼睛。床是洁白的，被子要软而轻，毛毯也应是轻的，重的易使孩子疲劳。墙壁上要挂有各种名画的复制品，最好在壁炉和桌子上陈列一些著名的雕刻仿制品。当然，这些物品可以买便宜的。

根据生理学家的理论，恐怖会阻碍心脏的活动、抑制腺体的分泌、毒化乳汁、使头发变白、使人老化。因此，恐怖是恶魔，应尽量杜绝它。而要铲除它，就应当具有勇敢和快活的精神。

女性不生孩子就不能体会到生活的幸福。但要记住，做母亲必然会遇到许多困难。因此，凡是没有决心战胜这些困难的女性，最好不要生孩子。母亲在埋头于教育孩子的同时，还要照顾好丈夫。如果对丈夫照料不好，丈夫可能会另有所欢，从而破坏家庭，这样对孩子的影响更大。所以，母亲的工作并不轻巧。

母亲并不是一个简单的称谓，也不再是传统意义上的喂孩子，洗衣服，打扫卫生……而是一种伟大而神圣的职业。母亲的教育很重要，母亲的工作不能由旁人代替，孩子的教育必须由母亲承担。把自己的孩子委托给他人，只有人类这样做，其他的动物决不会这样。

斯托夫人曾经说过，中国是最早开设学校的国家，尽管如此，他们的文明落后了。这是由于他们没有认识到妇女教育的必要。过去，中国人认为妇女不应受教育，因此，中国大多数妇女是文盲，也不进行家庭教育。受不到母亲教育的国民决不能成为伟大的国民。

有种说法是罗马之所以灭亡，就是由于罗马的母亲们把教育孩子的工作委托给了别人。

这种说法虽然夸张了些，可是就像福禄培尔曾经说过的：国民的命运，与其说是操纵在掌权者手中，倒不如说是握在母亲的手中。

看看我们生活的周围，孩子基本上没有时间和自己的妈妈待在一起，因为我们的年轻妈妈正在为生活的富裕努力奔波赚钱。以工作忙为借口，把孩子委托给孩子或是由爷爷、奶奶、姥姥、姥爷们看护，或是根本就没有自己的亲人照顾，只是由花钱雇来的保姆看护。在斯托夫人看来，这样的妇女是不能称为母亲的。

大多数的家庭不可能由母亲全职在家里教育孩子，只要采取正确的方式，对孩子的照料虽然不一定样样都动手，但对孩子的教育和平时的管教，母亲一定要承担起责任。正是出于这样的考虑，奉劝天下父母在孩子出生以后要慎用保姆。我们骑马，甚至也不雇用不称职的马夫，但是有的母亲却把孩子交给无任何学识的保姆。这样的保姆整天对孩子说，不许做这个，不许做那个，因为她这样最省事。但这样一来，非但不能发展孩子的能力，反而会使之更加萎缩。并且，孩子在这样的保姆抚养下成长，会形成各种不良习惯。当然，生活较富裕的母亲，对孩子的照料不一定全要自己动手，可以把部分并不重要的任务交给保姆。并且，要尽可能地多花些钱，雇一位有教养、有学识的妇女做保姆。即使如此，除了孩子的教育，吃饭、洗澡和穿脱衣服等，也都应由母亲自己承担。母亲和保姆的性格非常重要，甚至她们的表情对孩子都有影响。所以，保姆应选择性格开朗的妇女，母亲也尽可能使自己表现得快活。

第二，斯托夫人认为，没有比大自然更好的老师了，孩子在大自然中能够不知不觉地学到很多东西。以大自然为主题，可以向孩子讲述的有趣故事是无穷无尽的。

同时，让孩子接触大自然，不仅可使他们的身体健壮，而且精神也会旺盛起来。

从小生活在农村的人都会有一种感觉，那就是从小就能亲密接触大自然，很小就能叫得出许多植物和动物的名称，知道它们的特性和用途。因为长期接触、观察大自然中的动物和植物，作文写起来形象、生动。可生活在城市高楼中的孩子则不同，他们每天的生活几乎被学习填满了，好不容易有个假期，也要被各种各样的兴趣班代替，他们接触自然的时间少，对动物、植物缺乏了解和观察，如果老师布置这类作文，往往无话可说，即使写出几句，也很干瘪，缺乏准确性和生动性。

斯托夫人在当时就建议，应当从改造不良少年的经费中拿出一部分钱把城市的孩子经常带到郊外去接触大自然，这样就可以在一定程度上预防不良少年的产生。这个建议对于当今大都市孩子的教育也是有借鉴意义的。

斯托夫人尽可能带着女儿到郊外去，利用实物向她讲述各种有趣的故事，内容涉及动物学、植物学、矿物学、物理学、化学、地质学、天文学等几乎所有的科学领域。且看看她在书中的记载：

我们经常到郊外去，摘下一朵花，拔下一棵草进行剖析，砸碎一块岩石进行观察，窥视小鸟的窝，观察小虫的生活状况等。维尼夫雷特喜欢用显微镜观察各种东西，同时，还写出了有关各种事物的极其有趣的散文。维尼夫雷特非常喜欢植物，采集的标本堆积如山。她还运用世界语，搜集世界各地的植物标本。还有压花册，这也是通过懂世界语的小朋友采集的生长在各地伟大人物和诗人墓地上的花以及古代战场上的花，经过压制而成的。其中最珍贵的是《奥雕邦花册》。众所周知，奥雕邦先生从事研究的地区是肯塔基州汉德森的附近树林。这个压花册就是维尼夫雷特亲自采集制成的，她在这个树林中获得了有关大自然的各种知识。

开始时她非常害怕青虫，自从告诉她青虫会变成美丽的蝴蝶之后，就不害怕了。我还向她讲述蚂蚁和蜜蜂的生活规律，她对它们的集体生活很感兴趣。她还研究黄蜂和雄蜂的生活，写出了许多散文。

维尼夫雷特现在正在研究甲虫，据她说甲虫有15万多种。而且她自己也要发现新的种类。她博览过有关甲虫的许多书。冬天在野外看不到甲虫时，就到卡内基研究所看着标本进行研究。

斯托夫人认为，让孩子搞园艺确实是一种很好的教育方法。她让女儿从小就开始搞园艺，栽培花草和马铃薯等。孩子非常喜欢做这些事，每天给它们浇水、除草，观察它们的生长情况，感到非常高兴和有趣。

每年夏天她还带女儿到山中过几天野营生活，让她在那里研究自然。并且经常带她到原野去，在草丛中观察野花和小虫。草丛中有歌德所说的《草中小世界》，即各种小虫组成的世界。

维尼夫雷特还养过小鸟。她有两个金丝雀，一个叫菊花，一个叫尼尼达。菊花是许多日本少女喜欢的美名；尼尼达是西班牙语，是婴儿的意思。小维尼教给金丝雀各种玩意儿，它们能随着小提琴歌唱，又能站在手掌上跳舞。维尼夫雷特弹钢琴，小鸟就站在她的肩上，叫它们闭上眼睛，就闭上双眼，读书时叫它们翻开下一页，它们就用小嘴翻到下一页。

此外，她还饲养着小狗和小猫。饲养这些动物时，为了调食、喂水，孩子得高度注意，以培养她专注的精神，它还可以培养孩子的慈爱之心。有人认为饲养动物是危险的，因为动物是传染病的媒介，而斯托夫人则认为，只要让孩子注意，是没有什么危险的。

由于饲养了金丝雀和狗，维尼对其他的鸟兽也发生了兴趣。她经常去动物园，研究各种鸟兽的生活状况。结果她首先写出了《我在动物园里的朋友》这本书，后来又写出了《和我在动物园里的朋友聊天》一书。

为了使女儿对鱼类感兴趣，妈妈还在她的房间里养有金鱼和鲫鱼。美国国内的大水族馆，差不多都让她去看过。对于矿物学、物理学、化学、地质学等，也采用同样的方法去教。

为使她对天文学有兴趣，斯托夫人让她看神话书。同时带她去过许多天文台，并用望远镜观看天体。为此，她同许多天文学者交上了朋友。马温特·罗天文台的拉肯博士说，由于和维尼夫雷特交谈受到了鼓励，才写出了《在头脑混乱之中》一书。

维尼夫雷特能取得后来的成绩是和母亲的这种教育分不开的。我们现在的家长应该认真向斯托夫人学习，相信这样教育孩子的效果会事半功倍。

第三，斯托夫人指出，游戏是开发孩子智力的一个重要途径。通过游戏教学可以达到事半功倍的效果。孩子都喜欢做"模仿游戏"。这种游戏能有效地发展孩子的智力，应经常让她玩。尽管人们对电影有种种看法，但斯托夫人却认为，只要选好影片，电影对孩子还是很有教育价值的。为此，她经常带女儿去看好的儿童剧和电影。她们不光看，回去以后二人还模仿电影中的情景进行表演。角色不够时，就用玩偶和其他物品顶替。不仅对电影情节如此，对于读过的书中的故事，她们差不多也都表演过。

做发展孩子在爱好方面的能力游戏，也十分必要，也容易开展，因为这是孩子的本能。她和女儿就常常做蒙眼睛的游戏。事实上，几乎所有孩子都喜好这一游戏。具体的玩法是把孩子的眼睛蒙上，给她各种物品让她猜是什么东西。另一种玩法是蒙上眼睛，在屋子里摸索，碰到一件东西让她猜是什么。这类游戏能有效地发展孩子的触觉。

在维尼夫雷特很小时，母亲就带她到各处走走。为了训练女儿的判断力，以后再去那里时，就让女儿在前头领着走。经过这种训练，小维尼从18个月时起，就能带着妈妈和保姆到各处去了。

训练视觉的游戏很多。例如，当妈妈的心里想着室内的某一件东西时，告诉她这个物品是红色的，让她猜妈妈想的是什么。维尼夫雷特就猜是字典、吸墨纸、花瓶的花，等等，猜上3次或5次，必须在规定的次数内猜对。若猜不着，就轮到她说妈妈猜了。

此外，孩子必须学会控制自己的身体。换言之，孩子必须学会控制自己的肌肉。在这方面，做"模仿铜像"的游戏是有效的。玩法是这样：某人摆出某种姿势，对方数数，如50、100，在规定的数字内不许动。这是希腊人经常做的游戏。据说他们的动作之所以那样优美，原因就在于此。

用纸、布等材料制作物品等运用手指的游戏，也对发展孩子的能力十分有效。只要肯动脑筋，可做的东西种类是很多的，孩子们在任何时候都可以高兴地玩。妈妈和维尼夫雷特用纸做蝴蝶、船等，用剪好的布做娃娃，用卷烟盒做小马车和火车，用厚纸建造房屋和城市，建造桥梁和宝塔等。还用花生做娃娃，用香蕉做马，这些游戏，不仅使孩子高兴，而且能发展他们的创造能力。

从维尼夫雷特小时起，斯托夫人就教她做玩偶的衣服和简单的刺绣。在她4岁时，就已能把首次做成的刺绣成品赠送给婶母了。这是一个在白布上用各种颜色的丝线绣成的头戴遮阳帽的少女。此外，斯托夫人还教女儿各种针织方法。女儿的手工艺品种类很多，都是从小逐渐积累的。下雨天不能在室外玩时，她总是十分高兴地把这些物品拿出来欣赏。

斯托夫人认为，孩子的游戏、食物和游戏的伙伴等，以有变化为好。她不让维尼夫雷特总是和某一个小朋友玩。爱默生曾说："如果世界上只出现两个人，不到一天工夫，其中必有一个成为主人，另一个成为奴仆。"孩子的游戏也是这样，只要是有两个人玩，不久，就会产生这样的关系，结果并不愉快。

而斯托夫人鼓励男孩儿和女孩儿一起玩游戏，她认为男孩子和女孩子一块做游戏，可以取长补短。男孩儿可以从女孩儿身上学习亲切柔和等品德，女孩儿可以从男孩儿身上学习勇敢果断等品德。男孩儿富于理解力，而女孩儿则敏捷并富于想象力。他们一起玩，不仅对双方都有益，而且能热心地玩，对孩子们来说各个方面会提高得很快。

第四，父母在开发幼儿智力的同时不能忽视孩子道德品质的培养。

斯托夫人认为，人生在世，自己的所作所为必然会得到相应的报答。而自尊、自信等自身品质的培养则是生存的立足之本。自尊者自信，凡事失去做事的信心，终将一事无成。同样，失去自尊，也就等同于失去了自信。因此，家长在教育孩子的过程中，一定要注意维护孩子的自尊心，并积极地给予他行动的自信。

在培养孩子自尊和自信方面，斯托夫人做出了许多有益的尝试：

（1）让孩子穿自己的衣服：在孩子穿着方面，斯托夫人建议不应让孩子穿姐姐或哥哥穿过的衣服。即使家境不佳，最好也不要这样做，因为这样会严重地损害孩子的自尊心。斯托夫人非常注意保护女儿的自尊心：让女儿和我们一起吃饭，把她和大人同样对待。吃饭时我们说的也是她能听懂的话题，平等地与她谈话。有的家庭，吃饭时不让孩子说话，有的甚至不吃饭时，孩子也必须畏畏缩缩，这样做，孩子就不会有任何自尊心。

（2）信任你的孩子：为了使孩子能自重，必须信任他们。无论是大人还是小孩，受到别人的信任就能自我尊重。管束孩子不许干这个，不许干那个，还不如信任他们，耐心地说服他们更为有效。我们如果把孩子当坏人对待，他就可能成为坏人。

（3）不要给孩子讲有损他们心灵的故事：在美国有一种坏习惯，为了使孩子做好事就往他们的头脑里灌输各种的惩罚、地狱之火等故事。斯托夫人认为这种方法是非常错误的。

（4）不要试图让孩子怕自己：社会上还有这样的父母，为了使孩子容易管教，故意让孩子怕自己，这也会使孩子变成懦夫。这样的父母，会把孩子造就成一个失败者。一个怯懦者想在这个社会里获得成功是非常困难的。

（5）不要让孩子常说一些懦夫用语：还有一点要注意：不可让孩子说懦夫们常常用的词汇，如"不能做"。常说这句话的孩子决不会成为有出息的人。为了对孩子灌输进取、勇敢的精神，最好给他们讲述伟大人物善忍耐的故事。

（6）不要包办孩子的事情：多数母亲把孩子视为玩物。认为这也不能做，那也不能干，一切都包办代替。结果使多数孩子对自己的能力缺乏信心。维尼夫雷特从婴儿时期起，妈妈就耐心地站着让她给妈妈扣衣服上的纽扣。尽管她不会扣，很费时间，但是妈妈认为这是在对孩子进行教育，所以还是耐心地让她扣。

在斯托夫人内心，让女儿从小时给她扣衣服扣，除了练习手的动作外，还是为了培养女儿帮助他人的观念。为此，她还教孩子自己穿鞋、穿衣服。即便很忙，也要花点时间让女儿自己穿脱衣服，因为这是对孩子的教育。

还有一种母亲，把孩子视为宝贝，怕跌倒摔伤不让孩子滑冰，怕溺水不让划船和游泳。这简直是把孩子用玻璃罩子罩了起来，这是非常错误的。这种教育方法只能使孩子成为废人。

（7）乐于回答孩子的问题：孩子是有好奇心的，对他们经常提出的许多问题，应予以回答。孩子提出各种问题，是令人不耐烦的，并且解答是很费事的。然而，做父母的绝不可拒绝或者逃避孩子的质问。

由于是孩子，所问的内容必定有不合逻辑的东西。但是我们仔细想一想，大人的知识其实也不外乎是些可笑的东西，所以不论孩子提出什么问题，决不应嘲笑。不但不嘲笑，而且应该亲切地予以回答。你一嘲笑他，他就会因害羞而不再提问了。

提问是孩子获取知识的向导，应充分地利用它向孩子传授知识。若遇到自己不懂的问题，可以问问别人，也可以经过研究之后再解答。

（8）绝对不应欺骗孩子：欺骗孩子，被他们知道了，他们就不会再相信父母了。父母失掉了孩子的信任，其后果是不堪设想的。而且欺骗了孩子，孩子也学会欺骗他人。斯托夫人为此还举了一个例子：有个小孩的父亲曾自豪地说："我的儿子将来一定会成为一个大政治家。"当问他为什么时，他说："前天，我儿子把他母亲放在碗橱里的菜吃了，把剩下的抹到猫的嘴巴上。"这样的父亲是不可救药的，他儿子的欺骗行为肯定都是从他那里学来的。

（9）不可戏弄孩子：孩子受到戏弄，就容易变成不知羞耻的人，变得粗暴、或是用心不良，甚至不把人当人看待。社会上由于小时候受到父母的戏弄，以后成为罪犯而入狱者大有人在。

塞德兹：天才教育法

1905 年，6 岁的小塞德兹跟别的孩子一样上小学了，上午 9 时他去学校时被编为 1 年级，可是中午母亲去接他的时候，他已经是三年级的学生了。就在这一年内，小塞德兹小学毕业了。小塞德兹 11 岁进入了哈佛大学，大学的第二年他只有 12 岁，但却非常擅长往往使硕士研究生们感到头痛的高等数学和天文学，还能用希腊语背诵《伊利亚特》和《奥德赛》等原著作品，15 岁时他作为哈佛大学的优等生毕业了。

这样的孩子，真的不是天生的神童吗？塞德兹在不朽之作《俗物与天才》中给予了解释，他告诉大家，这只是一种先进的教育方法的必然结果。

塞德兹博士认为，孩子的发展与成功，不仅与先天的遗传，禀赋等因素有关，更与后天的环境和教育有关，后者甚至起决定性的作用。这种环境和教育就是给孩子自由。他认为，按照一定规格培养起来的、行为受到限制的、循规蹈矩的、内心压抑的儿童，长大后必然成为庸才。

在塞德兹看来，人就如同瓷器一样，在小的时候就会形成一生的雏形，因此，应该在特定的时期给予孩子恰当的教育；教育最重要的课题是要为孩子打开智慧的天窗，使孩子看清楚社会上的矛盾和缺陷，而决不能让孩子成为精神上的盲目乐观主义者；习惯固定化是庸才成长的温床，错误对天才来说只是一个过程，他要做的是把将来的事做得正确和完美。

很多父母都明白"样样精通，等于样样稀松"的道理，所以许多人认为让孩子学得太多反而达不到良好的效果，因此只让自己的孩子学习一门知识，以求专而精，然而，在孩子最初的成长道路上，这种想法是错误的。片面的教育只能培养出庸才。

在塞德兹看来，各种知识存在着某种相互影响的关系。仅学一门，只能使孩子的视野局限在狭小的范围之中。片面的教育只能让孩子拼命地学一样东西，将全部的宝贵童年都一门心思地集中一处。这样做的结果当然是能够在某一领域取得突出的成绩，但在其他方面却犹如白痴。难道，这样的孩子能够称得上"天才"吗？如果是那样的话，只能说明这是人们对天才一词的误解。

塞德兹以"神童"里斯米尔的例子说明这一问题。报纸上曾报道了"神童"里斯米尔的事迹。这个只有 6 岁的孩子在绘画方面有超人的天赋，能准确地描绘人体，并对人体结构以及光影都有极准确地把握，人们都在沸沸扬扬地谈论着这个伟大的天才，几乎都异口同声地断定这个孩子将会是一名艺术大师，因为他只对绘画有很高的天赋，在其他方面却很平庸，这足以说明他的天赋是先天性的。

这件事引起了塞德兹的注意，因为如果是那样的话，他的教育思想将会面临一次打击，因为他的教育思想的核心就是后天的培养，如果这个孩子的才能真是来源于所谓的天赋的话，那么这将是他教育思想的一个反证。

一天，塞德兹以心理学家的身份访问了这个孩子以及他的父亲。孩子的父亲对塞德兹的到来感到很高兴，一再诚恳地要求塞德兹指导他的儿子。里斯米尔的"画室"墙壁上挂满了各种画作和装饰品，房间的地板上摆放着各种各样的石膏模型，一幅巨大的人体解剖图高挂在最主要的一面墙上。有一个身材矮小的男孩在画架前坐着，他便是里斯米尔。

孩子的父亲拿出许多参展证书和获奖证书说："这些都是里斯米尔的。"这些全是儿童美术大赛的参展证明，有区域性的，也有全国性的。但塞德兹却发现里斯米尔始终坐在那儿一动不动，两眼无神而茫然地盯着前面的墙壁。塞德兹奇怪地问这位父亲："里斯米尔在干什么？"这位父亲说："他一定是在思考。"

"思考？为什么一定要以这种方式思考？"

"恕我直言，报纸上的那些报道并不完全真实。他们说我儿子的才能来自于天赋，我可不这样认为。正如您所说的那样，孩子的才能来源于后天的教育，我对此是深信不疑的。所以，我为了让儿子成为一名伟大的画家，一直对他要求很严。你也看见了，他无时不在考虑绘画的事。可以这样说，他的那些成绩完全来自于努力和勤奋。"他解释道。

"那么，除了绘画以外，里斯米尔还在学习什么？"

"绘画已经占用了他所有的时间，不可能再学其他的东西。何况，我认为只有用心一处才能有所成就。既然想成为画家，那么就应该有所牺牲。"

他这样一说，塞德兹才明白了为什么里斯米尔会有那么一种古怪的表情。可以毫不客气地说，他的那种表情完全是白痴的表情。

事实上，这个孩子在父亲长期的"强行教育"下，已经变成了只会画画的机器，几乎对其他的事一窍不通。他既不会认字也不会书写，更谈不上有其他的爱好。里斯米尔所受到的教育完全是舍本逐末。塞德兹判定，他不可能成为一个真正的艺术家。

果然，几年后里斯米尔的"天才"便不复存在了，人们也没有见到他们所期望的这位"天才"有任何的成就，里斯米尔后来真成了一个白痴，一个大脑发育不良的白痴。

现行的教育重纪律甚于重素质，把纪律看得高于一切。凡是遵守纪律的孩子，就被看成是好孩子，享受各种优待；人们常常不自觉地要用纪律去约束孩子，尽力使他们合乎规范。一旦孩子违犯了什么纪律，不管是有心还是无意，一律被视为大敌，非得严惩不可。

有多少年轻的父母看见孩子穿着干净崭新的衣服兴高采烈地玩泥巴而不生气的呢？又有多少母亲发现时却好像发现了世界末日，急忙上前去拍了他一巴掌，一边数落一边把他带进屋呢？

大人们想当然地认为，应当教会孩子处处为大人着想，让大人尽可能过安静的生活。因此，培养服从、礼貌和恭顺是十分重要的。儿童的自由天性就被这种愚蠢的力量所扼杀。他们在摇篮时期就被弄得毫无生气，他们受到的教育就是拒绝生活。

可悲的是，现实生活中当孩子显露出某方面的天才时，我们的教育不但不加以引导和启发，反而首先是用纪律的条框去规整它，使它符合我们的习惯。

塞德兹指出，学习不应该是件枯燥的事情，可是对于很多孩子来说，却是谈"学"色变。我们都知道，人一旦对某件事情产生排斥情绪，就会进而发生抵触心理，要想学好就难了。只有让孩子感受到学习中的乐趣，他才会主动要求学习更多的知识，因此，我们家长要做的一点就是：努力帮助孩子寻找出学习知识的乐趣所在。俗话说："兴趣是最好的老师。"但兴趣这东西不是天生的，需要后天的培养。小塞德兹从小接受的都是自愿的学习，如果他不想学，塞德兹肯定不会强行要求他学。况且，每学一样知识，小塞德兹总会觉得快乐，并主动要求学更多的知识。

他还指出，"孩子的问题根本没有意义"这样的想法和做法真的很愚蠢，因为你已经不知不觉地压抑了孩子的好奇心以及求知欲，更为严重的是抹杀了孩子最可贵的求知精神。塞德兹总是认真而耐心地回答儿子提出的问题，并加以引导，决不会像很多父母那样嫌麻烦，应付了事。

孩子到底应该具备怎样的心理素质？其实孩子的心理素质教育主要包括人们所有的心理活动过程和心理活动结果。一个真正的天才，除了身体健康、学识丰富，最重要的还要有良好的心理素质，能在激烈的社会竞争中立足。因此，加强孩子的科学世界观和理想教育，提高孩子承受挫折的能力、培养孩子良好的修改是天才培养的一个重要方面。塞德兹对孩子心理素质的培养方法值得我们学习。

小塞德兹不到7岁就完成了小学教育，这当然是值得骄傲的事。然而，他在学校的经历并非人们想象的那样尽善尽美，这其中也存在着许多不尽如人意的地方。

在一次由学校组织的体育比赛中，小塞德兹倒数第一名。那一次的比赛，是同年级中的比赛，也就是说一年级的孩子们就仅限于一年级，比赛在不同的班之间进行。二、三、四、五年级也是相同的比赛办法。这样一来，小塞德兹首先就在年龄上吃了亏。

小塞德兹报名参加了 50 米短跑，他当然不是别人的对手。

事后，小塞德兹难过极了。他把这件事看得很重很重。大约过了一个星期，儿子仍然闷闷不乐。见他这样，塞德兹认为有必要帮助他摆脱那种失意情绪。

"儿子，你还在为那件事难过吗？"塞德兹问他。"我真是太笨了，竟然得了倒数第一名，太丢脸了。"儿子难过地说。"是啊！得最后一名是不怎么光彩，可是你想到过其中的原因没有？"塞德兹问。"是什么原因呢？"儿子问。"因为年龄。你想想看，你的对手都是比你大的孩子，这个很正常……""可是我不能因为年龄小就比他们差呀。"儿子不服气地说，"虽然我比他们小，可我的功课比他们都好，只有体育一样不行，这多丢脸呀。"

"不，你这样说并不正确。智力是能通过教育和勤奋得到发展的，但年龄却是任何人也不能改变的。他们跑得比你快完全是因为他们年龄大、个子高。他们的腿都比你的长许多，如果跑得还没有你快，那不是太糟糕了吗？"塞德兹说。

"这也有道理，可是我毕竟是最后一名。同学们都在嘲笑我。"儿子还是很难过。

塞德兹知道儿子的性格，他是一个对自己要求极其严格而且从不服输的人。正因为如此，他固执得往往去钻牛角尖。于是塞德兹进一步对他进行开导："虽然你现在是最后一名，我想这并不能表明你的体育不行，因为这完全是年龄造成的。我敢肯定，等你长到十一二岁时一定会比那些孩子跑得快。"

"真的吗？"儿子问。

"当然是真的。因为那天我问过你们的体育老师。他说你的失败完全是因为那场比赛对你不公平。他还说你的体育成绩在同龄的孩子中是最好的。他还专门给我看了成绩单，年龄与你相仿的同学无论在哪一方面都比你差。"

小塞德兹似乎在眨眼间得到了一个真理，顿时从失意之中走了出来。

其实，只要你留心，我们的孩子也有失意的时候，可能学习出现了问题，可能和朋友交往出现了什么不如意，总之，我们不能以孩子还小为借口，就对他的失意情绪视而不见。

斯宾塞：快乐教育法

斯宾塞是 19 世纪后期英国著名的教育家，也是近代西方科学教育思想的倡导者，被很多人称为人类"历史上的第二个牛顿"。他的快乐教育理念来自对孩子天性的透彻分析和妥善驾驭。他指出："长期以来的教育误区，把教育仅仅看作是在严肃教室中的苦行僧的生活，而忽视了对孩子来说更有意义的自然教育和自助教育。"并提出了"逃走教育，快乐教育"的教育理念，强调"对儿童的教育应当遵循心理规律，符合儿童心智发展的自然顺序"，揭示了科学教育最本质的特征，对西方科学教育理论的开展起到了里程碑的作用。

斯宾塞强调对儿童的教育应当符合儿童心智发展的自然顺序，即从简单到复杂、从不准确到准确、从具体到抽象。他反对简单的照本宣科，死记硬背。斯宾塞的教育核心理念主要包括以下几个方面：

（1）提倡科学教育，推崇"实用"的知识，斯宾塞提出"科学知识最有价值"的卓越见解，他制定了以科学知识为核心的课程体系，为争取科学被承认为教育的一个必不可少的组成部分而努力斗争。

（2）提倡自主教育，反对灌输式教育。

（3）提倡快乐和兴趣教育，反对无视学生身心发展规律的教育方式。

斯宾塞认为，兴趣是孩子学习的动力，天才都对他们从事的领域怀有强烈的兴趣引导，而且很多看上去都是毫无意义的兴趣。所以，兴趣没有好坏之分，错误并不在于孩子的兴趣，而在于家长能否正确地引导。引导他从中去获得新的知识、方法和对孩子有益的习惯。家长们可以从小斯宾塞的身上学习如何引导孩子。古往今来，不少有成就的科学家、文学家、思想家的成功都是在小时候的兴趣爱好之中开始的。就像爱因斯坦所说："兴趣是最好的老师。"沿着这位"老师"指引的途径走去，也许可以寻找到自己独特的生命的乐园和事业的归宿；兴趣是位风趣的老师，因为它把"学"与"玩"统一起来。寓学于玩，"玩"中求"乐"；兴趣又是一位热情的老师。它能诱发孩子更加喜欢学习、热爱学习。对自己感兴趣的东西，人们总认为是最美好、最富于诗情画意的。

当斯宾塞发现小斯宾塞开始在花园里对蚂蚁产生兴趣时，便也加入了他的"兴趣小组"。第一天，仅仅是看，是玩。看它们怎样把一粒面包屑搬回来，怎样跑回去报信，带来更多的蚂蚁……第二天，斯宾塞拟出了一份关于蚂蚁的"研究"计划：

在"自然笔记"里开设蚂蚁的专页。

从书本上更多地了解蚂蚁，并做上笔记。

蚂蚁的生理特点：吃什么？用什么走路？用什么工作？

蚂蚁群的生存特点：蚂蚁群有没有王？怎样分工？怎样培育小蚂蚁？

有了目标，小斯宾塞的兴趣更浓了。如果说开始他只是觉得好玩，那么现在他还觉得有意义了。这项研究持续了几乎一个夏天。实际上，在这份计划里，已溶入了系统获取知识的方法，还能培养孩子专注达到目标的意志。

类似这样的事一件又一件地"必然地"发生在小斯宾塞的身上。蚂蚁之后是鱼，鱼之后是鸟类，鸟类之后是蜜蜂。有趣的是，小斯宾塞不仅仅学习这些动物的一般知识，而且开始发现它们的一些"群类特点"。

斯宾塞提醒到，父母在这种事上"所表现出来"的兴趣会使孩子获得肯定，而有目的的引导不知不觉地让孩子学会了求知的方法。

有人说："兴趣是学习的促进剂，不管是什么，最终还是要转化为动力推动自己的学习前进。"可令人遗憾的是，现在虽然有很多父母知道培养孩子兴趣的重要性，但却常常会指责孩子的一些"没有用"的兴趣。他们企图按照既定的模式去设计孩子的未来，保留一些"有用"的兴趣同时删掉一些"没用"的兴趣。

在斯宾塞看来，这种想法和做法可以用荒唐来形容，因为对于孩子的心智发展来说，兴趣无所谓"有用"或"没用"。每一个孩子都会对不同的事物产生不同的兴趣，每一种兴趣都会引导孩子培养某种特长。发明大王爱迪生聪明吗？不聪明，小学都没毕业学校就不要了，但他有一个了不起的妈妈，爱迪生的妈妈懂得教育的秘诀，知道学习是培养孩子的兴趣，可以说没有妈妈就没有发明大王爱迪生；诗人郭沫若小学语文也考了 56 分，不及格，说明他小时候也是一个很普通的孩子，就因为他对诗文感兴趣才成了大文学家。所以说，兴趣是最好的老师，只要能培养孩子学习的兴趣，让孩子喜欢学习，主动学习，你的孩子就一定是未来的爱迪生，或者是未来的郭沫若。

那么父母该怎样利用孩子的兴趣，通过引导的方式来开启和培养孩子的智力呢？斯宾塞给家长们提出了以下建议：

（1）当孩子对某件事物表现出兴趣时，不能简单地因为自己认为"没用"而指责、否定他。

（2）利用这种兴趣可能给他带来的快乐专注，从而使他获得与这一兴趣相关的知识。

（3）引导孩子通过自己查阅和请教别人的方式来获得知识。

（4）记录是使知识存留下来，并训练使用文字、图画、书籍的好办法。

（5）对于还不具备文字记录能力的孩子，父母也要给他准备一个笔记本，把题目写下来，让他口述。

（6）尽量不使用"任务""作业"这类词，而代之以有趣的开头。

斯宾塞一生都在提倡快乐教育，他提醒，要实现快乐教育，就必须避免走入下列教育的误区。

1. 粗暴尖刻的言语

小斯宾塞有一个同学莎拉，他胆子很小，从小生活在爷爷奶奶身边，爷爷奶奶对他精心呵护，日常生活几乎大包大揽地代办，慢慢地，莎拉养成了内向、胆怯的性格。

后来，莎拉开始到父母身边生活，爸爸脾气比较暴躁，莎拉在他面前经常吓得什么都不敢说，不敢做。一天，家里来了客人，爸爸让莎拉给客人倒水，一不小心，茶杯摔在了地上，爸爸当着客人的面劈头盖脸地就骂道："你真是个笨猪！"生性敏感的莎拉羞愧得无地自容。

当天晚上，莎拉做了一个噩梦，看见爸爸恶狠狠地指着他的鼻子，用手指着他的脸。从今以后，莎拉看到爸爸就紧张，越紧张越是出错，每当这时，爸爸都毫不留情地加以训斥。莎拉最后患了恐惧症，每天晚上做噩梦，一点风吹草动都紧张得不行。

莎拉的父母是爱他的，这一点毋庸置疑，但是由于他们无法控制自己的情绪，常常会以粗暴的打骂来发泄情绪。

现实生活中，很多父母常常不注意就挫伤了孩子的自尊，如："你看看人家邻居的孩子，学习多好啊，你怎么就这么笨呢？""你和你爸爸一样，都是没出息的东西。""你真笨，连这样简单的问题都不会。"

这些语言会严重挫伤孩子的自尊、自信、自爱。最可怕的是它还将影响孩子的一生，使他们长大了以后心里始终有缺陷。

2. 冷漠和麻木

所有的孩子都希望自己能够引起别人的注意，孩子既愿意得到父母的表扬，也愿意忍受父母的批评，而最不希望自己被父母忽视。

冷漠，对孩子来说是极具杀伤力的行为，冷漠留给孩子的心理阴影将会终身不散。在斯宾塞看来，冷漠地对待孩子比打骂孩子更加恐怖。在冷漠的环境中成长的孩子会很容易产生心理异常、心理变态。

3. 伤害孩子的自尊心

斯宾塞指出：每一个孩子的心灵世界，是要靠自尊来支撑的。尊严可以带给人自信，也可以改变一个人的命运。

每个人都有自尊，尤其是还未成年的孩子。他们往往因为年龄阅历的关系更为在意别人的话语，尤其是自己的父母。父母无意间说出的许多话，都可以潜入孩子意识当中，而且在孩子的成长过程和成年生活中不断地支配他们的行为。

孩子的自尊心像幼苗，一旦受到伤害，会留下难以愈合的伤口，甚至会影响他的一生。所以父母除了保护孩子的自尊心外，还应该注意培养孩子正常的自尊心。

斯宾塞认为：当父母已经意识到这种不快乐的境遇对孩子的影响时，虽然不是每个人都能完全改变孩子的境遇，但是，几乎每个父母都可以改变自己的家庭。

家庭环境对于孩子的心智和才能的发挥至关重要，孩子不管遇到什么不快乐的事情，只要回到家中，家庭就应该给予孩子快乐的力量。所以，父母应该为孩子营造一种快乐的家庭氛围：

（1）保持家庭生活的美满与和谐：家庭和睦是培养孩子快乐性格的一个主要因素。根据有关资料统计，幸福的家庭中成长起来的孩子，成年后能幸福生活的比在不幸家庭中成长起来的孩子要多得多。家庭和睦的一个重要表现首先应该是父母真诚相爱，而且要公开地让孩子们看到这种爱情。如果一个孩子了解他的父母是相亲相爱的话，就无须更多地向他解释什么是友爱和美善了。

（2）人格独立平等：在良好的家庭环境中，家长和孩子的人格应保持平等，父母不应该因子女年纪小，而漠视他在家中的地位，平等是营造良好的家庭氛围的前提。父母、子女任何一方的优越感都会对其他家庭成员造成心理压力，使双方产生心理隔阂。

一个甜蜜的家庭，父母与子女间应该有最好的沟通之道，而且彼此体谅与尊重。父母给孩子自由，同时教孩子对自己的行为结果负责任，使子女能明白权利与义务的关系。

（3）给孩子提供决策的机会和权利：快乐性格的养成与指导和控制孩子的行为有着密切的联系，父母要给孩子提供机会，使孩子从小就知道怎样使用自己的决定权。

（4）父母要教孩子调整心理状态：父母应使孩子明白，有些人一生快乐，其秘诀在于他们有很强的心理素质，这使他们能很快从失望中振作起来，当孩子受到某种挫折时，要让他知道前途总是光明的，并帮孩子调整心理状态，使其恢复快乐的心情。

要让孩子快乐成长，除了有快乐的环境，还要父母多花一些时间陪伴孩子。斯宾塞建议，如果孩子年龄比较小，那么，父母应该坚持每周几天有规律地与孩子一起玩耍，并保证遵守时间规定，持之以恒。对于大一些的孩子，如果再规定玩耍时间则是比较笨拙的做法，应该随时寻找机会参加适合他们的活动。

斯宾塞认为，不管在什么样的情况下，我们能够倾听孩子说话都是令人高兴的事。你可以想一想，当孩子兴致勃勃说话的时候，父母不但不愿意听，而且还打断他的话，那多让孩子扫兴啊，即使是大人，如果受到这样的对待，也会感到自己不受重视。现在的孩子大多数是些独生子女，加上同学们的接触有限，都有一种以自我为中心的倾向。父母实际上是与他们交往时间最长的人。如果你的孩子没有和你谈过心，那你就该检讨自身的问题了。如果想让孩子敢跟你谈，你就应该学会认真倾听。

小斯宾塞喜欢在吃晚饭时和爸爸说他们学校同学以及周边发生的事情：哪个同学被老师表扬了，哪个同学被老师惩罚了；他在田野里发现蝴蝶开始飞舞了；同桌乔治在女同学的书桌里放蟾蜍……小斯宾塞总是滔滔不绝地说着，尽管斯宾塞有时候很忙需要静下心来想些事情，但对于孩子的话，他还是会饶有兴致地倾听。

最好每周召开一次"家庭会议"，让孩子就一个星期以来发生的事情，说说自己的看法和感想。孩子的情绪得到宣泄的渠道，心理就会比较健康，以后孩子会在自己遇到困难时主动与父母交流，也由此可以避免一些不必要的事情发生。

第三章
值得学习的好妈妈典范

每一个妈妈都可以成为好妈妈，每一个妈妈身上都有好的品质，如果能够互相交流、互相学习，妈妈们就能更加完美和优质了。所以，向好妈妈典范们学习吧，让自己也变成一个更好的妈妈！

杨澜——爱学习的妈妈才是好妈妈

柴米油盐酱醋茶的生活看似平淡简单，但过起来不一定人人得心应手；生儿育女是女人的本能，但成为好妈妈并不是顺理成章的事情。当妈妈之前，女人一定要做好心理准备，认识到当妈妈是一项挑战，就算是智商情商都极高的女人，也需要不断学习做个好妈妈。

著名的主持人杨澜在未做妈妈之前，已经是一个非常成功的女性，主持事业如日中天。谁都认为，凭借她的智慧和美丽，一定可以做一个好妻子，好妈妈，但当她真的做了妈妈，却同样要重新开始。面对各种教育的迷惑，她自己慢慢去摸索："今天的孩子都娇贵得不得了，现在的社会变化大，社会和家庭的矛盾集中在怎么带一个孩子上，因此做妈妈的压力也是前所未有的，她们既要应付来自职场的考验，又不能忽视家庭和孩子，而带好孩子又会面临许多新的课题，过去老一代的育儿方法在今天已经不再适用了……"

杨澜的工作非常忙，她想要在事业上有更多的进展。她和丈夫投资了阳光卫视，这是中国电视业中的一次大胆尝试，最终以杨澜转让所有权收场，他们在其中投入的精力和作出的挣扎是可以想见的。但这并不能成为她不做好妈妈的借口。为了让儿子安心，她决定辞职一年，完全在家里照顾儿子。

"做母亲也是需要学习的。"杨澜说自己现在特别庆幸自己为孩子休假了一年。

由于工作的原因，儿子从上海转学到了北京，刚开始时他很不开心，总抱怨说到了北京就见不到上海的老师和同学了。杨澜告诉孩子，他很快就可以交到新的朋友了。但是不久，杨澜就从一本教育心理学方面的书上读到，大人往往觉得搬家是小事情，但是在孩子的头脑中却是件大事。因为他到了一个全新的环境，需要花很长的时间和勇气才能适应。杨澜发现自己用新的朋友圈来宽慰孩子的做法是不对的，这会让他有一种背叛、负罪的感觉。孩子会觉得妈妈的意思是交了新朋友就可以忘了老朋友，所以杨澜主动帮他搜集整理上海同学和老师的联系方式，还建议他隔段时间就电话问候这些老朋友，约时间聚会。

心理学上这样一个很善意的提醒，让杨澜懂得了孩子在面对新环境中的想法和心理，然后根据孩子的需要为孩子提供了适当的爱，赢得了孩子的喜欢，也让孩子很快适应了变迁后的生活。

学习是妈妈应该长期进修的一门功课，在养育孩子的过程中会遇到很多的问题，凭着感觉我们也可能会做好，但是用更科学、更符合孩子成长规律的方法来进行教育，妈妈无疑会做得更好。此外，做妈妈的还要知道，妈妈是孩子的影子，对孩子的影响是润物细无声的，在与孩子朝夕相处的日子里，妈妈的品行、情绪、价值观、心态都会潜移默化地传达给自己的孩子。妈妈们在这些方面要有意识地提升自己的素质。

一个懂得尊重别人的妈妈，才会教出懂得自尊的孩子；妈妈爱读书，孩子才能爱学习；妈妈热爱生活，孩子才会善待生命；在人际交往中，孩子与人相处自如的心态来自妈妈，妈妈的风度，将会决定孩子未来的高度……

所以，作为一个妈妈，需要全面地学习，在生活中注意自己的言行，培养自己的信心，控制好自己的情绪，做一个优雅而富有魅力的妈妈。只有做个不断完善自己的妈妈，才能成为一个孩子喜欢、自己喜欢的好妈妈。

李振霞——创造家庭博士群的好妈妈

"妈妈"是这个世界上最美丽的称谓，她不但给予孩子生命，还教育孩子成才。在经历了十月怀胎之苦后，孩子一朝分娩，作为妈妈就会露出欣慰的笑容。同时也会暗暗告诉自己要把孩子抚育成人，这是每一个做妈妈的夙愿。李振霞也是千千万万妈妈中的一员，她也有望子成龙、望女成凤的期望。

李振霞是 20 世纪 50 年代中国人民大学的研究生，毕业后从事哲学教学工作。她是中国现代哲学研究开拓者之一，发表了 50 多篇学术论文，出版过 500 多万字的个人专著。如此繁忙的工作并没有影响了她教育子女的工作。她没有被"生子容易，教子难"

的经验所吓倒，不辞辛苦，把自己的 4 个孩子都培养成了出类拔萃的精英人才。

当亲朋好友得知李振霞把 4 个孩子都培养成了各行各业的顶尖人才后，送给了他们家一个"家庭博士群"的称号，这个特殊的称呼是对李振霞家庭教育的一种肯定，是一种发自大家内心的赞美。一个家庭中出现了 4 个博士，让天下的父母对他们投去了羡慕的目光。

这个家庭中的长女金莹，毕业于首都医科大学，后来到美国约翰霍浦·金斯大学医学院做了博士后，主要从事基因工程的研究；长子金煜毕业于青岛海洋大学，后来在麻省理工学院取得博士学位，在构造地理物理学领域研究岩石圈动力学方面做出了卓越的贡献；次子金侠，在中国协和医科大学本、硕连读后，前往英国伦敦大学再次攻读学士学位，之后在剑桥大学攻读医学博士学位，在艾滋病研究方面颇有建树；小儿子金延毕业于清华大学，之后在中国航空研究院取得了博士学位，又考取了国际研究员，现在为美国匹兹堡卡耐基·梅隆大学研究员。

在孩子成功的背后大多有一位伟大的妈妈。"家庭博士群"背后伟大的妈妈就是李振霞，科学的教育观、强烈的责任感以及顽强不屈的精神正是她成功教育子女的关键。妈妈李振霞的科学教育把家中的 4 个孩子领向了不凡的人生道路。

在孩子的成长教育过程中，中国人民大学毕业的李振霞深深懂得学习的重要性，她知道只有知识才能改变命运，只有知识才能让孩子在人生的道路上走得更远。于是在孩子很小的时候，就注重对他们的学习教育。多年的求学经历，让她深深懂得学习过程中的苦与乐，在引导孩子学习的过程中尽量让孩子发掘学习的乐趣，让兴趣带动孩子去学习。

　　跟丈夫商量后，她给孩子看《十万个为什么》《鲁迅全集》等书籍，让孩子从书中培养对学习的兴趣。有时候在游玩的过程中她也会把很多知识传达给孩子。当时他们住的地方离颐和园很近，每次全家游园的时候，她会跟孩子讲长廊中各种彩绘的内容，这也是孩子们比较感兴趣的。就这样孩子们的知识就在课堂、家教、参观和游玩的过程中逐渐地丰富起来了。

　　在养育孩子的时候，李振霞认为对待孩子要有一个平等、民主的心态。她给自己定一个原则：不在客人面前说孩子，以免伤害孩子的自尊心；不在家人面前说孩子，以免影响到姐弟之间相爱和好感；也不在饭桌上说孩子，以免影响到孩子的食欲；更不在气头上说孩子，在自己情绪激动的时候不适合教育孩子。李振霞总是以温和去感染孩子，而不是用霸气去征服孩子。在这潜移默化中影响孩子养成了良好的做人做事的习惯。在金煜出国的时候，他对父母说："到了国外，爸妈不必惦念，你们平日里为人处世的言行，我都记在心里，足够用了。做学问先做人，好人才能做出好学问。"

　　李振霞的学识、科学的养育观、对孩子平等的态度、温和的品性都在潜移默化地影响着孩子。妈妈较高的品质、素养为他们的成功开了一扇天窗，把他们一个个带入了成功的领域。

　　李振霞只是世界上千千万万妈妈中的一位，古今中外，许多为国家和人类作出贡献的爱国者、民族英雄、政治家、军事家、文学家、科学家，随手翻阅一下他们的成长史，我们都会发现是妈妈在他们迈向成功的道路上起到了重要作用。

　　这些了不起的妈妈让我们明白：妈妈不仅仅是孩子生命的缔造者，还是孩子成功未来的影响者。妈妈自身的涵养、学识、修养、德行时时刻刻在影响着孩子。倘若每个妈妈能够将自身的优秀品质渗透到孩子的骨子里，孩子未来、人生必然不同凡响。

米切尔夫人——妈妈是产生希望的希望

"妈妈是产生希望的希望"，民族的希望也寄托在妈妈的身上。目前世界各国以妈妈素质和品质为焦点的竞争正日益明显，哪个民族拥有了高素质的妈妈群体，哪个民族就能更好地培养出下一代，哪一个民族就会在未来世界中拥有辉煌的地位，并且始终处于不败之地。

一个民族是这样，一个家庭更是如此。高品质和高素质的妈妈会给家庭带来希望，也会给孩子带来希望。

有一个小女孩儿从小就不喜欢学习数学，一天放学回家对妈妈说："算术真的太难了，从明天开始我不去学校了。"妈妈用温和的眼光注视着女儿："真的吗？你是如此讨厌学习数学啊！我带你去一个地方，也许你会改变自己的想法。"

于是妈妈带着这个小女孩驱车奔向附近的一个农场，跑了一段时间后，马车开始停下来。妈妈指着道路一侧的废墟和工人住的简易房对这个小女孩儿说："孩子，你看到那些房子了吗？"

"为什么会变成这样呢？"

"以前这里住的都是有地位的人，但是战争爆发之后，这里就变成了废墟。而住在里边的人也变得穷困潦倒。战争之前那些风光的人，那些雄伟、壮观的房子，都在战争中消逝了，成了这个样子。"

然后妈妈又指着道路另外一侧的略显壮观的房子对女儿说：

"孩子，你再看这边。"

"妈妈，这边的房子怎么没有被战争破坏呢？"

"因为这里边住的都是有力量的人，他们在战后凭借自己的力量建立了这样的房子并坚持下来，屹立不倒。"

"那我也要成为有力量的人！"

"很好。做一个有力量的人才能在遭遇困难和挫折的时候，拥有战胜困难的武器，这样你就不会在困难中变得跟那些废墟一样了。所以你要好好学习。如果不认真学习的话，就得不到任何人的重视，尤其是女孩子。"

"拥有了知识，任何困难我们都不会害怕。"小女孩儿对妈妈说道。

很多年之后，这个小女孩儿把妈妈展示给她的景象用文字记录了下来，妈妈给她展现出来的坚强也真实地在她的人生中反映了出来。她把这些都写进了一本叫作《飘》的小说而流传于世，给很多试图从失败和挫折中重新站起来的人送去了希望。

这个小女孩儿就是著名的作家玛格丽特·米切尔。玛格丽特的妈妈——米切尔夫人就是用这样简单的方式让女儿对自己的人生充满了希望，妈妈的教育培养了她热情、执着和不屈不挠的精神。

玛格丽特在她 26 岁的时候，曾担任《亚历山大日报》的记者，后来一次意外导致了她腿部残疾。在她花样年华的时候遭遇如此大的挫折时，因为承受不了曾一度绝望，但是想起妈妈的教导，便重新站起来了。她想："尽管我变成了瘸子，但是我的双手还是健康的，头脑还是健全的，我还可以继续写作。"

这种念头成为支撑起她生存下去的唯一希望。接下来她便拼命进行创作，10年中完成了她逾千页的长篇巨著。但是因为不知名而多次被多家出版社否定，在遭遇了一次次的冷笑和拒绝后，她仍然没有放弃。当人生的希望已随风飘逝的时候，她顽强地站立着，她的诚恳和坚强终于打动了一个出版界人士，经过了一场紧锣密鼓的宣传和筹划后，《飘》终于问世了，后来还被改编成了电影，著名影星费雯丽就因饰演其中的女主角而夺得了第十二届奥斯卡金像奖（1939）最佳女主角，闻名于世。

是妈妈教会了玛格丽特要坚强、要靠自己活着，她才找到了自己的人生舞台。

妈妈在日常生活中一个不经意的言行，也会影响孩子的成长，让孩子懂得要在艰难困苦中走出，找到属于自己的光明未来。孩子的成长过程中难免会遇到困难和挫折，这个时候做妈妈的更不能袖手旁观，要给孩子一个积极引导，让他们看到方向、看到希望。

妈妈要想做好子女的灯塔，首先要懂得给予自己希望。只有看到希望的妈妈，才能在家教的过程中给予子女希望。幸福不是回忆过去，而是憧憬未来，在遇到困难的时候往好的方面想的人，这样才能真正走出困境，而妈妈们的责任，就是让孩子拥有一颗充满希望的心灵。

不管什么时候，妈妈都应该感觉到希望的存在。比如，孩子偶然在一次考试中失败，这个时候妈妈要理解孩子的感受，把他从失落的痛苦中拯救出来。你也可以让孩子知道："塞翁失马，焉知祸福。"用你温暖的言语让孩子懂得，一次的失败也许并不是什么坏的事情，考试的目的就是为了查漏补缺，好好总结失败的教训，这样就为以后的中高考增加了获胜的概率。

能够给予孩子希望的妈妈不悲观。悲观不是天生的，就像人类的其他态度一样，悲观不但可以减轻，而且通过努力还能转变成一种新的态度——乐观。当你在生活中养成积极乐观的态度后，你就会微笑着面对每一天，面对周围的每一个人。如此一来，孩子看到微笑的妈妈，自然就看到了生活的希望，看到了美好的明天。

卡耐基母亲——妈妈自信成就了孩子的勇敢

　　现代社会不欢迎怯懦的人，怯懦的孩子在社会中没有立足之地。妈妈在教育孩子的过程中要改变孩子怯懦畏惧的心理，让孩子端正心态，鼓足勇气去生活，去谱写自己美好的未来。

　　妈妈应该如何做才能让孩子勇敢起来呢？卡耐基的母亲给了我们最好的答案。那就是用自己的自信去影响孩子。

　　戴尔·卡耐基是世界著名的成功学家，他的著作和教育机构成就了千千万万的人。《人性的弱点》《人性的优点》《语言的突破》等几部著作，在全世界都非常畅销。世界传媒大王默多克说："戴尔·卡耐基的这些原则如魔术般地令人震惊，它改变了几亿人的生活。"

　　就这样一位熠熠生辉的大师，却有一个悲苦的童年。但是幸运的是在他最困难的日子里，他的母亲——一位虔诚的女教徒，始终以自己坚定的信念支撑着他，可以说，是母亲坚定的信念，成就了举世闻名的励志大师。

　　幼年的卡耐基由于营养不良，头发不是人们喜爱的金黄色而是淡黄略显灰色，加上一对与自己头部不相称的大耳朵，显得很平庸。再加上父亲悲观思想的影响，让他终日郁郁寡欢。

但是她的母亲却给他的生活注入了阳光。她的母亲是一个很乐观自信的女性。她总是以自己的乐观来鼓励丈夫和儿子。

卡耐基后来在他的《摆脱忧郁》中写道:"我常听见母亲忆起,每当父亲去谷仓喂马及乳牛,没有在她预计的时间归来时,她总要赶去谷仓看看,她时常害怕会突然发现他的身体吊在绳端晃来晃去。"

有一次卡耐基跟着父亲去银行申请延期还贷款的事情,银行家很凶狠地告诉他们:"如果不能按时还贷款,就要没收你们家的财产。"父亲无可奈何,带着卡耐基沮丧地往回走。

当他走到曾给他们带来灾难的河边时,他停下来,望着静静流淌的河水发愣。跟在后边的卡耐基以为父亲在等他呢,谁知父亲看着河水喃喃自语道:"运河水可以滚滚向前,畅通无阻,而我却走投无路,四处碰壁,这是为什么呢?为什么呢?"

成年后的卡耐基再回忆起这件事情,就想起了父亲对他说的话:"要不是因为你母亲坚定的信仰和乐观的支持,我是绝对没有勇气在那些琐碎的日子里生存下去。"

卡耐基父亲的辛苦劳作,再加上长期的抑郁,积劳成疾,身体健康状况极度恶化,变得十分憔悴。当医生告诉卡耐基的母亲,她的丈夫詹姆斯的寿命将不会超过6个月的时候,卡耐基呆呆地看着母亲,他看到母亲的眼中有一种亮晶晶的东西在闪动,终于,两行眼泪顺着她的面颊滚了下来。但是他母亲并没放弃,在她圣歌的呼唤中,父亲活了下来。

戴尔·卡耐基对这些经历仍记忆犹新。他后来回忆说,在灾难面前,母亲这位坚定的基督教徒,总是一边操劳一边坚定地唱着圣歌。而父亲詹姆斯沮丧的愁容也逐渐换成一副顽强不屈的样子。

这些情景在卡耐基幼小的心灵中也深深地扎下根，使得他以后能有极大的勇气，一次又一次坚强地面对挫折与失败。母亲的自信和乐观影响了卡耐基的一生，她相信所有的困境都是暂时的。每当卡耐基极度沮丧的时候，总能听到母亲在他身边唱圣歌。

卡耐基就这样在母亲乐观和自信的圣歌中找到了生活下去的勇气，改变了自己怯懦、郁郁寡欢的心理特征。这是值得每一位母亲学习的。

我们知道，怯懦的人总是会害怕自己处于有压力的状态，因而他们也害怕竞争。在对手或困难面前，他们往往不善于坚持，而选择回避或屈服。怯懦的孩子对于自尊并不忽视，但他们常常愿意用屈辱来换回安宁。

据心理专家称，胆怯心理大多数是后天形成的。造成孩子胆小的源头在家庭、在父母、在他们不恰当的教育。家长在日常生活中对孩子限制过多，如到公园玩耍时，不让孩子去爬山恐怕摔下来，不让孩子去湖边玩怕掉下去，等等。造成孩子不敢从尝试与实践中获得知识，取得经验，这也造成胆小怯懦。从家教的角度来说，过分保护是儿童形成怯懦心理的主要原因。

面对怯懦的孩子妈妈除了鼓励他们，让他们学会坚强外，还要注意自己在生活中的言行。不能经常去恐吓孩子。有的母亲为了让孩子听话，老是用吓唬孩子的办法。孩子哭了，妈妈会说："你再哭，就不要你了。"孩子不听话，有的妈妈说："你再不听话，让老虎把你吃掉。"孩子什么都怕就会变成非常胆小的人，这样渐渐地就把孩子勇气给抹杀了。

想让孩子摆脱怯懦、勇敢地生活。妈妈就不能总是呵斥孩子。有些妈妈非常严厉，对孩子的要求过于苛刻，稍有差错或稍有不顺眼的地方，动辄大声训斥，严厉批评，不允许孩子有半点自由，一举一动都要经过家长的许可。久而久之，孩子就会变得胆小怕事，唯唯诺诺。

此外，妈妈为了纠正孩子怯懦的心理，还要鼓励他们去跟别人交往，给他们输入一种强者的姿态，当孩子失败的时候，不要嘲笑他们，相反要给他们以积极战胜失败的勇气和信心。

张世君——积极培养孩子观察力的好妈妈

张蒙蒙是一个人人羡慕的小作家，1989 年生，从 7 岁开始写日记，9 岁出版第一本书，先后出版了《告诉你，我不笨》《告诉你，我不是丑小鸭》《童年，只有一次》《快乐伴我成长》《边玩边长大》《我的天空有彩虹》以及《长不大的嘴巴和长得太大的嘴巴》7 本书，共 140 万字，主要是以日记形式写的成长经历，里面穿插有童话、书评、故事等。

她从小时候就做得很优秀，这与她妈妈张世君的教养分不开。张蒙蒙的成长凝聚了妈妈巨大的心血，妈妈张世君认为观察力和思考的能力是打开知识库的金钥匙，于是从小的时候就很注意对张蒙蒙进行有意识的观察力训练。她总是引导孩子平时留心观察身边的事物，学着对它们进行思考，这样训练的结果是：张蒙蒙对周围的人和事经常会产生比较新奇的看法。

张世君说："小孩子的观察往往是不经意的，如果能及时培养孩子养成写日记的习惯，当他们把观察到的事情用自己的笔记下来的过程，就是一个很好的思考的过程。这样就会很自然留住孩子脑子中很多思考的成果。"你是不是经常有这样的经历，经常会看到某个熟悉的场景，也会经常想起某句话似曾耳熟。但是就是想不起来，生活中我们总是会经历很多事情，但是能记住的又会有多少呢？把宝贵的经历浪费掉是多么可惜的一件事情啊，所以做妈妈的一定要让孩子知道写日记的重要性。当孩子养成观察和思考的习惯时，生活中的一点一滴都会呈现在孩子的笔下。

有一次，张世君带女儿蒙蒙到街上玩，沿途经过一条老街，蒙蒙对妈妈说："妈妈，你看这条街楼房的门很特别，有三层门。外面一层是半截的雕花木门，中间一层是横栏杆门，里边一层是大木门。"

张世君说："我也注意到了，是很特别，这些都是广州的老建筑了。"

蒙蒙对此感到很好奇，就拉着妈妈要仔细地去参观。过了一会儿蒙蒙又说："虽然这些房子现在看来很旧了，但是它的窗户、阳台都很别致，有的还雕了花，旁边的高楼大厦虽然很雄伟，但是窗户阳台都很简单，不雕花。"

张世君问："那说明了什么呢？"

蒙蒙说："说明时代不同了，房子也建得不一样了。还说明了，以前住这种房子的人，起码都是有钱人，比妈妈小时候有钱，也比我们没有搬新房子前有钱，我们住的老房子连阳台都没有。"

张世君笑了，说："那当然。"她感到很欣慰，因为，女儿蒙蒙观察得很仔细，思考得也很深入。孩子这种习惯是随着时间的积累和年龄的增长而逐渐完善的，有一次张蒙蒙跟妈妈去一个电视台参加《女性时空》节目的录制，到了她才发现演播室的主持人、编辑和工作人员都是男的。回来的路上，妈妈问起张蒙蒙的感受，她说："刚进演播室的时候，只见天花板上有无数的像烟囱一样的灯，把场地照得亮堂堂的，还真有点紧张。但是后来看到演播室里全是男的工作人员，一思考这个问题，紧张感就消失了。"

妈妈听到蒙蒙这样的回答欣慰地笑了，心想这个问题我都没注意到，鬼丫头观察得却如此仔细，还有这么惊人的发现：既然是《女性时空》节目，为何从主持到工作人员都是男的呢？确实是一个不小的漏洞。

就这样张蒙蒙在妈妈的精心养育下，养成了认真观察深入思考的好习惯，也成了她成功的一条途径。所以，作为现代社会中的知性妈妈，要重视对孩子观察力和思考力的培养。

居里夫人——优质的妈妈培养出优质的孩子

作为"镭"的发现者、两次诺贝尔奖的获得者，居里夫人是一个伟大的科学家，同时，作为一个妈妈，她的表现绝不逊于在科学实验上的表现。有人为了称赞她在教育上的贡献，称她是"20世纪送给人类的最宝贵的礼物，是上帝对人类重视母亲的不断诚恳暗示里的一次重要的提醒！"马克·吐温说："19世纪诞生了两位伟大的人物，一位是拿破仑，一位是海伦·凯勒。"那么20世纪也有两位伟人，一位是爱因斯坦，另外的一位就是居里夫人。她不仅是20世纪最伟大的科学家，还是最伟大的教育实践者。在居里夫人的教育下，她的大女儿伊蕾娜·居里因"新放射性元素的合成"于1993年荣获诺贝尔化学奖，小女儿艾芙·居里也成为了一位优秀的音乐教育家和人物传记作家。

居里夫人从整个科学生涯和人生道路上体会出一个道理：人之智力的成就，在很大程度上依赖于品格之高尚。因此，她把一生追求事业和高尚品德的精神，影响和延伸到自己的子女和学生身上，利用各种机会培养孩子形成良好的道德品格。

当伊蕾娜和艾芙还在幼年时期，居里夫人为了培养女儿勇敢的品质，锻炼女儿不怕黑，不在雷声轰隆时把头藏在枕头下，不怕贼与流行病。在第一次世界大战战火纷飞的日子里，居里夫人让她的女儿趁暑假到国内外旅行，让她俩给战士织毛衣，还让她俩加入收获队，代替男子冒着危险去抢收麦子，从小培养她们勇敢而有主见的独立人格。

居里夫人通过自己坚强的意志和乐观勇敢的生活态度，将生命的热忱传递给女儿，感染她们，影响她们，在教育女儿的过程中将母亲的天性发挥到了极致。

做母亲是一门艺术，我们要把自身的优点发挥出来，这样孩子才能站在我们的肩膀上走得更远。有着良好素质的妈妈才会在教育实践中扬长避短，教育出优秀的孩子来。素质低的妈妈对孩子的教育则会产生不良的影响。

北京市教育工作者曾对家庭教育问题做过一次专门的调查，结果表明 70% 以上的妈妈不知道如何正确教育孩子，20% 以上的妈妈综合素质不能承担起教育子女的责任。妈妈素质不高，会直接或者间接地影响孩子的素质。

因此，在日常的生活和教育实践中，妈妈需要及时提高自身的素质，只有自身素质提高了，才能教育出优秀的孩子。正如当代教育家卢勤说的那样，教育孩子先要教育自己。用自身的优秀品质和钻研精神去影响孩子，用自己积极乐观的态度给孩子创造一个温暖的成长环境，把正确的人生价值观及时传递给孩子，这样才能给孩子一个美好的人生。

王开敏——孩子成长的每个阶段都生活在幸福中

王开敏是武汉大学的教授，是中国母亲文化研究的第一人，也是阳光教育的开拓者。她也是一个成功的母亲，以自己 18 年的教子经历验证了"母亲文化"的成功。

她在养育孩子方面主张"无为而治"，就是尊重孩子的成长规律，这个过程不是放任自流，而是母亲对孩子加以正确的引导，让孩子成长的每一个阶段都生活得幸福，只有在幸福中成长的孩子才能获得持久的幸福。她觉得，自己在育子方面最骄傲的一点，就是她的儿子从出生一直到现在，都在快乐幸福中成长。虽然，孩子从小到大，王开敏没有刻意要求他考前 3 名，但是他的成绩一直都很优秀，这和王开敏开放的教育态度不无关系。

她把孩子的成长分为 3 个阶段：婴儿阶段、幼儿阶段、求学阶段。每个阶段都让孩子生活在阳光中。

为了保证孩子 3 个阶段都能享受到快乐和幸福，她制订了一个三阶段养育计划。

婴儿阶段：营造阳光氛围。每个孩子从降临到这个世界上，就在感受这个世界，而孩子生下来就在父母身边，深受父母尤其是来自母亲营造的氛围的影响。如果在孩子的婴儿阶段能感受到安全、和谐、友善和阳光，孩子就会感觉这个世界是美好的，他就会享受这个世界带给他的快乐和幸福。在幸福阳光中长大的孩子，首先学会的是微笑，之后会形成开朗的性格。所以妈妈在孩子的婴儿阶段让孩子感觉到幸福是十分重要的，这是孩子走好人生的第一步。

幼儿阶段：传递积极向上的语言。随着孩子渐渐长大，妈妈就会把孩子送进幼儿园，让老师来照看，对于孩子来说，这意味着将要离开妈妈的呵护，第一次走出家门开始融入另外的一个环境。这个阶段的孩子基本具备了语言交流的能力和基本的生活技能。母亲不要忽视这个时期的任务，要常用鼓励的语言为孩子注入他能适应新环境的信心，让孩子逾越心理上的障碍。还要与老师保持沟通，时刻注意孩子的变化，让孩子感受到他生活在一个有爱的环境中。

求学阶段：主要是小学阶段和中学阶段，这个阶段就应该让孩子能从学习中得到快乐。妈妈想要让孩子感受到幸福，就要引导孩子爱上学习，不能将学习当做负担。

妈妈要采取适当的方法来激发孩子对学习的兴趣和快乐，这样当孩子在学习的过程中感到枯燥的时候，也不会再厌恶学习，而会爱上学习，在快乐中寻找答案。只有爱上学习，孩子才能真正感觉到求学阶段的快乐和幸福。

王开敏就是这样培养出了一个出色的孩子。王开敏曾自信地说："我对儿子的培养模式，无异于金刚石的形成，坚韧而有力度。"大海是由水滴、溪流汇成的，成功的模式也是在日积月累中形成的。大海浩瀚无边，模式一旦形成也会坚不可摧。

所以，当下的妈妈们也要学习王开敏的"幸福"培养模式，让孩子成长的每一个阶段都能感受到幸福和快乐，孩子持久地生活在幸福当中，我们也就达到了养育孩子的最高境界——培养出有幸福感的孩子。